D0856965

REJETÉ
DISCARD

34.958

Bea

Les Éditions du Boréal
4447, rue Saint-Denis
Montréal (Québec) H2J 2L2
www.editionsboreal.qc.ca

GENÈSE DES NATIONS
ET CULTURES
DU NOUVEAU MONDE

DU MÊME AUTEUR

Dialogue sur les pays neufs (en collaboration avec Michel Lacombe), Montréal, Boréal, 1999.

La Nation québécoise au futur et au passé, Montréal, VLB éditeur, 1999.

Quelques Arpents d'Amérique. Population, économie, famille au Saguenay, 1838-1971, Montréal, Boréal, 1996.

Tous les métiers du monde. Le traitement des données professionnelles en histoire sociale, Sainte-Foy, Presses de l'Université de Laval, 1996.

Pourquoi des maladies héréditaires? Population et génétique au Saguenay – Lac-Saint-Jean (en collaboration avec Marc de Braekeleer), Sillery, Septentrion, 1992.

Histoire d'un génôme. Population et génétique dans l'est du Québec (en collaboration avec Marc de Braekeleer *et al.*), Québec, Presses de l'Université du Québec, 1991.

Les Saguenayens. Introduction à l'histoire des populations du Saguenay, XVIᵉ-XXᵉ siècles (en collaboration avec Christian Pouyez, Yolande Lavoie, Raymond Roy *et al.*), Québec, Presses de l'Université du Québec, 1983.

Le Village immobile. Sennely-en-Sologne au XVIIIᵉ siècle, Paris Plon, 1972.

Gérard Bouchard

GENÈSE DES NATIONS ET CULTURES DU NOUVEAU MONDE

Essai d'histoire comparée

Boréal

BEACONSFIELD
BIBLIOTHÈQUE • LIBRARY
303 Boul. Beaconsfield Blvd. Beaconsfield P.O
H9W 4A7
DISCARD

BEACONSFIELD
BIBLIOTHÈQUE ● LIBRARY
303 Boul. Beaconsfield Blvd., Beaconsfield P.Q.
H9W 4A7

Les Éditions du Boréal remercient le Conseil des Arts du Canada
ainsi que le ministère du Patrimoine canadien et la SODEC pour leur soutien financier.

Illustration de la couverture : Richard Gorman, *Orpheus-Dawn,* 1998. Galerie Christopher Cutts.

© 2000 Les Éditions du Boréal
Dépôt légal : 2ᵉ trimestre 2000
Bibliothèque nationale du Québec

Diffusion au Canada : Dimedia
Diffusion et distribution en Europe : Les Éditions du Seuil

Données de catalogage avant publication (Canada)

Bouchard, Gérard, 1943-

    Genèse des nations et cultures du Nouveau Monde. Essai d'histoire comparée

    Comprend des réf. bibliogr. et un index

    ISBN 2-7646-0035-6

    1. Ethnicité – Québec (Province). 2. Ethnicité – Australie. 3. Ethnicité. 4. Nationalisme. 5. Droit
des peuples à disposer d'eux-mêmes. I. Titre.

FC2920.I5B68	2000	971.4	C00-940430-9
F1052.95.B68	2000		

FR23 727X

À Lise, Catherine, Olivier

Avant-propos

Ce livre est un essai d'histoire comparée sur la formation et l'évolution des nations et cultures du Nouveau Monde — autrement appelées collectivités neuves ou cultures fondatrices. Au sens strict, il ne présente pas de nouvelles données puisqu'il repose sur des textes déjà publiés. Son originalité (outre son objectif extrêmement ambitieux, téméraire même?) voudrait se situer ailleurs, soit dans la nature du questionnaire adressé au passé et au présent de ces collectivités, ainsi que dans la démarche comparative mise en œuvre. Nous avons en effet tenu non seulement à parcourir presque tout le champ chronologique et spatial qui s'offrait à l'analyse, mais encore à poser les questions les plus fondamentales qui soient en rapport avec l'essor et l'histoire de ces collectivités : comment naît une culture, un imaginaire collectif? Comment se fait et se refait l'appropriation symbolique du territoire, de soi-même et des autres? Quelles sont les impasses, les contradictions auxquelles se heurte l'institution de la culture savante dans un contexte de commencement qui ne l'est qu'au regard de l'Européen découvreur? Comment pèse et se transforme le lien colonial au fur et à mesure que s'affirment les nouvelles identités continentales? Que ressort-il de la comparaison des trajectoires parcourues et des configurations élaborées par chacune de ces cultures fondatrices? Et qu'apprend-on d'utile sur la conjoncture de crise où elles paraissent toutes se trouver aujourd'hui? On voit que notre enquête emprunte un double cheminement qui prend pour objet à la fois les itinéraires historiques de ces collectivités neuves et les représentations qu'elles en ont élaborées pour nourrir leur imaginaire. Ou, si l'on veut : les parcours et les discours.

L'ampleur d'un tel programme aurait normalement exigé une érudition titanesque et une maîtrise parfaite des traditions intellectuelles des collectivités abordées. Ne remplissant ni l'une ni l'autre de ces deux conditions, nous n'avons pas su néanmoins résister à l'immense attrait que présentait cette énorme entreprise scientifique. Nous nous y sommes donc engagé, mais avec une claire conscience de nos limites, en essayant de compenser par la pertinence des questions et des hypothèses ce que toute une vie de travail n'aurait pas même suffi à combler. Nous espérons surtout avoir réussi à esquisser une démarche et à ouvrir des pistes qui seront utiles à ceux qui, un jour, écriront la synthèse achevée que nous savions hors de notre portée.

En cours de route, nous avons bénéficié de mille et un concours et appuis qu'il est impossible de rappeler ici. Mais nous tenons tout particulièrement à souligner notre dette envers les nombreux collègues et interlocuteurs rencontrés à l'occasion des dizaines d'exposés que nous avons faits dans les pays étudiés, dans le cadre de conférences, de séminaires ou de colloques. Ces échanges ont représenté pour nous autant d'occasions inestimables de soumettre au jugement de divers spécialistes nos idées et conclusions de recherche. Nous en avons retiré à la fois un grand profit scientifique et un encouragement à poursuivre notre effort. Nous sommes redevable également aux assistants et étudiants (principalement Maria-Térésa Perez-Hudon, Susanna Iuliano, Josée Gauthier, Carole Roy) qui ont collaboré à une partie ou l'autre de notre enquête, aux nombreux correspondants du WWW qui ont bien voulu répondre longuement et patiemment à nos requêtes, aux collègues (en particulier Yvan Lamonde, Bernard Andrès, José Igartua, Ronald Rudin) qui ont animé avec nous depuis quelques années le Forum d'histoire des imaginaires collectifs (de l'Institut interuniversitaire de recherches sur les populations), et enfin au personnel des Éditions du Boréal qui a accueilli et traité notre manuscrit avec sa courtoisie et son professionnalisme habituels.

L'auteur a bénéficié de subventions de recherche de l'Université du Québec à Chicoutimi, de la Fondation de l'Université du Québec à Chicoutimi, du Fonds FCAR, du ministère de l'Éducation du Québec.

CHAPITRE PREMIER

L'Histoire comparée des collectivités neuves ou cultures fondatrices

Des itinéraires collectifs dans le Nouveau Monde

L'idée de cette recherche sur l'histoire comparée des collectivités neuves est née dans le cours d'une longue enquête que nous avons conduite auparavant sur le Saguenay, région de peuplement située au nord du Québec et ouverte à la colonisation dans les années 1830-1840. En accord avec la démarche de l'histoire sociale, l'étude visait à reconstituer les traits caractéristiques (démographiques, économiques, culturels, etc.) de la société rurale canadienne-française, telle qu'elle s'était reproduite dans ces espaces éloignés récemment enlevés à la forêt (G. Bouchard, 1996b). À cause de l'isolement qui entourait ordinairement les communautés de peuplement, il y avait même lieu de croire que ces traits pourraient y être observés sous une forme quelque peu amplifiée. Les résultats de nos travaux furent donc accueillis avec une certaine surprise : sur plusieurs points en effet, les données empiriques contredisaient carrément l'archétype du Canadien français longtemps véhiculé par les idéologies et les représentations courantes (paysan sédentaire, replié, grégaire, etc.). Plus remarquable encore, la comparaison avec des provinces canadiennes-anglaises et avec plusieurs États américains révélait de surprenantes similitudes sur les plans démographique, économique, social et culturel, là où on aurait attendu des différences marquées. Ces résultats attiraient d'abord l'attention sur les modes de production et de diffusion des représentations collectives et sur les stratégies identitaires. Elles invitaient en outre à aborder l'étude de la société saguenayenne (et québécoise)[1] non plus seulement dans la perspective trop étroite et un peu déformante d'une minorité culturelle et de son héritage français, mais dans celle, plus large, du continent — ou de ce qu'il est convenu d'appeler l'américanité. D'autres aperçus comparatifs, cette fois en direction de l'Amérique latine et de l'Australasie, allaient ensuite montrer que cette perspective américaine elle-même devait être étendue à l'ensemble du Nouveau Monde, d'où la notion générale de collectivité neuve qui est au cœur de nos travaux comparatifs depuis une dizaine d'années.

Les trois clés de la présente recherche se trouvaient ainsi réunies : a) la compréhension de la société québécoise exige une connaissance de la formation et du développement des autres collectivités du Nouveau Monde, dans l'acception la plus large du terme — Amériques, Australasie, Afrique —, b) les illusions de la singularité doivent être contrées par le recours à une démarche comparative, c) les importantes distorsions et contradictions qui s'introduisent dans les représentations qu'une société entretient d'elle-même appellent un regard critique sur l'évolution des imaginaires collectifs, sur les modalités de leur production et sur la nature des pratiques discursives.

Sont donc visées par notre enquête toutes les collectivités formées depuis le XVIe siècle à même des mouvements d'émigration intercontinentaux en provenance de l'Europe et dirigés vers des territoires *neufs* — ou, plus exactement, considérés et traités comme tels par les nouveaux arrivants. Notons que, ainsi définie, la collectivité neuve se distingue de la simple enclave coloniale en ce que a) ses membres en viennent tôt ou tard à se percevoir comme formant une société autre, séparée géographiquement et socialement de la mère patrie (même si elle demeure dépendante de celle-ci de diverses façons, notamment à titre de colonie), b) ils partagent dès lors une conscience collective distincte, *c*) ils se donnent des finalités, formulent des utopies pour *leur* société, *d*) enfin, dans la collectivité neuve, ce sont ordinairement les descendants d'Européens qui mettent fin au lien colonial, alors que dans l'enclave c'est la population indigène. Le concept recouvre ainsi principalement des collectivités dites fondatrices, comme le Québec et le Canada, les États-Unis, tous les pays d'Amérique latine, l'Australie et la Nouvelle-Zélande, l'Afrique du Sud, l'ancienne Rhodésie — ces deux derniers pays devant être toutefois peu abordés dans le présent livre. Sur le plan théorique, rien n'empêcherait d'étendre le vocable à toutes les populations nées d'un transfert migratoire européen, mais qui n'ont jamais accédé à un statut ou à un pouvoir politique institutionnalisé alors même qu'elles ont toujours manifesté une forte identité et aspiré à l'émancipation. C'est le cas des Acadiens au Canada, des Noirs aux États-Unis et dans certains pays d'Amérique latine (le Brésil en particulier), ainsi que d'autres communautés du Nouveau Monde ayant survécu comme minorités culturelles. Enfin, en marge de notre définition, se trouvent certains pays comme Israël qu'on peut assimiler soit à la renaissance d'une vieille nation, soit à la continuation d'une nation qui existait auparavant sous forme de diaspora.

À propos de ces collectivités neuves, nous nous intéressons tout particulièrement au moment à partir duquel les immigrants primitifs ou leurs descendants accèdent au sentiment de former une société *autre*, à distance de la mère patrie. Cette société voudra-t-elle se poser comme différente de la société métropolitaine ou la reproduire à l'identique ? s'inscrire en rupture ou en continuité avec elle ? Ce sont là de grandes options qui s'offrent à toutes les collectivités neuves et sur lesquelles nous reviendrons. Quoi qu'il en soit, au fur et à mesure du peuplement, une entité collective prend forme par la suite, qui s'emploie à se donner des représentations, des définitions d'elle-même, des finalités. Bientôt, une appartenance émerge, qui se nourrit des expériences du présent, d'utopies et de mémoire. On passe ainsi progressivement de l'entité à l'identité. Par rapport à la société d'origine des premiers arrivants, on assiste à une reproduction outre-mer, à la constitution d'une société civile et d'un imaginaire. Nous verrons que, sur le plan symbolique, cette opération va se heurter à des difficultés spécifiques et même à des impasses que la conscience collective va s'efforcer de surmonter, tant bien que mal.

Il importe de souligner que, en recourant à cette notion de population ou de collectivité neuve (ou encore de culture fondatrice, selon la dimension à laquelle on se réfère), nous n'entendons nullement reprendre à notre compte la mythologie triomphante du Nouveau Monde. Nous voulons simplement marquer le point de vue d'où l'analyse sera conduite, et qui est celui des Européens-immigrants, qualifiés de pionniers ou de fondateurs. Car nous savons bien que tous ces espaces *neufs* étaient en réalité occupés et exploités depuis très longtemps par des populations autochtones, qui se les étaient appropriés matériellement et culturellement. C'est dire que notre perspective va s'élargir progressivement en cours de route pour inclure le rapport avec l'occupant primitif. De même, le concept de collectivité neuve reste neutre quant aux grandes orientations ultérieurement privilégiées par la nouvelle société : contenus des mythologies du Nouveau Monde et de l'ancien, prolongement du modèle de la mère patrie et maintien du lien colonial, rupture et recommencement intégral sur le mode radical, affranchissement progressif de l'État et de la culture dans la longue durée, alliances de continuité et de rupture, etc. Cette disposition méthodologique est tout à fait en accord avec l'esprit de l'enquête, qui adopte la perspective d'une macro-histoire culturelle afin de reconstituer les grandes orientations et les itinéraires collectifs dessinés dans les *nouveaux* espaces, de même que les processus inhérents à la formation et à l'évolution des identités et des imaginaires.

Telle qu'entendue ici, cette notion d'imaginaire invite à explorer rien de moins que l'appropriation culturelle du continent, à savoir : l'établissement d'une relation symbolique avec le territoire, l'élaboration de représentations de *soi* (au présent, au passé, au futur) et de l'*autre*, la mise en place d'un cadre d'intégration collective. L'imaginaire collectif est donc le produit de l'ensemble des démarches symboliques par lesquelles une société se donne des repères pour s'ancrer dans l'espace et dans le temps, pour rendre possible la communication entre ses membres et pour se situer par rapport aux autres sociétés[2]. S'agissant de sociétés neuves, ce genre d'analyse revêt un intérêt particulier dans la mesure où la construction des imaginaires doit s'y effectuer dans un contexte colonial, au sein d'un réseau de dépendances dont l'évolution va conditionner étroitement les formes culturelles en émergence.

Suivant les lignes qui viennent d'être esquissées et en nous appuyant sur l'enquête comparée, nous nous emploierons à faire ressortir les grandes singularités et convergences qui se dessinent au sein des itinéraires socioculturels et politiques[3] tracés depuis le XVIe siècle dans les espaces du Nouveau Monde. À cette première modélisation s'ajoutera une exploration des pratiques discursives productrices de l'imaginaire. Cette fois, les grandes constructions idéologiques et symboliques mises en œuvre dans la pensée, la science, la littérature, les arts, l'historiographie et la religion seront prises à témoin pour que soient mis au jour les procédés, les ruses du discours ou de la conscience collective, son inventivité lorsqu'elle fait face à des contradictions ou à des impasses. Dans notre esprit, il n'y a donc rien de péjoratif dans ce concept qu'on assimile parfois à un travestissement de la réalité, à une dérobade, à un discours arbitraire de l'arrière-pensée. Sur ce point, nous serons particulièrement attentif à relever la variété des solutions élaborées, d'une collectivité à l'autre, en rapport avec les mêmes problèmes. Mais au-delà de cette diversité, il ne paraît pas irréaliste de supposer l'existence d'une sorte de grammaire qui se révèle dans les processus commandant la formation et les réaménagements de l'imaginaire. Enfin, sur un troisième plan, et sans préjudice pour ce qui précède, nous voudrons tirer profit de ce parcours comparatif pour jeter un nouveau regard sur la société québécoise et comprendre mieux peut-être certains aspects de l'itinéraire qu'elle a dessiné dans le Nouveau Monde.

Cette perspective d'enquête promet d'être particulièrement féconde en ce qui concerne le Québec étant donné que, traditionnellement, l'historiographie y a fait peu de place à la perspective ou à la problématique du Nouveau Monde (G. Bouchard, 1990a, 1995a). Ce phénomène, qui est en lui-même un fait social important, est tributaire de certaines réticences que le discours des élites culturelles canadiennes-françaises (sauf exceptions) a longtemps manifestées à l'endroit de l'américanité. Plus généralement, la création des collectivités neuves a donné lieu à des situations d'analyse privilégiées pour la science historique et la sociologie. En effet, le transfert migratoire a institué une distance, quand ce n'était pas une cassure, avec le pays d'origine et il a créé des circonstances propices à une mythologie des (re)commencements, à une sorte de temps-zéro (au moins virtuel, et parfois réel) de la vie sociale. Comme nous le verrons, ce sentiment était illusoire sur plus d'un point : la population *fondatrice* comportait déjà d'importants noyaux de sociabilité ; elle avait apporté avec elle des modèles, des références culturelles partagées ; dans une large mesure, le nouvel imaginaire se construisait en empruntant à l'ancien, etc. Enfin, les espaces du Nouveau Monde offrent à l'analyse comparée des conditions d'exercice très favorables parce que les collectivités visées ont eu à assurer leur développement dans des contextes présentant d'importantes similitudes. Ainsi, elles ont toutes été créées à distance, à la suite d'un transfert migratoire intercontinental ; leur formation a été assujettie à un lien colonial qui les faisait dépendre de l'une ou l'autre des quatre grandes puissances européennes (Grande-Bretagne, France, Espagne, Portugal) et dont elles ont, sans exception, voulu ensuite s'affranchir ; elles ont fait face à de vastes territoires qui se prêtaient à la *découverte,* à la conquête et au développement ; elles se sont trouvées en présence de populations autochtones qu'elles ont dû circonvenir d'une manière ou d'une autre ; elles ont, chacune à sa façon, élaboré des mythologies qui exprimaient le sentiment d'être engagées dans une grande aventure collective, peut-être sans précédent, où l'espace tenait un rôle central.

Du point de vue des études québécoises, l'histoire comparée des collectivités neuves présuppose un virage scientifique et culturel important. Elle oblige à élargir substantiellement une perspective longtemps prédominante qui consistait à étudier le Québec dans sa relation historique avec Paris et l'Europe — principalement Londres et Rome. À cette perspective verticale, s'ajoute désormais une dimension horizontale, intercoloniale. L'aire de recherche et de comparaison ainsi ouverte paraît si naturelle et si proche qu'on en vient à se demander comment elle a pu être aussi longtemps délaissée. Parmi d'autres facteurs, il faut de toute évidence mettre en cause la relation de dépendance très intense, quasi exclusive, que les élites socioculturelles ont longtemps entretenue avec la France. C'est précisément un relâchement et une redéfinition de cette relation qui a rendu possible le virage qui vient d'être évoqué. En lui-même, ce dernier participe en effet d'un changement important dans la culture québécoise, qui a voulu s'affranchir (au moins partiellement) d'une vieille dépendance en réaménageant son rapport à la France. En témoigne la curiosité renouvelée qui s'est manifestée depuis quelques décennies pour les États-Unis et, plus récemment, pour l'Amérique latine. Pour B. Andrès (1992-1993) par exemple, le regard interaméricain en littérature (la « collatéralité », pour reprendre son expression) est la condition d'une comparaison vraiment symétrique et fructueuse, exempte de toute hiérarchisation. Dans le même sens, A. Sirois (1994) a montré comment la comparaison entre des littératures en émergence et des littératures métropolitaines glissait inévitablement vers des problématiques du retard où la réflexion finit par s'enliser. Du côté québécois toujours, on trouvera des plaidoyers semblables chez Y. Lamonde (1997c), G. Bouchard (1995a) et d'autres. Mais comme d'habitude, semble-t-il, ce sont des littéraires qui, encore une fois, avaient ouvert la voie. La revue québécoise *Dérives* a publié en 1977 un numéro sur le Chili, puis sur le Salvador (1981) et sur le Brésil (1983). Les revues *Études littéraires, Liberté* et *Possibles* suivaient la même voie[4]. Cette orientation rejoint des courants analogues en Amérique latine (Z. Bernd, 1995) et aux États-Unis (E. E. Fitz, 1991, 1997), dans la tradition inaugurée par L. Hartz (1964).

Cela dit, la démarche que nous proposons est manifestement très ambitieuse, téméraire même. L'histoire comparée des imaginaires et des itinéraires sociopolitiques des collectivités neuves ferait normalement appel à une telle érudition, à une telle mobilisation de données qu'on serait dès le départ tenté de renoncer. Pourtant, c'est exactement à cette échelle (internationale, intercontinentale, pluridimensionnelle) que la réflexion doit être conduite si l'on veut découvrir un point de vue renouvelé et enrichi sur ces réalités nationales qui nous sont devenues en quelque sorte trop familières. Cette nécessité fera sans doute pardonner les lacunes, les raccourcis ainsi que le caractère forcément exploratoire du présent essai.

Nous tenons par ailleurs à prendre nos distances par rapport à certains devanciers qui se sont déjà employés à rendre compte, dans leur ensemble, des imaginaires et des itinéraires collectifs dans le Nouveau Monde. On sait par exemple que la pensée évolutionniste a fortement imprégné l'historiographie des cultures fondatrices, en particulier celle de la littérature. Évoquons, parmi d'autres, les travaux de C. Hadgraft (1960) et de C. F. Klinck *et alii* (1965) qui ont étudié respectivement l'histoire littéraire de l'Australie et du Canada, selon un modèle de développement ou de progrès quasi linéaire. Dans une veine un peu différente, qu'on pourrait qualifier de mécaniciste, on connaît aussi les travaux de Louis Hartz sur les peuples fondateurs et sa thèse des *fragments*. Dans son livre principal publié en 1964, il soumettait l'idée que chaque société neuve ne constituait qu'une version simplifiée, qu'un fragment appauvri détaché du riche éventail idéologique et politique de la société d'origine. La création du Nouveau Monde aurait de la sorte entraîné non seulement un appauvrissement culturel mais aussi un grand conservatisme : n'étant plus soumis à la dialectique des forces qui le maintenait en perpétuel changement, le fragment tendrait en effet à se stabiliser, à se figer structurellement. Sur le plan quantitatif, il devait néanmoins connaître une grande expansion dans son nouvel environnement, puisqu'il n'est plus contraint par des forces opposées, par des « fragments » concurrents. Pour Hartz, il devient dès lors possible de caractériser et même de prévoir la trame sociopolitique de chaque collectivité neuve, puisqu'elle se déploie suivant un « *purely mechanistic process* » : des variantes de libéralisme aux États-Unis et au Canada, des formes de féodalisme au Québec et en Amérique latine, une tradition radicale en Australie, etc.

Ce modèle nous paraît inopérant pour diverses raisons. À cause de son déterminisme, d'abord, qui rend en quelque sorte prévisibles les traits et la trame de chaque société et semble la soustraire à l'influence de son nouvel environnement et de sa propre histoire sur le nouveau continent (expériences et choix collectifs, accidents, inventions, adaptations…). Du coup, cet impérialisme du fragment exclut tout changement en profondeur. Il écarte également toute possibilité d'une véritable rupture avec la mère patrie : s'il y a différenciation, c'est seulement parce que le fragment ne reproduit qu'une partie de la société d'origine. On ne comprend pas bien non plus pour quelles raisons un seul fragment est transféré, pourquoi deux ou trois héritages ne pourraient pas se combiner, comme il arrive dans les sociétés mères, ou pourquoi d'autres fragments ne pourraient pas se former dans l'histoire des collectivités neuves. Sur un plan plus empirique, plusieurs auteurs (disciples de Hartz, pour certains) ont relevé que les sociétés neuves analysées selon cette démarche présentent toutes une diversité et une complexité que le modèle réduit à outrance. On observe aussi que les sociétés portugaise et espagnole, par exemple, n'étaient guère moins conservatrices (et même moins féodales) que plusieurs de leurs colonies d'Amérique. Sur plusieurs autres points, nous nous éloignons de Hartz. Notre démarche embrasse *a priori* toute la culture et non seulement les idées politiques et sociales. En outre, comme nous l'avons signalé, elle ne préjuge aucunement des orientations politiques qui pourront prévaloir d'une société à l'autre, ou se succéder dans l'histoire d'une même société. C'est dire qu'elle admet la possibilité de changements radicaux, tout comme l'éventualité d'une compétition et d'un amalgame entre des orientations (ou *fragments*) concurrentes. Ce qu'il faut étudier, en définitive, c'est la façon dont ces sociétés choisissent de disposer de leur héritage soit en le préservant, soit en le récusant pour le remplacer, soit encore en l'altérant pour l'amalgamer, ou de toute autre manière. Il est entendu que la collectivité neuve peut être l'héritière de sa propre histoire tout autant que de sa mère patrie.

Une autre voie d'analyse est celle qui fut ouverte à la fin du XIXe siècle aux États-Unis par Frederick Jackson Turner et ses disciples à partir de la notion de frontière[5]. Ce modèle se donne comme une sorte de théorie générale des populations neuves que les nombreux disciples de Turner ont essayé d'appliquer à des périodes et à des espaces très divers (incluant l'Europe médiévale et des sociétés orientales). L'idée originelle, formulée en référence à l'histoire des États-Unis, veut que le peuplement vers l'ouest et vers la frontière qu'il suscitait ait agi comme un creuset où est venue se fondre l'immigration hétérogène en provenance d'Europe principalement. Il en aurait résulté une nouvelle civilisation, supérieure à celles d'outre-mer et caractérisée par des idéaux d'égalité, de démocratie et de progrès. La notion de frontière désigne donc un territoire, mais aussi un processus particulier, une expérience collective. Du point de vue qui est le nôtre, ce modèle d'analyse fait problème sur trois points. En premier lieu, il consacre un déterminisme de la géographie dont il est difficile de s'accommoder : partout où elle a existé, la frontière est censée avoir exercé sa catharsis, fusionnant les différences et engendrant les mêmes traits, *mutatis mutandis*. Comment dès lors rendre compte de la grande diversité des collectivités neuves ? Comment expliquer les manifestations de clivages et d'exclusions dont chacune a été le lieu ? Deuxièmement, selon le modèle, une rupture culturelle survient inévitablement entre la société neuve et la société d'origine. Encore une fois, ce postulat est inacceptable parce qu'il préjuge du cours de l'histoire ; nous verrons en effet que cette rupture n'est ni inévitable, ni (lorsqu'elle survient) irréversible. Au surplus, Turner s'intéressait tout particulièrement à la relation de dépendance qui assujettissait la frontière de l'Ouest aux métropoles de l'Est du continent. Nous nous intéressons plutôt à la dépendance de l'ensemble de la société neuve à l'endroit de sa mère patrie européenne. Enfin, le modèle véhicule plus ou moins ouvertement l'idée que la frontière engendrait une culture et une société supérieures. C'est là évidemment un jugement de valeur dont notre analyse doit se garder.

D'autres démarches de synthèse ont été mises de l'avant pour rendre compte de l'expérience originale du Nouveau Monde, selon des voies différentes des nôtres. Dans ce cas, la démarcation ne tient pas à des désaccords théoriques ou méthodologiques, mais au simple fait que ces démarches poursuivent des interrogations spécifiques, et parfois complémentaires de celle que nous projetons. Il n'est pas utile de procéder ici à un long survol ; nous nous limiterons à deux exemples. Ainsi, P. Nepveu (1998) s'est livré à une reconstitution très originale des imaginaires du Nouveau Monde à partir de récits littéraires introspectifs qui ont parcouru non pas les grandes étendues sauvages, mais les *espaces intérieurs,* ceux de la subjectivité, de la construction du moi, de l'angoisse, et même de la contemplation. Ici, l'objet d'étude n'est pas l'expérience qui amène les nouveaux arrivants à conquérir bruyamment un territoire, mais bien celle qui fait découvrir dans le silence et la réclusion le continent psychologique, la frontière de soi. La démarche donne lieu à des analyses extrêmement riches qui font voir la pluralité et la complexité des aventures dans le Nouveau Monde. Mais, encore une fois, c'est la conscience individuelle qui est au cœur de l'enquête, alors que nous nous intéressons surtout aux comportements et aux grandes représentations collectives. Dans une tout autre veine, cette fois à l'enseigne du marxisme et de la révolution, D. Ribeiro (1970) a esquissé une démarche destinée à rendre compte des écarts dans le développement sociopolitique et économique de divers pays d'Amérique latine. Sur le plan théorique, l'effort vaut d'être signalé parce qu'il articule à la pensée marxiste une véritable problématique des collectivités neuves.

Une autre question doit être clarifiée. L'itinéraire scientifique que nous envisageons semble postuler que la formation des collectivités du Nouveau Monde représente une expérience unique, différente en tous points de celle du monde ancien. À cela on pourrait objecter que l'Europe (laissons de côté l'Asie et l'Afrique qui ne sont pas ici concernées) a connu elle aussi bien des recommencements, des renaissances, des expériences de migration et de repeuplement faisant suite à de grands traumatismes (guerres, famines, épidémies), et de nombreuses reconstructions d'États et de nations commandées par des révolutions, des conquêtes, des remaniements d'empires, en particulier durant le XIXe siècle et au cours des premières décennies du XXe siècle. Ces épisodes n'ont-ils pas placé les sociétés européennes dans des situations et devant des défis comparables à ceux du Nouveau Monde : mise en place d'institutions, construction d'identités, de mythes fondateurs, de nouveaux imaginaires, et le reste[6] ? On ne peut nier sur ce point l'existence d'importantes similitudes — qui ouvrent du reste la porte à de passionnantes comparaisons, nous le signalons en passant.

Cela dit, de cinq façons au moins, les circonstances dans lesquelles ont été créés les collectivités et les États du Nouveau Monde diffèrent de ce que l'on peut observer dans l'ancien. D'abord, les transferts migratoires intercontinentaux ont créé un profond hiatus entre les sociétés d'origine et les nouvelles, dont il a résulté chez les secondes un vif sentiment d'éloignement et d'isolement par rapport à la *civilisation*. Il en a résulté aussi une grande incertitude, une impression durable de précarité collective. En deuxième lieu, les collectivités du Nouveau Monde ont toutes été constituées dès l'origine comme colonies et elles ont dû assurer leur développement dans une dépendance totale (économique, culturelle, politique, militaire) à l'endroit des métropoles européennes. Troisièmement, le rapport culturel à l'espace était très différent. Les nouveaux continents ont inspiré presque partout une mythologie conquérante des territoires immenses, riches et sauvages, en même temps qu'une crainte de l'inconnu, des dangers insoupçonnés qu'ils recelaient. Cette double perception a contribué à fonder la dimension épique du peuplement. Un autre important facteur de différenciation réside dans le fait autochtone, présent dans l'ensemble du Nouveau Monde, et qui a posé aux collectivités neuves un défi qu'elles n'ont toujours pas réussi à surmonter. Enfin, dans l'histoire européenne, ce sont surtout les États ou les institutions qui étaient neufs, fruits de réaménagements de régimes ou de frontières, mais les populations et les cultures, à coup sûr, ne l'étaient pas. La grande Allemagne de Bismark était un pays neuf, tout comme l'Italie de Garibaldi ou la France de 1789, mais elles rassemblaient des ethnies très anciennes. Nous verrons que c'est sous ce rapport précisément que le Nouveau Monde a éprouvé l'une de ses plus grandes difficultés : sauf exception, les élites socioculturelles y ont été littéralement hantées par le sentiment d'appartenir à une société improvisée, d'une grande pauvreté culturelle par rapport à l'Europe, sans racines et sans traditions, privée de la consistance et du prestige que confère l'ancienneté. On pourrait même dire qu'elles se sont fait une vocation de combler ce déficit de civilisation par la littérature et par les arts, dans la construction de la mémoire et le développement de la pensée, pour qu'un jour le Nouveau Monde puisse enfin se prétendre l'égal de l'ancien[7].

Les remarques qui précèdent, on l'aura noté, nous mettent également en désaccord avec Alexis de Tocqueville. Ce dernier, dans son célèbre essai sur la démocratie en Amérique, a en effet soutenu que le Nouveau Monde était simplement la réplique de l'ancien, que la matière première des prétendues nouvelles sociétés a été fournie par les coutumes, les idées, les modèles de la civilisation européenne. Ce fait n'est guère contestable, mais il n'empêche pas que ces sociétés ont pu connaître par la suite une importante différenciation et se donner des orientations de rupture parfois radicales. Cette donnée, jointe à celles qui ont été évoquées plus haut, fonde la spécificité du Nouveau Monde comme objet d'étude. À tout cela, on pourrait encore ajouter que, en elle-même, la mythologie des nouveaux espaces, telle qu'elle a été inspirée aux premiers arrivants européens, constitue de toute évidence une spécificité culturelle très importante.

Voici maintenant une présentation rapide du *questionnaire* qui sera en quelque sorte adressé à chaque collectivité neuve au cours des chapitres suivants.

Des modèles et des modes d'appropriation symbolique

Par appropriation, on entend un processus d'identification collective médiatisé par l'espace. Cette définition rappelle le concept de territorialité qui, chez C. Raffestin (1980) et quelques autres géographes, désigne l'ensemble des relations (culturelles, sociales, matérielles) que des habitants tissent entre eux et avec le lieu qu'ils occupent. En ce sens, on parle couramment d'américanité, d'australianité, d'africanité, d'antillanité, et le reste. Dans chaque cas, on veut ainsi désigner la somme des actes et des transactions par lesquels les membres d'une population ont aménagé, nommé et rêvé leur habitat. L'objet ainsi qualifié est tout à la fois culturel, social et géographique. Sur le plan symbolique (auquel nous restreindrons notre analyse), il se construit de deux manières, simultanément : dans l'ordre des coutumes et dans l'ordre du discours (ou de la culture savante).

Dans l'ordre coutumier ou ethnographique, l'appropriation est le fait de tous les milieux sociaux, aussi bien populaires que bourgeois ou autres. Relevant de ce que nous appellerons faute de mieux la culture non écrite, elle se manifeste dans et par la toponymie, les parlers, les contes et légendes, les danses, musiques et chansons, la culture matérielle et tous les rites de la vie quotidienne ou saisonnière, à quoi s'ajoutent les grands rituels de la naissance, du mariage et de la mort. Elle donne naissance à des identités, à des appartenances locales, à des régionalismes. Sur le plan strictement empirique, et en l'absence de toute intervention idéologique ou normative, ce travail de la culture non écrite produit à plus ou moins long terme une première différenciation entre la société d'origine et la société neuve. Au gré des inventions et adaptations commandées par les nécessités quotidiennes, le contexte de peuplement s'avère en effet particulièrement propice à l'apparition de nouvelles formes collectives. Dans cette expérience première de l'espace (exploration, défrichement, habitation, appellation…), certains traits de mentalité, appelés à structurer pour longtemps la vie sociale et culturelle, prennent alors racine. Ce phénomène s'observe dans toutes les sociétés neuves. Ceci pour l'appropriation coutumière ou ethnographique, à l'œuvre dans tous les milieux sociaux (bien qu'elle soit ordinairement identifiée aux classes populaires). En regard, les pratiques du discours sont surtout le fait de la culture savante. Cette deuxième forme d'appropriation procède par construction, selon une démarche raisonnée et formalisée[8] qui met en forme soi, l'autre et le territoire. L'écrit est son principal médium, bien qu'elle fasse appel aussi à de nombreux autres vecteurs. Elle s'exprime en effet dans les divers domaines de la pensée, de la religion et de la science, dans les arts et dans la littérature. Elle institue des significations, elle fait valoir des valeurs, des idéaux, elle formule des choix et des orientations au nom de toute la société. Elle puise fréquemment dans le matériau coutumier et il lui arrive même d'en fabriquer. Dans l'ensemble, c'est donc à la fois dans la coutume et dans le discours, suivant des voies qui sont loin de toujours converger, que s'élabore l'imaginaire collectif. Enfin, notons que cette distinction entre le coutumier et le discursif ne se replie pas tout à fait sur le clivage populaire/savant (ou populaire/élitiste), les pratiques coutumières n'étant pas restreintes aux classes populaires. Nous limiterons néanmoins à ce milieu social notre analyse de la vie coutumière.

En tant que pratique réflexive, l'une des fonctions du discours est d'élaborer des choix, de fixer de grandes directions pour la vie collective. Dans le cas des collectivités neuves, l'une des matières les plus fondamentales et les plus déterminantes sur lesquelles les élites sont amenées à trancher concerne l'attitude à prendre envers la mère patrie. Ici, l'aire des options possibles recouvre un large éventail balisé théoriquement par deux positions, deux modèles extrêmes que nous énoncerons sous forme d'*idealtypus*. Le premier modèle est celui de la reproduction à l'identique, ou de la *continuité*. Dans ce cas, la collectivité neuve entend se constituer comme une réplique de la mère patrie. Elle se donne pour mission de rester fidèle à son modèle, à sa tradition. Elle en emprunte et perpétue les institutions, les idées, les normes, les symboles et même la mémoire. Le culte de ses racines lui sert en quelque sorte d'utopie. L'autre position limite est celle de la reproduction dans la différence, ou dans la *rupture*. Ici, la collectivité neuve affirme son autonomie et tourne le dos à la mère patrie, dont elle rejette la tradition. Souvent même, elle prétend ériger une forme de société qui lui soit supérieure, en mettant à profit les richesses du nouveau continent. La démarche de rupture procède et s'exprime par une critique de la société d'origine (jugée déclinante, incapable de progrès, despotique, corrompue, d'où la nécessité de s'en éloigner), par la formulation d'utopies de recommencement à nouveaux frais et par l'émancipation politique, qui en est l'expression la plus institutionnalisée, la plus spectaculaire. Nous verrons que ce décrochage métropolitain qui aboutit à la formation d'un nouvel État peut se réaliser soit d'un seul coup, par affrontement, soit progressivement, par glissements successifs, par usure. Cela dit, il est entendu que ces deux grands modèles sont susceptibles de se combiner pour faire place à un large éventail de positions ou de configurations intermédiaires. Il est rare en effet de retrouver l'un ou l'autre des deux types à l'état pur, toute forme de prévalence dans un sens ou dans l'autre s'accompagnant d'une part d'interaction, ce qui oblige l'analyse à s'inscrire dans une perspective dialectique. Du reste, plutôt que de raisonner en termes de modèles, il conviendrait tout autant de se représenter deux dynamiques omniprésentes et concurrentes qui se conjuguent selon des modalités variables (d'une collectivité à l'autre) et changeantes (dans la longue durée). Cette flexibilité conceptuelle permet de mieux rendre compte du cas de ces sociétés neuves qui hésitent constamment entre la continuité et la rupture, entre leur histoire lointaine et leur géographie.

Quelques précisions additionnelles s'imposent. D'abord, il semble régner une assez grande autonomie respective des orientations fixées par le discours et des tendances qui prévalent dans l'ordre coutumier. Il s'avère, par exemple, que la reproduction dans la rupture s'accommode d'importants éléments de continuité dans la vie coutumière (comme dans certaines institutions, du reste). À l'inverse, une différenciation poussée sur le plan ethnographique ne semble pas toujours faire obstacle à un discours continuiste ou de reproduction à l'identique. Nous serons amené par notre enquête à déterminer si une collectivité donnée, à tel moment de son histoire, est (davantage) engagée dans une dynamique de continuité ou dans une dynamique de rupture. Nous nous en remettrons alors à la fois aux formes coutumières, plus ou moins modelées sur l'héritage, et au discours formulé par les élites elles-mêmes (les orientations en présence, l'appui dont elles jouissent, la place qu'elles occupent dans l'appareil socioculturel de diffusion, etc.). Il importe en effet de détecter les situations aussi bien de divergence que de convergence entre ces deux univers culturels. Pour des raisons évidentes cependant, les productions savantes recevront une attention particulière. Parce qu'elles énoncent explicitement des choix, des orientations, elles permettent de reconstituer précisément un itinéraire collectif. C'est en effet la fonction des élites que de faire et refaire sans cesse la théorie de l'expérience et du destin d'une société.

L'enjeu en est du reste considérable. L'orientation privilégiée au départ peut fixer pour longtemps la vision du Nouveau Monde et de l'ancien en structurant la culture nationale, et en particulier le regard sur le passé. Elle peut mettre une collectivité ou une culture en consonance ou en dissonance, en adéquation ou en désadaptation prolongée avec son environnement quotidien. Ainsi, selon la configuration ou le modèle retenu (sur le gradient continuité/rupture), le rapport symbolique au Nouveau Monde risque de se présenter sous des formes très différentes, allant de la mythologie triomphante à la vision introvertie et défaitiste. Il peut engendrer des exceptionnalismes inspirés tantôt par une confiance collective un peu arrogante, par la conviction d'une grande supériorité, tantôt par le doute, par le sentiment d'une précarité, d'un destin défavorable peut-être voué à l'échec.

Cependant, quelle que soit l'option qui l'emporte dans une collectivité à un moment donné, diverses impasses et contradictions doivent être surmontées. Dans l'hypothèse continuiste, par exemple, on se demande dans quelle mesure le mimétisme culturel n'en donne pas moins lieu à des sélections plus ou moins délibérées au sein de la culture ou de la société d'origine (par amplification, distorsion, rejet...) et, le cas échéant, selon quelles modalités. On pense d'abord ici aux idéologies ou aux institutions, mais également à la langue, aux croyances et à divers éléments coutumiers. On s'interroge aussi sur les tensions susceptibles d'apparaître entre la culture empruntée et les expériences vécues sur le nouveau territoire. Au gré de la différenciation coutumière et sous l'effet des inévitables inventions et adaptations commandées par l'appropriation matérielle de l'espace, on devine qu'une part croissante d'inadéquation s'installe entre les représentations transposées et les impératifs de la quotidienneté — ou si l'on veut : entre ce qui relève de l'héritage et ce qui naît de l'usage. Il est prévisible qu'à la longue, une culture locale originale prendra forme, qui infiltrera peu à peu la culture empruntée et menacera de la supplanter. Quoi qu'il advienne, ces processus invitent à observer de près les interactions et les formes de dichotomie entre ce qu'on pourrait appeler la *culture prescrite* (métropolitaine) et la *culture inscrite* (continentale)[9].

À mesure qu'elles s'accentuent, les tensions qui viennent d'être évoquées sont ordinairement ressenties d'une façon particulièrement vive par les littéraires et les artistes, dans leur quête d'authenticité ; et ceux-ci sont souvent les premiers à les exprimer ou à les dénoncer. Le cas des littéraires est tout à fait remarquable à cet égard. Il semble en effet que le discours romanesque et poétique soit ordinairement en avance sur celui des idéologies et des sciences sociales, ce qui en fait un témoin précieux de l'évolution culturelle du Nouveau Monde, un confident de ses ambiguïtés, de ses angoisses et de ses réorientations.

Dans l'hypothèse, cette fois, de la rupture, il importe de souligner que, en dépit des décrets de l'idéologie ou de la philosophie, rien n'assure que toutes les régions du discours emboîtent le pas instantanément. Même lorsque le lien colonial a été coupé sur le plan politique, tout indique que le décrochage culturel et l'inscription continentale cheminent suivant des rythmes, des calendriers très dispersés, selon qu'il s'agit de la littérature, des sciences sociales ou des diverses avenues de la pensée et des arts. La littérature, par exemple, semble éprouver d'énormes difficultés à se soustraire à la dépendance et au sentiment d'infériorité à l'endroit de la mère patrie. Cette géométrie variable dans la marche du décrochage de même que l'éventail varié des amalgames sur le continuum continuité/rupture se manifestent pleinement dans la construction de la culture nationale *(infra),* où ils donnent lieu aux configurations les plus diverses. Enfin, en ce qui concerne le lien colonial lui-même, il peut être rompu brutalement dans un acte fondateur spectaculaire, mais il peut aussi se défaire progressivement au gré d'un long enchaînement de petits actes décrocheurs ou fondateurs, suivant un modèle de dérive plutôt que de cassure.

Nous avons signalé plus haut une première forme de dichotomie qui peut s'introduire dans le processus d'appropriation, entre ce que nous avons appelé la culture prescrite et la culture inscrite. Or cette dichotomie, associée principalement au modèle continuiste, prend concrètement un visage social qu'il importe d'identifier. Elle peut se traduire en effet par une division entre élites, au sein de la culture savante, ou encore se replier sur le clivage élites/classes populaires. Dans ce dernier cas, on observera, par exemple, une antinomie entre des élites attachées à la mère patrie, nourries de références européennes, et des classes populaires immergées dans l'expérience du nouveau continent, pleinement engagées dans une nouvelle construction identitaire. L'imaginaire collectif se construit alors à ses deux extrémités, dans deux directions opposées. Une question déterminante concerne la façon dont ce genre de fractionnement et de désarticulation peut affecter l'évolution du rapport à la mère patrie et la capacité d'affirmation de la nouvelle collectivité. Au cours de leur histoire, des nations comme le Québec, la Nouvelle-Zélande et l'Australie ont manifesté ce genre d'antinomie entre des élites européanisantes et des milieux populaires bien inscrits dans les nouveaux espaces. En Argentine, une divergence semblable s'est installée au sein même des élites après l'indépendance (D. Quattrocchi-Woisson, 1992). En outre, en Argentine encore et en Australie, s'ajoutait à ces divisions un clivage spatial entre le segment urbain et le segment rural (la *pampa* dans le premier cas, la *bush* ou le *outback* dans l'autre). Enfin, il va de soi que ces divisions socioculturelles furent encore plus accusées là où elles se doublaient de clivages ethniques.

Une autre interrogation porte sur les rapports qui s'instituent entre culture savante et culture populaire : ces rapports sont-ils définis sur le mode de l'interaction et de l'osmose? ou de la tension et du cloisonnement? On ne doit pas exclure non plus la possibilité d'un monolithisme culturel dans la structure de classes, d'un large consensus autour d'un paradigme prédominant et d'un syncrétisme dans la dynamique interculturelle.

Enfin, au-delà des locuteurs, il faudra se montrer attentif à identifier les classes et les acteurs sociaux qui se dissimulent derrière les pratiques discursives. Sur ce point, la notion d'imaginaire recèle bien des pièges. La culture savante assigne ordinairement à ses productions un rayonnement qui est censé transcender les barrières de classes, de genres, de partis, d'habitats, et le reste. Dans cet esprit, tout comme la nation, l'imaginaire serait un et indivisible, affranchi de tout point d'ancrage social. Mais la réalité peut être tout autre et faire place à des visions concurrentes dont il est parfois possible de dessiner avec précision les aires sociales de production et de diffusion.

La formation des cultures nationales

Par culture nationale, nous désignons cette partie de l'imaginaire collectif (produit par les pratiques discursives) qui se donne comme le cadre officiel d'intégration symbolique de l'ensemble de la collectivité. On observe que, dans tous les espaces du Nouveau Monde, lorsque les élites commencèrent à se percevoir comme appartenant à une société autre, distincte de la mère patrie, c'est par le prisme de l'idée nationale — empruntée à l'Europe — qu'elles élaborèrent leurs premières représentations collectives. La même notion en vint ainsi à admettre des contenus symboliques fort différents d'une société à l'autre, tout en véhiculant partout une même volonté d'affirmation. Cela même nous dispensera d'en proposer une définition spécifique : en vertu de la démarche de notre enquête, nous nous en remettrons simplement aux divers contenus ou représentations élaborés par les élites elles-mêmes. Ce choix méthodologique est d'autant plus pertinent que, dans l'histoire de chaque collectivité, les contenus symboliques de la nation bougent continuellement, se contredisent souvent et sont l'objet de constantes négociations — nous en verrons de nombreux exemples dans cet ouvrage. Nous éviterons aussi de nous demander (au contraire de certains auteurs) si l'imaginaire national était le fruit d'une quête *authentique* ou d'une *falsification*; ce serait déroger à une règle fixée au départ. La catégorie du vrai et du faux appliquée à cette matière inviterait à un procès difficile et arbitraire qui ne relève pas de notre démarche. Enfin, on observe partout que les élites ont eu à s'employer à peu près aux mêmes tâches : assigner (au propre comme au figuré) une assise territoriale à la nation, lui définir une identité, l'assortir d'un patrimoine intellectuel et d'un patrimoine coutumier, fixer des orientations politiques, formuler des utopies, construire une mémoire. Nous passons rapidement en revue ces composantes de la culture nationale, en signalant dans chaque cas les difficultés, les apories auxquelles le discours s'est buté selon que la nation se construisait sur le mode de la continuité ou sur celui de la rupture.

Il faudra d'abord s'interroger sur l'essor et les ressorts de l'idée nationale. Quels sont les problèmes ou les traumatismes qu'elle a voulu surmonter et par rapport auxquels elle s'est ensuite définie ? À partir de quel moment se sont mises en place les conditions matérielles, sociales et institutionnelles de cette opération : capacité d'imprimer et de diffuser, existence d'un public cultivé, apparition des intellectuels ? Ces données étant assurées, le discours a dû fournir, au moyen d'une fiction juridique ou autrement, une justification rationnelle de la prise de possession du sol jusque-là occupé par les Autochtones. Il a dû aussi délimiter les assises spatiales de la nation et en nourrir l'imaginaire. Une tâche encore plus complexe consistait à définir une identité collective (des traits, des valeurs, des symboles, des images de soi et des autres). Aux époques examinées, l'idée nationale procédait ordinairement d'une prémisse d'homogénéité : on concevait mal la nation sans des institutions, des règles, une langue, des coutumes, une mémoire et même une religion communes[10]. Dans le contexte des collectivités neuves, cette prémisse recevait cependant plusieurs démentis. Ainsi, la présence des Autochtones (Africains, Indiens, Amérindiens, Maoris, Aborigènes…) représentait une donnée réfractaire, apparemment irréductible, soit dans leur habitat originel, soit dans les régions d'esclavage. Il en allait de même avec l'immigration qui, après la première occupation européenne, a nourri la croissance des populations et a recruté dans des régions et des ethnies ordinairement très diversifiées. Par quels procédés (symboliques ou autres) et à quel prix les élites sont-elles parvenues à donner corps à la notion de nation en instituant une identité, sinon une homogénéité, au sein de cette hétérogénéité ?

Toutes les nations neuves, à l'image des anciennes, ont voulu aussi se donner un patrimoine intellectuel et esthétique, un panthéon des grandes œuvres de la pensée, des arts et des lettres qui était censé témoigner de leur substance et de leur grandeur, les distinguer de leurs voisines et rassembler la postérité autour d'un même culte. Mais comment une culture fondatrice se donne-t-elle des classiques, des immortels, ou si l'on ose dire : des Anciens ? En somme, comment une culture fondatrice parvient-elle à instituer une grande et vénérable tradition, à s'inventer des racines[11] ? Ici, le discours paraît livré à une alternative qui est en réalité une impasse. D'un côté, dans une perspective de rupture, il peut jouer la carte de l'authenticité et créer ses propres références, à nouveaux frais. Mais il s'expose alors au regard dédaigneux de la métropole et à l'insoutenable comparaison avec son antique et prestigieux patrimoine. En outre, et pendant une longue période, la collectivité neuve risque de devoir affronter les incertitudes et le sentiment de précarité qui sont le lot des cultures apatrides. De l'autre côté, dans une perspective continuiste, la nation peut combler son déficit de civilisation en puisant à volonté dans les modèles et dans le capital symbolique accumulé par la mère patrie, ce qui lui vaut une consistance et une crédibilité aisément et rapidement acquises. Mais le prix à payer peut être énorme : vouée à l'imitation et à la dépendance, la culture fondatrice s'installe dans un complexe d'infériorité qui étouffe ses capacités créatrices, dans une situation de déphasage avec l'expérience du nouveau continent et avec la symbolique qui lui est associée. Sur ce point, on pourrait prendre à témoin tous les domaines de l'imaginaire savant, à commencer par la langue nationale : celle-ci est nécessaire au romancier ou au poète pour exprimer pleinement son expérience du Nouveau Monde ; mais la langue dont il est dès lors imprégné a été empruntée, assortie d'un jeu de normes et de contraintes gérées depuis la métropole.

Ces remarques font voir que les constructions discursives doivent être étudiées sous deux aspects, correspondant à la double fonction qu'elles remplissent dans la formation et l'évolution de la culture fondatrice. D'une part, elles contribuent directement à construire l'imaginaire, elles revendiquent l'existence de la nation, elles fixent les contenus de l'identité, elles énoncent ses prémisses, ses contours, elle expriment ses états d'âme. D'autre part, elles laissent derrière elles des œuvres qui acquièrent valeur de patrimoine, qui deviennent le capital accumulé et permanent de la nation vivante, la preuve la plus éclatante de sa substance et de sa pérennité. C'est donc à la fois comme acteur et comme témoin que le discours est mobilisé par la culture nationale.

Celle-ci voudra aussi s'annexer un patrimoine coutumier (rituels, fêtes, danses, chansons…), surtout celui des classes populaires, afin de se donner une consistance pour ainsi dire objective, empirique — alors que les produits de la culture savante gardent toujours le caractère un peu arbitraire et fragile de ce qui est fabriqué. Cet exercice demeure toutefois largement illusoire, à un double titre. D'abord, le discours transfigure, recrée la donnée coutumière pour la plier à sa finalité. En outre, et l'on retrouve ici une difficulté qui a déjà été évoquée : comment établir les fondements, les racines et la robustesse des traditions coutumières dans le temps court et mal assuré de la collectivité neuve?

Dans la direction opposée, il revenait aux élites de dessiner un avenir exaltant pour la collectivité en formulant des utopies. Les espaces du Nouveau Monde fournissaient un matériau de choix pour ces rêveries méthodiques, soigneusement organisées, qui présentent l'envers du réel comme son prolongement vraisemblable, ou tout au moins souhaitable. L'éloignement, le dépaysement, l'inconnu amplifiaient les traits du nouveau continent: les étendues étaient illimitées, les richesses incommensurables, les périls gigantesques. Encore là, cette capacité d'émerveillement pouvait être investie soit dans une volonté de recréer la mère patrie, mais dans un format agrandi, épuré, perfectionné, soit dans une tentative de recommencement radical fondé sur un ordre collectif plus rationnel, plus harmonieux, affranchi des déchirements et des servitudes de l'ancien monde. Dans un cas comme dans l'autre, la nouvelle société serait supérieure aux sociétés européennes. Il semble en effet que, à des degrés variables, la mythologie du Nouveau Monde se soit toujours construite sur une contre-mythologie de l'ancien, même dans les entreprises continuistes.

L'histoire de l'Amérique latine a ainsi donné lieu à l'utopie d'une nouvelle race cosmique, née du mélange de l'Indien, de l'Européen et de l'Africain (notamment: José Vasconcelos, *La Raza Cósmica,* 1925). De nombreux intellectuels y ont également formulé le rêve d'une grande civilisation panaméricaine, fondée sur la fusion de tous les apports culturels et ethniques sur le continent. On y trouve aussi des traces d'une grande utopie urbaine. Aux États-Unis, c'est un idéal de progrès, de démocratie et de liberté individuelle qui a prévalu au XVIIIe siècle, relancé au siècle suivant par la mythologie de la frontière. Des collectivités comme le Canada ou l'Australie diffèrent un peu des précédentes en ce que la pensée utopique ne semble pas y avoir été aussi florissante. En regard, le Québec offre un exemple assez original. Des utopies de rupture y sont apparues durant le dernier tiers du XVIIIe siècle et la première moitié du XIXe. Par ailleurs, on y observe aussi, à partir du milieu du siècle principalement, de grandes utopies préconisant le peuplement du Nord ou l'implantation de la culture française et catholique à l'échelle de l'Amérique; mais c'étaient là, le plus souvent, des utopies de la continuité ou à dominante continuiste, des modèles de l'ancien monde transposés ou adaptés au continent américain plutôt que de véritables plans de reconstruction à nouveaux frais, qui auraient tourné résolument le dos à l'héritage de la mère patrie.

La culture savante devait, enfin, établir la légitimité de la nation et, du même coup, accréditer les élites qui s'en faisaient les porte-parole. Cette tâche n'est évidemment pas propre aux collectivités neuves, tous les États-nations ayant eu à se prémunir contre une présomption d'arbitraire et de manipulation. Parmi les procédés les plus courants utilisés à cette fin, on connaît la référence providentielle, par laquelle on affirme l'origine et la vocation divine de la nation (ou de la monarchie ou de quelque autre régime). Dans d'autres contextes, la nation est représentée comme soudée à un substrat biologique, dans la pérennité des filiations généalogiques et raciales. Elle peut aussi être fondue dans des traits psychologiques et moraux indélébiles, comme ce fut le cas en Belgique : la référence ancienne à un témoignage de César atteste la bravoure qui est au cœur du caractère national belge (J. Stengers, 1997). Elle peut encore être coulée dans les dispositions préétablies par la géographie, dans la gloire et le charisme impérissables de grands héros fondateurs, dans la volonté souveraine du peuple, ou (en accord avec la théorie de Herder) dans sa culture indestructible, immémoriale, et ailleurs encore.

S'agissant de collectivités neuves, le procédé auquel nous nous intéresserons en particulier est celui qui consiste à assortir la nation de racines très anciennes. À l'aide de l'historiographie ou autrement, toutes les nations d'Occident ont manifesté depuis le XVIIIe siècle le souci de réciter solennellement leurs commencements en les situant dans un temps qui soit le plus éloigné possible, de préférence dans la préhistoire et l'immémorial. D'une certaine façon, il était ainsi postulé que l'ancienneté de la nation lui confère un caractère objectif et quasi absolu. Soustraite aux atteintes du temps, elle acquiert une sorte de transcendance qui la fait exister en dehors de la volonté des individus. Elle ne peut donc être la création artificielle et intéressée d'une faction ou d'une classe dominante ; sa pérennité la place au-dessus de tout soupçon. Mais comment opère la fonction (ou la fiction ?) mémorielle dans une culture fondatrice ? Comment surmonte-t-on l'impasse originelle qui naît de la volonté de s'arroger des racines anciennes dans une collectivité qui, par définition, se trouve à une sorte de point zéro de la temporalité? Autrement dit : comment construire une *mémoire longue* à partir d'une *histoire courte*?

Une autre tâche consiste à fixer la date de naissance de la nation, à lui assigner des actes ou des événements remarquables qui l'ont fait advenir, à identifier ses héros fondateurs. Encore une fois, on devine que cet exercice se présente très différemment selon qu'il s'inscrit dans une démarche de continuité ou de rupture. De même, le profit symbolique que l'on peut en retirer pour l'édification de la postérité (sous forme de commémorations à l'occasion d'anniversaires et en temps de crise nationale, ou simplement à des fins pédagogiques) dépend beaucoup de la nature et de la dimension des actes fondateurs. Une rupture radicale opérée dans un élan collectif spectaculaire offre un matériau plus favorable à la mythification qu'une émancipation graduelle reposant sur une séquence événementielle étalée dans la longue durée. Tout comme les proclamations solennelles émises sur le champ de bataille par un grand chef victorieux ont plus de chance de marquer l'histoire que les communiqués convenus au terme d'assemblées de notables, si méritoires soient-ils. Cela dit, l'imaginaire national peut aussi se nourrir de mythes *dépresseurs,* comme il est arrivé au Québec avec ce que l'on a appelé l'idéologie de la survivance (commémoration de la défaite des Plaines d'Abraham en 1759 et de l'échec des Insurrections de 1837-1838, commentaire des brimades constitutionnelles, vision pessimiste de l'avenir...).

Le besoin d'instituer rétrospectivement des références partagées par toutes les composantes de la nation constitue une autre préoccupation. En effet, le sentiment d'avoir les mêmes ancêtres et le même passé est un puissant facteur d'identité et de cohésion symbolique. On rejoint ici le problème de l'intégration, qui est au cœur des cultures nationales du Nouveau Monde.

Conclusion

On pourrait dire que le champ de recherches comparées qui vient d'être esquissé recouvre trois grandes dimensions, à savoir le culturel, le politique et le national, ce dernier étant le lieu de mobilisation de la

culture par l'État. Toutes les expressions du discours — la création littéraire ou artistique, les idées proprement dites — et toutes les formes
coutumières seront sollicitées par l'enquête. En outre, celle-ci entend
conjuguer une perspective horizontale (comparaison entre collectivités
neuves) avec une perspective verticale (analyse du rapport métro-
pole/colonie ou métropole/périphérie). Ces deux axes sont en effet
indissociables dans la mesure où le second interfère constamment et de
toutes sortes de façons avec le premier. Ces données font ressortir le
caractère très ambitieux et très exigeant des objectifs poursuivis, qui
appellent une démarche en trois temps.

La première étape est descriptive; elle consiste à reconstituer (ou
tout au moins à caractériser dans les grandes lignes), suivant un même
format qui les rende comparables, les itinéraires parcourus par les collectivités neuves depuis leur création jusqu'à aujourd'hui. Nous y consa-
crons la majeure partie de cet ouvrage. Dans une seconde étape (qui
occupe ici un seul chapitre, soit le dernier), nous procéderons à un essai
de modélisation visant à reconnaître les spécificités, mais aussi des
trames communes, des séquences types dans la diversité des itinéraires
étudiés. Nous voudrons également identifier des procédés généraux
dans les pratiques discursives, en particulier lorsqu'elles s'emploient à
surmonter des contradictions auxquelles elles font face. En effet, pour
maintenir au moins une apparence de cohésion dans l'imaginaire collectif, la culture savante est amenée à mettre au point des stratégies, des
inventions, des ruses, des parades, des subterfuges. Est-il irréaliste de
penser que, au sein de cet arsenal symbolique, on puisse dégager les éléments d'une sorte de grammaire du discours, d'une sémantique de
l'imaginaire? Enfin, dans une troisième étape qui sera peu abordée dans
ces pages, il faudrait passer à l'explication des convergences et divergences relevées dans les itinéraires collectifs.

On comprendra qu'il était impossible de réaliser tout ce programme en un seul livre. Une première option invitait à concentrer nos
efforts sur une ou deux collectivités et à les traiter plus en profondeur.
Nous l'avons écartée au profit d'une voie plus risquée. Il nous a semblé
préférable en effet de couvrir d'entrée de jeu la plus grande partie du
terrain des collectivités neuves, pour faire ressortir tout le profit de la
comparaison à grande échelle. Quitte à multiplier les raccourcis, les

approximations, les rappels trop sommaires, pour ne pas mentionner les erreurs factuelles qui jalonnent inévitablement ce genre de parcours un peu échevelé. On voudra bien les excuser et voir dans ce livre la mise en forme d'une intention plus qu'un achèvement[12].

Un mot enfin sur la présentation matérielle de nos analyses. Celles-ci sont appuyées essentiellement, comme nous l'avons dit, sur des écrits publiés (quelques centaines d'ouvrages et d'articles), d'où la nécessité de renvoyer à de nombreux travaux dans le cours du texte. Toutefois, pour éviter d'alourdir l'exposé, nous avons choisi de supprimer un certain nombre de références jugées moins essentielles. Elles sont regroupées avec toutes les autres à la fin du livre, dans la Bibliographie.

CHAPITRE II

Pourquoi (se) comparer?

L'histoire comparative au Québec

En nous référant principalement à la pratique historienne québécoise à titre d'illustration, nous présentons une réflexion sur le rôle de la comparaison comme procédé d'objectivation dans la construction du savoir historique. En termes très généraux, on entendra ici par comparaison toute démarche scientifique consistant à *a*) rapprocher deux ou plusieurs objets d'analyse appartenant à autant d'environnements collectifs, *b*) en faire ressortir les différences et les ressemblances, le but étant d'accroître la connaissance soit de l'un, soit de chacun de ces objets (nous y reviendrons). Notre réflexion se veut un plaidoyer en faveur de l'histoire comparative; il y a toutefois plusieurs façons d'engager l'argumentation. On peut la construire en invoquant les grands objectifs de l'humanisme scientifique, dans la tradition des Lumières (érudition, connaissance fondamentale, culture générale). Elle peut aussi faire valoir les impératifs de la mondialisation, qui est devenue une coordonnée essentielle de toute démarche de connaissance dans les sciences sociales; dans cette direction, la comparaison se donne comme un recours efficace pour ouvrir les perspectives de la recherche, comme on le voit notamment en anthropologie, depuis le XIXe siècle. Une autre voie — c'est celle que nous emprunterons — fait valoir l'importance de la comparaison comme procédé d'objectivation et d'enrichissement de la connaissance historique.

Il y a quelques décennies, des auteurs comme R. Aron (1948), H.-I. Marrou (1959) et P. Ricœur (1955) avaient élevé des doutes quant au statut de la science historique : jugée trop tributaire de l'actuel et de la subjectivité, incapable pour cette raison de s'aménager un espace d'opération suffisamment autonome, on la disait vouée au relativisme. Plus récemment, dans la foulée de Michel Foucault, des ouvrages d'inspiration postmoderniste ont relancé ce procès[1]. De nouveau, la pratique historienne est accusée de prolonger et d'accréditer les mythologies et les fictions collectives, en particulier celles de la nation, et de se faire ainsi complice des idéologies dominantes. D'une façon ou d'une autre, la science historique se voit dès lors reléguée à un rôle essentiellement passif qui consiste à faire écho au présent plutôt que d'y faire entendre véritablement une voix. Dans cette optique, les reconstitutions du passé ne sont qu'un reflet du présent, un théâtre d'ombres : l'historien devient un mercenaire de l'actuel[2]. Depuis un demi-siècle, en somme, un doute plane sur la science historique, lequel n'a jamais été vraiment dissipé à notre avis. Plusieurs historiens ont fait valoir que la formule de l'*histoire-problème,* à la manière des fondateurs de l'école des *Annales ESC* en France, constituait une réplique suffisante dans la mesure où elle invitait à expliciter les procédés d'élaboration du savoir. Mais en réalité, l'*histoire-problème* peut aussi être perçue comme un aveu de relativisme : cette nouvelle histoire rejetait en effet les certitudes de l'histoire dite positiviste, elle introduisait des assouplissements dans la règle jadis sacrée de l'objectivité, elle admettait que la *vérité* de l'enquête historique était éphémère et partielle, sinon plurielle, et toujours tributaire d'une perspective particulière liée à un milieu social ou à une époque donnée ; bref, elle reconnaissait que les interprétations produites par l'historien étaient sans cesse à renégocier avec un *réel* toujours fuyant. On conviendra qu'une telle réforme, tout en étant nécessaire et bienvenue sur le plan épistémologique, n'avait rien pour faire échec à l'accusation ; elle semblait au contraire lui fournir des munitions. Toute cette question est au cœur de la présente discussion sur la démarche comparative, en tant que procédé de critique, de validation et d'enrichissement de la connaissance historique, qui permet d'ajouter à la scientificité de cette discipline.

Un autre élément de pertinence à l'origine de notre réflexion vient de la défaveur dans laquelle l'enquête comparative s'est traditionnellement trouvée au Québec. Une statistique des articles parus dans la *Revue d'histoire de l'Amérique française* montre qu'entre 1962 et 1991, la proportion des textes à caractère comparatif était de 1,5 % (0,8 % en 1987-1991). Elle est toutefois passée à 4,5 % au cours de la période 1992-1996. On note aussi que 6,0 % des communications présentées en 1997 au congrès de l'Institut d'histoire de l'Amérique française comportaient une dimension comparative (8,6 % en 1998). Ces derniers chiffres annoncent peut-être une tendance appelée à s'accentuer[3]. Ajoutons à cela quelques appels récents lancés çà et là en faveur de la comparaison[4].

Il serait toutefois inexact d'affirmer que la comparaison a été totalement absente de la tradition historiographique québécoise. Au chapitre de l'élargissement des perspectives, rappelons que, dès les années 1950, Guy Frégault (notamment dans *La Guerre de la Conquête*, 1955) et Michel Brunet cultivaient les références à l'histoire étatsunienne. Plus tard, l'historien économiste Albert Faucher s'est employé à comprendre les caractéristiques du développement économique québécois en le situant à l'échelle continentale. De même, dans leurs travaux sur le Bas-Canada au cours de la première moitié du XIXe siècle, Jean-Pierre Wallot et Gilles Paquet ont mis l'accent sur le monde atlantique comme arrière-plan de leurs analyses. Quelques ouvrages importants livrent aussi certains aperçus comparatifs, sans en faire un objectif principal (par exemple : L. Dechêne, 1994). Plus près de l'histoire comparative proprement dite, on relève quelques mémoires de maîtrise (en particulier : D. Delâge, 1971), thèses de doctorat (R. Dupré, 1993 ; B. Deshaies, 1973) ou articles un peu isolés (R. S. Alcorn, J. E. Igartua, 1975 ; J. Rouillard, 1983 ; S. Taschereau, 1988). Une initiative d'envergure a toutefois parcouru le champ scientifique, en l'occurrence le projet d'histoire comparée des sociétés rurales québécoise et française, en cours depuis plus de vingt ans et dirigé à l'origine par Joseph Goy et

Jean-Pierre Wallot[5]. Signalons enfin quelques contributions à caractère historique dues à des non-historiens; elles viennent de la littérature (Bernard Andrès : Québec/Brésil), de la démographie (Programme de recherche en démographie historique de l'Université de Montréal : Québec/France), de la sociologie (Sylvie Lacombe : Québec/Canada).

Convenons que, dans l'ensemble, ce bilan quantitatif (il y manque sans doute quelques pièces) est plutôt mince. Ajoutons que l'étude des *world systems* et de ce qu'on appelle maintenant la macro-histoire (à l'échelle continentale ou intercontinentale) n'a pas encore pris son envol au Québec. En outre, il est remarquable que la majorité des études comparées concernant notamment le Québec ont été réalisées par des non-Québécois (témoins : A. Saussol, J. Zitomersky, 1996 ; M. Egnal, 1996 ; J. McPherson, 1998 ; K. O'Sullivan See, 1986, et d'autres). Nous aurons à nous interroger sur cette relative absence dans l'historiographie québécoise. Cela dit, le phénomène n'est pas spécifique au Québec : un constat semblable a été dressé par divers auteurs (par exemple, H.-G. Haupt, 1995) à propos de la France où le groupe des *Annales,* en particulier, aurait tourné le dos à une orientation qui était pourtant inscrite dans le programme fondateur de l'histoire sociale[6]. Selon J. A. Leith (1995) et A. Greer (1995), une situation analogue prévaudrait au Canada anglophone. Il est vrai que, au congrès de la Société historique du Canada en 1997 et 1998, la proportion des exposés à contenu comparatif n'était que de 5,5 % et 3,9 % respectivement. Mais on doit tenir compte aussi de nombreux ouvrages collectifs à caractère interdisciplinaire qui comparent le Canada avec d'autres pays du Commonwealth (en particulier l'Australie) ou de l'Amérique latine. Les mêmes remarques s'appliquent à des pays comme l'Australie et la Nouvelle-Zélande. Les États-Unis semblent toutefois faire exception. À deux reprises au cours des vingt dernières années, l'histoire comparative a servi de thème au congrès de l'American Historical Association (en 1978 et 1990). Au congrès de janvier 1998 à Seattle, environ la moitié des 158 sessions au programme faisaient une place à la comparaison. Les thèmes qui étaient le plus souvent abordés étaient l'esclavage et le racisme, la frontière et le peuplement, la condition féminine, le développement économique, la modernisation et la mobilité sociale. L. Hartz (1962) est l'un des principaux pionniers de ce courant de recherche qui n'a cessé de croître aux États-Unis depuis quelques décennies[7] et qui compte aujourd'hui de grands classiques à son actif.

De toutes ces remarques, on retiendra que la situation de l'histoire comparative diffère sensiblement d'une société à une autre et que chaque cas doit être interprété à partir de conjonctures et d'éclairages spécifiques. Comme il a été annoncé plus haut, notre réflexion prendra surtout le Québec à témoin, mais les questions abordées s'inscrivent dans une perspective générale. Il nous faudra d'abord mettre en place quelques définitions et distinctions indispensables en rapport avec la méthodologie et les grandes orientations de l'histoire comparative. Nous passerons ensuite en revue les principales fonctions de la comparaison et le genre de profit scientifique et culturel qu'on peut en attendre.

Orientations et finalités de la comparaison

Tout comme la science historique elle-même, l'histoire comparative est multiple, elle peut servir des objectifs très différents, s'adapter à toutes sortes de terrains en suivant les démarches les plus variées, et elle soulève de nombreux problèmes de méthode. Il est évidemment hors de question d'en parcourir tout le champ. Compte tenu des objectifs poursuivis, nous nous limiterons à faire ressortir deux grands modèles, pour le bénéfice de l'exposé. De même, en ce qui concerne les questions de méthode, nous laisserons de côté d'importants aspects qui ont déjà fait l'objet de discussions approfondies chez divers auteurs. C'est le cas des problèmes liés à la définition des unités de comparaison (T. Skocpol, M. Somers, 1980), aux échelles de l'analyse : transnationale, multinationale, infranationale (T. K. Hopkins, I. Wallerstein, 1970), ou aux diverses façons de conduire l'observation. Sur ce dernier point, rappelons les modes linéaire, convergent et divergent, décrits par N. L. Green (1994), ou encore la distinction maintenant classique originellement proposée par John Stuart Mill entre *method of agreement* et *method of difference*[8]. Enfin, nous n'aborderons pas non plus les importants problèmes de langage qui surgissent immanquablement dans les comparaisons transculturelles, où il s'agit de réunir sous de mêmes vocables, modèles ou nomenclatures des réalités parfois très différentes. Il arrive en effet que la langue se fasse complice de l'objet qu'elle désigne, au point de faire obstacle à la traduction et à la comparaison. Cette difficulté est illustrée par la notion d'intellectuel, telle qu'elle s'est constituée en France autour de l'affaire Dreyfus[9]. Un autre exemple est fourni par la difficulté de créer des échelles et grilles de classement des professions dans des études de mobilité sociale portant sur plusieurs pays[10].

Des deux grands modèles comparatifs que nous désirons commenter, le premier est le modèle *référentiel (figure 1)*. Dans ce cas, la comparaison porte sur deux, trois ou plusieurs unités différentes appartenant à autant de terrains ou sociétés, mais l'une d'elles commande toute l'opération. C'est elle qui sert de point de départ et de référence à la comparaison, laquelle s'effectue en fonction de cette société, l'objectif poursuivi étant de mieux la connaître en faisant un détour par d'autres sociétés : acquérir une image plus précise de soi dans le miroir de l'autre, telle est en quelque sorte la règle de l'exercice. Pensons à une histoire comparée du peuplement au Québec, aux États-Unis et en Australie dont le but serait de faire ressortir, pour mieux les comprendre ou les expliquer, les spécificités québécoises. Ou à une étude comparée de l'évolution culturelle du Québec au XXe siècle afin de vérifier dans quelle mesure elle se conforme à la trame occidentale. Il arrive que cette forme de comparaison entraîne un investissement personnel de la part du chercheur lorsqu'il entretient une relation identitaire avec la société de référence. Il en va évidemment ainsi, par définition, avec l'histoire nationale où la règle du genre invite à se prendre soi-même (au pluriel) pour objet. Le deuxième modèle est celui que nous appelons *intégral*. Ici, la comparaison ne se limite pas à suivre les chemins qui relient à l'unité de référence les unités prises en compte. Toutes les unités sont traitées sur le même pied, chacune étant comparée à toutes les autres. Ce type de comparaison, qui peut être infra- ou transnational, vise ordinairement à ramener la diversité observée à une rationalité quelconque, à dégager un principe général qui ordonne les figures variées de l'objet. L'objectif peut être poursuivi à l'échelle empirique : établir des corrélations statistiques, vérifier des chaînes de causalité, tester une hypothèse, élaborer des typologies. Il peut aussi viser des cibles plus abstraites :

Figure 1
Deux démarches comparatistes

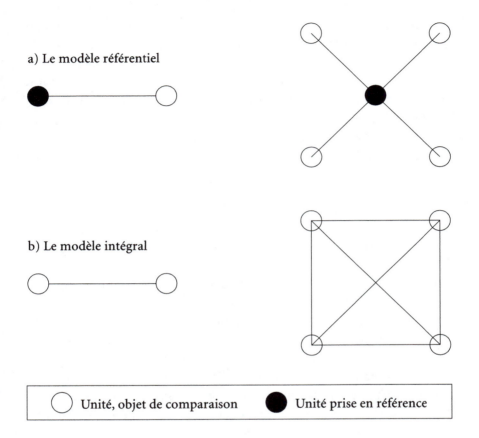

a) Le modèle référentiel

b) Le modèle intégral

○ Unité, objet de comparaison   ● Unité prise en référence

construire des théories générales, des modèles, des types idéaux… On voit que, selon qu'elle relève du modèle référentiel ou intégral, la comparaison doit se plier à des règles spécifiques. Dans le premier cas, il est indispensable que les terrains confrontés aient un certain nombre de traits communs identifiés au préalable ; sinon, il est impossible d'établir des ponts avec la société ou le terrain de référence. Dans le second cas, en fonction de la question posée, il peut arriver qu'on doive au contraire s'efforcer de sélectionner les terrains les plus contrastés possible.

Sur le plan théorique, la comparaison de type intégral vise à construire des généralisations, par exemple des théories générales des classes sociales, de l'État-nation, de la famille ; des modèles de développement économique, de transition démographique, de diffusion culturelle ; des types idéaux de la société féodale, de la bourgeoisie, de la culture postmoderne ; des lois générales de la mobilité sociale, de la répartition des richesses, des crises de mortalité[11]. Dans le même esprit, on peut être amené à mettre au jour des logiques formelles communes, des homologies structurales, des invariants, comme on le voit souvent dans l'étude historico-géographique du conte, dans l'analyse sémiotique des rituels, dans les recherches ethnologiques sur les renchaînements d'alliance ou sur les systèmes familiaux d'héritage. Enfin, ce type de comparaison permet aussi de révéler des sous-ensembles d'un macro-système là où on croyait voir d'abord des systèmes autonomes, spécifiques[12]. À l'échelle empirique, ce sont des analyses factorielles de la croissance de l'alphabétisation, du déclin de la fécondité, des formes de la criminalité ; des corrélations entre l'appartenance ethnique et le comportement électoral, entre les structures de la famille et les modèles résidentiels, et le reste[13]. Dans tous les cas, les terrains particuliers ou les sociétés concernées au départ de la comparaison tendent à s'effacer dans le produit final. Subsistent principalement des propositions à caractère général censées approfondir la connaissance générale du social ou de l'un de ses segments. Enfin, ce type d'histoire comparée peut simplement poursuivre un objectif encyclopédique consistant à répertorier en les localisant les diverses figures et variantes d'un phénomène donné (institution, comportement, croyance…).

La comparaison de type intégral peut se heurter à une importante difficulté lorsqu'elle se fait *ponctuelle* ou *sectorielle,* c'est-à-dire exclusivement centrée sur les diverses figures de l'objet comparé tel qu'il se manifeste sur différents terrains, sans prendre en compte la dynamique collective particulière qui structure chacun de ces terrains. La recherche s'emploie alors à confronter des éléments ou des faits sociaux détachés de leur environnement collectif : des mesures de conceptions prénuptiales, de naissances illégitimes, d'alphabétisation ; des formes de famille-souche, de capitalisme agraire, d'exclusion, et autres. On peut s'interroger sur la légitimité de ce procédé, s'il est vrai que les faits sociaux s'expliquent par d'autres faits sociaux, qu'un segment du social ne prend forme et sens que dans le jeu complexe de ses interactions avec les autres segments. Que peut-on saisir d'un tel fragment, extrait de ses enracinements, sinon des caractères superficiels, trompeurs peut-être ? La fréquence des mariages consanguins dans une collectivité donnée est déterminée par un jeu de relations où entrent la structure de la population (le marché matrimonial), le régime de l'économie familiale, les représentations de la parenté, les interdits religieux et autres. L'âge au mariage obéit lui aussi à un éventail complexe de facteurs démographiques, économiques, sociaux et culturels qui siègent au cœur de la vie collective. Il en va de même pour le système dotal, la criminalité, les migrations, la condition féminine. La recherche récente offre des exemples encore beaucoup plus pointus : l'âge auquel les enfants quittent la maison familiale, la durée de l'allaitement, les formes du préciput dans les contrats de mariage, etc. Ces comparaisons horizontales font problème parce qu'elles isolent les variables de leur environnement structurel et les traitent comme des pièces d'une mosaïque. Le problème se dissipe cependant lorsque ces variables ne sont étudiées qu'à titre auxiliaire, comme témoins, révélatrices de cet environnement lui-même[14].

Une autre solution consiste à faire entrer les environnements collectifs eux-mêmes dans la comparaison. Les objets à l'étude sont alors réinsérés dans leur bain social et l'analyse s'efforce de mettre au jour les interactions, les articulations, les processus, les enracinements fonctionnels et structurels. Elle se fait non plus ponctuelle ou sectorielle, mais *relationnelle*. C'est une démarche de ce genre qu'a adoptée D. Levine (1988) dans son étude comparative sur les attitudes face à la pauvreté, telles que manifestées par les politiques sociales en vigueur dans divers pays d'Occident. L'interprétation proposée fait appel aux traditions et aux cultures nationales en tant qu'elles sont le produit d'expériences collectives spécifiques ayant façonné des attitudes durables. Un autre exemple est fourni par l'ouvrage que L. Greenfeld (1992) a consacré aux diverses formes du nationalisme en Angleterre, en France, en Allemagne, en Russie et aux États-Unis. Là encore, selon l'auteure, les différences s'expliqueraient en définitive par des traditions idéologiques, des fondements culturels propres à chaque société. Cette méthode s'avère particulièrement fructueuse lorsque la comparaison porte sur de larges segments du social ou d'amples processus historiques bien caractérisés (l'essor du capitalisme ou de l'État-nation, le déclin du sacré, l'évolution des structures de classes, la fin des systèmes esclavagistes…). Elle exige toutefois un immense travail de reconstitution historique et une connaissance très fine de deux ou plusieurs sociétés, ce qui en restreint évidemment l'usage.

Cette alternative méthodologique (comparaison en mode ponctuel ou en mode relationnel) est lourde d'implications théoriques. En fait, elle recouvre deux conceptions, deux philosophies du social, lequel peut être abordé soit comme une sorte de mosaïque, un assemblage plus ou moins arbitraire d'éléments juxtaposés, soit comme un système en perpétuel mouvement dont les composantes sont définies par un réseau d'interactions. Dans le premier cas, les éléments sont en quelque sorte détachables; dans le second, ils ne peuvent être analysés que dans leur référence à l'ensemble du social. Des discussions importantes ont été conduites sur ce sujet, notamment en relation avec l'étude comparée des systèmes esclavagistes[15]. Le dossier est d'ailleurs ancien, comme le montre une controverse française qui opposa au tournant du siècle Charles Seignobos et Henri Hauser à François Simiand à propos de la famille romaine aux temps de l'Empire. Les premiers soutenaient qu'on ne peut pas vraiment la comprendre sans étudier également la société romaine, dont elle était à la fois un sous-produit et un rouage constitutif. L'autre affirmait qu'on devait plutôt comparer ses traits avec d'autres, que c'est seulement dans la multiplication de cette opération que sa vraie nature apparaîtrait[16]. Ce débat, qui confronte deux grandes traditions épistémologiques dans les sciences sociales et historiques, reste ouvert. Mais, contrairement à ce qu'on pourrait croire, il ne se replie pas toujours sur le clivage habituel entre, d'une part, une tradition historiographique très attentive aux complexités empiriques, aux mouvances imprévisibles, au poids des acteurs engagés dans des situations singulières et, d'autre part, une tradition sociologique plus théorisante, soucieuse de décoder le social, de mettre au jour les mécanismes généraux qui en règlent le mouvement. Il arrive en effet qu'au sein même de la science historique, des chercheurs de tendance plus traditionnelle, attachés à ce qu'on appelait jadis l'histoire événementielle, se sentent plus à l'aise dans une démarche de type sectoriel qui se prête à un menu découpage des faits et des événements. À l'opposé, de nombreux praticiens de l'histoire sociale adhèrent plus volontiers à la démarche relationnelle, qui insère d'emblée les événements et les individus dans leur environnement collectif.

Fonctions et profits scientifiques de la comparaison

Revenons aux ressorts de la démarche comparative, aux fonctions qu'elle remplit et au profit qu'elle peut apporter à la connaissance du passé et du présent. On dit couramment de la comparaison qu'elle a pour but de dégager des ressemblances et des différences. Cet objectif général est louable sans doute puisqu'il consiste à enrichir en les diversifiant les perspectives d'analyse. Mais, à lui seul, il ne justifierait pas toujours les investissements importants qu'exige l'histoire comparée. On connaît aussi l'adage selon lequel qui ne connaît qu'une société n'en connaît aucune. Nous en ferons notre point de départ, mais en essayant de le préciser.

Sur un plan assez élémentaire d'abord, la comparaison permet d'insérer une situation, une séquence d'événements, une évolution quelconque dans les ensembles spatiotemporels auxquels elle appartient. En second lieu, elle fournit aussi des moyens de récuser les fausses singularités auxquelles donne aisément naissance une perspective trop ethnocentrique et dont se nourrissent volontiers les entreprises identitaires, tout particulièrement les représentations de la nation[17]. Sous ce rapport, l'histoire nationale est de toute évidence le genre le plus vulnérable. Dans la même veine, plusieurs auteurs américains (par exemple, I. Tyrrell, 1991 ; R. Grew, 1985) ont montré comment les études comparatives aux États-Unis ont été biaisées par ce qu'il est convenu d'appeler l'exceptionnalisme, thèse en vertu de laquelle il est posé *a priori* que ce pays diffère en tous points des autres ; il s'y s'ajoute parfois l'idée qu'il leur est carrément supérieur. En fait, cette attitude a été si prégnante que, jusqu'au milieu du XXe siècle, l'historiographie étatsunienne a peu éprouvé le besoin de recourir à la comparaison[18]. En Europe également, on a pu reprocher aux travaux comparatifs de rester prisonniers du cadre national, accentuant ainsi les tendances ethnocentriques[19]. Ce problème a des racines anciennes. Aux lendemains de la Première Guerre, H. Pirenne (1923) en faisait le thème de son allocution présidentielle au Vᵉ Congrès international des Sciences historiques. Pour revenir à la tentation *exceptionnaliste* proprement dite, il faut souligner qu'elle est loin de se restreindre aux États-Unis. Ainsi, à travers le vaste programme de recherche sur les structures des ménages lancé au début des années 1970 par l'historien anglais Peter Laslett, est-ce qu'il ne se trouvait pas une préoccupation identitaire (pour ne pas dire nationaliste) qui poussait à mettre en relief l'individualisme de la famille anglaise, comme creuset des grandes vertus entrepreneuriales exprimées dans l'essor du capitalisme industriel? À sa façon, l'ouvrage dirigé par J. Phillips (1989) sur la Nouvelle-Zélande en fournit une autre illustration. Ici, une préoccupation importante est d'établir la *uniqueness* de cette petite nation à l'aide d'une comparaison avec les États-Unis; le livre montre sans peine que la Nouvelle-Zélande a su préserver ses traditions et son identité malgré un fort courant d'américanisation. On pourrait évoquer bien d'autres exemples du même genre.

Enfin, d'un point de vue strictement méthodologique, l'apologie et les illusions de la singularité peuvent engendrer des biais importants, allant jusqu'à invalider les résultats de l'enquête. L'étude comparée des immigrés portugais à Toronto et à Paris, réalisée par C. B. Brettell (1981), peut servir ici d'illustration. C'est en effet la démarche comparative qui a permis à l'auteure de relativiser l'influence de certaines variables (par exemple, le sens communautaire, la vigueur de l'appartenance ethnique) ordinairement présentées comme traits prédominants et comme facteurs explicatifs de divers comportements. En effet, lorsqu'on étudie un groupe d'immigrés de même origine, comment peut-on, en l'absence de comparaison, faire la part de ce qui relève de l'ethnicité proprement dite, de l'expérience migratoire, de l'appartenance à une minorité, de la condition socioéconomique propre aux nouveaux arrivants?

Liée de près à ce qui précède, une troisième fonction de l'histoire comparative est d'établir les vraies spécificités d'une ou de plusieurs sociétés, non pas forcément pour en nourrir l'identité nationale mais simplement pour mieux comprendre les variables concernées et pour approfondir la connaissance de ces sociétés. À certaines conditions, ce type de comparaison peut conduire à expliquer pourquoi deux sociétés semblables sous divers rapports fondamentaux ont néanmoins évolué d'une manière divergente. Mais il peut servir aussi des objectifs plus généraux. Des ouvrages classiques ont illustré cette veine de recherche, notamment ceux de C. Geertz (1971) sur l'évolution religieuse au Maroc et en Indonésie, de M. G. S. Hodgson (1993) sur l'Islam et l'Europe, de R. Bendix (1964) sur la modernisation politique en Europe de l'Ouest, en Russie, au Japon et en Inde. Nous y reviendrons.

La comparaison peut aussi aider à récuser de faux déterminismes, des enchaînements chronologiques donnés a posteriori comme inéluctables mais qui, en réalité, ne l'étaient pas. Dans cette direction, on peut arriver à mettre au jour de véritables choix sociaux sous des séquences événementielles d'abord imputées aux fameuses *nécessités* de l'histoire. On découvre également par ce chemin que des itinéraires collectifs variés peuvent conduire au même terme (la démocratie peut naître en dehors des Lumières, du système parlementaire et du capitalisme). Inversement, des évolutions semblables peuvent connaître des dénouements pluriels et engendrer des formes collectives très différentes (le nationalisme peut être de droite ou de gauche, glisser vers l'ethnicisme ou promouvoir la reconnaissance de droits collectifs). Dans un cas comme dans l'autre, l'événement historique doit être considéré comme l'aboutissement d'un scénario parmi d'autres, et la connaissance des scénarios rejetés par le cours de l'histoire enrichit la compréhension de ceux qui ont prévalu. En ce sens, la réflexion sur les non-événements fait partie de la recherche historique. Ce genre de réflexion s'inscrit directement dans la tradition de la pratique historienne conçue comme « science des possibles » (selon l'expression de l'historien français Lucien Febvre). Cette tradition scientifique imprégnée d'un vieil humanisme affirme le principe de la liberté des acteurs en même temps que l'imprévisibilité du changement social.

Une cinquième fonction vise à dépayser et à stimuler l'imagination scientifique, à réformer le regard, à susciter de nouvelles questions et de nouvelles réponses. Il s'agit ici de varier les éclairages, d'interroger des aspects du passé qui étaient restés dans l'ombre, de réveiller des vérités dormantes. La comparaison peut y contribuer d'abord en suggérant des transpositions, des extrapolations : c'est l'histoire de M. Bloch (1928) découvrant l'existence d'un mouvement d'*enclosure* dans le sud de la France entre le XVe et le XVIIe siècle à partir de l'étude de l'histoire rurale anglaise. En outre et d'une façon plus générale, la comparaison institue une distance entre l'historien et son objet devenu trop familier : elle le déstabilise en brouillant ses repères. C'est un peu l'équivalent de ce que faisait Henri Matisse lorsqu'il était à court d'inspiration : il s'exerçait à peindre de la main gauche pour bousculer ses perspectives et retrouver la fraîcheur, la nouveauté de l'objet. De la même, façon, il peut être utile à l'historien de s'imposer une démarche qui lui fasse redécouvrir le passé sous de nouveaux angles, comme s'il le voyait à nouveau pour la première fois[20].

Finalement, l'histoire comparative peut remplir une autre fonction, peut-être la plus fondamentale de toutes, qui consiste à briser ce que nous appellerons la *circularité* ou le *cercle vicieux de la connaissance historique*. Celle-ci propose en effet des interprétations d'une société, d'une culture, à partir de prémisses et de schémas qu'elle lui emprunte et qu'elle tend à reproduire un peu paresseusement, souvent à son insu. L'idée, qui n'est pas vraiment neuve, peut s'énoncer comme suit. L'historien construit son savoir à partir de données empiriques ; il les ordonne à l'aide d'hypothèses qui lui sont inspirées par des préoccupations, des questions prenant la forme d'une problématique. Et la pertinence de ces questions est déterminée par leur articulation aux problèmes de la cité. Cette articulation est souvent évoquée dans le discours scientifique, mais ordinairement d'une manière elliptique, lorsque l'historien rappelle que sa démarche part de l'actuel, que le passé se construit à partir du présent. Essayons de nous y arrêter. En réalité, ce lien comporte au moins cinq dimensions :

a) L'actuel désigne à l'historien les domaines, les sujets de sa recherche, parce qu'il en établit la pertinence — ainsi, on ne travaille plus guère aujourd'hui sur les interventions divines dans le déroulement et l'issue des guerres ; pas plus que sur la moralité des Filles du Roi qui ont émigré en Nouvelle-France au XVIIe siècle.

b) Au sein des matières à traiter, l'actuel prescrit les questions à poser.

c) Il en formule même parfois les termes : la Cession de 1763 a-t-elle causé le sous-développement du Canada français ? Le clergé a-t-il contrôlé l'évolution de la société québécoise ? La Révolution tranquille des années 1960 au Québec a-t-elle été détournée au profit des baby-boomers ?

d) L'actuel règle l'éclairage général sous lequel l'enquête sera conduite, les valeurs fondamentales et les impératifs qui en circonscrivent l'orientation : selon le thème qu'il a choisi de traiter, l'historien tend en effet à se montrer respectueux des intérêts supérieurs de la nation, du citoyen, de l'ordre social, de la classe ouvrière, de la femme, de la profession intellectuelle, etc.

e) À une échelle plus immédiate, l'actuel exerce une sorte de censure sur la recherche et ses résultats, l'historien sachant qu'il devra obtenir des subventions, qu'il voudra être publié, lu, apprécié de ses collègues, de ses étudiants, de la critique et du public.

De toutes ces manières, la connaissance historique reçoit l'empreinte (et parfois l'atteinte) de la société ou de la culture. En conséquence, l'historien doit se prémunir contre le danger de ne lui apporter en définitive que ce qu'il lui a emprunté au départ. Sinon, il se condamne à avaliser les traditions et les conventions ambiantes, à *blanchir* les mythes, les fictions, les idées et les catégories prédominantes. Ou encore : à recycler et à promouvoir au rang de *vérités* scientifiques des matériaux culturels hétéroclites où l'arbitraire, le stéréotype et même la contrefaçon côtoient souvent les visions du monde et les valeurs les plus légitimes.

L'histoire comparative peut jouer ici un rôle essentiel en révélant les postulats lointains du savoir, en mettant au jour ses codes inconscients parce que trop bien assimilés, en éclairant ces lieux où les prémisses de la connaissance se constituent à même ce que F. Dumont (1968) appelait la culture première. C'est à cette condition que l'historien peut accéder à une conscience et à un contrôle de ses procédés, ainsi qu'à une véritable critique de sa propre culture. Au lieu d'être un mercenaire dans son environnement culturel, il devient un acteur, un agent de changement. Au lieu de réagir un peu servilement en fonction des impulsions du présent, il contribue directement, en première ligne, à la société ou à la culture qui se fait. Mais il lui faut d'abord s'exercer à ce déracinement (tout au moins provisoire) qui est une condition élémentaire de la connaissance scientifique. L'histoire de la science, et en particulier des sciences sociales, fourmille ici d'exemples. La sociologie n'a pu naître au XIXe siècle qu'à même une brisure dans le social, un état de crise dans la relation entre l'individu et les représentations collectives; c'est dans la distance ainsi créée que la sociologie a pu se constituer comme discipline scientifique. La religion n'a pu être aménagée comme objet d'étude que par l'action d'individus qui ont été capables de redéfinir leur rapport au sacré. Pour étudier les systèmes de valeur comme le fait l'ethnologie, il faut d'abord admettre que celles auxquelles on adhère ont un caractère relatif. De même, pour étudier la femme en tant que citoyenne, il faut avoir pu l'imaginer en dehors de la fonction procréatrice, de la relation conjugale et de l'univers familial. Pour arriver à poser le problème des classes sociales, le sujet a dû prendre ses distances par rapport à son milieu d'appartenance. Étudier les apports non francophones dans la formation de la culture québécoise suppose une nouvelle attitude en matière d'identité, etc. Dans tous ces cas, un important travail culturel s'effectue au préalable, qui prend la forme d'une rupture et même d'une transgression, d'une trahison. La réforme du regard scientifique a besoin d'être provoquée : soit par la société elle-même dans le cours de ses transformations, soit par des procédés qui relèvent de la méthode scientifique. La démarche comparative est l'un de ces procédés.

La comparaison et la pratique historienne québécoise

Essayons d'illustrer les principaux points qui viennent d'être évoqués à l'aide de références à l'historiographie québécoise. Celle-ci est prise à témoin, non parce qu'elle s'y prête davantage qu'une autre ou parce qu'une anomalie quelconque la désignerait à l'attention, mais simplement parce qu'elle nous est plus familière. Toutes les historiographies pourraient être soumises à ce genre d'analyse, avec les variantes attendues de contexte spatial, chronologique et autre. L'exercice sera toutefois restreint à ce que nous avons appelé la comparaison de type référentiel. La première question que nous poserons concerne la faiblesse relative (évoquée plus haut) de l'histoire comparative dans cette tradition historienne.

Le passé québécois, entre le dernier tiers du XVIIIe siècle et le milieu du XXe siècle, offre l'image d'une société pénétrée du sentiment de sa fragilité, engagée dans une longue lutte pour sa survie culturelle. Après l'échec des Rébellions de 1837-1838, la nation canadienne-française a provisoirement renoncé à son rêve d'autonomie politique en faveur du compromis (dans l'esprit de plusieurs : du pis-aller) canadien. Parallèlement, parce que l'évolution démographique du continent accentuait le déséquilibre entre l'élément anglophone-protestant et la présence francophone-catholique, la nation se définissait de plus en plus par référence à la culture. Du coup, elle était amenée à faire valoir sans cesse ses traits singuliers (sa langue, sa religion, ses institutions, ses coutumes), à plaider en faveur de son caractère distinctif en Amérique, à *marquer sa différence.* Faute de quoi c'est l'essence même de la nation qui aurait été compromise, puisque c'est sur ce terrain principalement que la plus grande partie des élites avaient choisi de la déployer. On ne s'explique pas autrement cette inquiétude récurrente de la différence dans le discours des lettrés. Cela dit, on voit aisément que les choses auraient pu se passer bien autrement, comme le montre l'exemple d'autres nations qui se sont construites d'abord sur le pouvoir de l'État (pensons à la France de 1789), ou sur la valeur intrinsèque de ses institutions (c'est le cas de la Grande-Bretagne). On notera du reste que, dans ces deux cas, le discours de la différence, de la *distinctiveness,* a occupé relativement peu de place dans la sphère publique, du moins jusqu'à une période récente. De même, sur le plan culturel, la nation s'y appuyait sur des principes, des valeurs universelles et des idées politiques qui donnaient peu de prise à la rhétorique identitaire (ce qui n'est pas incompatible avec un très fort sentiment national). Dans une large mesure, on pourrait en dire autant des États-Unis.

Pour revenir au Québec (ou au Canada français), l'insistance qu'on a mise jusqu'au milieu du XXe siècle à construire la nation sur l'ethnicité a engendré une préoccupation identitaire envahissante et une sorte d'obsession de la différence. En conséquence, le visage de l'altérité y a été en quelque sorte déduit ou posé *a priori,* sinon tout simplement inventé parfois. Il ne suffit pas de dire qu'on n'éprouvait pas le besoin d'asseoir la différence sur des études comparées ; en réalité, celles-ci auraient pu se révéler nuisibles en faisant voir des similitudes là où, au contraire, on avait besoin d'affirmer des distances. La fragilité de la nation et les impératifs de la survivance interdisaient ce genre d'imprudences. En d'autres mots, la culture nationale n'autorisait pas l'espèce de transgression ou de trahison de soi qui est inhérente à la démarche comparative. Nous avons évoqué plus haut l'exceptionnalisme étatsunien, cette attitude triomphante qui a inhibé jusqu'au milieu du XXe siècle la comparaison et l'a par la suite faussée. Un peu dans le même sens, on pourrait parler à propos du Québec d'une sorte d'exceptionnalisme à rebours, nourri par le doute et le pessimisme, mais qui a abouti lui aussi à des formes de repli sur soi. On pourrait certes faire valoir, à la suite de R. Rudin (1998), que le messianisme continental à la manière de Lionel Groulx (projet d'expansion du catholicisme dans toute l'Amérique) relevait d'une attitude plutôt conquérante. Mais il s'agit là d'une veine idéologique plutôt minoritaire, animée par une recherche de compensation symbolique et que Groulx lui-même n'a pas vraiment poursuivie. En résumé, notre hypothèse laisse entendre que la faiblesse du genre comparatif dans l'historiographie québécoise tient à l'emprise prolongée du paradigme de la survivance et du discours de la différence.

Essayons de montrer à l'aide de quelques exemples ce qu'aurait pu — et ce que pourrait aujourd'hui — apporter, sous forme de profits scientifiques et culturels, la perspective comparative appliquée à la connaissance du passé québécois. En ce qui concerne d'abord le souci d'insérer les objets d'étude dans de grands ensembles (continental, atlantique, occidental), une donnée récente signalée par M. Dumont (1998, p. 98) retient l'attention : selon diverses compilations, on observerait au cours des dernières décennies un important rétrécissement des aires géographiques recouvertes par les articles et notes de recherche parus dans la *Revue d'histoire de l'Amérique française*. Entre les premières années de la revue et la période la plus récente, la proportion des textes circonscrits dans les frontières québécoises est passée de 27,6 % à 83 %. Parallèlement, les textes sur l'Amérique du Nord ont décliné de 7 % à 1,4 %. Cette évolution s'explique en grande partie par la nouvelle représentation de la nation francophone, qui a peu à peu délaissé la référence continentale et pancanadienne pour se concentrer sur le Québec. Il est possible aussi que les historiens québécois destinent à des revues étrangères ces textes où l'analyse se déploie à une échelle spatiale élargie. Il demeure que la principale revue d'histoire québécoise accueille très peu d'articles de ce genre.

Au chapitre des illusions de la singularité, on pourrait évoquer ici un très grand nombre de traits ou épisodes historiques dont plusieurs ont tourmenté la conscience collective, et qui ont été donnés comme plus ou moins spécifiques aux Canadiens français alors même qu'on en trouve aisément des équivalents ailleurs. En voici quelques exemples. Le sentiment d'une grande menace qui pèse sur la culture nationale et rend la survivance incertaine est un trait assez répandu dans les collectivités neuves : pensons à la densité démographique de l'Asie *(the yellow peril)* pour la Nouvelle-Zélande et l'Australie, à l'influence étatsunienne pour le Canada anglais, au poids de l'indianité dans divers pays latino-américains dominés par une minorité d'Européens, à la crainte de l'immigrant dans l'histoire des États-Unis. Ce facteur a engendré partout des réactions défensives qui présentent de grandes similarités. De même, le ruralisme (apologie de l'agriculture, représentation fortement ruralisée de la nation) s'est fortement manifesté dans l'histoire de l'Australasie et ailleurs. Le cas de l'Australie est particulièrement frappant : dès le milieu du XIXe siècle, la très grande majorité des habitants vivaient dans les villes et, néanmoins, jusqu'au milieu du XXe siècle, l'imaginaire national a pratiquement ignoré la réalité urbaine, se nourrissant plutôt du légendaire de la brousse. Ce genre de distorsions mériterait d'être étudié pour lui-même, dans ses diverses manifestations transnationales. La Nouvelle-Zélande, quant à elle, a longtemps entretenu un mythe écologiste et on sait qu'une idéologie pastoraliste a fortement imprégné la pensée des Pères fondateurs aux États-Unis.

Le thème de la *grande noirceur* des décennies 1930-1950 au Québec appellerait un traitement analogue. Il y aurait profit à analyser cette période de l'histoire québécoise en relation avec d'autres collectivités, par exemple le Canada anglophone. Rappelons les mouvements d'extrême droite qui y ont sévi à la même époque (M. Robin, 1998), l'institution de pratiques eugénistes par quelques gouvernements provinciaux, certaines orientations de la politique canadienne comme le traitement réservé aux Canadiens d'origine japonaise durant la dernière guerre, les restrictions entourant l'immigration de réfugiés juifs dans les années 1930, les réticences à endosser la Déclaration universelle des droits de l'homme en 1948, etc. On peut renvoyer aussi à toutes les formes de censure pratiquées aux États-Unis avant et pendant le maccarthysme, ou à l'ensemble des fascismes européens. La France, pays de liberté, a interdit jusqu'en 1949 la publication de certains poèmes de Baudelaire ; elle a aussi exercé un contrôle étroit sur le contenu des émissions télévisées (en particulier celles qui traitaient des affaires publiques) jusque dans les années 1970. Encore là, comme sur tant d'autres points, l'Australie fournirait un précieux repère. Au début des années 1960, près de deux cents œuvres littéraires y étaient encore interdites. J. F. Williams (1995) a même pu caractériser les décennies de l'entre-deux-guerres comme une période de *quarantaine,* tant les attitudes isolationnistes et conservatrices y prédominaient. Il y aurait eu aussi une *grande noirceur* néo-zélandaise entre 1935 et 1960, si l'on en croit le discours critique de la littérature et des sciences sociales. De toute évidence, ces phénomènes participent au moins en partie d'une même mégaconjoncture qu'il serait utile de dessiner : que s'est-il donc passé dans la culture occidentale après la Première Guerre mondiale ? Ce qui est remarquable aussi, c'est que, d'une société à l'autre, ces expériences ont survécu très différemment dans les mémoires collectives. Le Québec paraît se signaler sur ce point par le souvenir particulièrement douloureux et obsédant, honteux même, qu'il en a conservé. On pourrait aisément allonger la liste des exemples. Ajoutons-y l'emprise de la morale janséniste dans le catholicisme canadien-français, autre lieu tourmenté de la mémoire actuelle : mais est-ce que la pratique historienne est bien inspirée de se laisser tourmenter par ce phénomène ? N'est-il pas devenu urgent de le penser en rapport, notamment, avec le puritanisme qui a sévi aux États-Unis (où l'on est allé jusqu'à amender la Constitution en 1919 afin d'instituer la prohibition de la consommation d'alcool), au Canada anglais, en Grande-Bretagne et ailleurs ?

Passons rapidement sur la mémoire ambiguë, inhibée même, des deux crises de la conscription au Québec. Rappelons seulement que les États-Unis eux-mêmes ont retardé le plus longtemps possible leur engagement dans le deuxième conflit et qu'en Australie, à deux reprises (référendums de 1916 et 1917), la population a d'abord voté majoritairement contre la participation du pays à la guerre (avant de s'y résoudre), malgré les engagements qu'avait déjà pris en son nom le gouvernement. L'Australie était alors un pays anglo-saxon, membre de l'Empire, très proche et très solidaire de la Grande-Bretagne ; pourtant, la mémoire nationale n'a gardé aucun traumatisme de cette demitrahison. Bien au contraire, elle s'est attachée uniquement à mettre en valeur les hauts faits militaires du contingent australien, notamment le célèbre épisode de Gallipoli qui est devenu le principal mythe mémoriel de la nation. Même en Nouvelle-Zélande, pays considéré comme l'allié le plus fidèle de la Grande-Bretagne, l'ardeur à s'enrôler en 1914-1918 fut mitigée. Selon M. Sharpe (1981), c'est précisément pour dissimuler cette apathie populaire que le gouvernement n'a pas tenu de référendum sur l'engagement militaire du pays.

Sur un autre plan, la classe intellectuelle canadienne-française, depuis le milieu du XIXe siècle, a vécu difficilement sa relation de dépendance envers la France. Nourricière à bien des égards, cette relation n'en installait pas moins les élites dans une situation d'infériorité (dans le domaine des lettres et des arts notamment) dont elles eurent à souffrir et dont elles ne parvinrent à s'affranchir que tardivement (et partiellement). On peut penser que ce phénomène d'inhibition aurait été vécu différemment si on s'était avisé plus tôt de son universalité. En effet, avec des variantes, des noms différents et des dénouements spécifiques, la même expérience a été vécue dans toutes les collectivités neuves. Elle a inspiré les mêmes commentaires désabusés sur la pauvreté de la culture locale et les mêmes appels récurrents à une reconstruction de la culture nationale. La redécouverte récente de l'américanité dans la culture savante québécoise relève de la même veine : on parle ici d'australianité, là de brésilianité et d'antillanité, ailleurs d'africanité, etc. Enfin, les transformations de l'identité nationale au cours du demi-siècle reproduisent aussi une trame familière qu'on retrouve au Canada anglophone, au Chili, au Mexique, en Australasie et ailleurs. Après une longue période au cours de laquelle la nation, se voulant homogène, recourait soit à l'assimilation, soit à l'exclusion, le pluralisme a fini par s'implanter, forçant du même coup les élites à repenser la représentation nationale, à trouver d'autres repères à l'imaginaire collectif. Il en a résulté, au Québec comme ailleurs, une conjoncture symbolique incertaine et un malaise identitaire, surtout parmi les populations de vieille ascendance.

Pour bien évaluer la place et le rôle de la religion dans l'ancienne société québécoise, n'est-il pas utile de la considérer également dans l'histoire d'autres sociétés, par exemple celle des États-Unis ? On se souviendra que l'un des traits ayant le plus frappé Tocqueville lorsqu'il a visité cette république dans les années 1830 était justement le rôle central du religieux dans la vie communautaire et publique. Cette donnée ne fait pas pour autant des États-Unis une *priest-ridden society,* mais elle invite à réfléchir d'une manière plus nuancée sur le mode de constitution des imaginaires qui soutiennent l'ordre social et sur la façon dont ils se traduisent dans la sphère civile aussi bien que dans la vie quotidienne[21]. Tous les pays d'Amérique latine offrent des exemples analogues de syncrétisme entre la nation et la religion. On pourrait encore invoquer bien d'autres pays, notamment la Grande-Bretagne où, selon L. Colley (1992), la religion protestante a été le fondement symbolique principal de la nation. Les stéréotypes entourant la fécondité des familles canadiennes-françaises sortent, eux aussi, passablement transformés de l'épreuve de la comparaison. Celle-ci enseigne que les niveaux de cette fécondité n'apparaissent pas si exceptionnels dès lors que la comparaison rapproche des terroirs analogues (en cours de peuplement ou de formation récente). Elle enseigne aussi que le calendrier de l'abandon de la fécondité naturelle au Québec est tout à fait semblable à celui de la majorité des populations européennes, et qu'il le précède même dans plusieurs cas. Parmi les collectivités neuves, ce sont plutôt les États-Unis et le Canada anglophone qui font exception par leur précocité (G. Bouchard, R. Lalou, 1993).

Les travaux que nous avons effectués en génétique des populations ont donné lieu à une expérience analogue. On sait que la population québécoise d'ascendance française se signale par une fréquence élevée de quelques maladies héréditaires pratiquement inconnues dans les autres populations du monde. Ce phénomène a accrédité dans certains milieux (les médias notamment) le stéréotype d'une population *tarée,* du moins pour certaines régions du Québec. Longtemps, on a cru et répété (même dans des ouvrages savants) que ce phénomène était dû à une fréquence trop élevée des mariages consanguins. Cependant, une recherche comparée révélait que tous les pays scandinaves — dont le patrimoine biologique est pourtant à l'abri de tout soupçon

— reproduisent le même modèle. Nous avons pu démontrer en outre qu'il n'y avait rien de particulier dans la fréquence des mariages consanguins au sein des régions et des familles concernées. L'incidence élevée de certaines génopathies au Québec s'accompagnait d'un autre phénomène remarquable, mais passé à peu près inaperçu : l'absence ou la grande rareté de diverses maladies qui comptent pourtant parmi les plus fréquentes dans les populations d'Occident. Enfin, on découvrait que les particularités génétiques de la population canadienne-française tenaient à ses structures démographiques et qu'on les retrouvait dans toutes les populations ayant été constituées sur le modèle de l'*effet fondateur*[22].

La Révolution tranquille des années 1960 et l'effervescence culturelle qui y fut associée est un autre épisode du passé québécois qui a été le plus souvent traité sur le mode singulier. Il est pourtant aisé, encore là, de relever des évolutions analogues dans plusieurs autres sociétés, exactement à la même époque. Pour ce qui est du développement social et des réformes institutionnelles, il existe des parallélismes frappants, tout particulièrement avec le Nouveau-Brunswick, le Danemark, la Norvège, l'Irlande. Quant aux changements culturels et à la grande vitalité collective qui s'est alors manifestée, un parallélisme s'établit avec des sociétés aussi diverses que la Californie, la France, le Mexique, la Grèce, l'Australie. Dans ces deux derniers cas en particulier, on observe le même renouvellement identitaire et la même recherche d'authenticité qui empruntaient la voie d'un retour aux sources, en puisant abondamment dans la tradition et la culture populaire. En même temps, la vie intellectuelle accédait à une nouvelle maturité et connaissait une véritable renaissance. Les représentations du passé connaissaient elles aussi d'importants réaménagements. On est ainsi de nouveau renvoyé à l'étude des conjonctures larges et des tendances lourdes qui ont traversé l'Occident à cette époque. S'il avait été emprunté au départ par l'historiographie québécoise, ce détour aurait sans doute permis d'acquérir plus tôt une vision plus juste et plus nuancée à la fois de ce qui fut qualifié de *grande noirceur* et de sa contrepartie que fut la Révolution tranquille. D'importants éléments de continuité seraient apparus là où, spontanément, la plupart des observateurs ont d'abord vu des ruptures brutales. À sa manière, comme nous le verrons, un courant historiographique d'inspiration moderniste s'est employée à cette tâche de relecture à partir de la fin des années 1970.

À propos des illusions de la singularité, nous avons jusqu'ici insisté sur les profits scientifiques à retirer de la comparaison. Mais les perspectives de profit culturel, au sens le plus large du terme, ne sont pas moindres. En effet, il faut rappeler que tous les traits, expériences et épisodes que nous venons de commenter à propos du Québec ont, à des degrés divers, nourri les représentations collectives et structuré l'imaginaire. Nous avons pu parler, à ce propos, des *fausses identités* dont les Francophones québécois ont longtemps été à la fois objet et sujets (G. Bouchard, 1995a, 1997a, et *infra*, chapitre III). L'histoire comparative pratiquée selon le modèle référentiel fournit, comme nous l'avons dit, des moyens de critiquer ces représentations ; mais elle aide aussi à découvrir ou à valider les vraies spécificités d'une société, ce qui permet de mieux en rendre compte et d'acquérir une meilleure connaissance de soi. Dans cette direction, on est conduit à considérer avec une attention renouvelée le fait que, parmi toutes les collectivités neuves, le Québec est l'une des rares (avec Porto Rico principalement) à ne pas avoir réalisé son indépendance politique. Elle est aussi la seule à avoir autant alterné entre continuité et rupture dans ses rapports avec sa mère patrie culturelle (la situation présente demeure très ambiguë de ce point de vue). Par ailleurs, au sein de toutes les collectivités neuves, elle est celle dont les élites culturelles ont eu le plus de mal peut-être à assimiler le nouveau continent (comme on peut le voir, notamment, dans les traits de la pensée utopique), et où la distance entre culture populaire et culture savante a été la plus prononcée. C'est aussi une collectivité où l'homogénéité ethnique a été très accentuée. Insistons un peu sur cette dernière caractéristique à partir de laquelle on peut mettre en relief d'importants aspects de l'histoire socioculturelle québécoise. Ainsi, l'une des principales difficultés auxquelles la société étatsunienne a dû faire face au cours de son histoire fut de créer des consensus, d'aménager une cohésion sociale au sein d'une grande hétérogénéité ; à l'opposé, le Québec a mis beaucoup de temps à briser le front commun identitaire né des luttes pour la survivance afin d'en arriver à accorder la nation avec ses éléments de diversité.

La comparaison, avons-nous dit, favorise la reconnaissance rétroactive des possibles, de ces itinéraires qui s'offraient au cours de l'histoire mais que, pour une raison ou l'autre, elle n'a pas empruntés. Avec le recul du temps, le tracé qui s'est effectivement imposé est parfois faussement représenté comme une fatalité, comme un déterminisme. Nous nous limiterons à un exemple. La plupart des historiens s'accordent sur le fait que, au lendemain des insurrections de 1837-1838, la société québécoise a pris un important virage. En gros, l'ampleur et les circonstances de l'échec ont mis fin au rêve d'un État indépendant et, comme nous l'avons rappelé, les aspirations nationales se seraient alors détournées du politique pour se porter vers la culture. C'est dans cette conjoncture qu'a pris forme le paradigme de la survivance, avec toutes ses visées conservatrices et défensives. Un corollaire veut aussi que le virage culturel de la nation ait placé l'Église dans une position collective dominante. Depuis la Cession de 1763, cette institution avait toujours su prendre les moyens (et consentir les compromis) nécessaires pour s'assurer de bons rapports avec le gouvernement colonial ; elle seule semblait posséder la structure et les ressources nécessaires pour agir efficacement sur l'ensemble de la société, pour prendre en charge le destin de la nation. Elle y trouvait aussi une motivation immédiate, compte tenu de l'étroite association entre la langue et la foi dans la conception de la nationalité. On explique de cette manière le rôle central que le clergé a pu jouer dans l'histoire sociale et culturelle du Québec jusqu'au milieu du XXe siècle. Ce raisonnement en a amené plusieurs à conclure que, sans le clergé, la francophonie n'aurait pas survécu au Québec. Néanmoins, cette représentation paraît éminemment contestable lorsqu'on la soumet à l'épreuve de la comparaison. Si on considère, par exemple, la situation de l'Australie avant le milieu du XIXe siècle, on y retrouve un ensemble de circonstances qui auraient pu commander une évolution semblable à celle du Québec : une population extrêmement démunie formée en grande partie de bagnards ou d'ex-bagnards (le pays a été créé comme colonie pénitentiaire en 1788), une société dominée par les administrateurs et les soldats britanniques où les perspectives d'autonomie politique semblaient très lointaines, un environnement asiatique perçu comme menaçant, un territoire très aride. Et pourtant, à la fin du XIXe siècle, le Commonwealth australien voyait le jour, une société laïque s'était constituée, la pensée sociale-

radicale avait acquis un grand rayonnement et la classe ouvrière disposait d'un pouvoir important grâce à l'appui d'une bonne partie des
élites (un gouvernement travailliste allait bientôt prendre le pouvoir).

En rapport avec le passé québécois, ce rappel attire l'attention sur
deux points. D'abord, il n'est pas tout à fait exact qu'après 1837-1838 la
représentation de la nation ait délaissé l'horizon politique pour établir
ses fondements dans la culture. C'est oublier, entre autres, l'importante
participation canadienne-française à l'essor de l'État canadien dans les
décennies qui ont suivi 1840. En fait, l'entreprise politique s'est poursuivie, avec un fort investissement idéologique et national, mais une
vision pancanadienne a succédé à la vision patriote. En second lieu, on
aurait tort de présenter le leadership socioculturel du clergé comme un
dénouement en quelque sorte attendu, inévitable même. D'autres
options étaient ouvertes dans le social et dans la culture : la création
d'une société laïque sous l'égide de la petite bourgeoisie, un effort de
développement économique suivant les possibilités qu'offrait à l'époque
l'entreprise locale, une offensive généralisée dans l'éducation populaire
assortie de contenus professionnels et scientifiques, l'affirmation vigoureuse d'une pensée sociale-radicale appuyée sur l'action syndicale et des
mouvements populaires. Chacune de ces orientations aurait pu prévaloir. Aucune ne l'a fait et il reste beaucoup à apprendre là-dessus. Certes,
on sait que, sur les plans social et culturel, la pensée conservatrice l'a
emporté sur la pensée dite libérale[23], le clergé ayant réussi à contenir
longtemps la formation d'une société laïque, alors que l'émergence
d'une pensée et d'un mouvement populaire a été enrayée. Mais si on
connaît de mieux en mieux les péripéties et la chronologie de ces
grandes coordonnées, on en sait beaucoup moins sur la dynamique collective qui les a soutenues : la structure et les stratégies de classes, les rapports sociaux, les structures de la production, la répartition du pouvoir
économique, le jeu des forces internationales.

Un dernier exemple pour conclure sur ce point. À plusieurs reprises
dans l'histoire du Québec, l'Église a été amenée à prendre des initiatives
de développement social et culturel (création de bibliothèques
publiques ou d'institutions d'enseignement, fondation de syndicats, de
coopératives ou d'organismes de loisir, etc.), mais selon un mode réac-
tif, afin de contenir et, si possible, faire échouer des projets de même

nature mis de l'avant par des groupes libéraux, dans l'esprit de la laïcité. Ces actions cléricales ont réussi dans la majorité des cas, semble-t-il. Pour quelles raisons ? Il ne suffit pas ici d'invoquer des facteurs comme l'autorité morale du clergé, le magistère qu'il exerçait dans l'ensemble de la culture, les influences diverses qu'il pouvait faire jouer, la pression qu'il exerçait sur les consciences et sur les institutions, la faiblesse des autres institutions ou classes, la soumission des masses : c'est cela même qu'il faudrait mieux expliquer. Un élément de réponse pourrait tenir dans le fait que, pour la société canadienne-française de l'époque, la religion catholique était un facteur d'union, de cohésion collective, ce qui représentait un atout important pour une nation engagée dans une lutte pour la survivance. Soit. Mais pourquoi ne pas avoir trouvé ailleurs cette source de cohésion ? par exemple dans la solidarité populaire, dans une sorte de pacte social, comme en Suède et en Norvège ? On voit ici que la question du rôle de la religion en renvoie à une autre, non moins centrale : pourquoi cet élitisme de la nation ?

Cette dernière remarque nous introduit aux silences de l'historiographie québécoise. Le mot réfère non pas aux questions qui sont demeurées sans réponse mais à celles qui n'ont tout simplement pas été posées (ou qui ne l'ont été que très récemment). Encore une fois, c'est la fréquentation d'autres itinéraires, dans d'autres espaces du Nouveau Monde, qui éveille l'attention. Ainsi, on ne s'est peut-être pas suffisamment attaché au fait que, sauf à partir des années 1940-1950, la culture savante québécoise n'a pas élaboré une véritable pensée sociale-radicale, et encore moins une idéologie révolutionnaire[24]. Pourquoi les thèses de Marx et d'Engels (qui est venu au Québec dans les années 1880) n'ont-elles pas trouvé d'adeptes (ont-elles seulement été lues, discutées ?) au Canada français avant la Seconde Guerre ? La même absence se marque dans la pensée utopique qui, pourtant, est habituellement friande de thèmes comme l'égalité des conditions, la solidarité des humbles, la lutte contre l'injustice et la misère, l'opprobre de l'opulence. On s'est amplement interrogé sur l'influence de Lammenais, de Montalembert, de Veuillot, de Dupanloup, de *Rerum Novarum*. On connaît aussi le rayonnement des Encyclopédistes, français et autres. Mais Fourrier ? mais Proudhon ? et tous les autres penseurs de la nouvelle *ingénierie sociale* dans l'Europe du XIXe siècle ? Certes, les Rouges se montraient sensibles aux thèmes de l'économie et de l'éducation, mais le plus souvent sous l'angle du développement et du progrès plus que de la répartition égalitaire des richesses. De même, s'ils se préoccupaient beaucoup de la démocratie et de son fondement populaire, c'était surtout à la façon des Encyclopédistes, pour établir la légitimité de l'institution parlementaire et les prérogatives de l'État libéral. Sauf chez les plus radicaux (on parle ici de quelques individus), l'attention qu'ils portaient à la question sociale était subordonnée à leur intérêt pour la société civile ; c'est principalement sur le terrain de la laïcité, en effet, qu'ils ont mené leurs plus dures batailles (et qu'ils ont aussi essuyé leurs plus grands revers) au XIXe siècle. Dans l'ensemble, on pourrait dire que, au-delà de leurs divergences doctrinales sur les rapports entre l'Église et l'État ou sur les formes de la démocratie, les élites se sont accordées à faire prévaloir les impératifs de la nation sur ceux du changement social. Pourtant, la société québécoise a présenté très tôt des conditions propices à l'éclosion d'une pensée de gauche : économie dépendante, périphérique, domination ethnique, sous-développement rural, pauvreté urbaine.

Cette absence ou faiblesse de la pensée sociale-radicale, on pourrait être tenté de l'expliquer, comme on le fait couramment aux États-Unis, par les immenses possibilités d'enrichissement qu'offrait le Nouveau Monde : l'égalité des chances et les ressources abondantes du pays neuf prévenaient l'institution de barrières et de clivages, et elles donnaient peu de prise aux mouvements radicaux ou révolutionnaires. Mais ces perceptions étaient peu courantes au Canada français, où la rhétorique agressive de la *frontière* n'a pas fait recette dans la culture savante. Elle y a été remplacée par le discours lénifiant de la colonisation, avec ses corollaires vertueux d'harmonie sociale, de labeur méritoire, de communautarisme. Quant au mythe de l'ascension sociale et du *self-made-man*, il a peu pénétré le discours national et la culture savante en général, si l'on excepte les représentations diffusées par une presse à grand tirage, largement inspirées de modèles étatsuniens et axées sur l'aisance matérielle ou la consommation ostentatoire plus que sur l'enrichissement à la *Yankee*. En tout état de cause, il n'y a rien là de comparable à l'intensité et à la vigueur des projections qui ont nourri l'imaginaire étatsunien. Le roman canadien-français, par exemple, reproduisait des modèles de *success story*, mais le plus souvent sur un mode négatif, comme repoussoir. Dans *Maria Chapdelaine,* les propositions de Lorenzo Surprenant sont rejetées ; Maria choisit d'épouser François Paradis afin de ne pas trahir les impératifs de la nationalité. Dans un autre genre, Jean Rivard incarne la réussite individuelle, mais au service de la collectivité, dans les intérêts de la nationalité. On pourrait multiplier ces exemples.

Dans une autre direction, l'expérience européenne montre que le radicalisme social naît lorsque des élites, afin d'assurer leur ascension, ont besoin de détruire des privilèges, des ordres, des despotismes. Il n'y avait rien de tel dans ce cas-ci. L'emprise du clergé sur l'organisation sociale aurait pu constituer un tel ressort ; mais elle a suscité une opposition idéologique qui ne s'est jamais traduite en véritable mouvement social, sans doute parce que la grande majorité des membres des élites (économiques, socioculturelles, politiques) trouvaient quelque profit dans l'ordre existant. Certes, chacun avait son combat à mener. Pour les uns, c'était contre le lien colonial et la domination du pouvoir anglais. Pour d'autres, la principale menace venait de l'environnement continental qui marginalisait la culture française. Mais, dans un cas comme dans l'autre, l'enjeu se déplaçait vers l'arène de la nation. En conséquence, malgré les âpres querelles qui ont profondément divisé les élites et dont l'historiographie a rendu compte avec beaucoup de soin et de compétence, peut-être faudrait-il davantage prêter attention aux larges zones de consensus à l'intérieur desquelles conservateurs et libéraux ont aménagé leurs oppositions. Mais une telle perspective ne se découvre pleinement que si l'on regarde le Québec de l'extérieur.

L'étude d'autres collectivités neuves, en particulier l'Australie et les États-Unis, montre que les grandes questions soulevées par Tocqueville au terme de sa visite en Amérique ont beaucoup retenu l'attention des intellectuels du Nouveau Monde, préoccupés par les défauts potentiels de la démocratie comme fondement d'un nouvel ordre social (croissance excessive du pouvoir central, déclin de la civilisation, dictature de l'opinion, relativisme…) et par les remèdes qu'il convenait de leur apporter[25]. Il est intéressant de noter que toute cette thématique a été finalement assez peu débattue au Québec (tout comme au Canada anglophone du reste) entre le milieu du XIXe et le milieu du XXe siècle. Faut-il en conclure, comme le laissent entendre de nombreuses publications sur l'histoire des idéologies, qu'elle ne comptait guère parmi les principaux sujets de pré-occupation des élites durant cette période? Il y aurait lieu de s'en sur-prendre, d'autant plus qu'à l'échelle locale, dans les paroisses rurales par exemple (y compris les paroisses de colonisation), la démocratie était bien vivante. Il est même remarquable de voir à quel point les affaires de la communauté — on dirait aujourd'hui la chose publique — y susci-taient intérêt et engagement. Le statut de conseiller municipal était très respecté, on assistait avec passion aux assemblées électorales, le jour du vote était vécu avec une rare intensité, les *triomphes* qui le clôturaient donnaient lieu à toutes sortes de débordements. Toute cette vitalité de la vie civique dont le peuple était si friand, toute cette tradition démocra-tique populaire dont le sociologue L. Gérin (1894) s'étonnait en son temps ne semblent pas avoir transpiré beaucoup dans le discours des élites, qu'il s'agisse des représentations idéologiques proprement dites ou de l'imaginaire romanesque, pictural et autre[26]. Selon un vieux cliché, la démocratie des petites communautés est présentée comme l'apanage ou comme une invention de la frontière étatsunienne. Se pourrait-il qu'elle ait prospéré également au Québec presque à l'insu des lettrés, trop solli-cités par d'autres priorités?

Cette remarque touche à un autre phénomène structurel particu-lièrement prononcé au Québec et que nous avons déjà commenté ail-leurs (G. Bouchard, 1985-1986, 1995b, 1996a); il s'agit de la distance entre la culture des milieux populaires et celle des élites — sociales et culturelles principalement. Nous avons parlé à ce propos d'une antino-mie: la première était entièrement nourrie des expériences du conti-nent, submergée dans l'américanité, tandis que la seconde empruntait largement à la France et à l'Europe ses références et ses repères. En conséquence, les lettrés ont souvent affiché une attitude négative à l'en-droit de la culture populaire, une attitude faite de méfiance qui s'est exprimée dans une volonté de corriger plutôt que d'accréditer et de valoriser cette culture dans sa réalité profonde, dans son originalité, et d'en nourrir la culture savante. En cela, la relation difficile et l'espèce d'étanchéité qui ont longtemps prévalu entre culture savante et culture populaire au Québec tranchent avec les modèles étatsunien, australien et latino-américain. Dans le premier cas, les traits et traditions de la cul-ture populaire ont été en quelque sorte censurés et réinvestis dans une vision continuiste de la nation ; dans les autres, ils ont été amplifiés et mobilisés dans un discours d'affranchissement identitaire et de rupture. Pourquoi l'élitisme de la nation, avons-nous demandé ? Aux éléments de réponse déjà proposés, on pourrait ajouter celui-ci : pour les élites canadiennes-françaises, en définitive, le peuple n'était pas un compagnon d'armes très fiable dans le combat de la nationalité.

De la même manière que les valeurs d'égalitarisme et de démocratie, très présentes dans la culture populaire, ont trouvé relativement peu d'écho dans la culture savante, celle-ci ne s'est guère montrée attentive à la culture urbaine, tout particulièrement à la culture des classes populaires, sinon pour en déplorer l'immoralité, les désordres, et le reste. En conséquence, il subsiste ici, encore aujourd'hui, une inconnue dans la mémoire québécoise. À de très rares exceptions près, les premiers travaux d'historiens sur ce sujet ne sont apparus qu'au cours des deux dernières décennies. En conséquence, alors que les figures aseptisées du colon, de l'habitant, du coureur des bois et de l'homme de chantier abondent dans l'imaginaire collectif, on ne connaît guère les stéréotypes du citadin et encore très peu le légendaire de la ville. En elle-même, cette absence est un fait socioculturel tout à fait remarquable. Assez curieusement, ce commentaire pourrait être étendu aux représentations de la nation elle-même. Encore là, l'historiographie s'est le plus souvent contentée de reproduire les clichés les plus éculés mis de l'avant par les élites : la nationalité canadienne-française tenait dans la langue française, la religion catholique, les institutions, les coutumes. Or, il y a fort à parier qu'au-delà de ce stéréotype, il y a tout un terrain à découvrir, une diversité et une évolution dont pourraient témoigner notamment les manuels scolaires et les chroniques de la presse, tout comme les contenus symboliques et les mises en scène associés aux célébrations de la fête nationale et à d'autres grandes commémorations[27].

Parmi les absences encore, mentionnons le peu d'attention accordé aux exclusions pratiquées par la nation au nom de la survivance : exclusions symboliques (ces non-Canadiens français qui se sont illustrés en leur temps mais dont la mémoire collective n'a pas gardé trace), exclusions socioculturelles (opposition à des projets de colonisation par divers groupes ethniques, empressement mitigé à ouvrir aux non-catholiques l'école catholique et francophone, réticences à l'endroit des mariages mixtes…), exclusions socioéconomiques (discrimination dans l'embauche et dans la promotion professionnelle, à l'endroit des femmes notamment), exclusions spatiales (les Amérindiens), exclusions politiques aussi? D'une façon générale, sauf encore une fois depuis une vingtaine d'années, l'historiographie ne s'est guère intéressée à la réalité immigrante, aux rapports ethniques dans la vie quotidienne, à la citoyenneté et au rapport à l'État. On note aussi l'absence d'une tradition résolument pro-Autochtones qui aurait mis en forme un point de vue fondamentalement critique sur les immigrants européens et leurs successeurs. On ne s'est pas beaucoup attardé non plus sur le très faible métissage entre Blancs et Amérindiens. C'est là un trait que le Québec a partagé avec d'autres colonies britanniques (Canada anglais, États-Unis, Australie, Afrique du Sud…), alors qu'un modèle inverse prévalait dans plusieurs populations d'Amérique latine où le syncrétisme était au cœur de l'idée nationale. Il faut rattacher à cela la façon dont les historiens ont traditionnellement représenté les origines de la nation, en en faisant le prolongement de la France en Amérique. En vertu de ce modèle, l'histoire du Canada français commençait avec l'arrivée des Européens, tout le passé amérindien étant ainsi rejeté sur une voie parallèle, dans une autre mémoire. C'est là un autre exemple d'exclusion symbolique. Dans le même esprit, il n'existe pas de véritable tradition critique à l'endroit de la France en tant que métropole et puissance impériale européenne. Les impératifs de la survivance, tels qu'ils étaient conçus, empêchaient le développement d'une telle tradition puisqu'ils plaçaient la nation dans le prolongement direct de la mère patrie et faisaient à ses membres un devoir de fidélité à leurs racines. Sur ce point encore une fois, le Québec s'est démarqué de la majorité des collectivités neuves.

Enfin, évoquons rapidement quelques autres exemples de silences, de questions non posées ou de thèmes peu traités. On ne s'est pas beaucoup interrogé sur le type social qui a émergé du contexte de peuplement particulier au Québec, non plus que sur les spécificités de ce contexte par rapport à la frontière américaine, à la pampa sud-américaine ou à la brousse australienne. De même, on ne s'est guère penché sur l'étrange coïncidence que révèle l'étude de la sexualité : comment expliquer que, dans une large mesure, les mêmes interdits, les mêmes craintes, les mêmes coutumes et les mêmes comportements se retrouvent à peu près partout en Occident, chez les protestants comme chez les catholiques, dans les pays plus ou moins industrialisés et urbanisés, de tradition libérale ou conservatrice ? En ce qui concerne le déséquilibre dans le rapport social hommes/femmes, si répandu lui aussi dans les sociétés occidentales, peut-on émettre l'hypothèse qu'au Québec comme ailleurs il a bien dû s'enraciner et se façonner dans une histoire, des contextes, des processus et des structures sociales particulières qui lui ont donné certaines formes originales ? La (non-)participation des Québécois francophones à la Première et à la Seconde Guerre mondiale est un autre lieu de silence qui commence à peine à être transgressé. En histoire rurale, on ne s'est pas beaucoup préoccupé non plus de rendre compte des particularités du rapport à la terre eu égard aux formes contrastées observées dans d'autres collectivités neuves (par exemple : pourquoi l'emprise si durable de la petite propriété familiale au Québec ? pourquoi l'essor tardif de la grande propriété agricole ?). Enfin, malgré quelques contributions importantes, les annales de l'antisémitisme dans l'histoire du Québec francophone sont encore largement en friche et on observe une réticence évidente à aborder ce dossier.

La plupart des exemples qui viennent d'être proposés illustrent sous divers aspects ce que nous avons appelé la circularité ou le cercle vicieux de la connaissance historique, ce phénomène universel en vertu duquel l'histoire se met à son insu (quand ce n'est pas d'une façon délibérée) au service des impératifs, des urgences de la nation, ce qui l'amène à en nourrir les prémisses et les orientations de son enquête. À propos du passé québécois, nous avons pu le voir, ce phénomène, d'abord dans les silences et les refus de l'historiographie qui a longtemps fait l'impasse sur le fait urbain, sur les apports non francophones dans la formation de la culture nationale, sur les importantes similitudes qu'elle accusait avec ses voisines, sur les éléments de diversité qu'elle manifestait en son sein, sur sa réalité migrante dissimulée derrière des problématiques de persistance, d'enracinement et de continuité, sur l'américanité du Québec comme société du Nouveau Monde, comme collectivité neuve à part entière. Nous l'avons vu ensuite dans certaines interprétations qu'elle a mises de l'avant : les fausses identités, les fictions de la différence, les façons d'expliquer divers phénomènes comme les mouvements de colonisation (œuvre catholique, nationale), la fécondité élevée (la « revanche des berceaux »), la force du groupe familial (héritage présumé de traditions paysannes françaises), et le reste. Sur chacun de ces points et sur bien d'autres, le discours historiographique s'est montré à un moment ou l'autre directement tributaire de l'idéologie de la survivance. Il s'agissait bien d'une idéologie en effet, et non pas seulement d'une coordonnée objective, incontournable : depuis qu'elle a été mise en retrait (à partir des années 1950), non seulement la francophonie québécoise ne s'est pas affaiblie, mais elle a connu un développement sans précédent.

Cela dit, notons que certains traits de l'ancienne manière ont été perpétués. On pense ici à des thèmes qu'on pourrait tenir pour prioritaires et qui n'en sont pas moins désertés ou ont peu retenu l'attention de la pratique historienne jusqu'aux années récentes. Par exemple : l'exercice de la démocratie (en particulier à l'échelle locale)[28], tout ce qui relève de la citoyenneté, les pratiques d'exclusion, les rapports ethniques, les communautés autochtones, les inégalités socioéconomiques, la structure de classes…

En elle-même, la faiblesse de l'histoire comparative fait également partie de cet héritage. Pourtant, étant donné la vaste opération de réaménagement symbolique dans laquelle la société québécoise s'est engagée depuis plus d'un demi-siècle (de nouvelles représentations d'elle-même et des autres, un nouveau rapport au monde international, un réaménagement de la mémoire), la plupart des questions qu'elle se pose et que l'historien reprend à son compte ne peuvent être vraiment clarifiées sans un recours à la perspective comparée. On pourrait du reste étendre la portée de cette remarque : c'est depuis la seconde moitié du XIXe siècle que l'historiographie québécoise, au-delà de ses divisions, pense et interroge son objet (au moins implicitement) sur le mode de la spécificité et de la différence, du repli et de l'ouverture, du rapport à soi et à l'autre, de la double appartenance européenne et nord-américaine — et, plus récemment, de l'infériorité et du retard. Que ce genre de thématique ait pu ne pas donner naissance à une vigoureuse démarche d'études comparatives constitue un phénomène socioculturel dont il est permis de s'étonner.

Vers un nouveau paradigme

Il est utile de s'arrêter un instant sur le cas tout à fait remarquable de l'historiographie moderniste qui a dominé la pratique historienne au Québec depuis la fin des années 1970. Ce courant scientifique a été durement critiqué par R. Rudin (1997b), qui lui a principalement reproché d'avoir mis de l'avant, un peu artificiellement, une nouvelle représentation du passé québécois jugée trop tributaire de la vision du monde associée à l'époque de la Révolution tranquille. Selon l'auteur, cet effort de redéfinition, qu'il assimile à du *révisionnisme*, aurait ainsi manqué à la règle d'objectivité. Notre point de vue est le suivant. De toute évidence, l'historiographie moderniste demeure sujette à diverses critiques. Il lui est sans doute arrivé, par exemple, de déceler de la modernité là où d'autres auraient vu des survivances, sinon une résistance au changement. Elle a aussi, à l'occasion, amplifié certains traits, amenuisé des reliefs. Mais ces carences (on pourrait en mentionner d'autres) ne doivent pas faire oublier l'essentiel. Nous parlons ici d'un véritable courant scientifique qui a su mettre en place une vision renouvelée du passé québécois. Il y est parvenu en s'appuyant sur une pratique scientifique réformée qui a produit des travaux de grande qualité. Il doit être jugé d'abord sur cette initiative générale, sur le nouveau terrain qu'il a déblayé, plutôt que sur ses marges ou sur ses débordements. C'est pour cette raison que, sur ce point, nous ne partageons pas l'opinion de Ronald Rudin. L'historiographie moderniste a été une réaction nécessaire et féconde à d'autres courants historiographiques qui persistaient à projeter une représentation extrêmement réductrice et appauvrie de ce passé. Grâce à cette réaction, les éclairages sont maintenant beaucoup plus riches, les hypothèses plus variées et les interrogations infiniment plus nuancées.

En fait, c'est sous un autre angle que nous désirons aborder la contribution moderniste. Au cœur de cette entreprise scientifique, il y avait, notamment, l'idée de contrer les vieux stéréotypes qui projetaient le passé québécois dans des attitudes réactionnaires, presque tribales, hostiles aux principales formes du progrès, viciées par une mentalité foncièrement réfractaire aux figures de la modernité : tous ces traits par lesquels on a traditionnellement expliqué ce que l'on appelait couramment le *retard* de la société canadienne-française (la Révolution tranquille des années 1960 devenant alors essentiellement un acte de *rattrapage*). Voulant récuser les représentations réductrices du passé en y réinsérant la complexité, l'histoire moderniste s'est appliquée à un examen critique de la thèse du retard et de tous les éléments de l'archétype qui faisait de la société canadienne-française une sorte d'anomalie en Amérique du Nord, sinon dans l'ensemble du monde atlantique. Ce faisant, elle en est venue en quelque sorte à montrer que, compte tenu des circonstances dans lesquelles elle s'était formée, cette société avait connu une évolution *normale* (le mot n'est pas souvent employé, mais on le trouve dans quelques écrits et, selon nous, il reflète l'esprit de l'entreprise). On voit bien que tout ce courant scientifique s'est construit lui aussi, au moins implicitement, autour de la problématique du retard et du rattrapage, de la différence et de la convergence (pour ne pas dire de la *normalité*). Pour cette raison, on peut s'étonner qu'il n'ait pas massivement emprunté dès le départ la voie de l'histoire comparative. Il s'est plutôt engagé dans la voie d'une histoire critique et dans l'élaboration d'une contre-proposition globale. Le ressort comparatif y était virtuellement présent, mais il n'a pas été véritablement exploité et exprimé empiriquement (même si les travaux dits modernistes contiennent plusieurs références à d'autres provinces canadiennes et aux États-Unis). Ordinairement, l'argumentation s'y construit plutôt par référence à une sorte de type idéal de la modernité (urbanisation, laïcité, capitalisme, libéralisme, individualisme…) dont on prête implicitement les traits aux sociétés voisines, prises comme modèles, et dont on démontre les manifestations au Québec même[29]. Dans cette mesure, le virage que nous préconisons vers l'histoire comparative peut être vu comme un complément et un prolongement attendu — parmi d'autres possibles — de l'historiographie moderniste.

Les vieilles préoccupations qui lui ont donné naissance et qu'elle a mises en forme depuis le XIXᵉ siècle continueront sans doute à motiver longtemps la recherche historique québécoise. Mais on voit en quoi elle pourrait trouver un souffle nouveau dans l'élargissement des perspectives que procure la comparaison. Du strict point de vue d'une meilleure compréhension de ce qu'a été cette société, de l'itinéraire qu'elle a parcouru et des choix qu'elle a faits, le virage comparatif paraît en effet indispensable. Il serait aisé d'allonger la liste des thèmes et questions déjà donnés en exemples. L'émigration vers les États-Unis amorcée entre 1830 et 1840 est de ceux-là. On sait que ce phénomène s'est déployé à l'échelle occidentale, touchant fortement des petits pays comme l'Irlande, la Norvège et la Suède. C'est de ce côté-là qu'il faudrait orienter en priorité la comparaison pour s'assurer qu'on a posé les bonnes questions (et formulé les bonnes réponses) à propos de ce fait social qui a surtout été traité au Québec dans une perspective nationale et identitaire[30]. On trouverait profit également à regarder du côté du Canada anglophone où, selon Bruno Ramirez (recherche en cours), l'émigration massive vers les États-Unis a suscité des perceptions et réactions très différentes. Il en va de même avec l'étude des idéologies, qui aurait trouvé profit à s'inspirer davantage de la perspective adoptée par R. Hofstadter (1948) pour les États-Unis. On y apprend qu'une grande complicité peut unir dans un même rapport social des factions querelleuses, apparemment irréductibles. Mentionnons encore : l'essor du capitalisme agraire, comme l'a étudié D. Denoon (1983) dans six pays neufs de l'hémisphère Sud ; les Rébellions de 1837-1838 comme épisode de l'Âge des révolutions en Occident et plus particulièrement dans les Amériques (L. D. Langley, 1997) ; l'émergence du fait urbain en relation avec des évolutions parallèles dans le Nouveau Monde (D. Hamer, 1990) ; le rôle de la religion comme facteur de cohésion dans les collectivités en formation ; la Cession de 1763 comme phénomène de transfert intermétropolitain (l'histoire en offre diverses figures). Un dernier exemple concerne l'étude comparée des collectivités neuves, qui est l'objet du présent ouvrage. Ces populations ont toutes fait face aux mêmes obstacles, aux mêmes tâches : aménager une autre société dans un espace déjà occupé, peupler un territoire et le plier à des projets d'un nouveau type, instituer des cohésions collectives, mettre en place un imaginaire, lever la tutelle métropolitaine. Le Québec a lui aussi vécu ces expériences et, pour chaque problème rencontré, il a élaboré ses propres solutions, symboliques et autres. Quant à nous, nous estimons qu'on ne comprend bien ni les unes ni les autres si on ne les met pas en rapport avec les réalités parallèles des autres collectivités neuves.

Conclusion

Comme on le voit, les pages qui précèdent se terminent sur une proposition qui aurait pour effet de prolonger l'historiographie moderniste dans un autre paradigme, axé sur l'histoire comparée du Québec en tant que collectivité neuve. Pour reprendre les concepts énoncés plus haut, il s'agit de mettre en œuvre une démarche de comparaison qui soit à la fois référentielle (mieux comprendre le passé et le présent de la société québécoise) et intégrale (construire une modélisation de la formation et de l'évolution des collectivités neuves ainsi que des imaginaires collectifs). Mais l'élément principal à considérer pour le moment tient dans le plaidoyer en faveur de la démarche comparative. Dans sa finalité profonde, celle-ci apparaît en définitive du même ordre que la démarche de l'histoire elle-même; l'étude de l'*autre* dans l'espace relève en effet de la même recherche, de la même inquiétude que l'étude de *soi* dans le temps. Dans les deux directions, il s'agit de réduire une opacité, en quête d'une meilleure connaissance de soi, dans l'esprit d'une anthropologie générale. Pour l'historien, la comparaison se présente ainsi comme une feinte qui invite, d'une manière un peu paradoxale, à découvrir dans le miroir de l'autre une image plus fidèle de soi. C'est aussi le moyen de restituer au singulier ses résonances universelles.

Enfin, revenons sur la question de l'*objectivité* pour souligner d'abord que ce concept, hérité de l'époque triomphante du scientisme et du positivisme, ne convient guère pour caractériser la démarche de la science historique telle que nous la concevons et la pratiquons aujourd'hui: la connaissance historique ne se détourne pas de la subjectivité; elle se construit à partir d'elle, elle s'en nourrit constamment. Il en va de même avec le concept de *vérité* historique, qui contient la promesse — jamais tenue, impossible à tenir — d'une adéquation parfaite, définitive et universelle entre les énoncés du chercheur et la *réalité*. Toute discussion conduite à l'aide de ces trois concepts et dans l'esprit qu'ils véhiculent ordinairement ne peut conduire qu'à des malentendus. En fait, l'objectif de la science historique est d'élaborer des énoncés ou des interprétations cohérentes (en référence à une théorie), vérifiables (en référence à une méthode) et significatives (en référence au présent d'une société donnée). La connaissance qui en résulte s'arroge un statut particulier, qui est différent de la connaissance associée à l'opinion, à l'intuition, au mythe ou à la croyance religieuse. Cette connaissance peut être dite scientifique uniquement en vertu des procédés d'*objectivation* (relatifs à la collecte et au traitement des données, à la construction des concepts, à la formulation et à l'évaluation des hypothèses, à la critique théorique...) qui président à sa production. La notion d'objectivation ne renvoie donc pas à un déracinement de la connaissance ou à une manière d'accéder à une hypothétique neutralité ; elle réfère plutôt à une méthode de *construction de l'objet,* et le savoir qui en résulte doit être évalué en relation avec les règles commandant cette opération.

La comparaison fait partie des procédés d'objectivation parce qu'elle est un moyen de créer une distance entre le sujet et sa culture, parce qu'elle permet de casser la chaîne de production du savoir là même où naissent les paradigmes, bien en amont de la théorie et des concepts. Il est utile en effet de briser cette articulation du savoir à son enracinement socioculturel, non pas pour la récuser, ce qui reviendrait à enlever toute substance et toute signification aux énoncés scientifiques, mais bien pour en renégocier les ancrages, pour la soumettre elle aussi au processus critique de construction de l'objet. L'acte comparatif représente en quelque sorte l'exil, l'émigration ou la transgression que requiert cette opération. Il enrichit le regard scientifique en ce que, non seulement il fait mieux voir le social à partir d'une matrice culturelle particulière, mais il fait voir aussi *cette matrice elle-même,* fournissant ainsi les moyens de la modifier.

C'est à cette condition que la science historique peut échapper à la circularité évoquée plus haut, en vertu de laquelle l'historien risque de n'être qu'un mercenaire de l'actuel, en quelque sorte voué au blanchiment des visions et des visées dominantes, alors qu'il devrait chercher plutôt à se poser comme acteur et détracteur, comme agent de désordre et de reconstruction, et contribuer ainsi directement à la culture qui se fait au présent. En somme, il y a deux moyens pour l'historien d'articuler sa démarche à l'actuel : il peut tracer sa voie soit à l'aide d'une lanterne, soit à l'aide d'un miroir. Il vise à éclairer ou bien il se contente de refléter.

Revenons à l'étude des collectivités neuves, telle que nous la concevons. La comparaison s'y inscrit, comme nous l'avons dit, à la fois sur le mode référentiel et sur le mode intégral. Dans la mesure où notre enquête a comme objectif une meilleure compréhension de la société québécoise, le mode référentiel prédomine, le chercheur s'investit de quelque façon dans son objet et la comparaison a alors pour fonction d'opérer la distanciation sans laquelle cet investissement pourrait brouiller la pratique scientifique. Mais, dans la mesure où notre démarche doit aussi conduire à une connaissance générale des collectivités neuves ou cultures fondatrices, et en particulier des procédés du discours, alors elle relève du mode intégral. Toutefois, compte tenu des réserves exprimées plus haut, nous voudrons éviter la comparaison de type sectoriel en nous efforçant de reconstituer l'ensemble des dynamiques collectives. Cet objectif est immense, ambitieux, et on comprendra qu'il ne soit que partiellement atteint dans les chapitres qui suivent.

CHAPITRE III

Un vieux pays neuf ?
Formation et transformations de la culture et de la nation au Québec

Le Québec dans le Nouveau Monde

Dans les pages qui suivent, nous adressons à l'histoire culturelle et nationale du Québec l'essentiel du questionnaire présenté au chapitre premier. Comme toutes les collectivités neuves, le Québec a dû assurer sa reproduction et son développement sur un continent à découvrir et à apprivoiser, aux côtés d'Autochtones qui l'habitaient depuis longtemps déjà et avec lesquels il a dû composer d'une manière ou d'une autre. Comme ailleurs aussi, la formation et l'évolution de la nouvelle collectivité sont survenues dans un contexte de dépendance coloniale. En fait, s'agissant du Québec, il faut parler d'au moins quatre formes de dépendance qui se sont manifestées simultanément ou successivement entre le XVIIe et le milieu du XXe siècle : une forme politique (France, Grande-Bretagne), une forme religieuse (France, Vatican), une forme économique (France, Grande-Bretagne, États-Unis), une forme culturelle au sens le plus général (France, Grande-Bretagne, États-Unis).

Clarifions tout de suite un important point de méthode. On pourrait en effet objecter que notre analyse, en prenant le Québec pour objet, pratique un découpage illégitime où se marque un choix politique ou idéologique. En d'autres mots, puisque le fait francophone a eu partie liée avec le Canada depuis le XIXᵉ siècle et au-delà, son histoire (dans la perspective des collectivités neuves) devrait nécessairement être intégrée au cadre canadien : il existerait non pas deux mais une seule trame, en l'occurrence canadienne, avec un segment canadien-français dissident et minoritaire qui a connu l'échec chaque fois qu'il a voulu s'en affranchir. Notre position est la suivante. L'histoire de la collectivité francophone au Québec et au Canada se désigne clairement sur le plan empirique comme objet d'analyse, sans qu'on doive y faire entrer un choix idéologique ou politique quelconque. La dualité francophone/anglophone a toujours été profondément ancrée sur le plan ethnographique d'abord (langue, tradition religieuse, coutumes, etc.), sur le plan des comportements et des représentations collectives ensuite (idéologies, identité nationale, mémoire, action politique). Certes, les assises et les visées territoriales du fait francophone se sont plusieurs fois modifiées entre le XVIIᵉ et le XXᵉ siècle. Les contenus symboliques de la nation ont subi eux aussi des transformations, comme nous le verrons. Il n'en existe pas moins une trame événementielle et collective très dense et très cohérente qui relie la Nouvelle-France au Québec contemporain. Elle recouvre un projet de société qui a toujours pris un caractère globalisant et a fait preuve d'une grande continuité jusqu'à aujourd'hui — elle est même antérieure à la trame canadienne-anglaise puisqu'elle plonge ses racines dans le peuplement de la Nouvelle-France, dans les premières décennies du XVIIᵉ siècle. Enfin, cette histoire ne peut pas être réduite à un courant ou à une fraction idéologique ayant préconisé un modèle particulier pour le Canada, en compétition avec d'autres. Au contraire, le but visé par la majorité des Francophones était de constituer un lieu collectif spécifique, une autre nation en parallèle avec l'anglophone. La nature des rapports devant relier ces deux nations sur le plan politique a par ailleurs fait l'objet d'une grande variété de formules ou propositions. En somme, nous nous en remettons aux divers indices qui attestent la singularité et la vigueur de la trame collective francophone/québécoise : un discours idéologique d'émancipation toujours perpétué, une longue tradition de luttes constitutionnelles et politiques, l'enracinement dans le territoire laurentien comme ancrage principal, la persistance d'une identité collective et d'un fort sentiment d'appartenance, la reproduction d'un imaginaire national exprimé dans l'historiographie, la littérature, les arts, les idéologies. Le dualisme politique du Canada est illustré par l'ancienneté des luttes constitutionnelles, et son dualisme culturel par la spécificité des deux imaginaires collectifs francophone et anglophone[1].

On voit bien que, sous tous les rapports, la réalité québécoise se prête à l'analyse des collectivités neuves telles que nous les avons définies. Cela dit, il existe aussi bien sûr, en parallèle, un processus de construction de la collectivité canadienne avec ses diverses composantes ethniques (dont la francophone), ses variantes et ses dissidences, ses propositions et ses contre-propositions. Cette seconde trame, qui englobe la première, a donné lieu à diverses définitions, certaines ayant été mises de l'avant par des intellectuels ou politiciens canadiens-français. À tous les moments de l'histoire du Québec et du Canada, il s'est en effet trouvé des Francophones pour participer intensément à la construction de la société canadienne. Des politiciens d'abord, comme La Fontaine, Cartier, Laurier, Saint-Laurent ou Trudeau, et plusieurs intellectuels. Pour s'en tenir à deux exemples, on peut citer Henri Bourassa qui, s'opposant à la vision impériale, a tenté de faire prévaloir sa conception de ce que devait être le Canada : un État binational, indépendant de la Grande-Bretagne. En remontant un peu plus loin dans le passé, on peut évoquer aussi Étienne Parent qui, après l'échec des Rébellions de 1837-1838, s'est fait le théoricien d'une grande nation canadienne où les deux ethnies principales se fondraient (plus exactement : où l'anglophone absorberait la francophone). On pense encore à Joseph-Charles Taché, à Lionel Groulx (pendant une partie de sa carrière), et à bien d'autres.

Sous l'éclairage des collectivités neuves, l'histoire du Québec se prête donc à une double lecture, selon qu'on l'insère ou non dans le cadre pancanadien. Un livre publié récemment au Canada anglais s'intitule justement : *Canada and Quebec. One Country, Two Histories* (R. Bothwell, 1995). Nous explorerons du reste l'une et l'autre voie dans le présent ouvrage (voir le chapitre VI, qui analyse précisément la trame pancanadienne). Soulignons que ce thème des nations emboîtées et de la double lecture qu'elles entraînent peut être illustré de plusieurs façons. Évoquons, par exemple, ces paysages de Charlevoix qui se sont prêtés à une double appréhension : d'abord au XIXe siècle, par des peintres anglophones à la recherche d'une identité *canadian* (Lucius R. O'Brien, mouvement Picturesque Canada, etc.) ; puis, au siècle suivant, par des peintres francophones en quête d'une identité canadienne-française ou québécoise (Clarence Gagnon, Jean Paul Lemieux, Jean Palardy, Henri Masson et autres). Il en va de même sur le plan politique avec l'ensemble du territoire dit national, comme l'a montré G. Sénécal (1990), et en littérature où des auteurs francophones pourtant très nationalistes sont célébrés simultanément comme Québécois et comme Canadiens (Hubert Aquin, parmi d'autres). Un phénomène semblable de double appropriation symbolique se manifeste dans les diverses célébrations de la mémoire nationale (parades, monuments, reconstitutions muséales…). Cela dit, retenons toutefois que, parmi les intellectuels et politiciens canadiens-français qui ont choisi d'œuvrer à l'échelle canadienne, plusieurs cherchaient d'abord la voie la plus apte à assurer l'avenir de la nation francophone. On peut y voir un autre élément qui fonde la légitimité de notre démarche.

Une deuxième question se pose par rapport à l'appellation même de collectivité *québécoise*. En un sens, l'expression est un peu anachronique (ou téléologique) puisqu'elle conduit à désigner la société francophone en fonction de ce qu'elle est devenue en cette fin de XXe siècle. Nous savons en effet que cette société, tout comme la représentation qu'elle s'est faite d'elle-même, a beaucoup bougé depuis le XVIIe siècle. Sur le plan de l'identité, on est passé de Canadien à Canadien français puis à Québécois, vocable qui en est venu à inclure une proportion importante (près de 20 %) de citoyens non francophones (de naissance). Pour ce qui est de la référence spatiale ou de la relation symbolique au territoire, elle a englobé une grande partie de l'Amérique du Nord à l'époque de la Nouvelle-France ; elle a été radicalement amputée au moment de la Cession en 1763 ; elle a comblé une partie de ses pertes en 1774, pour se rétracter à nouveau en 1791 ; elle est devenue pancanadienne en s'étendant vers l'Ouest dans la seconde moitié du XIXe siècle ; enfin, elle s'est peu à peu repliée sur le territoire québécois actuel au cours de la première moitié du XXe siècle. Cependant, au cours de tous ces avatars, un fil conducteur s'est maintenu : celui d'une francophonie qui, dans des conditions très difficiles, a tant bien que mal assuré sa reproduction en Amérique et s'en est fait une vocation. Au sein de cette trame générale, nous nous intéressons à un segment particulier, en l'occurrence celui qui a toujours eu son attache principale, sa référence originelle dans l'espace laurentien et qui, pendant la plus grande partie de son histoire, a été identifié à la province de Québec. D'une façon générale, nous appellerons Québécois les habitants de ce territoire, en tant qu'il est le lieu d'une francophonie originale assortie de minorités ethniques ou de communautés culturelles ; mais il nous arrivera aussi de recourir à d'autres vocables (Canadien, Canadien français) pour référer spécifiquement à une sous-période ou à une sous-population.

La proposition générale que nous élaborerons, en nous appuyant sur la perspective comparée des collectivités neuves (ou cultures fondatrices), peut se résumer comme suit :

1. L'insertion du Québec dans le Nouveau Monde ainsi que son essor comme nation et comme culture *minoritaire* se sont effectués dans un contexte permanent d'adversités et de dépendances, ce qui en a fait une société fragile, toujours inquiète de sa survie, résistant mal parfois à la tentation des marges et du repli, bien que sachant aussi composer avec ses contraintes et manifester de grands élans collectifs. Cette collectivité a en outre été depuis plus de deux siècles le lieu d'importantes divisions (au sein des élites d'abord, entre élites et classes populaires ensuite) qui ont ajouté à sa fragilité et à son insécurité chronique.

2. S'ajoute à cela le fait que, tout au long de son histoire, et à la différence de la plupart des autres collectivités neuves, le Québec a été incapable de s'assurer à l'extérieur un levier qui lui aurait procuré la sécurité et la confiance qui lui faisaient défaut. La France a été pour le Québec un allié très distant, plutôt passif. Les appels répétés à la Grande-Bretagne au cours du premier tiers du XIXe siècle sont demeurés sans effet, tout comme les démarches de Papineau aux États-Unis après l'échec des Rébellions. Les projets d'annexion avec ce même pays n'ont jamais rallié une partie importante de l'opinion. L'alliance avec le Canada anglophone en 1867 a engendré un héritage très ambigu. Sur

le plan démographique enfin, le Québec s'est toujours signalé par des effectifs très modestes (70 000 habitants à la fin du Régime français en 1763, 200 000 en 1800, 4 millions en 1901, un peu plus de 7 millions en 1996).

3. La conjugaison de toutes ces données a fait du Québec une société hésitante qui, à chaque fois qu'elle s'est trouvée placée devant des choix déterminants, s'est heurtée à ses divisions, à ses incertitudes, et s'en est remise soit au *statu quo,* soit à des demi-mesures, suivant un esprit d'accommodement qui l'a souvent installée dans des impasses, des positions contradictoires, dans une pensée condamnée à l'équivoque parce que trop soucieuse et incapable de conjuguer des idéaux opposés. L'un de ses traits les plus remarquables, en effet, est de s'être trouvée constamment partagée entre des visions et des destins concurrents.

4. Son histoire sur le continent a été marquée de traumatismes, de vexations politiques et autres qui l'ont amenée à se nourrir longtemps de ce que nous appellerons des *mythes dépresseurs.* Sur le plan politique, elle a caressé à quelques reprises le rêve de la souveraineté, mais sans le concrétiser. Quant à son rapport de dépendance envers l'Europe, et en particulier envers la France, il a engendré des processus compliqués de rupture et de continuité marqués d'ambivalences et de volte-face. Ce rapport culturel intense et tourmenté que le Québec a entretenu avec la mère patrie s'est accompagné d'un *effet répresseur,* inhibiteur, qu'il n'a jamais complètement surmonté. Pour ce qui est de la langue notamment, le Québec actuel est toujours aux prises avec la querelle de la *norme* linguistique (française? internationale? québécoise?).

5. Dans l'ensemble, cette culture écartelée, « rapaillée » (G. Miron), qui s'est longtemps projetée dans de fausses représentations d'elle-même et des autres (nous parlerons à ce propos de *fausses identités*), a été incapable de s'abandonner à la séduction et aux promesses du continent, n'a jamais su se livrer sans retenue et à l'unisson aux rêveries utopiques et novatrices du Nouveau Monde. En conséquence, elle n'a pas su jusqu'ici se persuader d'y inscrire un destin autonome, *manifeste,* à l'image des nations du monde ancien, ou comme la plupart des autres collectivités neuves. Le Québec contemporain émerge à peine d'une période trouble au cours de laquelle sa vision du Nouveau Monde a été

voilée par celle de l'ancien. Toutes ces coordonnées l'ont voué à une sorte d'entre-deux meublé par un éclectisme des visions du monde que l'entrée dans la modernité n'a pas encore complètement brisé.

6. Paradoxalement, ces mêmes coordonnées ont été la source d'équilibres fragiles mais durables. Les vieilles alternatives et antinomies qui n'ont pas été tranchées par crainte de choix trop radicaux ont survécu sous la forme d'un héritage hétéroclite au sein duquel coexistent aujourd'hui des idéaux parallèles (le social et l'identitaire), des allégeances contradictoires (l'Europe et l'Amérique, la continuité et la rupture), des options mal emboîtées (Québec et Canada), des identités en vrac (Canadiens français, Québécois, Francophones, Canadiens, Américains...). Ce sont là autant de directions et de références dont le Québec a tant bien que mal nourri son parcours, tout en évitant de se commettre d'une manière irrémédiable. L'éclectisme, la flexibilité, le pragmatisme, la capacité d'adaptation et de survie seraient donc les autres facettes de la fragilité, de l'indécision, des contradictions et de l'ambivalence qui ont longtemps accompagné cette petite nation en porte-à-faux.

C'est ce paysage ou cet itinéraire collectif que nous allons parcourir rapidement en le découpant à la lumière de l'interrogation principale de notre essai, à savoir l'émergence et l'évolution d'un imaginaire, en l'occurrence une culture nationale, dans un contexte de dépendances coloniales et autres. Cette interrogation nous amènera à observer de près la nature et l'évolution du rapport avec la mère patrie, ainsi que des coordonnées et corollaires y afférant. En faisant commencer l'histoire de la francophonie québécoise au début du XVIIe siècle avec la fondation de Québec et le début du peuplement français, cinq sous-périodes seront considérées. La première (1608-1763) correspond au Régime français et se termine avec la Cession. La deuxième (1763-1840) commence avec le Régime anglais et recouvre deux épisodes successifs, plus ou moins reliés, qui ont visé à abolir la relation coloniale avec l'Angleterre pour instituer une nation politique souveraine. La troisième sous-période (1840-1940) a vu l'émergence d'une nation culturelle largement vouée au culte de la tradition française et a été dominée par un nationalisme conservateur. La quatrième (1940-2000) a d'abord marqué le retour en force à une dynamique de rupture politique aussi bien que culturelle ; mais, en fin de parcours, on a vu renaître un esprit d'ambivalence et d'hybridation qui semble vouloir ramener à l'ordre du jour toutes les options du passé, en les confrontant.

D'autres précautions de méthode s'imposent. Chaque sous-période, comme on s'en doute, présente son lot d'hétérogénéité, les tendances dominantes que nous avons identifiées y étant toujours assorties de courants divergents. Au sein de chacune, en outre, des changements importants sont survenus, dont certains ont infléchi la tendance principale, mais sans la renverser vraiment. En outre, il subsiste de toute évidence une part d'arbitraire dans ce découpage chronologique. Certaines dates charnières pourraient être un peu déplacées, ou remplacées par des décennies, et ainsi de suite. Il est difficile de dater précisément des évolutions complexes qui ne sont pas toujours couplées à un événementiel symétrique. Aussi bien, nous faisons droit à l'avance à ce genre de griefs, lesquels, en tout état de cause, ne remettent pas en question l'économie générale de la démarche. Il faut nous expliquer aussi sur les critères qui ont guidé l'identification de ce que nous avons appelé les tendances principales ou dominantes dans chaque sous-période. Encore là, nos choix n'ont pas toujours l'avantage de se fonder sur des repères quantitatifs ou des coupures chronologiques qui s'imposeraient d'elles-mêmes. Selon notre critère principal, la tendance socioculturelle dominante est celle qui a prévalu non seulement dans la sphère des valeurs, des représentations collectives et des idéologies mais aussi dans l'organisation sociale ; c'est celle qui a imprégné les institutions, qui en a orienté l'action ou le fonctionnement, et qui a commandé une mainmise sur la diffusion. Dans cet esprit, les vecteurs ou instances principalement visées sont l'État, les partis, l'Église, l'école, l'imprimé en général, les syndicats et autres associations professionnelles, les organismes de bien-être et d'entraide, de loisirs, et le reste. Ces prédominances se révèlent de diverses façons, notamment à travers certains consensus durables exprimés par voie électorale. Mais la notion de contrôle social est ici déterminante : ce grâce à quoi un modèle culturel a pu se diffuser et s'imposer en s'appuyant sur des institutions et un rapport de pouvoir, y compris le pouvoir de censure. Les autres critères sont plus ponctuels : le rayonnement ou la vigueur d'un trait culturel ou d'une représentation collective, attestée dans la multiplicité et la diversité de ses lieux d'expression ; ses effets d'entraînement dans les sphères variées de la culture ; son aptitude à les souder dans une même intelligibilité, à la façon d'une matrice ou d'un paradigme ; la continuité et la persistance dont elle a fait preuve.

Suivant la perspective présentée au chapitre premier, nous nous emploierons dans chaque partie à faire le point sur les rapports de dépendance, sur les liens (symboliques et autres) qui ont été noués avec le nouveau territoire ainsi que sur la formation et l'évolution des représentations collectives. Mais on aura compris que le cadre du présent chapitre, rédigé dans l'esprit de l'essai, contraignait l'exercice à n'être guère plus qu'un survol destiné surtout à montrer la pertinence et l'utilité d'une démarche d'analyse.

Une reproduction à l'identique ? La France en Amérique (1608-1763)

Le découpage de cette période, fort conventionnel, est pourtant inévitable. L'histoire de la Nouvelle-France[2] correspond à une première entreprise de peuplement et d'appropriation du territoire qui a fixé pour longtemps des paramètres fondamentaux de la collectivité québécoise, qu'il s'agisse de l'aménagement de l'espace, de la civilisation matérielle, de la tradition juridique ou de l'héritage coutumier, linguistique et religieux. En outre, la période s'est terminée par un changement de métropole qui a pesé lourdement sur l'imaginaire de cette société francophone et sur son destin national à long terme. Cela en dépit des faibles effectifs démographiques en présence : moins de 10 000 habitants en 1680, et 70 000 en 1760 (un peu plus de 30 000 immigrants au total sont venus en Nouvelle-France, dont seulement 12 000 environ ont fait souche).

La collectivité qui a été mise en place durant ce siècle et demi de colonisation était dans une large mesure un décalque de la métropole. Sur le plan des institutions d'abord, la Nouvelle-France adopta les principaux traits de l'ancienne : le pouvoir absolu et la centralisation administrative, la religion catholique, la langue française, l'éducation, le droit

(Coutume de Paris), le système seigneurial, et le reste. Des éléments de différenciation apparurent cependant très tôt du fait de l'exclusion des protestants et des Juifs (même s'il en vint quelques-uns), de la sous-représentation initiale puis de l'élimination rapide des patois non fran-cisants, du rejet de toute la variété des systèmes coutumiers qui qua-drillaient à cette époque l'espace français et, enfin, des adaptations inévitables que subit le système seigneurial, notamment à cause du très faible rapport hommes-terre. En ce sens, la colonie était une version uniformisée, simplifiée, du modèle français. D'autres éléments, comme l'institution de la milice ou la création d'une monnaie, lui conféraient une certaine originalité. Pour ce qui est de l'agriculture et de l'artisanat, ils reposaient, au début tout au moins, sur les mêmes techniques et le même outillage que dans les régions d'origine. Mais, là aussi, les impé-ratifs du sol et du climat, la disponibilité des matériaux et les inventions nées de l'usage introduisirent peu à peu d'importantes transformations (parmi d'autres, l'histoire de la charrue en offre une très belle illustra-tion). Quant aux coutumes, aux contes et aux rituels (de la naissance, du mariage, de la mort, et autres), ils perpétuèrent largement l'héritage des régions françaises, autant qu'on en puisse juger par les données très parcellaires qui ont survécu. Pour le reste, on connaît imparfaitement la vie des idées locales, étant donné l'interdiction d'imprimer qui a pesé sur toute cette période. Mais ce qu'en révèlent les archives privées et la documentation française donne à penser que les élites coloniales s'ali-gnaient très largement sur Paris, d'où venaient les faveurs et les dis-grâces. Les arts (peinture, musique, architecture principalement) étaient à la remorque de la métropole et faisaient très peu de concessions à l'inspiration locale, comme on le voit en particulier dans la peinture religieuse (F.-M. Gagnon, 1975 ; F.-M. Gagnon, N. Cloutier, 1976). Enfin, il n'existait pas de littérature de fiction proprement canadienne.

Des éléments de différenciation sont nés aussi du paysage : places fortifiées, habitat regroupé autour de l'église, particularités locales du rang comme forme d'habitat aligné (dont le principe était toutefois hérité de l'Europe : L.-E. Hamelin, 1986), et le reste. Même chose pour le vêtement, surtout dans les campagnes (apparition du « capot », des fourrures, essor des lainages…), l'habitat domestique (déclin de la pierre au profit du bois, adaptation de modèles français) ou l'alimentation (gibier, poisson, fruits sauvages)[3]. Dans ce domaine de la culture matérielle, les apports amérindiens furent déterminants : l'apprentissage de la flore et de la faune, les techniques de chasse et de pêche, des méthodes d'orientation en forêt, des moyens de transport (canot, toboggan, raquette), des vêtements, des cultures nouvelles (maïs, haricot, courge), des plantes médicinales, des procédés d'isolation contre le froid… Il faut mentionner aussi la *petite guerre*, cette technique d'embuscade que les Français avaient déjà observée en Amérique du Sud. Bien des auteurs ajoutent à cela des influences culturelles comme la façon peu autoritaire d'élever les enfants, l'esprit d'indépendance, le sens de l'égalité, l'insoumission (bien que ces traits aient été attestés dans la plupart des collectivités neuves).

D'autres figures de différenciation entre la colonie du Canada et la France ont trait aux comportements démographiques (fécondité et mobilité géographique plus élevées, bas âge au mariage chez les femmes, mortalité infantile et juvénile plus faible[4]) et à la structure sociale (une noblesse peu fortunée, une hiérarchie sociale plus diffuse dans la société locale, un clivage rural/urbain moins accusé). Sur le plan culturel, comme nous l'avons indiqué, on note une rapide uniformisation de la langue (le français de l'Île-de-France), alors même que l'espace linguistique métropolitain était encore quadrillé de nombreux patois et dialectes[5]. Des inventions aussi, et encore des emprunts à l'amérindien (dans le vocabulaire notamment). Sur le plan des mentalités, enfin, ont émergé la figure de l'habitant que l'on se plaisait à représenter comme frondeur, récalcitrant (à l'endroit des autorités aussi bien religieuses que civiles) et celle du coureur des bois, carrément *ensauvagé* celui-là.

Au-delà des appartenances locales associées au vieillissement des terroirs, ces éléments de différenciation ont-ils suffi à nourrir un sentiment d'identité dans la population de la Nouvelle-France ? Il faut d'abord rappeler, à la suite de F. Dumont (1993, chapitre premier), qu'après l'échec des grandes utopies missionnaires et politiques conçues par la métropole, celle-ci en est venue à prendre acte en quelque sorte de la spécificité de la nouvelle société. En deuxième lieu, bien des témoignages de résidants, d'administrateurs coloniaux et de visiteurs français attestent l'apparition précoce puis l'accentuation de signes distinctifs démarquant les Français et les habitants de la colonie. Dans cet esprit, les historiens et ethnologues ont souvent fait état d'extraits de correspondance, de rapports ou d'écrits intimes de Marie de l'Incarnation (dès les années 1640), de l'officier Duplessis Faber et de Pontchartrain (fin XVIIe siècle : « deux nations différentes »), des intendants Raudot, Dupuis et Hocquart (début du XVIIIe siècle), de Bougainville et du père Charlevoix (vers la fin du Régime français). Ce dernier parlait des « Français du Canada », des « créoles du Canada ». À ces premiers indices s'ajoute le témoignage de la langue elle-même. Dès le milieu du XVIIe siècle, certains traits langagiers révélaient une distinction entre Français et Canadiens. G. Carpin (1995), par exemple, a montré que l'ethnonyme *Canadien* est apparu durant la décennie 1660 et est devenu d'usage fréquent à la fin du siècle pour désigner les habitants de la Nouvelle-France.

Des observateurs (français surtout) ont rapporté d'autres traits qu'ils associaient aux *Canadiens* : l'esprit d'indépendance, le rejet des contraintes sociales, l'indiscipline, le goût de la liberté, l'insubordination, une certaine arrogance (entre autres : J. Mathieu, 1998). On rapporte aussi des mésententes entre soldats canadiens et officiers français, certaines dissensions parmi les troupes de Montcalm, des oppositions au sein de communautés religieuses. Les métropolitains mettaient ces comportements et traits de caractère au compte de la fréquentation des Sauvages, de la précarité des institutions civilisatrices, du genre de vie très rude imposé par le Nouveau Monde. Quant à l'éveil du sentiment identitaire, il a évidemment bénéficié de l'uniformisation rapide de la langue. Il s'est nourri aussi des intérêts de plus en plus divergents entre les habitants et les métropolitains, notamment dans le commerce. Dans la direction opposée, il est certain que l'image-repoussoir de l'Amérindien tortionnaire et cannibale a inculqué le sens d'une altérité, contribuant ainsi à préciser les contours de l'identité naissante[6].

Cela pour l'appartenance ou l'identité. Mais ces Canadiens formaient-ils une nation ? Certains historiens, comme Guy Frégault et Lionel Groulx, l'ont affirmé (J. Lamarre, 1993, p. 241 et suiv.). Cette opinion a toutefois été fortement critiquée et elle n'est plus guère défendue aujourd'hui. La société de la Nouvelle-France était certes une entité culturelle spécifique (attestée par les données ethnographiques) nourrissant un sentiment identitaire. Mais l'accession à l'idée nationale aurait nécessité la formation d'un discours et d'une conscience politique articulée dont on ne voit pas bien les signes. Il n'y a pas trace, en effet, d'élaborations idéologiques qui auraient exprimé une telle représentation. Dans l'ensemble, il appert que les élites se montraient plutôt respectueuses de la métropole (certaines d'entre elles n'en étaient du reste détachées que provisoirement). Si des éléments bourgeois (ou protobourgeois) ont nourri une pensée de type national, ils ne l'ont pas formulée — ou ils l'ont fait dans des écrits demeurés inconnus. Quant au peuple, il ne formait pas un corps politique officiel auquel des droits auraient été associés. Tout comme les habitants du royaume de France, les Canadiens étaient des sujets du roi, mais ce titre ne leur conférait aucun statut collectif, à la différence des Latino-Américains qui, dès l'époque coloniale, formaient la « République des Espagnols ». L'administration de la Nouvelle-France fut très centralisée à partir du moment où elle fut prise directement en charge par Versailles (1663). Pour ce qui est du principe de la représentation et de la consultation, rappelons l'admonestation servie par Colbert au gouverneur Frontenac qui s'était avisé de réunir des « états généraux » (il était bon, rappelait le grand commis de Louis XIV, « que chacun parle pour soi et que personne ne parle pour tous »). Néanmoins, l'esprit démocratique s'infiltra à l'échelle locale (choix du capitaine de milice, assemblées générales des habitants), et certaines pratiques (fort limitées) de consultation furent mises en place à l'échelle des élites. Au total toutefois, ces éléments ne pesaient pas lourd en regard des pouvoirs conférés par le Roi au gouverneur, à l'intendant et au Conseil souverain.

D'un côté, cette administration autoritaire ne favorisait pas l'expression des opinions dissidentes. Mais, de l'autre, il est tout aussi juste d'affirmer que, pour cette raison précisément, elle aurait été de nature à susciter une prise de conscience. Quoi qu'il en soit, on n'en observe pas de traces. Des historiens comme G. Frégault, M. Séguin et M. Brunet ont cru que la société de la Nouvelle-France évoluait inévitablement vers une contestation et une rupture du lien colonial. Mais cet énoncé trouve pour le moment peu de fondements empiriques, sauf les propos souvent rapportés de Bougainville. À la fin des années 1750, ce dernier croyait en effet que le Canada donnerait naissance à des royaumes et à des républiques séparés de la France.

En somme, on peut parler, à propos de la société canadienne, d'une culture déjà diversifiée suivant les axes ville/campagne, peuple/élites. Au sein de celles-ci, il faut aussi faire la part du milieu des affaires, du corps administratif, de l'Église. En ce qui concerne les milieux populaires, une démarcation de plus en plus accusée a pris forme dans la langue. Alors que les élites administratives, religieuses et autres étaient astreintes à la norme parisienne par le biais de l'écrit notamment, les analphabètes jouissaient d'une plus grande liberté d'invention et d'adaptation conférée par l'oral. Divers travaux de linguistes, ceux de C. Poirier (1998) en particulier, l'ont montré : les innovations lexicales furent d'abord le fait de la langue populaire. On vit alors apparaître, dès avant 1763, la première figure d'un clivage appelé à se durcir progressivement entre une culture populaire et une culture savante ou élitiste. Certes, ce clivage trouvait à la fois des appuis et d'autres expressions dans les genres de vie et de travail, dans le vêtement, la cuisine, le loisir et ailleurs[7]. Mais la différenciation linguistique prenait une toute autre portée : l'écart qui se creusait déjà entre un parler de l'américanité et une langue européenne préfigurait l'antinomie appelée à s'installer entre une culture du peuple absorbée par le continent et une culture des élites attachée au modèle français. Parallèlement, selon S. Courville (1983, p. 421), deux logiques de développement et de rapport à l'espace se déployaient, l'une commandée par les habitants, axée sur la mise en valeur de la terre et la reconnaissance du territoire, la seconde orchestrée par les élites coloniales, s'articulant au commerce et à la culture atlantiques.

Dans l'ensemble néanmoins, la société canadienne se signalait surtout par ses nombreux éléments d'homogénéité, trait imputable principalement à tout ce qu'elle avait exclu. Comme nous l'avons mentionné, les Juifs (D. Vaugeois, 1968) et les protestants[8] étaient peu présents dans la vallée du Saint-Laurent. Des esclaves y ont été recensés, mais en proportion relativement minime[9]. Quant aux Amérindiens, dont les effectifs dans la vallée du Saint-Laurent ont augmenté durant cette période (de 700 en 1625 à 3 700 en 1750), ils étaient tenus à distance par crainte de contamination morale (J. Dickinson, 1996, Tableau 1). On tenait en effet qu'ils étaient de condition inférieure et le métissage était découragé. Sur le plan politique, ils étaient considérés comme des alliés, et non comme des sujets de Sa Majesté[10]. Ils pouvaient être élevés à la dignité de la civilisation grâce à l'évangélisation, mais beaucoup d'entre eux s'y montraient rebelles. En plus d'être tenus à distance physiquement, les autochtones étaient exclus symboliquement. B. Andrès (1990, chapitre 2) a montré qu'ils étaient absents des représentations théâtrales du XVIIᵉ siècle, où ils n'étaient représentés que par des personnages joués par des Blancs. De même, lorsque les habitants commencèrent à s'identifier à l'ethnonyme *Canadien,* on aurait pu croire qu'ils se rapprochaient des Amérindiens auxquels il avait été associé jusque-là. Mais ce fut le contraire ; il s'agissait en réalité d'une appropriation-exclusion. Ceci pour la dimension symbolique. Sur un plan beaucoup plus empirique, un autre type de rapports se nouait avec l'Autochtone pour les fins de la traite des fourrures. Des ententes commerciales étaient conclues en vertu desquelles les Français s'assuraient à moindres coûts des profits substantiels (D. Delâge, 1999).

Pour le reste, de l'ensemble des travaux réalisés par les généalogistes, les historiens et les démographes, il ressort que la très grande majorité des immigrants étaient d'origine française. Compte tenu des exclusions mentionnées, la population de Nouvelle-France se caractérisait donc par une grande uniformité de religion, de langue (à partir tout au moins du début du XVIIIᵉ siècle), de tradition et d'institutions. En somme, si les éléments de diversité sont incontestables, l'état présent de la recherche ne semble guère autoriser le qualificatif de « multiculturel » que A. Greer (1997) applique à cette société (à moins que l'on étire abusivement le sens de ce vocable). Il semble plus prudent d'en réserver l'usage pour des périodes ultérieures ou pour d'autres collectivités du Nouveau Monde.

Pour conclure sur la Nouvelle-France, les connaissances actuelles permettent de penser que l'expérience du continent a probablement inspiré des éléments importants d'un nouvel imaginaire parmi les milieux populaires, jusqu'à y engendrer un sentiment d'identité. La différenciation culturelle avec la mère patrie y était déjà avancée également, et elle était apparemment en marche parmi les élites. Mais rien n'indique que celles-ci aient accédé à une conscience nationale. Enfin, aucun segment de la population ne semble avoir exprimé une volonté de rupture ou remis en question d'une manière ou d'une autre l'ordre métropolitain. Le retour en France d'une grande partie des dirigeants après la défaite des plaines d'Abraham atteste à sa façon leur faible enracinement (social et idéologique) dans la colonie.

Dans quelle mesure et en quoi la Cession de 1763, qui transférait de la France à l'Angleterre l'autorité sur la colonie, a-t-elle modifié ces coordonnées? La question des répercussions de ce transfert dans la longue durée, en termes économiques et sociaux, a engendré de vives controverses que J. Lamarre (1993) et R. Rudin (1997b) ont rappelées récemment. Du point de vue qui nous intéresse d'abord, celui de la formation d'un imaginaire et d'une conscience nationale, cinq points sont à signaler. Premièrement, la Cession a entraîné une fragmentation des références et des dépendances, la nouvelle métropole ne se substituant qu'en partie à la première : l'Anglais était devenu le nouveau maître du jeu politique et économique, mais la France demeurait la mère patrie culturelle. En deuxième lieu, la nouvelle administration allait très vite mettre directement en péril la culture de la colonie par diverses restrictions et interdictions qui frappaient la religion (par exemple, le fameux serment du Test), la langue, les coutumes juridiques, et le reste (Proclamation royale de 1763 et Instructions subséquentes au Gouverneur). Par ailleurs, la fin du Régime français provoqua le retour en France d'une grande partie des élites, ce qui a évidemment affaibli la société francophone et, surtout, modifié l'équilibre des pouvoirs en faveur du clergé. Cette institution était en effet appelée à augmenter substantiellement son autorité sur la colonie en s'installant dans un rôle de médiation (et de conciliation) avec l'Anglais. En ce sens, la Cession a réduit, à court terme tout au moins, le potentiel de contestation du lien colonial en poussant à l'émigration des élites laïques au sein desquelles une bourgeoisie était vraisemblablement en formation et d'où aurait pu émerger un discours antimétropolitain. Mais à l'inverse, il est non moins vrai que l'Angleterre, en affichant très vite ses intentions assimilatrices, en marquant fortement sa présence linguistique et religieuse, a semé l'insécurité dans la population et a favorisé une prise de conscience propre à y fortifier le sentiment identitaire. Le fait d'amputer substantiellement le territoire de la colonie et d'enfermer le fait francophone dans l'espace laurentien a joué dans le même sens. La Cession a ainsi rendu le lien colonial plus visible.

Ces trop brèves indications jettent un peu de lumière sur la formation et l'état de l'imaginaire collectif à l'époque du peuplement de la vallée du Saint-Laurent par les Français. Mais nous sommes conscient qu'elles révèlent aussi bien tout ce qui reste à apprendre sur le sujet, particulièrement en ce qui concerne la culture des milieux populaires.

Vers la nation et la république : deux essais de rupture (1763-1840)

Sous le Régime anglais, la différenciation culturelle s'est poursuivie dans l'ordre des coutumes. Sur le plan linguistique, le parler populaire a continué son américanisation (au sens de l'appropriation du continent) au gré de ses inventions, souvent reliées au climat ou à la géographie, et en absorbant des apports amérindiens puis anglais. Les travaux de Claude Poirier et de son équipe (déjà évoqués) ont établi qu'après la Cession, l'essor de l'écrit s'est accompagné d'un transfert de certaines formes populaires vers la langue des élites. Parallèlement, d'autres traits ont fait leur apparition ou accru leur diffusion parmi les milieux populaires : dans les modes culinaires (le petit déjeuner anglais, le porridge), dans le costume (les étoffes du pays), dans les fêtes rituelles (Santa Claus), dans l'architecture de la maison rurale et urbaine (par exemple dans les faubourgs de la ville de Québec). Dans tous ces cas, l'innovation était l'effet combiné d'une adaptation de formes françaises et de divers emprunts aux Anglais du Canada et d'Angleterre, aux Écossais, aux Irlandais et à ces Anglais du Sud qui avaient commencé à s'appeler Américains[11].

En ce qui concerne plus particulièrement les élites ou la culture dite savante, les influences britanniques se firent sentir dans les modes culinaires et vestimentaires, dans le mobilier et les bonnes manières. Elles imprégnèrent aussi l'architecture urbaine, surtout durant la première moitié du XIXe siècle (L. Noppen, 1999), alors que Montréal affichait une majorité anglaise et que les Anglophones représentaient plus de 40 % de la population de Québec. On observe l'émergence de certaines formes vernaculaires aussi, par exemple dans l'architecture des tabernacles qui, selon R. Gauthier (1974, p. 43-44), commençaient à

« s'adapter aux goûts du pays ». Dans d'autres directions, on a pu montrer qu'un style original était né dans l'art de l'orfèvrerie sous l'action de divers apports, locaux et étrangers — R. Derome (1997)[12] parle à ce propos de *métissage*. De même, grâce à la liberté d'imprimer introduite par le Régime anglais, une vie littéraire a pris forme, dans les gazettes notamment, mais aussi dans l'essai et dans le théâtre avec Mesplet, Du Calvet, Joseph Quesnel et d'autres. Les travaux en cours de Bernard Andrès (à l'Université du Québec à Montréal) montrent qu'un premier imaginaire *canadien* a pris forme parmi les lettrés dans les dernières décennies du XVIIIe siècle et au début du siècle suivant (par exemple : représentations mythiques du siège de Québec en 1759, du naufrage de l'*Auguste* en 1762, de l'invasion du Canada par les *Insurgents* en 1775-1776). De son côté, M. Lemire et ses collaborateurs (1992, 1993) ont pu reconstituer l'amorce d'une véritable littérature nationale durant la première moitié du XIXe siècle, qui a vu la publication en 1837 du premier roman canadien en langue française (*L'Influence d'un livre*, P.-I.-F. Aubert de Gaspé). Durant la même période, on vit également s'ébaucher une mémoire *canadienne*. Des histoires du Canada furent d'abord publiées par des Anglophones comme William Smith et Robert Christie. Prenant le parti des Britanniques, elles projetaient une image très négative de la Nouvelle-France et des Français. Des Francophones (Jacques Labrie, Michel Bibaud et Jean-François Perrault) prirent le relais, mais en reproduisant le même point de vue. Il n'est pas surprenant que tous ces travaux aient été reçus sans enthousiasme au Bas-Canada. Dans l'ensemble, ils ne contribuèrent que par réaction à faire émerger une conscience nationale parmi les Francophones. De ce point de vue, un ouvrage publié à Londres en 1830 par Pierre-Jean de Sales Laterrière innova en contestant le point de vue de ses prédécesseurs et en s'employant à restaurer l'image de la Nouvelle-France.

Il convient toutefois de mettre ces éléments de différenciation en balance avec le poids important des héritages, toujours bien vivants, renouvelés même. Rappelons que l'Acte de Québec (1774) restaura une bonne partie de ce que la Proclamation royale avait supprimé, notamment le droit civil français, le régime seigneurial et des libertés accrues pour la religion catholique. En outre, les références et influences françaises dans la vie des arts et des lettres se diversifiaient, les Lumières

trouvant place aux côtés de courants plus conservateurs, plus ortho-
doxes. Le poids culturel du Royaume n'allait donc pas en diminuant.
Sur le plan coutumier, des lettrés se préoccupaient de faire revivre les
traditions et les mœurs (« si françaises ») des ancêtres. Des journaux
comme *Le Courrier de Québec* y consacraient des rubriques. Il est vrai
que l'influence métropolitaine se fractionnait elle aussi, une filière
anglaise s'ajoutant à la française. Le cas de François Baillargé, peintre,
sculpteur et architecte, est éclairant sous ce rapport. Après avoir étudié
à Paris entre 1778 et 1781, il revint à Québec où il fit une importante
carrière dans le bâtiment religieux, imitant le style français. Mais il
œuvra aussi dans la construction de bâtiments publics où, cette fois,
il reproduisit surtout le style britannique. Dans l'ensemble, l'ancienne
Nouvelle-France demeurait très attachée à ses racines et à ses caractères
distinctifs sur le continent. C'est bien ce qui a frappé le jeune Tocqueville, en visite au Québec en 1831 où il retrouvait avec étonnement les
traits de la vieille France, « le Français d'il y a un siècle, conservé comme
une momie pour l'instruction de la génération actuelle[13] ». Ce témoignage en recoupe de nombreux autres formulés à la même époque par
des administrateurs ou des voyageurs (incluant Lord Durham, pour qui
ces Canadiens étaient bien des Français, quoique en tous points inférieurs à ceux d'outre-mer).

Le clergé (ou tout au moins la hiérarchie) se montrait rigoureuse-
ment loyaliste en matière politique, ayant embrassé avec ferveur la cause
des nouveaux maîtres, tout comme ce qui subsistait de l'ancienne aristocratie seigneuriale (A. Thério, 1998). Cette disposition fut suffisamment répandue parmi les élites pour faire échouer les invitations, lancées en 1774 et en 1775 par le Congrès de Philadelphie, à s'engager dans
la Révolution américaine. Cependant, deux tentatives pour rompre le
lien colonial et instaurer une république en terre laurentienne n'en marquèrent pas moins la période. La première est apparue au cours de
la décennie 1770. Tirant profit de la liberté d'imprimer introduite par
le Régime anglais, quelques intellectuels mirent sur pied un premier
réseau de diffusion (gazettes, sociétés de débats — dont une loge
maçonnique) qui permit l'expression d'une utopie des Lumières adaptée au contexte canadien. Les Mesplet (fondateur de la *Gazette de Montréal* en 1778), Jautard, du Calvet et autres défendaient l'idée d'une

nation souveraine (amalgame de *Canadiens* d'origines française et anglaise), laïque et démocratique, et ils auraient souhaité se joindre à l'insurrection américaine. Certains d'entre eux, nés en Europe, avaient séjourné aux États-Unis avant de gagner le Canada. Ils empruntaient à Montesquieu, Rousseau, Locke, d'Holbach et autres. Une Académie voltairienne vit le jour en 1778-1779 et, quelques années plus tard, un projet d'université laïque fut mis de l'avant. Mais cet élan intellectuel, qui s'accompagnait d'un appel à la révolution (chez Henri Mézière, par exemple), fut vite brisé. Certains des acteurs principaux furent incarcérés et leurs publications interdites par les dirigeants britanniques[14]. Ainsi prenait fin le premier grand rêve de rupture politique à l'américaine formulé par des Francophones canadiens.

Cette offensive idéologique, combinée avec les répercussions psychologiques et politiques de la Cession, provoqua l'émergence d'un véritable sentiment national parmi une partie des élites. Dès 1769, on avait vu apparaître la référence à un « peuple canadien » et à une « nation réprouvée » dans une pétition adressée au roi d'Angleterre. L'Acte de 1774, en reconnaissant les droits et la spécificité des Francophones canadiens, favorisait à sa manière l'éveil d'une conscience nationale. Il en a été de même avec l'Acte constitutionnel de 1791, qui divisa le Canada en deux entités (Haut- et Bas-Canada) suivant une ligne de partage ethnique. Dès lors, l'idée nationale allait se fortifier dans le Bas-Canada et connaître une deuxième naissance en se nourrissant de l'altérité anglophone, de la référence aux Lumières et à la Révolution américaine. Dans un registre opposé, celui du loyalisme, l'Église faisait de la lutte pour la religion catholique un autre enjeu national. À ce propos, il est utile de rappeler que l'invasion de la province de Québec en 1775 par les troupes étatsuniennes ne rencontra guère d'hostilité au sein de la paysannerie, mais surtout de l'inertie et même de la sympathie. Le sentiment populaire tranchait ainsi avec l'attitude des élites cléricales et conservatrices. On peut y voir une autre expression d'un écart croissant entre ces deux milieux, déjà évoqué à propos du clivage linguistique.

Le pouvoir britannique eut peu de mal à briser par la force le premier mouvement d'émancipation coloniale qui n'avait pas su se donner d'assises populaires ni s'assurer de larges appuis au sein même des élites francophones. Il en alla bien autrement avec le second mouvement, animé par les Patriotes, qui prit le relais au début du XIXe siècle. Réunissant principalement des Canadiens français formés dans les collèges classiques et issus de la paysannerie ou du petit commerce, le mouvement s'exprima à travers le Parti canadien (fondé en 1805, devenu en 1826 le Parti patriote) et le journal *Le Canadien,* créé en 1806. Il prit fin avec les Insurrections de 1837-1838 qui se soldèrent elles aussi par un échec, cette fois devant l'armée — faisant trois cents morts parmi les Patriotes et une vingtaine parmi les soldats britanniques. L'objectif principal des insurgés était d'ordre politique ; il s'agissait de mettre fin au lien colonial qui rattachait le Bas-Canada à la Grande-Bretagne et d'instaurer une république inspirée tant du modèle étatsunien que du modèle français, ce dernier trait s'affirmant plus clairement au cour des années 1830 alors que le mouvement, n'espérant plus rien de Londres, se radicalisa. Des travaux récents (A. Greer, 1993 ; Y. Lamonde, 1995 ; L.-G. Harvey, 1990, 1995) ont montré que le modèle de société préconisé s'ouvrait à d'importants éléments de modernité : séparation de l'Église et de l'État, démocratie, libéralisme, école publique, etc. La pensée patriote mettait en forme une affirmation nationale largement affranchie de références ethniques, ouverte à toutes les religions et à toutes les *races,* conformément à l'idée qu'on se faisait d'une société des Amériques. Rappelons que le mouvement dénonçait l'esclavage, prit le parti des Juifs dans les années 1830[15], préconisait l'accueil d'immigrants de tous les pays, établissait l'égalité juridique des Églises, affirmait que la société à émanciper n'était ni française, ni anglaise, ni étatsunienne mais qu'elle trouverait d'abord ses fondements dans ses institutions[16]. La nation à édifier serait davantage politique que culturelle ou ethnique, et c'est l'une des raisons pour lesquelles les écrits des Patriotes livrent si peu d'indications sur le contenu de la future nation à propos de traits distinctifs — ou de ce que l'on appellera plus tard la *nationalité.* Dans l'esprit de Louis-Joseph Papineau, qui fut le chef du mouvement, l'objectif principal à poursuivre était de favoriser l'épanouissement de « l'homme du Nouveau Monde ». Cela dit, il est vrai que sur d'autres points, en matière économique et sociale surtout (au sujet de l'avenir du régime seigneurial, par exemple), le projet présentait des aspects nettement conservateurs[17].

Dans l'ensemble, cette deuxième tentative de rupture et celle qui l'a précédée dans les années 1770-1790 s'apparentent sur des points essentiels ; il convient néanmoins de les traiter séparément. En effet, dans les écrits des Patriotes, on trouve peu de références à leurs prédécesseurs, et rien ne permet donc d'établir ici une étroite filiation, du moins dans l'état actuel de la recherche[18]. Il faut rappeler que les Lumières et la Révolution française, auxquelles la génération de Mesplet s'était identifiée, avaient bien mauvaise presse au début du XIXe siècle à cause des épisodes de violence et de terreur (anticléricale, notamment) qui avaient suivi 1789. Les deux mouvements se distinguent aussi sous d'autres aspects importants. Le second fut davantage politisé que le premier, la Chambre d'Assemblée servant d'arène. Les affrontements avec le pouvoir anglais furent plus intenses, plus organisés, tout comme les échanges idéologiques. En outre, les Patriotes purent jouir longtemps d'un fort soutien populaire, comme l'attestent leurs succès électoraux, y compris celui de 1834 alors que le programme radical des 92 Résolutions servait de plate-forme au parti. Enfin, ils formulèrent une pensée continentale très explicite, militant en faveur d'un espace économique très ouvert en direction de la baie d'Hudson aussi bien que des États-Unis, se référant plus volontiers au modèle étatsunien qu'à la tradition française[19] et souhaitant l'édification d'une société plus égale assortie d'institutions qui ne soient pas celles de l'Europe. De nombreux textes de Papineau étayent cet énoncé. Ainsi, le 21 janvier 1833, il écrivait dans *La Minerve* : « Des institutions qui conviennent à un vieux pays où les lois, les mœurs, les usages diffèrent des nôtres... ne peuvent convenir à un pays nouveau. » De son côté, Étienne Parent a fréquemment dénoncé les vices, la corruption des sociétés européennes, et souligné les traits distinctifs de l'Amérique[20].

Le mouvement se divisa à la veille des Rébellions, plusieurs de ses partisans repoussant l'option des armes. Les troupes britanniques et canadiennes-anglaises, beaucoup plus nombreuses, n'eurent aucun mal à écraser une action militaire mal préparée, désunie, insuffisamment pourvue en équipement et en effectifs. Mais la métropole voulut profiter de l'occasion pour supprimer le mal à la racine en cassant à jamais les volontés d'émancipation du Bas-Canada. L'échec de 1837-1838 fut en effet suivi de changements constitutionnels radicaux en forme de réprimande, comme l'avait souhaité le gouverneur Lord Durham dans son célèbre rapport de 1839. En vertu de l'Acte d'Union mis en vigueur en 1840, le Haut- et le Bas-Canada se trouvaient fusionnés dans la « province du Canada », où les Anglophones étaient désormais majoritaires. Les dettes publiques furent également fondues, au détriment des Francophones, et le français fut partiellement banni à l'Assemblée et devant les tribunaux. Cet épisode mettait fin à un effort de réalignement en profondeur inspiré par un véritable rêve du Nouveau Monde, en rupture avec l'ancien. L'échec allait engendrer une toute nouvelle conjoncture, fertile en réalignements de toutes sortes.

Le paradigme de la survivance (1840-1940)

Nous pensons que, contrairement à la précédente, cette période s'inscrit dans une dynamique à dominante continuiste. Le discours, mobilisé principalement par l'avenir culturel de la nation, y a fait une place prédominante à ce que nous appellerons la matrice de la survivance[21]. Mais surtout, la référence (en forme de dépendance) française s'y est accentuée, imposant sa norme dans tous les domaines de la production intellectuelle. Cela dit, le paradigme continuiste ne s'est pas mis en place instantanément, il a incorporé des éléments d'affirmation et d'émancipation locale, il s'est manifesté selon diverses variantes, il a laissé survivre d'authentiques expressions de rupture et, enfin, il a décliné au cours des vingt ou trente dernières années de la période. De ce point de vue, l'année 1940 (si l'on préfère : les années 1935-1940, ou encore l'ensemble de la conjoncture de la Seconde Guerre mondiale) a constitué une plaque tournante à divers égards[22]. L'économie industrielle a retrouvé le chemin de la croissance et s'est massivement déployée. Le fait urbain a définitivement supplanté le monde rural dans l'imaginaire collectif. Une conscience sociale plus vive a commencé à se manifester, notamment au sein du mouvement syndical, donnant bientôt naissance à une pensée sociale plus agressive. C'est également au cours de la décennie 1940 que les sciences sociales connurent véritablement leur essor, comme l'a montré M. Fournier (1986), alors que les sciences naturelles et appliquées amorçaient un développement spectaculaire (R. Duchesne, 1978). De même, c'est dans ces années qu'on vit prendre forme le réalisme social en littérature ainsi qu'un nouveau regard sur la France et sur l'Amérique.

Les paramètres sociaux

Il n'est pas aisé de préciser la composition du milieu très disparate des lettrés dont nous explorerons le discours. On y retrouve des représentants de divers groupes (ou classes?) sociaux : le clergé en général (surtout le haut clergé), les professions libérales, le milieu des affaires, les enseignants, les journalistes et essayistes, les employés de la fonction publique, les porte-parole du mouvement ouvrier, les représentants du monde artistique et littéraire. On voit bien ce que cette énumération comporte d'artificiel : de nombreux acteurs cumulaient divers rôles et plusieurs catégories se chevauchaient, ce qui doit être imputé en partie à l'exiguïté du milieu intellectuel canadien-français au cours de la période. L'état de la structure sociale y est aussi pour quelque chose. À partir du milieu du XIXᵉ siècle, on est en présence d'une collectivité en profonde mutation qui commençait à afficher les traits d'une société capitaliste et urbaine en pleine croissance. Dans ces conditions, il devient parfois impossible de délimiter avec précision les bases sociales du discours.

Dans l'ensemble, nous nous risquerons à reconnaître trois grands regroupements ou configurations sociales : d'abord une bourgeoisie d'affaires identifiée au capital canadien-français en formation mais aussi au grand capital britannique et nord-américain, dont elle était l'alliée et la servante ; deuxièmement une bourgeoisie socioculturelle, qui incluait le clergé et une grande partie des professions libérales, et dont les factions se disputaient le contrôle de l'autorité politique (en concurrence avec la bourgeoisie d'affaires), des écoles, des médias (ou de l'imprimé en général), et de tout ce qui relevait de l'organisation sociale ; en troisième lieu les milieux populaires, en l'occurrence les syndicats ouvriers, les regroupements de femmes rurales, les petites coopératives, les associations d'entraide et de bienfaisance. Mais, encore une fois, cette tentative de mise en ordre reste infructueuse sur plus d'un point.

D'abord, elle ne laisse guère de place aux classes moyennes, en essor durant le premier tiers du XXᵉ siècle ; en outre, elle ne rend pas justice aux dynamiques complexes qui commandaient toutes sortes d'interactions et d'osmoses entre les trois composantes évoquées ; enfin, elle reflète mal les changements importants survenus durant la période et qui ont modifié à la fois le poids de ces trois entités et les rapports qu'elles ont entretenus. Dans le cadre du présent essai, il faudra néanmoins s'accommoder de ce repérage sommaire et de ces notions trop larges.

Se superposant en partie à ce premier quadrillage, un autre clivage se marquait auquel nous aurons souvent à nous reporter ; c'est celui qui opposait la culture des lettrés — la culture dite savante, celle qui entretenait un rapport privilégié avec l'écriture et d'autres procédés formels d'expression — à celle des milieux populaires urbains et ruraux. La première, très alphabétisée, était associée à l'univers du travail non manuel ; l'autre s'exprimait surtout dans l'oralité, et son univers professionnel de référence était celui du travail manuel. En ce sens, on peut parler de lettrés et d'illettrés. Nous verrons que cette typologie grossière s'avère néanmoins fondée et utile de plus d'une façon : au-delà des querelles idéologiques qui les opposaient bruyamment, les élites faisaient consensus sur des représentations collectives fondamentales.

Des impasses structurelles

Avant de décrire la culture qui s'est mise en place au Québec à partir de la conjoncture de 1840, il importe de rappeler les prémisses structurelles qui ont présidé à sa construction. En gros, aussi bien les données empiriques que les sentiments et perceptions exprimés par les lettrés à cette époque fondent l'image d'une société coincée. Sur le plan spatial d'abord, la société canadienne-française était en très grande partie concentrée dans les vieilles aires seigneuriales de la vallée du Saint-Laurent et s'y trouvait en quelque sorte encerclée par les cantons (*townships*) dessinés et concédés depuis 1792, conformément au système anglais (franc et commun socage). À proximité de la vallée, la plupart des terres cantonales étaient possédées ou occupées par des immigrants britanniques. Sur le plan démographique, environ un million d'immigrants (anglais et irlandais principalement) ont débarqué dans les ports de Québec et Montréal durant la première moitié du XIXᵉ siècle, plusieurs allant toutefois s'établir dans le Haut-Canada et aux États-Unis. En outre, l'Acte d'Union a mis en minorité la population francophone en fusionnant dans la nouvelle province le Haut- et le Bas-Canada. En 1850, le Canada-Uni comptait 2,5 millions d'habitants, dont 750 000 Canadiens français (90 % d'entre eux vivaient au Québec). La composante anglophone pesait lourdement, comme nous l'avons dit, à Montréal et à Québec, et le courant d'émigration vers les États-Unis (qui allait emporter près d'un million de Francophones en un siècle) était en branle depuis une quinzaine d'années. Sur le plan politique, l'échec des Rébellions et ses conséquences immédiates avaient convaincu une grande partie des élites qu'il valait mieux renoncer au rêve républicain et penser désormais la destinée de la société francophone à l'intérieur du Canada et de l'Empire. On se rappellera que le rapport Durham (1839) préconisait l'assimilation des Canadiens français à la *race* anglaise. Quant au grand commerce et à l'industrie, ils étaient dominés par les Anglophones, ce qui laissait aux Francophones de très minces perspectives d'ascension sociale (le thème de l'« encombrement des professions libérales » était alors sous toutes les plumes).

On ne s'étonne guère que, au lendemain de 1840, certains dirigeants ou porte-parole francophones (le cas de F.-X. Garneau et celui d'Étienne Parent sont les plus connus) aient éprouvé le sentiment d'une société aux horizons fermés, d'une situation sans espoir. Il est vrai que ces élites dites nationales étaient privées des appuis et attributs ordinairement associés à l'État-nation : elles ne disposaient pas d'armée et ne contrôlaient ni les institutions politiques ni l'économie. En ce sens, elles régnaient sur une nation sans infrastructure, vouée à l'infériorité à cause du choix qu'elle avait fait de conserver la langue, les institutions et les coutumes françaises. En outre, une grande partie des lettrés n'attendaient plus rien de Londres qui avait repoussé les principales revendications des Patriotes (les 92 Résolutions), et nul n'aurait songé à chercher du secours du côté de la France. De cette conjoncture apparemment sans avenir allait naître une forte idéologie conservatrice doublée de ce que nous appellerons une pensée équivoque *(infra)*.

À un grand nombre de contemporains — peut-être à la majorité — , il apparut que, dans ces circonstances peu favorables, la survie et l'affirmation de la nation devaient par défaut emprunter la voie culturelle. Il s'agirait de préserver et de célébrer les traditions françaises, de perpétuer le culte des origines, de la mère patrie, de faire revivre la mémoire des ancêtres, de rééditer leurs gestes. Cette position, que l'on peut résumer dans la fidélité au passé et à la culture française, entraînait deux corollaires. D'abord, elle installait pour longtemps la culture des élites dans une *dépendance* dont personne ne parut alors s'inquiéter. Il faut prêter au vocable le sens le plus large qui soit : emprunts les plus divers dans la littérature, les arts, la pensée (de droite ou de gauche, traditionnelle ou moderne), soumission aux modèles, aux normes de la mère patrie, dévalorisation des réalités et des productions locales. En deuxième lieu, le parti pris en faveur de la tradition vouait les lettrés à une relation tourmentée avec le continent : l'appropriation du Nouveau Monde serait constamment arbitrée par une allégeance envers le monde ancien.

Ajoutons à cela une dernière donnée structurelle qui n'a pas cessé de peser au cours des décennies subséquentes, à savoir l'antinomie qui a opposé la culture des élites, principalement nourrie de références européennes, françaises en particulier, et la culture des milieux populaires profondément immergée dans la réalité et les rêves du continent, proche ou lointain[23]. Ainsi, loin d'avoir été fermée sur elle-même, cette culture francophone était doublement ouverte : d'un côté sur le vieux continent, de l'autre sur le nouveau. Du coup, l'imaginaire se construisait aux deux bouts de la nationalité, mais dans des directions opposées. Il en a résulté une tension durable entre les élites et les classes populaires. Les unes aspiraient à une culture nationale pénétrée des plus grandes traditions européennes, en acquiesçant à la dépendance dans laquelle elles s'installaient envers la mère patrie. Les autres nourrissaient leur imaginaire des relations qu'elles tissaient au jour le jour avec les nouveaux espaces : celles qui s'instituaient dans la domesticité, dans la vie communautaire, dans le travail, dans la migration. Les mots, les manières, les légendes qui les exprimaient façonnaient une culture robuste, un peu sauvage, qui véhiculait certes de nombreux traits de la vieille culture française mais transformés par les inventions, les emprunts, les adaptations, le bricolage. Ses formes hétéroclites et libres, souvent mal articulées, témoins d'une américanité échevelée, originale, allaient bientôt créer un malaise parmi les élites qui avaient du mal à y retrouver un reflet de leurs références châtiées.

L'énoncé qui précède appelle toutefois trois nuances. D'abord, il est vraisemblable que le rapport antinomique s'adoucissait du fait que plusieurs lettrés étaient eux-mêmes d'origine populaire. Mais cette proximité, caractéristique du déracinement, pouvait tout aussi bien se traduire en friction et en distance. Par ailleurs, nous aurons plus loin l'occasion de souligner que l'élite des affaires échappait un peu à l'antinomie dans la mesure où son univers professionnel et ses intérêts l'enracinaient dans le pragmatisme et lui ménageaient une vision du continent en partie soustraite aux tensions de la nouvelle culture nationale. Enfin, comme nous venons de le signaler, la culture des classes populaires demeurait imprégnée de traditions et rituels d'origine française, en particulier tout ce qui relevait de l'oralité (contes, chansons, etc.).

Une nation à vocation culturelle? passéiste?

Selon une thèse très largement admise et récemment reformulée avec force par F. Dumont (1993) et quelques autres, les impasses structurelles auxquelles la société canadienne-française se trouvait acculée après 1840 ne laissaient qu'une seule voie ouverte pour la survie et l'affirmation de la nation, soit celle de la culture. Mais d'une culture particulière, selon un modèle que François-Xavier Garneau se chargea d'accréditer dans son *Histoire du Canada* (1845-1852) en guise de réplique à Durham : nourrie de la mémoire épique des ancêtres et de la tradition française, axée sur la protection des acquis symboliques, sur la fidélité aux origines. Il revint en effet à cet historien d'avoir mis en place les paramètres de ce qui allait devenir la célèbre idéologie de la survivance. F. Dumont (1987, p. 329) a résumé ainsi le message livré par Garneau : « La nation [politique] va mourir dans son existence empirique, mais elle survivra dans la mémoire des hommes grâce au monument édifié par l'écrivain. » Ailleurs, Dumont parle d'une collectivité qui « s'est exilée dans un univers social parallèle, celui du souvenir, du rêve, de la spéculation » (F. Dumont *et alii*, 1974, p. 10-11). Véritable paradigme de la nouvelle culture nationale en formation, cette orientation préparait une vision passéiste, défensive et repliée de la nation qui assurait ainsi sa perpétuation dans la représentation qu'elle entretenait d'elle-même au présent et surtout au passé. Son emprise fut telle que, pendant un siècle et plus, elle a fourni au discours historiographique ses catégories dominantes. Même encore aujourd'hui, l'ère inaugurée en 1840 par l'Acte d'Union est le plus souvent perçue à travers les accents pessimistes de Garneau (et de quelques autres aussi comme É. Parent ou P.-J.-O. Chauveau). On trouve en effet couramment exprimée l'idée que, la voie de la politique et celle de l'économie étant fermées, il fallait donc se résigner à construire la nation dans la culture, à promouvoir une identité culturelle au lieu d'un État national (parmi plusieurs autres : R. Beaudoin, 1989, p. 194).

À ce propos, nous désirons émettre d'abord une réserve, puis un désaccord. Une réserve, en ce sens que la culture nationale élaborée après 1840 a en réalité fait appel à bien autre chose qu'à la mémoire et que son orientation générale ne peut pas être réduite à une position de repli. À l'encontre de cette conception et de l'importante distorsion qu'elle véhicule, il faut insister sur le dynamisme remarquable dont cette culture a fait preuve au cours de la seconde moitié du siècle en particulier, en mettant en œuvre un programme énergique d'affirmation et de développement à travers la littérature, les arts, l'action religieuse. Après 1860, et c'est là un paradoxe que nous aurons à commenter, les élites socioculturelles (les littéraires surtout) parlaient tout autant de créer une culture nationale que de conserver les anciennes traditions. En outre, ne faut-il pas prendre en compte, d'une façon ou d'une autre, la culture qui se formait dans les classes populaires, à même l'américanité ? Ceci pour la réserve. Un désaccord ensuite, parce qu'en réalité le développement de la nation a emprunté bien d'autres voies que celle de la culture. À commencer par celle de la politique : le gouvernement responsable a été obtenu en 1848-1849 ; l'unilinguisme anglais a pris fin en 1849 ; la Confédération a octroyé au Québec d'importants pouvoirs sur la gestion de ses affaires ; à partir de 1886, le premier ministre Honoré Mercier a donné en politique une voie puissante au nationalisme en se faisant le défenseur de l'autonomie provinciale, etc. Il est aisé de comprendre pourquoi ces avancées dans la tâche de construction de l'État n'ont pas engendré une mémoire triomphante; pour qui aspirait à la souveraineté complète, elles demeuraient loin du compte en effet. Il n'empêche que l'action des réformistes (La Fontaine, Cartier et autres) n'a pas été stérile et qu'elle s'est poursuivie sans relâche à l'échelle pancanadienne, suivant une démarche qui visait non pas à supprimer mais à réaménager le lien colonial. En d'autres mots, la construction politique de la nation n'a pas été interrompue même si la mémoire nationale a peu insisté sur ces avancées.

Parallèlement, une offensive spectaculaire était menée sur le plan de l'occupation et de la mise en valeur du territoire. En un siècle, à partir des années 1830-1840, le vieil habitat laurentien jusque-là enfermé dans son corridor (les Laurentides d'un côté, les Appalaches de l'autre) a littéralement éclaté, provoquant une ample expansion de l'écoumène dans toutes les directions, mouvement qui a donné naissance à une douzaine de régions de colonisation. Parmi les figures de dynamisme collectif et de développement national, il faut également compter la forte croissance démographique, due en grande partie à la reproduction familiale qui, en dépit d'une émigration massive vers les États-Unis, a porté le nombre des habitants de 200 000 au début du XIXᵉ siècle à 4 millions au milieu du siècle suivant (phénomène que les lettrés ont assimilé à une *revanche des berceaux*). Il importe de rappeler que, sur ces deux plans aussi, dans l'espace et par le nombre, la nation connaissait donc une vigoureuse expansion. Ne faut-il pas s'étonner de ce que la mémoire savante n'ait pas célébré dans toute sa véritable dimension — et autrement que sur le ton moralisateur — cette vaste expérience populaire? Il nous faudra revenir là-dessus également. Enfin, la nation a connu deux autres voies de développement et de dynamisme, soit du côté économique avec l'industrialisation capitaliste et du côté social par le biais de l'action ouvrière.

Il nous paraît tout à fait remarquable que les représentations dominantes du temps, tout comme celles qui ont été transmises à la postérité, se soient peu ou mal nourries de ces expériences positives. En tout état de cause, elles font mentir l'image d'une société repliée sur elle-même, prostrée, figée devant un avenir impossible, se complaisant dans la mémoire de ses traumatismes. C'est pourtant cette interprétation qui a dominé l'historiographie québécoise pendant plus d'un siècle (elle survit du reste aujourd'hui), suivant la tradition inaugurée par F.-X. Garneau.

Une seconde thèse, qui fait aussi l'objet d'un large consensus encore aujourd'hui, concerne la façon dont la nation est parvenue à assurer sa survie. On tient généralement pour une conséquence logique, inéluctable en quelque sorte, le fait que, après 1840, l'autorité du clergé sur la société canadienne-française se soit substantiellement accrue puis perpétuée durant plus d'un siècle. Suivant le raisonnement le plus courant, l'Église était la seule institution assez puissante et assez largement déployée pour prétendre parler au nom de toute la nation et prendre en charge son destin. Puisque le catholicisme était pratiquement la seule religion implantée au sein des familles francophones, il devenait un puissant facteur d'union et de cohésion nationale, d'où le pouvoir social que le clergé a pu longtemps exercer. Du reste, on vit bientôt la foi se conjuguer avec la langue, comme deux pièces maîtresses de la nation. Ces circonstances rendraient compte de la domination socioculturelle que le clergé a longtemps exercée au Québec. Là encore, nous nous inscrivons en faux contre cette thèse qui confond en quelque sorte l'effet et la cause. C'est plutôt le désistement des autres acteurs sociaux qui, selon nous, a le plus contribué à mettre le clergé en selle. Nous aurons à nous expliquer également là-dessus.

La survivance, paradigme de la culture nationale

La décennie 1840 demeure une date charnière dans la mesure où elle a marqué la fin d'une forte poussée de rupture. Le siècle qui s'annonçait allait être dominé par d'importants éléments de continuisme culturel et de loyalisme politique. Dans la foulée de Garneau et de ses émules, une vision du monde allait prendre forme autour du thème de la survivance. Cette idéologie globalisante, en forme de paradigme, peut être résumée en huit propositions principales :

1. La Cession de 1763, l'échec des Rébellions et le nouvel ordre constitutionnel instauré par l'Acte d'Union ont compromis le développement de la nation. L'horizon social, économique et politique étant

désormais fermé, on doit se résigner à mettre en œuvre une vision défensive, passéiste, axée sur la survie, sur la protection des acquis.

2. La nation survivra d'abord dans la culture, principalement la religion, la langue, la tradition, la mémoire.

3. La situation de la nation est jugée très précaire au sein du Canada (infériorité politique) et de l'Amérique du Nord (déséquilibre du nombre). Le sentiment de cette fragilité fonde une timidité et une inquiétude durables.

4. Fragile, la nation trouve cependant un appui et une grande source de réconfort dans la vigueur et la richesse de sa tradition française. D'où l'importance de préserver et de cultiver sans cesse la référence à la vieille culture de la France, comme réservoir de valeurs et de modèles à reproduire et à imiter.

5. Mais en même temps, et cet énoncé vient tout près de contredire le précédent, on est convaincu de la pauvreté de la culture canadienne-française, que l'on tient pour très inférieure à d'autres — celle de la France tout particulièrement. Ce sera la mission séculaire à laquelle devront s'employer les élites que de remédier à cette déficience (certains parleront de médiocrité).

6. Parallèlement, et en dépit des conditions adverses, les élites entretiennent la volonté d'édifier une société, une culture originale qui tire parti des ressources du Nouveau Monde et affirme sa personnalité à l'égard de l'ancien, quitte à altérer la tradition. En ce sens, la nation est jeune, naissante, pleine de promesses ; mais elle s'enracine aussi dans une tradition plus que millénaire dont elle est la résultante et le prolongement en terre d'Amérique.

7. Contrairement à ses voisines en Amérique, la nation, telle qu'elle existe déjà, est tenue pour exceptionnellement homogène sous tous les rapports, ce qui lui confère un important avantage sur le plan de la cohésion, de la solidarité et de la fidélité à sa vocation.

8. Elle est en outre très différente des autres, en particulier de la nation ou de la culture étatsunienne, ce que les lettrés vont s'employer sans relâche à démontrer, de toutes sortes de façons, en en faisant ressortir les nombreux éléments distinctifs. Cette préoccupation relève de ce que l'on pourrait appeler un exceptionnalisme canadien-français.

Ces énoncés, qui composent la matrice de la survivance, ont commandé plusieurs traits de la culture nationale telle qu'elle s'est affirmée entre 1840 et 1940. Nous en présentons quelques-uns sous forme de corollaires :

1. Le sentiment d'impuissance collective inspire une attitude de loyalisme en politique. L'avenir de la nation sera pensé à l'intérieur du lien colonial et canadien, que l'on s'emploiera toutefois à éroder.

2. L'engagement de continuisme à l'endroit de la France et de sa riche tradition représente un élément de sécurité culturelle ; mais il sera aussi une source d'inhibition, d'*effets répresseurs* qui feront longtemps obstacle à des créations originales, tributaires d'un affranchissement du discours dans le domaine aussi bien de la pensée que des arts et des lettres.

3. Le constat de pauvreté et de sous-développement de la culture canadienne-française inspire des tentatives répétées de construction ou de reconstruction de la culture nationale. Chaque génération d'intellectuels grandit en quelque sorte avec le sentiment que la culture nationale est à refaire. Soulignons encore une fois le paradoxe : ce sentiment semble en effet peu compatible avec le culte de la tradition, professé par ailleurs. Les deux propositions suivantes offrent un autre exemple de paradoxe, sinon de franche contradiction.

4. La culture des classes populaires, trop investie dans son face à face avec le continent, représente une menace pour la culture nationale telle que conçue par les lettrés (axée et modelée sur la tradition française et d'autres références européennes).

5. La culture des classes populaires est considérée comme un véritable trésor de valeurs, de coutumes, d'authentique héritage français dont la culture nationale doit se nourrir pour rester fidèle à ses origines et assurer sa survie.

6. Le vif sentiment du péril qui plane sur la nationalité entretient une sorte d'obsession identitaire qui incite à rechercher sans cesse des traits distinctifs. On va ainsi jusqu'à élaborer des représentations fictives de soi (fausses identités) et des autres (fausses différences).

7. L'homogénéité de la nation est un atout essentiel dans la lutte pour la survie, et il importe de la montrer et de s'en pénétrer ; cet impératif conduit à occulter les expressions de diversité, de clivages, de divisions.

8. La fragilité de la nation inspire une grande crainte de l'étranger. Elle inspire aussi des conduites d'exclusion sociale et culturelle à l'endroit de minorités ethniques établies sur le territoire québécois ou désireuses de s'y établir. Tout ce qui est différent menace de quelque façon la nation.

9. Cette crainte vise tout particulièrement les États-Unis, dont la culture est présentée comme envahissante, décadente et corrosive. Un discours antiétatsunien est ainsi étroitement associé au paradigme de la survivance.

10. À cause de cet ensemble de convictions et de dispositions collectives, les élites canadiennes-françaises — surtout celles qui évoluaient dans le domaine socioculturel — allaient éprouver beaucoup de difficulté à établir avec le Nouveau Monde une relation spontanée, libre, cohérente et créatrice.

11. Les incompatibilités inhérentes à la matrice de la survivance ont engendré un discours équivoque, nourri de syncrétisme. Nous faisons de ce trait la caractéristique principale de la culture des lettrés durant cette période.

Ces propositions, ainsi que leurs corollaires, composent une sorte d'archétype ou d'*idealtypus* qui a exercé une emprise prédominante sur l'élaboration de la culture nationale durant la majeure partie de la période 1840-1940. Nous allons tenter de l'illustrer en survolant les divers domaines du discours. Mais ce faisant, et comme nous l'avons indiqué déjà, nous serons attentif à montrer également *a)* les variantes, compromis et dérogations dont le paradigme a dû s'accommoder, *b)* les changements importants qu'il a subis, *c)* la survie d'une contre-culture, puis l'émergence d'un paradigme de remplacement. Plus particulièrement, nous aurons à faire ressortir, dans leurs diverses figures, les antinomies et contradictions du discours de la survivance. Car on aurait tort de considérer cette vision du monde canadien-français comme un reflet fidèle de sa réalité : elle relevait davantage d'un programme assez hétéroclite où entraient tout à la fois des éléments de désarroi et de pari, de refus et de rêve.

Continuité et demi-ruptures : pour une nation canadienne et française

Le bref survol que nous proposons abordera, dans l'ordre, les contenus symboliques de la nation (ce qu'on appelait jadis la nationalité), la
vision du passé, l'élaboration d'un patrimoine intellectuel par la pensée, les arts et la littérature, et enfin la représentation du patrimoine coutumier.

Les représentations de la nation

Il faut distinguer entre les définitions officielles de la nation — celles
que l'on professait solennellement à l'occasion des grandes célébrations,
par exemple — et les représentations courantes, les stéréotypes, les descriptions véhiculées par la littérature, l'idéologie, la quotidienneté, tout
ce qui relève en somme de l'ethnographie plus que de la science politique. Pour ce qui est des premières, elles accordaient la priorité à la religion catholique, à la langue (« gardienne de la foi »), aux origines et à la
tradition françaises (couramment assimilées à la « race »), aux coutumes, aux lois et institutions. La nation était donnée comme étroitement intégrée, solidaire dans son combat pour la survivance et foncièrement différente de ses voisines sur le continent. C'est donc d'abord
par des traits distinctifs, par un profil ethnique qu'elle s'affirmait. Elle
était aussi vécue comme fragile, amputée par la Cession et menacée
dans sa survie, comme en témoignaient les volontés d'assimilation
exprimées par des Anglophones aux XVIIe et XIXe siècles. Indissociables
des précédents, d'autres caractères s'ajoutaient mais comme en périphérie. La nationalité cultivait avec le cadre rural un lien privilégié, d'autant plus fort que la culture urbaine, sous l'effet de l'industrialisation,
semblait perdre progressivement de sa vigueur française. La famille et
la paroisse étaient deux autres piliers de la nation. Un éventail variable
de valeurs et de qualités morales complétaient l'« âme » canadienne-
française : l'orientation spirituelle, l'esprit communautaire, la modes-
tie, la vaillance, l'intégrité, le sens de la hiérarchie. De ces derniers traits

a fini par émerger l'image du Canadien français dominé et résigné, « né pour un petit pain » : le porteur d'eau, le mouton de la Saint-Jean-Baptiste, le gagne-petit.

À une autre échelle, celle d'une ethnographie très approximative qui ne craignait ni l'approximation ni la contradiction, le Canadien français était dit sédentaire, ennemi du risque, économe et frugal, peu enclin au changement. Mais d'autres descriptions lui prêtaient d'une façon tout aussi arbitraire bien d'autres traits, certains allant à l'encontre des précédents : indiscipline, imprévoyance, insubordination, instabilité, individualisme, etc. Nous avons pu compiler un abécédaire très éclectique de ces notations qui témoignent moins du Canadien français de ce temps que de la grande ignorance qu'on en avait. Elle n'a pas été entièrement surmontée ; ce chantier reste ouvert à la recherche.

En vertu d'un autre postulat, la nation était dite profondément homogène. La caractérisation du Canadien français faisait largement fi des figures de diversité et de clivage, sources de tensions et de divisions croissantes : celles qui tenaient à l'habitat (régions, villes/campagnes), à la condition économique et sociale (classes), au genre (hommes/femmes), à la pluralité ethnique et religieuse (surtout dans la région montréalaise). Elle n'intégrait pas non plus la déchirure née de la désarticulation évoquée plus haut entre des élites francophiles, européanisées, et des milieux populaires de plus en plus américanisés — même si les lettrés en étaient bien conscients (G. Bouchard, 1995b, p. 19 et suiv.). Il faut noter aussi que pour certains, dans la mouvance d'Étienne Parent, la nationalité comportait une importante dimension économique. Cette conception, minoritaire, se retrouvait souvent chez les Rouges (Dessaules, Doutre, Papineau…) et dans le milieu des affaires ; elle s'affirma plus vigoureusement après 1915-1920 au gré de l'urbanisation. Pour d'autres, comme P.-J.-O. Chauveau (dans *Charles Guérin*), la nation ne pouvait exister, étant donné l'héritage tragique de la Cession. Pour d'autres encore, elle prendrait forme éventuellement avec la fusion des deux « races », anglaise et française[24]. Mais cette dernière opinion était peu répandue. Dans l'ensemble, comme nous le verrons, les lettrés percevaient le Canada comme un pays formé de deux nations (« deux peuples fondateurs », selon l'expression que l'on prête à Honoré Mercier).

Il reste beaucoup à apprendre sur les contenus symboliques véhiculés par la nation entre 1840 et 1940 et sur leur différenciation selon
les milieux sociaux ou les régions. Il en est ainsi des changements survenus au cours de la période. Par exemple, il est assuré que la référence
rurale a perdu beaucoup d'emprise, bien qu'on en retrouve encore de
nombreuses expressions dans les années 1930-1940, le spectre de la
Crise aidant. Chez quelques lettrés des années 1920-1930, comme Ringuet, la religion catholique s'est effacée dans la représentation de la
nationalité. Parallèlement, à la fin de la décennie 1930, on vit quelques
membres du clergé esquisser une démarche de rapprochement auprès
de la communauté juive. Jusque-là, la nation canadienne-française était
restée plutôt fermée sur elle-même, plusieurs porte-parole donnant
même dans la xénophobie, et certains dans l'antisémitisme (J. Langlais,
D. Rome, 1986 ; P. Anctil, 1988). Durant toute cette période cependant,
aussi bien dans les classes populaires qu'au sein des élites, la conscience
nationale demeurait vive, sans cesse relancée par les vexations et reculs
infligés au fait francophone à l'échelle canadienne : exécution de Riel
en 1885, violation des droits scolaires et linguistiques au Nouveau-
Brunswick, dans les provinces de l'Ouest et en Ontario, engagements
politiques non tenus par le gouvernement canadien (crises des
conscriptions de 1917 et 1942). Les controverses qui entourèrent ces
péripéties contribuèrent à durcir les traits de la culture de survivance
chez les Francophones.

Il est important de signaler que, contrairement à ce qui s'est passé
au Canada anglais, aux États-Unis ou en Europe à partir de la seconde
moitié du XIXe siècle, les idéologues nationalistes canadiens-français
n'ont pas donné dans l'eugénisme (volonté d'« amélioration de la race »,
lois instituant la stérilisation obligatoire pour certaines catégories de
personnes, interdits de mariage, etc.). Pour ce qui est du Canada, des
lois eugénistes ont été adoptées au cours des premières décennies du
XXe siècle par les gouvernements de l'Ontario, d'Alberta et de Colom-
bie-Britannique. Au Québec, des membres du clergé ont énoncé des
positions doctrinales contre l'eugénisme, la stérilisation et les théories
racistes en général (par exemple : A. Caron, 1940). L'École sociale populaire a aussi abordé le sujet, dans le même sens (notamment dans sa
brochure nᵒ 250, en 1934)[25]. Certes, on n'a pas de peine à retrouver

dans les écrits canadiens-français des énoncés ambigus sur la pureté de la *race*. Mais sous la plume des lettrés, ce vocable référait habituellement à la culture ou à la nationalité en général. Dans certains cas, il a pris une connotation nettement biologique (on dirait aujourd'hui raciste). Dans ces énoncés que nous avons pu relever, les auteurs étaient surtout soucieux de montrer que les Canadiens français n'avaient pas de sang amérindien, lequel était assimilé à une tare. Cette préoccupation poussait à de patientes reconstitutions généalogiques destinées à établir des filiations sans tache avec les ancêtres français les plus lointains[26]. Mais, encore là, le souci principal était d'établir l'intégrité, la pureté morale de la nation, et non sa supériorité physique. C'est cette même préoccupation qui incitait à démontrer le faible taux de naissances illégitimes chez les ancêtres canadiens, ou encore la vertu irréprochable des « filles du roi », ces valeureuses immigrantes du XVIIe siècle que d'aucuns s'étaient avisés d'assimiler à des filles de joie. Plus profondément, une motivation politique était à l'origine de ces démarches : il fallait contrer un discours anglophone selon lequel ces Canadiens français étaient une piètre réplique de leurs ancêtres français, que leur patrimoine culturel était douteux, qu'ils ne constituaient pas une véritable nation et ne méritaient donc pas les prérogatives politiques qui lui sont ordinairement associées.

Les représentations de la nation se sont doublées d'une référence territoriale très intense et très mouvante, qui a incarné autant les visées profondes que les déconvenues de la nationalité au cours de la période. En 1840, le territoire du Québec était pratiquement circonscrit à la vallée du Saint-Laurent (on se mit bientôt à parler de la « Laurentie »). Mais sous la poussée de l'accroissement démographique, les bonnes terres agricoles de la vallée se trouvèrent à peu près saturées vers le milieu du siècle. Dans ces conditions, des mouvements d'émigration prirent naissance dans les vieilles paroisses afin de coloniser les arrière-pays, des deux côtés du fleuve. En un siècle, une douzaine de régions furent ainsi créées, donnant lieu à toutes sortes d'utopies d'expansion ou de recommencement national (G. Bouchard, 2000). Une véritable passion du sol s'était emparée des lettrés qui voyaient là une autre chance (la dernière peut-être ?) donnée à la nation. Cette effervescence inspira aussi une mythologie du Nord, de nombreuses monographies locales et régionales ainsi qu'une véritable pensée aménagiste. Dans une autre direction, vers l'Ouest canadien cette fois, l'émigration francophone gagnait l'Ontario puis le Manitoba et les autres territoires environnants. Une conception pancanadienne de la nation prenait forme. Elle trouva une sorte de confirmation en 1867 avec l'Acte de l'Amérique du Nord britannique (AANB), qui créa la Confédération canadienne et donna au Canada le statut de *Dominion*. La plupart des Francophones, Henri Bourassa en tête, y virent un pacte consacrant officiellement la dualité et l'égalité des deux nations canadienne-anglaise et canadienne-française. Celle-ci s'étendrait donc d'un océan à l'autre, mais au nord de l'espace occupé par la première : ce serait « le grand boulevard de la nationalité » dont le curé Labelle, pour ne mentionner que celui-là, rêva si fort. Enfin, dans une troisième direction, la nation s'étendait vers les États-Unis, principalement la Nouvelle-Angleterre, ce qui inspira encore une fois les visées les plus fantaisistes (près d'un million de Canadiens français prirent la direction du Sud entre 1840 et 1940).

Puis les rêves d'expansion s'effritèrent. À l'extérieur du Québec, les droits des Canadiens français étaient peu à peu supprimés ou substantiellement restreints un peu partout, comme nous l'avons mentionné. Le gouvernement canadien, en mettant en œuvre le plan Sifton, opta pour une politique massive d'immigration internationale (en provenance de l'Europe de l'Est, notamment) pour peupler les territoires de l'Ouest, récusant ainsi les aspirations des Francophones et compromettant le modèle d'une dualité nationale au Canada. Les deux crises de la conscription confirmèrent ce qui, dans l'esprit de plusieurs, allait devenir de plus en plus évident au Québec : battu en brèche sur plus d'un front, le principe de l'égalité et de la dualité était un mirage. Le clergé lui-même voyait son rêve d'expansion de la foi refroidi par la concurrence des catholiques irlandais. Invariablement, le Vatican leur accordait en effet la préférence dans la gestion du catholicisme canadien hors Québec. Les nouvelles n'étaient pas meilleures du côté des États-Unis, où il se confirma assez vite que l'assimilation des Canadiens français progressait rapidement. Dès lors, la conscience nationale amorçait un repli progressif sur ses anciennes assises spatiales, opération qui serait achevée au cours de la seconde moitié du XXe siècle. Des auteurs comme le journaliste Jules-Paul Tardivel, l'historien Lionel Groulx, le naturaliste Marie-Victorin et bien d'autres célébraient, chacun à sa façon, la Laurentie comme patrie des Canadiens français. Parallèlement, les géologues et géographes, les botanistes, les arpenteurs et les reconstitutions muséales mettaient en valeur le territoire national (laurentien), poursuivant l'entreprise d'appropriation symbolique. L'ethnonyme *canadien* avait entrepris sa lente et définitive régression. Quant à celui de *canadien-français*, il devint prédominant vers la fin de la période.

La construction de la mémoire nationale

Nous avons souligné plus haut que, aux lendemains de 1840, l'avenir de la nation était l'objet de visions discordantes : sombre et sans issue pour les uns, viable pour les autres. Chez ces derniers, l'opinion variait entre une conception de la survivance restreinte à la sphère culturelle et une représentation plus optimiste qui faisait espérer un développement intégral, étendu à l'économie et à la politique. Cet éventail de points de vue et de sentiments allait inspirer des visions différentes du passé, qui s'accordaient néanmoins sur plusieurs points fondamentaux. En outre, dominant toutes les variantes, une tradition historiographique allait s'imposer, dans la foulée de Garneau. Ces deux repères vont guider notre reconstitution.

Un thème central est celui de la nation vaincue et amputée d'abord par la défaite de 1759, ensuite par les Insurrections avortées de 1837-1838 et la répression constitutionnelle qui a suivi. Ce rappel inculquait aux Canadiens français le sentiment de leur fragilité, accentuée par les menaces répétées d'assimilation par les nouveaux maîtres. Mais il ancrait aussi en eux la détermination d'une résistance nourrie par des *mythes dépresseurs* sans cesse relancés par les nouveaux échecs et reculs du fait francophone à l'échelle canadienne. C'est le premier versant de la mémoire, sa face tragique, celle d'un destin collectif sacrifié, brisé deux fois en plein élan par la force des armes. Parmi les héros proposés à la commémoration, certains incarnaient d'une façon ou d'une autre cet esprit de la défaite courageuse, de l'idéal vaincu : c'étaient les saints martyrs canadiens, Dollard des Ormeaux, Montcalm, Papineau, Mercier, Henri Bourassa. D'autres figures représentaient les valeurs morales et spirituelles à préserver, qui devaient nourrir la grande et noble tradition canadienne-française. Ici, la galerie faisait place à de nombreux témoins dont les vies exemplaires avaient reproduit les valeurs profondes de la France éternelle, fille de l'Église : Mgr de Laval, Madeleine de Verchères, Marguerite Bourgeois, Marie de l'Incarnation et plusieurs autres. La femme y tenait une place prépondérante. À une autre échelle, plus modeste, elle apparaissait aussi dans le rôle de l'épouse fidèle, mère généreuse, servante de Dieu, alliée du prêtre.

En marge de ces représentations, un second versant de la mémoire affleurait, celui d'un peuple énergique, victorieux, avide d'aventure, bâtisseur de pays, découvreur de continent. Cette perspective faisait apparaître le chef de guerre triomphant (Frontenac, d'Iberville), le vaillant défricheur (Louis Hébert), l'explorateur intrépide (Jolliet, Marquette, Cavelier de La Salle), l'aventurier de toutes les frontières (coureur des bois)[27]. Elle mettait en valeur la résistance politique victorieuse contre l'Anglais (« Notre destinée est de lutter sans cesse », écrivait Garneau), la grande aventure française sur le continent, l'essor d'une *race* forte et fière (la « revanche des berceaux »). C'est dans cette direction également, bien que sur un mode un peu différent peut-être, que prenaient place des figures politiques comme La Fontaine, Cartier et Laurier.

D'une façon ou d'une autre, ces deux versants antinomiques de la mémoire, l'un sur le mode dépressif et l'autre sur le mode épique (mais le premier dominant le second) ont cohabité dans l'imaginaire collectif. Ils affichaient toutefois une même tendance, plus ou moins prononcée, à idéaliser la société de la Nouvelle-France (sous la plume de Garneau, Ferland, Casgrain, Gosselin, Dionne, Gagnon, Groulx, Filteau...), ce qui accusait davantage le traumatisme de la défaite sur les plaines d'Abraham. Du coup, le récit du passé prenait des accents nostalgiques. Mais il fondait aussi une grande espérance, celle d'une reconquête, qui s'exprima de diverses façons dans la pensée des élites. La direction de cette restauration collective était en partie tracée par la tradition française et catholique ; mais nous verrons que les sollicitations du continent apportaient des ajouts peu compatibles, des diversions et même des transgressions. En tout état de cause, la mémoire longue était sauve. Dans l'esprit de tous, elle plongeait ses racines lointaines dans le passé plus que millénaire de la France, le pays des ancêtres fondateurs, la grande mère patrie. Cette référence assurait un précieux ancrage symbolique à la nation fragile. Du même coup, elle l'inscrivait solidement dans la voie de la continuité.

Sur cet arrière-plan, deux grandes thèses ont pris forme peu à peu, touchant la survie de la nation. Nous avons déjà évoqué la première voulant que, dès après la Cession et plus encore aux lendemains de 1840, l'Église catholique fut — par défaut en quelque sorte — la seule institution capable de prendre en charge l'avenir de la nation : son expérience, son personnel de plus en plus nombreux, ses ressources intellectuelles et matérielles la désignaient de toute évidence à cette responsabilité. Ces circonstances particulières auraient fait du clergé l'artisan principal de la survie culturelle. Selon la seconde thèse, l'Église et ses alliés parmi les élites ont bénéficié d'une contribution importante de la part du peuple, celle-ci prenant la forme de la « revanche des berceaux ». On doit l'expression au jésuite L. Lalande (1918), qui fut le premier à proposer une formulation rigoureuse de la thèse. Celle-ci mettait en valeur le rôle déterminant de la forte fécondité (paysanne surtout) comme levier de la survivance. Elle avançait aussi que les intérêts supérieurs de la nation auraient compté pour beaucoup dans la motivation et l'ardeur procréatrice des couples. Sous diverses formulations, ces deux thèses ont fait l'objet d'un très large consensus et elles ont survécu jusqu'aux années récentes dans l'historiographie.

Nous avons évoqué plus haut un premier dualisme dans la représentation du passé, celle-ci faisant place aussi bien à des accents pessimistes qu'à des rappels triomphants. Une autre figure de dualité tient dans la conjugaison de professions de foi continuistes et de revendications identitaires. Selon les premières, la culture canadienne-française était une réplique de la tradition française ; telle était sa réalité et sa vocation. En vertu des secondes, cette nationalité était originale, elle avait sa personnalité propre. Il serait aisé d'illustrer ce diptyque à l'aide de très nombreux extraits empruntés à des historiens de toutes tendances, tout au long de la période. Il nous suffira de prendre Lionel Groulx à témoin. On trouve chez cet historien de nombreux appels passionnés au respect de la tradition, des origines, de la « continuité historique » (*Notre maître, le passé*, 1924), appels au culte de la France fille aînée de l'Église, à l'imitation de ses grands classiques, à l'exercice des « valeurs françaises ». Cet aspect de son œuvre est bien connu. Mais on observe aussi en parallèle une insistance sur la différenciation par rapport à la France et sur la singularité de la nation canadienne-française. Une nouvelle *race* s'est formée dans le creuset laurentien sous l'influence du milieu, du genre de travail, des épreuves surmontées. Au gré des conditions du pays neuf, des traits originaux se sont fixés ; un tempérament, une *âme* a émergé. À tout cela se sont ajoutés des choix politiques, une histoire spécifique, une accumulation de sentiments et de souvenirs. Est-ce à dire que la nouvelle *race* a rompu avec l'ancienne ? Bien sûr que non. Elle en est plutôt une ramification : la nation canadienne-française, tout comme la *race* acadienne, est une variété dans la grande famille française. Ses traits l'enrichissent, ses initiatives la prolongent. Mais la source qui alimente toute cette vie, c'est la grande et unique, l'antique tradition catholique et française : « La naissance d'une race au Canada n'implique donc aucunement la rupture de cette race nouvelle avec son vieux passé français » (L. Groulx, 1938, p. 11).

Cette dualité (antinomie ?) entre une continuité qui servait de matrice et des demi-ruptures qui la spécifiaient a structuré l'œuvre de Groulx historien. On pourrait aisément montrer que, selon des thématiques, des orientations et des agencements différents, le même genre de fracture sous-tend l'œuvre de Ferland, de Sulte, de Chapais, de Lareau et d'autres. Simplement, le registre change à mesure qu'on se déplace sur l'axe conservatisme/libéralisme. Dans cet alliage inégal de tradition et d'innovation (dont nous verrons d'autres figures plus loin), il faut voir le compromis que les lettrés ont négocié pour conjuguer une nécessaire fidélité aux racines avec les impératifs non moins contraignants de l'adaptation au nouveau continent. En d'autres mots : pour réconcilier la mémoire avec le rêve. On notera que cette seconde antinomie s'accorde parfaitement avec la première : la culture nationale se trouvait ainsi en état de jouer à la fois du repli, du passéisme rédempteur dans le respect de ses héros immolés, et de l'utopie du développement dans l'euphorie du Nouveau Monde.

Cependant, tout le projet de culture nationale était traversé par un vide qu'on ne parvenait pas à combler, en l'occurrence l'absence d'un acte fondateur de la nation, d'un acte glorieux, net et franc comme l'Insurrection de 1776 aux États-Unis, qui aurait servi de socle à la conscience collective. En lieu et place de ce précieux matériau symbolique, les élites ont dû composer, comme nous l'avons dit, avec des actes *dépresseurs*. Ce fait explique sans doute le déséquilibre mémoriel en vertu duquel l'imaginaire national s'est principalement nourri des grands traumatismes, dans la tradition inaugurée par Garneau. Se trouvaient ainsi rejetés à l'arrière-plan d'autres événementiels (politique, culturel, socioéconomique) qui auraient pu inculquer à la conscience collective une humeur un peu différente.

Des visions du Nouveau Monde

Nous allons tenter de résumer en quelques pages les grandes coordonnées qui ont structuré la culture des élites (cette fois au présent et au futur) et ont en quelque sorte fondé le patrimoine intellectuel de la nation. À cette fin seront pris à témoin : la langue, la pensée, la littérature, les arts, les sciences. Quelques traits principaux ressortent tout particulièrement : ce sont *a*) la volonté de s'en remettre en toutes choses aux modèles de la mère patrie, *b*) le besoin de s'en différencier néanmoins, de faire des concessions à la vie locale, ceci donnant naissance à des demi-ruptures, *c*) un rapport ambivalent à l'Amérique, à la fois séduisante et menaçante, *d*) une relation tendue, tourmentée, entre la culture des lettrés et celle des classes populaires, *e*) une difficulté à « nommer le pays », conduisant à une appropriation tardive du continent dans la culture savante, *f*) la quête d'idéaux incompatibles, qui vouait le discours des élites au syncrétisme et à l'antinomie, ou à la pensée équivoque.

La langue d'abord. Pour les lettrés, elle était, au même titre que la religion catholique, le cœur de l'héritage français et le nerf sensible de la survivance. La langue de la nation devait s'aligner sur la norme française (et plus précisément parisienne). Là-dessus, presque tous s'accordaient, conservateurs ou libéraux (Arthur Buies, Olivar Asselin et autres — chez ces derniers toutefois, la langue n'était pas aussi étroitement associée à la foi comme composante de la nationalité). Cette position continuiste était dictée par le culte de la tradition, mais il s'y mêlait aussi quelques considérations stratégiques. Une langue qui aurait rompu ses amarres françaises se serait en même temps privée d'une référence prestigieuse à une grande civilisation. Or, les lettrés canadiens-français avaient bien besoin de cette filiation pour soutenir le regard peu bienveillant que portaient les Canadiens anglais sur la francophonie québécoise (ces derniers tournaient en dérision le *canayen*, le *french canadian patois*, et le reste). Dans ce contexte, on craignait aussi de compromettre encore davantage la cause des droits linguistiques dans les autres provinces du Canada. On retrouve ici la motivation politique déjà évoquée.

En général, les lettrés affirmaient l'homogénéité (l'« unité ») du parler français au Québec. En même temps, ils s'accordaient aussi à dénoncer le « mauvais français ». Celui de la bourgeoisie, d'abord, qui se laissait envahir par l'anglicisme ; celui des classes populaires urbaines ensuite, dont toute la culture était contaminée par les mœurs de la ville industrielle et par la diffusion des modèles étatsuniens. Il fallait donc s'employer à corriger cette langue détériorée. C'était là une tâche d'intérêt national à laquelle ont œuvré des lettrés de toutes tendances dans d'innombrables conférences, articles de journaux, livres[28], campagnes de sensibilisation. Jusque dans les années 1940, la langue des paysans fut ordinairement épargnée par ces dénonciations. Ses particularités étaient jugées admissibles, bienvenues même ; on considérait qu'elles appartenaient à l'héritage du français le plus pur, celui du Grand Siècle. Cette fraction de la langue populaire se trouvait ainsi absoute auprès des lettrés (bien que, pour autant, aucun d'entre eux n'ait songé à s'y adonner). Le problème, c'est qu'il y avait de moins en moins de paysans et de plus en plus de citadins.

Du même coup, le postulat de l'homogénéité linguistique de la nation se trouvait égratigné. Au clivage social s'ajoutait un quadrillage régional, comme le reconnurent dans les années 1910 et 1930 les ethnologues Marius Barbeau et Jacques Rousseau. Plus près de nous, R. Grutman (1997) a pu parler d'hétérolinguisme à propos de la langue de la seconde moitié du XIXe siècle. Dans une autre direction, la majorité des défenseurs de la langue faisaient quelques concessions à la dérive vernaculaire. Dès le XIXe siècle, des « lexicographes » comme Dunn et Clapin admettaient des particularités dialectales, ce que fit également la Société du parler français au Canada (créée en 1902). Un peu paradoxalement, de tels accrocs à la règle continuiste étaient tolérés même chez les esprits les plus conservateurs, heureux d'instituer une certaine distance entre la nation catholique d'ici et la république irréligieuse qui présidait désormais aux destinées de la France. Cette position s'exprima d'une façon particulièrement nette en 1937 à l'occasion du congrès de la Société du parler français à Québec, où les organisateurs boudèrent la France socialiste de Léon Blum.

Durant cette période, les progrès substantiels de l'écrit sous l'empire de la norme française ont contribué à fixer la langue des lettrés, alors que celle du peuple poursuivait son vagabondage continental. L'écart entre ces deux univers socioculturels s'en est trouvé accru, mais la vigilance et les contrôles exercés par les élites (par le biais notamment des médias et des institutions scolaires) ont freiné l'émergence d'une langue typiquement québécoise. Ce résultat a toutefois été obtenu au prix d'une dévalorisation du parler local. L'effet autorépresseur lié au continuisme culturel était en marche[29].

En deuxième lieu, la pensée. Il faudrait ici, comme on s'en doute, au moins un gros livre[30] pour bien montrer l'essentiel et le détail. Nous devrons nous faire encore plus schématique. En ce qui concerne le continuisme d'abord, il serait aisé — et peu utile au demeurant — de multiplier ici les témoignages et les professions de foi de lettrés, qu'il s'agisse d'ultramontains, de conservateurs, de libéraux modérés ou de radicaux. Des uns aux autres, les modèles intellectuels (ou idéologiques) de référence n'étaient évidemment pas les mêmes. Chacun inventait sa « vraie » France, y découpait son univers, ses auteurs, ses héritages, son modèle exemplaire pour le Québec, et y fondait sa fidélité. L'éventail des références allait de la pensée prérévolutionnaire d'extrême droite à la pensée laïque et républicaine la plus libérale (ne disons pas de gauche ou d'extrême gauche car ces courants eurent très peu de représentants au Québec durant cette période). Mais le principe de la continuité culturelle, des emprunts, des imitations, prévalait presque partout, si bien que, par des chemins différents, le rapport de dépendance envers la mère patrie n'en était pas moins perpétué[31]. En effet, c'est seulement en aval de ce rapport, dans ses prolongements, ses fractionnements et ses expressions contextuelles que prenaient forme toutes les dissensions bien connues, de nature idéologique et partisane, à propos des orientations politiques et sociales du Québec : rapports entre l'Église et l'État, liberté civiles, suffrage universel, rôle et contenus de l'éducation, etc. Ce n'est toutefois pas à cette échelle que nous conduisons notre analyse, mais à celle du paradigme lui-même et de la relation de dépendance qu'il mettait en forme. Cette précision est importante : ce n'est pas l'axe libéral-conservateur qui nous sert de vecteur mais l'axe Québec-France.

Or, sous cet éclairage, la plus grande partie des écarts s'estompent. Du côté des libéraux par exemple, Victor Hugo était le président honoraire de l'Institut canadien ; la *Revue canadienne,* publiée à Montréal (1845-1848) et d'allégeance rouge, était remplie de textes sur l'histoire de la France, ses grands écrivains, sa situation politique et sociale ; les inventaires de bibliothèques (dont celle de l'Institut) et les catalogues de libraires ont montré l'omniprésence du livre français ; les loges maçonniques reproduisaient le programme du Grand Orient de France ; le très libéral Louis Fréchette adulait les grandes œuvres françaises, dont il se faisait un imitateur ; Olivar Asselin, le nationaliste libéral, s'opposait à l'idée d'une littérature canadienne, dite nationale, qui s'affirmerait aux dépens de la littérature française et il fut un engagé volontaire en 1914-1918 au nom de la culture française menacée ; Honoré Beaugrand avait pour emblème de ses « armoiries » un coq gaulois, et pour devise « France d'abord » (H. Beaugrand, 1989, p. 9). Étienne Parent, L.-A. Dessaulles, Benjamin Sulte et Arthur Buies étaient également très attachés à la France, tout comme le furent *L'Avenir* (1847-1857), *L'Autorité nouvelle* (1913-1932) et bien d'autres publications libérales. Ajoutons qu'entre conservateurs et libéraux, l'accord régnait également sur des thèmes comme le rôle primordial de la famille, l'opposition à l'émigration aux États-Unis, l'importance de la colonisation, la sauvegarde des traditions, le respect de la religion, et le reste.

Ainsi que nous l'avons noté à propos de la langue ou des représentations de la nation et du passé, la pensée continuiste faisait place aussi à certains éléments de distanciation, à des demi-ruptures signes d'une autonomisation. Pour la plupart des lettrés en effet, la fidélité à la tradition française n'était nullement incompatible avec l'affirmation d'une culture canadienne-française authentique, d'un patrimoine intellectuel original dans le domaine des idéologies, de la philosophie, de la théologie. Sur ce terrain, comme on le devine, les métaphores de la ramification (la souche et l'arbre, l'arbre et la branche…) ont fait fortune. Cette dualité s'est du reste durcie durant la période, jusqu'à devenir un peu contradictoire, comme l'attestent les résultats d'une enquête menée par *L'Action nationale* en 1940-1942[32]. Autant le devoir de filiation avec la mère patrie que la nécessité d'une nationalité originale y faisaient l'objet de rappels vigoureux. Le même esprit a transpiré dans tous les domaines de la pensée, y compris la théologie et la vie religieuse en général. Ainsi, comme l'ont montré R. Brodeur (1990, 1998) et ses collaborateurs, les diverses éditions du petit catéchisme révèlent un constant souci identitaire de la part du clergé catholique. Sur le plan institutionnel également, les emprunts se sont souvent accompagnés d'adaptations, d'innovations et même de certaines tensions avec les titulaires français (on le voit avec l'établissement des sociétés Saint-Vincent-de-Paul, des Semaines sociales du Canada, de l'Action française puis canadienne-française).

Il est aisé aussi de relever d'importantes dissidences touchant l'une ou l'autre dimension du paradigme de la survivance. Joseph Lenoir-Rolland (1822-1861), déprimé par l'échec des Rébellions, rejeta le passéisme de Garneau et persista à promouvoir un idéal social et démocratique en accord avec le Nouveau Monde. Des voix, celle de J.-A. Chapleau par exemple, s'élevaient contre la pensée ruraliste. La sensibilité à la thématique nationalitaire était inégale parmi les libéraux, surtout à partir du tournant du siècle; Godefroy Langlois n'était pas nationaliste, de nombreux hommes d'affaires non plus (voir à ce sujet F. Roy, 1988, Y. Lamonde, 1995, et d'autres). Chez quelques-uns, la nation elle-même était conçue différemment, la référence catholique étant mise en retrait, sinon totalement retranchée. En général, la pensée libérale se montrait moins craintive de l'étranger et de la culture étatsunienne. Il s'agit là, il est vrai, d'un courant qui était devenu minoritaire depuis le milieu du XIXe siècle (tout comme au chapitre précédent, nous nous reportons au contenu social et culturel du libéralisme — tolérance, liberté d'expression, laïcité, esprit égalitaire — et non pas à sa dimension économique, laquelle fait référence à la propriété privée, à la liberté d'entreprise, au progrès matériel et technologique; sous ce dernier rapport, il régnait un large consensus parmi les élites), mais qui s'exprima plus vigoureusement durant les vingt ou trente dernières années de la période. Beaucoup plus remarquable encore que les dissidences, il y avait toute l'ambiguïté, l'ambivalence qui caractérisait la pensée des lettrés, tout particulièrement dans le rapport aux États-Unis et, indirectement, à l'Amérique. Certes, on peut relever là encore, aux deux extrêmes, des attitudes de rejet intégral (c'était le cas chez plusieurs ultramontains) ou d'adhésion inconditionnelle (chez certains annexionnistes, par exemple). Dans les deux cas, des esprits radicaux voulaient ainsi simplifier l'équation nationale, mais en se marginalisant. Plus souvent qu'autrement, on trouvait une combinaison variable des deux ingrédients. La séduction exercée par l'image de ce grand pays libre et fantasque, où l'audace, le progrès et l'invention prenaient mille visages, voisinait avec l'inquiétude identitaire, avec la crainte de l'absorption, avec le souci de protéger la petite nation fragile. Ce double sentiment s'est exprimé de nombreuses façons, le second enveloppant ordinairement le premier — nationalité oblige. Depuis quelques années, plusieurs analystes ont attiré l'attention sur le discours anti-étatsunien des lettrés en s'appuyant sur de nombreux témoignages (dont leurs écrits, en effet, abondent). Nous n'en pensons pas moins, quant à nous, que le trait véritablement significatif réside plutôt dans le déchirement, dans les dispositions contradictoires qui se dissimulaient derrière les dénonciations morales intempestives destinées surtout à éteindre l'enthousiasme des classes populaires (et à refréner la curiosité émerveillée des lettrés eux-mêmes). Une fois ce discours épuré des effets de langue de bois et des distorsions convenues, les matières à discorde apparaissent moins substantielles. Un refoulement donc, plutôt qu'un véritable rejet ? Telle est l'hypothèse qu'il conviendrait de poursuivre en prenant à témoin des figures riches et complexes comme H.-R. Casgrain, J.-B.-A. Ferland, Benjamin Sulte, Edmond de Nevers, H. Beaugrand, Marie-Victorin, Olivar Asselin, Édouard Montpetit, le jeune André Laurendeau et bien d'autres.

Refoulement ou rejet, il n'en a pas moins résulté une incessante campagne de dénigrement qui, pour bien marquer la différence irréductible entre Canadiens français et Étatsuniens, affirmait la supériorité morale des premiers sur les seconds (les uns étaient dits constituer l'« âme » de l'Amérique, les autres le « corps »). Avec les décennies, ce discours antiétatsunien s'est mué en une sorte de tradition qui, en se renouvelant, a toujours occupé une place importante dans la pensée canadienne-française. En plus de conjurer la menace d'acculturation, cette apologie de la différence voulait édifier l'identité canadienne-française sur le mode de l'inversion, en prenant le contre-pied de ce qui était présenté comme le caractère national étatsunien : on obtenait ainsi le Canadien français adonné aux valeurs spirituelles, destiné aux travaux des champs, attaché à la tradition, respectueux de la hiérarchie, ami de l'ordre. C'était une manière d'immuniser la nationalité contre la proximité envahissante de l'autre. En ce sens, la *différence* était en même temps un corollaire et un levier de la *survivance*.

Un mot encore sur l'ambivalence qui commandait le rapport à l'Amérique. Nous pensons qu'il faut étendre la proposition à l'ensemble de la vision du monde des lettrés. Ces derniers étaient soumis à bien d'autres impératifs incompatibles. Par exemple : la différence culturelle était un idéal sacré mais elle créait une enceinte qui rapetissait l'américanité ; les aspirations autonomistes se brisaient sur la réalité politique canadienne ; le respect de la tradition se conciliait mal avec les rêves de développement au goût du jour. De tous les côtés, les professions de foi continuistes semblaient contredire une pleine prise en charge du Nouveau Monde. Néanmoins, la grande majorité des lettrés se sont employés à concilier ces contraires. Bien plus que le conservatisme atavique ou qu'un libéralisme latent, la pensée équivoque était la principale caractéristique de cette culture savante. La pensée équivoque, c'est-à-dire : les syncrétismes, les antinomies et les contradictions qui structuraient les consciences individuelles sollicitées par des idéaux divergents entre lesquels elles ne savaient trancher.

Nous avons mentionné plus haut quelques lettrés dont l'œuvre mériterait d'être exploré sous cet éclairage. À titre préliminaire, nous nous sommes livré à un exercice de ce genre en prenant à témoin les grandes utopies de la période (G. Bouchard, 2000). Le résultat est frappant. Des constructions utopiques qui ont été considérées soit comme modernes (*Robert Lozé* d'Errol Bouchette), soit comme traditionnelles (*Maria Chapdelaine* de Louis Hémon), soit encore comme modernes et traditionnelles tour à tour (*Jean Rivard* de Gérin-Lajoie), se révèlent essentiellement dualistes dans leur construction. Leur propriété principale est précisément de juxtaposer des éléments de tradition et des éléments de modernité. Les utopies de colonisation sont les plus éloquentes et, de toutes, le cas de *Jean Rivard* est le plus remarquable sans doute, précisément à cause des lectures contradictoires dont il a fait l'objet. Longtemps tenu pour un modèle de pensée ruraliste, ce roman est en effet devenu sous la plume de R. Major (1991) un modèle d'utopie américaine. Une relecture attentive dans la perspective proposée ici en ferait plutôt, selon nous, un modèle de pensée syncrétique qui met en scène le héros équivoque par excellence. Ce genre d'interprétation vaut aussi bien pour *Robert Lozé* que pour les écrits du curé Labelle et de nombreux autres. Mais, en même temps, il est non moins évident que, dans la plupart de ces textes, une priorité est en définitive octroyée à la tradition et à la continuité[33].

Tout au long de la période, des générations de lettrés représentant tout l'éventail idéologique ont, l'une après l'autre, déploré la pauvreté ou la médiocrité (certains allaient jusqu'à dire la vulgarité) de la culture nationale canadienne-française et décrété une sorte d'état d'urgence. Plusieurs ont même affirmé son inexistence, appelant du même coup à sa construction. Il y a là évidemment une autre contradiction : cette culture ne pouvait à la fois être riche de sa grande tradition française, dont elle perpétuait fièrement le modèle, et montrer les stigmates d'un grave sous-développement. Ici encore une fois, de nombreux témoins pourraient être cités, allant d'Octave Crémazie et Arthur Buies aux jeunes Jean-Charles Falardeau et Pierre Dansereau. On peut également se reporter à l'enquête de *L'Action nationale* de 1940-1942, déjà mentionnée. La plupart des répondants pensaient qu'il n'existait pas de véritable culture canadienne-française, ou alors qu'elle était « rudimentaire », « amorphe », « peu évoluée », « peu avancée dans l'ordre de la civilisation », en état « d'abattis », « d'embryon », de « crise dangereuse », et le reste.

Enfin, divers changements survinrent durant la période, surtout durant les dernières décennies. On observe un renouvellement dans la pensée conservatrice dont certains éléments s'ouvrirent à des contenus plus libéraux. Ce fut le cas avec la diffusion du personnalisme (d'Emmanuel Mounier), aux idées sociales, ou avec l'implantation d'organismes comme la Jeunesse ouvrière catholique. Mais il s'agissait, là

encore, d'emprunts européens; le rapport de dépendance ne s'en perpétuait pas moins. On note aussi une nouvelle sensibilité à l'américanité avec de jeunes intellectuels comme André Laurendeau et Guy Frégault. Dans une autre direction, des communautés de frères enseignants
brisèrent le monopole du clergé séculier sur les collèges classiques,
introduisirent d'importants éléments de modernité dans l'enseignement, bousculèrent certains credos du continuisme. Avec Édouard
Montpetit, Esdras Minville et quelques autres, une dimension économique imprégna progressivement la conception de la nation. Cependant, le paradigme de la survivance maintenait ses principaux appuis.
Le clergé, avec le concours des élites socioculturelles, dirigeait toujours
le système scolaire, contrôlait une grande partie de l'édition, exerçait
une surveillance étroite (et parfois une censure) sur les médias qu'il ne
contrôlait pas directement, gérait les organismes de services sociaux,
détenait un important pouvoir d'intervention auprès des gouvernants,
etc.

En troisième lieu, la création littéraire et artistique. En gros, on
retrouve ici la même vision, les mêmes traits, mais dans un genre et un
langage différents. En ce qui concerne la littérature, celle qui s'est constituée au cours de la seconde moitié du XIXe siècle s'était assigné la mission de donner corps à la nationalité canadienne-française en la nourrissant de symboles, de héros, de légendes. Tout comme Garneau l'avait
fait aux lendemains de 1840, il s'agissait en quelque sorte de répliquer
à l'aphorisme blessant de Lord Durham (« un peuple sans histoire ni
littérature »). Ce programme de littérature nationale, qui a rallié aussi
bien libéraux que conservateurs, s'est d'abord incarné dans le Mouvement littéraire et patriotique de Québec. Ici, les pionniers s'appellent
H.-R. Casgrain, O. Crémazie, P. Aubert de Gaspé, L.-O. David, A. Gérin-
Lajoie, J.-C. Taché, Faucher de Saint-Maurice et plusieurs autres regroupés autour des *Soirées canadiennes,* du *Foyer canadien* puis des *Nouvelles
soirées canadiennes.* Au début du XXe siècle, un mouvement régionaliste,
issu de l'École littéraire de Montréal et animé par Mgr Camille Roy, prit
le relais. Dans un cas comme dans l'autre, la vocation nationale de la littérature était si impérative qu'elle primait la valeur strictement littéraire
des œuvres. Les professions de foi continuistes y abondent, de Louis
Fréchette à Félix-Antoine Savard, ainsi que les emprunts et les imita-

tions. Pour l'éducation des contemporains et de la postérité, on rehaussait le statut de la nation, on lui inventait littéralement un passé glorieux, des héros magnifiques. Une image idyllique de la Nouvelle-France se construisait. Sous ce rapport, H.-R. Casgrain fut un artisan infatigable, mais bien d'autres aussi. Dans le même esprit, on idéalisait le paysan, symbole de la nation. C'est encore Casgrain qui avait donné le mot d'ordre, invitant les écrivains à décrire le peuple non pas « tel qu'il est mais tel qu'on lui propose d'être[34] ». Une veine littéraire très active, le roman du terroir (ce « roman de la fidélité », pour reprendre le mot de H. Tuchmaier) allait appliquer cette consigne à la lettre. Les mœurs canadiennes étaient présentées comme uniformes et, en tous points, supérieures aux manières étatsuniennes. On retrouve ici la nation organique, exempte de segmentations, de clivages, et différente de ses voisines. Selon J. Michon (1999) et ses collaborateurs qui ont étudié l'évolution de l'édition littéraire entre 1900 et 1939, la tradition y fut prédominante, les avant-garde s'avérant marginales et éphémères.

Sur ces fondements continuistes se sont aussi inscrits des déplacements, des demi-ruptures. Dans l'esprit des écrivains de la seconde moitié du XIXe siècle, la littérature ne serait véritablement nationale que si elle était simultanément française et canadienne : c'était la vieille tradition de la mère patrie fidèlement reproduite mais trempée dans les paysages, les forêts et les lacs canadiens, nourrie de l'histoire et des mœurs des habitants. Suivant les orientations idéologiques, ces contenus locaux faisaient plus ou moins de place aux valeurs spirituelles, aux figures héroïques de la foi et au magistère de l'Église, tout comme la référence à la mère patrie s'alimentait tantôt à droite, dans l'héritage de la France éternelle, tantôt plus à gauche, dans les audaces de la modernité. À partir du début du XXe siècle, ce qu'on a appelé le roman régionaliste a prolongé cette formule en l'accentuant. Autant le rappel de la mère patrie que l'invitation à l'authenticité, aux couleurs locales, se sont faits plus pressants que jamais — la référence française demeurant toutefois déterminante[35]. Ainsi pour Mgr Camille Roy, la nationalité puisait une partie de son originalité dans son voisinage avec les Canadiens anglais, mais sur un fond immuable, celui « des atavismes indestructibles » (C. Roy, 1934, p. 8). Il s'opposait en outre à la promotion du parler québécois comme langue nationale[36]. Sur un mode beaucoup plus laïque,

Ringuet, le francophile, proposait lui aussi une alliance qui («en mettant en commun avec nos frères de France ce que nous pouvons avoir
de personnel[37]») aboutirait à une sorte de compromis national, mais
sous l'arbitrage de la grande tradition française. On pourrait situer sous
ce rapport les principaux représentants du roman et de la poésie régionaliste (D. Potvin, N. Beauchemin, P. LeMay, F.-A. Savard et d'autres),
chacun avec ses accents, son équation particulière.

Légèrement à distance ou carrément à contre-pied de ces modèles,
il convient d'évoquer aussi P.-J.-O. Chauveau (*Charles Guérin*, 1846) qui
ne dédaignait pas de faire parler ses paysans dans leur langue, Arthur
Buies dont la prose était toujours en prise sur l'américanité, ou encore
Hector Fabre pour qui «notre société n'est ni française, ni anglaise, ni
américaine» mais canadienne (cité par Y. Lamonde, 1996, p. 41). Il faut
signaler aussi des ruptures qui n'étaient qu'apparentes. C'est le cas de la
littérature dite exotique qui, au sein de l'École littéraire de Montréal et
en opposition au courant régionaliste, s'est affranchie des impératifs de
la littérature nationale pour s'adonner à un travail d'expérimentation
et d'innovation dans l'esprit de la modernité. On pense à Nelligan, à
Saint-Denys Garneau et à tous les auteurs regroupés en 1918 autour de
la revue *Le Nigog*. Mais il est important de souligner que la dépendance
à la France se trouvait ainsi renforcée en raison du parti pris pour la
langue *pure* de la mère patrie, d'une option inconditionnelle en faveur
de la norme française et d'un mimétisme intégral des styles et des
genres. En effet, ce courant rompit avec le romantisme, mais pour instaurer d'abord le Parnasse et plus tard le symbolisme. Son cosmopoli-
tisme était fait d'emprunts européens, au point qu'on a pu dire des exo-
tiques qu'ils avaient été une école d'exil (ne taxait-on pas ces littéraires
de «parisianistes»?). Dans la perspective qui est la nôtre, on dira que ce
mouvement a poussé le balancier vers le continuisme, et ce bien davantage que le régionalisme puisqu'il récusait la quête d'une identité locale.
Au-delà de ses apports libérateurs sur le plan littéraire et culturel, cette
modernité n'avait rien de canadien ou de québécois ; elle restaurait la
référence métropolitaine. Pour une bonne part, un diagnostic du même
genre pourrait être formulé à propos de *La Relève* (1934), influencée par
Maritain et Mounier. Quant à l'aventure de la subjectivité que P. Nepveu (1998, p. 79-91) a retracée chez Laure Conan, elle apparaît comme

marginale eu égard à notre plan d'analyse, dont elle ne relève pas vraiment. Pour le reste, on trouve dans les écrits de cette romancière une orientation profondément continuiste (« Nous sommes la France du Nouveau-Monde », écrivait-elle dans *Si les Canadiennes le voulaient*, 1886).

De véritables changements survinrent par ailleurs, surtout durant les années 1920-1930. On vit alors d'importantes échappées hors du roman ruraliste traditionnel. Avec Ringuet *(Trente arpents)*, Léo-Paul Desrosiers *(Nord-Sud)*, Albert Laberge *(La Scouine)* et Claude-Henri Grignon *(Un homme et son péché)*, le réalisme paysan s'affirmait, mettant en scène le vice, l'échec, le désenchantement. Ces auteurs avaient eu des précurseurs isolés en Honoré Beaugrand *(Jeanne la fileuse*, 1878), Ernest Choquette *(Claude Paysan*, 1899), Rodolphe Girard *(Marie Calumet*, 1904) et Arsène Bessette *(Le Débutant*, 1914). Parallèlement, avec des poètes comme Robert Choquette *(Metropolitan Museum*, 1931) et Clément Marchand *(Les Soirs rouges*, 1930-1932), la ville faisait timidement son entrée dans le champ littéraire. Une sensibilité sociale aux accents populistes commençait aussi à se manifester dans la poésie misérabiliste de Jean Narrache (qui fut à la poésie ce que fut la Bolduc à la chansonnette). Un autre visage du Nouveau Monde, affranchi des tensions de la survivance, affleurait dans la prose d'Alain Grandbois *(Né à Québec*, 1933) ainsi que dans la poésie d'Alfred Desrochers, de Rina Lasnier et de Gatien Lapointe. C'est le même Desrochers qui, à cette époque, avec Albert Pelletier et Harry Bernard, prônait la création d'une langue typiquement américaine[38]. Enfin, d'abord avec *Marcel Faure* (1922) puis avec *Les Demi-civilisés* (1934), Jean-Charles Harvey ouvrait une voie dans laquelle toute une génération de lettrés allait plus tard s'engager. Tous ces mouvements annonçaient l'effervescence qui allait bientôt faire basculer la vieille littérature nationale. C'est en se référant à cette conjoncture que L. Mailhot (1991, p. 96) a pu écrire que la littérature canadienne-française « naît vieille ; elle rajeunira peu à peu ».

En dépit de ces quelques notes discordantes, une analyse plus fine n'aurait pas de mal à faire ressortir du corpus littéraire tous les autres traits du paradigme de la survivance, la plupart du temps assortis de leur habituelle ambiguïté : la critique des États-Unis, l'absence de

l'étranger, le refus de l'exotisme, la dénonciation de la médiocrité littéraire (chez Garneau, Crémazie, les auteurs du *Nigog,* Ringuet, Grandbois et autres). Ce dernier trait faisait sans doute écho à la valeur très
inégale de l'écriture mais aussi au sentiment d'infériorité engendré par
la dépendance envers la France, sentiment qui s'est longtemps exprimé
dans une sorte de mépris des productions et des réalités locales (« La
France était tout et tout lui était référé », a écrit J. Le Moyne — 1969,
p. 25 — évoquant ses souvenirs de jeunesse). Même les régionalistes
n'échappaient pas à cette inhibition qui les poussait à travestir leur objet
pour l'ennoblir, le rendre digne de l'entreprise esthétique, exactement
comme l'avait recommandé Casgrain[39]. Il en a résulté une incapacité à
« nommer le pays », à traduire les expériences américaines (au sens
continental, toujours) et les véritables sentiments du peuple, tout
comme ceux des élites elles-mêmes. Vers la fin du XIXe siècle, le Français
Xavier Marmier déplorait que les « compositions canadiennes » ne fus-
sent qu'une pâle imitation des modèles de la mère patrie, même dans
leurs descriptions des paysages et des Amérindiens (ceux-ci, reproduits
d'après Chateaubriand)[40]. Les tensions qui pesaient sur l'appropriation
symbolique du continent ne sauraient être mieux attestées. La même
impuissance allait être dénoncée par François Hertel dans *Le Beau
Risque* (1939). On songe également au commentaire de G. Marcotte
(1989, p. 91) sur le « Canada français [qui] ne s'est pas raconté l'Amérique ». Il n'a pas su davantage la raconter aux autres.

Tout le domaine des arts, que nous ne ferons qu'effleurer, ouvre lui
aussi un vaste terrain où s'imprimaient les voies (anciennes et nouvelles) de la culture et de la nation. En peinture, les influences françaises
et européennes ont pesé lourdement, tout en se renouvelant : des
modèles les plus traditionnels véhiculés par le fonds Desjardins au
XIXe siècle aux figures de modernité importées en fin de période. Joseph
Légaré copia beaucoup. La peinture religieuse (Louis Jobin, Ozias
Leduc) reproduisit fidèlement les modèles européens. On retrouve ici
l'incapacité de cultiver un regard original sur les réalités *canadiennes.*
L. Villeneuve (1999) a montré que des peintres du XIXe siècle se contentaient de copier des œuvres de paysagistes français et britanniques en
visite au Québec. Puis, avec Clarence Gagnon, Suzor-Coté et d'autres,
le postimpressionnisme français fut investi dans un paysagisme qui se

voulait canadien, un peu dans l'esprit de la littérature nationale et du roman régionaliste. Mais cette veine se prêterait elle aussi à une riche analyse des antinomies, des syncrétismes. Pensons à ces étranges tableaux de Gagnon représentant dans toute leur *authenticité* des paysages de Charlevoix (surtout *Village dans les Laurentides*, 1924) mais coiffés de montagnes chauves qui sont en réalité des glaciers alpins (que le peintre affectionnait et avait étudiés en France). Ou encore aux peintures de Marc-Aurèle Fortin (étudiant à Chicago en 1909-1911, il y découvrit surtout l'école de Barbizon...) représentant la ville de Montréal, mais toujours enveloppée de végétation, baignant dans un environnement rural. Des éléments de rupture apparurent dans les années 1920-1930, notamment avec le réalisme urbain d'Adrien Hébert (qui collabora au *Nigog*), de Jean Paul Lemieux aussi (*Maisons à Magog*, 1936).

Dans toute la culture savante, l'architecture est le domaine qui semble avoir présenté le plus de mélanges et de surprises. Les emprunts y ont prédominé mais les influences y furent les plus diverses. L'influence des antiquités grecques, égyptiennes, romaines transitait par la France, l'Italie, la Grande-Bretagne ou les États-Unis. Des modèles état-suniens ont même imprégné l'architecture des églises rurales (comme l'a rappelé R. Gauthier, 1994). Mais on relève aussi de nombreuses inventions et adaptations, comme en témoignent les clochers de Baillargé ou les fameux escaliers des rues résidentielles de Montréal. Après la Première Guerre mondiale, une architecture dite nationale prit son essor, stimulée par l'exemple du néo-colonialisme aux États-Unis. Dans le même esprit, il faudrait également interroger la musique, qui connut elle aussi ses ferveurs *nationales* (M.-T. Lefebvre, 1986), tout comme la sculpture, le théâtre et le cinéma[41].

Enfin, la vie des sciences (naturelles, appliquées, sociales) témoigne à sa façon de l'esprit et de l'évolution de la culture nationale. Une première analyse, un peu superficielle, montrerait que le discours scientifique a eu tendance à reproduire et même à renforcer diverses figures du paradigme de la survivance. Les scientifiques (en particulier ceux des années 1920-1930) étaient motivés par la nécessité de remédier à ce qu'ils percevaient comme un grave sous-développement culturel au Canada français. Les premiers travaux de sociologie et de géographie humaine démontraient l'homogénéité de la société et de la culture canadiennes-françaises. Ayant montré l'« uniformité de mœurs, d'habitude et de langage qui s'est établie et se maintient dans tout le pays », G. Lévesque (1848, p. 311) la trouvait « d'autant plus admirable qu'elle entraîne cette unanimité de sentiment et de pensée, qui font de tous les Canadiens pour ainsi dire un seul homme ». Un thème semblable fut repris par C.-H.-P. Gauldrée-Boilleau et Léon Gérin à propos de la société rurale. Le botaniste Marie-Victorin se plaisait à observer que la *différence* canadienne-française s'inscrivait même dans la géographie, comme l'attestait l'existence d'une *Flore laurentienne* (1935)[42]. Le géographe Émile Miller pratiquait sa discipline « par ferveur patriotique », etc.

Une étude plus attentive montrerait là aussi des déplacements, des tensions, des cassures, comme ce fut le cas dans les sciences naturelles. M. Fournier (1986), L. Chartrand *et alii* (1987) ainsi que Y. Gingras (1994) ont rappelé que l'effervescence de la période 1920-1940 (marquée par la création de l'Association canadienne-française pour l'avancement des sciences) avait été largement nourrie d'influences étatsuniennes. Notons qu'ici le berceau de la modernité fut principalement américain alors que, dans les arts et la littérature, il était surtout français et européen. Dans l'ensemble, les sciences sociales ont davantage épousé ce dernier modèle, mais en pratiquant de nombreuses ouvertures sur le continent. La sociologie de Léon Gérin et de Stanislas-A. Lortie était une réplique fidèle des modèles français du XIXe siècle (Le Play, Tourville, Demolins). Mais en même temps, ces deux intellectuels rompaient avec le mot d'ordre de Casgrain et faisaient entrer la méthode scientifique dans l'étude des milieux populaires. En outre, mais cédant en cela à des influences françaises encore, Gérin prenait parti en faveur de la famille dite particulariste (par opposition au type communautaire). En géographie, l'empreinte de la mère patrie fut prédominante avec Leroy-Beaulieu et les deux frères Reclus dans la seconde moitié du XIXe siècle, et plus tard avec Marcel Dubois, Henri Baulig, Raoul Blanchard (G. Sénécal, 1992). À l'Université de Montréal, sous la direction d'Édouard Montpetit, l'École des sciences sociales, économiques et politiques (1920) emprunta beaucoup aux États-Unis mais plus encore au modèle français[43]. Il en a été de même pour l'École des sciences sociales de l'Université Laval (1938).

C'est surtout dans les contenus de certains enseignements que le continuisme perdit du terrain. Quelques épisodes (isolés?) mériteraient d'être étudiés de plus près. C'est le cas de P.-J.-O. Chauveau qui, en 1873, entendait se montrer conciliant avec « la tendance des choses sur ce continent » et préconisait une plus grande place pour l'enseignement « pratique » (commercial, scientifique)[44]. Dès cette époque, plusieurs administrateurs scolaires, à Montréal notamment, se montraient curieux des expériences étatsuniennes sur ce terrain où l'Église semblait disposée à lâcher du lest — du moment que le domaine des humanités était sauf. Avec le tournant du siècle, l'enseignement technique, scientifique et commercial connut un essor important, principalement sous l'impulsion de communautés de Frères (des Écoles chrétiennes, de Saint-Viateur, et autres). Il est à peine exagéré de dire qu'elles se sont infiltrées dans le monopole de l'éducation par la porte arrière, y introduisant des contenus pragmatiques, américanisés. Obéissant elles aussi à des motivations nationalistes et agissant dans le respect des origines françaises, elles préparaient néanmoins un visage profondément renouvelé de la nationalité. Elles rencontrèrent du reste une vive opposition parmi les élites plus traditionnelles. On note aussi avec intérêt que leur enseignement s'adressait en grande partie aux enfants des classes populaires, ceux-là qui avaient été écartés de la grande filière des collèges classiques et des universités. En somme, la scission introduite par les Frères enseignants dans la culture nationale se nourrissait d'une autre culture qui lui préexistait[45].

C'est encore un membre d'une communauté enseignante justement, le Frère Marie-Victorin, qui représente la plus éclatante figure de rupture de ces années-là (comme on peut le voir à la lecture d'Y. Gingras, 1996b), alors que la palme du syncrétisme — de la pensée équivoque — irait sans doute à Édouard Montpetit, déjà évoqué, ou à Marius Barbeau, ce pionnier de l'ethnologie formé aux États-Unis puis converti à la cause de la tradition canadienne-française. Dans le même esprit, il serait utile d'examiner le cas assez paradoxal de l'École des hautes études commerciales fondée à Montréal en 1907. Voilà une institution qui, de par sa fonction, se trouvait immédiatement sollicitée par les réalités continentales; elle n'en a pas moins épousé la plupart des prémisses de la vieille culture nationale. On pourrait à ce propos citer en exemple l'itinéraire intellectuel d'Esdras Minville qui préconisait le retour à la terre comme remède à la grande Crise de 1929 et se souciait moins de la croissance économique que de ses effets sur les valeurs canadiennes-françaises.

Une culture populaire française

Ceci pour le patrimoine intellectuel. Mais les lettrés voulurent également assortir la culture nationale d'un patrimoine coutumier. Ils éprouvèrent le besoin de se représenter une culture populaire vigoureuse, garante à sa façon de la nationalité parce que nourrie, elle aussi, de vieilles traditions françaises. Il ne s'agit pas ici de décrire les traits de cette culture populaire ni même de la définir ; nous nous intéressons plutôt à la façon dont les élites elles-mêmes percevaient et décrivaient « la culture du peuple ». Dans leur esprit, cette culture devait être dans l'oralité la contrepartie de la culture savante et de ses pratiques discursives. À partir du milieu du XIXe siècle surtout (il y eut toutefois des initiatives en ce sens dès le début du siècle), un très grand nombre de lettrés, libéraux[46] aussi bien que conservateurs, œuvrèrent à sa promotion d'une manière ou d'une autre : collecte de données orales, publication de répertoires, conservation d'artefacts, rédaction de contes et légendes. Officiellement, il s'agissait de faire œuvre de civilisation en assurant la mémoire de ce précieux matériau symbolique avant qu'il ne disparaisse. Le modèle en avait été donné déjà par la plupart des pays ou nations d'Europe depuis la fin du XVIIIe siècle, comme l'a rappelé récemment A.-M. Thiesse (1999). À cet objectif général se mêlaient toutefois quelques motifs de nature plus stratégique, comme nous allons le voir[47].

L'idée principale était de démontrer que la culture du peuple (surtout celui des campagnes, qui servait de modèle) trouvait son origine dans les vieilles traditions françaises et en reproduisait le modèle. Toutes les expressions de la culture dite traditionnelle étaient à cette fin sollicitées : contes, légendes, fêtes, chansons, danses, vêtement, mobilier, architecture, outillage, dictons, formes langagières, recettes culinaires et autres pratiques rituelles reliées à la naissance, au mariage, au décès, etc.

Ces formes culturelles étaient censées avoir été apportées par les premiers colons français et s'être transmises intégralement depuis les
débuts de la Nouvelle-France. Elles constituaient donc un échantillon
vivant de la plus ancienne culture française dans toute son authenticité,
fournissant ainsi à la culture nationale canadienne-française le socle
naturel qui lui faisait défaut : elles l'enracinaient en effet dans les temps
les plus lointains, lui conféraient une substance inespérée, soudaient de
la plus belle façon la continuité, la filiation entre l'ancien et le nouveau
continent. De toute évidence, la vocation des lettrés était de veiller à préserver désormais cette culture miraculeusement conservée dans la petite
vie des chaumières, d'en faire la promotion, de l'enrichir même au
besoin, et surtout d'en imprégner encore davantage le peuple lui-même.
Car dans sa grande (et coupable) insouciance, ce dernier s'en laissait
progressivement détourner, séduit par les mirages de la culture étatsunienne.

Pour s'acquitter efficacement de leur mission pédagogique, les lettrés n'hésitèrent pas à prendre des libertés avec les données empiriques
lorsque celles-ci, se faisant un peu réfractaires, ne laissaient pas assez fil-
trer la belle leçon française et nationale dont elles étaient à coup sûr porteuses. Encore une fois, on suivait la directive de l'abbé Casgrain : représenter la paysannerie non pas telle qu'elle était mais telle qu'on aurait
voulu (ou telle qu'il aurait fallu ?) qu'elle soit. D'abord, les lettrés idéa-
lisaient la vie paysanne. Sous ce rapport, il faut relire *Chez nos ancêtres*
de L. Groulx (1920). On y découvre à l'époque de la Nouvelle-France
une population en tous points irréprochable au moral comme au physique, « un état de société pas bien éloigné de l'idéal ». Du même, *Notre
maître, le passé* (1924) proposait une description idyllique de la famille
rurale canadienne-française qui se signalait par les traits suivants :
sobriété, intégrité, pureté de mœurs, sens de l'honneur, vaillance, harmonie, vigueur physique, respect de l'autorité, parents modèles (ambas-
sadeurs de Dieu, ils exerçaient « un pontificat domestique »). Tous ces
traits étaient pénétrés d'un esprit bien français. On peut trouver des
pages du même genre chez Garneau, Sulte et dans toute la production
du roman du terroir. La censure était courante aussi. La transcription
des contes et légendes écartait les expressions et toponymes jugés vulgaires, les épisodes scabreux, le merveilleux païen et les superstitions

inconvenantes au profit du surnaturel chrétien, des actions édifiantes, des dénouements moralisateurs. Le récit romancé *Forestiers et voyageurs* de Joseph-Charles Taché (1863) constitue l'un des rares écrits, dans cette veine ethnographique, à offrir quelques aperçus réalistes sur la vie quotidienne des coureurs de chantiers; mais ils sont enfouis sous un discours aseptisé imposé par le genre (si on y voit le père Michel s'adonner à l'ivrognerie et à la contrebande, il n'en est pas moins vertueux, pieux, épris de la vie saine et harmonieuse des bois, il reconnaît l'action de la Providence partout, etc.).

Les distorsions et inventions abondaient. Dans *Maria Chapdelaine*, ouvrage mythique par excellence, Louis Hémon (1916) a pu faire du colon saguenayen un homme de mémoire, symbole d'enracinement et de continuité. C'est néanmoins à travers cette image inversée qu'une grande partie de la culture savante canadienne-française s'est représenté jusqu'à récemment un passé rural compliqué dont la mobilité ou l'instabilité (l'émigration vers les États-Unis, les migrations interrégionales, les recommencements successifs au gré des fronts pionniers) constituait pourtant une composante essentielle (G. Bouchard, 1996b, chapitres 2 et 11). Le peuplement est devenu une œuvre hautement nationale dont le colon était le croisé, voué à l'expansion du fait catholique et français. La main du défricheur et celle du lettré s'unissaient dans un même geste civilisateur et continuiste. C'est dans le même esprit que les élites dotaient la nationalité de traits spécifiques propres à marquer sa différence. En architecture, le type de la fameuse *maison canadienne* a été largement inventé[48]. Il en a été de même pour le rang aligné, longtemps donné comme une création originale de la paysannerie laurentienne (à ce sujet: L.-E. Hamelin, 1986). En d'autres occasions, on fabriquait de toutes pièces de la (bonne) culture populaire: valeurs particulières héritées de la France, vieilles chansons traditionnelles, modes vestimentaires constitutives de patrimoines régionaux, traditions culinaires, contes du terroir. Plusieurs lettrés se sont illustrés dans chacune de ces directions. Mais la palme revient sans doute à l'abbé Victor Tremblay qui, à l'occasion du centenaire de la région du Saguenay en 1938, dessina lui-même quelques dizaines de costumes *traditionnels* (un pour chaque paroisse) qui furent portés dans les défilés populaires.

Nous nous en sommes tenu à quelques exemples, à titre d'illustration. Il n'est pas possible de reproduire ici une ample documentation appuyée sur des travaux récents qui ont commencé à remettre en question les stéréotypes durables hérités d'une ethnographie peu scrupuleuse, trop empressée à servir les urgences de la culture nationale. Rappelons que les premiers scientifiques, pionniers de la recherche folklorique proprement dite au début du XXe siècle, ont largement repris ce programme à leur compte : la science du folklore recueillait méthodiquement les traces de la culture populaire pour en établir les origines françaises et œuvrait à sa préservation dans l'esprit de la survivance. E.-Z. Massicotte puis Mgr F.-A. Savard ont adhéré à ce programme, et même des esprits moins portés au lyrisme comme l'anthropologue Marius Barbeau pour qui les reconstitutions folkloriques devaient servir à « *the regeneration of the race* » (R. Handler, 1983, p. 110).

Ces représentations de la culture populaire élaborées par les lettrés permettaient de sortir de quelques impasses et de surmonter les contradictions dans leur vision de la culture nationale. De ce point de vue, la stratégie — on pourrait même dire la feinte — ethnographique s'avérait des plus salutaires. D'abord, par une voie inattendue, elle établissait l'origine bien française d'une composante substantielle de la nationalité ; du même coup, elle attachait encore plus solidement le radeau canadien-français à la forteresse métropolitaine. Elle démontrait en outre que, en dépit du caractère récent et précaire du peuplement, la vie rurale était le lieu d'une tradition très riche aux racines anciennes. Troisièmement, elle ancrait plus profondément l'idée de la *différence* canadienne-française dans l'environnement anglophone nord-américain. Elle apportait aussi à la nation un fondement robuste, et pour ainsi dire naturel, alors que la culture des lettrés était fragile, toujours à refaire. Autre avantage : en vertu du traitement auquel on la soumettait, la culture populaire était lavée des eaux troubles du continent, affranchie de la suspicion qui pesait sur elle ; elle en sortait rachetée, ennoblie, digne de prendre place aux côtés de la culture savante. L'opération ethnographique comportait un autre profit, le plus important peut-être : contrairement à ce que donnaient à croire ses airs débraillés, la culture du peuple était bel et bien du même lit que la culture des lettrés, comme l'attestaient ses origines françaises ; ainsi, il n'y avait pas de fracture au cœur de la nation. Enfin, pour le détourner des artifices et des mirages du continent, le peuple se voyait convié à renouer avec ses véritables racines, à redécouvrir son âme française, sous la direction de ses guides naturels.

Des fissures dans la nation

Et pourtant. On pourrait dire que cette nationalité a certes survécu mais sur le plan du discours, dans l'imaginaire diffusé par les lettrés et par le fait des institutions qu'ils contrôlaient, davantage que par l'adhésion durable de toutes les classes de la société. Elle a survécu mais au prix de privations, de tensions, de déséquilibres et d'exclusions. Et, même sur le plan du discours, elle a dû composer avec de nombreuses distorsions et contradictions. Sans revenir sur celles qui ont déjà été signalées, il faut rappeler que l'architecture de la culture de survivance achoppait sur plus d'un point. Nous indiquons brièvement les voies principales que pourrait prendre dans cette direction une analyse critique détaillée.

Les impasses et les dérobades du discours

Les lettrés qui adhéraient à l'éthique de la survivance professaient un culte de la tradition française qui, chez la majorité d'entre eux, se doublait d'une condamnation de la culture étatsunienne. Pourtant, ils s'en imprégnaient eux-mêmes et en étaient d'importants relais de transmission. Nous avons déjà signalé l'importation de modèles architecturaux pour les églises rurales, et nous savons que ces modèles pénétraient encore davantage l'architecture urbaine. La mode des *pageants* édifiants était empruntée des États-Unis (ils les avaient eux-mêmes importés d'Angleterre), tout comme les spectacles d'art lyrique, que plusieurs lettrés dénonçaient tout en les fréquentant. On sait aussi l'influence que Fenimore Cooper et Longfellow ont exercée sur le roman canadien-français. De nombreux lettrés connaissaient bien les États-Unis, pour y avoir beaucoup voyagé ; ils en rapportaient des souvenirs exaltés qu'ils s'empressaient d'envelopper dans une réprobation morale. Le célèbre abbé Casgrain, entre autres, fréquentait régulièrement ce pays (la Floride en particulier), notamment pour des raisons de santé; il s'y était fait des amis (dont l'historien Francis Parkman) avec lesquels il entretenait une correspondance intense et enthousiaste. Si on passe à l'ensemble des influences anglophones (en particulier britanniques et canadiennes-anglaises), n'est-ce pas la culture des élites qui était la plus touchée par les anglicismes? Dans le même sens, nous avons déjà évoqué la cuisine, l'étiquette, les intérieurs domestiques. On pourrait y ajouter les rituels matrimoniaux, les traditions associatives, les sports, et le reste. Voilà une autre piste qui mériterait d'être explorée plus avant. Et cependant, tout ce matériau d'acculturation était gommé par les représentations officielles et campait en dehors de la cité identitaire. Autres exemples de contradictions : la place prépondérante accordée au monde rural, comme univers de référence de l'imaginaire national, dans une société de plus en plus urbanisée et industrialisée; l'homogénéité postulée de la nation, au mépris de la différenciation et des clivages reliés encore une fois à l'industrie et à la ville, aux inégalités sociales, à la diversité ethnique, à la stratification économique et culturelle de l'espace québécois; la culture populaire mise en quarantaine parce que contaminée par la fréquentation du continent et néanmoins revendiquée comme un vecteur de la plus authentique tradition française.

Des contradictions, mais aussi des distorsions, des amputations, des amplifications. Les lettrés avaient tendance à projeter une vision étriquée des origines de la culture nationale, épurée des autres apports (amérindiens, écossais, irlandais, étatsuniens, allemands...). Sous la plume de plusieurs lettrés, l'esprit communautaire et familial, les mœurs, les manières, tout cela faisait partie de l'héritage. Même les paysages des régions du Québec reflétaient ceux des vieilles provinces françaises (E. Chartier, 1939). Des historiens prêtaient une origine surtout paysanne à l'immigration pionnière en Nouvelle-France, alors que le segment urbain y était pourtant très important. La mythologie rurale éclipsait le fait urbain (selon J.-C. Robert, 1993, p. 200, ce n'est qu'à partir de 1950 que la ville a pénétré l'identité collective). Comme nous l'avons signalé déjà, la majorité des lettrés cultivaient une référence française affranchie d'une grande partie de sa réalité contemporaine, celle qui s'était détournée de la tradition catholique et conservatrice. Sur le plan international, les aires de curiosité et d'échanges ne débordaient guère les États-Unis, la France, l'Angleterre, l'Italie, les Lieux saints. L'action missionnaire, là où elle s'exerçait, restait concentrée sur les priorités de la foi, ne donnant pas lieu à une prise de conscience, à une réflexion de nature politique ou sociologique qui aurait pu enrichir la pensée des élites[49]. De l'extérieur surgissaient toutes sortes de périls que l'on grossissait à l'envi pour maintenir la nation en état de vigilance et de solidarité ; ainsi en était-il des invasions appréhendées de Fenians, de Doukhobors, de Mennonites, d'Orangistes, de Juifs, de Scandinaves, sans mentionner le spectre du communisme, de la franc-maçonnerie, du syndicalisme international, du protestantisme. Dans les années 1930, obéissant à la consigne de l'Église, les conseils municipaux des paroisses rurales les plus reculées adoptaient des résolutions musclées pour combattre le communisme[50].

Dans le passé québécois, on a beaucoup parlé des mouvements de colonisation dont le clergé, selon l'opinion dominante, aurait assuré le leadership. Cette vision est erronée. Les membres du clergé ont formulé et diffusé le discours officiel de la colonisation et ils ont nourri à ce sujet une préoccupation constante mais, dans l'ensemble, ils ont relativement peu contribué au peuplement. Quelques prêtres méritants ont effectivement mené des expériences modestes dont on a fait grand bruit, les érigeant en modèle et en faisant l'objet d'une mythologie envahissante sur le thème du colon croisé de la religion et de la langue, qui étendait l'espace de la nationalité. En réalité, la plus grande partie de la colonisation s'est faite spontanément, résultant de l'initiative isolée des familles et obéissant à des motifs socioéconomiques. Nous en avons fait une démonstration à propos du célèbre curé Hébert de Kamouraska et de son œuvre de colonisation à Hébertville (Lac-Saint-Jean) au milieu du XIXe siècle. En trois ans, le missionnaire-colonisateur a contribué à enraciner une quarantaine de colons, soit un peu moins d'une centaine de personnes au total. Or, durant la même période, près de 3000 immigrants sont venus s'établir au Saguenay (G. Bouchard, 1996b, p. 31-32). Encore là, des lettrés ont plaqué sur une expérience populaire une représentation déformée qui avait peu à voir avec la réalité. Pourtant, ces mouvements de peuplement avaient beaucoup en commun avec la

« frontière » étatsunienne et ils véhiculaient eux aussi les valeurs continentales de la liberté, de l'égalité et de la démocratie. Mais ce discours,
ce légendaire n'a pas été mis en forme.

Ces détournements de sens abondent dans les écrits de la période,
surtout au XIXe siècle. À propos de colonisation encore, les nouvelles régions créées dans les espaces périlaurentiens après 1860 ont presque
toutes fait une large place à des rêves et à des développements urbains
et industriels (en ce sens, on parlait à l'époque des « Américains » du
Saguenay). Mais partout, c'est d'abord le discours ruraliste qui s'est fait
entendre.

On relève de surprenants silences aussi, des omissions. Par exemple,
l'absence (sinon le caractère très marginal) d'une pensée sociale radicale. Encore ici, on connaît quelques exceptions : les convictions socia-
listes de la pensée maçonnique, la dénonciation de la misère chez des
libéraux comme Faucher de Saint-Maurice ou Joseph Doutre, de profondes sympathies ouvrières aussi (notamment chez Jean-Charles Harvey qui, entre 1918 et 1922 à Montmagny, tenta vainement d'implanter un journal populaire), des chroniques du journaliste et sympathisant
syndical Jean-Baptiste Petit, quelques petites revues de gauche, éphémères, comme *Vivre* (1934), et quelques autres initiatives éparses, méritoires mais sans envergure. Par ailleurs, il y eut toujours des partisans de
l'instruction publique obligatoire, mais en nombre trop restreint, celle-
ci ne devenant réalité qu'en 1943. De même, à compter du début du
XXe siècle, le clergé et les élites conservatrices affichèrent une plus grande
sensibilité aux problèmes sociaux. On en voit des traces chez Lionel
Groulx, dans la revue *L'Action nationale,* dans les tracts de l'École sociale
populaire. C'était l'époque des premiers syndicats catholiques, des
Semaines sociales du Canada, du Programme de restauration sociale,
de la Jeunesse ouvrière catholique. Mais dans l'ensemble, ces initiatives
venaient précisément en réaction à la crainte d'un syndicalisme trop
intransigeant et visaient à contrer l'essor du socialisme et du communisme[51]. Pour le reste, elles demeuraient subordonnées aux priorités de
la nationalité. La pensée canadienne-française de cette époque boule-
versée sur les plans économique et social fut remarquablement exempte
de grandes utopies sociales radicales mettant en valeur un idéal d'égalitarisme, appelant à la solidarité et à l'action du peuple, à la lutte

ouverte contre le capitalisme sauvage (en regard, le corporatisme des années 1930 fut une idéologie de droite, antidémocratique). Expliquera-t-on cette anémie de la pensée radicale par la vigueur d'une mythologie individualiste qui, à l'image des États-Unis, aurait célébré le *self-made-man* et les vertus compensatoires de la mobilité sociale ? Comme nous l'avons indiqué au chapitre II, le mythe étatsunien de l'*achievement* ou du *social climber* était peu présent dans le discours des élites socioculturelles (sauf dans la presse à grand tirage) et pratiquement absent de l'imaginaire national. Pourtant, une pensée sociale radicale aurait pu naître à partir des éléments les plus militants du mouvement ouvrier international. Mais qui à l'époque s'est soucié même de perpétuer la mémoire de Gustave Frank, fondateur en 1916 du *Monde ouvrier* et figure dominante du syndicalisme québécois ? De même, comme nous l'avons indiqué au chapitre II, les élites canadiennes-françaises de cette époque n'ont guère fait écho à la grande pensée sociale européenne du XIXe siècle. Et ni Zola ni Dickens n'ont fait école parmi les romanciers de cette époque.

La comparaison avec les États-Unis, mais aussi avec l'Australie, attire l'attention sur un autre silence. Il est remarquable que les grandes questions soulevées par Alexis de Tocqueville après son séjour en Amérique au début des années 1830 (*De la démocratie en Amérique*, 1835-1840) aient trouvé très peu d'écho au Québec entre 1840 et 1940. Le célèbre analyste abordait pourtant des thèmes qui auraient dû attirer l'attention, ici comme ailleurs : comment les collectivités neuves arrivent-elles à fonder leur cohésion collective ? Le régime démocratique y est-il une formule appropriée ? Ne risque-t-il pas d'instaurer le règne (« la tyrannie ») de l'opinion et, par conséquent, de la conformité, de l'anti-intellectualisme et même de la médiocrité ? L'État n'y est-il pas voué à devenir trop centralisé, trop puissant, privant ainsi le citoyen de ce droit de regard qui est l'essence même de la démocratie ? D'un côté, comment préserver les prérogatives individuelles ? De l'autre, comment l'administration efficace des affaires peut-elle s'accommoder de la passion de l'égalité ? L'absence de la thématique tocquevillienne dans le discours des lettrés est d'autant plus étonnante que, comme on le voit, chacun (conservateur ou libéral) aurait pu y trouver bien des munitions.

Cette absence nous paraît tenir à trois raisons. D'abord, la nation canadienne-française trouvait le fondement de sa cohésion moins dans les institutions politiques que dans la culture — en l'occurrence, dans la conception ethnique d'une nation homogène cimentée par la langue, la religion, les coutumes et l'origine commune; l'inquiétude reliée à l'administration de l'État s'en trouvait atténuée d'autant. En deuxième lieu, la survie de cette nationalité était un sujet de préoccupation aussi considérable que son mode de gouvernement. Enfin, et pour la même raison, l'idéal de l'égalité sociale, le statut de l'individu-citoyen et les subtilités juridiques ou sociologiques de son rapport à l'État ne venaient pas au premier rang parmi les grandes priorités de la pensée dominante. Il est vrai que les libéraux ont beaucoup combattu pour la laïcité et la rigueur dans l'administration publique, donc pour une certaine philosophie de la citoyenneté et de la justice sociale. On trouvait aussi chez eux une plus grande préoccupation pour la scolarisation des masses et la réforme du cens électoral. Mais, à tout prendre, si l'on fait exception des radicaux, leur conception de la vie démocratique au jour le jour tranchait-elle si radicalement avec celle des conservateurs? Quant aux nombreuses références au peuple dont les libéraux parsemaient leurs discours, elles rappelaient certes leur adhésion aux théories des Lumières, à une conception républicaine de l'État et du fondement légitime du pouvoir; mais elles ne sauraient être confondues avec une véritable solidarité populaire, encore moins avec un engagement populiste. Sur ce plan également, la pensée d'un très grand nombre de libéraux n'était pas aussi éloignée qu'il n'y paraît de celle des conservateurs. Sauf exceptions, ces deux familles idéologiques s'enracinaient sur le plan social dans une semblable notabilité, à distance des classes populaires. On a affaire ici, rappelons-le, à des fractions au sein d'une petite bourgeoisie. Nous revenons ici à la thèse esquissée au chapitre II, selon laquelle cette société politique, au-delà de ses querelles bruyantes sur les rapports entre l'Église et l'État, aurait été plutôt élitiste. Dans le cas contraire, par exemple, un consensus se serait créé beaucoup plus tôt sur la nécessité d'instaurer l'instruction obligatoire afin de former des citoyens plus éclairés, capables d'intervenir efficacement dans la gestion de la chose publique, comme le veut l'esprit de la démocratie. De ce point de vue, Jean Rivard, le héros réputé libéral et *américain* du roman bien connu d'Antoine Gérin-Lajoie (1862-1863), constitue une sorte d'archétype: il était dans sa petite

république un chef éclairé, paternaliste et méritoire, qui prévoyait et dirigeait tout, parvenant à faire avancer les affaires communes en dépit de
l'ignorance et de l'ingratitude du peuple. Enfin, signalons que les restrictions entourant le droit de vote (exclusion des femmes, cens électoral...) n'ont pas non plus fait l'objet de grands débats.

Des contradictions, des distorsions, des silences donc, et puis des
falsifications, pures et simples, des représentations inventées de soi, des
fausses identités. La recherche de la différence, du caractère distinctif de
la nation, en particulier face aux États-Unis, a conduit à ériger en particularismes identitaires tantôt des traits généraux ou relativement fréquents parmi les collectivités neuves (la fécondité élevée, la petite ferme
familiale, la force de la famille et des solidarités communautaires, l'importance de la religion), tantôt des caractéristiques nullement fondées
empiriquement (l'agriculteur sédentaire, docile à l'autorité cléricale,
l'économie paysanne autarcique, la prédominance des orientations spi-
ritualistes et nationales sur les valeurs matérielles...). Dans le même
esprit et en parallèle, on a érigé un stéréotype de l'identité étatsunienne
qui était en quelque sorte l'inversion de la nationalité canadienne-française (irréligion, matérialisme, égoïsme individuel, insubordination,
désagrégation de la famille). Sur le plan culturel, d'importants traits distinctifs existaient pourtant, au-delà de la langue et de la religion, qu'une
observation même superficielle n'aurait pas manqué de relever : dans
les traditions juridiques (droit napoléonien/*common law*), dans la composition ethnique (très hétérogène aux États-Unis), dans la structure
institutionnelle des Églises (très centralisée et autoritaire au Québec),
dans le mode d'insertion du religieux dans la vie profane, dans les
éléments constitutifs de la nation, etc. Mais le discours de la survivance, préoccupé surtout de dresser un épouvantail à l'intention des
classes populaires, n'aurait pas trouvé son compte dans ces différences
trop abstraites, peu susceptibles d'alarmer les esprits. Finalement, à trop
rechercher des traits distinctifs, on a versé dans une sorte d'exceptionnalisme et on s'est empêché de voir à la fois les ressemblances et les véritables différences (G. Bouchard, 1995a).

Il faudrait faire état encore, dans l'examen de cette nationalité en état
de survivance, de diverses formes d'exclusion pratiquées à l'encontre de
non-Canadiens français. Cet aspect du passé québécois n'est pas origi-

nal dans la mesure où, à la même époque, toutes les collectivités neuves ont réalisé leur intégration au prix d'exclusions. Mais il est demeuré relativement peu étudié, ce qui n'est pas fait pour surprendre de la part d'une société qui fut elle-même souvent victime de discrimination et de marginalisation. Précisons d'abord que ces exclusions furent dictées principalement non par un sentiment de supériorité ou une volonté de domination mais par leur contraire : la crainte éprouvée par une société minoritaire d'être rapidement assimilée par l'Anglophone, d'abord à l'échelle nord-américaine en vertu d'un rapport démographique très inégal, ensuite sur l'échiquier politique canadien où le fait francophone n'a pas cessé de perdre du terrain depuis le dernier tiers du XIXe siècle. À ce propos, il faut rappeler l'attitude tantôt indifférente, tantôt carrément hostile de la plupart des provinces anglophones en matière de droits linguistiques et scolaires, les politiques d'immigration de l'État fédéral dans l'Ouest canadien, ses tendances centralisatrices, son refus de traduire sur le plan constitutionnel la dualité culturelle (en accord avec la thèse des deux peuples fondateurs vigoureusement défendue, comme nous l'avons vu, par les élites canadiennes-françaises). Néanmoins, toutes ces circonstances ne dispensent pas de reconnaître les actes de rejet posés par les Canadiens français eux-mêmes dans la seule province où ils étaient majoritaires. De tels actes furent dirigés tout particulièrement contre les Autochtones, les Juifs et les Noirs. L'exclusion a emprunté parfois des formes très visibles (comme la discrimination dans le monde du travail ou de l'enseignement, la position du clergé en matière de mariages interconfessionnels) et parfois des voies plus symboliques. On pense à la sélection exercée par la mémoire collective en faveur des actes francophones, à l'image négative de l'étranger dans le roman (où il tient des emplois peu recommandables[52]), les portraits peu flatteurs de l'Autochtone, notamment dans les livres d'histoire. Différemment motivés, d'autres modes d'exclusion et de discrimination frappaient aussi les femmes, les dissidents, les indigents, les handicapés. Signalons toutefois que, contrairement à ce qui s'est passé au Canada anglais et aux États-Unis, le Québec francophone n'a pas donné dans l'eugénisme (A. McLaren, 1990). Et il s'est appliqué à respecter les droits de la minorité anglo-québécoise, en particulier dans les domaines religieux et scolaire. Enfin, l'exclusion fut souvent réciproque, comme on le voit notamment dans les rapports complexes entre catholiques franco-phones et Irlandais (A. McQuillan, 1999).

Sur un plan plus général, la vision du Nouveau Monde diffusée par les élites confinait à une sorte d'aliénation de la conscience collective, dans la mesure où cette vision proposait aux Canadiens français d'interpréter leurs réalités à l'aide de grilles déformantes, empruntées au monde ancien pour lequel elles avaient été conçues. On pourrait donner cent exemples de ce détournement qui conduisait en quelque sorte à se voir soi-même en se glissant dans le regard de l'autre. C'est Léon Gérin expliquant la force du groupe familial par l'héritage de la vieille mentalité percheronne. C'est Raoul Blanchard et ses nombreux disciples canadiens-français qui ont cru reconnaître au sein de l'espace québécois des régions humaines bien découpées, un peu sur le modèle de la France, comme s'il s'agissait d'antiques terroirs aux profils culturels parfaitement accusés — alors que cet écoumène québécois était relativement récent, qu'il s'offrait moins comme structure ou sédimentation que comme processus et genèse. C'est Léon Gérin encore, mais aussi Gauldrée-Boilleau et quelques autres, analysant la famille paysanne à l'aide d'une grille fixiste conçue pour l'analyse de vieilles communautés malthusiennes, alors que l'habitat à l'étude était instable, friable et en expansion, comme tous les terroirs neufs. Mentionnons aussi l'explication traditionnelle de la forte fécondité dont on trouvait le ressort principal dans le culte désintéressé qu'auraient porté les paysans à la survie de la nationalité alors que ce trait affleurait dans toutes les populations neuves[53]. Ou les efforts considérables déployés tout au long de cette période dans des études de folklore axées sur des problématiques d'héritage et de permanence, alors qu'une culture fondatrice ne devait-elle pas d'emblée être attentive aux processus d'adaptation, de redéfinition, d'emprunt et d'invention? L'incapacité de « nommer » le pays proche, évoquée plus haut, participait du même phénomène.

Des élites en porte-à-faux

Un dernier commentaire nous ramènera brièvement au rapport difficile que les lettrés entretenaient avec le Nouveau Monde et avec la culture populaire, ainsi qu'à la double impasse dans laquelle ce rapport les enfermait. D'une part, le choix qu'avaient fait la majorité des lettrés d'ancrer leur univers intellectuel dans la culture de la métropole les a voués à une dépendance qui s'est souvent traduite par un appauvrissement : l'empire trop exclusif de la norme française incitait à une répétition trop servile, inhibait les élans créateurs, les audaces de pensée et d'écriture, les capacités de transgression. D'autre part, les réticences entretenues à l'égard de la culture populaire les éloignaient d'une américanité vivante et robuste qui, ailleurs, a fourni un riche matériau aux pratiques discursives. Ces facteurs, en se conjuguant, condamnaient la culture savante à une double abstraction et menaçaient de l'installer en marge des inventions aussi bien du Nouveau Monde que de l'ancien. Rappelons que, selon le critique littéraire G.-A. Vachon (1969), la littérature de fiction antérieure à 1840 était supérieure à celle qui a suivi, du moins en originalité et en invention. C'est aussi l'opinion de M. Lemire (1970, 1982), pour qui la plus grande partie des œuvres de la seconde moitié du XIXᵉ siècle sont une pâle réplique, sans grand intérêt, des grands classiques français. Notre énoncé se vérifie encore davantage pour les élites conservatrices qui avaient amputé la référence française de ses expressions les plus modernes. Elles se trouvaient ainsi captives des retranchements qu'elles avaient elles-mêmes édifiés de part et d'autre, enfermées dans leur patrie imaginaire.

On le voit à divers indices, par exemple la difficulté que les littéraires (même ceux du terroir) ont éprouvée à exprimer l'environnement physique de la Laurentie[54], ou le phénomène de dédoublement relevé chez divers écrivains (Louis Fréchette notamment) partagés entre un style châtié pour les grandes œuvres et une langue plus libre, plus colorée, pour des écrits plus familiers. Il faut comprendre de la même façon toute la thématique et la réalité même de l'exil durant la période considérée. L'idée d'une émigration, d'un retour vers les origines, pour échapper aux contradictions du continuisme en a séduit un très grand nombre. Plusieurs ont effectivement pris le chemin d'un exil qui se voulait définitif mais qui le fut rarement, la France ne tenant pas elle non plus les promesses de la mère patrie... Il n'est pas exagéré de parler à ce propos d'une véritable tradition chez les lettrés canadiens-français. Le cadre de cet essai interdit de s'étendre plus longuement sur ce sujet qui pourrait donner lieu à une passionnante étude. On connaît bien le cas de quelques exilés célèbres comme Clarence Gagnon, les gens du *Nigog*, Alain Grandbois, Alfred Pellan ou Saint-Denys Garneau. Mais il y a aussi tous les obscurs, comme Buron ou Chopin, et toutes ces générations d'étudiants dans presque toutes les disciplines des humanités. Enfin il y a le phantasme de l'exil, comme refuge intellectuel, à la fois désistement et délivrance, dans la sédentarité.

Cet univers piégé tranchait avec celui des classes populaires, à la ville et à la campagne. Là, bien sûr, le clergé cherchait à imposer sa norme bien au-delà du domaine du sacré, mais l'aire des résistances demeurait importante dans l'ordre profane. Car si la pensée équivoque était le trait caractéristique de la culture savante, l'éclectisme était le mode dominant de la culture populaire. On peut lui reconnaître quatre grandes composantes. Elle se nourrissait d'abord d'une certaine idée de la France, entretenue par la tradition orale, les chansons, la lecture, l'école. Mais cette référence, même si elle était vivement ressentie (du moins chez les ruraux — qu'en sait-on pour la ville?) demeurait théorique et lointaine, faute d'être entretenue par des contacts réguliers. Il y avait ensuite les influences étatsuniennes dans le monde du travail (culture professionnelle, syndicalisme, outillage), des divertissements (le sport, le cinéma, le théâtre burlesque, les chansons, les danses, les cirques...), des modes alimentaires, vestimentaires, architecturales et autres. Elles cheminaient par les journaux (en particulier la publicité, les bandes dessinées, les feuilletons), les almanachs du peuple (dont de grandes parties étaient traduites d'ouvrages étatsuniens), plus tard par le cinéma, la radio, et beaucoup aussi par le flux très intense et incessant des migrations de travail jusque dans les années 1920-1930. Il est à noter que cette acculturation véhiculait aussi des contenus modernisants, des modèles et valeurs urbaines qui accentuaient l'écart entre la culture populaire et la culture de survivance. Aux yeux des gens du peuple, c'étaient souvent les lettrés eux-mêmes qui étaient déphasés. Une autre source d'acculturation consistait dans les emprunts, au Québec même, de traits culturels diffusés par les immigrants anglais, écossais, irlandais, allemands et autres, tandis que se perpétuaient, surtout dans les nouvelles aires de peuplement, les contacts avec les Autochtones. La quatrième composante résultait des inventions et adaptations locales, nées des aléas de la quotidienneté et touchant à peu près tous les aspects de la vie collective, allant du parler au vêtement et à l'outillage.

Par ces quatre voies se poursuivaient, en s'accélérant, la dérive et le métissage de l'héritage français, amorcés au XVIIe siècle. Parmi les figures familières qui en ont résulté, on relève une galerie de personnages masculins comme le coureur des bois, le voyageur, le gars de chantier, le *portageur*, le *jobber*, le *patenteux*, le porteur d'eau, le colon, l'habitant, le *canayen*, le *coureux de factries*, l'oncle des États... Du côté féminin, on trouve la sainte femme, la mère poule, l'épouse dépareillée, la *créature*, la *bonne femme*... On voit que, de ce côté, le répertoire est beaucoup plus limité ; l'imaginaire des collectivités neuves était surtout masculin.

Sur un autre plan, certaines caractéristiques sociales et culturelles attirent l'attention. On relève ainsi des traits de paysage rural et urbain qui reflètent un curieux alliage d'individualisme (clôtures, rivalités de voisinage) et de communautarisme (proximité des habitats, pratiques d'entraide). Dans les systèmes d'héritage, des procédés originaux ont été aménagés par les familles pour concrétiser un idéal d'égalité en parallèle avec une vieille tradition d'inégalité entre garçons et filles. La langue poursuivait son aventure continentale, surtout chez les urbains où elle s'anglicisait. Même chez les paysans (en particulier sur les fronts pionniers), elle s'éloignait de plus en plus de ses vieilles sources françaises, suscitant une nouvelle inquiétude parmi les lettrés qui, jusque dans les années 1920-1930, avaient concentré leur vigilance sur les villes. Et cependant, la langue populaire continuait de se montrer inventive et se révélait plus apte que la culture savante à *nommer* son environnement, mais à sa manière, comme en témoignent les études récentes sur les parlers régionaux. De même, à la différence des lettrés qui, au nom de la nationalité menacée, étaient prompts à s'inquiéter de la présence de l'étranger, les classes populaires se montraient plutôt réceptives, sinon accueillantes à son endroit (absence d'antisémitisme dans les quartiers populaires de Montréal où se côtoyaient Juifs et Canadiens français, statut familier du colporteur dans les campagnes, curiosité pour celui qui venait de loin). Un autre trait consiste dans le goût marqué pour la chose publique, les assemblées électorales, les activités bruyantes de la démocratie locale. On note aussi, dans ces milieux, une attitude plutôt réfractaire aux formalismes dans la vie privée, et ce même dans les moments privilégiés qu'étaient les fêtes et anniversaires, les naissances, les mariages, les décès. Toutefois, on se montrait friand des déploiements dans la vie publique : à l'église, dans les processions, à l'occasion de grandes visites officielles (celles de l'évêque, par exemple) ou de commémorations locales et nationales. Enfin, parce qu'elle était moins mobilisée par les impératifs du continuisme, et aussi parce qu'elle vivait à sa façon les urgences de la nationalité et de la survivance, la culture populaire entretenait un rapport plus direct et plus spontané avec l'environnement laurentien et nord-américain. On le voit à la grande capacité d'adaptation et de métissage qu'elle a su démontrer en assimilant les modes du continent sans rompre vraiment avec des assises importantes de la tradition francophone. En ce sens, son parcours a en quelque sorte préfiguré l'important virage qu'allait prendre elle-même la culture des lettrés dans la seconde moitié du XXe siècle. Car c'est bien de cela qu'il s'agit : à la culture française traditionnelle des élites, le peuple opposait déjà une culture francophone originale, nord-américaine.

Plusieurs parmi les lettrés réprouvaient cette libre fréquentation de l'Amérique, ce tutoiement du Nouveau Monde. Ceux-là voyaient dans l'américanité non pas le terreau d'une culture originale, mais les eaux troubles d'une contamination. On trouve de nombreuses expressions de cette attitude, notamment chez les membres du clergé. L'opposition et même la censure que l'Église a exercées à l'endroit de nombreuses expressions de la culture populaire sont bien connues : luttes contre le mauvais français (incluant les jurons et blasphèmes), contre les coutumes dégradantes (charivari, mi-carême, mardi gras et carnaval), les vices (consommation de boissons enivrantes, jeux de hasard, mauvaises fréquentations), contre le relâchement moral (vêtements indécents, « danses des États », lectures pernicieuses), les amusements pervers (courses de chevaux, cirques ambulants, théâtre burlesque, amuseurs publics, sports, cinéma et même radio), le mauvais goût musical (chanson grivoise, musique *country*, jazz). En conséquence, comme nous l'avons signalé déjà, la culture vivante des classes populaires a été peu transposée dans les créations de la culture savante. Par exemple, dans la production littéraire et artistique de cette époque, où trouve-t-on une évocation des fameuses assemblées « contradictoires » ou des débordements auxquels donnaient lieu les soirées d'élection ? ou encore des nombreuses corvées (« bees ») qui rassemblaient périodiquement hommes et femmes (pour ne pas parler des alambics domestiques, des « mi-carêmes », etc.) ? Le peu d'osmose entre ces deux univers est un trait important de l'imaginaire collectif canadien-français. L'absence d'un authentique légendaire aussi bien du citadin que du colon, dans toute leur liberté, leur spontanéité quotidienne, dans leurs œuvres et leurs épreuves, trouve ici son explication. Les romanciers qui s'avisaient de déroger en flirtant avec le réalisme ou le *naturalisme* le payaient cher, comme en témoigne le sort qui a été réservé à Rodolphe Girard (*Marie Calumet,* 1904), à Albert Laberge (*La Scouine,* 1918) ou à Jean-Charles Harvey (*Les Demi-civilisés,* 1934)[55]. En 1941, en réponse à la grande enquête de *L'Action nationale* (vol. 17, n° 3, p. 214), un jeune sociologue (Jean-Charles Falardeau) constatait que « nos œuvres artistiques » ne sont pas assez inspirées par le « climat » canadien-français.

Le contraste avec des pays comme l'Australie ou les États-Unis ne peut être plus frappant. Alors que les stéréotypes du *cowboy* et du *bushman* célébraient les vertus conquérantes de la masculinité, l'imaginaire canadien-français a longtemps véhiculé une représentation émasculée du colon (avec son double : la mère procréatrice, dévouée et pieuse). Il faut relire de ce point de vue des œuvres phares comme *La Terre paternelle* (Patrice Lacombe, 1846), *L'Appel de la terre* (Damase Potvin, 1912) ou *Menaud, maître-draveur* (F.-A. Savard, 1937), qui ont fait du colon un être soumis, un croisé de la nationalité lové dans le giron du clergé. Ou encore le roman *Maria Chapdelaine* (Louis Hémon, 1916), qui en est venu à représenter une société de peuplement, par définition instable et précaire, ouverte à tous les vents du continent, comme le symbole d'une culture de l'enracinement et de la mémoire. Et faut-il rappeler que, même chez l'historien F.-X. Garneau, le chantre du peuple canadien, le peuple justement est étrangement absent ? En lieu et place d'un portrait vivant, ces lettrés ont censuré, construisant des représentations aseptisées et mielleuses qui masquaient plus qu'elles ne révélaient. C'est sous un tel éclairage qu'il faut considérer toutes les initiatives de reprise en mains visant à édifier une culture de remplacement, qu'il s'agisse des belles coutumes dites françaises, de la bonne chanson, des loisirs sains, du syndicalisme catholique, et le reste. Il en a résulté un appauvrissement et une inhibition de la culture populaire, coupée de la

tradition française vivante, réprimée par une culture savante canadienne-française par trop décrochée du réel, mise en procès dans son
américanité, contrainte de s'exprimer dans une semi-clandestinité.
Certes, ces énoncés souffrent des exceptions, mais elles ne remettent pas
en cause les grandes lignes de l'analyse. Par exemple, C. Janelle (1999)
et ses collaborateurs ont relevé des éléments de subversion dans certains
contes populaires ayant fait l'objet de publications dans des journaux
et revues de cette période. Mais que l'arbre ne cache pas la forêt : la plupart de ces contes — et Janelle le reconnaît du reste (p. 5-6) — sont des
récits édifiants, moralisateurs. On découvrirait sans doute un paysage
fort différent s'il était possible d'accéder directement aux contes populaires qui n'ont pas eu à subir le filtre de l'écrit.

Appauvrie, inhibée, mais *survivante* elle aussi, à sa manière, comme
le montrent ses résistances, ses persistances, ses transgressions : en dépit
des interdictions et des malédictions, la langue ne s'est pas châtiée ; les
mauvais loisirs et les spectacles populaires ont prospéré ; les syndicats
neutres et l'émigration aux États-Unis ont pris de l'ampleur ; les jurons
et blasphèmes, la consommation d'alcool, les lectures *malsaines,* les
danses prohibées et la fréquentation des mauvais lieux publics ont per-
sisté ; les villes (québécoises, étatsuniennes) ont mobilisé les migrants
bien plus que la colonisation ; les campagnes d'*achat chez nous* ont
échoué ; la promotion de la revanche des berceaux n'a pas empêché le
déclin de la fécondité ; le peuple a préféré le veau d'or étatsunien à l'idéal
spirituel qu'on lui proposait. Culture populaire, culture réfractaire ?

La construction de l'État

Un mot, enfin, sur l'évolution de la sphère politique. En gros, les
années 1840-1940 ont vu le continuisme prédominer, mais elles ont
aussi donné lieu à d'importants actes de décrochage qui ont contribué
à instituer au Québec une esquisse d'appareil étatique. Toutefois, ces épisodes sont survenus principalement — et doivent être analysés en priorité — à l'échelle pancanadienne. En effet, avec l'Acte d'Union (1840) et
l'Acte de l'Amérique du Nord britannique (1867), le destin des deux
communautés francophone et anglophone s'est trouvé soudé au sein de

l'État canadien. Le Canada-Uni fut érigé en gouvernement responsable en 1848-1849, tandis qu'avec la Confédération, l'ancien Bas-Canada devenait en 1867 la province de Québec à laquelle étaient octroyées certaines juridictions en matière interne (éducation, justice civile, taxation, police, voirie…). Ces dispositions donnaient officiellement naissance à une forme d'État québécois, même si on était loin de la souveraineté recherchée trente ans plus tôt. À l'intérieur de ce cadre, les Canadiens français continuèrent à revendiquer davantage de pouvoir, d'abord en réclamant la rupture du lien colonial qui unissait toujours le Canada à la Grande-Bretagne (le nom d'Henri Bourassa est particulièrement identifié à ce courant d'idées), puis en faisant valoir la nature bicéphale de l'État canadien (thèse des deux peuples fondateurs, principe de la dualité culturelle). Durant toute cette période cependant, le clergé maintenait sa politique de soutien à l'État canadien et au lien colonial, en dépit de diverses crises et même à l'encontre de l'opinion populaire (comme il le fit, par exemple, en appuyant la conscription de 1917).

Parallèlement, l'idée d'un État indépendant refaisait surface çà et là, mais d'une façon très marginale : avec les Rouges et le retour de Papineau à la fin des années 1840, avec Médéric Lanctôt durant la décennie 1860, avec Jules-Paul Tardivel et Honoré Mercier (quoique sous des couleurs bien différentes) vers la fin du siècle, avec Lionel Groulx et son projet de Laurentie en 1920-1930. À cette époque, les rédacteurs de la revue *La Nation* ainsi que Dostaler O'Leary, Wilfrid Morin et quelques autres militaient aussi dans le même sens. Signalons enfin une autre formule de rupture débattue vers le milieu du XIXᵉ siècle et qui préconisait l'annexion du Canada français aux États-Unis. Elle demeura sans suite. Dans l'ensemble donc, les Canadiens français s'accommodèrent du cadre politique tracé par la Confédération, mais ils ne renoncèrent jamais à y réaliser des gains. Pour cette raison, il paraît abusif d'étendre à toute la période 1840-1940 (comme on le fait parfois) la thèse de l'apolitisme des idéologies canadiennes-françaises défendue par A.-J. Bélanger (1974) pour les années 1934-1936.

Au-delà du continuisme dans la sphère politique, quand on considère l'ensemble de la culture savante canadienne-française entre 1840 et 1940, le trait qui retient le plus l'attention consiste dans la difficulté de penser ou de rêver le Nouveau Monde d'une manière cohérente. Le paradigme de la survivance, avec ses prémisses (et ses corollaires) de fragilité, d'insécurité et d'incapacité collective, a étouffé la libre imagination du continent. C'est un phénomène considérable dont on est encore loin d'avoir mesuré toute la portée. Jusqu'au milieu du XIXe siècle, le Canada français s'était engagé dans cette immense entreprise humaine qu'a été la création du Nouveau Monde, il avait participé au même destin que les autres collectivités des Amériques, il y avait progressivement creusé son lit pendant plus de deux siècles : et le voici qui, subitement, choisit d'opérer une volte-face et se comporte comme une nation du monde ancien. Plusieurs traits et changements culturels ont accompagné ce revirement et en attestent divers aspects. C'est d'abord l'empire omniprésent de la référence française, tout comme les incessants rappels de la tradition, les célébrations du passé, la symbolique de l'enracinement et de l'héritage. C'est aussi une mémoire longue qui remontait jusqu'à Champlain ou à Jacques Cartier, mais qui bifurquait aussitôt vers la France, délaissant le fil qui aurait mené jusqu'à Christophe Colomb (ce qui aurait déjà attesté une vision plus continentale) et en deçà. De même, nous avons constaté durant cette période l'absence (ou le caractère exceptionnel) de véritables utopies de rupture qui auraient embrassé le Nouveau Monde en l'exaltant, pour y dessiner des destins merveilleux, extravagants. L'imagerie des Pays d'en haut puis celle du Nord auraient pu fournir ici de riches matériaux : mais ces espaces d'aventure et de liberté, d'ensauvagement et de conquête, qui ont fasciné les coureurs des bois et nourri l'esprit du *peuple*, les lettrés se sont refusés à les traduire dans toute leur lumière et leur mystère. Dans le même esprit, mentionnons encore la vigueur du discours antiétatsunien, le peu de curiosité démontrée à l'endroit des autres collectivités neuves des Amériques ou d'ailleurs, l'indifférence aux thèmes tocquevilliens, et enfin, du côté des historiens, le rejet (sans aucune discussion ou étude critique) du modèle de la frontière, qui fut pourtant un peu partout, depuis la fin du XIXe siècle, le modèle d'analyse le plus courant pour rendre compte des phénomènes de peuplement dans le Nouveau Monde et même dans les mondes anciens. Cela alors même que, durant le siècle considéré, l'expansion de l'écoumène québécois s'est traduite par l'addition d'une douzaine de régions.

Terminons par trois brèves citations. La première, qui a acquis le statut de pensée fondatrice tant elle a été reprise, est de l'historien le plus influent de cette période, F.-X. Garneau. Elle se présente sous la forme d'un mot d'ordre qui, selon nous, a exprimé dans sa forme la plus achevée l'attitude négative, le défaitisme dans le rapport au Nouveau Monde :

> Que les Canadiens soient fidèles à eux-mêmes, [...] qu'ils ne se laissent pas séduire par le brillant des nouveautés sociales ou politiques ! Ils ne sont pas assez forts pour se donner carrière sur ce point. (Conclusion de l'*Histoire du Canada*, Québec, 1859, 3ᵉ édition, t. 3.)

La deuxième citation est de Lionel Groulx. Postérieure à la précédente de plus d'un siècle, elle en reprend exactement l'esprit :

> Que voulez-vous ? Il y a telle chose que la continuité historique, cette capitalisation des travaux des ancêtres qui n'admet point... de solution de continuité, pas plus que le moindre vivant ne peut, sans grave danger, subir arrêt en son processus vital. (*L'Histoire du Canada français : son enseignement*, Montréal, 1961, p. 2-3.)

Le dernier extrait est d'Arthur Buies. Il exprime le point de vue des rares esprits qui, à l'époque, n'ont pas craint de projeter sur l'Amérique un autre regard et de rêver pour les Canadiens français un destin plus audacieux :

> Nous sommes, nous, un peuple ancien. Tout est vieux en Canada, les villes, les campagnes, les mœurs, le langage. [...] Nous parlons et vivons comme des ancêtres... Le Bas-Canada est le vieux monde dans l'ancien, le vieux monde resté passif au milieu des secousses modernes. (Cité par G.-A. Vachon, 1970, p. 294.)

Retour à la rupture. Américanité, souveraineté, continuités (1940-2000)

Dans les grandes lignes, l'évolution survenue au Québec après la Seconde Guerre mondiale s'est inscrite sous le signe d'une rupture politique et culturelle, et notamment d'un rejet de la matrice de la survivance. Mais ce retour à une dynamique de rupture s'est assorti de divers éléments de continuité avec la période précédente ; il s'est aussi accompagné d'un déclin puis d'une renaissance de la pensée équivoque. Plus précisément, les principales transformations associées au dernier demi-siècle ont consisté dans *a*) des tentatives pour réaliser la souveraineté de l'État québécois, *b*) l'essor d'une nouvelle vision du monde et du Nouveau Monde, *c*) une redéfinition des rapports entre culture savante et culture populaire — ou culture de masse, *d*) des actes de décrochage par rapport à la France, *e*) d'importants réaménagements dans la définition de la nation et de ses attributs (symboles, identité, mémoire…), *f*) une diversification des grandes orientations de la culture savante, *g*) l'apparition de nouvelles divisions et ambivalences. Toutes ces transformations sont survenues dans une conjoncture particulièrement fluide, riche en rebondissements, qu'il convient d'évoquer d'abord.

Trois décennies de bouleversements : la conjoncture de la Révolution tranquille

Gardons-nous d'une illusion : la période 1840-1940 a elle aussi été marquée de bouleversements spectaculaires (vigoureuse expansion de l'écoumène, industrialisation, importation massive de capitaux étrangers, essor du syndicalisme, urbanisation, déclin de la fécondité…). Les changements se sont toutefois précipités au cours des décennies suivantes, dans le sillage de la Crise économique et de la Seconde Guerre mondiale. Nous avons pu démontrer, par exemple, que dans une région comme le Saguenay, d'importantes transformations ont affecté les modèles culturels (notamment religieux) dès les décennies 1920-1930 (G. Bouchard, 1996b, chapitre XIX). Du point de vue qui nous intéresse, les faits saillants des années 1940-1970 à l'échelle québécoise concernent en premier lieu les rapports sociaux. Les classes populaires, surtout par l'entremise du mouvement ouvrier, ont accentué leur présence sur l'échiquier collectif. Devenus plus revendicateurs, les syndicats ont mené des grèves qui ont eu d'importantes retombées sur tous les plans. Évoquons en particulier les conflits dans le textile (1937) et dans l'amiante (1949), mais c'est toute la période qui a été parsemée d'affrontements. On compte quelques centaines de grèves pour la décennie 1940 seulement. Encore là, ces épisodes ont eu leurs antécédents au cours des premières décennies du XXe siècle (comme l'a montré J. Rouillard, 1998), mais sans la prise de conscience et les répercussions qui ont caractérisé les années 1940-1950. Dans ce contexte, les élites ont dû apprendre peu à peu à compter avec un nouvel acteur. Le *peuple* désormais, ce n'était plus la paysannerie individualiste et rangée, mais les journaliers et ouvriers des villes, capables de colères et de solidarité. À sa façon, la culture savante, elle aussi, en a pris acte. Un autre acteur s'inscrivait également dans le paysage social : les classes moyennes. De ce milieu allait émerger une élite différente, porteuse d'une nouvelle vision de la société. Quant aux professions libérales et au clergé, leur position sociale était de plus en plus minée par l'évolution du capitalisme industriel et les réformes socioculturelles qu'elle commandait.

En deuxième lieu, le monde urbain devenu prépondérant depuis les années 1910 s'imposait finalement dans le champ symbolique. La modernité se diffusait de plus en plus largement par la voie de l'américanisation auprès des classes populaires et des classes moyennes ; elle pénétrait plus intensément aussi par la filière européenne et transformait profondément la culture des élites. De ces deux manières, elle ajoutait un ressort à une conjoncture de changement déjà lancée depuis longtemps au cœur de la société québécoise. En effet, aussi bien dans le monde de l'économie que des rapports sociaux et des représentations collectives, de vieilles contradictions, de vieux déséquilibres appelaient un redressement général dans les institutions. Ce fut la troisième forme de changements (et la dernière chronologiquement), à savoir la traduction institutionnelle de transformations déjà opérées à la base de la société, à la fois dans la vie quotidienne et dans les structures, notamment les nouvelles formes de la production économique diffusées à l'échelle du continent. Ce dernier épisode a surtout été le fait de la Révolution tranquille au début des années 1960.

Cette représentation des changements survenus à partir de 1940 attire l'attention sur deux points importants. D'abord, il faut se méfier d'une analyse strictement institutionnelle qui conduirait à ne considérer que les bouleversements spectaculaires associés à la Révolution tranquille. On sacrifierait ainsi la longue trame qui les a préparés. On s'enlèverait en outre les moyens de percevoir que ces changements ne furent pas seulement le fait d'une jeune élite dynamique qui aurait renversé avec succès les vieilles féodalités. En réalité, ils étaient souhaités depuis longtemps à la base de la société. On en trouve une illustration dans les domaines de la santé et de l'instruction, ces deux mamelles qui ont nourri les succès électoraux du régime duplessiste : c'était l'habitude au Québec que de gagner des élections en promettant des hôpitaux et des écoles. La construction de routes (qui menaient vers la ville ?) était un autre thème de prédilection. En somme, selon notre perspective, la Révolution tranquille serait un rendez-vous historique où le *peuple* (les classes populaires, une partie des classes moyennes) a précédé une grande partie des élites socioculturelles. Mais d'une autre façon, et c'est ce que nous en retiendrons pour la suite de l'exposé, on peut dire aussi qu'elle est la fille d'un rapprochement social.

Deux autres facteurs ont joué dans le même sens. D'abord, la culture des élites elle-même avait commencé à se transformer. Le renouveau culturel des années 1940, auquel l'école avait un peu participé, amenait à l'âge adulte des esprits moins prévenus contre l'américanité. Dans ce contexte, des courants marginaux qui s'étaient manifestés au cours des décennies précédentes s'émancipèrent, certains éléments du clergé y contribuant. En outre, et en sens inverse, la démocratisation de l'enseignement favorisait dans les milieux populaires un plus large accès à la nouvelle culture savante réconciliée avec le continent. Comme on le voit, nous nous en tenons à une reconstitution à très grands traits, en insistant surtout sur les facteurs structurels. Mais il faudrait aussi, à une autre échelle, invoquer bien des données circonstancielles. Par exemple : le fait que la Seconde Guerre a contraint toute une génération d'étudiants à poursuivre leurs études doctorales aux États-Unis plutôt qu'en France, ou encore l'influence de Radio-Canada, de l'Exposition universelle de 1967, etc.

Une nouvelle vision du monde et du Nouveau Monde

D'abord, une grande partie de la culture savante se rapprocha de la culture populaire et entreprit même d'en accréditer les traits en les intégrant dans son discours. La langue du peuple, naguère si décriée, fut admise dans le roman, la poésie, le théâtre, le cinéma, les feuilletons télévisés. Le réalisme envahit la littérature, qui se prit d'intérêt pour la vie des petites gens reproduite dans leur quotidienneté, sans déguisement, en particulier dans le monde urbain. Ce fut le cas avec les romans de Gabrielle Roy et de Roger Lemelin (puis de Jacques Godbout, André Major, Jacques Ferron, Victor-Lévy Beaulieu et combien d'autres), la poésie de Gaston Miron et de Gérald Godin, les documentaires de Pierre Perreault, mais aussi les chansons de Gilles Vigneault ou, en peinture, les tableaux montréalais de Jean Paul Lemieux dans les années 1940. Dans cette atmosphère de réhabilitation de la culture populaire, on vit alors resurgir le projet d'une langue nationale purement québécoise. Parallèlement, la norme linguistique elle-même s'assouplissait un peu en se déplaçant du côté du « français international » aux dépens du français parisien. Deux paradoxes affleurent ici. En premier lieu, c'est au moment même où le français québécois avait perdu bon nombre de ses traits les plus originaux sur le plan du lexique et de la prononciation[56] qu'il fut mobilisé comme vecteur d'affirmation identitaire. En deuxième lieu, voilà que la culture du *peuple,* qui avait si longtemps servi d'alibi continuiste à l'ancienne littérature nationale, était de nouveau enrôlée par la culture savante, mais cette fois pour appuyer la cause de la rupture en témoignant de la spécificité, de la nouvelle *différence* québécoise.

C'est dans ce contexte que la culture savante accéda à une vision renouvelée du continent, largement délestée des anciennes fidélités envers la mère patrie. On peut parler ici d'une réconciliation entre une élite et son environnement. A. Laurendeau (1951, p. 389) soulignait « la nécessité... de rester en accord avec les principales données de notre existence ». Le thème de l'américanité (ou de la nord-américanité) a fait alors son entrée dans le discours littéraire et artistique. Le roman a commencé à faire voyager ses héros aux États-Unis, à y situer une partie de ses intrigues. L'Amérique du Sud fit son apparition aussi, projetée dans une nouvelle proximité de tempérament, de culture latine. Le Canada français, devenu le Québec francophone, se percevait à nouveau comme une collectivité neuve. On vit se former un nouveau visage du Canadien français et de l'*autre,* en particulier de l'Autochtone. Dans cette direction, la position la plus avancée a été exprimée très récemment par

Y. Montoya et P. Thibeault (1999, p. 24) : il faudrait refaire la culture québécoise en la mettant en continuité avec celle des Amérindiens, nos véritables ancêtres. Sans le savoir peut-être, ces deux auteurs prolongeaient ainsi une idée déjà formulée depuis plusieurs années en peinture et en sculpture *(infra)*. Dans la foulée de ces ouvertures, de ces redécouvertes, c'est aussi une nouvelle vision du monde qui prenait forme, au-delà des horizons familiers de la France, de l'Angleterre et du Vatican, au-delà de l'Europe elle-même.

Des trames de décrochage

La transition qui conduisait de la dépendance vers l'autonomie et l'affirmation (ou : d'une culture d'emprunt vers ce qu'on pourrait appeler une culture d'empreinte) a suivi plusieurs chemins. D'abord, sur le plan des grands vecteurs qui ont diffusé la modernité au cours des années-charnières (1940-1960), il faut rappeler l'importance du manifeste *Refus global* (1948), du mouvement de l'Hexagone (1953), des revues *Cité libre* (1950) et *Liberté* (1959), de l'essai *La Ligne du risque* (1962) de Pierre Vadeboncœur, des facultés de sciences sociales dans les universités et de l'ACFAS dans le monde scientifique. Dans la mesure où elle a permis l'affranchissement du *je*, la modernité a accéléré le déclin des anciens régionalismes et l'essor d'une nouvelle territorialité. De cette manière, elle a contribué à l'éveil de l'américanité dans les divers domaines de la pensée. En philosophie, des démarches originales, métissées d'apports européens et étatsuniens, ont pris forme (R. Klibansky, J. Boulad-Ayoub, 1998), en plus de quelques échappées carrément étatsuniennnes comme chez Placide Gaboury (R. Lapointe, 1985).

Dans la littérature, la rupture avec la France fut préconisée haut et fort dans les années 1940 par Robert Charbonneau suivi de plusieurs autres, partisans d'une autonomie littéraire, dressés contre « l'ailleurisme parisien » (J.-C. Germain). Vingt ans plus tard, l'ancienne mère patrie était, pour certains, devenue une marâtre, et des intellectuels de plus en plus nombreux s'accordaient à considérer la langue et la littérature françaises comme étrangères. Des romans (de Marie-Claire Blais,

Claude Jasmin et d'autres) racontaient les frustrations et le désenchantement de la relation Québec/France. La poésie empruntait le même
chemin avec Gilles Hénault, Roland Giguère et Gaston Miron qui
annonçait la fin de « l'exil intérieur » (1960). Chez *Parti pris* et d'autres,
ces sentiments et orientations s'enveloppaient dans un discours anti-
colonialiste, dénonciateur de l'aliénation (L. Gauvin, 1975 ; M. Arguin,
1985). On relève aussi chez R. Gurik (1968), R. Ducharme (1969),
J.-P. Ronfard (1981) et quelques autres un procédé d'affranchissement
symbolique qui consistait à profaner les chefs-d'œuvre de la culture
métropolitaine en les parodiant, en les enduisant des éléments les moins
recommandables et en même temps les plus *authentiques* de la culture
locale[57]. Dans le sens inverse en quelque sorte, une autre voie conduisait les auteurs de *Parti pris* et d'autres comme M. Tremblay (1968) ou
L. Granger (1969) à faire accéder à la culture savante des formes
déchues, réprouvées : déformations lexicales ou syntaxiques, néologismes vulgaires, anglicismes, impuretés et transgressions. Ici, une
intention quasi pédagogique poussait à exhiber la laideur comme un
repoussoir, afin de susciter un réflexe d'autocensure (L. Gauvin, 1974,
1975). On peut voir là deux procédés iconoclastes assez analogues à
l'anthropophagie culturelle dont il sera question plus loin à propos du
Brésil (chapitre IV).

Des auteurs ont voulu créer un imaginaire typiquement québécois,
témoin de la francophonie originale en train de naître. On pense à certains romans de Jacques Ferron *(Le Saint-Élias, Le Ciel de Québec)* où
l'écrivain a voulu édifier une véritable mythologie, mais aussi au *Couteau sur la table* (Jacques Godbout) ou à *La Fille de Christophe Colomb*
(Réjean Ducharme). Ces démarches étaient traversées par le sentiment
d'une re-création, associé à une redécouverte de l'Amérique. On le
retrouvait dans le thème du pays à construire, dans l'exaltation de la
sauvagerie, dans la poésie des recommencements : Gilles Hénault,
Paul-Marie Lapointe, Anne Hébert (« Notre pays est à l'âge des premiers jours du monde », préambule à *Mystère de la parole*). À travers
la « québécitude » et l'américanité, cette littérature en arrivait enfin à
« nommer le pays », selon l'expression des poètes de l'Hexagone. On
a pu dire aussi que le style même se transformait, adoptant la manière
étatsunienne, pragmatique, visuelle (« *don't tell it, show it...* »). Et,

au-delà du continent proche, certains commencèrent à explorer l'autre Sud, cette Amérique plus lointaine, latine elle aussi. Ce fut d'abord un livre tout à fait étonnant de Ringuet (*Un monde était leur empire*, 1943), ouvrage prophétique dont la moitié de l'héritage s'est toutefois perdu. L'auteur s'y livrait à une reconstitution historique résolument panaméricaine qui adoptait comme point de départ non pas l'implantation des Européens mais celle des Autochtones eux-mêmes : innovation magistrale à laquelle les historiens n'ont pas donné suite. Pour ce qui est de l'horizon sud-américain, il fut ensuite cultivé par Rina Lasnier *(Présence de l'absence),* parcouru par des personnages de romans (chez Louis Hamelin, notamment), défendu par G. Therien (1986) qui s'est fait l'avocat d'une prise de conscience inter-Amériques. Puis B. Andrès (1990, p. 179 et suiv.) annexait hardiment cette nouvelle frontière en rangeant d'emblée la littérature québécoise parmi les littératures latino-américaines. Dans la foulée, mais timidement, l'Autochtone faisait un retour sous un nouveau visage plus respectueux de son altérité, délesté des anciens traits (Ringuet encore une fois, et surtout Yves Thériault, puis Robert Lalonde et quelques autres). Enfin, l'étranger acquérait droit de cité ainsi que le Juif (B.-Z. Shek, 1984).

À partir des années 1960, nul ne pouvait plus douter qu'une littérature québécoise était bien née — en dépit des opinions divergentes sur sa date de naissance. Du reste, elle consacrait déjà ses « classiques » en les insérant dans les programmes scolaires et en les immortalisant dans des rééditions prestigieuses. Elle n'en demeurait pas moins engagée sur les plans social (B.-Z. Shek, 1977) et national : c'était l'époque des textes « poélitiques ». C'était aussi la saison des nouveaux croisements. Le groupe de l'Hexagone, par exemple, cumulait le combat de la nation et celui de la modernité. Assez paradoxalement, il parvenait ainsi à conjuguer une partie des héritages jadis irréductibles du mouvement régionaliste et du *Nigog*. Le vocable Hexagone lui-même exprimait un autre croisement, cette fois entre la France, bien manifestement, et les États-Unis. Les fondateurs avaient en effet cherché un nom qui évoquerait également un symbole américain, en l'occurrence le Pentagone[58]. Puis, à partir des années 1970, et plus encore au cours des deux décennies suivantes, on assista à un éclatement des thèmes, des genres et des humeurs. Dans le monde littéraire, la thématique nationale occupait désormais un kiosque parmi d'autres où on trouvait l'exotisme, l'aventure, la littérature « migrante », la science-fiction, l'érotisme, le local et l'universel. Le théâtre subissait une transformation analogue avec Robert Lepage, Michel-Marc Bouchard, Daniel Danis. Deux autres traits méritent d'être signalés. C'est d'abord la diffusion de l'amalgame ou du syncrétisme dans le discours savant, qui s'alimente volontiers de matériaux populaires, de superstitions même, qui ne craint plus les impuretés. Parmi plusieurs autres, on peut se référer à Ronfard (« Je suis […] pour un théâtre aussi impur que la vie ») et surtout à Jacques Ferron (son personnage du Magoua dans *Le Saint-Élias*, hybride de Québécois, d'Européen et d'Amérindien). L'autre trait consiste dans l'affirmation d'un courant pessimiste, défaitiste même, caractéristique d'« une littérature de perdants » (C. May, 1981) : des personnages déchus, courbés sous le poids d'un destin brisé, comme dans *Le Couteau sur la table* de Godbout ou *Le Cassé* de Jacques Renaud. Ce sont les antihéros du théâtre de Gratien Gélinas. C'est un peu aussi tout l'univers romanesque de Réjean Ducharme et de Marie-Claire Blais, tout comme, avant les années 1960, celui des romans dits psychologiques. « Fatigue culturelle » que tout cela, pour reprendre l'expression de H. Aquin (1962) ? Murmure d'une survivance qui avait trop duré ? Impatience d'un redressement collectif qui se faisait trop attendre ? Ou morosité née de l'appartenance à une culture minoritaire, périphérique, vouée à des destins accessoires ?

L'évolution de la peinture a sensiblement reproduit les mêmes traits. L'itinéraire de Borduas, qui a courageusement ouvert presque toutes les voies, la résume en quelque sorte à lui seul : figuratif renouvelé, abstraction ; États-Unis, France et Japon ; ouverture à l'*autre* (dont l'Autochtone) ; discrètement les racines québécoises mais aussi l'exotisme, et enfin l'exil, pour de bon. On note par ailleurs, chez plusieurs automatistes et chez des sculpteurs comme Robert Roussil et Armand Vaillancourt, une sensibilité sociale sans précédent. Enfin, avec René Derouin et Pierre-Léon Tétreault, on découvre un saut dans la sauvagerie précolombienne, un investissement total dans la panaméricanité sous toutes ses latitudes, avec tous ses métissages, ses mythes et ses légendes, sans filet. Ici se projette avec force le rejet total de la référence européenne au profit de l'axe horizontal, ou de l'axe « colonial », pour

reprendre l'expression de Derouin qui avait entrepris d'y retrouver
« l'origine de l'histoire du continent, l'histoire de nos ancêtres[59] ».

Dans les sciences de la société et de la culture, suivant des cheminements et des calendriers spécifiques, un semblable mouvement de décrochage métropolitain et d'américanisation se marquait. De nouveaux
courants nés avec la décennie 1940 rompaient peu à peu avec divers éléments du paradigme de la survivance. À Québec en 1947, Arthur
Maheux créait l'Institut d'histoire de l'Université Laval en s'inspirant
des États-Unis et du Canada anglais plutôt que de la France. M. Trudel, M. Brunet et G. Frégault étudièrent aux États-Unis. Les deux
derniers, avec M. Seguin, furent des précurseurs de la Révolution
tranquille et du néonationalisme. Une perspective continentale, qui
présentait le Québec comme une collectivité d'Amérique et non plus
seulement comme une reproduction ou un héritage de la France, inspirait de nouvelles analyses (chez G. Frégault, A. Faucher, J.-P. Wallot et
G. Paquet, et d'autres[60]). L'histoire nationale a aussi élargi le *nous* de
la nation en l'étendant à l'ensemble des habitants du Québec, comme en
témoigne l'ouvrage synthèse de P.-A. Linteau *et alii* (1979, 1986). En
même temps, la nouvelle conscience historique a mis en retrait les figures
légendaires de la survivance, les héros du peuplement catholique et français (Dollard des Ormeaux, parmi d'autres), et elle a cherché à se détourner des vieux mythes *dépresseurs,* substituant à l'image du Canadien
français courbé et humilié celle du Québécois combatif et responsable
de son destin. Toutes ces réorientations se sont pleinement exprimées
dans l'historiographie moderniste qui a dominé le champ scientifique
depuis les années 1970 (G. Bouchard, 1990b). Mais, en même temps, la
représentation des commencements de la nation est devenue floue : les
actes, les héros et les mythes fondateurs sont entrés dans un difficile processus de redéfinition. Pour plusieurs, du reste, la véritable fondation est
encore à venir, avec l'accès éventuel à la souveraineté politique du Québec. La mémoire nationale, accordée à la définition étendue de la nation,
est également en réécriture. Quant à la mémoire longue, elle s'est assez
largement délestée de la référence française, mais sans pour autant
embrasser la trame autochtone et la plongée précolombienne, comme y
invitaient Ringuet, Derouin et Tétreault. De ce côté, on peut parler d'un
brouillage, sinon d'un blocage mémoriel.

Parallèlement, la science folklorique, jadis adonnée à la reconnaissance et à la célébration des continuités françaises, entreprenait une lente reconversion à l'ethnographie et à l'ethnohistoire, ce qui l'amenait à inscrire sa démarche dans une problématique de la culture québécoise. Cette transition (de l'étude de soi comme *sujet* à l'étude de soi comme *objet*) est particulièrement sensible dans l'histoire de l'architecture et de l'habitat, des modes vestimentaires, de la culture orale en milieu urbain, des rituels démographiques. La linguistique historique a suivi un parcours semblable, tous les mots faisant l'objet d'un même traitement, indépendamment de leur provenance[61]. En sociologie, les influences françaises sont demeurées très fortes (M. Fournier, 1986 ; G. Rocher, 1973b), mais elles ont fait place à un courant nord-sud constamment renouvelé depuis la Seconde Guerre. À cet égard, les *Essais sur le Québec contemporain*, publiés en 1953 (aux Presses de l'Université Laval) sous la direction de J.-C. Falardeau, représentent un point tournant ; il est permis d'y voir un texte fondateur des sciences sociales québécoises. Il en va de même pour la géographie, qui a maintenu ses continuités françaises mais a amorcé un important virage dans les années 1960-1970 — encore qu'au début de la décennie suivante, L.-E. Hamelin, 1984, p. 103, n'en affirmait pas moins qu'il n'existait pas encore d'« épistémologie proprement laurentienne » au Québec. Enfin, pour ce qui est des sciences médicales ou des sciences naturelles et appliquées, elles étaient depuis longtemps intégrées aux grands réseaux nord-américains.

Tous ces réalignements de la connaissance participaient d'un mouvement général d'autonomisation de la pensée qui trouvait une expression radicale dans l'idéologie et l'action politique. Après la Seconde Guerre, les élites québécoises ont accédé pleinement à une nouvelle vision du Nouveau Monde qui a inspiré des projets de réforme et de reconstruction de la société, à commencer par l'État. Un siècle et demi après l'échec des Patriotes, le Québec allait s'employer de nouveau à faire la théorie — et la pratique — de sa rupture. L'héritage principal de toute cette effervescence qui a nourri la Révolution tranquille tient dans la volonté de casser la pensée équivoque, d'affirmer une *destinée manifeste*. Les Canadiens français avaient été des héritiers (ou des « perdants » ?), ils seraient désormais des fondateurs. Après le *repli*, le *dépli*.

Dans cet esprit, l'hypothèse canadienne trouvait de moins en moins preneur. Étant assimilée à la tradition loyaliste, aux continuités de la survivance et aux anciens rapports de dépendance, elle ne pouvait pas incarner le grand rêve de l'Amérique; elle y faisait plutôt obstacle. Mine de rien, le rapport de la Commission royale d'enquête sur les problèmes constitutionnels (déposé en 1956) avait posé un jalon important. La pensée indépendantiste se radicalisa dans les années 1960 avec le groupe *Parti pris*. Sur le plan de l'action politique comme telle, il y eut d'abord l'Alliance laurentienne de Raymond Barbeau en 1957, puis l'Action socialiste pour l'indépendance du Québec de Raoul Roy en 1959, le Rassemblement pour l'indépendance nationale de Marcel Chaput et André D'Allemagne en 1960, dont Pierre Bourgault prit ensuite la direction, et enfin le Parti québécois de René Lévesque (1968). En même temps, et pendant près d'une dizaine d'années, plusieurs groupuscules se réclamant de l'étiquette du FLQ (Front de libération du Québec) essayaient de promouvoir par la violence l'idée d'une révolution politique et sociale. Les autres épisodes les plus importants de la période furent l'arrivée au pouvoir du Parti québécois en 1976 et les deux référendums sur la souveraineté (1980, 1995), remportés par le camp du NON (le second, de justesse).

En même temps, de nouvelles représentations de la société prenaient forme. Au cours de la décennie 1940, le ruralisme perdit ses derniers défenseurs et les réalités urbaines occupèrent toute leur place dans les perceptions. La culture savante découvrait aussi la diversité de la société, une réalité pourtant ancienne: les divisions régionales, les grands axes de la stratification de l'espace, les clivages de classes, le quadrillage ethnique, la structure du bassin génétique (G. Bouchard, 1990c). Sur le plan culturel notamment, les élites canadiennes-françaises ont pris conscience d'une vie littéraire et artistique très intense au sein des autres groupes ethniques du Québec et particulièrement chez les immigrants. Parallèlement à la fin de l'homogénéité à l'intérieur, on vit aussi se former au cours de cette période un nouveau regard sur les caractères distinctifs de la nation dans son environnement continental. Dans les pages du journal *Le Devoir* dont elle fut rédactrice puis directrice, Lise Bissonnette revint à diverses reprises sur ce thème en insistant sur l'américanité des Franco-Québécois et en remettant en question sur des points essentiels l'ancienne thématique de la *différence*. Enfin, une pensée sociale radicale s'affirmait au sein de la culture savante. Une idéologie de gauche se faisait entendre dans des revues (*Parti pris, Socialisme,* et autres), dans le mouvement syndical, dans diverses associations militantes et dans le FLQ, qui compta parmi ses membres — il est utile de le rappeler — plusieurs jeunes ouvriers et chômeurs. Pierre Vallières, Pierre Vadeboncœur, Jean-Marc Piotte, Paul Chamberland, Michel Chartrand et Marcel Rioux comptèrent parmi les principaux intellectuels de ce courant idéologique dont la grève d'Asbestos en 1949 fut le principal événement déclencheur. Et, ici encore, par leur engagement social cette fois, les signataires du *Refus global* jouèrent un rôle de pionniers.

Du côté de la nationalité et de ses attributs, d'importants glissements faisaient aussi basculer de vieilles représentations. L'un des principaux fut l'apparition au cours des années 1950, puis la rapide diffusion en 1960-1970, du vocable *Québécois* aux dépens de l'ancien ethnonyme *Canadiens français*. Jusque dans les années 1980, le nouveau terme servit surtout à désigner les Canadiens français du Québec qui voulaient par là se distancer des autres Francophones canadiens pour mieux affirmer leur appartenance territoriale, pour marquer leur rapport prioritaire à l'État québécois et pour se poser comme majorité nationale dans l'ancienne Laurentie. Ce déplacement identitaire, dont André Laurendeau avait été un précurseur, fut en quelque sorte officialisé à l'occasion des États généraux du Canada français tenus à Montréal en 1967 (M. Martel, 1997 ; Y. Frenette, 1998)[62]. De pancanadienne qu'elle était, l'articulation spatiale de la nation accusait ainsi un repli sur ses vieilles assises bas-canadiennes, en même temps qu'elle consacrait la rupture avec la référence canadienne. En plus, dans l'opération, les Canadiens français du Québec passaient du statut de minoritaires à l'échelle canadienne à celui de majoritaires à l'échelle québécoise. C'était l'époque où le gouvernement du Québec entreprenait de se poser comme la capitale politique de la francophonie canadienne (G. Frégault, 1976), un peu comme l'avait souhaité en son temps Honoré Mercier. Mais la nouvelle appellation annonçait plus qu'elle ne recouvrait en réalité puisque, tout comme l'ancienne, elle excluait les non-Canadiens français qui habitaient le même territoire. C'est durant la décennie 1980 et plus encore durant la suivante que, dans l'esprit de la majorité des Canadiens français, le vocable Québécois prit une nouvelle extension pour désigner tous les citoyens du Québec. De l'ancienne nation canadienne-française, on glissait progressivement vers la nation québécoise. Ce nouveau réaménagement identitaire créait toutefois un vide. Pendant un temps, il semblait en effet que tous les groupes ethniques y conservaient leur identité, sauf le groupe majoritaire. On a donc vu tout récemment resurgir l'ethnonyme *Canadien français* mais sous un jour nouveau, délesté de ses anciennes résonances, pour désigner les Francophones de vieille ascendance en tant que majorité nationale. Mais, comme tous ces réaménagements sont neufs, en train de se faire, on assiste aujourd'hui à une cohabitation de l'ancien et du nouveau *Canadien français,* tout comme de l'ancien et du nouveau *Québécois.*

La nouvelle nation québécoise a aboli l'affiliation exclusive à la religion catholique et aux origines (la « souche ») comme critères d'appartenance. Elle se définit principalement, sur le plan culturel, par la référence à la langue française comme langue officielle (statut qui a été confirmé par la loi 22 en 1974) et, pour le reste, elle admet sous cette enseigne très large toute la diversité ethnique et culturelle qui caractérise la population du Québec. Elle se donne donc comme une francophonie spécifique, métissée par son histoire nord-américaine ancienne et récente (le concept d'américanité est désormais sous toutes les plumes). Cette représentation collective, dont le sociologue G. Rocher (1973a) fut l'un des pionniers, affirme des éléments de continuité avec les origines françaises, mais elle accuse surtout un important travail de redéfinition et de rupture. Le Québec entend en outre concilier diversité et identité et réaliser son intégration collective par le biais de l'interculturalisme, comme formule de compromis entre l'assimilation et la ghettoïsation : il se constituerait ainsi comme nation au singulier et au pluriel. En rapport avec cette évolution, deux autres phénomènes doivent être signalés. D'abord, il est remarquable que le nationalisme, qui avait été jusque-là porteur de continuité, se soit trouvé tout à coup associé à la promotion de la rupture. En deuxième lieu, à partir du moment où la nationalité eut regagné ses quartiers laurentiens, il convenait de lui refaire une identité en la nourrissant des traits et des symboles les plus authentiquement *québécois*. Ici, la langue populaire se proposait comme l'une des marques distinctives les plus éloquentes. Un peu paradoxalement, on assista donc subitement à la promotion nationale de la langue vernaculaire au moment même où s'intensifiait la répression du *joual* dans la foulée des *Insolences du Frère Untel* (1960).

Des transformations importantes survinrent aussi sur les plans juridique et social. La Charte des droits et libertés de la personne, adoptée en 1975, consacrait l'égalité de tous les citoyens devant la loi. La dimension *civique* (la protection des droits, la démocratie) faisait dès lors officiellement son entrée dans la représentation courante de la nation, y occupant une place de plus en plus importante[63]. La dimension sociale s'y développait aussi. L'essor d'une conscience urbaine dans le discours des élites s'est traduit par une plus grande sensibilité aux problèmes socioéconomiques et à la condition inférieure des Canadiens français par rapport aux Anglophones. Le néonationalisme des années 1960-1970 y a trouvé un puissant ressort.

Ce sont là, très rapidement évoquées, les principales tendances qui ont fait leur apparition au cours du dernier demi-siècle ou qui, étant nées antérieurement, y sont devenues prépondérantes. Mais, il importe de le souligner, elles n'ont pas effacé complètement l'héritage du siècle précédent, dont plusieurs figures ont survécu sous une forme ou sous une autre, faisant ainsi de la culture québécoise un univers de plus en plus diversifié, sinon éclaté. En outre, certains caractères structurels associés à la culture de survivance se sont perpétués. Par exemple, le sentiment de la précarité de la nation, de la menace qui pèse constamment sur elle, a survécu, alors que le souci de la différence (les fameux « caractères distinctifs ») continuait de s'exprimer dans l'incessante interrogation identitaire. On l'a vu renaître sous les traits de la *société distincte* et, plus récemment, du *modèle québécois* de développement. Il en va de même pour le conflit de la langue, toujours aussi profondément partagée entre une norme française ou internationale et l'authenticité locale. Le discours antiétatsunien a perdu beaucoup de sa vigueur mais il n'a pas cessé de se faire entendre, soit dans sa manière traditionnelle, soit à travers un discours élitiste de la modernité, soit encore sous une forme renouvelée par une pensée gauchisante (dans la foulée de Pierre Vadeboncœur et de Marcel Rioux). Quant au rapport Québec/France, il s'est transformé dans le sens que nous avons dit, mais on voit bien que l'ancienne dépendance subsiste, comme le donnent à penser les analyses d'A. Belleau (1986) sur le divorce au sein des codes culturels (entre une « norme » française et un « appareil » socioculturel québécois), de G. Thérien (1986) sur l'impossible décrochage, ou de G. Marcotte, J. Éthier-Blais et quelques autres sur la tradition d'imitation en critique littéraire. Dans cet esprit, rappelons que toute la modernité qui a envahi les sciences humaines, les arts, les lettres et la pensée puisait elle aussi aux sources françaises; ce faisant, elle reprogrammait à sa façon la continuité ou la référence européenne mais elle ne l'abolissait pas. Cet énoncé, il est vrai, doit aussitôt être nuancé. Pour certains intellectuels en effet, les emprunts à la France sont le fait d'une culture parvenue à maturité et ils attestent un esprit d'ouverture qui embrasse désormais toutes les grandes capitales culturelles, dont Paris fait partie. Par contre, on pourrait invoquer aussi plusieurs témoignages d'essayistes un peu désabusés selon lesquels la culture savante, dans toutes ses voies d'expression, s'est affranchie de sa dépendance française mais s'est révélée incapable de créer un véritable imaginaire québécois.

Il est d'autres traits de l'ancien paradigme de la survivance qui se manifestent encore, sous de nouveaux habits. C'est, par exemple, le sentiment que la culture savante demeure malgré tout bien pauvre, médiocre même, qu'elle n'arrive pas à produire de chefs-d'œuvre, qu'elle est à refaire (Fernand Dumont, Georges-André Vachon, Jean Royer, Denys Arcand, Jean Larose, Daniel Jacques, Jacques Allard, et bien d'autres)[64]. Ce sont les exils, plus nombreux qu'avant, célèbres souvent, de Robert Roussil à Anne Hébert, et tous les autres partis en claquant la porte... ou sans la fermer tout à fait. C'est aussi le malaise de l'intellectuel, incertain de son statut, de sa légitimité[65], en particulier chez l'écrivain qui ne cesse de se mettre en scène dans le roman pour dire son doute, sa fragilité, ses états d'âme (on peut rattacher à cela le thème de l'écriture « honteuse » traité par A. Belleau, 1984, p. 141). Faut-il situer dans la même veine la poésie du désespoir et le roman défaitiste, évoqués plus haut, dont la tradition semble toutefois remonter à la fin du XIXe siècle[66]? Enfin, la conception de la nation ethnique, canadienne-française, reste vivante, alors que la mémoire se fait réticente à ancrer les origines de la nation dans le temps long du continent.

Conclusion

Au terme de ce survol, on perçoit mieux peut-être la richesse des perspectives ouvertes par la problématique comparatiste des collectivités neuves. On se rend compte, par exemple, que la plupart des problèmes ordinairement traités par l'historiographie québécoise s'inscrivent dans le questionnaire général présenté au chapitre premier et gagnent à être examinés sous cet éclairage comparatif. De ce point de vue en effet, notre démarche a tenu la plupart de ses promesses en récusant de fausses singularités, en faisant ressortir des traits véritablement spécifiques à l'itinéraire québécois, en laissant entrevoir d'autres possibles dans le passé en marge d'évolutions ou d'enchaînements faussement nécessaires et, enfin, en accentuant la distance critique entre l'analyse proprement scientifique et les prémisses de cette culture nationale. En somme, la perspective des collectivités neuves invite à considérer la genèse du Québec non seulement comme l'histoire d'une culture minoritaire en Amérique mais aussi comme l'un des épisodes de la création du Nouveau Monde.

En ce qui concerne plus particulièrement les spécificités, rappelons que le Québec demeure (avec Porto Rico) l'une des rares collectivités neuves à ne pas avoir accédé à la souveraineté politique. Elle est la seule aussi à avoir effectué un double aller et retour entre continuité et rupture au cours de son histoire. Et on ne connaît guère non plus de nations qui aient été pareillement soumises à autant de dépendances entremêlées, simultanément ou successivement : la France sur les plans économique, politique et culturel, le Vatican sur le plan religieux, la Grande-Bretagne et les États-Unis sur les plans économique et culturel, la Grande-Bretagne et le Canada sur le plan politique. L'insistance sur le passé, entre le milieu du XIXe siècle et le milieu du XXe, est un autre trait qui attire l'attention. Pour le reste, comme nous l'avons déjà signalé au chapitre II, c'est peut-être au Québec que l'antinomie entre culture savante et culture populaire a été la plus prononcée, c'est là à coup sûr que le conflit autour de la norme linguistique est demeuré le plus âpre, le plus douloureux, et c'est là aussi que la relation avec la mère patrie a été la plus tourmentée, tout comme le rapport symbolique avec le Nouveau Monde. Mentionnons encore le fait que, dans toute son histoire, le Québec ne s'est jamais fait d'alliés puissants sur lesquels il aurait pu se reposer pour conjurer son sentiment d'insécurité et pour mener à terme de grandes audaces politiques. Le Canada, qui aurait pu jouer ce rôle, s'est trop souvent posé et a été traditionnellement perçu comme un facteur négatif. Dans une autre direction, cette collectivité semble avoir été particulièrement affectée par l'effet inhibiteur (le fameux « *cultural cringe* » dont il sera question au chapitre V à propos de l'Australie), ici commandé par un double ressort : d'une part l'emprise culturelle durable de la France, d'autre part le dénigrement persistant pratiqué par l'Anglophone. Enfin, le Québec est l'une des rares collectivités neuves à avoir subi un changement de métropole (en vertu de la Cession de 1763), et la seule qui en ait été aussi profondément marquée. Après plus de deux siècles, cet épisode, dont les effets sont ressentis comme une amputation, hante encore la conscience collective et nourrit des rêves de reconquête. Exprimé sous diverses figures, ce thème a toujours été au cœur de la pensée québécoise francophone. C'est une autre piste où pourrait s'engager la recherche : on pense au poète Crémazie espérant le retour des soldats français, à la nostalgie de la Nouvelle-France, aux rêves de restauration collective par la colonisation, aux projets d'affirmation économique ou culturelle, à la réhabilitation de (ou par) la langue, aux aspirations indépendantistes, etc.

Revenons un moment sur le rapport culture populaire/culture savante qui a longtemps installé une division profonde au sein de la nation. Il faut attacher beaucoup d'importance à ce clivage qui a entraîné un double phénomène d'inhibition/appauvrissement et dont l'héritage est loin d'avoir été entièrement liquidé aujourd'hui. Au lieu d'offrir l'image d'une fermeture après 1840, la nation est demeurée ouverte aux deux bouts, mais dans des directions opposées. Pendant plus d'un siècle, elle s'est tissée par le haut comme culture d'emprunt et métissée par le bas comme culture d'empreinte : d'un côté une culture savante qui nie, en se drapant dans son héritage européen ; de l'autre une culture populaire qui renie, en diluant la tradition française dans les airs du continent. Les lettrés ont tenté de surmonter l'antinomie soit en idéalisant le *peuple,* soit en le dénonçant, soit en essayant de le corriger. Quant aux classes populaires, elles se sont senties plus proches des élites économiques avec lesquelles elles partageaient le même rapport au Nouveau Monde, la même prise sur la territorialité. Il est permis d'en voir un signe dans la nature du lien patron/ouvrier, remarquablement exempt de grandes déchirures pendant la plus grande partie de la période 1840-1940. C'est en effet par le biais des rapports de travail, bien plus que de la symbolique diffusée par la culture savante, que les classes populaires s'inséraient dans la vie collective et se forgeaient une appartenance.

On peut voir là l'une des causes du continuisme politique qui a caractérisé cette période : l'incapacité des lettrés à canaliser dans un projet de rupture l'américanité des classes populaires, la méfiance de celles-ci à l'endroit de notables trop éloignés de leur quotidienneté. Ceux qui, au sein des élites socioculturelles, adhéraient à une vision continentale constituaient une minorité trop faible ; ils furent incapables de provoquer une mobilisation populaire. Un deuxième facteur ayant fait obstacle à l'affranchissement politique réside dans l'équation très inégale du nombre sur le continent (au moment de la Cession, par exemple, la Nouvelle-France comptait 70 000 habitants, les treize colonies en avaient 1,5 million) et dans le vif sentiment de précarité collective qu'elle a toujours inspiré. Ici encore, ce handicap n'a jamais pu être compensé par l'appui d'un puissant levier externe, par exemple l'appartenance à l'Empire britannique pour des nations comme l'Australie ou la Nouvelle-Zélande. Un troisième facteur tient dans le poids des quatre formes de dépendance, évoquées à l'instant, et un quatrième dans l'héritage des actes dépresseurs que furent la Cession de 1763, l'échec du premier éveil national radical au cours des années 1770-1780 et la répression des Insurrections de 1837-1838. Il faut aussi invoquer des facteurs proprement sociaux comme l'inaction de la bourgeoisie d'affaires, trop inféodée au grand capital anglophone, et le désistement de la petite bourgeoisie des professions libérales. Ce dernier point doit attirer l'attention. Dans plusieurs sociétés au cours du XIXe siècle, c'est cette petite bourgeoisie qui, avec ses alliés dans la classe intellectuelle, a soutenu le combat de la laïcité et de la modernisation. Ici, elle a plutôt donné un appui décisif à la cause conservatrice. C'est, nous semble-t-il, un phénomène capital de l'histoire du Québec entre 1840 et 1940. Mais on en connaît plutôt mal les coordonnées. Enfin, à l'exception des

États-Unis, toutes les collectivités neuves qui ont accédé à la souveraineté politique en rompant le lien colonial ont bénéficié de circonstances favorables : l'affaiblissement de la métropole (comme dans le cas de Madrid et de Lisbonne au début du XIXe siècle, de Londres au XXe siècle), ou l'obtention répétée de concessions consenties d'autant plus facilement qu'elles servaient les intérêts aussi bien de la métropole elle-même que de la colonie (nous le verrons plus loin dans ce livre à propos du Canada, de l'Australie et de la Nouvelle-Zélande). Le Canada français ou le Québec n'a jamais bénéficié de pareilles circonstances.

Dans une autre direction, notre survol comparatif des collectivités neuves conduit à remettre en question quelques vérités reçues à propos du passé québécois. Revenons brièvement sur un exemple déjà commenté au chapitre précédent, à savoir la position de commande qui a échu au clergé après 1840 en matière socioculturelle. La plupart des historiens présentent cette donnée comme inévitable : seule l'Église catholique aurait à ce moment disposé des ressources nécessaires pour prendre le leadership de la survivance. Nous avons exprimé notre désaccord sur ce point, en arguant de la possibilité d'autres scénarios. En fait, il ne suffit pas de dire que le leadership clérical était une option parmi d'autres ; il faut ajouter que l'orientation de la survivance elle-même, telle qu'elle fut pensée et appliquée, *a*) était un choix collectif arbitraire dicté principalement par les intérêts des notables, *b*) s'est soldée par un demi-échec même dans ce qu'elle paraît avoir réussi, c'est-à-dire le maintien de la francophonie québécoise. Un tel énoncé exigerait une longue démonstration. Nous nous limiterons à un seul argument, tiré de l'histoire récente. En effet, on sait que cette culture francophone a connu un développement spectaculaire dans la seconde moitié du XXe siècle, précisément à partir du moment où elle s'est éloignée du paradigme de la survivance et de l'environnement socioculturel qui le supportait (laïcisation, expansion de l'État, démocratisation de l'enseignement, érosion du rapport culturel France/Québec, réconciliation avec l'américanité, valorisation des contenus populaires, et le reste). À tort, l'enjeu de la survivance a été longtemps soudé à une politique de continuité et de conservatisme qui vouait aux spectres de l'assimilation toute volonté de rupture et d'immersion dans le Nouveau Monde.

Notre survol nous a aussi fait ressortir les *angles morts* de la mémoire nationale[67]. Dans cet esprit, il serait utile de réexaminer d'une façon critique la mémoire retranchée, défaitiste, héritée de F.-X. Garneau, laquelle, jusqu'aux années récentes, a nourri de mythes dépresseurs la conscience historique. Ce parti pris défaitiste procurait un puissant fondement culturel au pouvoir du clergé et de la petite bourgeoisie conservatrice. Il étouffait en même temps l'imagination et les audaces collectives, alors même que l'histoire, comme nous l'avons souligné, offrait d'autres options, d'autres possibles. Ici aussi, on pourrait parler d'un mauvais choix, mémoriel cette fois[68]. Car il y eut malgré tout des avancées authentiques que, pour toutes sortes de raisons, cette tradition historiographique n'a pas incorporées, par exemple le développement scientifique et technologique, l'industrialisation, l'urbanisation, l'introduction de la modernité. D'importants acteurs ont été associés à ces grands épisodes de l'histoire québécoise. Certains, comme Saint-Denys Garneau, Nelligan, Marie-Victorin ou Borduas, ont été réhabilités récemment par la nouvelle mémoire collective. Mais bien d'autres, même encore aujourd'hui, sont restés effacés (par exemple les Canadiens français qui se sont illustrés dans le domaine des affaires). Dans la même veine, signalons le silence presque total dans lequel est tombée la longue tradition missionnaire des Canadiens français en Afrique et en Asie, ou celui qui a longtemps entouré leur participation aux deux Guerres mondiales. Enfin, l'ostracisme le plus étonnant est celui qui a frappé le projet de république mis de l'avant dans les années 1770-1780 par les intellectuels activistes de l'après-Conquête.

Ces distorsions qui sont le fait de *jeux de mémoire* se sont ajoutées à celles que diffusaient parallèlement les *fausses identités* (engendrées par l'obsession de la différence), les contrefaçons de la société paysanne et des réalités populaires en général, l'occultation du monde urbain, l'ensemble des transferts culturels français dans le discours savant, la vision brouillée du Nouveau Monde. Toutes ces données autorisent à conclure que, pendant un siècle environ, cette société s'est donné des représentations souvent incohérentes d'elle-même et des autres, au passé (dans sa mémoire) et au futur (dans ses utopies), en essayant trop souvent de plier la réalité du nouveau continent aux manières de l'ancien. Au propre comme au figuré, la société canadienne-française de cette époque a fait de mauvais rêves. Existe-t-il des collectivités neuves qui se soient construit un imaginaire aussi éloigné de leur réalité? Ajoutons que c'est souvent par le biais de ces fausses représentations collectives élaborées par la culture savante que les réalités québécoises ont été perçues (et continuent largement de l'être) à l'extérieur. C'est précisément au redressement de ces fausses représentations que s'est employée l'historiographie moderniste depuis vingt-cinq ou trente ans.

Nous nous permettons d'insister sur les coordonnées ou les arrangements culturels de cette période 1840-1940 parce qu'ils ont pesé très lourdement sur la période ultérieure. Notre thèse est la suivante. D'un côté, il est vrai que la plus grande partie de l'héritage ancien a été dissipé au cours de la seconde partie du XXᵉ siècle. De l'autre, l'ambivalence que les changements étaient censés surmonter a néanmoins survécu. Rappelons d'abord les changements. De plusieurs façons, comme nous l'avons montré, le Québec francophone s'est fermement engagé dans une dynamique de rupture sur les plans politique et culturel. Il a remplacé ou réformé les appuis institutionnels de l'ancien continuisme, il s'est éloigné à la fois des grandes prémisses et des principaux corollaires du paradigme de la survivance, il a mis en forme un projet d'État souverain, il a transformé sa vision du monde et du Nouveau Monde pour mieux l'accorder à son environnement, il s'est employé à réduire ce que nous avons appelé la pensée équivoque. Ceci dans une première étape qui a duré une quarantaine d'années environ. Toutefois, ce que l'on observe au cours de la décennie 1990 annonce une conjoncture assez différente.

En fin de parcours en effet, l'élan vers la rupture culturelle et l'affirmation d'une *destinée manifeste* se désunit quelque peu, mais sans qu'on puisse parler d'une volte-face. La marche vers la souveraineté politique semble ralentir mais, parallèlement, on n'observe pas un envol de l'option fédéraliste. La culture savante s'est réconciliée avec l'américanité mais il lui vient des arrière-pensées qui la ramènent vers ses références françaises (Jacques Godbout est l'un des intellectuels les plus représentatifs de cette nouvelle figure, particulièrement nette dans *L'Écrivain de province,* 1991; Jean Larose en est un autre). Elle a écarté, pour l'essentiel du moins, le voile des *fausses identités* et autres distorsions du discours mais elle peine à mettre en place un autre imaginaire. En marge des revendications de la postmodernité, on entend aussi des appels à la tradition d'avant la Révolution tranquille. Des représentants de la culture savante se voient reprocher leur collusion avec une culture populaire aveuglément américanisée et appauvrie. Les divisions relatives à la norme linguistique perdurent, et cette donnée est d'autant plus significative que, comme le rappelle L. Gauvin (1976), ce genre de controverses fait écho à bien d'autres impasses et contradictions collectives. En même temps, l'utopie a un peu déserté les horizons du discours. La mémoire longue ne sait toujours pas se poser. L'Autochtone a été admis dans la citoyenneté mais non dans l'appartenance. L'identité nationale n'est plus canadienne-française (à l'ancienne manière) mais elle n'est pas encore intégralement québécoise. Soudainement, la mécanique symbolique associée au *dépli* de l'après-Guerre, aux ressorts de la Révolution tranquille et à la quête de l'autonomie collective paraît s'être un peu enrayée : comme si on assistait à un retour non pas à la continuité et à la survivance mais à la pensée équivoque, à l'ambivalence, sinon à la confusion[69]. Le champ des allégeances est plus fragmenté que jamais. On dirait que le Québec est arrivé à un carrefour où toutes les fidélités, toutes les options, anciennes et nouvelles, se trouvent réunies : celles qu'il avait écartées, celles qu'il n'avait empruntées qu'à moitié et celles qu'a fait émerger son histoire récente. Sous divers rapports, cette pluralité d'orientations et d'humeurs prend le visage de l'impasse, comme l'attestent les divisions profondes symbolisées sur le plan culturel par le conflit de la norme linguistique et sur le plan politique par les résultats du dernier référendum qui a dressé une moitié de la nation contre l'autre.

Le malaise qui en résulte a été exprimé de bien des façons au cours des dernières années. Il serait tentant d'affirmer que la société québécoise paie aujourd'hui en incertitude, en introspection et en débats sans issue l'addition de tous les choix qu'elle n'a pas su faire au cours de son histoire et qui composent désormais un alignement des plus imprévisibles. Mais ce ne serait pas tenir assez compte de la place qu'elle s'est néanmoins aménagée depuis le XVIIe siècle sur cette terre d'Amérique. Ce serait en outre mésestimer le potentiel de création et de développement que recèle la conjoncture actuelle, plus ouverte et plus libre que jamais. En fait, la situation présente n'est *a priori* ni désespérante, ni exaltante. Elle fait plutôt ressortir d'une manière très vive la coordonnée la plus durable du passé canadien-français puis québécois : une collectivité minoritaire, un peu coincée, incapable de concrétiser ses grandes visions et ambitions, qui n'arrive pas à faire entrer ses rêves dans l'espace trop restreint qu'elle occupe sur le continent ; en somme, une nation à l'étroit. À quelques reprises dans le passé, les lettrés ou intellectuels francophones acculés à cette impasse ont été amenés à concevoir un nouveau *modus vivendi*, à programmer un autre avenir pour cette collectivité neuve. Ces grandes échéances correspondent aux dates charnières sur lesquelles nous avons appuyé notre périodisation : l'après-Conquête, l'après-Rébellions, l'après-Guerre. Il semble bien que la décennie 1990 — ou l'aube du deuxième millénaire, si l'on veut — soit une autre de ces échéances.

Dans cet esprit, la principale difficulté (elle nous semble conditionner toutes les autres) tient dans la crise de la culture savante québécoise. Il existe dans les milieux populaires et dans les classes moyennes un rêve américain qui a des racines lointaines mais que la culture savante hésite à prendre totalement en charge, d'où la difficulté qu'elle éprouve à tracer un parcours pour la nation. Ce problème se double d'une crise de légitimité de la culture savante qui se montre réticente à se poser comme telle avec ses marques distinctives, son éthique et son esthétique, ce qui l'empêche de remplir correctement la fonction de leadership et de diffusion qui est la sienne. Dans le passé, c'est la référence française qui lui procurait assurance et légitimité. Mais ce recours est devenu inopérant. Vers où se tourner ?

La tâche de réhabilitation, de re-fondation de la culture savante est préalable à tout le reste ; c'est à partir de là qu'il convient de penser ce qui pourrait émerger de la fragmentation actuelle. Il s'agirait d'abord de ré-instituer une distance qui réhabilite la fonction intellectuelle dans son statut et ses prérogatives, dans son originalité discursive par rapport à la culture populaire ou à la culture de masse. Entre les deux (ou trois ?) univers culturels ainsi délimités, il importerait ensuite d'aménager une osmose, de pratiquer des allers et retours, des réciprocités. Les rapprochements et métissages féconds ne peuvent survenir que de cette façon, dans le respect de la vie intellectuelle et de ses exigences plutôt que dans sa dilution au nom d'une démocratisation mal comprise. On trouve chez A. Belleau (1986, p. 159 et suiv.) de très belles pages sur ce thème, traité en rapport avec la littérature. Celle-ci éprouverait une forme de culpabilité et, pour se faire accepter, se censurerait, se ferait plus petite, donnerait dans l'autodérision, renoncerait à l'esprit de sérieux, etc. En somme, après avoir longtemps comprimé la culture populaire, la culture savante éprouverait maintenant du mal à s'en affranchir. Quant aux options ou tendances culturelles proprement dites qui occupent l'horizon actuel et sont susceptibles de prévaloir à court ou à moyen terme, on relève d'abord une vision très répandue selon laquelle l'avenir de cette culture tiraillée entre son héritage et sa géographie conduirait vers le métissage (l'« hybridation ») aussi bien de ses différences internes et de ses références européennes que de ses voisinages ou appartenances continentales. Selon une deuxième voie, c'est l'américanité qui s'imposera, en marginalisant de plus en plus la matrice française. Selon une autre, l'accès à la souveraineté politique entraînerait une réduction des ambiguïtés culturelles en libérant l'imagination utopique et en mobilisant la pensée dans l'exercice de la responsabilité collective. C'est un peu le parti qui avait déjà été exprimé il y a près de quarante ans par H. Aquin (1962). On trouve aussi, à l'opposé, un pessimisme éclairé qui se construit autour d'un constat d'échec et s'identifie au *statu quo*. On pourrait dire que ce dernier parti se situe dans le sillage de J. Le Moyne (1969). Enfin, un peu à cheval sur les deux précédents, il y a ce que nous appellerons le parti du désenchantement créateur ou du réalisme engagé. On peut y associer des intellectuels comme Y. Rivard (1981, 1998) et G. Thérien (1986), entre autres, qui posent un diagnostic assez sombre de la situation culturelle du Québec et des contraintes structurelles qui l'entravent. Mais, en même temps, ils perçoivent la possibilité d'un arrachement, un horizon de recommencement au sein même du « désespoir lucide », de la « pauvreté » collective (Y. Rivard) engendrée par l'exclusion à la fois du Nouveau Monde et de l'ancien — ou plus précisément : par la double incapacité de posséder le premier et de retenir le second.

Avec bien des variantes, cette position a été plus ou moins revendiquée ou reconnue par quelques intellectuels. On pourrait, par exemple, transposer à l'ensemble de la culture savante certains concepts qui ont été proposés pour caractériser la littérature récente : exiguïté (François Paré), intranquillité (Lise Gauvin)[70]. C'est une attitude qui appelle à reconstruire dans les marges, dans une sorte de « Tiers-Monde » (G. Thérien) de la culture, plutôt que sur la promesse illusoire d'une grande réconciliation de l'Europe et de l'Amérique. Tous les appels au dépaysement, à la mise en tutelle des cadres historiques, à la pensée rebelle et au nomadisme participent du même esprit (par exemple F. Charron, 1999). Ainsi le Québec trouverait sa vocation naturelle en récusant les chimères des deux mondes qui de toute manière lui échappent et en se constituant comme culture des interstices, en recherchant son monde interlope par des chemins obliques. Un tiers-monde, en effet, mais moins par sa pauvreté que par son excentricité. En sorte que la perte et le deuil de ses deux univers de référence en fassent non pas un orphelin, qui serait voué éternellement au commentaire nostalgique et stérile d'une privation ou d'une absence, mais carrément un *bâtard* : ensauvagé comme au début (à l'image et dans le sillage de ses devanciers indigènes et européens), s'abreuvant à toutes les sources proches ou lointaines, mêlant et dissipant tous ses héritages, répudiant ses ancêtres réels, imaginaires et virtuels, il s'inventerait dans cette position originelle un destin original qu'il pourrait enfin tutoyer, dans l'insouciance des ruptures et des continuités. Non pas un bâtard de la culture, mais une culture et, pourquoi pas, un paradigme du bâtard. Au creux de son indigence, ce tiers-monde, ce « pays chauve d'ancêtres » (Miron) en viendrait à enraciner une insolence qui serait une façon de se poser dans le monde et dans le Nouveau Monde. Ce serait sa manière d'accéder enfin à l'autonomie, à sa vérité, et peut-être à l'universel.

CHAPITRE IV

Essor de la conscience nationale au Mexique et en Amérique latine

Après le Québec, notre regard se tourne vers le Mexique et l'Amérique latine *(carte 1)*. Compte tenu de la diversité qui caractérise ce continent, on pourrait s'étonner de l'orientation de notre enquête qui, en partant du Mexique, déborde sur l'Amérique latine dans son ensemble[1]. Mais nous croyons que, par-delà les importantes spécificités qui les singularisent, les collectivités de ce continent ont partagé des rêves, des problèmes et des expériences historiques qui rendent notre démarche légitime. En outre, la reconnaissance des éléments d'une trame commune peut en retour éclairer les destins particuliers. Précisons aussi que, pour désigner le processus d'appropriation culturelle de ces nouveaux espaces par les Européens entre le XVIe et le XXe siècle, nous recourrons au concept d'américanisation ou de construction d'une américanité. On aurait tort d'y voir une connotation normative quelconque (comme dans le projet d'une grande nation latino-américaine, par exemple). Nous nous intéressons simplement aux processus qui contribuaient à créer des représentations, des identités, des appartenances nouvelles.

Carte 1. — L'Amérique latine.

Des populations neuves, des civilisations anciennes

Déjà bien connues, les péripéties de la Conquête espagnole ont fait l'objet de nombreux rappels à l'occasion du 500e anniversaire du premier voyage de Colomb en terre américaine. Cet événement inaugurait un processus historique original de reproduction culturelle à distance, à partir d'une souche européenne. Trois éléments en composent la trame de fond : *a*) un important transfert migratoire à partir d'une population ancienne convaincue de sa valeur et de sa vocation civilisatrice, *b*) un territoire mal connu, relativement peu occupé, qui se prêtait à des projets de peuplement et à diverses formes d'exploitation, *c*) l'existence, dans ces *nouveaux* espaces, d'une population autochtone dont la culture, les genres de vie et l'organisation matérielle étaient ordinairement jugés inférieurs par les nouveaux occupants. Dans le cas qui nous concerne, l'Espagne et le Portugal allaient prendre pied sur un immense territoire et, sur quatre siècles, y diriger un courant migratoire bientôt nourri de bien d'autres apports (européens, africains, asiatiques). À la longue, une nouvelle société, une nouvelle civilisation prenait forme. Très tôt cependant, son destin se trouva partagé entre ses allégeances ibériques et les sollicitations incessantes du nouveau continent. D'un côté, le prestige de la culture européenne et son héritage institutionnel invitaient à la continuité. De l'autre, les contraintes de l'adaptation au nouvel environnement et la nécessité de composer avec l'omniprésence de l'Autochtone entraînaient une dérive porteuse de ruptures. Dans l'ensemble, et dans la longue durée — mais avec bien des nuances —, il apparaît que cette seconde tendance a prévalu. La figure la plus spectaculaire et la moins contestable de la rupture avec les mères patries est offerte par la trame politique qui a caractérisé le devenir des collectivités latino-américaines entre le XVIe et le XIXe siècle. Cette période s'est en effet soldée par la naissance, à la fin du XVIIIe siècle et au début du XIXe, d'une vingtaine d'États-nations qui ont coupé leurs liens avec leur métropole européenne (Espagne, Portugal, France)[2].

Il n'existe pas de mesure précise de l'émigration espagnole vers l'Amérique avant le XIXe siècle. Selon M. Mörner et H. Sims (1985, Tableau 1), les effectifs n'auraient pas atteint 11 000 durant la période

1500-1650. Il n'existe aucune estimation vraiment fiable pour le reste de la période coloniale. S'appuyant sur l'ensemble des sources connues, C. Morin et R. McCaa (1996) rapportent que la population du Mexique comprenait 62 000 habitants d'origine espagnole en 1570 et 200 000 non-Indiens en 1650. Vers la fin du XVIIIe siècle, le nombre de Blancs était évalué à 350 000 environ. On voit que ces repères sont très lâches, mais il faut convenir que le métissage, entre autres, fait sérieusement obstacle à ce genre de statistiques. Les données sur l'émigration portugaise aux XVIe et XVIIe siècles sont encore plus pauvres, une grande partie des archives ayant été détruites en 1755 par le tremblement de terre de Lisbonne[3]. Nous sommes en terrain plus sûr pour les XIXe et XXe siècles. Entre 1824 et 1924, 11 millions d'Européens auraient gagné l'Amérique latine (jusqu'à 250 000 par année entre 1890 et 1914), l'Argentine étant le plus gros receveur (46 %), suivie du Brésil (33 %). Dans l'ensemble, il s'avère que l'immigration espagnole a été relativement faible et que, tout en étant proportionnellement plus élevée, la contribution des autres pays d'Europe s'est répartie très inégalement, certains pays étant littéralement submergés. En Argentine par exemple, les habitants nés à l'étranger représentaient 30 % de la population en 1914, comparativement à 14 % aux États-Unis en 1910 (F. B. Pike, 1969). Le Brésil, de son côté, accueillait 4,6 millions d'immigrants entre 1820 et 1935 (M. R. Reinhard *et alii,* 1968).

Pour ce qui est des Indiens, leur géographie ethnique et politique a beaucoup bougé au cours de leur longue histoire, et il est impossible d'en rendre compte en quelques lignes (au Mexique seulement, on compte une bonne douzaine de cultures ou de civilisations indiennes à l'époque précolombienne et coloniale). Pour les fins de cet essai, on se contentera d'une représentation très simplifiée des trois plus grands empires ou civilisations : les Aztèques, qui ont occupé presque tout le territoire actuel du Mexique ; les Mayas, dont la péninsule du Yucatan a été le berceau mais qui ont largement débordé vers le Guatemala et le Honduras ; les Incas, au Pérou, en Bolivie et en Équateur. Partout sur le continent, les populations indiennes ont connu un déclin spectaculaire après la Conquête. En Haïti, comme dans toutes les Caraïbes, on peut parler d'une extinction presque totale. Même chose pour l'Uruguay, l'Argentine et le Costa Rica (J. Walker, 1979). Au Honduras, les effectifs se sont effondrés de 50 % à 95 % en un demi-siècle seulement, selon les régions (L. Newson, 1986). Le déclin fut encore plus radical au Brésil. Dans le cas du Mexique, on a proposé des estimations assez contradictoires de la population autochtone avant la Conquête (de 11 à 30 millions). Le nombre des Indiens aurait chuté à un million environ vers la fin du XVIe siècle, pour amorcer ensuite un lent mouvement à la hausse (au moins 3 millions à la fin du XVIIIe siècle). On relève un mouvement analogue, quelque peu atténué, dans les Andes : 10 millions en 1530, 2,5 millions en 1560, 1,5 million en 1590, avec une reprise aux XVIIe et XVIIIe siècles. Cela dit, en dépit de toutes les pertes subies à cause des guerres et des épidémies, les Indiens demeurèrent jusqu'au XIXe siècle le groupe ethnique majoritaire dans l'ensemble de l'Amérique latine. Rappelons qu'à la fin du XVIe siècle, par exemple, les habitants de souche espagnole ne se chiffraient guère qu'à 150 000 environ dans tout l'hémisphère. Au début du XIXe siècle, les Blancs étaient au nombre de 4 millions, soit un cinquième seulement de la population[4].

Dans la plupart des pays concernés, aux habitants d'origine européenne et aux Indiens s'ajoutaient, selon des proportions variables, des Noirs et des Asiatiques. Ces derniers n'ont toujours représenté qu'une petite minorité. Il n'en est pas ainsi des Noirs, importés d'Afrique pour nourrir le système d'esclavage. Cet apport démographique fut très supérieur à l'immigration blanche : environ 900 000 entrées pour le XVIe siècle et 2,75 millions pour le XVIIIe siècle (M. R. Reinhard et alii, 1968). Selon M. Mörner (1971), il faut sans doute chiffrer par millions les effectifs d'esclaves importés au Brésil seulement depuis la Conquête, ce qui donnerait un total de 7 millions d'entrées pour l'ensemble du continent (d'autres estimations vont jusqu'à 15 millions pour la période allant du XVIe au XIXe siècle). Conjugués à une fécondité élevée, tous ces apports se sont traduits par une croissance rapide de la population totale de l'Amérique latine, surtout à partir du XVIIIe siècle. Les effectifs atteignaient 30 millions en 1850 et 60 millions en 1900. Cette augmentation spectaculaire allait se poursuivre au XXe siècle, grâce au maintien de la fécondité et à une baisse de la mortalité : 104 millions en 1930, 160 millions en 1950 et près de 280 millions en 1970. En ce qui concerne plus particulièrement le Mexique, d'un peu plus d'un million au début du XVIIe siècle, la population totale est passée à 5 millions à la fin du siècle suivant, à près de 13 millions en 1900 et à 48 millions en 1970.

De toutes ces données démographiques, il faut surtout retenir l'importante diversité qui caractérise la plupart de ces nouveaux pays. On le voit par la variété des origines : Indiens, Africains, Européens, Asiatiques ; à quoi il faut ajouter l'action paradoxale de vieilles pratiques de métissage qui, si elles ont fait fondre certaines différences, ont aussi créé plusieurs types nouveaux : croisements Blancs/Indiens, Blancs/Noirs, Indiens/Noirs, et autres « sang-mêlé[5] ». Cette diversité biologique a fait place également à un impressionnant quadrillage ethnique, chaque continent (l'Europe en particulier) fournissant son lot de spécificités linguistiques et coutumières. La population indienne elle-même présentait une très grande hétérogénéité biologique et culturelle (on y a recensé quelques centaines de langues). Il faut compter, enfin, les inévitables clivages sociaux qui se sont creusés à la faveur de l'économie coloniale : l'aristocratie des administrateurs royaux, la bourgeoisie créole[6], les *castas*[7], et le reste. Il n'est guère possible de produire une statistique qui tienne compte de tous ces raffinements. Rappelons seulement qu'à la fin du XVIIIe siècle, les populations d'Amérique latine comprenaient 20 % de Blancs, 26 % de métis, 8 % de Noirs et 46 % d'Indiens[8]. Au Brésil, où les Noirs furent longtemps majoritaires, on trouvait aussi des Turcs, des Japonais, des Syriens et des Russes, tout comme en Argentine. Au Pérou, au milieu du XXe siècle, les Blancs ne représentaient que 1 % de la population. Ils étaient très minoritaires aussi au Venezuela où, à la même époque, les *pardos* comptaient pour 70 % des effectifs (J. V. Lombardi, 1976, 1982). Même chose en Bolivie, le plus « indien » des pays du continent (H. S. Klein, 1982), avec le Guatemala, l'Équateur et le Pérou, et l'un des plus multiethniques aussi, avec le Surinam (E. Dew, 1978). Le Mexique, enfin, n'était pas en reste avec ses 60 % d'Indiens et 20 % de Blancs à la fin du XVIIIe siècle. La part des Indiens descendait à 33 % environ, un siècle plus tard, et à 10 %-15 % au cours de la première moitié du XXe siècle, déclin correspondant à une hausse pour les diverses variantes de métis.

C'est dans ce contexte de peuplement de très grande diversité et de double dépendance économique à l'endroit des Autochtones (qui fournissaient le gros de la main-d'œuvre dans l'agriculture, dans l'industrie, dans les mines) et des métropoles européennes, que les membres de la minorité blanche — les Créoles principalement — ont entrepris de se constituer en élite, en porte-parole autorisés à élaborer des représentations globales de la collectivité, à lui forger une identité, à lui définir des orientations et à présider à son destin.

La création d'un nouveau monde

C'est une tâche difficile que de récapituler en quelques pages les processus complexes qui ont peu à peu aménagé une rupture politique dans la relation entre les élites latino-américaines et leurs mères patries, cette rupture survenant parallèlement à une appropriation culturelle du continent. Il nous faudra de toute évidence user de raccourcis, en essayant de ne pas trahir la configuration de cette immense dérive culturelle.

L'émancipation politique

Les frustrations puis les ambitions conçues et poursuivies sur quelques siècles par l'élite créole (la forme plurielle conviendrait ici tout autant) constituent le vecteur principal du processus de rupture politique, économique et culturelle avec les capitales péninsulaires. La notion de créolisme, qui serait apparue pour la première fois en 1567 au Pérou (de l'espagnol *criollo*), est associée au mécontentement des descendants de conquérants qui se voyaient privés de l'héritage économique de la Conquête ainsi que des faveurs de l'administration royale et de l'Église (fonction publique, commandement militaire, hiérarchie ecclésiastique, etc). Par définition, le Créole était un être ambigu. Pour reprendre les mots de Bolívar (cité par J. Lynch, 1973, p. 24-25), il n'était ni européen ni indien, mais à mi-chemin entre les deux. Américain par la naissance mais Espagnol en vertu de la loi, il était installé dans une dualité inconfortable qui, d'un côté, le poussait à disputer aux Indiens la propriété de la terre et, de l'autre, le forçait à défendre constamment sa position contre l'ingérence des représentants métropolitains. Dans les territoires contrôlés par Madrid, les nouveaux immigrants espagnols, eux, contrôlaient le commerce tout en monopolisant les honneurs et les charges. Le coup le plus dur porté aux Créoles fut peut-être le retrait des *encomiendas,* institution assez analogue à la seigneurie européenne, dont les titulaires bénéficiaient du travail forcé des Indigènes en retour d'une assistance matérielle et religieuse. Au début du XVIIe siècle, les Créoles obtinrent la reconduction de ce privilège — ils en avaient demandé la perpétuité —, auquel la monarchie mit cependant fin un siècle plus tard. En 1549, Charles Quint avait déjà décrété que les métis ne pouvaient exercer de charges publiques sans une licence royale. Le roi avait aussi institué la règle de la pureté du sang comme condition d'accès à la noblesse. Durant toute la période coloniale, sur 170 vice-rois, quatre seulement furent d'origine créole. Cette proportion était de 14 sur 602 pour les capitaines-généraux, gouverneurs et présidents, et de 105 sur 706 pour les évêques et archevêques (R. M. Morse, 1964, p. 136).

Ce contexte favorisa dès le XVIe siècle la naissance d'un esprit, d'une conscience de classe, nourrie par les humiliations répétées, par une condition commune de marginalité, et fortifiée par la réaction contre le népotisme monarchique. B. Lavallé (1980) explique que la population coloniale comprenait deux types d'Espagnols : ceux dont la fortune ou les affaires étaient soudées au continent (les titulaires d'*encomien-das,* par exemple) et qui étaient en quelque sorte voués à l'enracinement, et les autres, les nouveaux venus, dont le but était de rentrer au plus vite au pays natal, une fois fortune faite, ou pour continuer leur ascension dans l'échelle de l'administration métropolitaine. La logique des intérêts poussait les uns à se solidariser avec le continent, les autres à s'en distancer à court ou à moyen terme. Au cours de la seconde moitié du XVIIIe siècle, cette dualité s'est accentuée alors que Madrid amorçait sa seconde Conquête de l'Amérique latine, réagissant ainsi à la menace commerciale que représentait la concurrence des autres puissances européennes, l'Angleterre tout principalement. Le resserrement des contrôles et la politique protectionniste imposée par la bureaucratie espagnole, en particulier durant le règne de Charles III (1759-1788), eurent pour effet d'affaiblir le pouvoir économique créole et d'attiser le ressentiment contre la mère patrie. On a donc pu parler, pour les XVIIe et XVIIIe siècles, d'un patriotisme et d'un sentiment « national » (serait-il plus prudent de dire « protonational »?) proprement créole[9], qui n'aboutirent pas à un projet formel de rupture politique mais qui s'exprimèrent dans une longue séquence de protestations et de requêtes[10].

Ce n'est qu'au début du XIXe siècle — plus précisément entre 1810 et 1830 — que la plupart des pays d'Amérique latine connurent l'émancipation politique[11]. Les évolutions qui y ont conduit sont complexes; nous en rappelons seulement les coordonnées principales, pour les fins de notre démonstration. On relève une composante populaire presque partout, mais elle prit des proportions beaucoup plus importantes dans certains pays qui furent le théâtre de véritables soulèvements. C'est le cas du Mexique, avec les insurrections de 1810-1811 et 1813-1815, dirigées par les curés populistes Miguel Hidalgo et José Maria Morelos; elles visaient à protéger les intérêts des petits propriétaires créoles. Au Venezuela, les soulèvements se succédèrent pendant une quinzaine d'années (en fait jusqu'en 1830, quand le pays se dissocia de la Colombie). Dans l'ensemble toutefois, l'action du peuple fut un facteur plutôt secondaire dans l'émancipation politique du continent. Pour l'essentiel, les mouvements d'indépendance ont été animés par les élites, qui ont su profiter de la chute de l'Espagne et du Portugal envahis par les armées de Napoléon en 1807-1808[12]. Le cas est particulièrement frappant en ce qui concerne le Portugal, la cour et le gouvernement ayant eux-mêmes quitté Lisbonne pour s'installer à Rio de Janeiro; le Brésil devenait en quelque sorte le nouveau territoire national, légitime, du Portugal. Il déclara son indépendance sans grand traumatisme, en 1822, lorsque le roi retourna dans sa capitale[13]. Pour ce qui est de l'Espagne, le régime y fut fortement compromis par l'abdication forcée du roi.

En somme, ces mouvements d'indépendance se soldèrent par d'importants réaménagements politiques, mais sans véritables changements sociaux dans l'immédiat. Presque partout, les Révolutions (abolition de l'esclavage, réforme agraire, démocratisation de l'éducation…) étaient encore à venir, selon des modalités, des itinéraires parallèles. L'obtention de la souveraineté politique avait été le fait des éléments conservateurs de la population créole, alliés aux intellectuels et à une bonne partie de l'armée. Les grands propriétaires fonciers avaient mis fin à l'emprise ibérique et à ses exactions. En accédant au pouvoir politique, ils s'étaient en outre donné les moyens de maintenir la domination qu'ils exerçaient sur leur main-d'œuvre formée d'Indiens et d'esclaves noirs. Les idées et les politiques libérales ne triomphèrent que plus tard[14]. Dès la seconde moitié du XVIIIe siècle toutefois, l'élite créole avait été influencée par les Lumières et y avait trouvé l'argumentaire de sa pensée politique[15]. Enfin, il apparaît que le sentiment national a inspiré une partie de l'agitation des années 1810-1830, surtout dans sa composante la plus populaire. Ce sentiment a été incarné et stimulé par les grands leaders que furent José de San Martin en Argentine, Francisco Miranda et Simon Bolívar dans la « Grande Colombie » (qui donna en fait le Venezuela, l'Équateur et la Colombie), Servando Mier, Miguel Hidalgo et José Maria Morelos au Mexique[16]. À cet égard, il faut signaler les cas de Haïti et de Cuba où une forme de nationalisme semble avoir fondé les luttes anti-impérialistes (José Antonio Saco, José Marti). Au Venezuela aussi, selon J. V. Lombardi (1982), le soulèvement de la fin des années 1820 (le quatrième depuis 1810) était d'inspiration explicitement nationaliste. De même, il paraît assez bien établi qu'au Mexique, l'aspiration nationale a été l'un des ressorts du mouvement d'indépendance (D. A. Brading, 1985, 1991). Cela dit, il est également vrai que les luttes pour l'émancipation politique ont surtout servi de ferment aux idéologies nationalistes proprement dites, qui allaient gagner en intensité et en popularité au cours des XIXe et XXe siècles. La plupart des auteurs s'accordent en effet à constater que l'affranchissement politique des pays d'Amérique latine dans le premier quart du XIXe siècle a été, pour une bonne part, le fruit d'une conjoncture européenne; il serait inexact d'en faire le point d'aboutissement d'une longue dynamique collective interne[17]. En ce sens, et comme le dit H. Favre (1996), en Amérique latine, l'État a en quelque sorte précédé la nation.

Quoi qu'il en soit, à partir de 1830, l'indépendance politique était un fait acquis, irréversible (personne n'a jamais songé à la remettre en question), qui allait susciter d'importants effets d'entraînement dans le sens d'une reproduction dans la différence. Par ailleurs, ce serait une erreur que de laisser dans l'ombre le long travail socioculturel en cours depuis le XVIe siècle et qui a puissamment contribué à mettre en place une américanité créole. On peut donc parler, à propos de l'Amérique latine, d'une rupture étalée, à plusieurs voies.

Une américanité créole

L'américanité évoquée ici est celle qui a pris forme durant la période coloniale, d'abord et surtout à l'initiative des Créoles, à même des pratiques culturelles de rupture, de recommencement et d'appropriation. Sur ce point, et comme dans la suite de l'exposé, nous donnerons priorité au cas mexicain parce qu'il est l'un des plus anciens et le mieux documenté. Mais, par-delà la diversité interne du continent, nous chercherons également à l'extérieur du Mexique des éléments convergents, attestant l'existence d'un commun dénominateur et de divers éléments d'une trame culturelle panaméricaine. Ce faisant, nous verrons aussi à apporter toutes les nuances qu'appelle la thèse de la différenciation en relation avec l'Amérique latine.

Au début de l'ère colombienne, on vit d'abord s'exprimer une culture de la continuité portée par les conquistadors et les premiers administrateurs coloniaux. Comme en témoigne la toponymie originelle, les Espagnols voulaient créer en Amérique une nouvelle Espagne : on sait que ce fut le premier nom donné au Mexique. L'actuelle Colombie faisait partie de ce qu'on appela la Nouvelle-Grenade ; le Venezuela était la Nouvelle-Andalousie et Saint-Domingue l'Hispaniola. De même, on rêvait certes de l'Eldorado, du Bon Sauvage, de la fontaine de Jouvence, de la Sierra de la Plata, de la Cité des Césars, des Amazones, du Rio de la Plata. Mais c'étaient là rêves d'Européens qui étendaient outre-Atlantique leurs phantasmes, leurs vieilles obsessions, leurs idéaux déçus : rêves de prédateurs donc, qui créaient un lien colonial, et non rêves de fondateurs qui auraient pu donner naissance à un pays[18]. Il s'en trouva plusieurs aussi, parmi les premiers Hispano-Américains, pour célébrer la Conquête comme un acte providentiel destiné à répandre outre-mer le modèle de l'Europe catholique (J. Lafaye, 1984). Mais cet épisode fut de courte durée ; l'américanisation de l'utopie n'allait pas tarder. Car en Europe même, le désenchantement et la critique du vieux continent gagnait du terrain (Thomas More, Érasme, Montaigne, et plus tard Rousseau). À sa naissance, la pensée créole s'est nourrie de ce discours désabusé pour mener sa propre critique de la civilisation espagnole, de l'absolutisme royal, de l'intolérance religieuse, de l'impérialisme. On s'en prenait tout particulièrement à la violence des conquistadors à l'endroit des Indiens, d'où naquit le thème de la Légende noire dont Bartolomé de Las Casas fut l'initiateur au Mexique au milieu du XVIe siècle[19].

Ce discours critique à l'endroit de la métropole se doublait, assez logiquement, d'un parti pris en faveur du continent et de ses racines profondes. Mais, là encore, il s'agissait, pour une part, d'une réaction à des courants de pensée européens qui dénigraient l'Amérique et ses habitants. Les représentants de l'administration espagnole se refusaient à considérer les Indiens comme des êtres humains, les tenant pour inférieurs. Au XVIIIe siècle, cette perception fut mise en forme par des historiens, des scientifiques et des philosophes européens comme Georges Buffon, Cornélius de Pauw, l'abbé Guillaume Raynal, William Robertson, Wilhelm Humboldt. Selon eux, les caractères physiques du Nouveau Monde auraient entraîné une déchéance de toutes les espèces vivantes. Chez l'Indien et le métis en particulier, ces tares physiques se seraient doublées d'une dégénérescence intellectuelle et morale[20]. Cette tradition de pensée se prolongea au XIXe et même au XXe siècle en Amérique latine, sous la forme du clivage civilisation/barbarie à l'aide duquel plusieurs auteurs caractérisaient la dynamique culturelle du nouveau continent : une opposition sans cesse renouvelée entre, d'un côté, les forces du progrès et des Lumières, venues d'Europe, et de l'autre, la résistance de la culture populaire issue de l'américanité (par exemple : Sarmiento en Argentine, Espinosa au Pérou, et autres)[21].

Les toutes premières initiatives intellectuelles en faveur des Indiens furent celles des missionnaires qui, à partir des années 1520[22], s'implantèrent au Mexique avec l'intention de convertir les Autochtones, jugeant qu'ils appartenaient eux aussi au plan divin. Sous ce rapport, Vasco de Quiroga, Pedro de Gante, Bartolomé de Las Casas et Bernardino de Sahagún font figure de pionniers. Sahagún, avec Diego de Landa et Bernabé Cobo, ont été au XVIe siècle les auteurs des trois premiers ouvrages ethnographiques sur les principales civilisations indiennes d'Amérique (Aztèques, Mayas, Incas). Las Casas a également laissé plusieurs écrits à la défense des Indiens. Avec le temps, de nombreux noms s'ajoutèrent à ce courant de pensée : F. J. Claviero (qui célébra le passé précolombien au même titre que l'Antiquité gréco-latine), S.-T. de Mier, Benito Feijóo, don Fernando de Alva, et d'autres (M. Picon-Salas, 1971 ; D. A. Brading, 1991, etc.). Plus important encore, au gré des contacts et des actions missionnaires, le catholicisme s'est inséré dans l'indianité, d'où il a résulté diverses formes de syncrétisme. Ainsi, la religion officielle se continentalisait : lorsque, en 1711, la Vierge apparut dans des villages mayas du Chiapas, on assura qu'elle avait pris le parti des Indiens contre le système colonial et les avait enjoints à se soulever.

Les Créoles épousèrent ces représentations qui furent à l'origine du premier indigénisme. Au Mexique, comme ailleurs en Amérique latine, il est remarquable que les plus anciennes expressions du sentiment ou de l'idée nationale incluaient l'indianité comme composante essentielle[23]. Il faut voir là les racines des identités nationales qui s'épanouirent aux XIXe et XXe siècles en s'appuyant sur l'État[24]. La notion d'appropriation convient tout à fait pour désigner les processus d'emprunt, de métissage et d'acculturation auxquels se livrèrent les Créoles. Dans la vie quotidienne, ils incorporaient de nombreux éléments indiens, et parfois africains. Sur le plan biologique, ils se réclamaient du mélange des races ; peu à peu, le métis devint la figure authentique de l'américanité et prit le pas sur le Créole, qu'il finit par englober. Dans l'ordre du sacré, on cherchait à jeter des ponts entre catholicisme et religions autochtones, en leur trouvant de lointaines origines communes. Enfin, pour ce qui est de la mémoire, on s'identifiait carrément à l'indianité et à ses racines millénaires, qui donnaient ainsi corps à une tradition, à une continuité imaginée[25]. Comme le rappelle dans plusieurs de ses écrits le Vénézuélien Arturo Uslar Pietri, le modèle (on pourrait dire le paradigme) de l'amalgame est au cœur de la recherche identitaire latino-américaine[26]. Tous ces thèmes ressortent très clairement de l'histoire mexicaine, mais le passé culturel de la plupart des pays latino-américains en a été marqué[27]. Partout, le profit symbolique était le même, en termes d'autonomie, d'éveil identitaire et de revendication nationale.

Nous aurons à revenir plus longuement sur ce sujet dans une prochaine partie. À ce stade-ci, rappelons seulement que, en dépit de son essor au cours des XVIe, XVIIe et XVIIIe siècles, ce premier sentiment national (sorte de protonationalisme) ne fut pas vraiment le terreau qui a alimenté en priorité les mouvements d'indépendance du début du XIXe siècle. Certes, dès l'époque coloniale, la nation (culturelle) avait pris çà et là un certain relief. Ainsi, selon A. Uslar Pietri (1992, p. 313-321), c'est au cours du XVIIIe siècle que la nation vénézuélienne se serait forgée. À propos du Mexique, D. A. Brading (1985) parle d'un nationalisme créole dès les XVIe et XVIIe siècles. D'après G. K. Lewis (1983), la lutte anti-impérialiste menée par les Créoles à Cuba et à Haïti au XVIIIe siècle a été elle aussi l'expression d'une nationalité, soutenue par une culture en émergence qui incorporait des éléments africains, blancs et indiens. On connaît par ailleurs la thèse de B. Anderson (1991), selon laquelle le nationalisme aurait touché l'Amérique latine avant l'Europe. Mais il paraît plus prudent de voir là les racines de la nation culturelle plutôt que l'institution de la nation politique. C'est dans cette perspective qu'il faut situer les insurgés de Caracas à la fin du XVIIIe siècle, qui échouèrent dans leur tentative d'instituer une première forme de république; ou le combat — victorieux celui-là — des Argentins de Buenos Aires contre les invasions anglaises de 1806-1807; ou encore, comme nous l'avons indiqué, les insurrections de Hidalgo et de Morelos au Mexique en 1810-1813. C'est surtout après la naissance des républiques que le nationalisme prit vraiment forme comme matrice, comme principe organisateur de la pensée et de l'action collectives. C'étaient souvent des conflits contre des pays voisins, des réactions à des insurrections indiennes ou même des guerres civiles qui servaient de mécanismes déclencheurs. D'une façon plus générale, le nationalisme se donnait aussi comme un cadre rassembleur qui allait contrer l'instabilité sociale et politique née des mouvements d'indépendance, en mettant fin aux divisions internes[28]. Et, plus important encore, du point de vue qui est le nôtre, ces nationalismes accentuaient l'appartenance au continent et amplifiaient encore davantage la rupture identitaire avec les métropoles[29]. En résumé, on pourrait dire que, durant la période coloniale, la référence nationale s'était forgée surtout dans la culture, et en particulier dans la religion; avec le XIXe siècle, elle acquit une pleine consistance politique et sociale. Soulignons au passage le paradoxe de ces collectivités politiques qui ont assuré leur affranchissement et leur édification en s'appuyant sur le modèle de l'État-nation, lui-même emprunté à l'Europe.

Peu après l'époque de la Conquête, l'enracinement dans le continent inspira une forte pensée utopique chez les Créoles. Mais il s'agissait cette fois d'utopies de rupture et d'appropriation, et non de rêves péninsulaires ou européens. En un sens, les entreprises millénaristes et missionnaires ont constitué une sorte de transition des unes aux autres. Des figures comme Bartolomé de Las Casas, Vasco de Quiroga et d'autres illustrent la tentative des pionniers pour créer sur le continent un ordre nouveau fondé sur la justice, l'égalité et l'espoir de la parousie, l'attente du millénium[30]. On observe alors une résurgence de millénarismes italiens et espagnols (Joachim de Flore, Savonarole, Bartoloméo de Pise, Antonio de Aranda…). Mais les petites républiques chrétiennes *(reducciones)* établies à partir du début du XVIIe siècle au Paraguay par les Jésuites (et dont le modèle, là encore, était d'origine européenne) relèvent d'une authentique américanité : en font foi leur contenu social et leur souci d'adaptation au milieu (A. Cioranescu, 1971). Parmi d'autres exemples, on peut ranger dans la même veine la vision messianiste qui s'est déployée au Pérou au XVIIe siècle, selon laquelle l'américanité allait donner une nouvelle vigueur au catholicisme et lui servir de tremplin pour se lancer à la conquête du monde (B. Lavallé, 1983). Sur un mode nettement plus laïque, mentionnons aussi la mythologie urbaine qui a fleuri au Mexique pendant toute la période coloniale (Y. Aguila, 1983), un peu comme au Pérou et au Chili ; ou encore, ces Créoles péruviens qui, au XVIIe siècle, représentaient leur terre natale sous les traits du Paradis terrestre (M.-D. Demelas, 1982).

Les mouvements d'indépendance relancèrent les rêveries du continent. L'idéal d'une grande alliance latino-américaine en fut la première et la principale expression, ses porte-parole les plus célèbres étant Miranda (le thème de la Grande Colombie) et Bolívar. L'idée leur a survécu dans la seconde moitié du XIXe siècle, et elle n'a pas complètement disparu même aujourd'hui. Des mythes proprement nationaux prirent forme également qui affirmaient, chacun à sa façon, l'essor d'une identité américaine. Ici, un déterminisme géographique (les ressources inouïes, le climat bénéfique…) promettait un destin supérieur. Là, une métaphore organiciste fondait la nation pure, innocente, libre et vigoureuse. Ailleurs encore, le nouvel homme américain allait affirmer sa supériorité spirituelle sur son ancêtre de la mère patrie[31]. Le mythe de la Grande Argentine, qui entendait se donner en modèle au monde entier, est ici exemplaire également. Tout comme le cas du Mexique qui, selon O. Paz (1972), n'a vraiment consommé sa rupture culturelle avec son ancienne métropole qu'au milieu du XIXe siècle, en adhérant à une autre tradition européenne, celle du rationalisme, de la démocratie et du progrès, à laquelle l'Espagne, après la Renaissance, avait tourné le dos avec l'Inquisition. Cette autre tradition, héritière des Lumières, aurait été concrétisée pour la première fois au Mexique dans la Constitution libérale de 1857 et dans les lois de réforme. À partir de ce moment, toujours selon O. Paz (1972, p. 113), le Mexique n'est plus tant « une tradition à perpétuer qu'un avenir à réaliser ». On ne saurait exprimer plus clairement la référence à nos deux modèles (continuité/différenciation). On aura noté toutefois que la rupture culturelle s'effectuait ici au prix d'un autre emprunt, d'une autre dépendance, cette fois envers l'ensemble de l'Europe. Toujours dans la veine utopique, mentionnons aussi le rêve ariéliste[32], fortement antiétatsunien, qui affirmait comme au XIXe siècle l'orientation spirituelle de la civilisation latino-américaine et sa supériorité morale.

Enfin, dans la plupart des pays d'Amérique latine, on trouve des échos du grand projet de métissage des races, de fusion des cultures et des traditions[33]. Cette grande idée a reçu, jusqu'à l'époque actuelle, de très nombreuses formulations. Pour ce qui est de sa version biologique, on peut évoquer la thèse de la *Race cosmique*, du Mexicain José Vasconcelos (1881-1957), ou l'idéal de la démocratie raciale au Brésil (Gilberto Freyre), à Cuba (Fernando Ortiz), au Venezuela (Carlos Siso, Rafael Castro) et ailleurs. Dans la même veine, au Brésil, signalons l'utopie de recommencement d'Euclides da Cunha (*Les Hautes Terres*, 1904), qui exprimait la volonté de retrouver la pureté des origines au moyen d'un métissage entre Blancs et Amérindiens, un peu comme le fit plus récemment Darcy Ribeiro dans *L'Utopie sauvage* (1982), où il est question de retrouver l'innocence perdue et l'égalitarisme des peuples précolombiens.

Dans deux autres directions encore, on peut observer la marche de l'appropriation culturelle du continent. C'est d'abord dans le déploiement de nouvelles formes coutumières et rituelles, issues de diverses pratiques d'emprunt, d'invention et d'adaptation. La langue s'est différenciée, s'éloignant du castillan (en particulier dans la prononciation), ce qui a donné prise aux affirmations identitaires de l'élite créole. Des débats ont eu lieu, certes, quant à l'opportunité de ce décrochage linguistique — au Mexique par exemple, au début du XIXe siècle, comme l'a rappelé Y. Aguila (1980). Mais dans l'ensemble, l'affaire fut assez vite tranchée, et la langue du continent ne devint nulle part une source lancinante de malaise ou d'humiliation par rapport à celles de Madrid ou de Lisbonne. Au Brésil, José de Alencar (*Iracema*, 1865) fut un pionnier de ce qui est devenu la langue nationale. On s'accorde à reconnaître que le portugais brésilien a acquis son autonomie vers la fin du XIXe siècle (le premier dictionnaire officiel, modelé sur le brésilien parlé, apparut à cette époque également) et que les derniers tabous métropolitains sont morts avec le mouvement moderniste des années 1920. Sur un autre plan, depuis le XVIe siècle, on n'a pas cessé d'explorer les nouveaux espaces, de reconnaître leurs particularités, de les nommer, de consigner par écrit les gestes, les faits et choses mémorables, de les tremper dans la légende, d'en nourrir l'imaginaire pour en tirer une tradition[34]. Et puis, il y avait tous les emprunts à la civilisation indienne : ceux que pratiquaient délibérément les Créoles, désireux de se distinguer des Espagnols de la péninsule, et ceux qui imprégnaient la vie quotidienne, qu'il s'agisse de nourriture, de vêtement, d'habitat, etc. Encore là, la langue fut un puissant vecteur d'arrimage, les noms indigènes de lieux, de fruits, d'oiseaux et autres animaux sauvages s'incorporant dans l'outillage mental des Blancs puis des métis de toute extraction.

Il semble que la langue et, de façon plus générale, la culture des classes populaires, furent davantage touchées par ce phénomène, en particulier dans les campagnes. Loin des grandes villes, la population était moins en contact avec ce qui subsistait de l'esprit et des institutions des métropoles européennes. Il s'ensuivit, un peu partout en Amérique latine, un clivage grandissant entre le monde des capitales et celui des provinces, où fleurissait une américanité sauvage en prise directe avec la respiration du continent et avec l'indianité. C'est dans les pays de la Plata que ce trait paraît avoir été le plus accusé. De ce point de vue, le *gaucho* et le *caudillo* prennent valeur de symbole, comme figures d'américanité. Au sens originel, le premier désignait les habitants nomades et marginaux, souvent hors-la-loi, des grandes plaines de l'Argentine, du Brésil (le *vaqueiro*) et de l'Uruguay. Au sens large, il en est venu à englober tous les travailleurs ruraux. Issu d'un métissage espagnol, indien et africain, le *gaucho* habitait les étendues sauvages de la *pampa*, y vivant d'industrie, dans la plus grande liberté d'esprit et de manières. Sa nature rude, fantasque et rebelle alimenta bien des légendes et imprégna fortement la culture populaire. Le *caudillo* représentait une autre figure identitaire, aux antipodes de l'européanité. Le nom était réservé à ces leaders locaux informels, sorte de parrains qui tiraient leur pouvoir des liens de dépendance personnelle tissés avec leur entourage. Ce pouvoir, qui pouvait s'étendre à des régions entières et même au-delà[35], était exercé d'une façon discrétionnaire, dans un esprit et un style qui ne sont pas sans rappeler le féodalisme primitif. On en trouve des racines à l'époque même de la Conquête ; mais il est certain que le régime des *caudillos* a connu un essor sans précédent au XIXe siècle, à la faveur de l'instabilité politique et sociale consécutive aux mouvements d'indépendance. Retenons aussi que, en comblant un vacuum institutionnel dans des régions peu développées, délestées par les capitales, ce régime durcissait le clivage socioculturel (l'antinomie ?) entre les élites et le peuple.

Dans la direction contraire, une américanité se construisait aussi dans la culture savante, en particulier dans la littérature. Dès le XVIIe siècle, au Mexique, au Brésil et au Pérou, des œuvres littéraires affichèrent une exaltation utopique et constituèrent une première forme d'appropriation symbolique[36]. Au XVIIIe siècle, alors même que les emprunts européens étaient encore de règle, on vit se répandre un peu partout une littérature à saveur nativiste (par exemple, la *Rusticatio Mexicana* de Rafael Landivar, 1731-1793). Mais la véritable émancipation allait venir au siècle suivant, malgré l'influence encore très forte des courants européens. Le romantisme, par exemple, avec José Maria de Heredia à Cuba, Esteban Etcheverria en Argentine, Ricardo Palma au Pérou, et d'autres, fut l'occasion d'une appréhension des paysages et d'une représentation des tempéraments nationaux. Il était bien servi en cela par sa sensibilité à la couleur locale et aux particularismes coutumiers. De même, José de Alencar au Brésil, Andrés Bello au Venezuela, Altamirano au Mexique, José Victorino Lastarria au Chili furent des pionniers d'une littérature nationale. La fin du XIXe siècle, avec la génération d'écrivains modernistes[37], consacra le décrochage hispanique et prépara le terrain au roman typiquement latino-américain qui allait

éclore à partir des années 1920 et 1930, pénétré de populisme, d'indianisme, de naturalisme[38]. À ce propos et pour la même époque, il faut
attirer l'attention sur l'influence du mythe cannibaliste au Brésil. On y
retrouve l'idée originelle de l'ingestion de l'autre qui permet d'acquérir
ses vertus et de se venger de lui en affirmant son indépendance. Appliquée à la littérature, cette idée a conduit des écrivains brésiliens du XIXe
et du XXe siècle à s'identifier avec les Indiens anthropophages Tupi-
nambas, ennemis traditionnels des Portugais impérialistes. Cette thématique a d'abord produit au XIXe siècle une imagerie assez inoffensive,
très européenne, dans la veine des *Natchez* de Chateaubriand. À partir
des années 1920 (Semaine d'art moderne de São Paulo en 1922, *Revista
de Antropofagia* de 1928-1929, Manifeste anthropophage d'Oswald de
Andrade), une symbolique beaucoup plus véhémente allait prendre
forme, dirigée surtout contre l'Europe (et en particulier la France) cette
fois. Cette métaphore, par laquelle on voulait mettre en forme la brésilianité en littérature, est encore vivante aujourd'hui : tout ce qui a été
imposé comme « autre » devrait être mangé, dévoré, c'est-à-dire nié, et
ainsi surmonté : « *Tupi or not Tupi* », écrivait Andrade (L. Stegagno Picchio, 1988 ; W. Moser, 1992, 1994). Dans quelques-uns de ses écrits,
Z. Bernd (entre autres : 1996) revendique, à la manière des anthropophages, son ascendance indienne (« … nos ancêtres les *Tupinambis* »,
p. 34). Ainsi, encore une fois, l'indianité (mais, en l'occurrence, sous les
traits du Mauvais Sauvage) sert de vecteur à l'émancipation américaine.
Notons enfin que, par le procédé anthropophage, l'écrivain brésilien se
libérait définitivement de sa dépendance à l'endroit du portugais
comme langue métropolitaine.

On pourrait montrer que, selon des périodisations et des voies assez
analogues, ce travail d'appropriation (ou de ré-appropriation) est
visible aussi dans les autres domaines de la création comme le théâtre,
la musique, la peinture, la sculpture ou l'architecture. Le cadre du présent essai ne permet pas d'illustrer longuement cet énoncé. Dans toutes
les directions cependant, on relève une ouverture de la culture savante
aux expériences et aux figures de la culture populaire. Au Mexique, par
exemple, les styles baroque et rococo sont plus que de simples transpositions des formes espagnoles ; ils portent la marque des inventions
locales et, notamment, de l'influence indienne. L'art religieux en est une

bonne illustration : le baroque des voûtes des églises a été manifestement altéré par le contact avec l'art indigène[39]. Au Brésil, le peintre José
Ferraz de Alméida Junior a innové dans les dernières décennies du
XIXe siècle en nourrissant ses tableaux de références aux gens de condition modeste, aux scènes de la vie quotidienne dans l'arrière-pays de
São Paulo (son portrait du bûcheron en 1884 était le symbole d'une
civilisation qui tournait le dos au littoral et à l'Europe). Dans la foulée
du mythe anthropophage, on pourrait encore évoquer la musique de
Villa-Lobos (ses *Bachianas Brasileiras* sont un croisement de Bach et de
folklore brésilien), ou la *bossa nova*, ce jazz latino-américain. Il est
remarquable que, partout, on relève une ouverture de la culture savante
aux expériences, aux traits et aux légendes de la culture populaire. Au
Brésil encore une fois, il en a résulté de nombreuses figures d'américanité (le *pisteloro*, le *sertanejo*, le *cangaceiro*, le *caboclo*, la *samba*, et autres)
dont s'est nourri l'imaginaire. Dans le même esprit, il faut souligner le
rôle de la négritude dans la formation des cultures nationales. Partout
où les Noirs ont été présents en Amérique latine, les intellectuels créoles
ont fini par s'approprier leurs traditions (danse, musique, fêtes, rites
religieux, artisanat) pour nourrir leur quête d'une identité originale,
authentiquement américaine (G. R. Andrews, 1998).

L'américanité inachevée

Tout ce qui précède montre que, dans l'ensemble, l'évolution culturelle des collectivités d'Amérique latine depuis le XVIe siècle relève bien
du modèle de la reproduction dans la différenciation plutôt que du
modèle de la continuité. Mais il est non moins assuré que ce parcours
général apparaît désuni en divers points, qu'il a connu bien des ratés et
qu'il a été accompagné de doutes, d'ambiguïtés et de contradictions qui
n'ont pas tous été surmontés encore aujourd'hui. Cet autre versant du
passé — et du présent — latino-américain donne à penser que l'américanité qui s'est construite depuis cinq siècles sur ce continent demeure
fragile, pleine de tensions et, dirons-nous, inachevée.

D'abord, certains éléments de continuité survivent très évidemment
dans l'héritage péninsulaire. Viennent tout de suite à l'esprit les vieilles

traditions linguistiques et religieuses, mais aussi de nombreux emprunts qui n'ont pas cessé de nourrir la culture savante latino-américaine, comme l'ont signalé E. O'Gorman (1961) et d'autres. À partir d'une étude de 63 historiens du XIXᵉ siècle, E. B. Burns (1978) a aussi montré que la référence européenne et le rejet de l'indianité constituaient des traits dominants de l'historiographie latino-américaine de cette époque. Sous une forme atténuée, ces traits seraient encore visibles à l'époque actuelle. Une opinion assez répandue veut que l'Amérique latine ait effectivement rompu avec les sociétés mères mais qu'elle ait éprouvé de grandes difficultés à mettre en place un modèle de remplacement (parmi les causes les plus souvent invoquées : l'extrême diversité de sa population, son instabilité politique et sociale, la violence qui a toujours imprégné sa vie collective, son incapacité à instituer des démocraties durables, les assauts de l'impérialisme américain...). Il en aurait résulté un vide culturel et une crise d'identité; cette Amérique serait donc encore en train de se faire. C'est la conclusion à laquelle en sont arrivés des auteurs comme G. Masur (1967), S. Clissold (1966) et C. Rangel (1987). Pour ce dernier, l'histoire de l'Amérique latine jusqu'à l'époque récente est marquée par l'échec; elle n'a pas su se donner des épopées. Comme plusieurs autres, Rangel fait grand cas des propos désabusés de Bolívar, vers la fin de sa vie (« Tous ceux qui ont travaillé à libérer l'Amérique n'ont fait que labourer l'océan... », etc.).

Deux témoins contemporains illustrent éloquemment cet état d'esprit. Le premier est le Mexicain Octavio Paz (1972, surtout le chapitre VI), prix Nobel de littérature, qui a offert une réflexion plutôt pessimiste sur l'incertitude, les masques, la solitude de l'identité latino-américaine, mexicaine en particulier. En se référant à son pays, O. Paz déplore l'échec des grands projets sociaux du XIXᵉ siècle et la pauvreté de la culture nationale qui n'a pas su innover à partir des nombreux emprunts européens[40]. Le second est le Vénézuélien Arturo Uslar Pietri (1992), qui reprend le thème de l'inconsistance culturelle (notamment dans la littérature) et de l'angoisse identitaire (par exemple : un continent qui a plusieurs noms et par conséquent n'en a pas...). Il affirme que l'Amérique latine a bel et bien effectué sa rupture avec l'Europe mais s'est révélée incapable d'élaborer sa propre civilisation, que son histoire est une longue quête d'identité sans cesse relancée. Ulsar

Pietri voit le cœur du problème dans le conflit entre les idéaux élitistes et les résistances « caudillistes » de la culture populaire. Mais il y aurait deux raisons d'espérer : une nouvelle littérature serait en émergence, portée par des préoccupations sociales et susceptible de jeter des ponts entre ces deux cultures ; et, plus profondément, la vieille dynamique de confluence et de métissage, qui est la véritable caractéristique de l'américanité latine, finira bien par réduire tous ces contraires qui ont jusqu'ici compromis les promesses du continent.

On trouve des accents semblables chez Z. Bernd (1986, 1996), qui commente l'aliénation culturelle du continent, et surtout chez J. Liscano (1987), qui évoque la confusion de l'être latino-américain et le triste sort d'une culture vouée à l'imitation, encore malade de sa rupture. Plusieurs auteurs ont en effet relevé — en se référant en particulier au XIXᵉ siècle — un mélange complexe de continuités et de ruptures et une incapacité à aligner les collectivités nationales sur une orientation durable. Au Venezuela, les élites sont difficilement parvenues à s'accorder sur des mythes fondateurs (J. V. Lombardi, 1976). En Argentine, plus qu'ailleurs peut-être, les élites et les classes populaires n'ont jamais pu se rallier durablement autour d'un plan de reconstruction collective. Au Brésil, T. E. Skidmore (1974, 1990) a montré que les équilibres culturels étaient toujours fragiles. Au Pérou, comme ailleurs, les intellectuels ont été longtemps tiraillés entre la volonté d'un décrochage européen et la crainte de la « barbarie », du « primitivisme » indien (B. Lavallé, 1983). Et en Colombie, selon P. Wade (1993), la rupture n'aurait jamais été vraiment consommée ; à cause de la très grande diversité ethnique, une partie des élites désespérerait de construire une vraie nation à partir des seules données continentales, d'où la tentation toujours présente de bâtir autour du vieil héritage hispanique. De toute évidence, les intérêts de classe ne sont pas absents des facteurs qui motivent cette orientation.

Dans plusieurs pays, la distanciation culturelle par rapport aux métropoles coloniales a donné lieu à d'autres emprunts, d'autres dépendances européennes, en particulier au XIXᵉ siècle, ce qui relançait la continuité en la déplaçant. L'exemple le plus spectaculaire en est donné par les élites culturelles brésiliennes, qui ont littéralement changé de mère patrie dans la seconde moitié du XIXᵉ siècle, substituant la

France au Portugal. Mais il y a également l'Argentine, qui s'est en partie ré-européanisée elle aussi à compter du milieu du XIXe siècle, tout comme le Mexique sous le règne de Porfirio Díaz. En témoignent le modernisme en littérature (les parnassiens, les symbolistes), le libéralisme dans la pensée et, surtout, le positivisme dans les sciences sociales (Comte principalement, mais aussi Darwin et Spencer). Au Mexique, par exemple, l'emprise de ce courant de pensée appliqué à la construction d'une société nouvelle, autonome, confine au paradoxe. Après tant de bouleversements sociaux et politiques, le positivisme offrait un espoir de restauration sous la forme d'une architecture, d'une ingénierie de l'ordre social. Mais il y avait un prix à payer : la nouvelle religion de la science enseignait aussi le triomphe de la raison et de la civilisation sur la barbarie ; du coup se trouvait réactivé le clivage culturel entre les élites et les classes populaires, entre la culture savante et l'indianité.

Ces importantes réserves ne suffisent pas à remettre en cause le modèle de la différenciation. Dans un grand nombre de cas, les idées européennes (la démocratie, par exemple) ne réussirent pas à prendre racine en terre latino-américaine (F. Miró Quesada, 1991). Dans d'autres cas, seules les élites — ou une partie d'entre elles — s'en sont nourries ; le reste de la « nation » n'a pas suivi. Inachevée, incertaine, l'américanité n'en est pas moins acquise dans la politique et dans la culture, au moins comme horizon. Une tradition a été instaurée, qui célèbre ses actes fondateurs, et le poids de l'indianité continue de peser sur les définitions collectives. Un peu partout, le XXe siècle a consolidé les appartenances continentales et restauré (dans tous les sens du mot) le passé précolombien. À Mexico, les monuments célèbrent plus volontiers la mémoire de Cuauhtémoc que de Cortés. Même les anciens vecteurs de continuité, comme la religion et la langue, ont subi la dérive du continent[41]. Enfin, les constats d'échec se rapportent surtout aux utopies, aux grands projets sociaux et culturels dans lesquels les constructions identitaires auraient pu trouver des matériaux. Et ils ne sont le fait que d'une partie des élites. L'autre partie, tout comme la masse de la population, se perçoit comme le produit original d'un long processus de métissage et de confluence culturelle qui a fait de l'Amérique latine le creuset d'une civilisation originale, dont l'envol serait imminent[42].

Des obstacles à l'identité. La fiction au secours de la nation

Nous avons vu comment, chez des littéraires brésiliens du XXe siècle, la métaphore anthropophage a permis de sublimer le sentiment de dépendance à l'endroit du Portugal. Ce cas illustre l'étonnante capacité des collectivités neuves à surmonter par des aménagements symboliques des situations apparemment sans issue. Nous nous attarderons à deux exemples de contradiction ou d'impasse où se trouvèrent enfermées les cultures nationales latino-américaines et qui furent surmontées par des stratégies discursives sanctionnées par l'autorité du mythe. On verra aussi que la science et l'idéologie s'y font volontiers complices pour apprêter la réalité empirique au goût de la nation. Par-dessus tout, les deux exemples montrent les obstacles auxquels peuvent faire face les collectivités neuves en quête d'une identité.

La diversité contre la nation

Tout au long de l'histoire latino-américaine, et en particulier à partir de l'époque des mouvements d'indépendance, l'idée de nation, dans ce qu'elle suppose fondamentalement d'unité et de cohésion, sinon d'uniformité, s'est heurtée à son contraire : une énorme diversité de races, d'ethnies, de classes. Ajoutons à cela le caractère parfois irréconciliable de diverses idéologies et visions du monde. La pensée créole s'est difficilement accommodée de cette réalité qui, dans quelques pays, a carrément fait échec aux projets d'identité nationale. Ce fut le cas de l'Argentine au cours de la seconde moitié du XIXe et de la première moitié du XXe siècle, irrémédiablement divisée entre deux modèles nationalitaires : la vision populiste des *gauchos* et l'élitisme très européanisé des libéraux[43]. À propos de la Grande Colombie, nous avons eu l'occasion d'évoquer le sentiment d'échec éprouvé par Bolívar à la fin de sa vie. D'autres pays se sont signalés depuis le XXe siècle par la fragilité de leur consensus national : le Pérou, où le vrai citoyen était tantôt l'Inca, tantôt le métis et tantôt le Blanc (F. B. Pike, 1969) ; le Brésil, aux prises avec des forces centrifuges de toutes sortes (A. C. Stepan, 1969) ; le Mexique, où l'indianité n'a pas cessé de faire problème (H. Favre, 1971).

Cette question a sans cesse sollicité les élites, qui ont imaginé divers recours pour la résoudre. Il est remarquable que chacune des solutions mises de l'avant consistait à supprimer la diversité, d'une manière ou d'une autre.

Parmi les moyens les plus radicaux, on note les génocides pratiqués contre certaines tribus indiennes, notamment au Brésil (chasse aux « esclaves » indiens dans l'arrière-pays au XVIIe siècle, cruautés exercées au XIXe siècle par les planteurs de café lancés à la conquête de la forêt), ainsi que toutes les formes de violence physique dirigées contre les groupes minoritaires ou marginaux : par exemple, celle qui fut exercée au XIXe siècle en Argentine contre les esclaves noirs mobilisés dans l'armée et enchaînés aux premiers rangs de l'infanterie au cours des affrontements. On pourrait également ranger ici les tentations d'exclusion et même d'extermination qu'éprouvaient des libéraux (ou soi-disant tels) comme Sarmiento en Argentine (N. Shumway, 1991, chapitre 4) à l'égard des Indiens, des métis, des *gauchos*. Une deuxième voie préconisait l'attrition démographique au moyen de programmes de réduction obligatoire de la fécondité indienne. Une troisième devait mener à l'homogénéisation sociale en supprimant les inégalités au moyen de la révolution. Le Péruvien Gonzáles Prada (1848-1918) semble en avoir été le pionnier ; les marxistes de toutes tendances s'y engagèrent par la suite. Participant du même idéal, l'idéologie libérale en proposait une version beaucoup plus modérée : la proclamation de l'égalité des citoyens conduirait un jour à une égalisation de leur condition socioéconomique. L'acculturation par l'action missionnaire et par l'éducation représentait une quatrième avenue. Elle fut empruntée dès le XVIe siècle au Mexique, les premiers missionnaires s'efforçant de christianiser et de « latiniser » les Autochtones au moyen de la prédication et de l'école. Mais à partir de la fin du XVIe siècle, le système colonial fit prévaloir sa conception selon laquelle l'Indien devait être exclu de la culture européenne et maintenu dans son infériorité naturelle. Ce n'est qu'au XIXe siècle que les tentatives d'assimilation reprirent pour de bon. Avec le milieu du siècle, par exemple, on vit la presse mexicaine diffuser l'idée que l'infériorité indienne n'était pas innée mais acquise, que l'instruction pouvait y remédier. Cette conception refleurit au Mexique dans le contexte de la Révolution, au début du XXe siècle, et plus tard encore, après 1940, dans le discours des anthropologues qui proposaient une pleine intégration des Indiens à la société blanche et métisse. On trouve enfin, dans tous les pays d'Amérique latine, plusieurs formes d'exclusion symbolique ou juridique, reflétées notamment dans l'octroi plus ou moins tardif des divers attributs de la citoyenneté. Par exemple, les Noirs du Brésil, longtemps majoritaires, ne furent affranchis de l'esclavage qu'en 1888. Ils apparurent dans l'historiographie à la fin du siècle et dans la littérature à partir des années 1920, ils se virent imposer d'importantes restrictions au droit de vote jusqu'au milieu du XXe siècle et ils demeurent encore aujourd'hui victimes des stigmates de la race inférieure en dépit du discours officiel de la démocratie raciale.

Cela dit, c'est dans deux autres directions que les cultures savantes latino-américaines ont vraiment fait montre d'originalité dans leur quête pour réduire la différence en s'appropriant l'altérité. La première est apparue sur le terrain de la religion. Dès le XVIe siècle, des missionnaires catholiques établirent une filiation historique entre le christianisme primitif et les religions indiennes. Selon ces théories, les Indiens auraient été des descendants des Hébreux (thèse des tribus égarées d'Israël), leurs religions auraient représenté des formes dégradées du catholicisme et le continent latino-américain aurait été le lieu du Paradis terrestre. Créoles et Indiens étaient donc en réalité des frères, unis dans la lutte contre la péninsule impérialiste[44]. Ces conceptions furent relancées avec vigueur par le dominicain Servando Teresa de Mier à partir de la fin du XVIIIe siècle. On assista aussi à de nombreux efforts, de la part des missionnaires, soit pour faire ressortir, soit pour instituer des pratiques, des traits communs aux deux univers religieux. Au début, l'Église s'employa à effacer les signes distinctifs des religions indiennes (destruction d'objets de culte, de temples). Mais on s'aperçut vite que le paganisme était indéracinable. On pratiqua alors la substitution par syncrétisme. Les moines plantaient des croix, érigeaient des temples sur d'anciens sites religieux indiens. Ils diffusaient des images des saints, exploitaient l'historiographie des miracles et des apparitions, sacrifiaient au goût des Indigènes pour les peintures, les tableaux, les représentations théâtrales, les célébrations en plein air (les fameux *atriums* convenaient particulièrement aux Indiens qui n'avaient pas l'habitude de pénétrer à l'intérieur des églises). Les prédicateurs misaient aussi sur les idées messianiques du rachat, de la libération spirituelle et sociale auxquelles ces indigènes miséreux se montraient réceptifs[45]. Ces exemples d'amalgames ne sont pas propres au passé mexicain. L'histoire de la majorité des pays latino-américains témoigne en ce sens. Au Brésil notamment, des saints catholiques furent identifiés à des divinités d'origine africaine (les *orixas*). *Iemanja* fut confondue avec la Vierge Marie, *Oxala* avec Jésus, etc. En réalité, on peut parler dans ce cas d'un double syncrétisme : d'une part au sein des trois grandes religions africaines *(candomblé, macumba, umbanda)*, d'autre part entre celles-ci et le christianisme.

Les Indiens assimilèrent plusieurs traits du catholicisme. Ils étaient friands de visions millénaristes, qui rappelaient leurs mythes de l'attente ; ils adoptaient Dieu, la Trinité et ses saints mais en les insérant dans leur panthéon ; ils étaient sensibles à la crucifixion du Christ, car ils y voyaient une autre forme de sacrifice humain ; ils utilisaient à leur façon les églises, où ils allaient cacher leurs amulettes[46]. Le syncrétisme qui résulta de toutes ces pratiques rendit encore plus séduisante la thèse des origines communes. Du reste, les troublantes ressemblances relevées entre les religions chrétienne et indiennes ne pouvaient mentir : comment pouvait-on expliquer autrement l'existence, chez les Autochtones, de rites et symboles comme la croix, la confession, le jeûne, le baptême, le mariage, la circoncision ? ou de croyances comme la vie éternelle (séparation de l'âme et du corps)[47] ?

Il est remarquable que ces rapprochements opérés sur le terrain religieux, en plus de procurer au Créole un sentiment de commune appartenance avec l'Indien, aient rempli une autre fonction tout aussi importante : en le situant dans l'héritage de la vieille tradition chrétienne, on établissait que l'Autochtone avait été évangélisé bien avant la Conquête ; du coup, son histoire, comme celle de toute l'Amérique, acquérait sa propre légitimité et, comme par ricochet, le Créole se trouvait lui aussi affranchi de la préséance morale revendiquée par la péninsule. Il pouvait dès lors s'adonner à son destin sur le continent, sans crainte de déchéance. Il est permis de voir là une grande idée fondatrice de la civilisation latino-américaine.

Deux épisodes, en particulier, illustrent cette quête de soi à travers l'autre, cette création de l'unité dans la diversité, par l'imaginaire. C'est d'abord la fusion qui fut opérée au Mexique entre la déesse indienne

Tonantzin et la Vierge de la Guadalupe. En 1531, la Sainte Vierge serait apparue à un pâtre aztèque sur la colline de Tepeyac, là même où se trouvait un sanctuaire voué au culte de Tonantzin. L'emplacement a ensuite été le lieu de nombreux miracles et de pèlerinages. Sahagún en fit état dans ses écrits vers la fin du XVIe siècle. Les apparitions chez les Indiens se multiplièrent par la suite. Le culte de la Vierge de la Guadalupe s'étendit. Au fil des temps, grâce à la prédication de l'Église, la Vierge se substitua à Tonantzin, mais sans vraiment la supplanter puisque, en réalité, celle-ci était le vestige paganisé de la Vierge primitive. De Mier, en 1794, et Carlos Maria de Bustamante, au début du XIXe siècle, relancèrent au Mexique le mythe de Tonantzin/Guadalupe qui, dès cette époque, s'était répandu un peu partout en Amérique latine (W. B. Taylor, 1996). Les apparitions de la Vierge se poursuivaient, suscitant autant de lieux de pèlerinages dans plusieurs pays et fortifiant un culte qui rayonnait au-delà des tribus, des races, des ethnies, des classes. Partout, mais au Mexique plus particulièrement, ce symbole agissait comme un ciment national, ou même un « paradigme continental » (D. Irarrazaval).

Le tandem Tonantzin/Guadalupe eut sa contrepartie masculine, sous la forme d'une association entre l'apôtre Thomas et le dieu aztèque Quetzalcoatl. Ces deux épisodes, qui procédaient de la même source, ont du reste suivi un cours parallèle, le second beaucoup plus modeste que le premier toutefois. L'idée prit forme encore une fois chez les missionnaires franciscains et dominicains aux XVIe et XVIIe siècles. Le dieu dont les Aztèques attendaient le retour était bel et bien, assurait-on, l'apôtre Thomas, venu jadis évangéliser les Indiens. Ceux-ci le représentaient comme un homme à la peau blanche, portant la barbe. Selon d'autres versions, l'évangélisateur était plutôt un missionnaire venu au Moyen Âge — peut-être un Viking, au Xe siècle. Ces divergences importent peu, en définitive. Jusqu'au XIXe siècle, cette croyance fournit une puissante assise au sentiment national et, en plus, elle convainquit les Créoles de leur autonomie spirituelle à l'égard de l'Espagne[48].

Pour contrer l'hétérogénéité des populations, la pensée créole fit preuve d'une grande imagination sur un autre terrain, celui de la race. L'idée est née vers le milieu du XIXe siècle au Mexique et s'est progressivement diffusée au cours des décennies qui ont suivi : le seul moyen de réduire à coup sûr l'écart entre l'Indien et le Blanc serait de faire disparaître biologiquement le premier, en le fondant dans le second par le biais du métissage[49]. Il s'agissait, en somme, de supprimer l'Indien dans sa culture et dans sa nature. Dès lors, on exalta le mélange des races, qui devint un thème national et même un mythe fondateur. Le métis s'imposa comme le symbole de l'être mexicain original et supérieur, riche de tous les apports qui le constituaient. Ce programme, qui se voulait éclairé par la science, s'en écartait toutefois assez librement sur deux points. D'abord, on prêchait les vertus de la fusion des races alors même qu'à cette époque la science européenne — dont les élites porfiriennes étaient pourtant si respectueuses — n'en avait que pour la pureté du sang et la ségrégation[50]. En outre, il était expliqué, avec la plus grande candeur, que la nouvelle race forgée dans la fusion serait blanche (le « caractère » indien était donc récessif… ?). On prévoyait une période de transition d'un siècle ou deux, après quoi l'opération serait achevée : le Mexicain aurait parfaitement assimilé l'indianité mais sans en montrer le phénotype. Concrètement, il restait à recruter la masse des artisans prêts à se dévouer pour cette grande œuvre nationale du métissage (ou du « blanchiment » — *blanqueamento*). On en vint à concevoir un vaste programme d'immigration européenne (qui n'eut pas vraiment de suite), mais en ayant soin de marquer des préférences, d'instituer une sorte de hiérarchie au sein des races concernées. L'Allemand y venait au premier rang et l'Espagnol, sans surprise, au dernier[51].

Le mythe survécut au régime de Díaz et reçut une sorte de consécration au début du XXe siècle, en pleine conjoncture révolutionnaire, avec la publication en 1925 de *La Raza Cósmica,* de José Vasconcelos. La fusion des peuples et des races y était donnée comme l'authentique héritage espagnol en Amérique, et elle était proposée comme idéal à tout le continent[52]. Le mythe gagna le Brésil, où il s'implanta fermement entre 1880 et 1930, procédant là aussi d'une volonté de blanchiment des races appuyée sur l'immigration. Il inspira ensuite l'idéologie de la démocratie raciale, à savoir une fusion égalitaire des trois grandes races européenne, indienne et africaine : en plus de supprimer les barrières biologiques, le métissage éliminerait aussi les distances sociales et culturelles. L'idée fut mise en forme dans la foulée de la Semaine d'art moderne par G. Freyre (1974, première édition en 1933). Elle fut relancée encore récemment par J. Amado (1976) et D. Ribeiro (1982). Mais là encore, le Blanc étant tenu pour supérieur, le métissage est souvent identifié au blanchiment de la population[53]. Ces idées furent très populaires au Venezuela, où elles commandèrent une politique d'immigration privilégiant les ressortissants de race blanche[54]. Cela vaut aussi pour la Colombie (P. Wade, 1993), Cuba (A. Helg, 1990; J. Lamore, 1980), le Pérou (F. B. Pike, 1969), la Bolivie, etc.

Au fil des siècles, le métissage a effectivement beaucoup progressé dans plusieurs pays d'Amérique latine. Mais le vœu des élites n'y était sans doute pas pour beaucoup, et il convient d'invoquer à ce propos des causes plus empiriques. Au début de la colonisation, par exemple, la rareté des femmes blanches fut un puissant facteur d'intermariage. Plus tard, la proximité créée par une pauvreté commune en fut un autre, de même que, d'une façon tout aussi durable, le simple poids démographique de l'indianité. En fait, au-delà des objectifs immédiats qui semblaient les susciter, ce qu'exprimaient surtout les inventions — tantôt innocentes, tantôt très intéressées — du discours créole, c'était le besoin d'une appartenance, d'une intégration, d'une communauté à laquelle on essayait de donner forme en l'attachant d'un côté à des origines communes, de l'autre à un avenir plein de promesses. Mais les grandes utopies fondatrices n'ont guère tenu leurs promesses : à la différence des États-Unis, l'Amérique latine a été incapable de concrétiser vraiment ses rêves de développement ; elle en est restée, pour une large part, à une exaltation du paradigme de l'amalgame biologique, social et culturel[55]. Nous avons vu qu'elle a eu beaucoup de mal aussi à se faire une identité. On pourrait dire, sans risque, qu'elle a mieux réussi son décrochage ibérique que son arrimage américain.

Quant à la construction du passé, nous allons voir qu'elle a connu, elle aussi, bien des infortunes malgré, là encore, un grand déploiement d'ingéniosité.

La mémoire empruntée

D'une façon générale, le recours historiographique en Amérique latine a obéi aux mêmes ressorts que dans toute autre collectivité d'Occident faisant face à des situations de changement qui étaient sources d'instabilité et d'incertitude : mettre en scène une expérience commune, faite de solidarité et de cohésion ; à partir de là, nourrir un sentiment d'identité ; mettre en place des mythes fondateurs qui lui servent de référence ; se donner des racines aussi anciennes que possible, une légitimité qui se moule dans une antique tradition en vertu de laquelle la nation transcende les individus et les générations. En ce qui concerne plus particulièrement l'impasse de la mémoire longue, on l'a résolue, plus souvent qu'autrement, en empruntant le passé de l'occupant primitif.

Un mot d'abord pour souligner l'importance et l'intensité des débats historiographiques dans plusieurs de ces pays, notamment après les mouvements d'indépendance (et tout particulièrement au Mexique, en Argentine, au Venezuela, au Pérou). Ceux-ci avaient inauguré une nouvelle ère en créant des espaces nationaux ; mais les plans d'aménagement restaient à concevoir. Ou, plus exactement, de tels plans existaient mais en diverses versions qui se contredisaient et divisaient les nations. L'historiographie se donnait pour tâche de les réconcilier et, comme cette fonction était éminemment politique, on ne s'étonne pas que la grande majorité des historiens se soient recrutés au sein de la classe politique elle-même et parmi les grands commis de l'État (N. H. Vallenilla, 1991). Pour ce qui est de la recherche d'une légitimité proprement dite, rappelons aussi que ces collectivités en avaient d'autant plus besoin qu'elles devaient se justifier constamment, comme entités autonomes, en regard d'une Espagne arrogante, forte de sa riche et vénérable tradition culturelle.

Au Mexique, ce sont les travaux de Servando Mier et de Carlos María de Bustamante qui incarnent le mieux la démarche historiographique consistant à s'approprier carrément la mémoire autochtone. Écrivant dans la première moitié du XIXe siècle, tous deux condamnaient la Conquête, cet acte barbare qui avait failli détruire les grandes civilisations précolombiennes : la nation mexicaine existait depuis plusieurs siècles, elle avait été brimée par l'Espagne et le régime colonial, mais elle avait enfin retrouvé sa liberté. On voit que cette ligne de pensée prolongeait la pensée créole de l'époque coloniale. Depuis le XVIe siècle, les religieux, notamment, s'étaient employés à réduire la distance entre le catholicisme et les religions indiennes en leur trouvant des origines communes, comme nous l'avons vu. Ainsi la conscience créole se coulait dans la longue continuité autochtone et la Conquête s'en trouvait abolie, en même temps que les prétentions péninsulaires à une sorte de magistère culturel sur le continent. Le franciscain Juan de Torquemada (*Monarquía indiana*, 1615) n'avait-il pas démontré que les véritables fondateurs de la Nouvelle-Espagne étaient non pas les Conquistadors mais les Frères missionnaires? À cet égard, Mier était un peu plus hésitant, parlant de « nos mères qu'étaient les Indiens… [et de] nos pères, les Conquérants ». Ce réaménagement de la conscience historique comportait un autre profit : en s'inscrivant dans la filiation de l'indianité, les Créoles se dédouanaient de l'opprobre de la Conquête et de la Légende noire qui, du coup, devenaient le fait exclusif de la métropole.

La tradition indigéniste en historiographie s'est poursuivie au XXe siècle avec les théories indo-américanistes des Péruviens Victor Raúl Haya de la Torre et José Carlos Mariátegui. Elle avait eu de nombreux précurseurs au XIXe siècle dans les pays andins : vengeurs des Indiens vaincus par les Espagnols, les Créoles s'y donnaient comme les héritiers des Incas (J. Ocampo Lopez, 1983; M.-D. Demelas, 1982). Il y eut des exceptions, le Brésil par exemple, où l'image historique de l'Indien est demeurée controversée[56]. Dans l'ensemble, non seulement l'Indien fut réhabilité, il fut l'objet d'une véritable apologie. Pour Torquemada, par exemple, l'empire aztèque était au Mexique ce que Rome était à l'Italie. D'autres évoquaient Athènes et l'Égypte des pharaons. On devine que de telles prémisses inspiraient des reconstitutions ethnologiques assez libres de la vie indigène; mais l'essentiel était sauf (L. Reyes Garcia, 1994).

Au Mexique, la mémoire longue de l'indianité a fortement imprégné la culture nationale. Ainsi, un très grand nombre de Mexicains d'origine espagnole se réclament aujourd'hui de la filiation indigène, revendiquant non pas les Espagnols mais les Aztèques comme ancêtres lointains. Le prestige de cette vieille civilisation a de toute évidence facilité ce déplacement identitaire. À long terme cependant, les stratégies du discours historiographique au service du social et du politique ne rencontrèrent pas partout autant de succès. Selon les observateurs les plus pessimistes (par exemple : R. M. Morse, 1964), le bilan serait même plutôt négatif : dans l'ensemble, l'Amérique latine aurait été incapable de conjuguer d'une façon dialectique les deux composantes — ibérique et indigène — de son héritage culturel et elle n'en aurait jamais surmonté les contradictions[57]. Cette maladie, ce tiraillement de la mémoire, serait la traduction, sur le plan symbolique, des incessants conflits sociaux et politiques qui ont affligé le continent. Quoi qu'il en soit de ce constat global d'échec, il est assuré que des pays comme le Brésil, la Colombie, la Bolivie (plus de 150 soulèvements depuis l'indépendance), le Pérou (F. B. Pike, 1969), le Chili (A. Woll, 1982) et surtout l'Argentine ont échoué dans leurs tentatives d'établir des consensus durables autour de mythes fondateurs nourriciers. À propos du Pérou, F. B. Pike fait remarquer que l'écriture de l'histoire y est une perpétuelle guerre civile. Enfin, dans le cas (déjà évoqué) de l'Argentine, la situation a sans doute été rendue plus difficile du fait de la grande diversité et de l'exceptionnelle ampleur de l'immigration depuis la seconde moitié du XIXe siècle[58].

Québec/Amérique latine

Quelles conclusions autorise ce survol latino-américain dans la perspective de la comparaison avec le passé québécois? Il faut dire d'abord que notre tâche se complique du fait que l'objet même de la comparaison est en quelque sorte mobile. Il est assez clair que, prise dans son ensemble, l'histoire du peuplement européen en Amérique latine a suivi un cours relativement linéaire (marqué, bien sûr, de revers, de divisions, d'hésitations) qui, globalement, relève du modèle de la différenciation et de la rupture, sur les plans tant culturel que politique. En regard, la trame québécoise a plutôt suivi un cours brisé, oscillant, comme nous l'avons vu, entre continuité et rupture. En conséquence, selon qu'on se réfère à une phase ou à une autre de l'histoire québécoise, on est frappé tantôt par les différences, tantôt par les ressemblances avec l'Amérique latine.

C'est durant sa deuxième période continuiste (1840-1940) que le Québec accuse les plus importants contrastes avec le Mexique et les autres pays d'Amérique latine. Pendant un siècle, il n'a plus guère cherché à accéder à la souveraineté politique. Il n'a plus guère formulé non plus d'authentiques utopies de rupture et de recommencement américain nourri par un acte fondateur. Ses élites ont réussi à imposer une représentation qui faisait du colon un être résigné, sublimé par son attachement à la religion catholique, à sa langue et à ses vieilles traditions françaises — un stéréotype tout en contraste avec le *gaucho* libre et arrogant de la *pampa*. Les élites ont aussi cherché à se tenir à distance du parler distinctif qui prenait forme au sein des classes populaires, préférant s'aligner sur la langue classique de la mère patrie. Encore là, le contraste est frappant avec les nations latino-américaines. On peut du reste étendre la portée de ce commentaire en l'appliquant à l'ensemble du rapport entre culture savante et culture populaire. En littérature par exemple, les auteurs latino-américains des XIXe et XXe siècles se sont montrés beaucoup plus ouverts aux réalités des classes populaires que ne l'ont été traditionnellement leurs vis-à-vis canadiens-français. C'est seulement durant la période récente, avec l'essor de la littérature *québécoise,* que les choses ont vraiment changé sur ce plan. D'une façon plus générale, on constate que les écrivains québécois ont mis plus de temps à se résoudre au métissage des genres, des normes et des cultures, à s'adonner à la profanation des modèles, à faire l'apologie des amalgames et des *impuretés* dans l'esprit de l'anthropophagie.

Enfin, toujours au chapitre des différences, la langue n'a jamais été dans les cultures nationales latino-américaines un facteur de division et d'angoisse collective comme elle le fut et continue à l'être au Québec. La norme linguistique espagnole ou portugaise a été récusée depuis plus d'un siècle, sans que cette rupture donne lieu à un traumatisme durable. La langue parlée, avec ses inventions et ses impropriétés, ses héritages ibériques, africains et indiens, se voyait ainsi officiellement accréditée. Dans le même esprit, l'ethnographie (ou le folklore) a servi à nourrir les identités nationales, étant ainsi mobilisée en vue de la rupture culturelle. Ç'a été le contraire au Québec, où la culture populaire dite traditionnelle a été longtemps mise en valeur au profit du continuisme, pour attester la survie et la vigueur de la vieille culture française.

Une autre différence vient de ce que, au Québec, les Autochtones étaient relativement peu nombreux (vraisemblablement entre 20 000 et 25 000 au XVIIe siècle, environ 80 000 en 1990). Répartis sur des territoires plus ou moins enclavés, ils vivaient très majoritairement en marge de la société et, une fois la menace militaire écartée, ils ne purent guère influer directement sur le destin de la population blanche. Dans l'ensemble de l'histoire du Québec, et sans nier l'importance des nombreux transferts culturels, on ne voit pas que le fait autochtone ait été un facteur d'américanisation aussi puissant qu'au Mexique par exemple. Du reste, jusqu'au milieu du XXᵉ siècle, les Amérindiens n'étaient guère présents dans les reconstitutions du passé national, sauf pour y tenir des rôles de faire-valoir. Souvent considérés avec mépris, ils étaient carrément exclus de la nationalité.

Les ouvrages historiques rédigés durant cette phase continuiste ont résolu à leur façon le problème des origines posé aux collectivités neuves : la nation canadienne-française plongeait ses racines dans la glorieuse histoire millénaire de la France et dans les batailles épiques qu'elle menait pour y rester fidèle. Le nationalisme qui s'affirmait alors s'est nourri de ces représentations, qu'il a contribué à consolider, et il s'est donc mis au service du paradigme continuiste. Tout au long de cette période, il a inspiré un discours antiétatsunien qui s'en prenait à la civilisation matérialiste, irréligieuse et décadente de la grande république. Encore là, le Québec s'est distingué de l'Amérique latine, du Mexique surtout, où le discours antiétatsunien a plutôt dénoncé l'impérialisme économique.

Quant aux ressemblances, et toujours en référence à la période 1840-1940, elles se marquent d'abord dans les processus d'appropriation qui, en dépit et un peu à l'insu des élites, avaient cours dans les milieux populaires. Une différenciation était à l'œuvre dans la langue, dans les expressions de la culture orale, dans les rituels, dans les formes architecturales, vestimentaires et autres. Elles se marquent aussi dans les stratégies discursives destinées à réduire la diversité. Si homogène qu'ait été la nationalité canadienne-française (surtout lorsqu'on la compare à la diversité latino-américaine), les élites s'accommodaient mal de la déchirure pratiquée au sein de la nationalité par la culture populaire. Mais, tout comme les religions du Mexique trouvaient leur unité dans une origine commune, ainsi la culture des élites et celle du peuple canadien-français étaient censées se fondre dans leurs racines françaises. D'autres traits trouvent leurs correspondants en Amérique latine, mais à un moindre degré peut-être. C'est le cas des rapports antinomiques entre la culture savante et la culture populaire, qui amenaient la première à réprimander et à corriger la seconde, jugée trop indifférente au piètre état de la nationalité et à l'urgence de sa construction. Mais, à part certains pays comme l'Argentine où il a pris des formes assez exacerbées, et aussi le Venezuela[59], ce trait ne peut pas être donné comme vraiment caractéristique de l'Amérique latine dans son ensemble.

À tout prendre, les similitudes sont bien plus importantes lorsqu'on compare l'Amérique latine avec le Québec dans sa seconde phase de différenciation et de rupture, soit depuis les années 1940. Il faut toutefois ne pas prêter attention au détail des deux chronologies : très longue dans un cas, très précipitée dans l'autre. À cette condition, on est frappé par le parallélisme entre les deux trames, l'histoire récente du Québec reproduisant à sa manière, dans une sorte de raccourci, les grandes mouvances du passé latino-américain. On le voit dans le décrochage européen qui a affecté la littérature (Z. Bernd, 1986) et les arts — bien que selon des vitesses inégales, d'un domaine à l'autre de la pensée ou de la création. On le voit aussi dans la réconciliation des élites avec l'américanité, dans le nouvel apprentissage de la diversité désormais intégrée à la nation « territoriale », dans la réorientation du néonationalisme devenu, lui, un vecteur de rupture, d'affirmation et de recommencement collectif. Mais l'échec ou le demi-échec des grandes utopies du passé a aussi semé le doute. On relève en outre, en Amérique latine comme au Québec, que la prise de distance par rapport à l'Europe a créé un vide culturel que les promesses de l'américanité n'ont pas encore comblé; en témoignent tous les appels en faveur de la création d'une véritable tradition, d'une culture nationale plus riche, d'une identité devenue plus assurée. Et n'est-il pas remarquable que, des deux côtés, on rencontre assez souvent l'idée que cette inquiétude collective persistante à l'égard de soi serait justement un élément constitutif de l'identité? Sous cet éclairage, il est particulièrement intéressant d'observer l'évolution présente du Québec : en pleine transition, nouvellement engagée sur la voie de la rupture, voilà une collectivité qui cherche à se construire un discours américain et à se donner de nouvelles utopies pour relancer sa course vers la souveraineté politique. Mais ce travail de réinvention n'efface pas le sentiment d'une grande fragilité culturelle et il se fait au prix d'une identité devenue incertaine qui perd un peu ses repères entre l'ancien et le nouveau continent.

Cela dit, une grande interrogation émerge de la comparaison entre le Québec et l'Amérique latine : comment expliquer que, de toutes les collectivités considérées ici, le Québec soit la seule à ne pas avoir su accéder à l'indépendance politique[60]? La réponse à cette question invite à réexaminer avec un regard neuf les grands événements dépresseurs (étant entendu que, pour d'autres, ils ont pu être des actes fondateurs) que furent la Cession de 1763 et l'échec de la Rébellion de 1837-1838 — ajoutons-y : le siècle continuiste qui a suivi. Certains facteurs attirent tout de suite l'attention ; ainsi, les pays latino-américains ont réalisé leur indépendance en tirant parti de métropoles affaiblies, sinon décadentes. En regard, le Québec est devenu après 1760 partie d'un empire en plein essor. Mais avant de procéder à ce réexamen, il sera prudent d'enrichir et d'affiner le regard de l'historien au gré d'un parcours comparatif qui doit se poursuivre au sein d'autres collectivités neuves d'Amérique et d'ailleurs.

Conclusion

Les enseignements de ce premier exercice ne sont pas négligeables. D'abord, il se confirme qu'il existe bien plus d'un modèle de reproduction à distance. En outre, l'histoire du Québec nous a déjà appris qu'une même collectivité peut en changer au cours de son histoire. Une autre donnée fondamentale est livrée par la comparaison : les angoisses traditionnelles du Québec ne lui sont pas spécifiques, loin de là. Après cinq siècles, l'Amérique latine s'interroge encore sur son identité, son appartenance continentale ; assez étrangement, ces vieilles américanités paraissent encore aujourd'hui inachevées, hésitantes. Est-ce là un trait des cultures fondatrices que de renaître difficilement même lorsqu'elles ont réussi leur décrochage métropolitain ? Nous avons vu aussi, de part et d'autre, l'importance du fractionnement socioculturel (élites/classes populaires, métropoles/arrière-pays) comme obstacle à la construction de l'identité nationale. L'indianité, enfin, est également apparue comme un facteur décisif, bien qu'ambivalent. En Amérique latine, elle a été un fondement essentiel, un ferment de l'américanité créole ; au Québec, elle a joué un rôle moins important à cet égard, à cause de son faible poids démographique et parce qu'elle a été exclue (au propre comme au figuré) de la nation. Mais, d'un côté comme de l'autre, elle n'a pas cessé de la tourmenter : soit parce que, de l'intérieur, elle faisait obstacle à sa cohésion ; soit parce que, de l'extérieur, elle lui donnait mauvaise conscience.

À signaler également, bien illustrés par l'histoire des pays d'Amérique latine, ces actes remarquables d'affranchissement par emprunts, en vertu desquels une culture nationale décroche de ses référents métropolitains et accède à une identité originale, soit en retravaillant et en se réappropriant certains éléments de son héritage, soit en se nourrissant d'autres emprunts. Notre survol nous a fait voir de nombreux exemples de ce phénomène un peu paradoxal. Parmi les objets ou matériaux culturels ayant fait l'objet de tels transferts, on peut mentionner : les langues castillane et portugaise (et même la langue française, dans le cas des élites haïtiennes et brésiliennes), les mythes judéo-chrétiens et la religion catholique, les idéaux des Lumières (rationalisme, démocratie, progrès…), le modèle de l'État-nation, le romantisme, le baroque, le positivisme, le modernisme (parnasse, symbolisme, et le reste). Ces exemples font ressortir la complexité des processus d'appropriation et de différenciation, qui peuvent allier subtilement rupture et continuité.

Deux autres traits sont dignes de mention. D'abord, il est remarquable que les processus de décrochage et d'identification paraissent assez indifférents aux orientations (conservatrices ou libérales) des idéologies qui leur servent de vecteurs. On a vu, par exemple, la nation (et le nationalisme) associée aussi bien à la continuité qu'à la rupture. On a vu aussi (en Argentine, notamment) le parti des Lumières — à l'européenne — faire bon marché des valeurs démocratiques. Par ailleurs, il s'est avéré que le discours collectif sur soi ou sur l'autre ne s'embarrasse pas toujours des contradictions qu'il suscite. Ainsi, l'appropriation du passé indien et l'indigénisme en général, s'ils donnaient une crédibilité à la culture créole face à l'Espagne, posaient aussi tout le problème de l'exploitation des Indiens par les Blancs : le principe de la parité culturelle avec l'Autochtone n'entraînait nullement une révision de son infériorité économique. On se défendait parfois en invoquant la survie du plus apte et, plus généralement, ce qu'on appelait le darwinisme social. Du reste, on incluait l'Indien dans la nation, mais il arrivait qu'on lui interdise même de parler espagnol. On faisait aussi valoir que la fusion des races produirait un être nouveau, supérieur, qui serait la synthèse parfaite de chacune, mais à la peau blanche ; etc.

Toujours au sujet des processus de décrochage, un dernier phénomène attire l'attention, c'est celui des déplacements latéraux qui semblent devoir précéder la rupture, comme s'ils marquaient une étape vers cette échéance. C'est le cas du Mexique, qui a délaissé ses références espagnoles au profit de la France, de l'Angleterre et de l'Allemagne avant de se replier sur son américanité. C'est aussi le cas du Brésil qui, dans un premier temps, a substitué la France au Portugal, au point de s'aliéner à nouveau (cette fois dans une forme de « gallomanie »), avant de s'engager dans une brésilianisation tout au long du xxᵉ siècle (A. Garcia, 1993). Dans le cas du Québec, on verra au moins une analogie dans le remplacement (imposé) de Paris par Londres, après 1760, et dans les deux mouvements de rupture qui ont suivi presque immédiatement.

Sur un autre plan, cette partie de notre essai aura peut-être démontré que l'histoire des collectivités de l'Amérique latine révèle suffisamment de trames communes pour justifier une appréhension d'ensemble de cet hémisphère. Une appréhension qui reste partielle, bien sûr, mais qui n'en est pas moins accréditée par des problèmes, des situations, des imaginaires partagés. À ce chapitre, parmi les thèmes et épisodes communs qui ont jalonné notre parcours, on peut mentionner : l'évolution des rapports avec les métropoles (rupture/continuité), l'appropriation des nouveaux territoires (les grandes utopies), les modalités d'accès à l'indépendance politique, la difficulté à instaurer la démocratie et à l'asseoir sur des sociétés civiles stables, la relation difficile avec l'indianité et ses échappatoires idéologiques (syncrétisme religieux, fusion des races), l'émergence de l'idée nationale comme représentation des nouvelles communautés politiques, le rôle déterminant des élites créoles à cet égard.

CHAPITRE V

L'émancipation politique et l'identité nationale en Australie

Un mot d'abord pour baliser notre parcours. Le concept d'océanité désigne à la fois la direction et le résultat du processus d'appropriation symbolique du continent australien ; en ce sens, l'océanité constitue une référence opposée au pôle européen puisqu'elle se construit au détriment de ce dernier. Le concept en vient à recouvrir toutes les tentatives pour créer une authentique identité nationale, ce qu'on a appelé parfois une *australianité*. À propos du pôle européen, nous aurons souvent à nous référer à la mère patrie britannique. À strictement parler, il faudrait ici distinguer entre l'Angleterre et les autres composantes du Royaume-Uni ; nous ne le ferons pas, le renvoi à la Grande-Bretagne, prise globalement, étant trop courant dans les écrits australiens. De même, il est assuré que le symbole britannique renvoie parfois à la monarchie et aux institutions parlementaires, parfois davantage à la culture et aux traditions, et parfois encore à l'Empire. Dans ce dernier cas, nous serons attentif à spécifier, au besoin. Après un bref rappel des grandes dates, des principaux événements et de quelques statistiques de l'histoire australienne, nous reconstituerons dans une première partie la trame politique (essentiellement : l'érosion du lien colonial, la construction de l'État et de ses instances) ; dans une deuxième partie, l'évolution culturelle (l'appropriation symbolique du nouveau continent, dans la culture savante et dans la culture populaire) ; dans une troisième partie, la trame nationale (les essais de définition collective de l'Australie, tout ce qui relève de l'identité) et, dans une dernière, la construction de la mémoire, assortie de tous ses référents identitaires.

Rappel historique

Procédons d'abord à une mise en place très sommaire, indispensable aux analyses qui vont suivre. Les opinions divergent quant aux véritables motifs qui ont conduit la Grande-Bretagne à créer en 1788 une autre colonie à l'autre bout du monde, à 16 000 km de ses côtes. Selon une thèse longtemps admise, Londres visait seulement à trouver un autre exutoire pour ses criminels *(« convicts »)*, étant donné que depuis 1776 les treize colonies d'Amérique du Nord (devenues les États-Unis) ne voulaient plus remplir cette fonction[1]. En dépit des importants coûts de transport, il semble que cette solution se soit révélée moins onéreuse que l'autre option consistant à garder les prisonniers sur le sol britannique (F. D. Lewis, 1988). Le continent australien avait déjà été reconnu par les Espagnols et les Portugais au XVIe siècle, puis par les Hollandais (voyages de Tasman dans les années 1640), et enfin par James Cook durant la décennie 1770. D'après l'historiographie australienne des vingt dernières années, la décision d'y établir une colonie pénitentiaire était également dictée à plus long terme par le projet de créer sur le nouveau continent une authentique société dont les exportations de matières premières viendraient soutenir l'économie britannique[2]. On a aussi fait valoir que le projet contenait des visées militaires, la Grande-Bretagne voulant limiter l'expansionnisme commercial de la Hollande, de l'Allemagne et de la France dans le Pacifique.

La Première flotte *(First Fleet),* composée de onze navires et transportant plus de 700 prisonniers de droit commun (les trois quarts étaient des hommes) quitta Plymouth en mai 1787 sous le commandement du capitaine Arthur Philip et parvint à Botany Bay en jan-

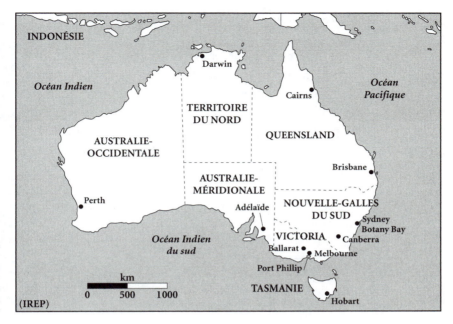

Carte 2. — L'Australie.

vier 1788 *(carte 2)*. Quelques jours plus tard, la flotte se déplaça légèrement vers le nord pour aller fonder à Port Jackson un établissement qui est le site actuel de Sydney et le berceau de l'État de la Nouvelle-Galles du Sud *(New South Wales)*. Le transport de condamnés vers l'une ou l'autre des colonies (et futurs États) de l'Australie[3] se poursuivit jusqu'en 1868. Au total, environ 160 000 personnes (dont 10 %-20 % de femmes) furent ainsi déportées. On estime que les deux tiers étaient natives d'Angleterre, et la plupart des autres d'Irlande. Presque tous les prisonniers étaient des travailleurs manuels, les ouvriers agricoles et les journaliers des villes formant les plus gros contingents. Quelques-uns seulement (3 % selon G. Rude, 1978) étaient des agitateurs sociaux ou des prisonniers politiques. Une fois sur place, les déportés étaient mis aux travaux forcés dans des bagnes ou placés au service des grandes fermes d'élevage dont ils constituèrent longtemps le gros de la main-d'œuvre. Plusieurs bagnards repentis furent ultérieurement affranchis (les *emancipists*) et s'intégrèrent au marché du travail. Une partie d'entre eux gagnèrent les vastes étendues de l'intérieur *(outback)*, au-delà des Blue Mountains et du Great Dividing Range.

En 1793, les premiers colons libres en provenance de Grande-Bretagne commencèrent à arriver en Australie, mais en très petit nombre jusque dans les années 1830. À partir de 1832, des programmes d'aide stimulèrent ce type d'immigration qui, en une vingtaine d'années, attira environ 150 000 personnes. Mais la proportion des déportés demeura importante pendant toute l'époque du peuplement, comme le montrent les statistiques de la Nouvelle-Galles du Sud et de la Tasmanie : de 30 % à 35 % entre 1805 et 1819, environ 43 % en 1828 et près de 40 % en 1835 (G. Sherington, 1980, p. 24). Précisons cependant que l'Australie occidentale, créée officiellement en 1829, ne reçut pas de *convicts* avant 1849 et que les colonies de Victoria et de l'Australie du Sud (érigées respectivement en 1851 et en 1836) n'en accueillirent pratiquement pas. La sixième et dernière colonie, le Queensland, fut érigée en 1859.

Le peuplement, soutenu surtout par l'économie d'élevage, la pêche (baleine, phoque) et le développement minier, progressa à partir de Sydney vers le nord d'abord (Queensland), puis vers le sud et l'ouest (Victoria, Australie-Méridionale, Australie-Occidentale). L'île de Tasmanie, qui accueillit ses premiers déportés en 1803, reçut le statut de colonie en 1825. Pendant plus de 20 ans, l'occupation du territoire fut confinée au littoral, les Blue Mountains fermant l'accès vers l'intérieur. Mais, en 1813, une grave sécheresse imposa la conquête de nouveaux pâturages et on finit par découvrir une voie de passage. Néanmoins, l'occupation de ces vastes espaces se heurta toujours à la rareté des fleuves et rivières navigables. Même à l'époque actuelle, plus de 80 % de la population vit sur 1 % du territoire environ et on observe toujours une concentration massive sur les côtes.

De 5 000 habitants en 1800, la population est passée à 1 million en 1858, à 4 millions en 1905, à 10 millions en 1959, et à 19 millions en 1999. La croissance fut particulièrement rapide dans les années 1830, avec la hausse de l'immigration dite libre, et durant la décennie 1850, à cause des ruées vers l'or. Les premières décennies du xxᵉ siècle furent également spectaculaires de ce point de vue. Tout au long du xixᵉ siècle, la fécondité élevée demeura le facteur principal de cette croissance. La transition démographique, caractérisée par une généralisation des pratiques contraceptives, survint entre 1870 et 1911 (N. Hicks, 1974, 1975 ;

P. Quiggin, 1988). À partir de ce moment, l'immigration joua un rôle plus déterminant dans la croissance. Mais, en réalité, elle fut toujours une composante fondamentale de l'histoire démographique et de la vie collective australienne. On compte plus d'un quart de million d'entrées pour la période 1831-1850 seulement, près de 150 000 entre 1861 et 1890, et 870 000 entre 1900 et 1930[4]. Vers les années 1860, plus de 60 % de la population totale était née à l'extérieur de l'Australie. La plupart des immigrants provenaient de Grande-Bretagne, d'où il en vint 1,75 million entre 1850 et 1914 (D. Bythell, 1988). Cette veine migratoire a été prépondérante jusqu'au milieu du XXe siècle, et nous verrons à quel point elle a pesé lourd dans le destin culturel et national australien.

Beaucoup moins nombreux, les Aborigènes n'en constituèrent pas moins un élément capital sur les plans politique et symbolique. Ils occupaient le territoire australien depuis plus de 40 000 ans au moment de l'arrivée des Blancs. Leur nombre était alors de 300 000 environ — certains avancent le chiffre d'un million et parfois davantage (N. G. Butlin, 1993). Après 1788, leurs effectifs déclinèrent radicalement (93 000 en 1901, 71 000 en 1921) puis regagnèrent peu à peu du terrain. Dans les années 1990, on estime à 350 000 environ le nombre d'Aborigènes — individus s'identifiant soit comme étant de *race pure* (*« full-blood »*), soit comme métis — ce qui représente 2,7 % de la population du pays[5]. Leur déclin démographique spectaculaire au XIXe siècle est attribué principalement à la violence dont ils furent victimes, directement ou non, de la part des Blancs.

Il a fallu beaucoup de temps aux nouveaux occupants pour parcourir ce pays (ou ce *continent,* comme disent souvent les Australiens) de 7,6 millions de km^2 avec ses 20 000 km de littoral, et reconnaître ses déserts intérieurs, ses paysages fantastiques, toute sa richesse végétale et faunique : infinie variété d'eucalyptus, 1 500 espèces de poissons, plus de 60 espèces de perroquets, et le reste. Les explorateurs découvraient les antiques peintures aborigènes dans les cavernes ou sur les parois rocheuses des Kimberleys, les merveilles d'Ayers Rock, les rivières asséchées, les savanes, les forêts quasi tropicales de Tasmanie. L'eau posait un grave problème, à cause de la rareté des précipitations, et la chaleur torride de certaines régions intérieures particulièrement désolées leur avait valu une réputation peu hospitalière : on cite souvent à ce propos le mot de Adam Lindsay London selon lequel les fleurs y étaient sans odeur et les oiseaux n'y chantaient jamais...

Néanmoins, ce territoire si vaste recelait bien des ressources. Mentionnons les pêcheries, l'agriculture dans les zones irriguées et surtout l'élevage, qui prit un essor considérable. Dans la Nouvelle-Galles du Sud, le gouvernement britannique avait d'abord voulu recréer une sorte de grande bourgeoisie rurale, sur le modèle de la « *gentry* », appuyée sur la grande propriété. Mais plusieurs leaders australiens (notamment J. Dunmore Lang et, plus tard, Peter Papineau, Charles Thatcher et d'autres) souhaitaient un régime de petite propriété. L'aridité du sol aidant (il fallait compter jusqu'à 10 acres de pâturage en moyenne par mouton), la grande exploitation pastorale s'imposa durant la première moitié du XIXe siècle. La métropole put ainsi alimenter à bon compte son industrie textile[6], et les ex-bagnards qui voulaient s'établir hors des villes n'eurent souvent d'autre recours que de s'embaucher dans les grandes fermes de l'intérieur. Ce système, qui favorisa l'émergence d'une sorte de prolétariat rural, rejoignait un peu paradoxalement la pensée d'un essayiste influent, l'Anglais E. G. Wakefield, qui publia en 1829 *A Letter from Sydney* et *Sketch of a Proposal for Colonizing Australasia*. Préconisant la mise en place d'une classe de petits propriétaires, Wakefield démontrait toutefois l'intérêt de ne pas rendre trop facile l'accès à la propriété foncière, de manière à assurer à l'économie un réservoir de main-d'œuvre toujours disponible, et surtout dans le but d'écarter de la propriété les spéculateurs et les simples aventuriers. À première vue, la cherté de la terre allait évidemment dans le sens de ces idées ; mais elle favorisa plutôt la mise en place d'une aristocratie de grands propriétaires. Cela dit, dans des colonies comme Victoria et l'Australie-Méridionale, l'idéal d'une classe de petits fermiers résista mieux qu'en Nouvelle-Galles, d'où l'existence d'une grande diversité régionale au sein de l'Australie naissante[7].

Avec l'afflux d'immigrants suscité par les développements miniers des années 1850, de nouvelles concessions de terre s'imposèrent. Cette fois, les administrations coloniales[8] auraient souhaité concéder les nouvelles terres en petites parcelles, notamment pour en retirer davantage de revenus. Cette orientation rejoignait les aspirations populaires, où l'on s'est plu à voir la première expression du sentiment démocratique australien, très sensible au sort des humbles, des exploités, des marginaux rejetés par le système social (qu'il s'agisse du régime pénitentiaire ou des clivages créés par la grande propriété). Mais, encore une fois, l'idéal d'une classe de petits propriétaires fut largement mis en échec ; ceux qui étaient déjà nantis s'arrogèrent les plus grandes et les meilleures concessions. Dans la Nouvelle-Galles du Sud, la bataille entre grands et petits fermiers (ou entre *squatters* et *selectors*) se cristallisa autour des *Land selection Acts* de 1861, parrainés par le ministre John Robertson. À certaines nuances près, un scénario analogue prévalut dans les autres colonies. Toutes ces pratiques de concession du sol dans l'arrière-pays ont finalement entraîné l'émergence d'une structure sociale très inégale qui a fortement pesé, comme nous le verrons, sur la configuration culturelle et identitaire du pays[9].

L'industrie minière, déjà évoquée, a fait son apparition d'une manière spectaculaire dans les années 1850 puis 1880, sous la forme de deux ruées vers l'or. En fait, les six colonies attirèrent tour à tour l'attention pour leurs gisements aurifères, mais les épisodes qui furent de loin les plus marquants survinrent dans le Victoria (1851-1858) et plus tard dans l'Australie-Occidentale (1882-1900). Ces découvertes suscitèrent une activité fébrile qui se traduisit par une hausse de l'immigration et une stimulation de l'économie. Parallèlement et dans la foulée des *gold rushes*, l'industrie minière se diversifiait avec la découverte d'autres gisements (cuivre, étain, fer, charbon…). L'activité financière et commerciale associée à ces développements se concentrait dans les villes du littoral, dont la croissance fut rapide dès le premier tiers du XIXe siècle. Elle s'accéléra encore durant la période 1860-1900, qui fut l'âge d'or de l'urbanisation en Australie. Parmi les principaux facteurs de croissance, mentionnons aussi la hausse rapide de la population, les manufactures, la construction et les transports (les chemins de fer surtout). On a pu dire que, contrairement au modèle européen, les métropoles australiennes ont commandé le développement des campagnes au lieu d'en être la résultante (M. Neutze, 1985). À la fin du XIXe siècle, l'Australie était devenue l'un des pays les plus urbanisés au monde. Nous aurons à revenir sur ce phénomène qui est le lieu d'un grand paradoxe : en dépit de son remarquable déploiement, cette réalité urbaine a mis plusieurs décennies avant de trouver sa juste place dans l'imaginaire collectif.

L'Émancipation politique : la souveraineté à petits pas

La construction de l'État australien, tel qu'il existe aujourd'hui, est le fruit d'une longue évolution du rapport ayant uni les six colonies (puis, à partir de 1901, le Commonwealth qu'elles ont créé) à la Grande-Bretagne. L'histoire de ce rapport, comme nous l'avons laissé entendre, doit s'écrire à deux mains. C'est d'abord l'histoire d'un lent décrochage par rapport à la métropole, d'une dérive qui, au gré d'une longue succession de péripéties, a peu à peu déplacé les points de référence de la Grande-Bretagne et de l'Europe vers l'Océanie et l'Asie. Mais c'est tout aussi bien l'histoire un peu paradoxale d'une dépendance et d'une fidélité réitérée à de nombreuses occasions et sous diverses formes, et qui a fini toutefois par s'étioler. Cet itinéraire de décrochage dans la continuité, si on nous permet cette expression, a ceci de remarquable qu'il ne comporte pas d'acte fondateur transcendant, symbole d'héroïsme et de conquête, qui pourrait servir de point de ralliement symbolique. Il ne comporte pas non plus de discours mythique des origines, comme nous le verrons plus loin. Parce que la naissance de la nation a été fragmentée entre plusieurs actes, on oublie même un peu aujourd'hui les noms de ses fondateurs.

L'événementiel du décrochage et de la continuité

Aussi bien, nous allons dans un premier temps présenter en parallèle les deux événementiels, celui de la continuité coloniale ou britannique, et celui de l'émancipation. Ce procédé, un peu artificiel peut-être, fera cependant mieux voir l'enchevêtrement des deux trames et toute la complexité de l'histoire politique australienne[10].

Des actes de rupture, d'émancipation nationale

Des actes de continuité, des signes de survie du lien colonial

1788 et suiv. : Le gouverneur, qui ne doit des comptes qu'à Londres, détient tous les pouvoirs. La Grande-Bretagne exerce un contrôle total sur la nouvelle colonie.

1800 et suiv. : Mise en place progressive des premiers éléments d'une administration locale mais sans aucun pouvoir décisionnel.

1804 : Soulèvement (sans conséquence) de forçats irlandais

1808 : Insurrection contre le gouverneur Bligh qui est déposé. Acte collectif largement circonstanciel, dont le contenu idéologique est incertain.

1814 : La Nouvelle-Galles du Sud obtient une cour d'appel.

1820-1830 : Obtention de la liberté de presse et des procès par jury. Opposition croissante à la déportation de bagnards. Expressions de mécontentement à l'endroit de la politique très autoritaire de Londres.

1820-1840 : Mouvement égalitariste en faveur d'un régime de petite propriété rurale. Suscite, en politique, des aspirations plus autonomistes, appuyées par les gouverneurs Bourque et Gipps.

1820-1840 : La classe des grands propriétaires, partisans du lien colonial, survit aisément à un premier mouvement égalitariste.

1825 : Création d'un Conseil exécutif en Nouvelle-Galles du Sud.

1825 : Conseil exécutif en Tasmanie, puis dans d'autres colonies au cours des décennies suivantes.

1835 : Création, en Nouvelle-Galles du Sud, de l'*Australian Patriotic Association*.

1836 : Charles Darwin, après avoir visité la colonie, conclut que la Grande-Bretagne a échoué à y créer une réplique d'elle-même.

1840 : Premier concours en vue de l'adoption d'un hymne national (pour remplacer le *God Save the Queen/King*).

1840 : Remis en question, le *God Save the Queen/King* demeure l'hymne officiel des colonies australiennes.

1840-1860 : Divers projets de fédération des colonies. Tentatives pour mettre fin à la déportation de prisonniers (*Anti-Transportation League*).

1840-1860 : Échec de l'*Anti-Transportation League*.
Projets de Fédération impériale

1842 : Octroi à la Nouvelle-Galles d'une Assemblée législative élue, mais non responsable *(Constitution Act)*. Disposition étendue à d'autres colonies en 1850 *(Australian Colonies Government Act)*.

1844 et suiv. : La Nouvelle-Galles réclame le gouvernement responsable.

1850 : John Dunmore Lang fonde la *Australian League* qui vise l'indépendance de l'Australie.

1850 : Échec de l'*Australian League*.

1788-1850 : Mise en place progressive d'une administration publique séparée de la Grande-Bretagne (finances, éducation, gestion des terres, etc.) (A. Davidson, 1991).

1850 et suiv. : Opposition (vaincue) à l'octroi du gouvernement responsable aux colonies.

1853 : Opposition victorieuse au projet de Wentworth visant à la création d'une Chambre des pairs, à l'anglaise.

1854 : Rébellion d'Eureka à Ballarat (Victoria). Les mineurs affrontent la troupe gouvernementale. Événement mythique, l'un des premiers symboles de la nation naissante.

1855 : Gouvernement responsable octroyé à la Nouvelle-Galles et à Victoria, ainsi qu'à l'Australie-Méridionale et à la Tasmanie (1856). Plus tard au Queensland (1860) et à l'Australie-Occidentale (1890).

1860 et suiv. : La classe des grands propriétaires résiste à un deuxième mouvement égalitariste inspiré par le modèle des *yeomen*.

1868 : Arrêt de la déportation de prisonniers. Fin de la société pénale. Tous les Australiens (sauf les Aborigènes ?) sont des sujets libres.

1870 : Les dernières troupes britanniques quittent l'Australie.

1871 : Mise sur pied de l'*Australian Natives Association* qui milite pour une identité australienne, affranchie de la symbolique impériale.

1884-1885 : Forte opposition à l'envoi de soldats australiens au Soudan pour aider la Grande-Bretagne.

1885 : Création du *Federal Council of Australasia*, qui préfigure le Commonwealth de 1900. Échec.

1885 : La Nouvelle-Galles envoie un contingent de plus de 700 hommes au Soudan pour appuyer militairement la politique impériale de Londres.

Durant ces années et celles qui suivirent : influence considérable du mouvement de fédération impériale qui voudrait fondre l'Australie dans l'Empire. Exemple : l'*Imperial Federation League* (1885-1891). Création de branches régionales, dont certaines survivront jusqu'au milieu du XXᵉ siècle (à Londres : *The Round Table Group*).

1887 : Création de la *Republican Union* (puis *League*), qui prône la rupture du lien colonial. Mouvement plutôt marginal.

1888-1915 : La législation du gouvernement australien durant cette période révèle la formation d'une nationalité distinctive (C. M. H. Clark, 1981).

1899-1902 : Participation à la guerre des Boers en Afrique du Sud (16 500 hommes engagés), aux côtés de la Grande-Bretagne.

1900 : Participation à la guerre des Boxers en Chine, pour appuyer la Grande-Bretagne et d'autres pays d'Europe.

1800-1900 : Durant toutes ces années, le mot *home* désigne la Grande-Bretagne (où beaucoup d'Australiens rêvent de finir leurs jours). En politique, on parle du *home government*.

1901 : *Commonwealth Act* : fruit de compromis entre tendances opposées ; contient de nombreux éléments de loyalisme envers la Grande-Bretagne qui conserve d'importants pouvoirs et tout son déploiement symbolique (vice-roi, hymne national, références monarchiques, etc.). Comme dans les projets antérieurs de fédération, de nombreux Australiens voient dans l'union des colonies un moyen de se rapprocher de l'Empire et de Londres.

1901 : Unification des six colonies australiennes en vertu du *Commonwealth Act,* qui prend effet le 1ᵉʳ janvier. L'un des actes fondateurs (le principal peut-être) de la nation. Quelques projets d'union avaient échoué auparavant (1849, 1885...). L'Australie compte six États membres. Elle devient un *Dominion*.

1901 : *White Australia Policy (Immigration Restriction Bill)*. Politique raciste en matière d'immigration. Affirmation d'une identité nationale.

1901 : *White Australia Policy.* Affirmation identitaire qui consolide la nationalité australienne, certes, mais aussi tout l'héritage de la *race* et de la culture britanniques.

1903 : Création de la *High Court*. Mais le Conseil privé (Londres) demeure la dernière instance.

1905 : Institution de l'*Empire Day.*

1908-1913 : Création d'une flotte militaire destinée à remplacer la *Royal Navy.*
1910-1911 : Amorce d'une armée de terre.
1911 : Institution du *Australia Day* (en réplique à l'*Empire Day*).
1914-1918 : La participation à la Première Guerre est une occasion d'affirmation nationale (*ANZAC*, Gallipoli). Autre acte fondateur de la nation australienne.
1916-1917 : Résultats négatifs de deux référendums sur la conscription.
1918 et suiv. : Après la guerre, Londres ne reconnaît pas à l'Australie le mérite qu'elle croit avoir acquis sur les champs de bataille, ce qui provoque un fort ressac antibritannique.
1920 et suiv. : Critiques à l'égard de l'Empire dans les milieux économique et intellectuel. L'*Empire Day* perd de la faveur.

1914-1918 : Importante participation à la Première Guerre, aux côtés de la Grande-Bretagne et sous son commandement (60 000 morts).

1920 et suiv. : Échec de la politique navale australienne, trop coûteuse. La flotte impériale prévaut à nouveau.
Il s'en faut de peu que Londres engage l'Australie (sans la consulter) dans un autre affrontement dans les Dardanelles.
La marine australienne collabore aux opérations britanniques en Chine.

1923 : Conférence impériale à Londres. Éléments d'autonomie en matière de politique étrangère.
1926 : Déclaration Balfour, puis adoption à Londres du Statut de Westminster (1931).
1931 : I. A. Isaacs devient le premier gouverneur général natif d'Australie.
1931 : Fin de l'Empire britannique. Création du Commonwealth.

1930 et suiv. : Pour ses affaires étrangères, l'Australie est toujours très dépendante de Londres, qui prend des décisions importantes sans la consulter.
1931 : À cause de ses sensibilités britanniques, l'Australie retarde jusqu'en 1942 sa ratification du Statut de Westminster.
1932 : En Nouvelle-Galles, le gouverneur britannique P. Game, mécontent de la politique pratiquée par le premier ministre Jack Lang, le destitue.

1939-1945 : L'Australie adopte des politiques économiques contraires aux intérêts de la Grande-Bretagne (K. Tsokhas, 1994).
1942 : La ratification du Statut de Westminster rend l'Australie juridiquement autonome en matière de droit international. La chute de Singapour incite l'Australie à se tourner vers les États-Unis pour assurer sa défense.

1939-1945 : Participation massive de l'Australie à la Seconde Guerre, en appui à la Grande-Bretagne (975 000 soldats, 34 000 morts)[11].

1945 : Séparation définitive de toutes les forces armées australiennes et britanniques.

1945 et suiv. : L'Australie affiche de plus en plus d'indépendance dans la conduite de ses affaires extérieures. Heurts avec la Grande-Bretagne.

1948 : Première loi de la citoyenneté. Jusque-là, tous les Australiens avaient le statut de sujets britanniques.

1949 : Tentative (éphémère) pour instituer un passeport australien.

1951 : *ANZUS Treaty.* Entente de coopération (et de protection) militaire entre l'Australie, la Nouvelle-Zélande et les États-Unis. La Grande-Bretagne en est exclue.

1950-1960 : Diverses institutions s'« australianisent » : la *Church of England* devient l'*Anglican Church in Australia*; la *British Medical Association* devient l'*Australian Medical Association*; etc.

1960-1970 : Abandon du système de mesures anglaises au profit du système métrique.

1960 et suiv. : Déclin continu de l'*Empire Day* (anniversaire de la reine Victoria) surpassé par le *ANZAC Day* (souvenir des héros australiens de la Première Guerre).

1965 : Déclin des vestiges impériaux en Asie : retrait du dernier gouverneur général de Malaisie.

1966 : Abandon de la monnaie anglaise. Introduction du dollar australien.

1967 : Restrictions apportées aux possibilités d'appel au Conseil privé de Londres.

1969 : Tous les habitants du pays deviennent des citoyens australiens. Mise en vigueur défi-

1950 : Retour au passeport britannique.

1950 et suiv. : Accentuation du sentiment pro-britannique sous Menzies.

La majorité des gouverneurs généraux et lieutenants-gouverneurs sont encore des Britanniques.

1955 : Controverse autour de l'hymne national : le gouvernement Menzies confirme le *statu quo.*

1955 : Par solidarité avec la Grande-Bretagne, l'Australie participe à des actions militaires en Malaisie.

1960-1970 : Échec de divers projets d'un drapeau davantage identifié à l'Australie.

1963 : L'Australie participe, aux côtés des troupes britanniques, à des opérations militaires à Bornéo.

1965 : À l'occasion de son décès, création à Londres du *Churchill Fund,* auquel les Australiens contribuent davantage (par habitant) que les Britanniques eux-mêmes (D. C. Butts, 1970, p. 101).

1970 et suiv. : Les principales institutions australiennes (magistrature, système scolaire, associations amicales, etc.) reproduisent encore le modèle britannique.

nitive du passeport australien (sans référence à la Grande-Bretagne à partir de 1972).

1984 : Nouvelle loi de la citoyenneté, supprimant les privilèges jusque-là octroyés aux sujets britanniques.

1984 : *Advance Australia Fair* devient l'hymne national de l'Australie, en remplacement du *God Save the Queen*.

1986 : *Australia Act*. Fin des appels interjetés auprès du Conseil privé de Londres ; les tribunaux australiens sont désormais souverains.

1990 et suiv. : Rapprochement avec les pays d'Asie. Fortes visées républicaines. Référendum projeté pour 1999 sur la transformation du pays en république.

1975 : Le gouverneur général renvoie le gouvernement travailliste (et nationaliste) de Gough Whitlam.

1995 : Le gouvernement Howard freine la politique étrangère d'intégration à l'Asie, remet l'accent sur les relations avec la Grande-Bretagne, le continent européen et l'hémisphère occidental.

1998... : La présence de la culture et des symboles britanniques demeure très importante[12].

1999 : Réponse négative au référendum proposant la conversion du pays en république.

Cette reconstitution demeure partielle, comme on peut le voir. Un exposé plus détaillé, à l'échelle des tractations, des démarches moins officielles, dans le quotidien de la vie politique australo-britannique, ferait mieux voir encore l'allure brisée, hésitante, du long mouvement de décrochage. Voici quelques exemples de ces péripéties que nous avons délibérément écartées du tableau pour éviter de le surcharger. En 1887, la célébration du jubilé de la reine Victoria suscita de vives mésententes entre Londres et les six colonies. En 1887-1888, l'opposition manifestée par les colonies australiennes contre l'immigration chinoise irrita la Chine et compromit les intérêts de la Grande-Bretagne dans ce pays ; on en vint à un compromis. À la même époque, comme l'Allemagne paraissait sur le point d'annexer une partie de la Nouvelle-Guinée, le Queensland s'inquiéta de cette présence militaire et proclama le territoire convoité possession britannique. À nouveau, cette initiative embarrassa Londres qui eut du mal à rétablir le *statu quo*. Au début du XXe siècle, la politique raciste pratiquée par l'Australie en matière d'immigration mit encore une fois le feu aux poudres. C'est l'Inde, cette fois, qui afficha son mécontentement. L'Empire étant pluriethnique, Londres était en principe opposé à ces mesures discriminatoires, en particulier lorsqu'elles contrariaient ses partenaires commerciaux. À nouveau, la Grande-Bretagne dut faire pression sur les dirigeants australiens. Dans la même veine, on pourrait encore évoquer la controverse de nature juridique sur la navigation commerciale britannique dans les eaux territoriales australiennes ; le conflit fut réglé en 1921, l'Australie faisant prévaloir sa juridiction sur celle de Londres. Mais dès l'année suivante, Londres faillit engager l'Australie, sans même la consulter, dans un incident militaire contre les Turcs en Asie Mineure. À cette échelle d'observation, il est vrai que l'événementiel brouille un peu la dynamique des grandes forces en présence, et il devient pratiquement impossible de comprendre le mouvement qui, dans la longue durée, commande l'érosion du lien colonial. Ces péripéties n'en sont pas moins significatives.

Quittons ici la trame événementielle pour aborder les idées, les acteurs et les facteurs qui la commandaient.

Les idées, les acteurs, les structures

La majorité des auteurs s'accordent à reconnaître que l'histoire intellectuelle australienne n'a pas donné lieu à la production de grands systèmes idéologiques ou d'une pensée originale. Le cas échéant, il faudrait y voir d'abord l'effet de la profonde dépendance de cette culture à l'endroit des traditions britanniques. En outre, il a souvent été signalé (à tort ou à raison) que le pragmatisme du tempérament australien ne le prédisposait pas aux entreprises spéculatives, d'où le préjugé négatif dont aurait toujours souffert la vie intellectuelle[13]. Quoi qu'il en soit, l'histoire sociopolitique et culturelle de ce pays n'en est pas moins faite d'idées et de convictions au nom desquelles des générations de leaders ont voulu construire le destin de la nation, tout en s'affrontant âprement. Ces idées s'articulaient à des courants de pensée, à des intérêts et à des oppositions de classes qui nous intéressent dans la mesure où on peut y déceler des ressorts de la double évolution du rapport colonial, tiraillé comme nous l'avons vu entre l'émancipation et la fidélité à la mère patrie.

Dans cette dernière direction, le *statu quo* colonial (ou impérial) trouvait des appuis au sein des élites d'affaires, traditionnellement très britanniques de mentalité et de manières, grandes admiratrices et imitatrices de la *gentry*, très dépendantes en outre de Londres sur le plan économique : c'était vrai aussi bien des industriels et financiers des villes que des gros éleveurs de moutons qui écoulaient presque tous leurs produits en Grande-Bretagne. La haute bureaucratie gouvernementale, surtout au XIXe siècle, partageait ces conceptions (R. S. Neale, 1972, chapitre 5). D'une façon générale, on peut dire que les élites urbaines étaient très attachées à la référence impériale et européenne, et ce en partie pour se soustraire à la réputation d'inculture qui a très tôt accompagné les Australiens (D. A. Hamer, 1990, chapitre 3). Certains intellectuels, notamment ceux qui participaient au *Round Table Group* (L. Foster, 1983), ne se trouvaient guère d'affinités avec l'esprit rude de la brousse où fleurissait le sentiment d'une identité et d'une indépendance australienne. Chez certains représentants de ces élites, le tropisme londonien était si prononcé qu'ils s'attiraient constamment toutes sortes de sarcasmes[14]. En outre, le fait de pouvoir se réclamer de la Couronne et du glorieux Empire procurait un prestige et une valorisation qui, chez plusieurs, noyaient tout sentiment d'aliénation et de subordination. Le lien colonial, enfin, prodiguait une sécurité militaire dont la plupart des Australiens éprouvaient un cruel besoin dans leur éloignement pacifique et asiatique.

On entre ici dans les ressorts les plus matériels des idéologies et des choix politiques. À ce titre, il faut évoquer d'abord le facteur militaire, précisément. Dans le voisinage de la Chine, du Japon et de la Russie, l'Australie a éprouvé un profond sentiment d'insécurité : jusque dans la seconde moitié du XXe siècle, la crainte d'être envahie (en particulier par les Japonais) fut une constante de la vie politique nationale. Traditionnellement, la Grande-Bretagne, avec son imposante force navale, fournissait cette protection tant désirée. En deuxième lieu, l'économie de l'Australie fut longtemps très dépendante de Londres en matière d'importations, de débouchés commerciaux, de capitaux et de technologie.

Sur des plans différents, d'autres facteurs agissaient dans le sens de la continuité. C'est le cas de l'immigration, à majorité anglaise, écossaise et irlandaise jusqu'à la Seconde Guerre mondiale. Ajoutons à cela le fait que, dans cet environnement asiatique, les Australiens se sentaient culturellement très isolés et éprouvaient le vif besoin de maintenir des attaches avec la civilisation européenne, et tout particulièrement avec la prestigieuse tradition britannique. Enfin, l'appartenance et l'intégration à l'Empire associaient l'Australie à l'un des plus grands déploiements de puissance économique et militaire de l'histoire.

C'est sans doute la combinaison de tous ces facteurs qui permet d'expliquer l'un des épisodes les plus intrigants du passé australien, à savoir le revirement qui a suivi la création du Commonwealth en 1901 et la survie — sous d'autres formes — de la référence coloniale. L'histoire des colonies, depuis l'octroi des gouvernements responsables et la première ruée vers l'or, semblait conduire à coup sûr vers l'indépendance politique, surtout après la séquence d'événements qui a culminé dans la fusion des six colonies. Sur le plan culturel aussi, comme nous le verrons, l'identité collective et le nationalisme n'avaient jamais été aussi forts. Mais les premières années du XXe siècle ne tinrent pas ces promesses, le loyalisme refaisant surface. Les difficultés économiques de la fin du siècle[15], aggravées par la grande sécheresse de 1896 et par l'affirmation de la puissance militaire japonaise, rappelèrent l'importance du recours britannique. En même temps, l'exaltation identitaire fut peut-être un peu refroidie par l'échec de Lane au Paraguay, où il avait tenté de transposer le rêve australien. Par ailleurs, la participation victorieuse à l'expédition militaire en Afrique du Sud attisa la fierté impériale et la vision de la grande puissance mondiale. Mais surtout, le ressac qui a suivi la création du *Commonwealth* fait mieux voir l'hétérogénéité des trames idéologiques qui y avaient conduit. Pour les uns, la fusion des colonies était une étape importante dans la direction de l'autonomie. Pour les autres, elle plaçait l'Australie dans une meilleure position pour qu'elle soit un partenaire plus actif au sein de l'Empire. Chacun se réjouissait donc du *Commonwealth* et, pour des raisons en quelque sorte opposées, en tirait une égale fierté *nationale*. Après tout, ces deux rêves étaient-ils vraiment contradictoires, compte tenu des contraintes géopolitiques qui pesaient sur l'Australie?

Si on délaisse la perspective de la continuité pour celle de l'émancipation, on découvre une manière tout aussi cohérente, et néanmoins fort différente, de commenter l'histoire du pays. En effet, nous avons vu que le passé australien peut se décliner en forme de rupture progressive aussi bien que de continuité. Ce second versant ouvre lui aussi sur une analyse des idées, des acteurs et des facteurs. L'incidence événementielle du décrochage commence assez tôt dans l'histoire de l'Australie et elle compose une trame ininterrompue jusqu'à l'époque récente. Néanmoins, on chercherait vainement les traces d'une grande idéologie révolutionnaire qui aurait orchestré et soutenu avec vigueur et d'une façon persistante tous les actes de rupture, en les ordonnant vers l'objectif suprême de l'indépendance. Des sentiments nationalistes, oui, et de forts régionalismes, des conjugaisons stratégiques d'intérêts, des perceptions hostiles de Londres, de la monarchie et de l'Empire, des sources d'inquiétude, des mouvements d'humeur et des glissements de conjoncture, mais pas de véritables systèmes de pensée ou d'utopies durables, rassembleuses, comme on en trouve dans l'histoire des États-Unis par exemple, ou dans les luttes d'émancipation nationale en Amérique latine. Il n'y a pas de Jefferson, de Bolívar, de O'Connell ou de Papineau australien. Selon W. G. McMinn (1979, chapitre 3), on explique mieux l'avènement du gouvernement responsable en Nouvelle-Galles par un concours de tendances et de circonstances, de personnalités, d'ambitions et de frustrations que par le travail efficace d'une forte idéologie, très articulée et militante. De même, il serait irréaliste de vouloir rendre compte de la formation du *Commonwealth* en en faisant le point culminant d'un long mouvement de lutte pour la démocratie — même si de telles aspirations existaient assurément en Australie durant le XIXᵉ siècle.

La manière brusque n'est pas dans la tradition politique australienne, qui y préfère l'enchaînement plus ou moins orchestré ou programmé des modestes victoires au gré des conjonctures. L'incidence événementielle de décrochage présentée plus haut est éloquente à cet égard. Il serait aisé de l'enrichir de bien des façons. Ainsi, les prisonniers déportés en Australie et leurs descendants immédiats ont nourri sur plusieurs décennies un sentiment hostile à la Grande-Bretagne, s'estimant victimes d'injustice, d'intolérance. Ce sentiment a été canalisé en diverses occasions où les intérêts de l'Australie heurtaient ceux de la mère patrie. D. Neal (1991), B. Kercher (1997). Divers auteurs ont montré également comment la population de la Nouvelle-Galles (et tout particulièrement les représentants des *convicts* et des affranchis), au cours de la première moitié du XIX⁰ siècle, a utilisé à son profit les institutions juridiques de la métropole et toute la philosophie qui les soustendait (*Magna Carta, Bill of rights* et autres) pour obtenir plus de libertés. Le pouvoir d'intenter des poursuites a d'abord été acquis, puis les tribunaux furent mis à profit pour réduire l'autorité discrétionnaire des gouverneurs, des militaires et des grands propriétaires fonciers. L'utilisation pragmatique du système judiciaire en faisait un instrument de modification des rapports de pouvoir. Dans la même veine, l'action ponctuelle de certains administrateurs libéraux, pourtant à la solde de Londres, a contribué à faire avancer la cause des colonies. Par exemple, le gouverneur Macquarie (1809-1821) défendit plusieurs fois les intérêts de la Nouvelle-Galles contre ceux de la Grande-Bretagne. Ce fut aussi le cas du gouverneur Richard Bourque qui, dans les années 1830, prit position en faveur des petits propriétaires contre les visées de la métropole en matière d'occupation des terres de la Couronne. À un degré moindre peut-être, ce fut aussi le cas de George Grey, qui fut gouverneur de l'Australie-Méridionale entre 1841 et 1845. Parmi les premiers politiciens locaux de la Nouvelle-Galles, à la même époque, W. C. Wentworth fut un autre exemple de militant libéral (son nom est associé à l'« affirmationisme » australien et à la lutte pour le gouvernement responsable), du moins dans la première partie de sa carrière[16].

Comme nous le verrons plus en détail dans une autre partie, un puissant ferment culturel, source d'une symbolique identitaire et d'aspirations nationalistes, court également tout au long de l'histoire du peuple australien. Dans cette veine, il faut d'abord mentionner l'attachement qu'éprouvaient une grande partie des habitants envers ce continent pourtant austère, qui en découragea plus d'un. Mais son immensité même, la liberté qu'il offrait, les merveilles et les ressources qu'on lui découvrait, combinées à celles qu'on lui imaginait, tout cela alimentait un sentiment d'appartenance. À cela s'ajoutait l'enthousiasme du découvreur et du pionnier, propre aux collectivités neuves. Cette attitude a du reste été exprimée par de nombreux acteurs tout au long de l'histoire australienne jusqu'à ces dernières années : le sentiment d'être une société jeune sur un territoire neuf, avec tout son avenir devant elle, au seuil d'un destin rempli de promesses. Chez certains, ce sentiment se doublait d'une attitude critique envers la vieille Europe avec son cortège de guerres et d'horreurs[17]. Tout le courant nationaliste, surtout à partir de la seconde moitié du XIXe siècle, allait dans le même sens, touchant aussi bien les milieux politiques que les classes populaires.

Ce qu'on pourrait appeler une *australianité* s'est assez tôt développée dans les couches sociales les plus modestes, aussi bien chez les migrants de la brousse (*bushmen, bushrangers, gold diggers,* tous prolétaires de l'*outback*) que chez les travailleurs des villes. À partir des années 1870, le mouvement syndical s'est fait porteur de ces représentations que le *Labor Party* (il prit son essor au début des années 1890) inscrivit ensuite aux plus hauts niveaux de la vie politique. Selon J. B. Hirst (1984), le *Labor* australien avait des assises beaucoup plus étendues dans les milieux populaires que son ancêtre britannique, d'où la force qu'il a représentée dans l'affirmation d'une identité nationale. En plus des forces syndicales, la base populaire du nationalisme australien comprenait tout au long du XIXe siècle les bagnards, les affranchis et leurs descendants, qui perpétuaient la mémoire du déporté et le ressentiment antibritannique (R. Hughes, 1987). Il y avait aussi les ressortissants irlandais qui avaient transporté et renouvelé en Australie leur vieille inimitié à l'endroit de Londres[18]. Il faut y ajouter les activistes du mouvement syndical britannique, également expulsés et exilés en Australie, et tous les autres exclus (*Dissenters, Chartists, Fenians...*) qui vinrent alimenter la pensée radicale. À partir du début du XXe siècle, le sentiment national élargit sa base sociale en gagnant la classe moyenne qui devint progressivement un acteur important dans la promotion de l'*australianité*. Enfin, d'une manière indirecte, l'Église catholique contribua à l'essor d'une culture politique australienne : cherchant à fondre dans un même corps les catholiques de diverses provenances, elle crut trouver dans l'appartenance au nouveau continent un dénominateur commun efficace (P. O'Farrell, 1968)[19].

Sur un autre plan, des facteurs structurels et conjoncturels contribuèrent, là encore, à alimenter la dynamique du décrochage. Ces facteurs sont nombreux, variés, et il serait difficile de rendre compte dans le détail de la façon dont ils se sont combinés pour exercer leurs actions. C'est d'ailleurs une tâche qui dépasse l'objectif de cet essai et, comme dans la partie précédente (« Rappel historique »), nous nous en tiendrons à un rappel de quelques données essentielles. Sur le plan démographique d'abord, même si la composante principale de la population australienne était d'origine britannique, son poids relatif n'a cessé de diminuer. Tout au long du XIXe siècle, la proportion des Australiens nés en Grande-Bretagne a chuté de moitié, passant de 52,4 % en 1851 à 25,3 % en 1891 (G. Sherington, 1980, p. 59). Avec le XXe siècle, surtout à partir des années 1940-1950, s'est ajouté à ce déclin continu une importante diversification des lieux de provenance des immigrants. Ainsi, l'Australie comptait 7,5 millions d'habitants en 1947, et 12,5 en 1969 ; durant la même période, elle accueillait 2,5 millions d'immigrants d'origine majoritairement européenne mais non britannique. Dans les années qui suivirent, l'immigration recruta de plus en plus dans divers pays d'Asie et d'Afrique (voir plus loin, « La nation mutante »), si bien qu'en cette fin de XXe siècle, l'Australie ne peut plus guère être considérée — et elle se perçoit elle-même de moins en moins — comme une reproduction à distance de la Grande-Bretagne, ni même comme un morceau de la vieille Europe.

L'économie a suivi un cours semblable. Dès la dernière décennie du XIXe siècle, alors que la crise économique internationale amenait des financiers britanniques à retirer leurs capitaux d'Australie, celle-ci prenait vivement conscience de sa vulnérabilité et de la nécessité de restructurer son économie de façon à la rendre plus autonome, tout en diversifiant ses dépendances. Cette préoccupation fut constante tout au long du XXe siècle, et les dernières décennies furent particulièrement déterminantes sous ce rapport. En 1970, les États-Unis étaient devenus le plus gros fournisseur d'équipements et de machineries lourdes du pays. À la même époque, le Japon était le principal importateur de produits australiens. Entre 1972 et 1993, alors que la Grande-Bretagne s'intégrait de plus en plus à l'économie européenne, la part des exportations australiennes vers les pays asiatiques passa de 40 % à 58 % (S. Tweedie, 1994). Sur le plan des investissements, les États-Unis sont devenus depuis 1965 la principale source de capitaux, alors que, dix ans auparavant, la Grande-Bretagne était de loin le premier fournisseur (cinq fois plus que les États-Unis).

Parallèlement, comme nous l'avons signalé déjà, les considérations militaires ont toujours joué un rôle de premier plan dans l'arbitrage des rapports politiques avec la mère patrie. Elles ont souvent conduit l'Australie à resserrer les liens avec Londres, mais à diverses occasions elles ont aussi joué puissamment dans le sens contraire. Dès les dernières décennies du XIXᵉ siècle, les colonies australiennes s'inquiétaient de la présence européenne (française et allemande, en particulier) dans le Pacifique. Aussi bien, le souci de la défense militaire fut l'un des motifs de la première Conférence fédérale qui, en février 1890, lançait officiellement l'opération devant conduire à la fusion des colonies dans le *Commonwealth* de 1901. Or, en dépit de ses ambiguïtés et de ses orientations plutôt conservatrices, nous savons qu'à long terme la fédération a de toute évidence ouvert à l'Australie la voie de l'autonomie. Dans les années qui ont précédé la Première Guerre mondiale, des inquiétudes de nature militaire lui inspirèrent d'autres initiatives (mise sur pied d'une force navale à partir de 1908, projet d'une armée nationale en 1913). Dans le Pacifique, le Japon se faisait menaçant après ses deux victoires sur les Russes en 1905. Et, en Europe, la Grande-Bretagne commençait ses préparatifs pour faire face à l'Allemagne. À un moment, l'Australie songea même dès cette époque à trouver protection non plus dans la flotte britannique mais dans la flotte américaine (F. K. Crowley, 1974, p. 291-293). Mais la guerre de 1914-1918 ramena les choses au *statu quo*, l'Australie s'alignant de nouveau sur la mère patrie (malgré d'importantes divisions internes).

C'est avec la Seconde Guerre que tout finalement bascula. Les Australiens comprirent alors que la Grande-Bretagne, de plus en plus sollicitée par les urgences européennes, ne disposait plus de la force nécessaire à la protection de ses partenaires de l'Empire, que l'Australie était en quelque sorte livrée à son destin asiatique. L'attaque japonaise sur Pearl Harbor en 1941 constitua un premier signal. Mais ce fut surtout la défaite britannique à Singapour en 1942, toujours aux mains des Japonais, qui signala la fin d'un monde (scellée en 1969 par le retrait des troupes britanniques à l'est du canal de Suez). L'Australie découvrait alors toute sa précarité et vivait plus que jamais dans la hantise d'une attaque japonaise[20]. Finalement, ce furent la flotte et l'aviation américaines qui sauvèrent le pays. Au sortir de cette expérience, l'Australie avait définitivement changé de tuteur sur le plan militaire, passant de la dépendance britannique à la dépendance américaine ; mais la nouvelle relation prenait cette fois la forme d'un contrat, sur une base de parité — en principe du moins. En outre, l'Australie nourrissait des griefs à l'endroit de Londres à cause de la façon autoritaire dont elle avait dirigé les opérations durant la guerre, consultant peu les autorités australiennes et ne leur témoignant guère de reconnaissance après coup pour leur contribution sur le front, tout comme il était déjà arrivé après la Première Guerre[21].

Enfin, l'éloignement, comme l'a montré G. Blainey (1968), a fortement marqué l'histoire australienne. À 16 000 km de distance, les élites se sont longtemps efforcées de recréer leur milieu d'origine. En ce sens, la *tyrannie de la distance* a favorisé le maintien du lien colonial sur le plan politique comme sur le plan culturel. Mais, en sens inverse, elle a également contribué à transformer ce lien et, finalement, à l'éroder. Un peu malgré elle, l'Australie s'est petit à petit nourrie de ses réalités continentales, de ses expériences, de sa spécificité géopolitique. Ses appartenances et ses références ont progressivement dérivé vers le Pacifique. Au cours des années 1950, avec le gouvernement Menzies, le pays a connu une nouvelle ferveur probritannique ; mais celle-ci se révéla superficielle et fut de courte durée. À cette époque, le décrochage était désormais inscrit dans les structures.

L'affranchissement à l'australienne

Considérées globalement, les péripéties évoquées dans les pages qui précèdent font ressortir un style particulier d'affranchissement au gré duquel le lien colonial s'est lentement effrité dans une longue séquence de glissements, d'avances et de reculs, où étaient évités les virages trop radicaux, les traumatismes, les actes spectaculaires de rupture. L'histoire politique de ce pays, comme nous l'avons souligné, est remarquablement dénuée de menées révolutionnaires, de remises en question radicales, de pensées ou d'arrière-pensées insurrectionnelles. Elle a toujours été constituée de deux trames entremêlées et calibrées de telle manière qu'aucune, en aucun moment, n'a pu chasser l'autre — mais de telle manière aussi que l'une a progressivement gagné du terrain sur l'autre. Le domaine des relations extérieures est celui, peut-être, où cette double dynamique a affleuré le plus nettement, comme on peut le voir à la lecture de T. B. Millar (1978). L'ambivalence est l'un des traits les plus affirmés du passé australien, avec le syncrétisme, la demi-mesure (ou la mesure?), le compromis et le pragmatisme. Voyageant en Australie pour une tournée théâtrale aux lendemains de la Seconde Guerre, le comédien Laurence Olivier fut étonné d'y trouver un pays si différent du sien et en même temps si proche[22]. Il faut rappeler que, même à l'époque actuelle, alors que nul ne douterait de l'indépendance de l'Australie ou de sa maturité politique et culturelle, le pays n'en conserve pas moins de nombreuses traces de son ancien statut colonial : l'héritage de la langue, de la religion, des idées, des arts, de plusieurs grandes institutions aussi bien que de la civilité. Même sur le plan politique, la Grande-Bretagne y demeure encore très présente : la reine y est toujours chef de l'État, représentée par le gouverneur général et les gouverneurs ; le pays y est encore régi par une constitution qui fut adoptée par une loi du Parlement de Westminster ; l'Union Jack conserve sa place sur le drapeau national, etc. (*supra*, note 12). En 1966, Russell Ward pouvait écrire (*The Australian Legend*, p. 56) que l'essor du patriotisme australien n'avait guère affecté l'attachement à la mère patrie. Et, quelques années plus tard, un autre historien influent soutenait que l'Australie n'avait pas surmonté sa dépendance à l'endroit de Londres, qu'elle n'avait pas atteint la maturité nécessaire au statut de nation et qu'elle ne constituait pas une société par elle-même (H. McQueen, 1973). En même temps, de très nombreux auteurs proclamaient le contraire. N'est-il pas remarquable qu'une réalité aussi fondamentale puisse se prêter à des diagnostics aussi divergents? Il faut y voir une expression, parmi tant d'autres, du décrochage équivoque évoqué à l'instant.

D'autres exemples d'ambivalence se proposent. Ceux qui, dans les années 1840, réclamaient l'abolition de la déportation de *convicts* et l'institution d'une immigration *libre* militaient apparemment (et objectivement) en faveur d'une normalisation des rapports avec la Grande-Bretagne ; mais en réalité, étant « plus royalistes que la reine[23] », ils agissaient au nom de la moralité publique et se souciaient simplement d'édifier une société qui serait digne de leur mère patrie. Une analyse de certaines grandes figures politiques du XIXᵉ siècle, incluant des artisans du *Commonwealth,* montrerait le caractère complexe de ces personnages, partagés entre des motivations, des idées et des actes qui paraissent contradictoires. Henry Parkes, arrivé en Nouvelle-Galles en 1839 à l'âge de 24 ans, est l'un de ceux-là. Journaliste, militant radical et homme politique, il fut un vigoureux partisan d'une émergence australienne ; mais en même temps, il demeura toujours un fervent défenseur de l'héritage et de la continuité britanniques. Le *Commonwealth* lui-même fut un autre épisode particulièrement touffu où l'on trouve un peu de tout et son contraire. Il eut un enfantement laborieux, au gré de conférences tumultueuses dont l'issue était fort incertaine. La négociation de ce pacte a donné lieu à bien des tiraillements que l'esprit de compromis a finalement permis de surmonter. Inscrits à l'époque dans les visées opposées des uns et des autres, ces tiraillements sont reflétés dans les évolutions divergentes qui ont suivi. De plusieurs façons en effet, le *Commonwealth* peut être présenté comme un geste de rupture, un acte fondateur du pays. L'union des six colonies, en dépit de ses ambiguïtés, constitua une étape nécessaire sur la voie qui menait à l'indépendance. Elle donnait à chacune des partenaires plus de force sur les plans économique, politique et militaire. Elle conférait à la nouvelle entité politique l'autorité sur toutes ses affaires intérieures, incluant la monnaie, les douanes, l'immigration et la défense. Elle faisait naître dans le Pacifique un interlocuteur qui aurait plus d'autorité auprès de Londres. En outre, elle s'inspirait largement de l'histoire constitutionnelle des États-Unis (R. Else-Mitchell, 1976) et elle marquait l'aboutissement d'une effervescence économique et sociale qui, depuis la ruée vers l'or, avait suscité la formation d'une première classe moyenne, la démocratisation du système politique (par exemple, le scrutin secret et le suffrage universel), la modernisation de la société, l'essor du nationalisme. Toute cette évolution (brillamment résumée dans J. O. Steffin, 1983) donnait corps à la nouvelle collectivité et nourrissait un sentiment de confiance et d'appartenance nationale.

Mais si on inverse la perspective, l'union des colonies apparaît sous un tout autre jour. Pour un auteur aussi autorisé que C. M. H. Clark

(1981), par exemple, le *Commonwealth* a en quelque sorte consacré l'échec du mouvement nationaliste de la fin du XIXe siècle et le triomphe, au moins provisoire, des partisans d'une nouvelle Grande-Bretagne *(a new Britannia)* en Australie. La victoire des Anglo-Australiens était manifeste en effet dans plusieurs dispositions de l'Acte constitutionnel, comme nous l'avons signalé (pouvoirs considérables dévolus à Londres, imitation des institutions britanniques, préséance du Conseil privé...) et la nouvelle nation était très incomplète à plusieurs égards : elle n'avait ni hymne national, ni armée, ni marine ; et elle empruntait la plupart de ses rituels à la mère patrie, qu'il s'agisse des tribunaux, des universités, des Églises ou des décorations civiques. Il est significatif aussi que l'accord intervenu entre les colonies ait dû être sanctionné (en mai 1900) par une loi du Parlement britannique. En somme, cette entente constitutionnelle peut certes être vue comme un acte d'émancipation de la nation australienne, mais tout aussi bien comme un acte d'intégration à l'Empire, dans lequel l'autonomie nouvellement acquise était en quelque sorte investie.

Dans la même veine, au chapitre des ambivalences associées au passé politique australien, on pourrait évoquer la *White Policy,* adoptée en 1901 et révoquée seulement en 1973. Comme nous le verrons, cet ensemble de dispositions, qui visaient surtout à restreindre l'immigration en provenance de l'Asie (et tout particulièrement de la Chine) procédait du souci de mettre en valeur la *race* australienne en l'isolant de l'environnement asiatique ; elle accentuait ainsi la singularité du pays dans le Pacifique et fournissait un important matériau au sentiment identitaire. Mais, du même coup, elle contribuait à renforcer l'héritage britannique et à maintenir le pays dans la mouvance européenne. De la même façon, la participation à la guerre des Boers et à la Première Guerre mondiale réaffirmait le lien colonial, mais elle fournissait également aux Australiens des occasions de s'affirmer dans lesquelles ils puisèrent ensuite le ferment de mythes fondateurs de la nation. À propos du conflit de 1914-1918 en particulier, H. McQueen (1986, p. 18, 21, *passim*) a rappelé que de fervents nationalistes étaient partisans de l'engagement de leur pays auprès de la Grande-Bretagne, précisément dans l'espoir que cette expérience révélerait les Australiens à eux-mêmes en leur inspirant la confiance collective qui leur faisait défaut. L'épisode du Statut de Westminster, adopté par Londres en 1931 mais entériné en 1942 seulement par le Parlement australien, offre un autre exemple de décrochage à petits pas, dans un souci de conservatisme. En effet, Canberra tarda à adopter le Statut par crainte d'indisposer la Grande-Bretagne, dont elle attendait toujours une protection militaire adéquate. L'Australie ne passa aux actes que lorsque les événements de la guerre du Pacifique eurent clairement établi qu'il était temps de changer de tuteur, de remplacer une dépendance par une autre. Dans un autre domaine, au cours des années 1960, l'*Australian Broadcasting Corporation* consentit à relâcher son conformisme britannique et, par souci d'authenticité, autorisa l'accent australien sur ses ondes. Mais il y a gros à parier, comme le pense S. Alomes (1988, p. 181), que cette apparente concession à l'identité nationale ne faisait que reproduire une décision antérieure de la BBC qui venait elle-même de faire place aux accents régionaux dans certaines de ses émissions. Enfin, on pourrait encore citer comme exemple l'activité sportive qui fut un haut lieu d'affirmation de certains traits du caractère national. Mais, en même temps, les sports pratiqués étaient tous empruntés à la tradition britannique (cricket, rugby, tennis, football, aviron, etc.) (W. Vampley, B. Stoddart, 1994).

À la lumière de toutes ces données, on y voit un peu plus clair dans la façon dont le lien colonial a évolué pour donner progressivement naissance à un État et à un sentiment national. Une première grande caractéristique réside dans les orientations divergentes de la plus grande partie des élites, généralement tournées vers la mère patrie, et des milieux populaires, plus volontiers immergés dans les réalités du continent et identifiés à son devenir original[24]. Plusieurs auteurs (Vance Palmer, Russell Ward, Stephen Alomes et d'autres) ont en outre souligné que ce premier clivage en recoupait un autre, géographique celui-là : depuis les dernières décennies du XIXᵉ siècle, en particulier en Nouvelle-Galles, le milieu urbain aurait perpétué la culture britannique tandis que, loin des villes, l'intérieur des terres favorisait l'éclosion d'une culture affranchie du vieil héritage, nourrie des expériences et des résonances de la brousse. On cite à ce propos un poème de Henry Lawson, écrit en 1892, qui opposait les « *landlords of the cities* » aux « *Natives of the Land* » (reproduit dans R. Ward, 1966, p. 227). On conviendra toutefois que, de toute évidence, cette dichotomie n'était pas étanche ; la classe ouvrière urbaine ne partageait pas la vision des élites et il y avait dans l'intérieur des représentants d'une bourgeoisie foncière très conservatrice.

Un autre trait consiste dans le décrochage par déplacement ou par substitution. Comme le montre l'expérience d'autres collectivités neuves, un transfert d'allégeances métropolitaines semble avoir pour effet d'accélérer l'éveil de la conscience nationale et l'évolution vers l'autonomie : comme si le fait de répudier la dépendance primitive aidait ensuite à rejeter celle qui l'a remplacée. L'Australie a connu un premier déplacement de ce genre en enveloppant sa relation coloniale avec la Grande-Bretagne dans un rapport de participation à l'Empire. Elle en a opéré un deuxième dans les années qui ont suivi la Seconde Guerre, lorsqu'elle s'est placée sous la double dépendance militaire et économique des États-Unis. Un troisième déplacement est peut-être en cours depuis la décennie 1980, alors que la dynamique des échanges économiques a progressivement intégré le pays à son environnement asiatique.

La manière relativement harmonieuse, presque discrète, dont l'Australie s'est départie de la plus grande partie de son statut colonial attire l'attention sur la façon dont Londres a géré ses rapports avec elle depuis le début du XIXᵉ siècle. Il est tout à fait remarquable en effet que l'État australien ait pu naître sans aucune trace (ni volonté?) d'insurrection. Ce résultat peut être attribué à l'adresse de l'administration britannique, qui avait probablement retenu la leçon de la guerre de l'Indépendance américaine. En premier lieu, l'esprit du libéralisme économique amenait Londres à concéder une certaine autonomie à l'élite coloniale. En deuxième lieu, l'intégration des colonies à l'Empire (quelles qu'en aient été les finalités et les modalités de cette intégration) en faisait officiellement des partenaires d'une grande aventure mondiale de laquelle chacun pouvait retirer sa part de gloire : n'était-il pas valorisant de se croire associé à une grande épopée qui répandait autour du globe la liberté, le progrès, la civilisation et la richesse, faisait sentir partout une puissance sans précédent et démontrait la supériorité de la *race* britannique? L'ambivalence de l'histoire politique australienne, comme celle d'autres colonies britanniques, trouve peut-être là sa racine principale. L'horizon impérial recouvrait — et pour certains transformait, voire effaçait — le lien colonial. Un grand nombre parmi les Australiens pouvaient dès lors cultiver sans aliénation leur allégeance britannique et impériale tout en s'affirmant nationalistes, convaincus d'œuvrer à l'édification et au rayonnement de leur pays, *grâce* à leur appartenance à l'Empire et non pas *en dépit* d'elle[25]. Le destin de l'Empire allait de pair avec celui de la nouvelle nation : plus le premier était puissant, plus l'indépendance de l'autre était protégée. Seul un raisonnement de ce genre peut expliquer qu'une Australie de plus en plus soucieuse de son autonomie ait pu participer aussi étroitement aux guerres britanniques/ impériales. On aurait tort de ne voir là qu'un subterfuge car, en suivant cette voie, l'Australie s'est effectivement défaite de son statut colonial, pour l'essentiel du moins, et a assuré son développement.

À ce qu'on pourrait appeler l'*alibi de l'Empire* s'est ajouté, de la part de l'administration britannique, un pragmatisme en vertu duquel, très souvent, les gains réalisés par la colonie servaient les intérêts de la métropole. Nous nous limiterons à quelques exemples. Aussitôt à partir des années 1820, Londres trouvait un avantage dans un ralentissement de la déportation au profit d'une immigration libre (« assistée »), plus susceptible de stimuler l'économie pastorale, en particulier en Australie-Méridionale et dans l'État de Victoria ; disposant d'une meilleure main-d'œuvre, les colonies pourraient mieux approvisionner l'industrie textile de la métropole. De même, les revendications fédératives de la période 1840-1860, auxquelles est associé l'octroi du gouvernement responsable, se seraient conjuguées à une nouvelle politique de Londres qui désormais, pour le bien de l'Empire, préférait traiter avec de véritables partenaires (au demeurant peu menaçants) plutôt qu'avec des sujets passifs et trop dépendants. Il en va de même pour le *Commonwealth* de 1901, que la Grande-Bretagne a elle-même encouragé et approuvé dans l'espoir que la fusion des colonies ferait de l'Australie un partenaire plus puissant. La métropole en escomptait à court terme des retombées économiques ; elle s'attendait en outre à ce que le nouveau *Dominion* puisse désormais contribuer davantage à sa protection militaire. Le déclin de la Grande-Bretagne avait en effet commencé, et sa tradition de libre-échange s'ouvrait peu à peu au protectionnisme, conséquence de la concurrence que lui livraient de nouvelles puissances industrielles comme les États-Unis et l'Allemagne (M. Dunn, 1984, p. 77-78). Il faut ajouter à cela que très manifestement, sur ce point aussi, Londres avait retenu la leçon américaine de 1776, tout comme elle avait dû prendre bonne note des Rébellions de 1837-1838 au Canada. Elle s'est dès lors efforcée de ne pas nourrir imprudemment les sentiments radicaux dans les colonies par une politique de concessions et de compromis où tous les partenaires (elle comprise) pouvaient trouver profit. Enfin, grâce à son prestige et à sa puissance, Londres était assurée de garder le haut du pavé dans ses relations avec son nouveau partenaire.

Mais on pourrait aussi montrer que, parallèlement à l'administration mesurée de Londres, l'Australie elle aussi a su orchestrer ses avancées en évitant de heurter trop durement la métropole. Le bricolage institutionnel qui a assez efficacement remplacé la voie révolutionnaire en fournirait plusieurs exemples. Un seul suffira : pensons à ce curieux projet mis de l'avant dans les années 1960 pour que le poste de gouverneur général soit supprimé et que ce soit un administrateur qui remplisse exactement les mêmes tâches, sans plus de pouvoir mais sans attache avec la métropole, toute la symbolique monarchique demeurant par ailleurs intacte.

En somme, l'histoire ambivalente, équivoque même, du décrochage australien (« *the world's slowest revolution* », comme on l'a qualifié parfois) est le fait d'un processus très complexe et fragile où se sont constamment entrecroisés les nationalismes impérial et local, à savoir une trame conservatrice, probritannique, et une autre qui poussait vers l'autonomie. À long terme, c'est cette dernière qui l'a finalement emporté, mais selon une évolution qui ne doit rien au déterminisme ou à quelque scénario plus ou moins mécanique[26]. Il est vain, en effet, de chercher la main invisible qui, sur deux siècles, aurait livré en pièces détachées l'État australien. Si on résume les éléments mis en place dans les pages précédentes, on en vient à pointer principalement les facteurs suivants :

— Le déclin progressif de la puissance économique et militaire de la Grande-Bretagne l'a poussée à une politique d'accommodements envers les colonies.

— L'évolution structurelle de l'économie-monde a arraché l'Australie à sa dépendance britannique en la tirant d'abord du côté des États-Unis, ensuite du côté de l'Asie.

— L'intégration des colonies comme partenaires dans l'Empire a fait de celui-ci un puissant alibi qui a permis de contenir le nationalisme radical australien jusqu'à la Seconde Guerre mondiale. Mais le Commonwealth britannique de 1931 n'a pas tenu les promesses de l'Empire, et la diversification ethnique de l'Australie après 1945 a érodé la tradition de fidélité à l'héritage britannique.

Pour la suite de notre analyse, retenons que ce procédé de rupture étalée, ou d'affranchissement en escalier, a entraîné deux conséquences de taille sur le plan de l'imaginaire. D'abord, la conscience collective australienne a été privée de l'appui symbolique que lui aurait procuré un acte fondateur héroïque, transcendant, dont elle se serait fait une inépuisable mythologie. En deuxième lieu, à cause de la politique d'accommodements pratiquée par Londres, le nationalisme n'a jamais vraiment réussi à se traduire en action et en mouvement politique de rupture radicale; il a donc été contenu principalement dans la sphère sociale (les aspirations égalitaristes) et culturelle (la quête identitaire).

La longue mise en place historique à laquelle nous nous sommes livré jusqu'ici était indispensable pour bien faire ressortir les conditions dans lesquelles se sont déroulées l'appropriation symbolique du continent et la formation du sentiment national. Ces épisodes font l'objet des trois parties qui suivent.

L'appropriation symbolique du continent

Après la trame politique, nous en venons à la trame culturelle, et plus précisément : a) aux voies et images de l'appréhension de soi et du continent, parmi le peuple et parmi les élites[27], b) à la mise en place de références qui se voudraient communes et qui puisent tantôt dans le Nouveau Monde, tantôt dans l'ancien, et enfin c) aux tentatives de définition de ce que pourrait être l'avenir de cette collectivité, tout cela exprimé le plus souvent sur le mode du mythe et de l'utopie. Abordée dans cette perspective, la culture de la collectivité neuve a pour objet de mettre les occupants en symbiose avec leur environnement, de créer entre eux des résonances, des complicités, et du même coup d'instituer des appartenances et des solidarités.

Ce travail symbolique s'est effectué en première instance dans la langue, encore que sur ce plan les élites se soient généralement appliquées à reproduire la norme et la manière britanniques. C'est surtout dans les milieux populaires qu'est d'abord apparue la dérive des mots, des sons et des sens. Le phénomène a été rapporté dès les années 1820 par des lettrés qui s'en formalisaient et tentaient vainement de freiner cette « dégradation » (C. M. H. Clark, 1972). Vers la fin du siècle, l'anglais australien s'était suffisamment différencié pour être invoqué comme marqueur identitaire. C'est à cette époque que certains romanciers commencèrent à écrire dans la langue du peuple. Durant la même période, on commença à étudier cette langue pour elle-même, dans un esprit *positif* inspiré de la philosophie européenne (G. W. Turner, 1966, chapitre 2). Ces premiers indices montrent que, assez tôt, il y eut une amorce d'accréditation du parler populaire auprès de membres (minoritaires, il est vrai) de l'intelligentsia. En 1924 paraissait, sous la direction de Grahame Johnston, *The Australian Pocket Oxford Dictionary*. Plus tard, soit dans les années 1940-1950, S. J. Baker établissait dans de nombreuses publications que la langue australienne manifestait une grande originalité et avait conquis son autonomie. Cette conclusion allait ensuite être nuancée, notamment en 1966 par Ramson qui faisait valoir que la norme britannique conservait une grande emprise en Australie. Encore ici, il faut de toute évidence faire la part de l'antinomie entre élites et classes populaires. C'est par ailleurs durant ces années que la langue du peuple fit deux gains importants : d'abord en 1956, en se faisant entendre pour la première fois au théâtre, puis au cours des années 1960 en accédant, comme nous l'avons déjà signalé, aux ondes de la radiotélévision.

La conquête symbolique du continent procédait aussi au gré des grandes explorations du XIXe siècle[28] et des pérégrinations des *bushrangers*, anciens bagnards souvent, qui parcouraient l'arrière-pays au hasard de l'embauche dans les grandes fermes d'élevage, de l'exploitation minière *(gold diggers)* ou de la chasse aux kangourous. C'est dans cet environnement que naquirent, à partir du milieu du XIXe siècle environ, les fameuses ballades appelées à constituer l'un des genres les plus populaires de la culture australienne. Ce phénomène tout à fait remarquable a été étudié par de nombreux auteurs, en particulier V. Palmer

(1954, chapitre 3) et R. Ward (1966). Les ballades et autres chansons auraient exprimé pour la première fois l'âme du peuple, en fixant les traits et les gestes de la vie quotidienne de la brousse, de la mine, de la vie itinérante dans un milieu hostile qui mettait les hommes sur un pied d'égalité dans le dénuement et les poussait à la solidarité pour la survivance. Andrew « Banjo » Paterson, qui fut au tournant du siècle l'un des compositeurs les plus prolifiques (C. Semmler, 1977), est aussi l'auteur de la chanson *Waltzing Matilda* (1895) qui s'imposa très vite comme symbole national et faillit à quelques reprises devenir l'hymne officiel de l'Australie[29]. Ses paroles expriment la rudesse du *bushman* et son irrespect de toute autorité. Avec le goût de la liberté, l'intrépidité, le pragmatisme, la haine des privilèges, la solidarité avec ses pairs (les *swells, chums, old hands*), l'humour caustique, l'indiscipline, le sens de l'égalité, une bonne dose de scepticisme et la virilité exacerbée confinant à la misogynie, ce sont là les traits mythiques les plus célébrés de l'habitant de la brousse et, par extension, du peuple australien. Des figures légendaires ont illustré ce stéréotype : Ned Kelly (le plus célèbre de tous, sorte de Robin des Bois), Ben Hall, Daniel Morgan, Sydney Bob et d'autres, tous voleurs de grands chemins, héros de la brousse[30]. Un puissant imaginaire a pris racine dans cet environnement propice à l'aventure et, tout autant sans doute, à l'affabulation. Une culture orale s'en nourrissait, qui allait bientôt alimenter la littérature nationale naissante.

En effet, plusieurs situent dans le dernier quart du XIXe siècle la naissance d'une véritable littérature continentale, caractérisée par un degré élevé d'autonomie au service de thèmes proprement australiens, sources de créations originales. Avant cette période, les spécialistes s'entendent pour souligner le caractère très conventionnel des productions littéraires, qui se pliaient trop servilement à la norme britannique et se contentaient d'imiter à la fois le style et la thématique de leurs modèles[31]. Même les paysages, les écrivains d'alors les décrivaient froidement dans la langue des Lumières, en évitant soigneusement de traduire l'émotion du sujet (H. P. Heseltine, 1986, p. 4 et suiv.). On a pu dire de cette littérature qu'elle était déjà vieille aux premières étapes de sa naissance. Dans un poème écrit en 1823, W. C. Wentworth parlait, à propos de l'Australie, d'une « *new Britannia in another World* ». L'année suivante, le poète T. K. Hervey exprimait une vision semblable à propos de la Tasmanie. On relevait aussi, chez les écrivains de cette époque, une sorte de mépris de la réalité locale comme matériau de la création littéraire, sentiment qui se reflétait dans le choix des héros, des décors, des intrigues. Les intellectuels se défendaient mal d'un complexe d'infériorité qui leur faisait tenir ces écrits pour bien inférieurs à ceux de la mère patrie — on parlera plus tard du *cultural cringe* pour désigner cette attitude défaitiste, « *that disease of the australian mind* » (A. A. Phillips, 1958, p. 92, p. 94 ; aussi : C. H. M. Clark, 1972 ; R. D. Jordan, 1989).

Notons cependant le rôle important joué dès cette période par la presse australienne qui, elle, se tenait beaucoup plus proche des expériences vécues et traduisait davantage les sentiments de la quotidienneté : la liberté des pionniers, la détresse associée aux duretés de la vie dans la brousse et aussi sur le littoral, la peur suscitée par l'inconnu du continent. On relève aussi chez certains écrivains les signes d'un enracinement et d'une nouvelle appartenance. C'est ce sentiment sans doute qui a commandé la réaction d'indignation, au sein des littéraires, devant la vive satire de la vie australienne publiée au milieu du siècle par l'auteur britannique W. M. Thackeray (M. Nedeljkovic, 1982, p. 72-77). Enfin, malgré son nom, la revue *The Empire,* publiée dans les années 1850, regroupait quelques écrivains sympathiques à l'idée d'une Australie plus indépendante (C. Harpur, H. Parkes, H. Kendall...).

C'est surtout à partir de la décennie 1880 qu'une littérature nationale s'exprima vraiment pour la première fois, culminant dans l'effervescence des *nineties.* Le mouvement littéraire qui s'affirma alors fut particulièrement important du point de vue qui nous occupe, non seulement par le style, les thèmes, les personnages qui l'ont caractérisé et les représentations qu'il a diffusées, mais à cause aussi de la vocation que les auteurs concernés assignaient à la littérature à la fois comme composante et comme témoin de la nationalité. Ici, le matériau est considérable et, fidèle à notre démarche, nous retiendrons les éléments les plus significatifs. La publication en 1881 d'un poème de G. H. Gibson (« Sam Holt ») est souvent donnée comme le premier acte de cette littérature en quête d'une *authenticité* australienne, tout comme un roman de Rolf Boldrewood *(Robbery Under Arms)* aurait constitué, en 1881 également, l'acte de naissance du « *noble bushman* ». Quelques autres noms émergent parmi cette génération qui a marqué la période 1880-1910 et qui s'adressait au public local plutôt qu'aux lecteurs britanniques : Henry Lawson (réputé surtout pour ses nombreuses nouvelles), Andrew B. Paterson (*The Man From Snowy River*, 1895), Joseph Furphy (*Such Is Life*, 1903), Bernard O'Dowds (*The Bush*, 1912), Francis Adams (*The Australians*, 1893), A. G. Stephens (travaux de critique littéraire). Enfin, la revue hebdomadaire *The Bulletin*, fondée à Sydney en 1880, fut le principal véhicule et promoteur du nouveau genre littéraire (son tirage était de 80 000 exemplaires à la fin des années 1880).

La plupart de ces auteurs pratiquaient une langue simple, directe, proche du peuple, dénuée d'effets. Le laconisme et l'anecdote y prévalaient, comme il sied au style réaliste qui était à l'honneur. Ils exprimaient les valeurs et la sensibilité populaires, telles qu'ils les imaginaient à travers les stéréotypes des hommes de la brousse. Ces représentations eurent un effet durable sur la culture australienne, ce qui est doublement paradoxal. D'abord, la brousse elle-même fut profondément transformée à partir du début du XXe siècle avec le déploiement du chemin de fer et des télécommunications. D'autre part, cette mythologie semble avoir gagné le milieu des classes populaires urbaines et même des classes moyennes. En conséquence, malgré le degré très élevé d'urbanisation de l'Australie (aux deux tiers urbaine dès 1890), sa première véritable conscience nationale a fait une place sans doute disproportionnée à la mythologie de la brousse. Ce phénomène s'expliquerait par les valeurs socialisantes qu'elle véhiculait et qui ont été reprises par le mouvement ouvrier. En outre, ce nationalisme en quête de spécificité trouvait davantage à se nourrir dans le merveilleux de la vie sauvage que dans le conformisme des villes australiennes, répliques trop fidèles du modèle britannique.

Selon de nombreux auteurs, une littérature proprement australienne aurait fait son nid dans cette effervescence d'un imaginaire national pénétré de références populistes. Pour reprendre l'idée exprimée par plusieurs, une tradition littéraire est née, affirmant que les valeurs et les modèles britanniques sont inaptes à fonder la vie culturelle du *nouveau* continent[32]. C'est dans cet esprit qu'allait se constituer la tradition du nationalisme dit social-radical, opposé à la Grande-Bretagne et à l'Empire. Un autre credo de ce courant idéologique et littéraire exaltait la jeunesse du continent et la promesse d'un avenir original et brillant dans le Nouveau Monde. Cette idée allait d'ailleurs survivre à la période légendaire des *nineties*; à vrai dire, on en retrouve l'écho tout au long du xxe siècle, et ce à des moments aussi sombres que la Crise des années 1930 (par exemple : P. R. Stephensen, 1936).

Pourtant, dans l'esprit de certains, le pari d'une littérature nationale n'était pas gagné, loin de là. Selon une conception plus aristocratique, la littérature ne pouvait naître que sur des ruines, dans la maturité et le riche matériau d'une histoire ancienne remplie de hauts faits et de drames. Le romancier américain Henry James l'écrivait en 1879 : « *the flower of art blooms only where the soil is deep... it takes a great deal of history to produce a little literature... it needs a complex social machinery to set a writer in motion* » (cité par R. White, 1981, p. 57). Aussi bien, divers auteurs, entre autres B. Kiernan (1971, chapitre 7), ont remis en question l'existence d'une véritable tradition littéraire à partir de la fin du xixe siècle, tout comme la mythologie des *nineties* elle-même[33]. Cette effervescence littéraire se serait essoufflée dès le début du xxe siècle et aurait été suivie d'une éclipse jusqu'aux années 1930. Une renaissance se serait alors manifestée dans le roman, ensuite dans la poésie (1940-1950), puis dans le théâtre (1960-1970). Selon A. A. Phillips (1958), les conditions d'une littérature nationale n'étaient pas encore réunies même dans les années 1950. C'est précisément à cette époque que P. White (1958) dénonçait la « *Great Australian Emptiness, in which the mind is the least of possessions* » (reproduit dans G. Dutton, M. Harris, 1968, p. 157). A. Lawson (1983) croit au contraire que la littérature est née précisément à ce moment et que cette décennie marque le point tournant de l'histoire littéraire australienne. Par contre, selon D. M. Cullity (1972) et J. Docker (1974, 1978), l'émergence n'est pas survenue avant 1970. Toutes ces discordances révèlent la grande complexité et l'incertitude de la conscience littéraire australienne.

En fait, on retrouve ici la dualité et l'ambiguïté déjà relevées à propos des allégeances politiques et nationales, où se mêlaient des traditions de fidélité locale et impériale. D'abord, la date de naissance de la littérature se déplace selon qu'on se réfère à l'une ou à l'autre tradition. Plus généralement encore, la référence à d'autres normes européennes (française, allemande...) introduit de nouveaux critères et des périodisations différentes. L'ambivalence a longtemps divisé le champ romanesque, en plus d'avoir été intensément vécue par plusieurs écrivains. En fait, elle s'est manifestée même aux temps des *nineties*. H. McQueen (1986, p. 117), par exemple, rappelle que la fameuse ballade *Waltzing Matilda* connut une diffusion plutôt limitée jusqu'en 1932 parce qu'on la tenait pour irrévérencieuse. Mais, à partir de cette année-là, son rayonnement s'accrut parce qu'elle fut en quelque sorte accréditée par un éminent professeur de musique du Trinity College en visite en Australie. Soulignons aussi que, même à l'âge d'or des romans de la brousse, des écrivains conformistes, très probritanniques, comme Christopher Brennan n'en continuaient pas moins de briller. La vie littéraire connut ensuite des cycles. Après 1910, le champ romanesque, tout en se faisant plus discret, se diversifia et l'entre-deux-guerres vit l'essor d'un courant très internationaliste. Vers la fin de cette période, l'esprit nationaliste fleurit à nouveau avec Vance Palmer, K. S. Pritchard, F. Davison et le groupe des Jindyworobaks *(infra),* auquel s'opposait le groupe des Angry Penguins. Ce courant se poursuivit durant les années 1940 et la fièvre identitaire ne fléchit guère par la suite, mais en s'exprimant selon des voies et des orientations variées.

Au-delà des courants qui ont départagé le champ littéraire, la dualité Australie/Grande-Bretagne (ou Europe) a été ressentie comme une déchirure par plusieurs écrivains tiraillés d'un côté par l'appel de la liberté sur le nouveau continent et, de l'autre, par la nostalgie de l'ancien, le sentiment de l'exil. Parmi de nombreux autres, un roman de Henry Handel Richardson (*The Fortunes of Richard Mahony,* 1917) illustre vivement cette tension. Jusque dans les années 1960-1970, et en dépit de tous ses coups de cœur pour le nouveau continent, la littérature australienne ne s'est jamais vraiment délestée d'une référence européenne persistante, soit comme loyauté délibérément affichée, soit comme séduction refoulée[34].

Dans les pages qui précèdent, il a surtout été question de l'écriture romanesque. Si on en croit les historiens de la poésie (par exemple L. J. G. Kramer, 1981, et ses collaborateurs), ce parcours apparaît encore plus hésitant, plus lent à s'acclimater au continent. Il n'est pas sûr même que les poètes australiens soient parvenus à instaurer une tradition originale. Selon H. P. Heseltine (1986), on peut en dire autant du théâtre jusque dans les années 1960, époque où il connut une grande effervescence *nationale*. La peinture, quant à elle, a suivi un courant qui s'apparenterait plutôt au roman. Dès le milieu du xixe siècle, elle contribuait — tout comme la tradition orale — à nourrir le légendaire australien en fixant pour la postérité les événements remarquables comme l'incendie de Port Phillip (Victoria) en février 1851 (immortalisé par William Strutt en 1864) ou les inondations en Nouvelle-Galles en 1890. Mais surtout, tout comme le roman, la peinture connut à la fin du xixe siècle sa révolution nationale, principalement avec les peintres de Heidelberg (T. Roberts, A. Streeton, C. Conder, J. Ashton et quelques autres)[35]. Pour la première fois, les paysages australiens et les personnages de la vie quotidienne faisaient l'objet de représentations originales, délestées de la tradition européenne. Le fait est d'autant plus remarquable que ces peintres avaient été fortement influencés par divers courants européens. C'est là un autre exemple de ce que nous appellerons le décrochage par emprunt, qui consiste à accaparer carrément la norme, la manière étrangère, de la faire sienne en quelque sorte, plutôt que de s'en défendre dans un combat incertain[36]. Les peintres de Heidelberg y parvinrent si bien qu'ils contribuèrent puissamment à l'édification de la mythologie rurale destinée aux habitants des villes. Par la suite, la peinture a suivi d'autres voies, s'effaçant même si on en croit certains auteurs du collectif dirigé par P. Coleman (1962), qui la font renaître seulement à l'époque de la Seconde Guerre mondiale. Mais d'autres, comme D. Horne (1972), insistent plutôt sur la décennie 1960, alors que B. Smith (1971, p. VII) s'emploie à relever dans ce dynamisme l'influence de la tradition européenne. On voit que, dans ce cas également, l'incertitude et l'ambivalence règnent.

Un mot sur l'architecture, qui affiche elle aussi un itinéraire spécifique, ponctué d'avances et de reculs eu égard à l'invention d'une *australianité*. Les modèles britanniques y furent prépondérants pendant la plus grande partie du xixe siècle. Mais, dès le milieu du siècle, dans l'État de Victoria, les vagues migratoires suscitées par la ruée vers l'or (le nombre des nouveaux venus quadrupla en moins de dix ans) drainaient d'autres influences, d'autres techniques picturales. D'importants éléments d'un style vernaculaire apparurent alors (M. Lewis, 1977). Dans la Nouvelle-Galles du Sud également, de nouvelles traditions furent apportées par les immigrés allemands et canadiens, les chercheurs d'or américains. À la fin du XIXe siècle, le courant nationaliste avait gagné le champ de l'architecture et des formes considérées comme typiquement australiennes voyaient le jour, inspirées toutefois de modèles européens (art nouveau, Queen Anne) et américains (le romanesque) (R. Irving, 1985). D'autres, comme D. L. Johnson (1980), pensent qu'il s'agissait là de simples adaptations et non d'un style original. Des innovations survinrent vers 1915-1920, surtout dans le bungalow, sous l'influence de créateurs comme W. Burley Griffin, L. Wilkinson, J. Horbury Hunt. Mais la véritable maturité ne semble avoir été atteinte qu'au milieu du XXe siècle. C'est aussi l'opinion de M. Lewis (1994) et de G. Serle (1973), qui insiste sur le rôle fondateur de Harry Seidler.

Ces brèves remarques sur l'évolution des disciplines artistiques et littéraires ne doivent servir qu'à attirer l'attention sur la pluralité et la diversité des voies et des trames (calendriers, conjonctures, influences, styles) par où a cheminé l'appropriation symbolique du continent dans la culture savante[37]. Il y aurait là matière à diverses enquêtes comparées, très fines, qui montreraient en l'expliquant la spécificité de chaque genre et sa dynamique. Après tout, l'art n'a-t-il pas été présenté comme « *the principal means by which "Australia" has been invented and created* » (D. Thomas, 1988, p. 11)? Encore plus que dans les autres domaines de la vie intellectuelle peut-être, on relève dans les œuvres des créateurs à la fois les actes de la conscience nationale en quête d'une authenticité identitaire et leurs expressions dans des figures très articulées, très explicites. Dans le cas de l'Australie, cette quête de l'authenticité dans le Nouveau Monde s'est heurtée, d'un côté, à l'hostilité de l'éloignement et d'un continent aride, de l'autre, au sentiment d'infériorité (le « *cultural cringe* », pour reprendre l'expression de A. A. Phillips) qu'inspiraient l'assurance et l'opulence de la vie culturelle britannique. Avec des variantes, cependant, dans toutes les collectivités neuves, la littérature et les disciplines artistiques se sont trouvées initialement dans une situation analogue, la différenciation naissant surtout de la vitesse et des modalités du décrochage et de l'appropriation[38]. Sous ce rapport, la culture savante australienne semble s'être signalée par le caractère aigu et persistant de son ambivalence et de ses ambiguïtés.

Nous terminerons ici notre commentaire trop rapide sur l'appropriation symbolique, étant bien conscient de tout ce qu'il faudrait y ajouter. Au-delà de la culture savante, il conviendrait en effet d'explorer toutes les démarches d'inscription — de *territorialisation,* pour emprunter le mot du géographe français C. Raffestin (1980) — conduites dans la culture populaire, celle des *bushmen,* mais celle aussi des ouvriers. Il s'agirait alors de reconstituer les dérives, les inventions discrètes de la quotidienneté dans les jeux, le sport, les danses, les rituels et fêtes calendaires, le vêtement (les mocassins de peau de mouton, les vestes de peau de kangourou, le *cabbage tree hat,* l'*akubra*). Il y a aussi toute la formation des régionalismes : ceux qui ont failli compromettre la fusion des six colonies dans le Commonwealth de 1901, mais également ceux qui sont nés des identités locales, dans les quartiers urbains aussi bien que dans les aires de peuplement éloignées. De toutes ces relations tissées avec le milieu est née à la longue une ethnicité, cet ensemble de signes plus ou moins arbitraires (coutumes, parler, vêtement, institutions...) à travers lesquels les membres d'une collectivité se reconnaissent et se font reconnaître[39].

Des visions de l'avenir

On pourrait présenter comme une particularité de l'imaginaire australien que d'avoir relativement peu donné dans l'utopie, si l'on entend par là une rêverie exubérante qui, bien que peu raisonnable (ou à cause de cela ?), se construit sur un mode très rationnel (souvent scientifique même), et qui cherche soit à exprimer les espérances les plus naïves d'une collectivité, soit à lui proposer de grandes destinées triomphantes, mais en appuyant toujours davantage sur les horizons, les directions et les finalités que sur les moyens et les modalités. Globalisante par nature et tournée vers un avenir lointain, l'utopie est la contrepartie de la mémoire fondatrice, au futur. C'est peu de dire qu'elle s'accommode aisément de la distance et même de la rupture qu'elle marque avec le réel immédiat : en fait, cette distance est la caractéristique, sinon la condition de l'utopie, qui remplit une fonction compensatrice tout autant qu'exploratrice; elle dessine en pointillé un au-delà, un ailleurs, davantage qu'un plan de marche. En ce sens, la pensée utopique est un autre mode d'appropriation symbolique d'un environnement, une autre manière d'y inscrire une collectivité. La conquête du Nouveau Monde a suscité ou réactivé de grandes utopies européennes inspirées tantôt par un désir de rachat, tantôt par un appétit de puissance[40]. Les imaginaires étatsunien et latino-américain ont également donné naissance à de grandes utopies, continentales cette fois. Dans le cas de l'Australie, on observe d'abord une utopie de la continuité qui s'est exprimée tout au long du XIXe siècle et jusqu'aux décennies récentes dans un discours de la fidélité à la Grande-Bretagne, dont l'Australie aurait eu pour mission de reproduire le modèle (« *a new Britannia* ») dans le Pacifique. On peut en voir une variante dans l'idéal de l'Empire qui se manifesta dès les années 1840 à travers les premiers projets de fédération impériale et qui survécut, lui aussi, jusqu'au milieu du XXe siècle. À ce propos, on peut parler sans exagération d'une utopie impériale qui promettait un destin grandiose pour le nouveau continent et qui sut longtemps rallier une grande partie de la bonne société australienne, séduite par les fastes de la puissance et de la civilisation britanniques à travers le monde.

L'utopie radicale nationaliste, à laquelle se sont mêlés des relents de fourriérisme (W. Metcalf, 1995), mettait en forme un projet de rupture en faisant appel aux milieux populaires et aux classes moyennes. À partir des dernières décennies du XIXe siècle, elle faisait ainsi contrepoids à la vision impériale. On lui trouve des antécédents dans la tradition de mécontentement et de contestation née avec le ressentiment des anciens bagnards à l'endroit de la Grande-Bretagne, tradition à laquelle l'immigration irlandaise a ajouté ses griefs historiques. On peut en dire autant des radicaux et dissidents de tout genre qui ont fui leur patrie au cours du XIXe siècle, en quête d'une terre de liberté et d'égalité, et qui ont cru la trouver en Australie[41]. Ces valeurs sociales fondamentales ont trouvé d'autres appuis dans l'idéal du petit paysan propriétaire qui a affleuré dans les années 1840-1860 et refait surface vers la fin du siècle (Horace Tucker, *The New Arcadia*, 1894, et quelques autres). Elles ont puisé également, comme nous l'avons vu, aux légendes de la brousse et des ruées vers l'or. C'est la rencontre de toutes ces visées avec les aspirations du mouvement ouvrier naissant qui a fourni à l'utopie radicale ses principaux matériaux. On sait aussi que les littéraires contribuèrent largement à leur mise en forme. Des revues comme le *Bulletin* et le *Boomerang* jouèrent un rôle important à cet égard en diffusant les idées de jeunes écrivains désireux d'édifier une société supérieure sur le plan social, défenseurs des droits et de la démocratie, pourfendeurs du système de privilèges qu'ils identifiaient à la Grande-Bretagne; William Lane, A. H. Adams, H. B. Higgins, A. Harris, H. George, Bellamy et d'autres furent très actifs sur ce plan[42]. Cela dit, malgré toute la générosité qu'elle affichait, nous verrons que cette pensée n'en était pas moins raciste : la société qu'elle préconisait était essentiellement masculine et réservée au Blanc.

Ce plan de construction sociale présentait un autre caractère important, en ce qu'il était résolument laïque. Il appelait à une séparation radicale de la religion et de la société civile. Il est permis de reconnaître, là encore, un héritage du passé pénitentiaire. Dans l'esprit des déportés, l'Église était associée au pouvoir métropolitain et portait les stigmates de ses abus, de ses violences arbitraires. Enfin, l'utopie sociale a beaucoup imprégné l'idéologie du mouvement syndical, qui est devenu un acteur collectif important dans les dernières décennies du XIXe siècle. Elle a également pénétré l'*Australian Labor Party* qui prit le pouvoir pour la première fois en 1904 et fut plusieurs fois réélu par la suite.

Ces deux courants (social-radical et impérial) représentent de loin les deux veines principales de la pensée utopique en Australie, l'une associée surtout à la classe moyenne et aux milieux populaires, l'autre à la bourgeoisie. Pour le reste, on relève des fragments de rêves qui n'ont pas développé des racines très profondes, ou bien des épisodes audacieux mais demeurés sans lendemain. C'est le cas d'une idée qui est apparue dès le début du peuplement et qui a refait surface à quelques reprises par la suite, selon laquelle le climat australien allait engendrer une race physiquement, sinon intellectuellement supérieure (F. K. Crowly, 1974, p. 79 et suiv.). L'idée fut plus tard relancée en réaction à certains écrits métropolitains ayant soutenu que la race britannique (supérieure s'il en est) avait commencé à dégénérer en Australie. Il fallait donc démontrer que, au contraire, ce précieux héritage allait encore prospérer sur le nouveau continent. Selon R. White (1981, p. 70-79), il faut expliquer de cette manière l'importance que les Australiens ont très tôt attachée aux performances sportives et à la bravoure militaire (on se plaisait par exemple à montrer que, durant la guerre des Boers, les soldats australiens s'étaient montrés supérieurs aux Britanniques).

Il y eut aussi au XIXe siècle un mythe inspiré par le développement des territoires du nord qui faisait miroiter des richesses illimitées, mais les échecs et les désillusions se succédèrent. À la même époque, certains caressèrent le projet d'un empire australien dans le Pacifique, où plusieurs îles auraient pu être inféodées au pays. Effectivement, l'Australie administra pendant plusieurs années la Papouasie et une partie de la Nouvelle-Guinée, mais le rêve du Pacifique n'alla pas plus loin. Une utopie urbaine, mêlée de *boosterism,* se manifesta également à partir du milieu du XIXe siècle. Victoria allait devenir la New York de l'autre hémisphère, et l'Australie une sorte de réplique des États-Unis : riche, puissante, dynamique, hautement civilisée (R. White, 1981, p. 50 ; D. A. Hamer, 1990). Dans l'ensemble toutefois, l'utopie urbaine se confondait largement avec le rêve impérial et le culte de la Grande-Bretagne. Il y eut enfin le projet de William Lane, ce littéraire (*The Working Man's Paradise,* 1892), journaliste, essayiste et militant socialiste, qui conçut le projet d'aller créer au Paraguay une nouvelle Australie sur le modèle de l'utopie sociale-radicale, axée sur l'égalité et la démocratie — mais, encore là, réservée à la race blanche seulement. Avec quelques centaines de fidèles, il quitta Adélaïde en juillet 1893 sur un petit voilier qui les mena au Paraguay où deux colonies furent fondées, mais l'affaire n'eut pas de suite. Ajoutons qu'à sa naissance même cette utopie était l'aveu d'un échec : c'est précisément parce que le projet d'une Nouvelle Australie lui semblait avoir échoué que Lane résolut d'aller le réaliser ailleurs (D. Walker, 1976 ; G. Souter, 1981).

Malgré l'emprise durable exercée par les utopies sociale-radicale et impériale, malgré aussi l'apparition relativement précoce dans ce pays du sentiment de former une collectivité neuve promise à un brillant avenir, il demeure que, dans l'ensemble, la rêverie utopique n'est pas un trait saillant de l'histoire intellectuelle australienne. On notera, par exemple, que même ces deux grandes utopies ont connu une emprise relativement limitée. La première est entrée en récession après la ferveur des *nineties*, au point que divers auteurs se sont interrogés récemment sur sa véritable portée. Quant à l'utopie impériale, qui a connu un destin peut-être moins controversé, elle a failli à inspirer un grand courant de pensée qui se serait exprimé dans des classiques de la culture australienne. Il faut sans doute faire valoir le fait que le réalisme, le pragmatisme même, ont toujours été à l'honneur dans cette culture, y exerçant une sorte de censure sur la pensée naïve. L'inquiétude perpétuelle née de l'éloignement et de l'isolement dans le monde asiatique a peut-être joué dans le même sens, tout comme l'âpre réalité de ce continent désertique qui lançait un défi permanent à la survie[43]. Enfin, les modalités mêmes du peuplement dans la violence, la coercition et la honte ont étouffé la mythologie exaltée des commencements et son héritage symbolique. Il y eut bien, dans les années 1830-1850, quelques évocations d'une nouvelle Arcadie ou de la Terre de salut, refuge du pauvre; mais elles étaient surtout le fait d'une propagande britannique destinée à stimuler l'émigration vers les nouvelles colonies. Comme l'a fait remarquer I. Turner (1968, Introduction), l'imagerie du *self-made-man* et l'eldorado de la mobilité sociale (*« from log cabin to White-House »*) ne trouvèrent pas à se nourrir en Australie. Le contexte des origines et la rudesse du continent (ses étendues désertiques, ses écarts climatiques) y furent sans doute pour quelque chose. Il est significatif que l'utopie sociale ait considérablement mis en valeur la solidarité: c'était la condition primordiale de la survie dans les établissements pénitentiaires et les colonies.

On peut trouver aussi, dans ces mêmes circonstances, l'une des sources de la démocratie à l'australienne, qui fut la première à instituer le scrutin secret. Mais l'évolution qui y a conduit a été longue et incertaine, en passant du *convict* à l'*emancipist* (prisonnier relaxé), puis au *bushman*, au travailleur et au citoyen. Ici, encore une fois, et contrairement aux États-Unis par exemple, pas de grands théoriciens ni de célèbres figures politiques qui auraient incarné de nobles idéaux humanitaires ou de grands systèmes idéologiques où l'on s'accorderait à trouver le berceau de la société australienne. En réalité, et c'est là un autre caractère important de la pensée utopique dans ce pays, les représentations collectives ont puisé à deux sources qui n'ont jamais fusionné.

D'un côté, elles ont emprunté à la Grande-Bretagne, à la métropole colonisatrice, son rêve d'empire; de l'autre, elles se sont alimentées du légendaire populiste, un peu agressif, de l'arrière-pays. Mais ces deux rêves, ces deux mythes divergents n'ont jamais vraiment été réconciliés, bien qu'ils se soient beaucoup rapprochés. En cette fin de siècle, l'Australie en est encore à négocier une figure de compromis ou de fusion entre ces deux héritages.

Enfin, il convient de souligner un autre trait assez remarquable de la pensée utopique australienne, en ce qu'elle est à peu près vide de références religieuses. Les trois principales formations en présence étaient l'Église catholique (presque exclusivement irlandaise), l'Église presbytérienne (surtout écossaise) et la Church of England. Leurs effectifs, en termes relatifs, sont demeurés plutôt stables, s'établissant respectivement aux alentours de 25-30 %, 9-12 % et 60-65 % de la population. En elle-même, cette répartition ne fournit pas d'explication au phénomène. Il vaut mieux se tourner du côté des modalités du peuplement initial et invoquer, comme nous l'avons déjà fait, l'antipathie ou les réticences que suscitaient les autorités religieuses, assimilées aux bureaucraties métropolitaine et coloniale. On peut rendre compte ainsi, au moins en partie, de la laïcité de l'utopie sociale-radicale. Mais la question demeure pour ce qui concerne l'utopie impériale. Quoi qu'il en soit, on tient là une originalité de l'histoire culturelle australienne, que fait ressortir la comparaison avec d'autres collectivités neuves comme le Québec, les États-Unis et les pays d'Amérique latine.

La nation mutante

En durcissant un peu une réalité qui demeure toujours complexe et fuyante, on pourrait dire que, dans la plupart des sociétés d'Occident, la trame nationale se déploie en constante dialectique avec le culturel et le politique. Elle puise dans le premier des matériaux symboliques dont elle nourrit les représentations formelles, systématisées, de la collectivité; et ces représentations s'érigent parfois en définitions officielles. Mais on se doute que l'opération n'est jamais gratuite ou innocente, dans la mesure où elle entretient un rapport direct (au moins *de facto*) avec le politique ; en effet, ces représentations et ces définitions sont toujours mobilisées, sinon confisquées, soit pour orienter, soit pour justifier, soit encore pour déguiser des stratégies et des décisions de l'État. Pour les fins de notre analyse, il ne nous paraît pas utile de préciser davantage le contenu du vocable *national*. Comme nous l'avons indiqué au chapitre premier, ce contenu est trop variable d'une collectivité et d'une période à l'autre ; il met l'accent tantôt sur des données ethniques comme la langue ou la religion, tantôt sur le territoire ou sur l'histoire, et tantôt sur un ensemble de valeurs supposées partagées ou sur des traits ethnographiques, physiques et autres. Il semble plus avisé de partir tout simplement à la découverte de l'acception australienne, telle qu'elle s'est modelée et remodelée au cours des XIXe et XXe siècles.

L'Australie est née de divers éléments d'une société européenne transportés dans un environnement asiatique. Par quel cheminement, à partir de ce déplacement initial, la nouvelle population en est-elle venue à se percevoir comme une nation ? Quelles aspirations, tensions et appréhensions y a-t-elle investies ? Nous allons montrer que la représentation nationale s'est élaborée suivant deux voies : l'une relevait d'une démarche de rupture et affirmait l'existence ou l'émergence d'une nouvelle entité détachée de la mère patrie ; l'autre s'inscrivait dans un esprit de continuité et présentait la collectivité comme une figure originale certes, mais seulement à titre de variante de l'héritage britannique au sein de l'Empire, et en filiation directe avec lui. En accord avec les conclusions des parties précédentes sur les trames politique et culturelle, on pourrait dire que l'histoire nationale australienne fut un va-et-vient, un tiraillement continuel entre ces deux horizons, assorti d'une lente dérive dans le sens de la rupture. Mais, d'un côté comme de l'autre, nous aurons à montrer comment l'idée nationale a connu d'importantes divisions et contradictions que ses promoteurs ont essayé tant bien que mal de surmonter.

Dans un premier temps, nous allons passer en revue les divers traits ou représentations à l'aide desquelles on a voulu — successivement ou simultanément — caractériser cette collectivité au cours des XIXe et XXe siècles. Ce faisant, pour chacun des archétypes présentés, nous nous efforcerons d'identifier aussi précisément que possible la classe sociale de référence. L'exercice devrait faire ressortir toute la complexité et la pluralité de l'imaginaire national australien. En effet, on relève non seulement une succession mais aussi un parallélisme, sinon une compétition entre les principales représentations de la nation. Nous verrons ensuite comment la diversification progressive de cette population au cours du XXᵉ siècle a heurté la conscience nationale, suscitant soit des réactions de rejet et d'exclusion, soit divers essais d'accommodement et de conciliation.

Les constructions de la nation

En tout premier lieu, l'ambiguïté qui règne sur la date de naissance de la nation est très révélatrice en elle-même. L'année 1788 se propose d'emblée comme première hypothèse. Toutefois, dès les premières décennies du XIXᵉ siècle, l'émergence d'un sentiment d'appartenance australienne axé sur les commencements fut compromise au sein de la classe dirigeante par ce que nous avons appelé la *honte des origines*. À la plupart des intellectuels, grands propriétaires, commerçants et administrateurs, il répugnait en effet de s'identifier au passé pénitentiaire de l'Australie. Il valait mieux court-circuiter ces commencements jugés peu glorieux et se réclamer plutôt de l'appartenance à la grande civilisation britannique. Cette donnée éclaire sans doute les nombreux témoignages de visiteurs qui, au cours du XIXᵉ siècle, manifestaient leur surprise de trouver sur ce continent perdu une bourgeoisie encore plus *british* que l'originale. Néanmoins, selon plusieurs auteurs (R. Ward, 1966 et M. Roe, 1971, notamment), un sentiment protonational s'était formé parmi les prisonniers eux-mêmes et surtout parmi leurs descendants immédiats. Selon certains, on pourrait même voir dans cette première solidarité le berceau de la nation. Pour d'autres (par exemple, G. Nadel, 1957), celle-ci est née au milieu du siècle seulement, à l'époque de l'octroi du gouvernement responsable. Des appels se faisaient alors entendre pour l'adoption d'objectifs communs et la création d'une véritable culture nationale qui s'élèverait au-dessus des intérêts matériels et donnerait une cohésion à la société naissante. Le ressentiment irlandais et les protestations contre la déportation de criminels alimentèrent ce courant d'opinion dont le journal *Australian Era* se fit l'un des porte-parole. Pour d'autres encore, ce sont les affrontements d'Eureka à Ballarat (Victoria) en 1854 qui ont constitué l'acte de naissance véritable du pays. Cette rébellion de mineurs contre la police gouvernementale aurait représenté la première affirmation du peuple contre le pouvoir métropolitain, et par conséquent la première contestation du lien colonial en même temps que l'acte fondateur de la démocratie australienne.

Pour une majorité d'analystes toutefois, les barricades d'Eureka, demeurées sans suite immédiate, ne furent qu'un signe annonciateur, un événement précurseur. La nation serait plutôt née dans l'effervescence des années 1880-1890 (les célèbres *nineties*), ponctuée par la célébration du centenaire de 1788, et le Commonwealth de 1901 en aurait constitué la confirmation officielle. Un poème de J. B. Stephens, publié en 1877 (« *The Dominion of Australia* »), en fut peut-être la première expression. À cette époque, la majorité de la population adulte était née sur le nouveau continent. L'exploration des grands espaces était à peu près achevée et un réseau de chemin de fer unissait les principales parties du pays. C'est dans la brousse toutefois que cette nation prenait forme, à travers les « *stony hills and sandy plains, bare rocks and rushy swamps* » (Alexander Harris). Divers auteurs (V. Palmer, 1954 ; R. M. Crawford, 1955 ; G. Davison, 1978) ont expliqué qu'il ne pouvait guère en être autrement : la ville, par son allure hétéroclite et britannisante, se dérobait, comme nous l'avons déjà indiqué, à une mystique identitaire originale. En outre, en ces temps de crise économique, elle apparaissait à plusieurs comme un lieu de misère dont on voulait se détourner et même comme un symbole de l'Europe décadente ; on s'adonnait donc d'autant plus volontiers à une idéalisation de l'*outback*. Mais cette nation de la brousse, ce pays né de l'arrière-pays puis étendu aux couches ouvrières demeurait lui-même fragile. Le tissu urbain, en continuant de s'étendre, a fini par éroder cet imaginaire. En outre, la légende des *nineties* s'est refroidie après le tournant du siècle.

Pour plusieurs, ce sont les deux guerres mondiales qui enfantèrent vraiment la nation. La première d'abord, avec le célèbre épisode de Gallipoli (Dardanelles) en 1915, où des troupes australiennes aux côtés de soldats britanniques, néo-zélandais et français s'illustrèrent dans un tragique affrontement contre les Turcs. Sur le plan strictement militaire, l'opération fut plutôt un échec; les assaillants durent battre en retraite et on déplora du côté australien plus de 8 000 morts et près de 20 000 blessés. Mais sur le plan symbolique, les répercussions furent énormes. On se plut à découvrir à cette occasion la nation en armes, affrontant son destin et montrant une grande intrépidité. Enfin, dans ces conditions tragiques, l'Australien s'était révélé aux autres et à lui-même. À partir de ce moment, ANZAC (pour : Australian and New Zealand Army Corps) devint un symbole populaire du berceau de la nation. Mais, pour d'autres, l'échec même de Gallipoli jette une ombre sur la légende, et il semblerait plus indiqué de faire naître la nation avec la Seconde Guerre mondiale, où les Australiens s'illustrèrent encore plus nettement (par exemple : N. McLachlan, 1989)[44].

Enfin, il ne manque pas non plus d'observateurs pour affirmer que la nation est en train de naître en ce moment, au milieu des brassages ethniques du multiculturalisme et à la faveur des réaménagements symboliques qu'ils commandent. La recherche de la date de naissance de l'Australie fait donc déjà ressortir une importante figure d'incertitude et d'ambiguïté. Ce trait s'amplifie lorsqu'on prête attention cette fois aux contenus, aux archétypes qui ont été proposés pour nourrir les représentations collectives.

Il y eut l'idée d'une nouvelle race. En 1877, le pamphlet plutôt facétieux de Marcus Clarke (*The Future Australian Race*) suscita des commentaires très sérieux, à la surprise même de son auteur. Et vers la fin du siècle, selon R. White (1981, chapitre 5), un certain nombre d'intellectuels croyaient volontiers qu'il existait un type physique vraiment australien. C'était aussi l'avis de V. Palmer (1954, p. 32-33 et suiv.) qui fondait son opinion sur une collection de témoignages du XIXe siècle. Très proche de cette première représentation, on trouve l'image de l'Australien doué d'une exceptionnelle vitalité : rude, puissant, résistant, intrépide. À ce propos, nous avons déjà évoqué la place très importante que le sport a toujours occupée dans cette société, où il a été depuis la fin du XIXe siècle l'objet d'un fort investissement symbolique au service de l'identité[45]. Il en va de même sans doute avec le stéréotype du solide buveur qui a été associé depuis longtemps à l'homme du peuple[46]. Ces traits, qui ont exprimé la masculinité du caractère national, sont en partie une réaction à l'élitisme intellectuel des villes, imitateur de l'esprit britannique, et en partie aussi un effet de la surreprésentation des hommes parmi la population australienne jusqu'au milieu du XIXe siècle, sinon au-delà (deux hommes pour une femme en 1840).

On rejoint par ce chemin la représentation de l'*australianité* issue de la légende des *nineties*. Il faudrait rappeler ici tous les traits déjà signalés (matérialisme, rudesse, indépendance, solidarité, égalitarisme et autres), qui furent attribués d'abord à l'homme de la brousse puis aux milieux populaires et, enfin, à l'ensemble des Australiens. L'idée sousjacente de cette entreprise symbolique, qui a rallié plusieurs intellectuels à la fin du XIXe et dans les premières décennies du XXe siècle, veut que la culture de l'*outback* ait pris valeur de matrice pour toute la nation, sans qu'elle ait été un reflet fidèle de sa réalité. Le portrait durable de ce qu'on a appelé le *dinkum aussie* se résume dans le *mateship*, ce sentiment profond qui se développe parmi les hommes « *who are thrown together by some emergency in an unfriendly environment and have become of one blood in facing it* » (D. Horne, 1972, p. 32)[47]. On en a trouvé les racines tour à tour (ou simultanément) *a*) dans l'adversité du milieu naturel, obstacle s'il en fut à la survie d'une population très dispersée, *b*) dans les violences du régime pénitentiaire, contre lesquelles les prisonniers devaient savoir se défendre, *c*) dans le rapport social très inégal créé par la grande propriété foncière dans l'arrière-pays, *d*) dans l'acharnement des *gold diggers*. À sa façon, chacune de ces expériences aurait contribué à forger les dispositions exprimées dans l'utopie sociale-radicale, laquelle présentait la jeune nation comme le *working man's paradise* (selon le titre d'un ouvrage de William Lane).

La solidarité et le militantisme syndical en furent l'une des principales manifestations. Des grèves célèbres servent ici de points de repère : conflit quasi général en 1890, grèves dans l'industrie pastorale (1891), dans le secteur minier (1929, 1949), etc. Le mouvement ouvrier serait ainsi parvenu à discipliner le développement du capitalisme en le contraignant à d'importants compromis. Cette représentation va de pair avec une autre selon laquelle les luttes sociales auraient avivé le sens de la démocratie, déjà présent dans les aspirations égalitaires du *dinkum*[48]. On doit effectivement aux Australiens d'avoir, les premiers, introduit le vote secret (1856)[49]. Selon l'historien William Keith Hancock, il existerait une tradition démocratique typiquement australienne, à caractère collectiviste, assez différente de la démocratie individualiste d'inspiration tudorienne. On expliquerait de cette manière les succès électoraux de l'Australian Labor Party, fondé en 1890, et la législation sociale avant-gardiste du pays. Rappelons que les travailleurs de la construction de Melbourne furent les premiers à obtenir la journée de huit heures (en 1856) et que l'Australie fut le premier pays à élire un gouvernement travailliste. Le leitmotiv *fair go* reflète l'esprit de ce nationalisme radical, avec ses connotations d'équité, de justice sociale et de sollicitude de la part de l'État.

On notera néanmoins que cette culture de solidarité et d'équité s'accommodait de la discrimination la plus flagrante. D'abord, elle n'accordait aucune attention aux Aborigènes. En deuxième lieu, la femme — si l'on excepte le droit de vote qui lui fut reconnu assez tôt — en était également exclue. De nombreux auteurs ont montré que le *mateship*, dans ses diverses expressions et figures, s'accompagnait de forts relents anti-féminins[50]. L'autre grande forme d'exclusion a pris pour cible les immigrants non britanniques, les non-Européens et surtout les Asiatiques. Il est remarquable en effet que la pensée sociale-radicale ait été profondément imprégnée de xénophobie et même de racisme. Jusqu'aux années 1940-1950, ce trait semble avoir fait partie de la pensée dominante en Australie : la nation australienne était communément identifiée à la *race* britannique. Fondée en 1871, la très influente Australian Natives' Association ne regroupait que des Blancs nés au pays. À l'époque où, pour des raisons économiques évidentes, Londres préconisait le libre mouvement de la main-d'œuvre entre les colonies de l'Empire, l'Association favorisait au contraire l'isolement et l'exclusion, et c'est pour cette raison qu'elle appuyait le projet du *Commonwealth* (C. S. Blackton, 1958). Ce souci de préserver la race blanche était d'abord dirigé contre les Jaunes. Déjà, les émeutiers de 1860-1861 dans les mines d'or de la Nouvelle-Galles *(Burrangong Riots)* en avaient contre les travailleurs chinois. Et, aux lendemains de la Seconde Guerre, c'est encore la crainte du péril jaune qui incita le gouvernement à accroître substantiellement la population du pays au moyen d'une immigration beaucoup plus ouverte ; une Australie plus nombreuse, plus forte sur les plans économique et militaire saurait mieux contrer le danger qui venait du nord. Selon R. Nile (1994), ce sentiment serait encore vivant aujourd'hui[51].

L'une des expressions les plus durables et les plus formelles du racisme australien est représentée par la *White Policy*, cette politique d'immigration instituée en 1901 et abrogée officiellement en 1973 seulement. En vertu de cette loi, que nous aborderons plus loin, l'entrée du pays aux non-Européens était rendue pratiquement impossible.

La composante raciste de la représentation nationale perdit du terrain après 1940-1950, mais ne disparut pas pour autant. Elle connut même des résurgences importantes, notamment dans les années 1980 et 1997-1998. Il faut rappeler que, à ce moment, les Australiens de naissance ou de descendance britannique (plus ou moins lointaine) représentaient encore les trois quarts de la population environ et que l'attachement aux racines demeurait encore puissant. Mais à la même époque, H. McQueen (1986) dénonçait vigoureusement cette vision raciste de la nation, dont il montrait les origines et l'évolution au cours des XIXe et XXe siècles. Pour cet auteur, c'est le *péril jaune*, et non pas le sentiment anticolonial ou antibritannique, qui a été le ressort principal du nationalisme australien. Il construisait sa preuve en parcourant pratiquement tout le paysage intellectuel, prenant à témoin l'histoire du mouvement ouvrier, des idéologies politiques, de la littérature (par exemple : Bernard O'Dowd, A. H. Adams, Henry Lawson), etc.

Après l'ouverture du pays à une immigration diversifiée, la référence à la nation comme une *new Britannia* (blanche, anglo-saxonne) devint de moins en moins adéquate, et de nouvelles variantes, sinon des visions de rechange, virent le jour. À la faveur de la prospérité qui a suivi la Seconde Guerre, la consommation de masse connut un essor spectaculaire en Australie, envahissant l'univers domestique et la vie privée. Une nouvelle figure de l'individualisme apparaissait, associée à la classe moyenne, sous les traits du petit bungalow et de la vie de banlieue, et ce en parallèle avec l'image toujours très populaire du *digger*[52]. Dans ce contexte qui plaçait au premier rang le confort, la famille, les loisirs et le matérialisme, l'automobile de marque Holden, fabriquée au pays par General Motors, devint l'un des nouveaux symboles de la nation, de ce qu'on appela alors l'*Australian way of life* (M. Taussig, 1987). Cette notion mal définie représentait désormais le modèle culturel auquel les immigrants devaient s'assimiler. Nous pensons qu'elle occupe une place importante dans l'histoire des représentations nationales australiennes :

pour la première fois, un stéréotype de la nation semblait se construire formellement en dehors de l'ethnicité. L'essai fut éphémère toutefois. À partir des années 1970, les difficultés économiques firent obstacle au modèle qui, de toute façon, écartait *a priori* les milieux défavorisés. Il devenait en outre évident qu'en définitive, l'assimilation à l'*Australian way of life* ne différait pas beaucoup du modèle traditionnel d'assimilation à la société blanche, anglo-saxonne[53].

C'est dans ce contexte qu'apparut l'idée selon laquelle le trait essentiel de la nation, la véritable source de son originalité, résidait dans sa diversité ethnique. Le multiculturalisme australien était né[54]. Contrairement à la plupart des autres sociétés, l'Australie était dite capable d'accueillir et de faire coexister un large éventail d'apports culturels, en perpétuant leurs spécificités ; c'est de là qu'elle tirait désormais son principal caractère distinctif. Du coup, cette nouvelle orientation en préparait une autre, plus récente encore, à savoir la destinée asiatique de l'Australie. Élargissant encore son cercle, la nation s'apprêtait ainsi à intégrer complètement sa géographie aux dépens de son histoire. Mais nous verrons que ce virage est loin d'être acquis, même aujourd'hui.

Ce rapide survol des principales représentations ou contenus symboliques de la nation appelle tout de suite trois remarques. D'abord, à un degré qui n'a peut-être été atteint dans aucune autre collectivité neuve, la culture populaire semble avoir pesé lourd dans cet imaginaire. Ses contenus, ses symboles semblent avoir largement pénétré la culture savante. Déjà en 1829, dans sa *Letter from Sydney,* Wakefield constatait qu'en Australie, contrairement à la manière des vieux pays, les modes et les façons de faire se diffusaient du bas vers le haut. C'était aussi l'opinion de Russell Ward et de A. A. Phillips (1958, p. 41-42 : « … *the common man… beat the gentleman* »). En fait, ce trait fut si prononcé qu'il a créé l'impression — chez les Australiens comme chez un certain nombre d'observateurs étrangers — que la culture savante (la vie intellectuelle, les arts et lettres) était l'objet d'une sorte de mépris, qu'elle s'en est trouvée marginalisée et appauvrie. À ce sujet, on peut évoquer, parmi de nombreux autres, les témoignages bien connus de Francis Adams (il y a autant de culture en Australie que de serpents en Islande) et de D. H. Lawrence (plus il disait en apprendre sur la démocratie australienne et plus il la détestait, ne connaissant rien d'aussi nul, d'aussi vulgaire, etc.)[55]. Deuxièmement, et cette remarque n'est pas sans relation avec la précédente, la vision impériale de la nation n'a pas fait l'objet de nombreux écrits célèbres et son légendaire n'a pas été fixé dans une grande tradition littéraire, comme ce fut le cas pour la pensée sociale-radicale. On en trouvera un élément d'explication dans le fait que l'idée impériale a surtout été associée à la frange la plus conservatrice et la plus aristocratique de l'élite intellectuelle, celle qui, pour cette raison justement, écrivait pour un public britannique et se tenait à proximité des cercles londoniens. En conséquence, la vision britannique et impériale de la nation a été peu expliquée ou traduite aux Australiens eux-mêmes dans une langue et selon des genres auxquels les classes populaires et les classes moyennes auraient pu d'emblée adhérer. En troisième lieu, en dépit de l'assurance qui paraît se dégager des diverses représentations nationales passées en revue, toute l'histoire de cette pensée, de cette quête identitaire, est traversée par une grande incertitude qui amène les élites intellectuelles à porter un regard sévère sur elles-mêmes, à formuler un jugement péjoratif sur leurs œuvres tenues pour inférieures à celles de la mère patrie, sur les manières et sur la langue du peuple. Nous retrouvons encore ici l'expression du *cultural cringe*.

Ce complexe d'infériorité a, selon les époques, suscité trois types de réaction. La première a conduit à dénoncer la vulgarité de la culture australienne et à décréter son infériorité pour ainsi dire structurelle[56]. La deuxième réaction a consisté dans des appels à la construction de la culture nationale selon divers scénarios propres à remédier au *vacuum* originel. Ce fut le cas d'un essai de P. R. Stephensen (1936), qui proposait un véritable programme de développement de la vie intellectuelle dans une perspective nationaliste. On pense aussi à l'effervescence des années 1950-1970, quand le même thème refit surface, appuyé cette fois sur des politiques de subventions gouvernementales destinées à stimuler la vie des arts et des lettres, toujours suivant une visée identitaire (D. Horne, 1972, p. 244-246; J. Rickard, 1988). Mentionnons aussi des entreprises plus naïves, comme ces grands albums-photos où l'on montre que l'Australie est aussi belle que l'Angleterre. On y apprend aussi que, pour ce qui est de la réputation d'aridité, certaines parties du pays reçoivent plus de pluie que plusieurs régions de la mère patrie... (parmi d'autres: R. Smith, O. White, 1970). Enfin, d'autres ont plutôt essayé de démontrer que le sentiment d'infériorité n'avait pas de justification, que la culture australienne est l'égale de n'importe quelle autre, que les *cringers* sont des masochistes (E. Thompson, 1994a, chapitre 10), qu'il existe une riche tradition intellectuelle depuis le XIXe siècle (A. A. Phillips, 1958).

En conclusion de cette partie, il est possible de repérer quelques glissements de fond survenus au cours du dernier demi-siècle et qui paraissent difficilement réversibles : de la *White Australia* au multiculturalisme, de l'allégeance européenne à l'intégration asiatique, de l'éthique populiste à l'éclectisme des classes moyennes. Parallèlement, on constate que le *mateship* est en déclin. Avec l'essor de la pensée féministe, on assiste depuis une quinzaine d'années à une redéfinition des représentations de la nation qui s'appuie sur une critique de la vision masculine, à la Russell Ward notamment. De même, la relation avec les Aborigènes est l'objet d'une profonde remise en question. Sur un autre plan, le kaléidoscope des visions et des visées nationales, tel que nous l'avons sommairement reconstitué, fait ressortir la nature éphémère et presque artificielle de ces constructions discursives. À la lumière d'une telle fluidité, il serait hardi de plaider pour une conception essentialiste (« primordialiste ») de la nation. Même la référence à la fameuse tradition britannique est polyvalente et se prête à des nuances et des variantes subtiles, selon le contexte et le locuteur : on y interpelle tantôt le riche patrimoine intellectuel de la métropole, tantôt la monarchie, le Parlement ou l'Empire, et on y gomme facilement l'Anglais, le Gallois, l'Écossais et même parfois l'Irlandais. Humphrey McQueen a peut-être raison : la xénophobie et le racisme ont en effet occupé une très grande place dans l'ensemble des représentations et des idéologies par ailleurs fort diverses et souvent opposées que nous avons passées en revue. Ces deux traits semblent être les principaux candidats au titre de dénominateur commun de la pensée et de la culture nationale australienne jusqu'au milieu du XXe siècle.

On relève aussi des quasi-absences importantes (la religion, la ville), des silences (le mythe du *self-made-man*, de la mobilité sociale), des incohérences (les inégalités socioéconomiques en regard du mythe égalitaire). Et on reste un peu étonné de la fragilité symbolique qui semble être le point d'aboutissement de deux siècles d'histoire. Ce dernier point sera abordé plus loin ; mais il nous faut d'abord évoquer les éléments de diversité et d'adversité qui, tout au long de son histoire, ont mis la nation en échec et ont amené l'imaginaire collectif à mettre au point des stratégies symboliques visant à la remettre sur ses rails.

La diversité contre la nation

Toutes les entreprises de construction de la nation australienne partageaient le souci de représenter une collectivité uniforme, cohérente, intégrée. Mais cette prémisse n'était acquise qu'au prix de bien des contorsions car la symbolique nationalitaire était sans cesse contredite par d'importants éléments de diversité et de clivage dans la population. Notre essai s'engage ici dans ce que G. S. J. Barclay (1987) a appelé l'« *exploration of unifying myths and disunifying realities* » (p. 5). Jusqu'au milieu du XXe siècle environ, la perception commune caractérisait la population australienne comme fondamentalement homogène, cimentée par son héritage britannique. À cette époque en effet, la proportion d'Australiens d'origine ou de descendance britannique atteignait plus de 90 % (95 % selon J. Jupp, 1994, chapitre 4) et la plupart des autres habitants étaient de descendance européenne. Ces chiffres attestent à leur façon l'efficacité de la *White Policy*. En outre, depuis le début du siècle, le nombre annuel d'immigrants avait décliné et les éléments de diversité étaient marginalisés, au moins dans la conscience collective sinon dans la réalité. Rappelons qu'en 1901 les Allemands représentaient 1 % de l'ensemble des immigrés, ce qui en faisait la composante la plus importante de l'immigration non britannique. Pourtant, au cours de la seconde moitié du XIXe siècle, les ruées vers l'or et les développements miniers avaient suscité une immigration assez hétéroclite. Il y eut des Allemands en Tasmanie, des Indiens *(Kanakas)* et des Scandinaves dans le Queensland, quelques esclaves africains et mélanésiens en Nouvelle-Galles et dans le Queensland. Mais les fortes pressions exercées soit pour assimiler cette immigration, soit pour la restreindre, en limitèrent radicalement la portée[57]. En 1911, la population de l'Australie ne comptait que 45 000 Asiatiques et 10 000 ressortissants des autres îles du Pacifique (S. Macintyre, 1947, p. 136). Le nombre des Chinois, de 22 000 en 1911, n'était plus que de 9 000 en 1947 (C. Y. Choi, 1975, p. 42-43 ; G. Sherington, 1980, p. 119). Sur le plan religieux, nous avons déjà signalé que les Églises protestantes étaient les plus nombreuses — mais leurs rapports avec l'Église catholique ne s'envenimèrent jamais. Par contre, les régionalismes furent toujours très accusés, et la vie politique du pays fut sans cesse tiraillée entre le pouvoir fédéral et les revendications décentralisatrices des États membres. Ces allégeances locales ne menacèrent toutefois jamais sérieusement l'unité nationale, même dans le cas du Queensland qui a toujours été le plus autonomiste des six États[58].

La figure de diversité la plus durable et la plus lancinante était représentée par l'Aborigène. Tout au long de son histoire en effet, l'Australie s'est heurtée au fait autochtone. Les Aborigènes occupaient le continent depuis 40 000 ou 50 000 ans ; ils formaient une population dispersée et diversifiée (quelques centaines de langues et dialectes), pratiquant le nomadisme à l'intérieur de certaines limites territoriales. Ce double caractère les rendait du même coup nuisibles et vulnérables aux menées territoriales des Blancs : nuisibles parce que leur rapport à l'espace faisait obstacle au nouveau mode d'exploitation de la terre, et vulnérables parce que ces peuplades isolées ne pouvaient résister à l'avance organisée de la colonisation. De 300 000 environ[59] à la fin du XVIIIᵉ siècle, le nombre des autochtones avait chuté à moins de 100 000 un siècle plus tard et à 75 000-80 000 en 1930-1940. Il connut par la suite une croissance spectaculaire, atteignant 84 000 en 1961, 160 000 en 1981 (A. Armitage, 1995, Tableaux 2.1, 2.2) et 350 000 environ au cours de la décennie 1990 (soit autour de 2 % de la population australienne). La nouvelle façon de dénombrer les Aborigènes à partir de 1967 rend un peu aléatoire toute comparaison avec les années antérieures : au lieu d'estimer comme jadis la proportion autochtone de la descendance *(half-caste, full-blood)*, on s'en remit désormais à la déclaration que les intéressés en faisaient eux-mêmes. Ce facteur est à l'origine d'un important coefficient d'incertitude dans les statistiques des années récentes. En tout état de cause, même si l'on s'en remet aux chiffres les moins modérés, la population aborigène demeure une faible minorité qui varie aujourd'hui entre 1 % et 3 % à l'échelle des États membres, la proportion grimpant à un tiers dans le Territoire du Nord. Ces maigres effectifs n'en ont pas moins suffi à assurer une présence symbolique considérable qui a toujours hanté la conscience identitaire australienne et a même contribué à la déstabiliser durant les dernières décennies.

Une autre importante figure d'hétérogénéité est née de l'augmentation et de la diversification de l'immigration après la Seconde Guerre mondiale. Les expériences vécues au cours de ce conflit, en particulier le bombardement de Darwin par les Japonais en février 1942 et leur incursion en Nouvelle-Guinée, laissèrent les Australiens plus inquiets que jamais de la menace militaire asiatique. En outre, la croissance démographique rapide dans ces pays (en Chine surtout) augmentait la crainte d'une immigration massive. En troisième lieu, la décennie 1940 amorçait un long cycle de développement économique en Occident, et l'Australie fut bientôt aux prises avec un pressant besoin de main-d'œuvre. Pour toutes ces raisons, le slogan diffusé dans les années 1930 (« populate or perish ») prit une nouvelle signification, et la solution parut se trouver dans une hausse substantielle de l'immigration. Cette réorientation découlait donc davantage de considérations économiques et militaires que d'un véritable choix culturel et social[60].

C'est en 1947 qu'un programme d'immigration massive fut institué. À court terme, il fut alimenté principalement par le grand nombre de réfugiés de la guerre (Europe de l'Est, pays baltes) et par des ressortissants de pays moins développés (d'Europe du sud, Vietnamiens, Cambodgiens…). Durant tout le demi-siècle qui suivit, cette politique ne connut guère de fléchissement, les objectifs de recrutement étant même révisés à la hausse en 1976-1978 par le gouvernement libéral de l'époque (Fraser). Pendant cette période, on enregistra plus de cinq millions d'entrées, alors que la population du pays passait de 7 à 18 millions. Aucun autre pays au monde n'a égalé cette performance de l'Australie au chapitre de l'immigration, compte tenu de sa taille (nombre d'immigrants par habitant). Durant les seules années 1945-1964, par exemple, elle accueillait plus d'immigrants que durant toute la période 1860-1945. Les chiffres ne sont pas moins remarquables du point de vue de la diversification de la population immigrante. À l'origine, le programme visait à attirer surtout des Britanniques (dans une proportion de 10 pour 1, selon l'engagement pris par le ministre Caldwell en 1947). Mais l'objectif se révéla irréaliste et, dès les années 1947-1952, la moitié seulement des immigrants reçus provenaient de

Grande-Bretagne. Cette proportion diminua régulièrement par la suite : 42 % en 1947-1969, 29 % en 1970-1981, de l'ordre de 15 % pour les années récentes. Parallèlement, la part des immigrants en provenance de l'Asie et de l'Océanie augmentait d'une façon spectaculaire : 2,6 % en 1947-1969, plus de 50 % durant l'année 1996. En conséquence, le nombre d'Asiatiques vivant en Australie a doublé entre 1985 et 1995. En 1994-1995, environ 70 % des nouveaux venus venaient de pays non anglophones. Enfin, pour l'ensemble de la période 1945-1996, plus de 150 pays et 80 groupes ethniques ont contribué à l'apport migratoire.

En conséquence, l'Australie de la décennie 1990 fait montre d'importants éléments d'hétérogénéité qui, d'une façon ou d'une autre, invitent à remettre en question les constructions de l'imaginaire jusquelà mises de l'avant pour représenter et caractériser la nation. Au début des années 1990 par exemple, la moitié des habitants de Perth (population : un million) avaient au moins un parent né outre-mer. Outre les clivages déjà mentionnés plus haut (Blancs/Aborigènes, régionalismes, etc.), il faut ajouter le fait que la plus grande partie de l'immigration récente ne s'est pas assimilée. Les immigrants non anglophones et leurs enfants représentent aujourd'hui 20 % de la population alors que l'ensemble des habitants (natifs et immigrants) d'origine autre qu'anglophone comptent pour 40 % des Australiens. Une centaine de groupes ethniques parlant autant de langues habitent aujourd'hui le territoire national. Les principaux axes de division se présentent désormais sous la forme Britanniques/non-Britanniques, Européens/Aborigènes, Blancs/non-Blancs[61].

Voyons comment depuis le XIXe siècle, par des procédés symboliques ou autres, les élites australiennes ont voulu surmonter ou contourner les expressions de diversité culturelle ou ethnique qui faisaient obstacle aux propositions identitaires.

La nation contre la diversité

En Australie comme en de nombreux pays, l'idée nationale était commandée traditionnellement par une recherche et une affirmation d'homogénéité. À ce premier ressort s'ajoutait le sentiment que la culture australienne, prolongement de la « race » britannique, était mise en péril par l'environnement asiatique. Jusqu'aux dernières décennies, les élites se sont donc employées à protéger cet héritage et à réduire les éléments ethniques réfractaires (du seul fait qu'ils étaient distincts) en recourant à un éventail de dispositions allant de la force brute aux aménagements de l'imaginaire. Les femmes en furent les premières victimes. Elles acquirent avec difficulté le droit de voter et de siéger au Parlement, même si l'Australie a fait figure de pionnier en ce domaine. L'Australie-Méridionale, comme nous l'avons indiqué, fut en effet le premier État à légiférer en ce sens (1894) et Victoria le dernier (1908). Le gouvernement fédéral l'avait fait en 1902. Sur le plan culturel toutefois, depuis le début du peuplement jusqu'aux années 1960, les représentations identitaires furent profondément imprégnées de symboles masculins, qu'il s'agisse de la mystique de la brousse ou des héros de *ANZAC* et Gallipoli (D. Tyler, 1984). Même le modèle de l'*Australian way of life* consacrait le rôle prédominant de l'homme comme propriétaire et comme citoyen paisible et travailleur, pourvoyeur consciencieux de sa famille.

À partir de 1901, comme nous l'avons mentionné, la *White Australia Policy* freina l'immigration en provenance d'Asie, d'Afrique et des îles du Pacifique[62]. Même les Européens non britanniques étaient l'objet de restrictions. En fait, un test linguistique assez arbitraire permettait d'exclure à peu près qui on voulait. Cette loi reçut l'appui de l'ensemble de la population, incluant les milieux syndicaux. Comme le déclarait un homme politique en 1901, il fallait édifier la jeune nation sur le marbre le plus pur et le plus blanc (T. W. Tanner, 1978, p. 239). Le ministre du Travail et de l'Immigration affirmait quant à lui que « *two Wongs don't make a White* ». Des caricatures profondément racistes étaient régulièrement publiées dans les journaux. En 1907, le célèbre *Bulletin* changea sa devise, passant de « L'Australie pour les Australiens » à « L'Australie pour les Blancs ». La nouvelle affiche ne fut abolie qu'en 1960. Le mouvement syndical, qui voulait protéger les prérogatives de la main-d'œuvre locale, appuyait vigoureusement la loi, ce qui le rendit un peu imperméable aux solidarités ouvrières internationales. Les fermiers emboîtaient le pas[63]. La *White Australia Policy* fut confortée par d'autres dispositions législatives dans les années 1920-1930, et elle demeura jusque dans les années 1960 la pièce maîtresse de l'État australien en matière d'immigration, n'étant officiellement abolie qu'en 1973. Même en 1948, le nouvel acte de la citoyenneté privilégiait encore les ressortissants britanniques aux dépens des autres Européens. Au-delà de ses conséquences pratiques en matière de sélection des nouveaux venus, la loi australienne affirmait explicitement la supériorité de la *race* britannique et le souci de préserver sa pureté en évitant sa contamination par des races inférieures[64]. Ces conceptions trahissent un mélange de xénophobie, de racisme et d'eugénisme qui puisait ses justifications dans ce qu'on appelle souvent le darwinisme social — dont on sait pourtant qu'il est une trahison de la pensée de Darwin[65].

La *White Australia Policy* visait surtout les Asiatiques, qui avaient été la cible d'attaques racistes depuis les années 1840, et tout particulièrement les Chinois, qui avaient déjà inspiré plusieurs lois discriminatoires avant 1900. Mais on avait continué à les admettre néanmoins, sous la pression des grands propriétaires fonciers et des industriels qui recherchaient cette main-d'œuvre docile et peu coûteuse (C. Y. Choi, 1975). Des pratiques racistes ont été relevées également à l'endroit des Juifs, des Italiens, des Slaves, des Allemands (G. Fisher, 1989). Durant toute cette période, les Australiens s'attendaient généralement à ce que les immigrants s'assimilent complètement à la culture du pays : qu'ils apportent leur savoir et leur capacité de travail, mais qu'ils renoncent à leur héritage culturel ou ethnique au profit de l'anglo-conformité. Ce sentiment a prédominé jusqu'au milieu du XXe siècle (G. Caiger, 1953) et on en trouve des expressions jusque dans les années 1960.

Pourtant, ce sont les Aborigènes qui ont le plus sollicité et tourmenté la conscience nationale. Ce sont eux aussi qui ont été traités le plus durement, dans le cadre d'opérations souvent violentes qui visaient à réduire cette *différence* soit en les assimilant, soit en les excluant. D'abord, dès les premiers temps du peuplement, le continent fut décrété *Terra Nullius*. Les Britanniques se crurent ainsi juridiquement autorisés à l'occuper à discrétion, comme s'il était inhabité (R. J. King, 1986 ; H. Reynolds, 1987). La précarité de cette justification était compensée par la profonde conviction que ces peuplades, à cause de leur barbarie, n'étaient pas dignes d'exercer un droit de propriété sur des terres dont elles ne savaient visiblement pas tirer parti. L'Australie fut ainsi la seule collectivité neuve à refuser de reconnaître des droits fonciers aux

Autochtones et de signer des traités avec eux. Certains intellectuels ou notables se représentaient les Aborigènes comme le chaînon manquant entre le singe et l'homme. Néanmoins, des tentatives furent effectuées, par des missionnaires et des sociétés philanthropiques notamment, pour les intégrer à la *civilisation* (établissement sur des fermes d'élevage, instruction, christianisation), mais on eut tôt fait de constater que ces entreprises étaient vaines : les Indigènes tenaient décidément plus de la bête que de l'homme, étant dépourvus de la faculté de réfléchir et de juger (comme le déclara au début du XXe siècle un juge de la Haute Cour). Les actes de violence, de discrimination et d'exclusion qui ont jalonné la vie de ces tribus jusqu'en 1950-1960 ont suscité une immense littérature au cours des dernières décennies et les principaux faits sont maintenant bien établis. Les épidémies et la malnutrition, là comme ailleurs, causèrent de nombreux décès. À cela s'ajoutaient les assauts meurtriers des Blancs. Avec l'institution des réserves à partir de 1840, les Aborigènes furent pourchassés et transplantés de force. Les récalcitrants étaient souvent abattus. Sur l'île de Tasmanie, la plupart des 7 000-8 000 Autochtones furent exterminés. Ces derniers menaient parfois des contre-attaques, ce qui suscitait de la part des Blancs des expéditions punitives dont des exemples ont été rapportés jusqu'en 1930 dans des régions éloignées. À l'échelle du pays, diverses tribus ne comptent plus de descendants aujourd'hui. Les violences perpétrées incluaient des enlèvements (les femmes étaient particulièrement visées), des meurtres d'enfants nés d'unions entre Blancs et femmes autochtones, des déportations. On estime que, depuis la fin du XIXe siècle, quelque 10 000 enfants ont été enlevés de force, éloignés de leur famille et placés en institution en vue d'être assimilés. Se référant à toutes ces brutalités, plusieurs auteurs ont parlé de génocide[66].

Parallèlement aux actes violents, on a relevé de nombreuses formes de discrimination et d'exclusion. Avant les années 1960, en vertu de la Constitution de 1901, les Aborigènes ne possédaient pas la citoyenneté, n'étaient pas autorisés à voter et n'étaient pas recensés. Ils étaient exclus des programmes gouvernementaux d'aide sociale et étaient sous-payés lorsqu'ils travaillaient hors des réserves. Mais le cas n'était pas si fréquent : en 1935 par exemple, seulement 10 000 indigènes environ exerçaient un travail relié à l'économie nationale.

Le déclin continu de la population aborigène laissait prévoir leur extinction éventuelle; tel était du moins le point de vue d'un grand nombre de dirigeants australiens (R. McGregor, 1997). Mais il s'avéra que cette échéance fut sans cesse repoussée et, avec la reprise démographique des années 1930-1940, il fallut bien admettre que le problème autochtone ne serait pas éliminé de cette manière. Dès lors, on se tourna de nouveau vers l'assimilation autoritaire, parfois brutale elle aussi. Ce revirement fut amorcé à partir de 1940-1950. En vertu de la nouvelle politique, des enfants étaient enlevés à leur famille pour être éduqués dans des pensionnats. Pour forcer les adultes à quitter les réserves, on y fermait les magasins, on interrompait les services, on laissait les bâtiments se délabrer. Les mesures d'assimilation obligatoire étaient particulièrement draconiennes dans le Queensland et dans l'Australie-Occidentale. Dans le Territoire du Nord, en vertu d'un programme eugéniste, on avait déjà soumis des femmes autochtones à un métissage méthodique avec des Européens afin d'éradiquer les traits de la race noire[67].

L'exclusion prenait aussi des formes plus discrètes, symboliques souvent, mais non moins révélatrices. Nous avons évoqué déjà la transition qui, au cours du XIXᵉ siècle, a fait passer les Aborigènes du statut de Bons Sauvages, capables de civilisation, au statut de brutes, d'animaux, sujets d'une race inférieure, le tout enveloppé soit dans un pseudo-darwinisme, soit dans une perspective biblique qui faisait de l'Autochtone la figure du péché originel non absout par le christianisme. B. Smith (1971) a montré comment cette évolution peut être reconstituée à l'aide des représentations picturales. Mais ce genre d'enquête se heurte à une rareté de matériaux. L'art et la culture indigènes, pourtant riches et complexes, ont longtemps été dénigrés et marginalisés. Quant aux peintres australiens de la fin du XIXᵉ siècle, ceux de l'École de Heidelberg notamment, ils excluaient les Aborigènes de leurs canevas (ainsi que les autres minorités ethniques et les femmes). À la même époque, le chef de l'État de la Nouvelle-Galles ne déclarait-il pas : « We, [are] *the original australian people* » (cité par L. Spillman, 1997, p. 31). Jusqu'en 1945-1950, les indigènes étaient absents des films et ce n'est que dans les années 1960 qu'ils firent vraiment leur entrée dans l'historiographie[68].

Cependant, les importantes transformations économiques, politiques et sociales qui suivirent la Seconde Guerre mondiale s'accompagnèrent d'une révision en profondeur dans la culture elle-même. Une nouvelle attitude prit forme à l'endroit des immigrants. La rupture avec le passé raciste fut graduelle. Dans un premier temps, la levée des restrictions en matière d'immigration retint une certaine hiérarchisation qui plaçait dans l'ordre les Britanniques, les autres Européens, les Asiatiques, les Noirs. Puis, l'acte de citoyenneté de 1948 reconnut que le nouveau citoyen pouvait conserver ses traits culturels. Même si la *White Policy* ne fut officiellement abolie qu'en 1973, ses principales dispositions tombèrent peu à peu en désuétude au cours des années 1950 et 1960, tout comme les mesures d'assimilation. Au milieu de la décennie 1960 par exemple, l'*Assimilation Branch* du ministère de l'Immigration devint la *Citizenship Branch*. La nouvelle orientation s'exprima dans bien d'autres domaines comme le roman, le cinéma, les programmes scolaires. Il est significatif que, dans les ouvrages d'histoire ou de sociologie culturelle, certains auteurs (le premier fut peut-être P. Coleman, 1962) commencèrent à parler de la civilisation australienne plutôt que de la nation ou de la culture nationale.

Ces réarrangements ont frayé la voie au multiculturalisme, dont l'Australie a emprunté l'idée au Canada où il était apparu officiellement en 1971 comme orientation de la politique nationale. C'est en 1973 que le gouvernement travailliste de Whitlam publia un premier document annonçant ce revirement (*A Multicultural Society for the Future*). Dans les années qui suivirent, diverses mesures furent adoptées dans cet esprit (multilinguisme dans certains médias, établissement d'écoles dites ethniques, lutte contre la discrimination à l'endroit des immigrants ou des minorités raciales). Le rapport Galbally constitue en 1978 une autre étape importante, notamment en mettant l'accent sur un programme d'aide sociale. Un autre jalon fut posé en 1989 lorsque le multiculturalisme fut officiellement érigé en politique officielle de l'État australien. Ce dernier reconnaissait à tous les groupes ethniques du pays le droit de perpétuer leur culture distinctive, et il prenait l'engagement de leur fournir une assistance à cette fin. Désormais, l'immigrant s'intégrait à la société civique, dont il respectait les règles, mais en principe l'ethnicité ne faisait plus partie de la nation comme représentation officielle de la société. La majorité silencieuse n'a jamais manifesté beaucoup d'enthousiasme à l'endroit de cette politique pour laquelle les leaders des communautés ethniques avaient vigoureusement milité. En général, les intellectuels australiens l'appuyèrent; il leur paraissait inacceptable de postuler la supériorité d'une culture sur les autres, ce que faisait la politique de l'assimilation forcée. Quant aux partis politiques, ils courtisaient les clientèles *ethniques* et, au moment où les échanges commerciaux s'intensifiaient avec les pays d'Asie, ils étaient soucieux de ne pas indisposer leurs partenaires par des politiques intérieures discriminatoires à l'endroit de leurs ressortissants[69].

Ce dernier point s'inscrit dans un autre tournant au sein d'une trame culturelle de longue durée. Pendant une bonne partie de leur histoire, la majorité des Australiens se sont perçus comme appartenant à une nation européenne transposée dans le Pacifique. D'abord, ils ont mis du temps à se réconcilier avec ce continent si éloigné et peu hospitalier. Ils ont ensuite progressivement relâché leur rapport avec la Grande-Bretagne et l'Europe, rapatriant pour ainsi dire leurs allégeances, leurs références culturelles. À partir des années 1970, ils se sont engagés dans une autre étape, celle qui consistait à s'intégrer culturellement dans leur environnement océanique et asiatique. C'est dans ce contexte qu'est apparue l'idée d'un rapprochement et même d'un métissage entre les deux grandes civilisations, occidentale et orientale. On peut parler à ce propos d'une sorte d'utopie *eurasienne* (c'est le mot employé ici et là) préconisant une synthèse des deux traditions, « *a search of the best in two worlds* », selon l'expression de R. Smith et O. White, (1970, p. 79). Une telle vision est parfaitement représentée dans un roman de D. Malouf (1993), dont les héros, suivant un cheminement difficile, en viennent néanmoins à découvrir la composante australe (aborigène y comprise) de leur identité. Loin de rallier toute la classe intellectuelle, cette idée compte d'importants antécédents dans le réalignement du commerce international et dans une révision des allégeances politiques depuis la Seconde Guerre[70]. Dès 1963, l'organisation internationale ECAFE avait révisé le classement de l'Australie, qu'elle considéra dès lors comme pays asiatique (D. Horne, 1972, p. 229). Une évolution culturelle s'amorçait dans le même sens. L'Océanie, encore complètement ignorée en 1970, allait être peu à peu intégrée dans le champ de vision national.

Plus concrètement, des gestes de rapprochement ont effectivement été posés. L'enseignement de l'histoire et des langues asiatiques a pénétré les programmes scolaires australiens. De nombreuses associations bilatérales, à buts humanitaires ou autres, ont été créées. Des villes ont été jumelées. Les médias se montrèrent plus attentifs à l'actualité chinoise et japonaise. Quelques revues universitaires consacrèrent à ce sujet des numéros spéciaux. Comme le soulignait B. Bennett (1994, p. 68), le besoin se faisait sentir d'un nouveau paradigme qui intégrerait d'une manière interactive les grandes mythologies de la région Asie/Pacifique. Mais ce besoin sera-t-il jamais comblé? On s'est vite avisé que des différences culturelles importantes (en particulier tout ce qui relève des droits de la personne) faisaient obstacle à la vocation asiatique de l'Australie. Cette prise de conscience a suscité diverses tentatives pour trouver des valeurs communes aux deux civilisations. S'appuyant sur des travaux d'histoire ancienne, des essayistes ont fait valoir que l'Europe et l'Asie avaient déjà été très proches culturellement et très dépendantes l'une de l'autre. Dans un discours enthousiaste prononcé en 1995 à Singapour, l'ex-premier ministre Paul Keating, défait en 1996, a déclaré dans cet esprit que le *mateship* faisait également partie des valeurs traditionnelles célébrées par l'Asie. Selon un autre courant d'idées, plus pragmatique et plus radical, puisque l'économie de l'Australie appartient au monde asiatique, il serait plus simple d'y intégrer également sa culture au moyen d'un vigoureux programme d'assimilation.

La conjoncture qui avait mené au multiculturalisme allait contribuer puissamment, en parallèle, à un très important revirement dans les rapports avec les Autochtones. Pour nous en tenir aux données principales, soulignons que ces derniers acquirent en 1962 le droit de vote à l'échelon fédéral, les États membres emboîtant le pas peu après. En 1965, une cour d'arbitrage institua la règle du salaire égal pour la main-d'œuvre aborigène dans l'industrie de l'élevage. En 1967, les Autochtones acquirent par référendum le droit à la citoyenneté, et ils firent leur entrée dans les dénombrements du recensement fédéral. Les lois discriminatoires étaient abrogées et les programmes d'aide sociale étaient étendus à l'ensemble de la population. Cette année-là marque également la fin de la politique d'assimilation. En 1971, le premier Aborigène était élu au Parlement. L'année suivante, le gouvernement Whitlam ajoutait un train de mesures qui donnaient encore plus de pouvoirs aux Autochtones, les mettant désormais en position de négocier les développements économiques prévus sur leurs terres par les Blancs. D'autres concessions suivirent par voie législative (en 1976, 1985, 1988-90), en réponse à un activisme grandissant aussi bien chez une minorité de Blancs que dans les tribus. En 1992, comme nous l'avons signalé, la plus haute cour du pays abolit le fameux principe de la *Terra Nullius* (jugement Mabo)[71]. En 1995, un autre jugement de la Haute Cour autorisait un Aborigène à réclamer des droits de propriété sur une terre jadis occupée par ses ancêtres.

Des transformations non moins substantielles se marquaient sur le plan culturel, du moins parmi certaines élites. Inspirés par les études pionnières de C. D. Rowley (1970, 1971a, 1971b) plusieurs travaux (universitaires surtout) ont été publiés au cours des 20 ou 25 dernières années invitant à délaisser la perspective traditionnelle et dénonçant le traitement infligé aux Aborigènes par les Européens depuis les débuts du peuplement. Pour plusieurs, l'Australie n'a pas été colonisée mais bel et bien conquise par les Blancs. R. M. Berndt (1972) proposait d'élargir l'identité nationale pour y intégrer une identité autochtone. Dans divers albums publiés à l'occasion du bicentenaire en 1988, la culture et en particulier l'art aborigène étaient mis en valeur, sur les plans non seulement de l'ethnographie mais aussi de l'esthétique. Peu après, un livre important (B. Hodge, V. Mishra, 1991) dénonçait à son tour la destruction de la culture autochtone par les Blancs, plaidait pour sa restauration et affirmait même sa supériorité sur le plan de l'authenticité (nature de la relation avec le territoire, conception du monde, situation de la personne dans ses rapports avec les autres, etc.). D'autres auteurs, parallèlement, appelaient à un nouveau contrat social, une nouvelle république, pour effacer le passé raciste (ex. : N. Pearson, 1994)[72].

Puis, au moment même où toutes ces tendances allaient culminer, alors qu'un nouvel équilibre identitaire paraissait s'instaurer pour de bon, tout fut remis en question. Il faut d'abord souligner que, dès le début, comme on s'en doute, toutes ces pratiques d'ouverture — à l'endroit des Autochtones, des immigrants, des groupes ethniques, des pays asiatiques — n'avaient pas rallié tout le monde. Mais l'opposition ouverte demeurait restreinte, presque marginale. Au cours des années 1980, des voix influentes s'élevèrent, tout particulièrement celle de G. Blainey (1984), pour dénoncer la voie dans laquelle l'Australie s'était engagée, notamment l'immigration asiatique[73]. Une nouvelle droite *(New Right)* se constitua sur ce terrain, dont les porte-parole se firent entendre dans des publications comme *Quadrant, The Australian, The Bulletin*. On s'opposa à la politique d'immigration. On fit voir l'impossible rapprochement avec les Aborigènes à cause d'une incompatibilité de valeurs, de traditions, de structures économiques et sociales, de normes juridiques. On critiqua le multiculturalisme, accusé de mettre en péril la cohésion de la société et l'unité de la nation. On souligna aussi ses contradictions : comment concilier le maintien des traditions ethniques et l'égalité des chances dans l'emploi ? la fragmentation culturelle et l'intégration sociale ? La vocation asiatique de l'Australie était également prise à partie : elle pourrait se retrouver dans un dangereux entre-deux, ayant coupé ses liens avec l'Ouest tout en ayant raté son rapprochement avec l'Est. Chez certains, le spectre du péril jaune renaissait. Pour d'autres, les efforts d'harmonisation de la nation australienne avec les civilisations de l'Asie menaçaient la survie du vieil héritage européen et même judéo-chrétien. Les périodes de chômage élevé (le milieu des années 1980 par exemple) accroissaient les frictions.

Le ressac s'est accentué au lendemain de l'élection en 1996 du Parti libéral, dirigé par John Howard[74]. L'immigration, les questions raciales, les rapports ethniques et le multiculturalisme sont devenus des sujets brûlants. Les rapports avec les Aborigènes se sont durcis après le jugement Mabo de 1992 et celui de 1995. Cédant à la réaction, le gouvernement Howard a fait adopter un projet de loi restrictive qui, après avoir été repoussé par le Sénat, a entraîné une crise politique au printemps 1998. À la faveur du désarroi créé par toutes ces péripéties, des tribuns ultraconservateurs, comme les députés Pauline Hanson et Graham Campbell (du parti *One Nation*), ont multiplié les attaques verbales à saveur raciste.

L'axe qui, traditionnellement, avait opposé les classes moyennes et populaires nationalistes à des élites probritanniques s'est maintenant déplacé. Le nouveau clivage semble mettre désormais en présence des masses conservatrices et une élite plus soucieuse d'ouverture internationale.

La mémoire collective et la quête identitaire

Le survol des éclairages qui ont successivement présidé à la construction de la mémoire nationale constitue la meilleure introduction à l'effervescence et à l'inquiétude actuelles autour de la question identitaire. Nous verrons, notamment, que les projets de représentation du passé australien reproduisent les mêmes divergences et le même désarroi que les tentatives présentes pour caractériser la nationalité et fixer une direction pour l'avenir.

Une remarque s'impose, d'entrée de jeu. Lorsque l'on compare le cas de l'Australie avec d'autres collectivités neuves comme le Québec, le Canada, les États-Unis et divers pays d'Amérique latine (dont l'Argentine ou le Mexique), on a le sentiment que, sauf dans les années récentes, la mémoire ne semble pas avoir occupé une place centrale, constante, dans la réflexion sur l'état et la marche du pays. Les références au passé y sont certes nombreuses, mais moins pour battre le rappel d'un rêve fondateur, d'une grande tradition collective, d'une œuvre inestimable à poursuivre, que pour célébrer des épisodes jugés marquants. Cet énoncé n'est proposé qu'à titre d'hypothèse, les remarques qui suivent n'ayant assurément pas la portée d'une démonstration rigoureuse.

Cette précaution étant prise, comment ne pas être frappé par l'ampleur des obstacles structurels qui ont entravé l'entreprise historiographique et qui, pour certains d'entre eux, ont conduit à un véritable refoulement, un mutisme de la mémoire? Notre propos est le suivant. Par des chemins différents, les origines pénitentiaires du pays et les mauvais traitements infligés aux Aborigènes ont inspiré de la honte à la postérité et ont entaché la mémoire des origines. Ce malaise, inscrit au cœur de la conscience historique, aurait pu être surmonté par la célébration de grands événements fondateurs donnant prise à une mythologie nationale. Mais le passé australien n'en est guère pourvu, ainsi que l'ont déploré déjà certains intellectuels — et comme nous l'avons vu aussi à propos du mode de décrochage politique à petits pas, de construction de l'État sans coups d'éclat[75]. Enfin, le pluralisme et l'incertitude caractérisant actuellement cette société font obstacle à la recherche d'un principe organisateur qui permettrait une mise en forme cohérente du passé. Nous commentons brièvement chacune de ces propositions.

La mémoire honteuse

La naissance de l'Australie comme colonie pénitentiaire a toujours été connue, soit par le biais d'anciennes chroniques et relations de voyageurs, soit par la tradition orale et la mémoire familiale. Or, ce mode de fondation, peu glorieux en lui-même, a jeté un lourd discrédit sur la représentation de la nation. Dès la première moitié du XIXe siècle, des contemporains exprimaient le dégoût que leur inspiraient ces criminels déportés et l'horreur qu'ils éprouvaient à l'idée qu'une nation doive éternellement se réclamer de tels ancêtres (R. White, 1981, p. 22-24). Vers la fin du XIXe siècle, les colonies qui n'avaient pas reçu de prisonniers (Victoria, Australie-Méridionale) s'estimaient pour cette raison supérieures aux autres. Ce sentiment s'est perpétué. Encore en 1972, tandis qu'il prenait la parole à une tribune prestigieuse (les *Octagon Lectures*), M. N. Austin (1972) évoquait « *the degrading circumstances of our first beginnings* ». Des auteurs évoquent avec envie les pèlerins du *Mayflower* dont chaque Américain voudrait être un descendant. Dans cet esprit, on a aussi attribué le sentiment d'infériorité des Australiens à l'opprobre de leurs commencements[76].

Cette honte des origines a été si vive qu'on a tenté de diverses manières d'en contourner le souvenir. D'abord en pratiquant l'amnésie. Les changements survenus dans la toponymie en 1814 (de Nouvelle-Hollande à Australie), en 1820 (de *Van Diemen's Land* à Tasmanie) et en 1859 (de *Moreton Bay District* à *Queensland*) exprimaient une volonté de se dissocier des stigmates pénitentiaires, des stéréotypes du colon-criminel, sans foi ni loi. On cite aussi le cas de familles qui, ayant atteint la respectabilité, détruisaient les documents qui auraient permis d'établir une filiation trop directe avec certains ancêtres déportés ou une association gênante avec des brutalités anti-Autochtones. Des historiens de la fin du XIXe siècle escamotaient tout simplement l'épisode de la colonie pénale, en se concentrant sur les péripéties constitutionnelles et le développement économique (L. Trainor, 1994, chapitre 14). Jusqu'au milieu du xxᵉ siècle, sinon un peu au-delà, la flétrissure des commencements fut largement passée sous silence dans l'enseignement scolaire et dans l'historiographie. J. M. Ward (1963) relevait chez les anciens historiens une tendance à éviter même le thème de la formation de la nation; l'histoire récente et la biographie (ou l'autobiographie) prédominaient. D'autres auteurs, pratiquant des incursions dans le xixᵉ siècle, faisaient débuter leur récit avec quelque événement remarquable postérieur au peuplement primitif: le soulèvement d'Eureka, par exemple, ou l'octroi du gouvernement responsable. Les premiers grands ouvrages sur la période de la fondation auraient même été le fait de non-Australiens.

Un autre procédé d'évitement a consisté à désamorcer le syndrome pénitentiaire en adoucissant les traits du *convict*. Dans cet esprit, certains ont fait valoir que les antécédents criminels des déportés ont été exagérés, jusqu'à en faire un mythe (V. Palmer, 1954; M. Sturma, 1983), que ces derniers appartenaient au milieu ouvrier et non pas à une classe criminelle (D. Oxley, 1996). En outre, une fois affranchis, les prisonniers se seraient réhabilités, seraient devenus de bons citoyens, des travailleurs honnêtes, de bons pères de famille (R. Hughes, 1987; B. Beatty, 1962). Pour d'autres, on aurait à tort prêté aux forçats des traits qui étaient en réalité typiques de la classe ouvrière dans tous les pays d'Occident. Des travaux (P. Robinson, 1988; L. L. Robson, 1965) ont souligné que les femmes déportées étaient en quelque sorte des victimes du système judiciaire, la plupart devenant ensuite des «*family builders*», des agents de stabilisation sociale. Les enfants des bagnards aussi étaient d'une grande moralité, bien supérieure au demeurant à celle de leurs parents: comme quoi les tares originelles n'étaient pas héréditaires. Enfin, on a fait ressortir que les débuts de l'Australie, c'étaient aussi les immigrants dits libres, les *free settlers,* les familles respectables, les gens d'affaires, les notables: ce sont eux les vrais fondateurs, les vrais ancêtres de l'Australie d'aujourd'hui. Du reste, rappelait-on, dans l'esprit même des dirigeants britanniques, l'Australie devait être au départ bien plus qu'une colonie pénale: une économie dynamique, une société responsable, une autre Grande-Bretagne dans le Pacifique[77]. Une histoire dite révisionniste propose donc de réinterpréter la genèse de l'Australie non plus à partir de sa vocation et de ses origines pénitentiaires mais comme une expansion de l'Empire, comme une grande aventure collective dont l'histoire a dans une grande mesure tenu la promesse. Cette vision élitiste et triomphante du passé inscrit la mémoire australienne dans le temps long de la Grande-Bretagne et de l'Europe. Mais c'est une vision qui ne semble rallier qu'une faible partie de l'opinion, parmi les intellectuels tout au moins.

Plus ou moins en parallèle avec ces stratégies mémorielles, une troisième démarche offrait une option plus radicale : rompre le « pacte du silence », reconnaître la souillure des origines dans toute leur laideur, avouer les fautes commises et ainsi se libérer de la mémoire honteuse. Cette entreprise de réhabilitation et de réappropriation du passé fut amorcée dans les années 1960, un ouvrage de C. M. H. Clark (1962) ayant joué un rôle déterminant à cet égard, tout comme un peu plus tard ceux de J. B. Hirst (1983) et de R. Hughes (1987). Après plusieurs années de la même thérapie, il semble bien que, enfin, le squelette des origines pénitentiaires ait été évacué des placards de la mémoire nationale.

Il n'en va pas ainsi toutefois pour le dossier aborigène. La façon dont ils ont été traités depuis 1788 par les Européens puis par leurs descendants a inspiré aux élites australiennes un grand malaise qui s'est mué en crise de conscience depuis quelques décennies. Là aussi, de nombreux ouvrages ont été publiés pour reconnaître et dénoncer les fautes commises[78]. Sous la plume d'un certain nombre d'historiens et d'anthropologues, les Britanniques devinrent non plus des conquérants mais des envahisseurs, des spoliateurs : les vrais barbares en quelque sorte. Plusieurs chercheurs étudient désormais le peuplement du point de vue des Aborigènes, qui occupent dès lors le centre de la scène. Ceux-ci sont devenus les premiers (certains disent même les seuls *original*) Australiens. D'autres, dans une perspective un peu plus traditionnelle, s'emploient à montrer comment ils ont contribué au développement du pays ; ils intègrent ainsi le passé aborigène à l'histoire nationale. Mais l'intensité et la persistance de ce travail mémoriel trahit une inquiétude qui est loin d'être apaisée, comme le montre l'évolution du débat autochtone dans l'Australie d'aujourd'hui.

Enfin, en marge (ou en travers) des directions qui viennent d'être évoquées, soulignons un autre courant qui tend à réinterpréter le passé australien à l'aide d'une grille féministe. Il en résulte une nouvelle vision de l'histoire nationale qui restaure la place et le rôle de la femme comme citoyenne à part entière, engagée de près dans la vie collective, dans l'histoire qui se fait (pour une illustration : P. Grimshaw *et alii*, 1994).

En quête d'événements et de mythes fondateurs

Comme nous l'avons signalé, certains intellectuels ont déploré depuis longtemps le fait que le passé australien soit dépourvu de grands épisodes épiques propres à fortifier la conscience identitaire : un pays sans histoire, qui se dérobe au mythe *(« the non-event past »)* ; l'accès tranquille à la souveraineté politique, à petits pas négociés ; l'absence de guerres internes, de révolutions sociales ou politiques, de catastrophes d'envergure qui auraient jalonné le passé de moments glorieux à l'aide desquels on aurait dressé le lit de la nation méritante — de ces instants lumineux qui auraient aussi jeté de l'ombre sur les actes douteux. On sait par ailleurs la difficulté que l'on éprouve à situer même la date de naissance du pays : chaque État a sa fête de fondation et, selon certains, l'origine du pays se fondrait dans les lointains débuts du peuplement aborigène. On se moque du gouverneur Phillip qui, peu après avoir établi les premiers camps de prisonniers, décréta la fondation de la Nouvelle-Galles devant une assemblée de soldats débraillés, éprouvés par une longue nuit de ripaille. C'est bien l'impression qui se dégage de la description que Watkin Tench en faisait en 1789 *(A Narrative of the Expedition to Botany Bay)* : les premiers arrivants n'éprouvaient pas le sentiment exalté d'une grande aventure en train de naître.

À travers un événementiel souvent sans éclat, la conscience nationale s'accommoda de quelques péripéties plutôt modestes bientôt lourdement chargées de symboles et, surtout, elle tira un grand profit d'événements étrangers à l'occasion desquels les Australiens s'illustrèrent. Parmi les premières, l'attention s'est portée sur la rébellion d'Eureka, le gouvernement responsable, le *Commonwealth* de 1901, l'opposition des *bushrangers* et des *gold diggers* aux grands propriétaires fonciers, l'exploration du continent, l'essor spectaculaire des villes, ou encore le mouvement ouvrier et l'idéal égalitaire. Parmi les seconds, on trouve essentiellement des actes militaires : participation aux guerres du Soudan, des *Boers* et des *Boxers,* et surtout, à la Première et à la Seconde Guerre mondiale. Mais de tous ces actes voilés de légende, c'est sans doute Gallipoli qui a le plus marqué la conscience collective : l'héroïsme manifesté par les soldats australiens affirmait la valeur de la nation et, enfin, détournait l'attention de ses commencements[79]. On note aussi que, dans toutes ces entreprises discursives, aucune ne vient souligner un événement dirigé contre la mère patrie.

Cependant, la plupart de ces démarches symboliques ont connu un succès mitigé, sinon carrément un échec ; car les entreprises de déconstruction étaient vigoureuses elles aussi. On a fait valoir, par exemple, que la petite propriété paysanne avait toujours occupé une place très importante dans l'histoire rurale du pays, ce qui tendait à relativiser les luttes antimonopole (D. Pike, 1962). De nombreux travaux ont montré que la femme était également présente dans la brousse, soumise au même genre de vie que le *bushman* et tout aussi résistante à l'adversité de l'*outback.*

Même les actes glorieux de Gallipoli ont été révisés par quelques auteurs qui ont remis en question le déroulement des événements, les motivations et les comportements des acteurs (C. F. Aspinall-Oglander, 1929-1932 ; B. Bennett, 1994, etc.). D'autres légendes, sans être l'objet de critiques, ne connurent jamais la ferveur populaire : c'est le cas de l'utopie urbaine et même du *Commonwealth,* dont les principaux artisans sont pratiquement inconnus aujourd'hui.

Les difficultés que connaissent les commémorations officielles et les fêtes nationales attestent aussi à leur manière le malaise de la mémoire. Déjà en 1888, le premier centenaire fut loin de faire l'unanimité, la célébration ayant été entourée de controverses notamment sur la place respective qu'il convenait d'accorder aux symboles nationaux et impériaux (L. Trainor, 1994, chapitre 6). Le *Bulletin,* par exemple, boycotta les festivités, suggérant qu'on associe plutôt la naissance de l'Australie au soulèvement d'Eureka, ce premier acte d'indépendance. Le bicentenaire connut sa part de contestation lui aussi. Tous les doutes, toutes les divergences qui affligeaient la mémoire collective semblent s'être exprimés à cette occasion. Un des mouvements protestataires avait adopté comme slogan : « L'Australie blanche a un passé noir[80]. » De nombreux observateurs ont conclu que l'événement avait carrément échoué à recréer une mémoire nationale (par exemple : P. Cochrane, D. Goodman, 1988). Quant à la fête du pays, elle est célébrée officiellement le 26 janvier pour rappeler l'arrivée de la Première Flotte à Botany Bay en 1788. En 1888, les six colonies se mirent d'accord pour en faire un événement à caractère national. Mais les colonies autres que la Nouvelle-Galles s'en désintéressèrent et instituèrent leur propre fête marquant leur fondation respective. Même en Nouvelle-Galles, la fête nationale n'éveilla jamais l'enthousiasme. On appréciait le congé et les manifestations populaires (sportives surtout), mais les contenus symboliques restaient sans écho, soit parce qu'ils n'avaient rien à voir avec l'indépendance politique du pays, soit parce qu'ils réveillaient la mémoire honteuse — en dépit des précautions prises pour ne pas évoquer les *convicts*. En réalité, depuis longtemps, l'*ANZAC Day* qui rappelle le débarquement de Gallipoli le 25 avril 1915 a toujours connu beaucoup plus de succès que le 26 janvier. Plusieurs suggestions ont été faites durant les dernières décennies pour réactiver cette fête. Certains ont proposé de célébrer plutôt l'arrivée des Aborigènes sur le continent. D'autres ont suggéré de renoncer carrément à toute commémoration et de tourner la fête vers l'avenir (K. S. Inglis, 1967).

À plusieurs égards, cette dernière proposition est révélatrice de l'état d'âme australien et de ce que nous avons appelé le mutisme de la mémoire. Comme le démontre T. Griffiths (1987), la conscience nationale est restée longtemps orpheline. À partir de la seconde moitié du XIXᵉ siècle, on relève plusieurs témoignages illustrant cette incapacité d'embrasser le passé[81]. Les fastes de l'histoire britannique et impériale offraient une diversion commode. Elles procuraient en même temps le confort symbolique d'une mémoire longue, d'où la conscience nationale tirait une assurance dont elle avait tant besoin (B. H. Fletcher, 1994, 1997). Mais, comme nous l'avons vu, cette échappatoire n'était pas accessible à tous, en particulier à ceux qui, par dépit ou pour toute autre raison, reniaient la mère patrie et s'investissaient dans la nouvelle nation. Pour tous ceux-là, le passé était un horizon doublement bloqué, coupé à la fois du temps long de l'Europe et du temps court du continent.

Une proposition plus radicale fut mise de l'avant à quelques reprises, surtout dans la seconde moitié du xix⁰ siècle. Elle consistait à faire table rase de la mémoire, de remettre celle-ci au temps zéro en quelque sorte et de projeter l'imaginaire vers l'avenir. On en trouve des expressions en 1850 (« *we have to commence and to carry out everything for ourselves* », D. A. Hamer, 1990, p. 68) et, plus tard, dans le *Bulletin*. Selon ce dernier, l'Australie n'avait ni vestige, ni tradition, ni passé : tout était à inventer.

La perspective qui consiste à construire une représentation du passé australien en l'axant sur la composante aborigène relève d'un mouvement culturel novateur. Certes, cette démarche ne rallie pour l'instant qu'une partie de la classe intellectuelle (principalement anthropologues, littéraires, artistes), mais elle est très révélatrice des explorations et des réalignements en cours. Elle repose en effet sur une pleine appropriation, une prise de possession symbolique intégrale des réalités australiennes, aussi bien historiques que spatiales et sociales. D'une part, l'*outback,* avec ses merveilles, ses richesses naturelles, redevient un lieu mythique où se projette et se refait l'âme collective. Ce n'est plus la contrée rugueuse des *bushrangers* débraillés et frondeurs, mais le cœur du continent réinventé, porteur d'une nouvelle spiritualité. D'autre part, ce territoire est celui des Aborigènes et il se confond avec leur culture : il est imprégné du *Dreamtime,* il en partage à la fois la pureté et la permanence, il évoque les lointaines origines de l'Australie profonde auxquelles le Blanc communie. Ici la rupture avec l'Europe est totalement consommée ; une autre grande aventure civilisatrice prend enfin le relais de l'héritage britannique vidé de son souffle. Il est aisé de voir les fonctions remplies par ce paradigme qui relie les principaux fils de l'univers mental australien. D'abord, il lui procure la mémoire longue, *authentique,* qui lui fait défaut ; l'Australie n'est plus un continent mémoriel à la dérive, à distance de l'Europe. Ensuite, il réconcilie les occupants primitifs avec les nouveaux venus, en instituant une voie de continuité *continentale.* En même temps, il promet de contrer le désenchantement et le cynisme de la nation postmoderne. Enfin, contre l'éclatement de l'identité provoquée par le multiculturalisme, il propose un lieu de reconstruction qui est un terrain neutre, une nouvelle référence au-delà de la diversité des conditions, des croyances et des ethnies[82].

Reste à voir ce qu'il adviendra de cette démarche qui, en définitive, propose une version à peine renouvelée du Bon Sauvage. Pour l'instant, la vision du passé qu'elle véhicule s'inscrit dans un champ historiographique passablement éclaté, en quête d'un consensus que semble lui dénier la mosaïque multiculturelle[83]. S'il est vrai que la science historique se construit à partir de l'actuel, comment pourrait-on projeter dans le passé une cohésion dont le présent se révèle fort dépourvu? L'histoire de la nation, soit; mais de quelle nation[84]?

Notons cependant que, malgré les obstacles auxquels elle se heurtait, une mémoire nationale australienne a néanmoins conquis son autonomie, en s'affranchissant de la référence britannique dont l'emprise s'est fait sentir jusqu'au milieu du XXe siècle et au-delà. Selon une opinion qui a longtemps prévalu, le plus important dans l'histoire d'un empire, c'était l'histoire de sa mère patrie et non celle de ses ramifications.

Un vide identitaire?

L'incertitude qui caractérise aujourd'hui la représentation aussi bien de la nation que du passé traduit l'incapacité de se définir collectivement, de se reconnaître dans des symboles communs suffisamment mobilisateurs, comme l'était jadis la référence ethnique et britannique aujourd'hui condamnée. L'Australie multiculturelle et *océanisée* est à la recherche d'une identité. Dans une partie précédente, nous avons passé en revue les efforts réalisés pour réorienter la définition de la nation, dans des directions qui vont du tropisme aborigène au métissage et à la vocation asiatique. L'évolution récente du pays montre qu'aucune de ces formules ne jouit présentement d'un appui important, sinon peut-être l'idéal républicain, vigoureusement réaffirmé au début de l'année 1998.

L'abondance même des propositions mises de l'avant atteste le malaise identitaire. L'idée de puiser dans l'*outback* et dans le capital symbolique aborigène le matériau symbolique nécessaire pour redonner une âme à la nation (« *a new dreaming* ») avait un ancêtre. Cette utopie postmoderne du Bon Sauvage semble être née à la fin des années 1930 avec le mouvement littéraire des *Jindyworobaks*, dont

R. Ingamells (1938) est le représentant le plus connu. Les poètes *Jindies* proposaient une fusion de la tradition européenne avec la culture aborigène. La revue *Walkabout* (1934-1974) exploita sensiblement la même veine. Mais on peut s'interroger sur le véritable potentiel de cette idée comme future matrice de l'identité nationale. Même dans les milieux universitaires et artistiques où elle trouve ses principaux appuis[85], elle se heurte à des critiques sévères (par exemple, A. Lattas, 1991), qui lui reprochent de projeter à la fois une vision idyllique de la culture autochtone et un portrait trop noir de la culture australienne. Certains ont souligné l'impasse identitaire où elle conduit : les descendants européens (encore majoritaires aujourd'hui) ne savent plus s'identifier que comme des *non-Aborigènes*. Les Autochtones, quant à eux, n'aiment guère cette orientation ; ils y voient une forme renouvelée et raffinée d'exploitation, une re-colonisation symbolique.

Quant au multiculturalisme, il représente une formule de rechange à un double titre, mais d'une façon un peu contradictoire : d'un côté, il fragmente l'identité nationale et la consolide dans chacune des composantes ethniques ; d'un autre, il affirme implicitement que la diversité est désormais l'essence de l'identité australienne. Dans un cas comme dans l'autre, il marque l'improbabilité et peut-être l'impossibilité d'un sentiment d'appartenance fort, nourri d'une culture commune. En outre, le multiculturalisme est lui-même depuis peu l'objet de vives attaques, et son avenir en tant que politique nationale n'est peut-être pas aussi assuré qu'il y paraît. Sur un autre terrain, la voie asiatique est maintenant semée d'embûches sur le plan culturel, à cause du choc des civilisations (et aussi parce que les difficultés économiques présentes des principaux pays d'Asie ont modifié l'ordre des priorités). Le gros de la population australienne se reconnaît peu dans les traditions, les valeurs et les symboles de l'Orient. Pour l'essentiel, cette orientation semble devoir passer par l'économie et, peut-être, s'y limiter. Dans la direction opposée, la vieille filiation britannique est plus érodée que jamais. Son influence culturelle demeure importante mais elle est de toute évidence inapte à fonder un sentiment national. Quant à l'effort consenti depuis quelques décennies pour unir les Australiens dans une même vision, une même contemplation de leurs paysages et de leur patrimoine culturel, il a certes produit ses fruits, mais sur un mode mineur. Ainsi, les impressions produites par ces nombreux (et magnifiques) albums photographiques (consacrés à l'architecture, à la peinture, aux paysages, aux travaux et aux gens, etc.) sont des prolongements efficaces d'une symbolique identitaire; mais elles ne sauraient la remplacer lorsqu'elle fait défaut[86]. En somme, selon une opinion répandue parmi les analystes, l'Australie aurait vainement tenté jusqu'à récemment d'élaborer un discours politique et culturel uniformisateur et, en l'absence d'identité, il ne resterait plus que 19 millions d'individualités, chacune orientant son destin à sa manière.

Trois traits résument l'état de la nation australienne en cette fin de XXᵉ siècle. C'est d'abord la mésentente, les controverses persistantes sur de vieilles questions qu'on n'arrive pas à résoudre. Existe-t-il une littérature nationale? une peinture, une architecture australienne? Doit-on répudier l'héritage britannique (et européen)? Faut-il intégrer les Aborigènes au même titre que les autres groupes ethniques ou leur ménager un statut à part, hors de la nation? Faut-il persister à ordonner la mémoire collective ou plutôt s'employer à imaginer et à aménager l'avenir? Le deuxième trait, lié au précédent, c'est l'incertitude, le doute, le sentiment d'une fragilité et même d'un vide identitaire dont on trouve les expressions les plus variées dans les arts, la littérature, les sciences sociales et le discours politique. Selon R. Nile (1994, p. VIII), l'incertitude serait tout ce dont les Australiens sont aujourd'hui certains. Pour beaucoup, l'obsession identitaire serait devenue une école de scepticisme et de cynisme. La nation ne tiendrait plus que par sa géographie. Le troisième trait, c'est l'idée que l'identité nationale est à inventer, qu'elle est un effort constant d'interrogation et de renouvellement; ce serait même là l'une des traditions australiennes les mieux établies. Parmi les hypothèses données à explorer, l'une préconise rien de moins que la fin de l'État-nation et le renoncement à l'identité nationale[87]. Parallèlement aussi, on explore l'idée des identités multiples, fragmentées (W. Hudson, G. Bolton, 1997, chapitre 1). Une autre voie, très récente, prolonge en réalité la très vieille aspiration australienne à une autonomie complète du pays. Plusieurs pensent que l'idéal républicain (assorti d'une charte des droits) pourrait enfin colmater les brèches de la nationalité et permettre aux Australiens de surmonter définitivement à la fois le vieux *cultural cringe* et le malaise identitaire qui pèse depuis deux ou trois décennies. Notons au passage le caractère hautement — sinon strictement — symbolique de l'objectif. Car, en effaçant les derniers signes de l'ancienne emprise britannique, le passage à la république aboutirait somme toute, non pas à donner un pouvoir accru à l'Australie, mais simplement à *re-nommer* celui qu'elle détient déjà.

Le rêve a été réactivé en février 1998 par une conférence constitutionnelle qui a arrêté un plan de marche susceptible de conférer à l'Australie le statut de République cent ans exactement après la fondation du *Commonwealth*. Mais le référendum du 5 novembre 1999 a mis un terme au moins provisoire à cette démarche.

Conclusion

Les points saillants du dossier australien, tel que nous l'avons sommairement reconstitué, pourraient être résumés comme suit. C'est d'abord l'histoire fascinante d'une transplantation des plus radicales : un morceau d'Europe projeté en Océanie, dans un environnement asiatique qui se signale d'entrée de jeu par un rapport démographique extrêmement inégal et une barrière culturelle apparemment infranchissable. Cette donnée première a fait de l'Australie une nation écartelée entre son histoire et sa géographie, toujours en quête d'une équation culturelle qui réconcilierait la tradition européenne et l'avenir asiatique. Après plus de deux siècles d'histoire, cet autre *Great Divide,* qui n'a toujours pas été franchi, a occupé toute la vie collective. Nous l'avons vu au cœur de la vie politique, divisée entre tenants de la fidélité britannique et/ou impériale et artisans d'une collectivité autonome, inventant son destin. Nous en avons vu l'expression également dans la culture savante, tiraillée entre les normes supérieures de la mère patrie et l'*authenticité* un peu brouillonne et cavalière du continent. Enfin, il commande toute l'histoire de la construction de la nation, l'*australianité* étant soit (ou tout à la fois ?) une figure océanique de la grande civilisation britannique, soit une création originale, définitivement affranchie de l'Europe.

Sur le plan politique, nous avons vu un processus d'affranchissement à petits pas, dans la continuité, la souveraineté acquise en pièces détachées au gré d'un enchaînement de petits événements décrocheurs. Ce passé est remarquablement dénué de ruptures spectaculaires tout autant que de grandes idéologies fondatrices. À la fois du côté de la métropole et de celui de la nouvelle société, le lien colonial a été traité avec pragmatisme, dans un esprit qui a su conjuguer les intérêts opposés et prévenir les débordements dans un sens ou dans l'autre. La pensée radicale australienne, par exemple, n'a pas rencontré de conjonctures propres à engendrer des sursauts révolutionnaires. À long terme néanmoins, le lien colonial ne s'en est pas moins effrité sous l'effet combiné de l'appartenance au nouveau continent, d'un sentiment identitaire de plus en plus vif, de la croissance de l'immigration non britannique, de l'affaiblissement économique et militaire de la Grande-Bretagne, elle-même de plus en plus engagée dans son avenir européen. Dans l'ensemble, la conscience politique et nationale de l'Australie a eu tendance à épouser l'évolution de son économie, progressivement intégrée à la région asiatique.

Mais il n'y a rien de linéaire dans ce travail de décolonisation qui s'est constamment nourri d'avances et de reculs et s'est accommodé de bien des ambiguïtés et ambivalences : l'éloignement d'un côté distend les liens avec la mère patrie mais de l'autre les raffermit, provoquant une réaction contre l'isolement ; la *White Policy* à la fois préserve l'héritage britannique et stimule l'identité nationale ; le gouverneur général a la double mission de raffermir le lien impérial et de favoriser l'union des anciennes colonies dans le Commonwealth ; l'Empire lui-même marie les volontés d'affirmation et de rayonnement national avec les vieilles allégeances britanniques ; la participation aux deux Guerres mondiales sert directement les intérêts de Londres tout en fouettant la fierté australienne...

À propos du décrochage encore, nous avons noté qu'il avait été fortement activé par le bas, du côté des classes populaires des villes et de la brousse, à l'encontre du milieu des affaires et d'une partie des élites intellectuelles et politiques. L'antinomie qui s'est marquée sur ce point reproduit celle de la culture nationale ; elle aussi s'est constituée suivant deux trames parallèles et en partie irréductibles : celle de la culture savante (dans l'écrit) et celle de la culture populaire (dans l'oralité). Mais nous avons vu que cette dualité n'était pas étanche. De larges segments de la culture savante ont mis en forme la vie quotidienne des milieux modestes ; ce fut le cas de la littérature, tout particulièrement, depuis les dernières décennies du XIXᵉ siècle. Trois autres traits ont caractérisé la formation de la culture nationale australienne, parallèlement à l'érosion du lien de dépendance envers la mère patrie. C'est d'abord le sentiment d'infériorité (le *cultural cringe*), qui a survécu jusqu'aux dernières décennies du XXᵉ siècle. C'est ensuite l'alignement sur un processus d'affranchissement par déplacement ou par substitution : la dépendance militaire se déplace de la Grande-Bretagne vers les États-Unis ; la dépendance économique suit le même chemin, pour s'orienter ensuite vers l'Asie. Enfin, l'essor de la nation et de l'identité collective a été réalisé aux dépens de la diversité culturelle ; sur ce plan, l'Australie a mis en œuvre pratiquement tout l'éventail des recours connus : violence physique, déportation, marginalisation socioéconomique, exclusion symbolique…

Le clivage et les ambiguïtés que nous avons relevés dans l'histoire politique et culturelle se retrouvent dans les utopies où les visions impériales côtoient les aspirations sociales-radicales. Mais les premières comme les secondes affichent longtemps le même racisme et se signalent par une même absence de références religieuses. Les représentations de la nation reproduisent tous ces traits. L'incertitude entourant le moment de sa naissance est éloquente, tout comme la succession des stéréotypes qu'elle véhicule, allant de la nouvelle race britannique à l'homme de la brousse, du *working's man paradise* au combattant intrépide de l'Empire, pour se terminer en fin de siècle dans la polyvalence et les incertitudes (encore une fois) du multiculturalisme. Ajoutons à cela les tentatives de conciliation du fait autochtone au sein d'une nation réaménagée dont les contours identitaires sont toutefois de plus en plus flous. L'Australie d'aujourd'hui est en quête d'une nouvelle frontière symbolique que ni l'horizon asiatique, ni le *Dreamtime* ne semblent susceptibles de lui donner. Elle le trouvera peut-être un jour dans une pleine actualisation du mythe républicain. En somme, la conscience nationale a payé en cohésion et en densité sa conversion de l'exclusion à l'inclusion. Mais en retour, elle est en voie de s'affranchir de sa mémoire honteuse ; elle a seulement besoin d'une nouvelle utopie pour rallumer et réordonner son passé.

Dans l'ensemble, l'Australie offre un exemple achevé d'émancipation par glissements et usure, au contraire des modèles de décrochage procédant par affrontements et rupture. On y trouve de nombreux traits et processus familiers. La construction de la nation suit un calendrier déphasé, selon la trame considérée : la politique, la littérature, le théâtre, l'architecture, le parler. Elle progresse aussi malgré et à même des visions et projets concurrents dont elle se nourrit, à parts égales dirait-on. L'édification de la culture nationale se fait par emprunt à la mère patrie : les institutions économiques, scolaires, judiciaires et autres, les genres littéraires, les coutumes de la vie quotidienne, les sports. Le paysage est mobilisé pour fixer la symbolique identitaire. L'institution de la littérature n'est acquise qu'après un long cheminement. Les vastes étendues de l'intérieur donnent naissance à une mythologie du territoire et à un type national légendaire (le *bushman*). La culture nationale est un moment traversée par les mirages de la consommation de masse. La nation, longtemps adonnée à des pratiques d'exclusion et de discrimination, s'ouvre aux impératifs de la citoyenneté. Enfin, la dépendance à l'endroit de la mère patrie s'accompagne d'un profond sentiment d'infériorité culturelle difficilement surmonté (emprise de la norme européenne, autodénigrement, appels répétés à une réforme et même à une construction de la culture…).

Un mot sur le caractère contradictoire de l'architecture idéologique qui était censée ordonner l'imaginaire national australien. Passons sur quelques paradoxes plutôt épisodiques comme la vigoureuse célébration de l'*ANZAC* et de l'héroïsme militaire alors même que, à deux reprises, le pays avait exprimé par référendum son refus d'aller à la guerre. Les deux contradictions les plus importantes, et les plus éclairantes aussi, concernent l'aspiration égalitariste et l'esprit démocratique. La première est d'autant plus remarquable que la passion de l'égalité s'est accommodée de très grandes disparités reflétées dans la structure de classes, ce qui en ferait l'un des plus puissants mythes de l'imaginaire australien, selon E. Thompson (1994a). Quant à l'idéal démocratique, il a survécu à de vieilles traditions d'exclusion qui frappaient tout particulièrement les Aborigènes, les Asiatiques et les femmes[88], une sorte de postulat voulant que la démocratie ne pouvait prévaloir que dans une société culturellement homogène. De même, on a pu affirmer que la vie politique australienne avait toujours été contrôlée par une sorte d'oligarchie de magistrats qui ont eu mainmise sur l'État (A. Davidson, 1991). Dans ces conditions, il est difficile de nier la dimension quasi stratégique des idéologies égalitaire et démocratique. Elles correspondaient certes à des croyances profondes dans une grande partie de la population[89]. Mais elles avaient aussi pour effet, sinon pour fonction, d'occulter dans l'imaginaire ce qu'elles auraient dû supprimer dans la réalité, à savoir l'inégalité et l'exclusion.

Si on considère l'itinéraire australien en rapport avec celui du Québec, l'attention se porte d'abord sur les importantes et nombreuses similitudes, dont certaines invitent à remettre en question des traits tenus jusqu'ici pour des singularités québécoises. La mythologie ruraliste est l'un de ceux-là. Il est tout à fait remarquable que, en dépit de l'urbanisation précoce et intense de l'Australie, la culture nationale a longtemps continué à se nourrir de la symbolique de l'*outback*. On a pu parler à ce sujet d'un « *rural fundamentalism* » (S. Glynn, 1970, p. 78). Certes, il serait aisé de relever sur ce point des éléments de différenciation. Par exemple, l'imagerie de la brousse était en même temps teintée de réalisme et très soucieuse d'authenticité ; elle valorisait les traits les plus rudes et parfois les moins recommandables du *bushman* (ces mêmes traits qu'au Québec les élites ordinairement condamnaient : tempérament réfractaire, indépendant, frondeur, et le reste). Elle était ainsi en étroite synchronie avec la culture populaire. Mais les forts éléments de ressemblance n'en invitent pas moins à un réexamen des idéologies ruralistes québécoises et de certaines explications qu'on en a données (exemples : réaction à la Cession de 1763, absence de débouchés professionnels, et autres). Les deux sociétés ont partagé aussi une inquiétude permanente quant à leur survivance, qui a structuré plusieurs traits de la culture nationale. Dans le cas de l'Australie, c'était le péril asiatique (en particulier japonais et chinois), la crainte séculaire d'une invasion ; dans le cas du Québec, c'était le poids de la présence anglophone et protestante sur le continent nord-américain. Dans les deux cas, les élites se sont pénétrées de la fragilité de la nation et du caractère dramatique de son histoire. De part et d'autre aussi, à des degrés variables, elles ont esquissé des positions de repli et se sont beaucoup interrogées sur leur identité.

Dans une large mesure, les identités nationales ont évolué d'une manière similaire. Soucieuse d'homogénéité et de survivance, elles se sont définies jusqu'au milieu du XXᵉ siècle par référence à l'héritage culturel de la mère patrie, en excluant les groupes ethniques qui n'en relevaient pas, notamment les Autochtones. Puis, au cours des dernières décennies, le cercle de la nation s'est élargi pour faire place à la diversité, selon des formules très apparentées qui font prévaloir la citoyenneté sur l'ethnicité (multiculturalisme en Australie, interculturalisme au Québec). D'un côté comme de l'autre, le paradigme de la diversité s'impose désormais; on le voit à l'œuvre même d'une façon rétrospective sur le terrain de la mémoire, où certains cherchent à trouver des antécédents, à donner des racines lointaines au pluralisme ethnique, devenu le fil principal de l'histoire nationale. Mais dans l'une et l'autre collectivité, la fin des exclusions a marqué le début d'une incertitude identitaire, la conscience nationale se cherchant de nouveaux repères. On entend partout qu'il faut tourner le dos au passé, que la nation est à réinventer.

Du point de vue du Québec, il est utile de noter que l'Australie, elle aussi, a connu sa *grande noirceur*. La chasse aux sorcières communistes y fut vigoureuse. Même un historien aussi réputé que Manning Clark, sympathisant du communisme soviétique, a été considéré comme un traître à la patrie. La censure en matière littéraire y a lourdement sévi entre les années 1920 et 1960. En 1958, la liste des livres interdits dans le pays comprenait encore 178 titres, dont *L'Amant de Lady Chatterley* (D. H. Lawrence). *Lolita* de Nabokov fut également mis à l'index (H. McQueen, 1984, p. 98; P. Coleman, 1974). De son côté, J. F. Williams (1995) a montré qu'entre les deux guerres mondiales, un courant isolationniste et très conservateur, hostile à la modernité, a prédominé parmi les élites. Autre parallélisme frappant: l'effervescence culturelle des années 1960. L'Australie, tout comme le Québec, connut alors une renaissance spectaculaire dans les arts, les lettres et toute la vie intellectuelle. Comme au Québec aussi, cette transformation s'accompagna d'une double ouverture. Vers l'extérieur d'abord, une nouvelle curiosité se manifesta à l'échelle internationale, au-delà du rapport avec la mère patrie. En second lieu, l'identité nationale s'annexait de nouveaux territoires; la langue populaire, avec ses personnages, sa sensibilité, se fit encore plus présente dans le roman, dans la poésie, et elle fit son apparition au théâtre (qui ne songera ici aux *Belles-Sœurs* de Michel Tremblay?).

Les changements survenus depuis le milieu du XXe siècle dans les rapports interethniques, la conscience nationale et la culture savante ont entraîné une reconstruction de la mémoire. En Australie, une nouvelle génération s'est employée à régler ses comptes avec la mauvaise conscience aborigène, avec l'opprobre des origines et avec l'héritage de la *White Policy*. Au Québec, une opération analogue s'est déroulée à travers l'historiographie moderniste qui a dominé depuis les années 1960-1970. Dans ce dernier cas, il s'agissait principalement de récuser les vieux stéréotypes d'un Québec ruraliste livré aux volontés du clergé, hostile au progrès, replié sur ses racines. Mentionnons un dernier trait présent dans l'histoire de ces deux collectivités neuves. À la différence des États-Unis où on en a fait un mythe national envahissant, ni l'une ni l'autre n'a formulé un fort discours du *self-made-man* qui se serait traduit dans une apologie de la carrière des affaires. Le légendaire de l'individualisme triomphant exprimé dans l'ascension sociale est relativement peu présent dans l'imaginaire de la culture savante, tout comme les études de mobilité sociale sont peu développées en histoire et en sociologie. Cette observation nous fait pénétrer au cœur de la culture et de son articulation avec le social. Mais, pour y voir clair, il faut en faire la genèse, remonter aux origines du peuplement, reconstituer la formation des communautés, repérer les expériences qui ont marqué durablement l'imaginaire et structuré la culture. C'est une entreprise difficile que nous aurons à commenter plus loin. La remarque vaut du reste pour chacun des traits évoqués jusqu'ici. Il faudrait aller plus avant et, dans chaque cas, élargir l'enquête dans une double direction : d'un côté, pénétrer plus à fond dans l'histoire et la vie collective de chaque société ; de l'autre, rechercher à l'échelle internationale le jeu des conjonctures et des interactions qui ont marqué dans un sens ou dans l'autre les itinéraires particuliers.

Il en va ainsi des autres traits que nous allons maintenant commenter, cette fois en tant que différences. Nous serons amené, encore une fois, à considérer avec un œil nouveau certains éléments du passé québécois. La trame politique d'abord. À sa manière, suivant un parcours en dents de scie, l'Australie a réalisé son indépendance politique. Quant au Québec, la construction de l'État canadien aux XIXe et XXe siècles lui a valu d'acquérir certains pouvoirs, ceux qui sont associés au statut de province ; mais ses tentatives pour aller au-delà ont jusqu'ici échoué. À ce propos, il faut rappeler le dédoublement des métropoles et des dépendances (Grande-Bretagne et France) dans l'histoire du Québec. C'est le lieu d'une différence importante avec l'Australie où les élans du nationalisme ont souvent eu pour conséquences — et parfois pour objectif — d'affaiblir le lien colonial. Il en a été bien différemment au Québec où, entre le milieu du xIXᵉ siècle et celui du xXᵉ, les sursauts nationalistes ont plutôt eu tendance à affirmer le lien culturel avec la France, sans se traduire nécessairement par une remise en question des structures politiques. En ce qui concerne les processus d'appropriation symbolique, un écart important s'accuse également du côté de la culture savante, en particulier dans la littérature. À première vue, un grand parallélisme semble plutôt régner : aussi bien en Australie qu'au Québec, les premiers écrivains imitèrent servilement les modèles de la mère patrie et il a fallu plus d'un siècle à leurs successeurs pour s'affranchir de cette dépendance. Nous avons vu au chapitre III comment L. Mailhot (1991, p. 96) a caractérisé le processus de *rajeunissement* de la littérature québécoise. De son côté, C. Hadgraft (1963, p. 42) constatait, pratiquement dans les mêmes termes, que : « *The earliest Australian literature was already old.* » Mais, au-delà de cette étonnante convergence, on note une différence importante. L'effervescence qui s'est emparée de la littérature australienne à la fin du xIXᵉ siècle s'exprimait dans un grand souci de réalisme et même dans une valorisation des traits de la culture populaire et de la vie quotidienne. Du côté québécois, ces deux traits n'apparaissent pas avant les années 1940 et au-delà. Quant au roman régionaliste qui prit son essor au début du xXᵉ siècle, il prolongeait largement le programme de la littérature nationale tel que le formulait l'abbé H.-R. Casgrain au xIXᵉ siècle. Officiellement, il voulait épouser la réalité locale ; en pratique, il la travestissait pour la rendre conforme à une esthétique moralisante qui se mettait au service de la tradition catholique et française. Une entreprise continuiste se dissimulait sous une affiche de rupture. Avec des variantes, le même contraste s'est manifesté dans la peinture avec l'école de Heidelberg en Australie à la fin du xIXᵉ siècle et le courant paysagiste un peu plus tard au Québec.

Autre élément de différenciation : la place de la religion dans la vie publique et dans les représentations de la nation. Très présente au

Québec, la religion fut nettement en retrait en Australie. Elle est même étrangement absente de la pensée utopique et de l'imaginaire national. Un élément d'explication réside dans le fait qu'en Australie, la religion était un facteur de division à cause de la présence du protestantisme et du catholicisme[90]. L'unité nationale exigeait donc que l'on s'en éloigne. C'était exactement le contraire au Québec où, à cause de l'uniformité du culte, la religion était un facteur de cohésion collective, un levier de la survivance nationale, ce qui explique en partie le pouvoir social que le clergé catholique a pu longtemps exercer. Un autre contraste concerne les sources de la nation elle-même et du nationalisme. Au Québec, à partir du milieu du XIXᵉ siècle, la revendication culturelle, arbitrée par les élites, a été déterminante. En Australie, c'est le terrain social qui a abondamment nourri le thème national : la lutte des non-propriétaires contre le gouvernement, des petits propriétaires contre les monopoles, des ouvriers contre les capitalistes. Il en a résulté une vie collective et un type social différents de ce que l'on pouvait observer au Québec, par exemple dans les régions de colonisation. À première vue, l'*outback* et l'écoumène québécois, tout comme la *pampa* sud-américaine ou le *Far West* étatsunien, présentent de grandes similarités comme territoires isolés et hostiles, peu à peu domestiqués. De même, le *bushman* et l'*habitant* canadien-français partagent un certain nombre de traits : ennemis des formalités, respectueux des valeurs communautaires (en dépit d'un certain individualisme), très attachés à l'égalitarisme, à l'équité et à la démocratie, etc. Ils se distinguaient pourtant sous trois rapports importants. Sur le plan culturel d'abord, l'emprise généralisée de la religion catholique au Québec y a façonné des communautés plus homogènes et plus ordonnées. En deuxième lieu, le régime de la petite exploitation familiale a accentué ce trait, en même temps qu'il favorisait une forme d'individualisme. En regard, le *bushman* était un petit salarié à l'emploi et à la merci des grands éleveurs ; il avait davantage besoin de se reposer sur l'appui des siens et sur la protection de l'État *(fair go)*. Ces deux traits en ont commandé un troisième. En Australie, l'esprit égalitariste des gagne-petit en a fait des revendicateurs avides de changement social, disposition qui en est vite venue à s'exprimer dans le mouvement syndical. Au Québec, les conditions sociales du peuplement favorisaient un modèle de paysannerie jalouse de ses biens et plutôt conservatrice.

Sur le plan culturel, un autre élément de différenciation tient dans l'influence de la philosophie des Lumières comme fondement et justification de la revendication nationale (liberté, démocratie...). En Australie, cette articulation ne s'est pas faite, même si les idées des philosophes écossais y ont été diffusées. Au Québec par contre, dès le dernier tiers du XVIIIe siècle, les premiers penseurs de la nation se sont appuyés sur les Diderot, Rousseau, Montesquieu, Mably et autres, tout comme les idéologues du mouvement patriote le firent quelques décennies plus tard. On note cependant — et cet élément paraît déterminant à plusieurs égards — que tout au long des XIXe et XXe siècles et jusqu'aux années récentes, les élites australiennes n'ont cessé de se reposer sur le sentiment que leur société appartenait à un nouveau monde rempli de promesses, dont la jeunesse faisait oublier les ennuis provisoires. Même dans les pires moments, ce sentiment a soutenu un optimisme collectif. On n'en trouve guère d'équivalent dans l'histoire du Québec avant le milieu du XXe siècle. L'enthousiasme suscité par les perspectives grandioses du Nouveau Monde a toujours été assombri par l'inquiétude de la survivance, le sentiment de la précarité collective inhibant la célébration du continent. Le Québec est une collectivité neuve qui a montré des signes de vieillesse avant d'avoir atteint l'âge adulte, qui s'est donné au milieu du XIXe siècle une tradition et une mémoire en remplacement de ses rêves brisés.

Enfin, d'autres figures de différence entre Québec et Australie ont déjà été commentées au chapitre II et nous ne les reprendrons pas ici. Elles ont trait à l'absence d'une véritable pensée sociale-radicale dans le Québec d'avant les années 1960, au peu d'attention qu'y ont suscité les interrogations et propositions de Tocqueville au XIXe siècle sur la démocratie comme fondement de la cohésion des sociétés neuves, à l'antinomie et à la méfiance qui ont caractérisé les rapports entre la culture des élites et celles des classes populaires, à la méconnaissance de la culture urbaine, à l'absence d'une tradition intellectuelle pro-Autochtones qui dénonce l'Européen envahisseur, à la représentation des origines en continuité avec la mère patrie et en rupture avec le long passé amérindien, à l'absence d'un courant de pensée critique envers la France comme puissance métropolitaine.

CHAPITRE VI

D'autres itinéraires. Canada, Nouvelle-Zélande, États-Unis

Le présent chapitre propose un aperçu très rapide de trois autres collectivités neuves. L'objectif est d'esquisser à vol d'oiseau le profil de ces itinéraires pour les situer par rapport aux précédents. Il va sans dire que nous procéderons à larges traits ; il s'agit surtout de mettre en place quelques repères suggérant la marche à suivre pour des analyses ultérieures. Encore une fois, le questionnaire présenté au chapitre premier nous servira de guide. Nous nous en tiendrons toutefois à quelques interrogations principales.

Le Canada : essor et impasses d'un État-nation(s)

Le cas canadien, comme nous allons le voir, présente de nombreuses similitudes avec l'Australie et la Nouvelle-Zélande. On ne s'en étonnera guère, étant donné les origines britanniques et le passé commun de ces trois pays au sein de l'Empire puis du Commonwealth. Cela dit, on relève également des différences importantes imputables à des contextes particuliers, et au fait que des expériences analogues ont été vécues différemment, alimentant l'imaginaire d'une manière spécifique.

Formation de l'État : la rupture étalée

Ce qui est tout à fait remarquable dans l'histoire politique de cette collectivité neuve, c'est qu'elle soit parvenue à réaliser son indépendance sans en construire réellement le discours (au sens d'une offensive idéologique radicale, prédominante et persistante) et en faisant l'économie d'un grand événement fondateur, héroïque et spectaculaire, qui serait aujourd'hui un point de référence principal de l'imaginaire collectif. En effet, la coupure du lien colonial a été réalisée au fil d'une longue séquence d'épisodes décrocheurs étalés sur plus de deux siècles et dont aucun n'a remis directement en cause l'ascendance reconnue à la Grande-Bretagne. Ce mélange paradoxal de rupture enveloppée dans la continuité attire l'attention : alors même que l'accumulation de ces petits pas fondateurs allait réaliser concrètement la souveraineté politique, un certain nombre d'entre eux n'étaient même pas commandés par cette finalité. Dans certains cas, la métropole elle-même s'y montrait *a priori* favorable — pensons à la Confédération ou au Statut de Westminster. On reconnaît là une figure centrale de l'histoire politique australienne et néo-zélandaise, notamment l'étroite imbrication du nationalisme et de l'impérialisme dans la vision du pays.

Rappelons diverses péripéties de cette rupture étalée. L'émergence et l'évolution des colonies britanniques qui allaient plus tard entrer dans le Canada actuel ont été d'entrée de jeu inscrites sous le signe d'une stricte continuité par rapport à la métropole. Ce caractère a été accentué sans doute par l'immigration des Loyalistes après la guerre d'Indépendance américaine[1]. Les toutes premières étapes sur le long chemin conduisant à l'affranchissement consistèrent dans l'octroi de Chambres d'assemblée en Nouvelle-Écosse (1758), à l'Île-du-Prince-Édouard (1773), au Nouveau-Brunswick (1784) puis à l'Ontario et au Québec (1791)[2]. Ces premiers acquis furent tout autant l'initiative de la métropole, désireuse d'attirer vers le nord des colons des États-Unis, que le résultat de revendications par les coloniaux eux-mêmes. La Rébellion de 1837 dans le Haut-Canada, animée par les Réformistes, exprimait une volonté radicale d'émancipation politique ; mais cette volonté était minoritaire et elle fut aisément brisée. On sait que, parallèlement, un scénario analogue prévalait dans le Bas-Canada. Le gouvernement responsable fut accordé en 1848-1849 au Canada-Uni (et dans les années suivantes aux provinces atlantiques). Avec la Confédération, ou plus exactement l'Acte de l'Amérique du Nord britannique (AANB) dont la loi fut adoptée par le Parlement de Londres en 1867, le Canada fut créé comme Dominion et il put désormais disposer de pouvoirs considérables dans ses affaires intérieures. Mais même dans ces matières, la métropole se réservait de puissants contrôles : chaque loi devait recevoir la sanction royale, aucune ne devait entrer en conflit avec les lois impériales, l'AANB ne pouvait être amendé sans la permission de Londres, etc. En outre, le (la) monarque demeurait chef de l'État canadien et toutes les affaires extérieures relevaient directement de la métropole. Encore une fois, cet épisode fut autant une initiative de la Grande-Bretagne, soucieuse de fortifier ses colonies pour les protéger contre leur puissant voisin du Sud, qu'une victoire proprement canadienne.

Pour les partenaires désormais réunis dans l'AANB, le gain d'autorité était important même si le rapport de dépendance persistait. On aurait même pu prévoir que, avec l'apprentissage des nouveaux pouvoirs, le mouvement d'émancipation allait s'accélérer ; il n'en fut rien. Assez curieusement au contraire, les décennies qui suivirent furent marquées par une recrudescence des sentiments probritanniques, appelant une relation plus étroite avec l'Empire. Pour beaucoup, comme nous l'avons signalé, la fidélité à la Couronne et le sentiment impérial n'étaient pas incompatibles avec une appartenance authentiquement canadienne : le Canada étant partie intégrante de l'Empire, plus ce dernier était dynamique et puissant, plus l'était également chacun de ses membres. Ceux-ci retiraient en effet une grande fierté de contribuer à cette grande œuvre universelle qui travaillait sur tous les continents à la promotion de la liberté, de l'ordre et du progrès. On retrouve ici ce que nous avons appelé l'alibi de l'Empire : le rapport qu'il créait était vécu non pas comme une aliénation ou une forme d'exploitation mais comme une appartenance qui grandissait toutes les parties concernées.

Ceci explique que l'histoire de la relation entre le Canada et la Grande-Bretagne ait rarement été écrite en termes de décolonisation[3].

Ainsi, en 1885, le Canada participa officieusement à l'effort de guerre au Soudan, où il appuya la métropole, tout comme en 1899 à l'occasion de la guerre des Boers (très officiellement cette fois). À compter de 1887, il prit part aux conférences coloniales (appelées ensuite impériales) où il devint à la fois un partenaire et un serviteur de l'Empire. Mais, à partir de la fin du siècle, il s'y affirma davantage, parfois à l'encontre de Londres, même si en définitive ce partenariat devait d'abord soutenir la métropole. À la conférence de 1911, Laurier put s'opposer à la création d'une fédération impériale, l'année même où le Canada négociait avec les États-Unis un traité de réciprocité. L'année précédente, le Parlement d'Ottawa avait adopté une loi créant une marine canadienne et mettait ainsi fin à une vieille controverse. Au lieu de subventionner la marine britannique, le Canada se donnait lui-même une flotte. Mais le geste demeurait ambigu car on déclarait en même temps vouloir la mettre à la disposition de Londres et de l'Empire. Ce genre de compromis, en soi ni refus ni soumission complaisante, est assez représentatif de la manière dont le rapport Canada/Grande-Bretagne s'est peu à peu transformé. Au cours de la Première Guerre mondiale, le Canada s'engagea totalement aux côtés de la métropole. Cependant, le règlement du conflit lui offrit l'occasion de s'affirmer en participant, au moins indirectement, aux négociations de paix et en étant signataire du traité de Versailles.

Après la guerre, le Canada adhéra à la Ligue des Nations (créée en 1919) et se rapprocha un peu plus des États-Unis, sur le plan économique en particulier, si bien que le *triangle atlantique* se mit à pencher définitivement vers le sud. La décennie fut également marquée par la Déclaration de Balfour en 1926, bientôt consacrée dans le Statut de Westminster (1931) en vertu duquel le Canada devenait pratiquement maître de ses affaires extérieures. Malgré tout, l'ancien lien colonial survivait encore à travers diverses dispositions : maintien de la citoyenneté britannique et de l'allégeance à la Couronne, droit d'appel des sentences des tribunaux canadiens au Conseil privé de Londres, incapacité juridique d'amender l'AANB, sanction royale des lois canadiennes... L'érosion de la relation de dépendance se poursuivit toutefois. McKenzie

King pratiqua une politique résolument continentale et le Canada se fit valoir encore à la conférence impériale de 1937 sur l'économie, alors que la Seconde Guerre suscitait une étroite coopération militaire avec les États-Unis. Cependant, la participation empressée à ce conflit mondial aux côtés de Londres rappelait la survie et la vigueur des anciennes fidélités.

La conjoncture créée par le conflit de 1939-1945 prépara cependant le terrain pour d'autres actes décrocheurs. La participation aux combats, où des Canadiens s'illustrèrent, stimula la fierté nationale, tout comme il était arrivé en 1914-1918 avec le célèbre épisode de la crête de Vimy. En outre, le Canada acquit de la confiance et de la maturité en se signalant dans divers dossiers internationaux. Ces facteurs jouèrent beaucoup dans l'institution en 1946 d'une citoyenneté canadienne (depuis la loi de 1914, les Canadiens étaient considérés comme des *sujets britanniques* vivant au Canada). Mais, sans surprise, on relève là aussi des éléments de compromis. À cause des nombreuses controverses qu'il avait soulevées, le projet de loi dut faire place à des concessions — notamment en faveur des immigrants britanniques, par égard pour la mère patrie (J. Igartua, 1997). L'année 1949 fut importante aussi, en ce qu'elle marqua la fin des appels interjetés auprès du Conseil privé à Londres. En 1952, un Canadien de naissance occupa pour la première fois cette fonction. La décennie 1960 vit la réforme de la loi de l'immigration (désormais expurgée des dispositions préférentielles en faveur des Britanniques), l'adoption d'un hymne national et d'un nouveau drapeau, entièrement canadien (1965)[4]. En 1982, la journée du 1er juillet devint le *Canada Day* (une première version de ce projet avait également échoué en 1946). Enfin, la Constitution promulguée en 1867 en vertu d'une loi britannique fut rapatriée en 1982; il devenait désormais possible de l'amender sans la permission de la métropole.

Il était utile de rappeler cette chronologie pour montrer la longue séquence de déplacements que le Canada a effectués dans la direction de l'autonomie politique, mais toujours dans le respect de la tradition britannique. On pourrait du reste ajouter que, même aujourd'hui, ce parcours n'est pas terminé: le 19 mai célèbre la reine Victoria; Elizabeth II est toujours reine du Canada et chef de l'État; les néo-Canadiens lui jurent allégeance en prêtant le serment de citoyenneté; le poste de gouverneur général (assisté des lieutenants-gouverneurs dans les provinces) jouit d'un fort soutien populaire; les symboles monarchiques sont omniprésents (monnaie, timbres, passeports, portraits officiels de la reine dans les édifices publics...), et des sondages récents démontrent que la classe politique anglophone demeure très attachée à la Couronne, tout comme l'ensemble de la population canadienne (un peu plus de la moitié, selon un sondage effectué en octobre 1999, même si cet appui est faible parmi les Francophones)[5].

Ce modèle de décrochage colonial, sans coup d'État ni coup d'éclat, résulte d'une combinaison de facteurs où entrent des éléments de culture et de tradition politique, des intérêts économiques, des rapports de classes, des données démographiques et autres. Au chapitre des causes, nous nous en tiendrons ici à deux commentaires. Le premier a trait à la culture politique, d'allure généralement conservatrice (dans la tradition d'Edmund Burke, a-t-on souvent fait remarquer). Si l'on fait exception des idéologues francophones (dans la mouvance de Mercier et de Bourassa) et des insurrections dans le Bas- et le Haut-Canada en 1837-1838, l'histoire des idéologies canadiennes fait ressortir une tradition prédominante de fidélité et d'admiration envers les institutions et la culture britanniques. Il est vrai que cette tradition a perdu de la vigueur depuis un demi-siècle, notamment à cause des changements dans la composition ethnique du pays et à cause de l'influence culturelle croissante des États-Unis. Cela dit, on a pu soutenir que, même à l'époque actuelle, l'exercice du pouvoir au Canada est encore imprégné d'une philosophie politique d'esprit monarchique (D. E. Smith, 1995). Le deuxième facteur à souligner est le sentiment d'une menace constante, sur les plans culturel et économique principalement, en provenance des États-Unis. Cette inquiétude, aussi vive aujourd'hui que par le passé, est une coordonnée essentielle de l'histoire canadienne. Elle a inspiré de nombreux épisodes défensifs, des attitudes de repli, on oserait même dire une culture de la survivance (ou une « *garrison mentality* », selon l'expression de Northrop Frye). On pense ici aux motifs qui ont inspiré l'AANB, à l'échec du projet de réciprocité commerciale avec les États-Unis en 1911, aux ressorts de la littérature et de l'identité nationales, aux constants rappels des traits distinctifs[6], aux circonstances qui ont motivé la création de Radio-Canada (1936), à la commission Massey sur les arts, les lettres et les sciences (1951), à la commission Gordon sur l'avenir économique du pays (1958), au Comité Watkin sur la propriété des industries (1968), au contrôle des investissements étrangers sous le gouvernement P.-E. Trudeau, à la forte opposition (parmi les Canadiens anglophones) à l'Accord de libre échange nord-américain en 1988, aux diverses tentatives pour restreindre la diffusion des médias étatsuniens, etc.[7].

Il est remarquable que la majorité des déplacements ou glissements qui viennent d'être rappelés portent la marque d'importants compromis, révélateurs d'une philosophie des accommodements, d'une conception très particulière (et finalement efficace) de la conduite des affaires. Mais le tracé qui se dégage concrètement de la longue séquence des épisodes décrocheurs ne correspond visiblement pas à un plan, à une volonté persistante qui ordonnerait ces péripéties, et il ne trouve donc pas sa contrepartie dans ce qui aurait pu être un véritable projet politique à long terme[8]. Pour rendre compte de ce phénomène, on peut, comme nous venons de le faire, invoquer une mentalité pragmatique héritée de la tradition britannique, mais comment dès lors expliquer l'itinéraire d'affranchissement qui, néanmoins, ressort a posteriori de l'addition des contraintes, des compromis et des choix effectués sur deux siècles? Où chercher cette main invisible qui a comme orchestré dans la longue durée l'émancipation ou la décolonisation du Canada? L'historien H. Innis (1930), auteur de la thèse dite laurentienne, s'est appuyé sur la théorie du « *staple* » (produits de base) pour élaborer une explication économique du continuisme canadien : l'exportation intensive de ressources naturelles aurait institué entre le Canada et l'Europe (et en particulier la Grande-Bretagne) des réseaux d'échange qui ont fait transiter les marchandises vers l'Europe mais aussi, dans l'autre sens, les individus, les idées, les valeurs, les institutions. À cause de ce facteur structurel, la culture canadienne aurait été constamment nourrie d'apports britanniques et européens. Cette explication de la persistance de l'influence britannique au Canada (reprise plus tard par Donald Creighton) conserve aujourd'hui tout son mérite; il serait toutefois utile de faire intervenir d'autres variables comme l'énorme prestige de l'Empire, la dépendance financière et commerciale du Canada, son insécurité culturelle et militaire[9]. Quoi qu'il en soit, ce qu'il importe surtout de rappeler, c'est le besoin d'une seconde explication qui rendrait compte, cette fois, de l'autre versant de cette réalité, c'est-à-dire la dynamique de rupture. Quels sont en effet ces autres facteurs qui ont commandé le mouvement centrifuge et qui, dans la longue durée, l'ont fait prévaloir?

Enfin, il convient de souligner que cette continuité canadienne en forme de décrochage à long terme n'a pas été sans heurts. En plus des deux Rébellions, déjà évoquées, on pense à l'initiative des *Little England-ers* et au mouvement *Canada First* (encore qu'une fraction de ce mouvement ait préconisé une plus grande autonomie pour le Canada afin qu'il puisse mieux servir l'Empire, dont le magistère n'était nullement contesté). Mais on pense surtout aux orientations politiques des Canadiens français qui, tout au cours des XIXe et XXe siècles, ont plutôt favorisé un Canada indépendant de la Grande-Bretagne. À cet égard, Henri Bourassa s'impose comme une figure dominante mais, en réalité, il a prolongé et relancé ce qu'on peut considérer comme une véritable tradition de pensée au Canada français, dont Pierre-E. Trudeau est l'un des plus récents représentants. On pourrait, dans cette veine, invoquer la grande majorité des anciens nationalistes canadiens-français qui, depuis les dernières décennies du XIXe siècle, ont cherché à réaliser dans le cadre pancanadien les aspirations de *l'autre nation* : dans ce cas, les priorités de la survivance et les luttes constitutionnelles reléguaient à l'arrière-plan la fidélité à la monarchie et à l'Empire. Le dualisme qui en a résulté dans la vie politique canadienne est une donnée dont l'identité nationale s'est fort mal accommodée jusqu'à aujourd'hui. Enfin, parmi les autres facteurs ayant agi dans le sens de la rupture, il faut aussi mentionner *a)* le déclin du pouvoir militaire britannique, qui incitait certains partenaires de l'Empire à chercher d'autres alliés économiques et militaires, *b)* la dépendance économique croissante à l'endroit des États-Unis, *c)* la proportion grandissante de citoyens canadiens d'origine non britannique, résultat d'une immigration de plus en plus diversifiée.

Des dynamiques culturelles originales?

Un mot sur les pratiques culturelles associées aux divers milieux sociaux, en particulier aux élites. Le sujet est si vaste qu'encore une fois on ne peut que baliser, en l'illustrant, la démarche à entreprendre.

Chaque classe sociale au Canada, d'une manière ou d'une autre, s'est approprié symboliquement un territoire de référence pour nourrir son imaginaire, pour construire ses appartenances et pour instaurer une norme dans ses comportements. Comme nous l'avons indiqué au chapitre premier, il s'agit de caractériser et de périodiser ces processus en cherchant à marquer l'émergence de formes culturelles nouvelles, révélatrices d'une différenciation par rapport aux modèles hérités de la Grande-Bretagne ou de l'Europe. Pour ce qui concerne le discours, on sait que l'évolution de la littérature est l'un des meilleurs témoins de cette dérive culturelle du continent. On relève du reste, sur ce point, d'importants éléments de parallélisme avec le Québec. Il règne d'abord une grande incertitude en ce qui concerne la période de la naissance d'une véritable littérature canadienne (entendons ici : de langue anglaise). Certains auteurs la font naître dans la seconde moitié ou vers la fin du XIXe siècle[10], d'autres beaucoup plus tard — après 1945, notamment[11]. On s'accorde assez toutefois sur le fait qu'il existait une littérature nationale après la Première Guerre, qu'elle est restée très hésitante pendant quelques décennies et s'est finalement imposée à partir des années 1960. Mais dans l'ensemble, elle a beaucoup souffert et souffre encore d'être coincée entre l'Europe et les États-Unis, tout comme la littérature francophone du Québec. Les inquiétudes exprimées à ce sujet par une auteure comme Margaret Atwood (*Survival*, 1972), parmi quelques autres, ne rappellent-elles pas les réflexions de plusieurs écrivains québécois ?

Dans les autres champs de la fiction et de la pensée, la décennie 1920 fut particulièrement effervescente pour ce qui est de la mise en forme d'une authenticité canadienne. En peinture, l'action du groupe des Sept fut sur ce plan exemplaire. L'intention très explicite de ces peintres était de contribuer à l'édification d'un style canadien alors en élaboration, disaient-ils, dans divers domaines du discours (sciences naturelles, philosophie politique, religion...) et même dans les affaires. Ils se réjouissaient tout particulièrement à l'idée que leur art ne le cédait en rien à celui des artistes britanniques, et il leur importait fort de contrer les traditions et influences européennes en projetant un regard original sur les réalités canadiennes. L'un d'entre eux (Lawren Harris) écrivait dans le *Canadian Bookman* en février 1923 :

We in Canada are only commencing to find ourselves. People from other lands come to us already sustained by rich, stable backgrounds, thinking that these can also sustain us. It is not so. We are about the business of becoming a nation and must ourselves create our common background.

De ces prémisses a en effet résulté une manière, sinon un style qui a fait grand usage des saisons, des paysages bucoliques, des grands espaces sauvages et de l'*immensitude* dans laquelle on se plaisait à voir la matrice de la nouvelle identité. Tout comme sa contrepartie francophone, la peinture canadienne n'allait découvrir que plus tard la thématique plus froide de la ville et de l'industrie, du travail et de la quotidienneté[12].

On voit l'esprit dans lequel ce genre d'analyse pourrait être étendu à d'autres champs du discours pour dresser et confronter les divers calendriers et modalités de décrochage et d'appropriation symbolique[13]. On verrait, par exemple, que la culture savante canadienne-anglaise a été très imprégnée par la science victorienne, laquelle a même nourri une sorte d'utopie de mise en valeur des grands espaces nordiques[14]. On relèverait aussi que, dès les années 1920, certains historiens se sont montrés soucieux d'écrire le passé canadien à partir d'une démarche originale, adaptée aux spécificités des *new countries*. En se tournant vers l'architecture, on découvrirait une tout autre réalité, très complexe (et controversée aussi). D'un côté, ce domaine a toujours porté la marque de profondes influences européennes. En même temps, il a manifesté très tôt des signes d'une *canadianité*. Mais surtout, on a affaire ici à un univers très diversifié, très fragmenté, selon les grandes régions du pays, selon le type de bâtiments considéré, etc.[15].

Nous avons signalé quelques similitudes dans l'évolution de la littérature au Canada anglais et dans le Québec francophone. Il y en a d'autres. Dans la première comme dans la seconde, on relève les signes d'un difficile affranchissement métropolitain, d'une autodépréciation[16], on voit émerger les thèmes de l'exil, de l'affirmation d'une différence. Le roman accède au réalisme social principalement à partir de la décennie 1940. On observe aussi une grande effervescence à partir de la décennie 1960. Ces ressemblances ont depuis longtemps attiré l'attention des analystes qui les ont attribuées soit à une même dynamique pancanadienne (mais comment serait-elle parvenue à vaincre le clivage culturel?), soit au parallélisme de deux histoires collectives qui se sont déployées indépendamment dans des contextes analogues (mais le poids des convergences n'invite-t-il pas à aller plus loin?).

Un mot sur la culture des classes populaires, urbaines et rurales. Ce sont surtout les ressources de l'ethnographie qui doivent ici être mises à profit, pour que nous puissions établir dans quelle mesure cet univers culturel présente une trame spécifique, livrée à l'américanité et aux influences étatsuniennes. L'interrogation ouvre aussi sur l'analyse des contes, chansons et légendes, des rites, symboles et coutumes, à travers lesquels on peut observer les processus d'invention, d'emprunt et d'adaptation aux nouveaux espaces. Il en va de même pour l'essor des identités locales et des régionalismes. Dans cette direction, le thème principal à explorer est celui d'une antinomie (semblable à celle que nous avons évoquée à propos du Québec et de l'Australie notamment) entre, d'une part, des élites tournées vers l'Europe, méfiantes à l'égard des États-Unis, et d'autre part des classes populaires (et des classes moyennes aussi) en symbiose avec les figures du continent[17].

Les identités canadiennes

Selon une première conception, prédominante jusqu'aux années 1940, la nation canadienne s'identifiait largement à la *race anglo-saxonne*, dont elle voulait être une extension sur le continent nord-américain. Cette *race*, perçue comme homogène et supérieure, était assortie d'une minorité francophone qui, pensait-on, allait sans doute s'assimiler progressivement, et sinon, se marginaliser. Mais cette visée ethnocentrique était bousculée par la vision canadienne-française d'un Canada binational, constitué de deux peuples fondateurs en vertu du *pacte* de 1867. Toutefois, avec le développement de l'économie transcanadienne (peuplement de l'Ouest, politique tarifaire, chemins de fer) et la stimulation de la fierté nationale à la suite de la Première Guerre, une véritable nationalité semblait prendre forme. C'était l'époque où certains assuraient que même le climat contribuait, de son côté, à édifier un caractère *canadien*. Mais la dualité anglophone/francophone, durcie par la crise de la conscription de 1917 et par l'affaire des écoles françaises en Ontario, venait encore compromettre l'essor d'une identité nationale. De même, la participation à la Seconde Guerre mondiale, comme nous l'avons indiqué, suscita une effervescence identitaire dont l'effet, là encore, fut passager. La seconde crise de la conscription a en effet rappelé la division profonde de la *nation,* et surtout, des tendances profondes allaient définitivement mettre en échec l'ancien rêve d'une nationalité anglo-saxonne. Peu après les années 1940, l'immigration au Canada s'accrut et recruta dans des populations beaucoup plus diversifiées. En outre, l'influence culturelle des États-Unis s'intensifiait. Il en résulta deux conséquences déterminantes. D'abord, à cause de l'hétérogénéité ethnique croissante, on entrevit le moment où il faudrait peut-être renoncer à construire la nationalité sur des prémisses d'homogénéité. Certains en vinrent à affirmer que le fait même de la diversité était une composante essentielle de la culture nationale. Dans cet esprit, des notions comme les *identités limitées, fragmentées,* ou une *communauté de communautés,* furent mis de l'avant au cours des années 1960 (par l'historien Ramsay Cook, notamment). À cette époque, qui correspond également à une libéralisation des politiques d'immigration, plusieurs Anglophones ont cherché à établir des ponts avec le segment francophone en adhérant à la conception des deux peuples fondateurs[18]. Puis on en vint à réduire la nation à sa dimension strictement civique, ce qui était une manière de mettre l'ethnicité entre parenthèses et de consentir à la diversité culturelle du pays comme étant l'un de ses traits permanents. Ce fut l'œuvre du multiculturalisme. Désormais, et surtout après l'adoption de la Charte canadienne des droits et libertés en 1982, la nationalité (ou l'identité) fut conçue en référence à des idéaux comme la tolérance, le respect mutuel, la non-violence ; la nation était un assemblage composite mais fonctionnel, cimenté par le droit et par des valeurs universelles. L'action de ses diverses composantes convergeaient vers les mêmes fins, et cela seul importait en définitive. Il fallait privilégier une vision dynamique, et non plus statique, de la nation. Cette nouvelle orientation se concrétisait dans l'héritage politique de l'ex-premier ministre Trudeau : une nation pancanadienne, bilingue et multiculturelle était-elle donc née, surmontant enfin les divisions ethniques anciennes et récentes ?

À son tour, cette nouvelle symétrie allait être mise à rude épreuve par la menace grandissante de la culture étatsunienne et par le traité de libre-échange de 1988. La vieille inquiétude éprouvée par les Canadiens anglophones à l'endroit des États-Unis se trouvait tout à coup relancée et, une décennie plus tard, elle ne semble toujours pas avoir trouvé un réconfort suffisant dans la nouvelle définition de l'identité, parfois dénoncée comme une habile contorsion de l'esprit[19]. La nouvelle menace sécessionniste manifestée dans les référendums québécois de 1980 et 1995 était une autre source de tension et d'incertitude.

Encore une fois, ce bref rappel sacrifie bien des nuances; nous savons que l'évolution des contenus symboliques de la nation n'a pas été aussi linéaire, que l'allégeance impériale s'est toujours accompagnée d'une référence continentale (exprimée par exemple dans la vision du Nord). Il demeure que, dans l'ensemble, les diverses formules proposées depuis le XIXe siècle pour fondre la diversité de la population canadienne dans un même moule nationalitaire ont échoué. Ce constat général a été formulé par de nombreux intellectuels anglophones depuis quelques années. La francophonie québécoise n'a toujours pas trouvé sa place dans l'ensemble canadien. Les Autochtones n'ont été ni assimilés ni intégrés, mais simplement exclus de la nation (les Amérindiens n'ont été admis à voter qu'en 1960 aux élections fédérales, les Inuits en 1950). Les femmes ont subi un sort comparable, sur divers points. Les annales de l'exclusion dans l'histoire du Canada comportent bien d'autres chapitres : manifestations d'antisémitisme, discrimination à l'endroit des Noirs et des Asiatiques, politiques eugénistes appliquées par diverses provinces au cours de la première moitié du XXe siècle, négation des droits linguistiques et scolaires des Canadiens français hors Québec, politiques d'immigration discriminatoires qui ont pu être comparées à la *White Policy* australienne (F. Hawkins, 1989)... Toutes ces pratiques et attitudes ont cependant commencé à fléchir après la Seconde Guerre, comme nous l'avons mentionné. Dans cet esprit, la Charte de 1982 représente un aboutissement que de très nombreux observateurs ont célébré pour son esprit de tolérance et d'ouverture. Cela dit, si elle inscrivait effectivement le pluralisme ethnique dans le droit, la Charte sonnait également le glas du modèle binational par lequel les Francophones essayaient depuis longtemps de faire reconnaître le statut particulier de leur culture (et, dans le cas du Québec, de leur société) au sein du pays. En somme, la Charte ouvrait d'un côté et refermait de l'autre ; elle accentuait ainsi l'une des principales divisions qu'elle prétendait effacer. Ainsi, pendant que les Canadiens anglais s'employaient à rapatrier leurs allégeances britanniques et à consolider leur identité, la nation canadienne-française se repliait sur le Québec comme territoire et refuge de la francophonie.

À l'heure présente, les politiques multiculturelles et la Charte ont fait du champ identitaire canadien un espace à la fois plus ouvert et plus incertain que jamais, où se côtoient les scénarios les plus divers (dont certains font encore une large place aux symboles monarchiques) et où s'exprime le sentiment d'une grande fragilité, au moins sur le plan symbolique. En gros, les intervenants se partagent entre trois positions : il y a ceux qui s'inquiètent du déficit identitaire et s'emploient à le combler ; ceux qui s'y résignent et cherchent à s'en accommoder ; ceux qui au contraire l'érigent en modèle sur la foi que les États libéraux modernes (ou postmodernes ?) n'ont pas besoin d'identité collective.

Les entreprises de construction du passé national canadien ont dû affronter des difficultés analogues. D'abord, on ne sait plus guère situer les origines de la nation, que certains font maintenant coïncider avec l'implantation des *premiers Canadiens* (entendons : les Autochtones) il y a quelque 10 000 ans. Son acte de naissance se dérobe et se dissout dans une longue séquence d'événements fondateurs, dont aucun ne semble faire autorité (les débuts du peuplement britannique, la Conquête et la Cession de 1763, l'immigration des Loyalistes, l'Acte constitutionnel de 1791, l'Acte d'Union de 1840, l'AANB, la Première Guerre mondiale, le Statut de Westminster, la Charte de 1982…). En outre, un double problème de filiation se pose : comment raccorder dans un même récit *a)* la période amérindienne et la période française, *b)* cette dernière avec la période anglaise ? S'ajoute encore à cela un problème de cohésion qui naît non seulement des composantes que la *nation* n'a pas su intégrer complètement mais aussi des divers blocs régionaux qui ont toujours compliqué la gestion du pays. Comment dès lors représenter la spécificité et le fil conducteur d'une histoire canadienne en tant qu'expérience commune inscrite dans une mémoire et commandée par des idéaux partagés ? À toutes ces difficultés, l'historiographie a proposé des solutions qui tantôt fondaient la cohésion de la nation dans la complémentarité de la géographie (ayant à son cœur le système laurentien), tantôt la réduisaient au passé anglophone ou britannique (à l'« anglo-conformité »), et tantôt encore tissaient des liens imaginaires entre ses mémoires parallèles. Mais en définitive, et aujourd'hui plus que jamais, cette histoire se récite à plusieurs voix, auxquelles s'est ajoutée tout récemment celle de la pluriethnicité (l'« *ethnic history* ») qui réécrit le passé selon le paradigme de l'immigration. Ainsi la mémoire de la mosaïque cède peu à peu le pas à la mosaïque de la mémoire. On mesure à quel point le passé canadien s'est compliqué depuis l'époque où A. R. M. Lower écrivait *Colony to Nation* (1946).

Assez récemment aussi est apparue l'idée que les Amérindiens étaient les premiers véritables Canadiens et qu'il fallait réécrire l'histoire du pays dans cette perspective. La mémoire longue, qui jusque-là s'enracinait dans les splendeurs du passé britannique, amorce ainsi une dérive vers le continent profond. C'est un déplacement qui se double ordinairement d'une critique des Européens, présentés comme des envahisseurs, des spoliateurs d'un immense territoire et d'une civilisation originale. Par contre, du point de vue des Anglo-Canadiens, il présente l'avantage de saper les prétentions des Canadiens français au statut de peuple fondateur. Mais si on suit jusqu'au bout cette logique mémorielle autochtone, précolombienne, on découvre qu'elle mène à une sorte de cul-de-sac : toute l'histoire des descendants européens n'y apparaît plus que comme un récit auxiliaire, presque marginal, dont on ne sait même plus désigner les acteurs *principaux* (on parlera, par exemple, des *non-Natives*).

Pour plusieurs, l'impossible mémoire nationale n'est pas synonyme d'échec. Le désenchantement identitaire doit plutôt faire place à un constat réaliste : la fragmentation est irréductible et c'est la donnée première à partir de laquelle il faut reconstruire une identité, non pas pour la récuser ou l'occulter mais pour l'aménager dans une nouvelle conception de la nation désormais délestée de ses postulats organicistes et de ses attributs ethnocentristes. La Charte de 1982, avec ses références juridiques d'inspiration universelle, indiquerait la direction à suivre. Dès lors, le Canada serait-il devenu la première nation postmoderne sans mémoire et sans identité ?

Québec/Canada : parallélismes, divergences, paradoxes

On est d'abord surpris par la somme des analogies qui se dégagent des parcours canadien et québécois. Rappelons à titre d'exemples : la multiplicité des actes fondateurs, une longue période de continuisme politique et culturel après 1840, une vision élitiste de la nation, une culture de la survivance inspirée par le sentiment d'une menace permanente sur le continent, un discours antiétatsunien, le besoin de cultiver sa différence identitaire (jusqu'à s'inventer, au besoin, des traits distinctifs), l'investissement symbolique dans le Nord comme réservoir d'expériences et de valeurs *nationales,* une conception ethniciste de l'identité qui s'est peu à peu réconciliée avec la diversité dans la seconde moitié du XXe siècle, un rapport ambigu avec le Nouveau Monde, l'antinomie entre une culture populaire (ou de masse) américanisée et une culture savante de tradition européenne, l'influence culturelle prédominante de la mère patrie jusqu'à la Seconde Guerre, la difficile institution d'une littérature originale *(nationale),* l'absence de grandes utopies urbaines comme visions du monde, la vitalité de la littérature et des arts au cours des années 1960-1970. Dans les deux cas aussi, le décrochage culturel a procédé suivant des chemins variés et des calendriers déphasés, selon les formes ou les domaines de la pensée et de la fiction.

Tout cela à un premier niveau qu'il faut toutefois dépasser pour découvrir les incompatibilités structurelles, les paradoxes, les évolutions divergentes et les spécificités que présentent les trames canadienne et québécoise. Au chapitre des incompatibilités, et en dépit des similitudes qui viennent d'être signalées, les aspirations des Francophones québécois et des Anglophones demeurent difficilement conciliables du fait que, pour assurer leur survie et leur développement respectifs, les uns souhaitent une importante décentralisation de l'État canadien, et même une séparation, tandis que les autres éprouvent au contraire le besoin de renforcer cette instance qui les protège, notamment contre les États-Unis. Par ailleurs, le multiculturalisme a consacré la diversité de la nation canadienne, mais il a fait régresser politiquement le fait francophone québécois (en tant que composante fondatrice) en l'insérant dans la mosaïque ethnique. Pour ce qui est des paradoxes, si l'identité nationale du Canada est difficilement saisissable (au point que certains en font maintenant leur deuil), le nationalisme canadien, lui, est plus vigoureux que jamais. En un siècle et demi, le Canada est parvenu à réaliser sa souveraineté politique, son intégration et son développement grâce à une philosophie prudente et efficace des accommodements et des compromis ; mais alors même que le néonationalisme québécois menace aujourd'hui de le faire éclater, il se fait étrangement réfractaire aux réaménagements et aux adaptations qui pourraient dénouer la crise — l'échec de l'accord du lac Meech en 1990 en témoigne éloquemment. Au chapitre des différences, la principale tient dans le fait que, contrairement au Québec, le Canada est parvenu à réaliser sa souveraineté politique. On note aussi que la culture canadienne-anglaise ne semble pas avoir connu une crise de la langue nationale avec les déchirements et les traumatismes qui y sont ordinairement associés, comme on le voit au Québec. Contrairement à ce dernier encore, le Canada a longtemps trouvé dans son appartenance impériale un contrepoids à la menace étatsunienne.

Les passés canadien et québécois ont rarement été soumis à une véritable démarche comparée. C'est le plus souvent en tant que problème que chacun a suscité un intérêt chez les historiens d'en face. Pour les uns, le Québec a toujours été et demeure le rouage récalcitrant, le mouton noir de la grande famille nationale canadienne. Pour les autres, le Canada (anglophone) représente le conquérant des plaines d'Abraham, le triomphateur des Insurrections, l'assimilateur qui a souvent sacrifié les droits et les intérêts des Francophones, etc. Cette vision des deux passés se nourrit de nombreux faits qu'il est impossible de nier ; elle procède aussi de visions et d'enracinements collectifs qui semblent impossibles à réconcilier[20]. Sur le plan scientifique néanmoins, la complexité de ces deux expériences nationales laisse place à d'autres éclairages qui pourraient enrichir les connaissances actuelles, indépendamment des options politiques en présence. Nous pensons que l'histoire comparée des collectivités neuves est de ceux-là. Elle propose un cadre pour l'étude conjointe des deux sociétés. En même temps, elle assure un élargissement des perspectives en projetant l'analyse sur l'arrière-plan des autres collectivités du Nouveau Monde, dans leurs rapports avec l'ancien.

La Nouvelle-Zélande : la plus « vieille » des collectivités neuves ?

On pourrait considérer la Nouvelle-Zélande comme étant à la fois la plus récente et la plus ancienne des collectivités neuves[21]. La plus récente parce qu'elle a été touchée assez tardivement par la colonisation européenne, soit vers la fin des années 1830 ; et la plus vieille, si on nous permet cette métaphore, parce que, de toutes les collectivités du Nouveau Monde, c'est celle qui a incarné le plus longtemps et le plus intégralement le modèle de la continuité avec la mère patrie. Établie à sa naissance comme colonie de la Grande-Bretagne, elle s'est longtemps perçue en effet comme la plus fidèle, la plus britannique des membres périphériques de l'Empire (et plus tard du *Commonwealth*).

Le territoire de la Nouvelle-Zélande a d'abord été peuplé par des immigrants venus de Polynésie depuis au moins un millénaire et peut-être bien davantage (avant les débuts de l'ère chrétienne, selon de récentes estimations). Les Maoris, qui représentent aujourd'hui environ 13 % de la population du pays, sont les descendants de ces premiers habitants. La présence européenne (hollandaise, anglaise, allemande, française, espagnole…) est relativement ancienne (XVIᵉ siècle, selon toute vraisemblance) et les contacts avec les Maoris dateraient du XVIIIᵉ, peut-être même du XVIIᵉ siècle, après quoi la population indigène amorça son déclin. Quelques pêcheurs (baleine) et commerçants s'y établirent au début du XIXᵉ siècle, mais le véritable peuplement, qui fut l'œuvre des Britanniques (un projet français avorta juste avant), débuta au cours de la décennie 1830. Edward Gibbon Wakefield en fut un important animateur. Il s'agissait d'atténuer le problème de surpopulation de la Grande-Bretagne en même temps que de la doter d'une annexe économique dans le Pacifique. La Nouvelle-Zélande ne reçut toutefois jamais de *convicts,* sauf ceux, peu nombreux, qui parvinrent à s'enfuir d'Australie. En 1840, Londres prenait officiellement possession du territoire et Hobson, installé à Auckland, devint le premier gouverneur de la colonie dont le peuplement se poursuivit sous l'égide de la *New Zealand Company.*

Jusqu'au milieu du XXᵉ siècle, l'immigration fut à très forte prédominance britannique. Au cours des années 1850-1860, une ruée vers l'or

brisa un peu ce modèle mais très provisoirement. Ayant représenté jusqu'en 1870-1880 la principale source de croissance démographique,
l'immigration demeura ensuite très importante, contribuant pour 20 %
environ de la croissance durant le siècle qui suivit. D'un millier d'habitants en 1840, la population totale atteignit un demi-million vers la fin
du siècle et près de 3,5 millions un siècle plus tard. Traditionnellement,
jusqu'aux décennies récentes, l'économie du pays a surtout reposé sur
l'exportation de produits du sol et de l'élevage (la laine d'abord, puis la
viande, les produits laitiers, les fruits et légumes, le bois). Un climat tem-
péré et une végétation dense favorisaient ces productions, qui donnè-
rent naissance à une société rurale partagée entre une aristocratie de
grands propriétaires fonciers et un essaim de moyennes et petites
exploitations familiales. Quant au monde urbain, contrairement au
modèle australien, ses effectifs ont mis du temps à dépasser ceux de la
campagne (le poids des villes l'emporta à partir du milieu des années 1920). En outre, ils se sont généralement répartis au sein d'un
réseau de petites villes, en accord avec la géographie brisée du pays qui
faisait obstacle aux déplacements, et avec les besoins de l'économie
rurale dont la production était écoulée par voie d'eau vers de petits
ports.

Parmi les événements les plus importants de l'histoire politique, il
y eut d'abord en 1840 le traité de Waitangi, sorte de *Magna Carta* de la
Nouvelle-Zélande, qui définissait les rapports entre les nouveaux habitants et les Maoris, et faisait de ces derniers des sujets de la Couronne.
Puis, en 1852, la colonie fut dotée d'une constitution entraînant la création d'une assemblée élue et de six provinces (Auckland, New Plymouth, Wellington, Nelson, Canterbury, Otago). Le gouvernement responsable fut institué en 1854-1856 et, en 1907, la Nouvelle-Zélande
acquit le statut de *Dominion,* suivant en cela l'exemple du Canada
(1867) et de l'Australie (1900). Le pays devint complètement indépendant sur le plan constitutionnel avec le Statut de Westminster. Pour le
reste, on note que l'événementiel politique de la Nouvelle-Zélande
reproduit dans une large mesure celui de l'Australie. En outre, la proximité des deux pays dans cette région du monde si éloignée de l'Europe
les vouait à des destins apparentés à divers égards. Mais, au-delà de ces
analogies, des différences importantes caractérisent ces deux itinéraires

qui, sur certains plans, sont demeurés remarquablement étrangers l'un à l'autre. Rappelons dans cet esprit le refus opposé par la Nouvelle-Zélande de se joindre au *Commonwealth* australien de 1900, ou la rareté des échanges migratoires entre les deux pays (sauf durant les trente dernières années du XXe siècle). D'où l'intérêt intrinsèque que présente l'étude du passé néo-zélandais, comme nous allons le voir.

Le plus britannique des Dominions

Au XIXe siècle, on parlait couramment de la Nouvelle-Zélande comme « *the Britain of the South* » ou la « *junior England* » (Mark Twain). Dans les années 1920-1925, plusieurs affirmaient qu'elle avait pleinement réalisé son rêve de se constituer en réplique du « *homeland* ». De nombreuses données attestent cette forte tradition continuiste. La Nouvelle-Zélande a participé à toutes les guerres de l'Empire (puis du Commonwealth) et de la Grande-Bretagne, incluant les conflits des deux Corées en 1950-1953 et des Malouines en 1982. Lors de la Première Guerre mondiale, elle a pu décréter la conscription sans tenir de référendum, contrairement au Canada et à l'Australie. En 1907, elle a acquis le statut de *Dominion* mais sans l'avoir vraiment demandé. Du reste, cette promotion constitutionnelle ne s'accompagna d'aucun pouvoir supplémentaire et les tentatives pour célébrer le *Dominion Day* à titre de fête nationale échouèrent au profit du *ANZAC Day*. Dans le même esprit, le pays ne reconnut qu'en 1947 le Statut de Westminster (1931) auquel la classe politique reprochait de compromettre le *Commonwealth* et d'affaiblir la Grande-Bretagne. Dans les années 1930, la Nouvelle-Zélande imita encore la mère patrie en appuyant le traité de Munich. Par ailleurs, il est vrai qu'elle prit parti pour la Ligue des Nations, mais surtout parce qu'elle y voyait un moyen de protéger l'Empire contre des agressions éventuelles. Dans les années 1940, l'abolition du sénat obéissait à des contraintes strictement techniques, et non pas à une quelconque volonté de s'affranchir du modèle britannique. Pour le reste, la fonction de vice-roi (ou son équivalent féminin) est toujours en vigueur, le *God Save the Queen* a survécu comme hymne national parallèlement au *God Defend New Zealand*, le drapeau national repro-

duit encore l'*Union Jack* dans le coin supérieur gauche, etc. Dans l'ensemble, ce que nous avons appelé l'alibi impérial a pleinement joué
dans le cas de cette collectivité, plus que dans toute autre peut-être.
Ainsi, chaque engagement militaire aux côtés de la Grande-Bretagne a
insufflé aux Néo-Zélandais un sentiment d'assurance et de fierté qui a
été aussitôt investi dans leur rôle de partenaire au sein de l'Empire et du
Commonwealth. Ainsi, c'est la confiance acquise à l'occasion de la guerre
des Boers qui incita la colonie à repousser l'invitation de l'Australie à
faire cause commune dans son projet de fédération. Par nationalisme,
les Néo-Zélandais choisirent alors de suivre leur propre voie, mais afin
de se poser comme un allié plus actif et plus estimable aux yeux de
Londres, et non pas pour nourrir des aspirations séparatistes.

Cela dit, on relève des épisodes de rupture ou de distanciation dans
cet itinéraire, mais ils furent modestes, assez inoffensifs même, jusque
dans les années 1960-1970. C'est le cas de la signature d'une entente
commerciale avec le Japon en 1928, de la loi instituant une citoyenneté néo-zélandaise en 1948 (encore que, jusqu'en 1974, les nouveaux passeports conservèrent la mention « *British subject* » sur la page-
couverture), de la conclusion en 1951 d'une entente de protection militaire avec les États-Unis *(ANZUS)*, de la conversion en 1967 à la monnaie décimale basée sur le dollar néo-zélandais. On relève aussi, depuis
le milieu du XIXᵉ siècle, certains moments de tension entre Londres et
Auckland, et quelques manifestations d'un sentiment républicain ou
antimonarchique (L. Trainor, R. Walkinton, 1996). Mais c'est surtout à
partir des décennies 1960-1970 que le décrochage prit forme : désigna-
tion de gouverneurs généraux natifs de Nouvelle-Zélande, introduction
du système métrique, instauration de la démocratie proportionnelle,
redéfinition des rapports économiques avec la Grande-Bretagne,
réorientation de la politique étrangère, promotion de l'idée républicaine[22], etc.

Les causes principales de la tradition continuiste tiennent d'abord
dans le mode de formation de la population. Jusqu'en 1960-1970, la plus
grande partie des immigrants venaient de Grande-Bretagne, ce qui
faisait de la Nouvelle-Zélande une société relativement homogène et
très attachée à ses origines. L'insécurité collective, due à la petite taille du
pays et à l'immédiateté du « *yellow peril* », a également beaucoup joué,

rendant indispensable l'étroite protection de Londres et de l'Empire[23]. Cette dépendance militaire se doublait d'une forte dépendance économique, la Grande-Bretagne étant de loin le principal partenaire pour ce qui est de l'importation de biens et de l'exportation de capitaux. En outre, deux facteurs négatifs, qui furent à l'origine d'un courant antibritannique dans l'histoire de l'Australie, ont eu une influence nulle ou négligeable dans le cas de la Nouvelle-Zélande. D'abord, la colonie n'a pas reçu de bagnards mais seulement des immigrants libres, attachés à leur mère patrie, et qui désiraient en reproduire le modèle. Enfin, l'immigration comportait relativement peu d'Irlandais catholiques (autour de 13 % contre 25 % en Australie) résolus à prolonger en terre d'accueil leur inimitié à l'endroit de Londres. Pour ce qui est de la rupture survenue au cours des dernières décennies, elle est due essentiellement, non pas encore une fois à une volonté nationaliste d'affranchissement chez les Néo-Zélandais, mais tout simplement à un désistement de la Grande-Bretagne. Dès les années 1940, il était devenu évident que la mère patrie n'entendait plus offrir à ses partenaires du *Commonwealth* l'ancienne protection militaire, ce qui a poussé la Nouvelle-Zélande (tout comme l'Australie) à négocier avec les États-Unis le traité *ANZUS* (1951)[24]. Puis, en 1971, la Grande-Bretagne faisait son entrée dans le Marché commun européen, après deux tentatives avortées en 1961 et en 1967. Cette européanisation de la métropole entraîna de graves conséquences pour la Nouvelle-Zélande. Le pays se sentit subitement déstabilisé, rejeté par sa mère patrie, contraint de redéfinir de vieilles allégeances collectives sur les plans symbolique, économique et politique.

Une culture de la continuité

Dès sa naissance, et pour longtemps, la Nouvelle-Zélande s'est constituée comme une stricte continuation de la Grande-Bretagne. Cette orientation allait trouver de puissants appuis institutionnels dans les vecteurs qu'étaient la langue, les Églises (anglicane, méthodiste, presbytérienne, catholique...), les institutions politiques et scolaires, les cadres juridiques, les sports (rugby, cricket, courses de chevaux, tennis). Les premières utopies, exprimées dans la littérature et le discours politique, promettaient d'ériger en Asie une Grande-Bretagne supérieure, renouvelée, en la modelant sur les traits (amplifiés si possible) de l'ancienne. Du reste, aux yeux de certains, la Nouvelle-Zélande avait une mission impériale à remplir dans le Pacifique. Le climat aiderait à créer un type britannique exceptionnel, déjà remarquable en vertu de la sélection opérée dès le départ parmi les candidats immigrants. On soutenait en effet que seule la « crème » parmi les sujets britanniques avait été retenue pour la grande aventure néo-zélandaise (mythe du « *best British stock* »). À cette vision se mêlait l'idée que le nouveau territoire était si richement doté qu'on pouvait le comparer à un paradis pastoral (*« God's own country »*). Mais cette terre de munificence ne livrerait ses bienfaits qu'aux travailleurs disposés à consentir les efforts nécessaires. Ici s'enracinait l'un des grands mythes de l'histoire socioculturelle du pays : celui d'une société prospère mais égalitaire, attentive aux besoins de ses membres, en particulier les plus démunis, adonnée à l'éthique du travail et en communion avec la nature.

La littérature du XIXe siècle a reproduit ces lignes directrices. Assez curieusement toutefois, non seulement elle s'appliquait à imiter le style victorien, mais elle faisait rarement référence aux réalités locales — sauf pour réitérer à l'intention du public britannique l'affabulation pastorale. Durant la dernière décennie, un éveil nationaliste se manifesta chez certains lettrés regroupés autour du *New Zealand Graphic and Ladies' Journal* (1890-1903) et de la *New Zealand Literary and Historical Association*. Mais le mouvement n'eut guère de suite, contrairement à celui qui prenait son essor à la même époque en Australie, autour du *Bulletin*. Pour l'essentiel, les tendances initiales se prolongèrent durant le premier tiers du XXe siècle. Dans le domaine des lettres par exemple, en dépit d'une activité accrue et de quelques figures dominantes (Grossman, Baughan, Satchell, Mander...), on ne peut parler d'une véritable littérature nationale. L'imitation de la mode britannique se poursuivit, passant du romantisme victorien au style georgien. La même orientation prévalait dans les autres domaines de la création. En peinture toutefois, un mouvement en faveur d'un art national a pris forme dans les années 1920 à l'initiative de Christopher Perkins, Ronald Hipkins et quelques autres (revue *Art in New Zealand, National Art Association*). Dans toutes ces productions culturelles, la référence à la Nouvelle-

Zélande empruntait souvent une thématique écologiste qui exprimait une grande sensibilité ruraliste, comme si la ville et l'industrie étaient des transgressions de l'ordre naturel[25]. Mais on y chercherait vainement l'équivalent d'une vigoureuse mythologie de la brousse à saveur populiste, sur le modèle australien. D'abord, le paysage de collines et l'habitat relativement dispersé s'y prêtaient moins. En outre, pour des raisons qui tiennent en partie à la forte tradition continuiste et à ses corollaires de mimétisme, le matériau symbolique des classes populaires ne semble pas avoir pénétré de façon significative la culture savante néo-zélandaise. Celle-ci, un peu comme au Québec à l'époque de la première littérature nationale, a plutôt élaboré une représentation aseptisée des nouveaux habitats qui mettait au premier rang la famille, la sédentarité, le travail et le progrès, l'égalité, l'ordre et la moralité.

Cette période de l'histoire culturelle néo-zélandaise, tout comme celle qui l'a suivie, a été dominée par le complexe de la mère patrie, par l'inhibition du discours sur soi. Certains auteurs (par exemple J. Phillips, 1990) ont du reste transposé à ce phénomène l'expression australienne de *cultural cringe*. On en voit en effet des traces dans le sentiment assez souvent exprimé selon lequel le détail des réalités néo-zélandaises n'était pas un matériau jugé digne de la véritable histoire ou de la création artistique et littéraire (rappelons que la plupart des intellectuels et créateurs traitaient avec des éditeurs londoniens et s'adressaient au public britannique). S'ajoutait à cela l'opprobre dont fut entouré l'essor d'un parler proprement néo-zélandais (le « *colonial twang* »), boudé par les lettrés[26]. Ici également se marquait une incapacité à dire dans la manière du pays ses expériences et ses réalités, comme en témoigne en particulier la littérature artificielle consacrée à la société maorie. Le malaise qui en résultait apparaît dans la grande importance prise par l'exil (vers le « *homeland* ») à la fois comme thématique dans l'imaginaire et comme expérience dans la vie même des auteurs (K. Sinclair, 1986, chapitre 4.; P. Evans, 1990).

À leur manière, les décennies 1930-1960 marquèrent une importante césure avec les précédentes. La majorité des analystes s'accordent à dire qu'une véritable littérature néo-zélandaise est née au cours de cette période. L'influence de la métropole y demeura très forte, même parmi ce qu'on a appelé la « *Phoenix generation* », ce groupe de littéraires qui, regroupés autour de la revue du même nom entre 1930 et 1940, voulait œuvrer à l'intégration de la conscience nationale. Un courant nationaliste s'affirma néanmoins, à gauche notamment à travers le *Left Book Club* et la revue *Tomorrow* (« *to stop being an exile* », « *to discover our own soul* »…). Pour un certain nombre des écrivains de cette génération, la mission principale était d'inventer un pays qu'ils pourraient raconter. Mais c'était aussi la plus incertaine. Car sur le plan des perceptions, ce qui les rassemblait tous, c'était le sentiment de désenchantement devant ce qu'était devenu le *God's Own Country*. Le rêve fondateur d'un paradis pastoral s'était brisé pour faire place à un réalisme critique exacerbé : cynisme, morosité, désespérance, solitude de l'homme face à un milieu naturel transgressé, tels furent les traits et thèmes dominants de cette littérature (John Lee, *Children of the Poor*, 1934 ; John Mulgan, *Man Alone*, 1939 ; James Courage, *Fires in the Distance*, 1952…). La forêt avait été sacrifiée, la culture maorie détruite, la société était devenue conformiste, intolérante, sans imagination, sans culture : une nouvelle Carthage, selon certains. On tenait en outre que le paradis artificiel du bungalow avait supplanté l'utopie égalitaire, que le pays glissait dans un isolement croissant. Comment la culture savante s'épanouirait-elle dans cette société qui n'arrivait pas à naître ? Comment faire l'histoire d'un pays qui ne bougeait pas ?

Cependant, d'autres influences s'entremêlaient. Au courant nationaliste suscité par Allen Curnow succédaient dans les années 1950 le groupe de Wellington, de tendance européaniste, puis un retour au local avec les « *Auckland academic poets* ». Et, à travers cette effervescence, le rapport culturel à la métropole subissait quelques transformations. Plusieurs romanciers introduisaient l'anglais du pays dans leurs dialogues, même si la langue de la BBC demeurait la norme (on parle à ce propos de la « *Received Pronunciation* » ou RP). Après 1950, le roman s'affranchissait peu à peu de la dépendance britannique. Quelques intellectuels commençaient aussi à laisser entendre qu'il serait plus logique de s'inspirer des États-Unis, société neuve comme la Nouvelle-Zélande, et qui avait en commun avec elle tout un passé colonial[27]. C'est à cette époque aussi que de jeunes poètes regroupés autour de J. K. Baxter suggéraient pour la première fois de redéfinir la culture néo-zélandaise (« *spiritually dead* ») en prenant exemple sur les Maoris.

Parallèlement, la représentation du passé suivait une trame analogue. Une mémoire continuiste avait d'abord été mise en place : mémoire de l'héritage britannique et des fastes de l'Empire, qui inscrivait l'identité collective dans un temps long, glorieux, apparemment impérissable. Cette mémoire occupait presque en exclusivité les principaux lieux de diffusion qu'étaient l'école, le journal, le livre, les célébrations officielles. La représentation des actes fondateurs (« découverte » de la Nouvelle-Zélande par Tasman en 1642, « annexion » du territoire par la Grande-Bretagne, traité de Waitangi, arrivée des deux navires de colons écossais en 1842, occupation du territoire...) s'inscrivait sous cet éclairage général de la continuation de la mère patrie, lequel prédomina jusqu'au milieu du XXᵉ siècle. Cependant, dès le tournant du siècle, des éléments d'un autre paradigme avaient commené à se manifester avec William Pember Reeves (*The Long White Cloud : Ao Tea Roa*, 1898). Il s'agissait de mettre en valeur, pour eux-mêmes, les épisodes significatifs du passé de la colonie : l'histoire des Maoris, leurs conflits armés contre les Blancs, la mise en valeur du territoire national, la ruée vers l'or, l'implantation de la démocratie, l'adoption de politiques sociales très avancées. Dans cet esprit, on observe à partir des années 1920 un intérêt croissant pour l'histoire locale. Mais cette veine demeurait minoritaire et, jusqu'à la décennie suivante, le sentiment persista que la Nouvelle-Zélande n'avait pas vraiment de passé remarquable, digne d'être célébré (« *a land without a past* »)[28].

Les mutations décisives survinrent après la Seconde Guerre mondiale. La désintégration de l'Empire, le désengagement militaire de la Grande-Bretagne dans le Pacifique et les nouveaux pouvoirs exercés conformément au Statut de Westminster inspirèrent peu à peu à la Nouvelle-Zélande le sentiment de son autonomie et d'une nouvelle identité nationale. En historiographie, ce sentiment s'exprima dans une critique de la vision continuiste et de ses mythes fondateurs. K. Sinclair (1959) joua sur ce plan un rôle déterminant. Il mit en forme l'idée que l'histoire du pays s'enracinait dans l'environnement polynésien, rompant ainsi avec la mémoire longue européenne, et il s'employa à promouvoir les symboles d'une *new-zealandness*. Son objectif principal et sa contribution à la culture de son pays fut de la soustraire à l'inhibition associée à la tradition continuiste. Signalons enfin que, là encore, des littéraires avaient ouvert la voie. Dès 1940, E. H. McCormick (*Letters and Art in New Zealand*) proposait une vision du passé sous éclairage nationaliste. Et dans un poème de 1942 (« *Landfall in Unknown Seas* »), Allen Curnow se livrait à un déboulonnage en règle des vieux mythes fondateurs.

Une petite nation modèle?

La plupart des auteurs s'accordent à faire naître une identité nationale après 1880. On peut en voir les premières manifestations chez quelques poètes (par exemple, Jessie Macquay, *The Spirit of the Rangatira*, 1889) et dans le mouvement *Young New Zealand* (1887). Au cours des années 1900 et 1910, divers auteurs affirmèrent l'existence d'un véritable tempérament néo-zélandais (type physique supérieur, mentalité pragmatique, égalitaire, réfractaire aux hiérarchies). Mais, tout comme en Australie et au Canada, cette prise de conscience se conjuguait avec les fidélités impériales. La jeune colonie aspirait à devenir un allié et même un serviteur plus accompli de la mère patrie, le loyalisme faisant partie du caractère national. Selon Keith Sinclair et quelques autres, ce nationalisme s'exprimait sous la forme d'un « *super-britishness* ».

Parmi les autres traits distinctifs de la nationalité, mentionnons la masculinité et ses corollaires habituels, résumés dans le concept de *jokerism* : rudesse, bagarres, excès d'alcool (J. Phillips, 1987). Le sport occupait ici une place de choix, tout particulièrement le rugby. Plusieurs auteurs ont insisté sur l'importante fonction symbolique remplie par l'équipe des *All Blacks,* dont les tournées triomphales en Grande-Bretagne à partir de 1884 sont restées célèbres (F. Macdonald, 1996; J. Nauright, T. J. L. Chandler, 1996). Comme ailleurs, la vigueur et la bravoure du type national se sont également affirmées dans les guerres, en particulier en 1915 à Gallipoli dont la mémoire est célébrée en grande pompe encore aujourd'hui. Il y avait aussi le stéréotype de la petite ferme familiale, associée à une mythologie de la société rurale, symbole d'harmonie avec la nature et fondement d'une vie collective paisible, ordonnée. On observe, par ailleurs, une absence prononcée de la référence religieuse dans la définition de la symbolique nationale. On soupçonne ici que, tout comme en Australie, la religion, avec ses diverses dénominations, était un facteur potentiel de division, ce qui la disqualifiait comme fondement d'une cohésion identitaire[29].

Enfin, il faut insister sur les contenus proprement sociaux qui imprégnaient ces représentations. À partir de la décennie 1890 surtout, sous le gouvernement libéral de Richard J. Seddon, la Nouvelle-Zélande s'est signalée par ses politiques sociales très progressistes avec l'institution, notamment, de l'arbitrage obligatoire des conflits de travail (1894), des pensions de vieillesse (1898), d'importantes mesures de santé publique (1900), de l'instruction gratuite jusqu'à la fin du secondaire (1903). Toutes ces mesures furent améliorées au cours des décennies suivantes, puis vinrent la semaine de 40 heures (1935), des mesures de sécurité sociale, et le reste. Rappelons que, dès 1856, l'État avait décrété la journée de huit heures pour les salariés. En 1877, il avait établi l'instruction obligatoire jusqu'à l'âge de 14 ans et, en 1879, le suffrage universel pour les hommes. Ce dernier fut étendu aux femmes en 1893, après deux essais infructueux en 1878 et 1887[30]. Elles devinrent éligibles au Parlement en 1919. Il est remarquable toutefois que ces mesures, tenues pour avant-gardistes à l'époque, ne furent pas associées à des revendications proprement féministes. La plupart des militantes, en effet, ne remettaient pas en cause l'ordre social. Elles semblaient s'accommoder de leurs rôles traditionnels et concentraient leur action autour d'objectifs moraux comme la tempérance, les bonnes mœurs, les valeurs familiales. La participation à la vie politique leur paraissait un moyen de promouvoir plus efficacement leur cause. Il est vraisemblable que ces orientations conservatrices, peu menaçantes aux yeux des puissants, leur ont facilité l'accès au droit de vote[31].

Pour toutes ces raisons, la Nouvelle-Zélande avait acquis dès la fin du XIXe siècle la réputation d'être « le laboratoire de l'humanité », « le berceau du XXe siècle », « un modèle mondial de législation sociale », etc. Son influence fut considérable dans divers pays, dont les États-Unis (P. J. Coleman, 1982). En même temps, elle trouvait le moyen d'assurer à ses citoyens l'un des niveaux de vie les plus élevés au monde[32]. On a souvent parlé à ce propos d'un « socialisme d'État », dont certaines propriétés ne manquent pas d'intriguer — par exemple, le fait de ne pas être issu d'une pensée radicale, ou d'être parvenu à se conjuguer avec l'individualisme libéral.

Cette petite nation modèle n'en recelait pas moins son lot de tensions et de contradictions et, jusqu'au milieu du XXe siècle, sa cohésion légendaire fut obtenue au prix de discriminations et d'exclusions parfois violentes. Il faut d'abord insister sur les éléments de diversité ethnique dans cette nation officiellement britannique et homogène. Le principal consiste dans la population maorie, laquelle représentait plus de la moitié de la population en 1860, 14 % en 1875, et 5-6 % jusqu'en 1950. Il y eut toujours aussi une faible présence asiatique (moins de 2 %). Mais les turbulences collectives provoquées par cette diversité furent tout à fait disproportionnées à son poids démographique. En ce qui concerne les relations avec les Maoris, divers éléments positifs doivent être signalés, encore que certains fassent illusion. Ainsi, le traité de Waitangi signé en 1840 entre les chefs de tribu et le gouverneur britannique devait protéger les Autochtones contre les accaparements pratiqués par les colons. Les Maoris devenaient des sujets de Sa Majesté, moyennant quoi ils avaient accès aux droits et privilèges rattachés à ce statut. Le traité leur garantissait en outre leurs droits de propriété et d'exploitation sur la terre, la forêt et les lieux de pêche. Mais il arriva que, après 1850, le gouvernement néo-zélandais refusa de reconnaître le traité qui, dès lors, demeura lettre morte. De même, aux premiers temps du peuplement, de nombreux dirigeants, administrateurs et missionnaires portaient un regard positif sur la population indigène, en accord avec le mythe du Bon Sauvage. À l'occasion, on affirmait aussi que les Maoris et les Blancs formaient un seul peuple, une seule nation. À partir de 1867, quatre sièges du Parlement furent réservés aux Maoris qui virent certains d'entre eux entrer au cabinet entre les années 1890 et 1940. Mais ces données sont loin de refléter toute la réalité.

En effet, c'est une politique faite à la fois d'exclusion et d'assimilation forcée qui a prévalu jusqu'au milieu du XXe siècle et même un peu au-delà. Il y eut d'abord les affrontements armés entre 1845 et 1872, au cours desquels l'armée britannique réprima brutalement les soulèvements maoris, mécontents du sort réservé au traité de 1840. À diverses reprises, des colons s'en mêlèrent, infligeant des sévices aux Autochtones. Parallèlement à ces actions violentes, le gouvernement néozélandais s'appropria la plus grande partie des terres et procéda à de nombreux développements sans consulter les Maoris, enfreignant ainsi les dispositions du traité de Waitangi[33]. Pour le reste, l'administration n'hésitait pas à violer les droits des indigènes pour détruire leurs institutions et leurs coutumes afin de les acculturer de gré ou de force. À partir de 1871, l'enseignement de leur langue fut interdite dans leurs écoles. Entre 1920 et 1960, de 20 % à 40 % des enfants furent enlevés à leur famille pour être assimilés parmi les Blancs.

D'autres tentatives du même ordre visant à réduire l'altérité autochtone furent effectuées, sur le plan symbolique cette fois. La plus remarquable consista à *blanchir* et même à anoblir en quelque sorte les Maoris en faisant d'eux les lointains descendants d'une diaspora indo-européenne, de type aryen[34]. Ils partageaient donc avec les *Pakehas* les mêmes origines, la même appartenance nationale et la même histoire. Ce rapprochement livrait d'autres profits au point de vue culturel. La colonisation de la Nouvelle-Zélande par les Blancs devenait légitime, puisqu'elle réunissait les deux branches d'une même famille. De plus, en hissant les Maoris au-dessus des Aborigènes et des autres Polynésiens, c'est toute la nation néo-zélandaise qui se trouvait promue. Enfin, elle devenait ainsi plus présentable au regard toujours dédaigneux et intimidant de la métropole. Ce mythe fondateur, dont on trouve des expressions jusqu'au milieu du XXᵉ siècle, a reçu sa formulation la plus explicite en 1885 sous la plume d'Edward Tregear *(The Aryan Maori)*. Mais il avait eu des prédécesseurs (à ce sujet : J. Belich, 1997). Toujours sur le plan symbolique, d'autres ont fait valoir aussi que la *branche* maorie était entrée en décadence et qu'elle était en voie de disparition. Providentiellement, l'histoire se chargeait ainsi de préserver la mémoire d'un lointain passé prestigieux et d'effacer les traces d'un présent méprisable. Enfin, la thèse de la suppression de l'Autochtone au moyen du métissage racial, sur le modèle latino-américain, eut aussi quelques partisans.

S'agissant de la Nouvelle-Zélande, on ne peut parler d'une *White policy* comme celle qui a été poursuivie très officiellement en Australie afin de préserver la pureté (et les privilèges) de la *race* blanche. Mais on en retrouve de nombreux éléments. Ici également, la représentation d'un *yellow peril* (du moins en ce qui concerne la Chine) a imprégné les mentalités. Des sentiments antichinois se sont manifestés à l'occasion de la ruée vers l'or en 1850-1860. En 1881 et en 1899, des lois auxquelles le mouvement syndical donna son appui empêchèrent pratiquement l'immigration asiatique. En 1920, ce fut l'*Immigration Restriction Amendment Act*. Il y eut ensuite la propagande exercée par la *White New Zealand League* (1925-1937), etc. En fait, ce n'est pas avant 1970-1980 que les dernières traces de cette politique furent effacées[35]. L'histoire du pays recèle bien d'autres formes d'exclusion (femmes, handicapés, homosexuels…), mais celles-ci ne relèvent pas de l'ethnicité comme telle, même si elles ont directement à voir avec une certaine idée de la nation (masculinité, pureté, vigueur, moralité).

Reconstruire la nation

Après la Seconde Guerre mondiale, divers facteurs (dont certains ont déjà été évoqués) sont venus compromettre la représentation traditionnelle de la nation et les équilibres socioculturels qui s'y appuyaient. La présence de plus en plus active des Maoris (reprise démographique, militantisme[36]) compte parmi ceux-là, de même qu'une immigration croissante et de plus en plus diversifiée (Polynésiens, Asiatiques…). Il y eut aussi la défection de la Grande-Bretagne en tant que métropole (fin de la présence militaire en Asie, intégration à la communauté européenne). Comme nous l'avons signalé, ce retrait fut ressenti comme une sorte de trahison par la Nouvelle-Zélande, qui s'est trouvée tout à coup en panne (et en peine) d'allégeance, orpheline dans un empire en miettes. Dès lors, un rapprochement avec l'Asie devenait une nécessité, d'autant plus qu'en 1984 le pays se retirait du traité *ANZUS* à cause de ses convictions antinucléaires.

Les changements culturels qui ont accompagné ces bouleversements se sont manifestés, notamment, dans la littérature. La décennie 1960 a coïncidé avec un éclatement des genres, des thèmes, des emprunts (ouverture à la modernité, influence des mouvements hippies, existentialiste et environnementaliste). Ici, la diversification est le mot clé, mais tout autant l'incertitude identitaire, c'est-à-dire une image de plus en plus brouillée de soi dans la nation et dans l'univers. L'attitude par rapport à la langue d'écriture témoigne de cette évolution complexe. La norme britannique survivait mais elle cédait du terrain à ce qu'on pourrait appeler un anglais international. Parallèlement, un courant nationaliste s'affirmait et accréditait le parler néo-zélandais dans les productions savantes.

La mémoire collective entra elle aussi dans une période de turbulence. L'historiographie nationaliste (à la manière de Keith Sinclair, par exemple) avait à peine établi les fondements d'une vision néo-zélandaise du passé qu'elle fut aussitôt placée en face de la fragmentation de la nationalité. Les changements du dernier demi-siècle rendaient la tâche difficile aux tenants d'une société homogène, sans classes, cohérente. La pratique historienne récente, lorsqu'elle ne se réfugie pas dans l'alibi de la scientificité (celui qu'offre, par exemple, la micro-histoire sociale et quantitative), projette l'image d'un discours en quête de sens, privé d'un principe organisateur des connaissances. En effet, comment projeter sur le passé une lumière, un facteur de cohésion qui n'existe plus dans l'actuel (l'héritage britannique, la société blanche, la nation unique, le rêve pastoral, le progrès continu…)? L'un des textes les plus révélateurs de ce malaise est le compte rendu présenté par J. Phillips (1996) d'une expérience muséale récente qui avait pour but de représenter l'identité nationale des Néo-Zélandais et qui, faute de mieux, dut se résoudre à mettre en forme un regard critique, à procéder sous forme de questions. Notons en outre que l'impasse a affecté toutes les dimensions de la mémoire collective, y compris ce que nous avons appelé la mémoire longue. Traditionnellement, celle-ci plongeait ses racines dans le passé britannique, mais cette filière symbolique s'est refermée avec la rupture des années 1960-1970. Cette circonstance a favorisé un rapatriement de la mémoire, une recherche des vieilles racines dans l'espace local, en l'occurrence polynésien.

L'exemple qui précède n'illustre qu'un aspect des nombreux réaménagements auxquels l'historiographie a dû procéder[37]. Mais il met aussi en lumière l'essor d'un nouveau paradigme identitaire prenant appui sur la culture maorie. Ce phénomène est assez semblable à celui que nous avons commenté à propos de l'Australie (chapitre V). Il a inspiré de nouvelles reconstitutions du passé néo-zélandais (souvent qualifiées de « *revisionist* », « *historically correct* », « *gone native* ») cherchant à reconstruire la mémoire nationale dans une perspective autochtone[38]. On pourrait dire de ces dernières qu'elles obéissent à un modèle en trois points consistant à *a*) mettre en valeur la présence et la culture maories, *b*) fonder l'histoire nationale sur la dualité Maoris/*Pakehas*, *c*) jeter des ponts entre ces deux trames en faisant ressortir les éléments d'un passé commun. Dans cet esprit, le traité de Waitangi est devenu le mythe fondateur par excellence, reflété dans son statut de fête nationale depuis 1973.

Enfin, les avatars de la nation se sont reflétés dans un souci de reconstruire l'identité nationale. Le modèle dominant est celui d'une société biculturelle ou « biraciale » jouissant de droits égaux et vivant dans l'harmonie. C'est dans cet esprit que, en 1975, le gouvernement a finalement reconnu le traité de Waitangi et mis sur pied un tribunal pour entendre les revendications séculaires des Maoris. Des points de vue très divers ont toutefois été exprimés sur l'avenir de ce modèle national. Plusieurs *Pakehas* redoutent des exigences excessives de la part des Autochtones. D'autres, à l'opposé, tiennent le biculturalisme pour une autre machination visant à créer l'illusion d'une démarche réparatrice. D'autres encore, un peu dans la veine de pensée de M. Fairburn (1989), craignent que l'individualisme prononcé des Néo-Zélandais ne fasse échec à toute tentative d'unification. C'est néanmoins ce dont rêvent les plus optimistes : rien de moins qu'un métissage entre les deux cultures, et même entre les deux *races*. Après tout, l'histoire du pays n'est-elle pas, comme le laisse entendre J. Phillips (1990, p. 134), celle d'un continuel amalgame entre des apports très diversifiés ? Et il y a ceux aussi qui proposent de couler la nouvelle nation dans la culture autochtone, à cause de sa supériorité morale, de sa richesse symbolique. Enfin, l'idéal républicain affleure aussi à l'occasion.

Conclusion

La vigueur et la persistance du continuisme qui s'est manifesté dans tous les aspects du passé néo-zélandais semblent justifier pleinement le titre de ce survol : il s'agit bien ici de la plus vieille des collectivités neuves. En outre, la Nouvelle-Zélande présente de la façon la plus aiguë un phénomène que nous avons déjà observé ailleurs, à savoir le paradoxe d'une société qui a acquis la souveraineté politique, mais sans en avoir vraiment construit le discours. Dans ce cas-ci, il convient d'ajouter : sans même en avoir vraiment exprimé la volonté. Rappelons que le virage européen de la Grande-Bretagne dans les années 1960-1970 a inspiré du dépit parmi les élites de l'ancienne colonie. Sur ce plan, on voit que le modèle néo-zélandais est à l'opposé des modèles étatsunien, haïtien ou cubain. Cela dit, cet affranchissement collectif par défection ou par retrait de la métropole rappelle tout de même certains aspects de l'expérience latino-américaine de la période 1810-1830.

Sur le plan culturel, on relève d'abord certains signes de ce que nous avons appelé l'affranchissement par déplacement. Pensons aux traités *ANZUS* et *SEATO*, mais aussi à l'initiative de certains littéraires qui, au lendemain de la Seconde Guerre, proposaient de substituer la culture étatsunienne à la tradition britannique à titre de référence collective. À propos de la quête identitaire, le biculturalisme comme voie de conciliation et de réconciliation entre immigrants et indigènes représente une utopie spécifiquement néo-zélandaise[39], qui se distingue de toutes les autres formules mises de l'avant dans les collectivités neuves. Comme ailleurs, le modèle se heurte à toutes les difficultés inhérentes à l'arbitrage des différences, auxquelles s'ajoute, comme ailleurs aussi, une inconnue de taille : il n'est pas certain en effet que les Autochtones soient désireux de penser leur destin à l'intérieur du plan de société conçu par les nouveaux occupants. Enfin, toujours en rapport avec la crise identitaire, on est en présence d'un autre paradoxe. L'incertitude qui imprègne les représentations de soi, et qui semble attester un état d'anomie ou de démobilisation, s'accompagne d'un très fort sentiment d'appartenance à la nation. C'est ce que révèle une enquête comparative réalisée par une équipe du *Carleton University Survey Center* (Canada). Parmi les 30 pays étudiés, c'est la Nouvelle-Zélande qui s'est classée au premier rang (et de loin) pour la question : *How close do you feel to your country?* (la catégorie *Very close* a regroupé 55,5 % des réponses)[40].

Enfin, à propos de la comparaison entre Nouvelle-Zélande et Québec, on remarque que ces deux petites collectivités ont toujours éprouvé le sentiment d'une grande fragilité et que, de part et d'autre, l'un des paramètres centraux réside dans le grand isolement (géographique dans un cas, linguistique dans l'autre). On est frappé aussi par les ressemblances relevant du continuisme culturel et de ses nombreux corollaires

(l'inhibition, l'aliénation de la création artistique et littéraire, le malaise
de la langue, la séduction de l'exil, le sentiment récurrent d'une pauvreté culturelle et de l'absence d'une tradition originale, une représentation idéalisée du monde rural...). D'autres ressemblances se ratta-
chent aux modalités du décrochage survenu au XXe siècle, à ceci près
qu'on chercherait vainement du côté québécois un traumatisme déclencheur analogue au désistement britannique. Des deux côtés, on relève
aussi un déclin du paradigme de la nation homogène ainsi que diverses
tentatives pour intégrer la diversité ethnique dans un nouveau modèle
national.

Au-delà de ces ressemblances, il importe de souligner la spécificité
du ruralisme néo-zélandais, dont les connotations écologiques et pas-
torales semblent trancher avec les ressorts idéologiques de l'agricultu-
risme canadien-français. Dans ce dernier cas, le territoire vierge était
représenté comme un retranchement, comme un espace réservé où la
nation en péril devait jouer sa dernière chance, comme un habitat privilégié où pourraient se perpétuer les valeurs traditionnelles de la religion et de la patrie. D'un côté, un type de société à édifier pour sauve-
garder l'environnement; de l'autre, un environnement à mettre en
valeur pour préserver un type de société. Une autre différence tient dans
le fait qu'au XXe siècle, la Nouvelle-Zélande a précédé le Québec de deux
décennies environ dans la critique générale de ses traditions idéologiques. Dans la littérature par exemple, ce courant a prédominé durant
la période dite « provinciale » (1935-1965) chez les poètes et romanciers
néo-zélandais (dénonciation du puritanisme, du conformisme, du pro-
vincialisme...). Au Québec, il s'est manifesté d'une manière plutôt
éparse avant les années 1950 et il n'a vraiment triomphé que dans la
décennie 1960.

En définitive, ce que nous apprend surtout cette comparaison lorsqu'on s'en tient aux articulations principales, c'est le parallélisme des
trames culturelles à partir du milieu du XIXe siècle. Si ce n'était de la différenciation qui se marque sur le plan de la construction de l'État, la
Nouvelle-Zélande apparaîtrait comme la cousine, sinon la jumelle du
Québec. Pour tout ce qui touche aux grands défis du présent et aux
paris à faire sur l'avenir, il semble aller de soi que la réflexion sur ces
deux collectivités neuves devrait aller de pair.

À propos des États-Unis. Les deux récits de l'« Amérique »

Si la Nouvelle-Zélande peut être considérée comme l'incarnation la plus complète du modèle continuiste, les États-Unis apparaissent comme la forme la plus achevée du modèle de la rupture. Et pourtant, il y a deux manières assez différentes, apparemment incompatibles, de raconter l'histoire de cette collectivité neuve. Chacune en retient quelque chose d'essentiel et, en ce sens, elles livrent toutes deux *une histoire vraie*. Elles correspondent en outre à deux visions, à deux sentiments qui divisent aujourd'hui les citoyens de ce pays. La première voie, la plus familière, consiste à rappeler les principales étapes d'une grande aventure historique qui, à partir d'une rupture révolutionnaire et de quelques idées directrices, a jeté les bases d'une nouvelle société devenue en deux siècles la plus riche (culturellement aussi bien que matériellement) et la plus puissante au monde. La seconde met entre parenthèses la cohésion et l'assurance de ce parcours conquérant pour y faire voir le doute, les tiraillements, les contradictions, l'angoisse (pour ne pas dire la fragilité). L'histoire des États-Unis a cette surprenante propriété de fournir un matériau apparemment aussi abondant à l'une et à l'autre perspective. Nous les explorerons toutes les deux, en survol : le récit linéaire (ou le parcours du conquérant) d'abord, le récit inversé (ou les discontinuités et les divisions) ensuite.

Discours et pratiques de recommencement

L'imaginaire national étatsunien s'est d'abord nourri d'une critique de la vieille Europe, et plus particulièrement de l'Angleterre. Les Pères fondateurs et leurs précurseurs dénonçaient la corruption de la vieille société de privilèges, l'intolérance idéologique et religieuse, le despotisme, la rigidité de structures sociales iniques. Ils reprochaient aussi à la mère patrie de s'être détournée de la grande mission civilisatrice associée aux héritages gréco-romain et judéo-chrétien. En réaction, et reprenant en quelque sorte le flambeau de l'Antiquité, la nouvelle nation serait créée dans la liberté, par la volonté des individus (contrat social). Elle serait égalitaire, démocratique et pure, puisque ses membres seraient des citoyens (propriétaires de préférence) vivant de leur travail. Par rapport à l'Europe, elle serait une création totale, une nation orpheline, une *nouvelle race*. La civilisation humaine se voyait ainsi accorder une seconde chance (mythe du « nouvel Adam »). On recommencerait donc en retournant en quelque sorte aux rêves et au temps des origines, au berceau de l'humanisme. C'est ainsi qu'il faut comprendre les nombreuses références aux grandes civilisations de l'Antiquité (surtout grecque et romaine) qui ont émaillé le discours des Pères fondateurs[41]. Cela dit, le rêve étatsunien se traduisait aussi bien dans de grandes utopies urbaines que dans des projets de petites communautés rurales idéales[42].

Ces visées grandioses ont été concrétisées dans des actes de rupture radicale : Insurrection et déclaration d'Indépendance (1776), reconnaissance de la nouvelle nation par l'Angleterre (traité de Versailles, 1783), Constitution (1787-1789), *Bill of Rights* (1791). Les États-Unis devenaient la première collectivité neuve à couper le lien colonial avec sa mère patrie (soit quelques années avant Haïti), et ils l'avaient fait d'une manière glorieuse, sur les champs de bataille. Ces actes spectaculaires venaient officialiser et inspirer d'autres actes d'affranchissement dans la culture, dans les institutions, dans l'aménagement de l'espace et de la société. La conscience fondatrice, le sentiment de créer une nation supérieure, sans précédent dans l'histoire, donnaient corps à un véritable paradigme du recommencement. Ici, pas de *cultural cringe*, mais une mission providentielle, une « *manifest destiny* » (comme l'affirma le New-Yorkais John O'Sullivan en 1845). Un mode original de concession des terres donnait naissance à une structure sociale et à un paysage inédits. Le peuplement était un creuset grâce auquel les immigrants s'arrachaient à leur culture d'origine et se fondaient dans la dynamique du Nouveau Monde, contribuant ainsi à édifier la grande nation. Cette idée, formulée dès la fin du XVIIIe siècle par St. John de Crèvecœur (*Letters from an American Farmer*, 1782), allait plus tard réapparaître sous la célèbre mythologie de la *frontière* (Frederick Jackson Turner) puis celle du *melting pot*. Pour ce qui est de la langue nationale, on résolut d'adopter l'anglais, cette langue corrompue des anciens maîtres, mais avec la conviction que l'environnement américain et les nobles usages auxquels on la destinait auraient vite fait de la purifier et d'en faire une langue nouvelle. Noah Webster (« *The United States must be as inde-pendant in literature as they are in politics* ») s'employa à consigner cette évolution dans divers travaux parus entre 1783 et 1828, date à laquelle il fit paraître la première édition de son célèbre dictionnaire. Il inaugu-rait ainsi une riche tradition de nationalisme linguistique que de grands noms viendraient illustrer après lui, notamment H. L. Mencken dans les années 1920-1930.

Là encore, et comme dans les autres collectivités neuves, c'est sans doute la littérature qui livre le témoignage le plus explicite des efforts visant à donner des contenus symboliques à la *destinée manifeste* état-sunienne. À partir de la fin du XVIIIe siècle en Nouvelle-Angleterre, un courant littéraire s'est appliqué à reproduire l'esprit des actes fondateurs en politique afin d'instituer une littérature nationale. Les œuvres de H. W. Longfellow, N. Hawthorne et O. W. Holmes s'inscrivaient dans ce courant, auquel on peut rattacher également des écrivains comme J. F. Cooper, W. Irving et H. Melville, même s'ils provenaient d'autres régions du pays. Parmi les autres noms qui ont incarné à leur façon la jeune littérature nationale, mentionnons E. Dickinson, E. A. Poe et W. Whitman, lequel se soucia, encore plus que les autres peut-être, de créer une langue et des procédés littéraires typiquement étatsuniens. Dans cet esprit, il faut rappeler l'appel lancé en 1815 par Walter Chan-ning en faveur d'une langue nationale, de même que la conférence pro-noncée en 1837 par R. W. Emerson (*The American Scholar),* véritable déclaration d'indépendance des lettres étatsuniennes. La thématique de cette littérature mettait en valeur les espaces sauvages, l'individu et la liberté, mais aussi les tensions entre le soi et le collectif, dans l'esprit de l'éthique puritaine. Des efforts semblables d'affranchissement et d'af-firmation se manifestaient dans la philosophie (R. W. Emerson, H. D. Thoreau, W. James), dans la peinture (notamment les tableaux de pay-sage, avec G. C. Bingham, T. Cole, A. Durand et la *Hudson River School)* et dans les arts en général (plaidoyers pour un art « indigène », etc.).

Longtemps avant l'Insurrection de 1776, des intérêts commerciaux communs, la résistance contre l'Angleterre et les guerres menées contre Indiens et Français avaient créé un premier sentiment d'unité entre les colonies[43]. Dans les années 1760-1770, on parlait couramment du « peuple des treize colonies ». Cette notion était capitale : c'était le peuple en effet, et non quelque décret divin, qui fondait la souveraineté politique, et rien ne devait faire entrave à ce principe. La même préoccupation a inspiré l'architecture des institutions politiques, conçues pour faire échec à toute forme de despotisme et redonner le pouvoir au peuple. Mais au-delà de ces considérations théoriques, la nation naissait dans une grande diversité culturelle qui l'empêchait de se définir plus concrètement, en termes ethniques par exemple. L'hétérogénéité des treize colonies s'exprimait en effet sous plusieurs formes : pluralité de sectes religieuses, diversité des régimes juridiques (P. C. Hoffer, 1998) et des appartenances ethniques, contraste entre la Nouvelle-Angleterre, puritaine, démocratique, et les États du Sud, aristocratiques et esclavagistes (les Noirs y étaient plus nombreux que les Blancs). En rapport avec la fin du XVIIIe siècle, J. P. Greene (1988) a pu faire état de quatre grandes régions culturelles qui composaient les États-Unis. En conséquence, la nouvelle nation a dû se définir en référence à des valeurs ou à des idéaux de nature à satisfaire le plus grand nombre possible de citoyens : la « *pursuit of happiness* », la liberté, la démocratie, l'égalité, le dynamisme individuel, le progrès, la protection des droits, la tolérance, le travail. On comprendra que la coupure avec l'Angleterre appelait la mise en place d'un horizon de ce genre pour rallier la diversité. Il n'est pas moins vrai que, à l'inverse, celle-ci avait beaucoup contribué à rendre possible la rupture ; les immigrants d'origine non britannique, par exemple, éprouvaient peu de fidélité envers la Couronne.

La religion s'ajoutait à cette panoplie de références pour la nouvelle nation, mais en tant que vision transcendante, dépouillée de ses particularismes doctrinaux et indépendamment de ses expressions institutionnelles : c'était le religieux en tant que caution suprême de la nation, ramené à sa signification, à son éclairage universel. Dans le même sens, les dirigeants se sont toujours souciés d'établir une cohésion, un consensus, au moyen de grands rituels civiques, par exemple le cérémonial de la vie politique, les célébrations du 4 juillet, le rappel périodique des hauts faits militaires, la commémoration des actes fondateurs. En outre, en rapport cette fois avec le domaine de la pensée, mais à mi-chemin entre le construit empirique et le mythe, les traditions nationales se sont imprégnées des symboles rassembleurs de la frontière, du *melting pot* et de l'exceptionnalisme étatsunien, tous trois diffusés par les idéologies, par les vecteurs de la culture de masse et par les sciences sociales. Parallèlement, la nation se fortifiait aussi dans les guerres qu'elle engageait de temps à autres pour la *défense* de ses intérêts ou de ses idéaux.

Dans l'ensemble, ce montage symbolique et institutionnel a donné des preuves de sa robustesse et de sa fécondité dans presque tous les domaines de la vie collective, comme en témoignent des performances sans précédent sur les plans aussi bien culturel que matériel. De plus, en dépit de bien des accidents de parcours, il a fait preuve d'une grande capacité à faire converger et à maintenir dans une même direction une énorme diversité d'acteurs, d'idées, de croyances, de coutumes et d'intérêts. On en verra des indices dans la faiblesse de la tradition de pensée radicale, qu'il s'agisse de l'arène sociale et politique ou de la philosophie[44], et plus encore dans les démarches qui ont permis de réunifier le pays après la guerre de Sécession.

La célébration de la mémoire collective y fut pour beaucoup. Parmi toutes les voies de la commémoration, une vigoureuse histoire nationale a exalté les actes du commencement (surtout l'installation des pèlerins du *Mayflower* à Plymouth), les péripéties héroïques de l'Insurrection, le génie des concepteurs de la nation (Washington et Jefferson principalement, mais aussi Adams, Hamilton, Madison, Franklin et autres), la conquête du territoire. George Bancroft[45] et les animateurs de la *Progressive history* au cours de la première moitié du XXe siècle comptent parmi ceux qui ont le plus contribué à mettre en place ces représentations. Le discours historiographique étatsunien présente aussi comme caractéristique de faire l'impasse sur la mémoire longue. L'histoire recommençait en quelque sorte avec la nouvelle nation. Cette disposition était du reste contenue dans le message des Pères fondateurs : tourner le dos au passé européen, repartir à neuf (« *the dead have no rights* », écrivait Jefferson). On peut y voir un effet du regard très critique jeté sur le vieux continent sclérosé, ou le signe d'une grande confiance collective. Mais le souci de contrer la diversité et les divisions des treize colonies poussait aussi à rechercher une cohésion symbolique fondée sur les réalités et les promesses du continent, d'où l'insistance sur les idéaux républicains. Autrement dit, l'assurance que d'autres collectivités neuves recherchaient dans la mémoire longue, les États-Unis l'ont trouvée dans l'utopie et dans la mémoire proche des actes glorieux de la nation elle-même.

Les références à l'Antiquité, auxquelles nous avons fait allusion plus haut, semblent contredire cet énoncé. Les rappels des anciennes civilisations étaient en effet fréquents et empruntaient diverses formes : Athènes et Rome étaient des sources d'inspiration en matière d'institutions politiques, de droit, de pensée, de rhétorique, d'architecture ou de peinture ; les Puritains se considéraient choisis par Dieu pour occuper la nouvelle Terre promise et y édifier une nouvelle Jérusalem ; George Washington était comparé à César, à Brutus, à Cincinnatus et même à Moïse ; la devise du pays *(E Pluribus Unum)* fut empruntée à Virgile, etc. Mais cette relation n'a jamais pris la forme d'une véritable filiation ou appropriation, comme il arrive dans l'institution d'une mémoire longue. Elle affirmait plutôt le rang ou le statut auquel prétendait la nouvelle nation, qui se hissait ainsi d'entrée de jeu en compagnie des grandes civilisations fondatrices de la pensée et de la culture. Les Pères fondateurs étaient présentés comme les interlocuteurs des plus grands (Sénèque, Platon, Cicéron, Caton…) ; ils en étaient les émules ou les concurrents, mais non les descendants.

Ainsi se sont construits les États-Unis, par la vigueur d'individus remarquables livrés à leurs idéaux, à leurs talents et à leurs initiatives, d'où a résulté la nation la plus puissante au monde. Et l'*American dream* se poursuit : ce qui a été accompli est grand, mais le meilleur est toujours à venir.

L'autre récit

À partir d'un autre regard, porté cette fois sur les interstices et sur les marges, on découvre le matériau d'un second récit qui vient brouiller la cohérence du premier. Tous les énoncés qui précèdent deviennent dès lors sujets à révision. Ainsi, les traits de ce qui semblait une rupture radicale se couvrent maintenant d'un voile de continuités et d'emprunts. Les Puritains ne voulaient pas rompre avec leur tradition religieuse mais plutôt la vivre plus intégralement. Du reste, on a souvent prétendu que leur sévérité morale les rendait réfractaires aux désordres du Nouveau Monde tout comme à ceux de l'ancien. Analysant les fameux « réveils religieux » *(revivals, awakenings)*, divers auteurs (par exemple, M. J. Crawford, 1991) ont aussi fait ressortir leur continuité avec des phénomènes analogues en Écosse et en Angleterre. De même, É. Marienstras (1988) a rappelé que les grands mythes liés au recommencement avaient transité depuis l'Antiquité jusqu'en Europe à l'époque de la Renaissance. C'est précisément la « découverte » du Nouveau Monde qui les y avait réactualisés. L'imaginaire étatsunien aurait donc prolongé ce réveil mythologique dans la conscience européenne. Enfin, on a fait valoir que plusieurs contemporains ont vécu la Révolution à la façon d'une continuité, ce qui expliquerait que la fête nationale du 4 juillet ne fut pas instituée avant les années 1820 (J. Bodnar, 1992). Ce point de vue est à l'origine d'un *« derivative model »* chez plusieurs historiens de l'époque coloniale qui s'emploient à montrer toutes sortes de filiations entre la nouvelle et l'ancienne patrie. Ceci pour la rupture initiale.

Quant aux actes subséquents de décrochage, en particulier dans (et par) la littérature, ils sont l'objet eux aussi d'importantes nuances. En fait, derrière l'éclat des chefs-d'œuvre fondateurs ou la mythologie triomphante dont on a entouré les figures de proue du XIXe siècle, on découvre aussi l'introspection, le doute, le désistement. Quelques grands itinéraires intellectuels illustrent le malaise européen qui n'a pas cessé de tourmenter une partie des lettrés. Évoquons d'abord les exilés célèbres que furent Henry James, T. S. Eliot, Ezra Pound, e. e. cummings, G. Santayana. Déçus du Nouveau Monde, ils ont, chacun à sa manière, effectué un retour vers le monde ancien pour s'y ré-enraciner, en quelque sorte. Chez d'autres, qui avaient repoussé la tentation de l'exil, le désenchantement l'emportait. Nathaniel Hawthorne (*The Scarlet Letter,* 1850) a vivement dénoncé l'hypocrisie de la société étatsunienne, formulant une sorte d'antiutopie : le Nouveau Monde y apparaît déjà vieux, vicié par le mal et la culpabilité. Dans *The Great American Novel* (1923), Williams Carlos Williams constatait rien de moins que l'échec du Nouveau Monde. Enfin, une incertitude identitaire traverse toute la production littéraire des XIXe et XXe siècles : qu'est-ce qu'un Américain ? Quels sont les traits caractéristiques de ce nouvel homme ? En quoi au juste peut-il être qualifié d'*exceptionnel*[46] ? Cette inquiétude ne peut être dissociée du sentiment d'une coupure trop brusque et d'un enracinement continental qui, pour plusieurs, n'arrivait pas à se faire. Il est permis d'y voir aussi le ressort d'une autre inquiétude — manifestée au moins jusque dans les années 1930 — concernant cette fois la capacité d'écrire enfin le fameux « grand roman américain ». En résumé, est-ce qu'on ne trouve pas dans cette littérature un peu du discours équivoque dont nous avons parlé à propos du Québec[47] ?

Sur le plan des idées fondatrices de la société politique, la philosophie qui sous-tendait la conception première de la citoyenneté était manifestement empruntée à la théorie individualiste des droits naturels et de la société-contrat formulée par l'Anglais John Locke au XVIIe siècle. Selon M. P. Zuckert (1996), quatre grands courants de pensée se sont conjugués pour donner naissance à la culture publique étatsunienne : le constitutionnalisme britannique, une philosophie religieuse de la politique, la théorie des droits naturels, l'esprit républicain. Or, trois de ces éléments constitutifs prolongeaient des traditions intellectuelles de la mère patrie. On peut étendre l'argument à d'autres régions de la culture, par exemple la langue. Si, comme nous l'avons signalé, Noah Webster a insisté sur la spécificité et le capital identitaire du parler étatsunien, un autre célèbre linguiste (G. P. Krapp, 1966) a plutôt fait ressortir son étroite parenté avec la langue originelle. Dans le même sens, et à l'encontre des thèses aussi bien de la frontière que du *melting pot,* B. Bailyn (1986) a soutenu que la culture étatsunienne du XVIIIe siècle ne pouvait se comprendre que dans la perspective d'une étroite articulation avec la Grande-Bretagne. Peut-être y a-t-il lieu d'introduire ici une distinction importante entre, d'un côté, les données ethnographiques et tout ce qui nourrit l'identité, et de l'autre, l'affirmation idéologique et politique ? C'est un peu ce que fait H. Tarver (1992) en s'appuyant sur de nombreux témoignages de contemporains, dont Benjamin Franklin. On pourrait multiplier les exemples de continuités et d'emprunts jusqu'à une période récente, en allant de la mémoire généalogique aux traditions architecturales ou aux modèles d'aménagement des parcs nationaux au XXe siècle (L. F. McClelland, 1998). Même au chapitre du rejet de la mémoire longue, on pourrait faire valoir que les débuts des États-Unis s'inscrivaient néanmoins dans une trame macro-historique. En effet, selon la tradition britannique des

Lumières, les Grecs et les Romains avaient mis la civilisation sur ses rails (la république, le droit, la démocratie…) mais l'Europe médiévale s'était détournée de cet héritage (en Angleterre, c'est l'invasion des Normands qui aurait tout compromis). Il revenait aux États-Unis de prendre le relais. Un tel schéma n'établissait pas une véritable filiation mais, au moins, il instituait une articulation dans la longue durée. Cet ancrage lointain dans ce qui était considéré comme le berceau de l'humanité ne contribuait-il pas à procurer une sécurité et une légitimité à la jeune nation ?

Une autre façon de remettre en question la vision traditionnelle, optimiste, du pays est de la confronter avec ses diverses formes d'exclusion et de discrimination. Cet aspect du passé étatsunien a été exploré en détail depuis quelques décennies et il nous faudra nous limiter ici à quelques aperçus très sommaires. Un *Statute* portant sur la naturalisation, adopté en 1790, excluait les non-Blancs de la citoyenneté. Les Indiens et les Noirs, en particulier, se trouvaient ainsi écartés de toute participation à la vie politique (ce qui n'empêcha pas l'État fédéral de les enrôler de force dans ses armées). Le statut des Indiens ne fut modifié qu'en 1887, puis en 1924 (reconnaissance de la citoyenneté). Depuis le début du peuplement des treize colonies, ils eurent à subir toutes sortes de vexations : violations de traités, dépossessions de territoires, attaques armées, déportations, etc. La catégorie barbarie/civilisation joua ici à fond. En outre, les sectes protestantes ne cultivaient pas l'idée missionnaire autant que l'Église catholique. D'abord soucieuses d'établir leurs communautés-modèles, elles étaient moins pénétrées de l'idéal universel du salut et du rachat. Il s'y ajoutait la croyance très répandue selon laquelle l'environnement primitif avait entraîné la déchéance de la *race* indienne. Il semblait donc avisé de s'en prémunir en construisant à neuf, à distance (J. Canup, 1990).

L'esclavage fut une autre contradiction de taille dans l'application des textes fondateurs qui consacraient l'égalité des individus et leurs droits naturels. On sait que George Washington et Thomas Jefferson, eux-mêmes propriétaires d'esclaves, ont personnellement incarné cette incompatibilité[48]. L'esclavage fut aboli en 1863 et les Noirs accédèrent à une forme élémentaire de citoyenneté en 1868. Mais ces gains ne mirent pas fin à la discrimination dans la vie politique, dans l'emploi, dans les institutions d'enseignement, dans les lieux publics et ailleurs. Là où des lois ne venaient pas brimer ouvertement les droits des Noirs, des pratiques frauduleuses ou abusives (dans l'esprit du système *Jim Crow*) prenaient le relais[49]. Ce n'est qu'en 1954 que la Cour suprême déclara inconstitutionnelle la ségrégation scolaire. Le droit de vote fut octroyé dans les années 1960, alors qu'étaient également abolies les lois des États interdisant encore les mariages entre Blancs et Afro-Américains.

Dans le même esprit, rappelons les diverses résistances, souvent violentes, manifestées à l'endroit des immigrants et des étrangers en général. Tout au long des XIXe et XXe siècles, les nombreux avatars du mouvement *nativiste* ont inspiré des lois et des politiques (notamment celles des années 1880-1920) visant à restreindre l'immigration ou à y introduire des critères de sélection très arbitraires[50]. À partir de la seconde moitié du XIXe siècle, le sentiment d'un *péril jaune* s'était développé au pays, en particulier en Californie où les Chinois furent victimes de mauvais traitements. De nombreux travaux ont mis au jour un lent processus d'ethnicisation et de fermeture de la nation[51], processus qui s'est inversé à partir des années 1950 et surtout 1960 (E. R. Barkan, 1996). Une vision raciste, appuyée sur une interprétation biaisée du darwinisme, inspirait tous ces comportements. Il s'agissait de protéger la suprématie de la *race* blanche, qu'une véritable utopie eugéniste plaçait au sommet de toutes les autres. Nombre de Blancs se considéraient en effet comme les descendants d'une race supérieure, les Anglo-Saxons ou Teutons, qui avaient su résister à la conquête romaine et avaient cultivé dans leurs forêts germaniques les valeurs de la liberté et de la démocratie. L'historien G. Bancroft, en son temps, s'était déjà réclamé d'une conception semblable pour célébrer la mission civilisatrice des Anglo-Saxons en Amérique et dans le monde. Au cours de la première moitié du XXe siècle, dans la majorité des États de l'Union, le mythe allait être traduit dans des politiques eugénistes (interdiction de mariage, ségrégation spatiale, contraception ou stérilisation obligatoire...) dirigées contre des groupes sociaux, ethniques ou autres décrétés inaptes à la « reproduction ». Par ce moyen, on espérait éliminer une partie des « dégénérés » *(« degenerates »)* qui menaçaient de contaminer la race supérieure[52]. Rappelons aussi qu'en 1907, afin de mieux orienter désormais les programmes d'immigration, une commission du Congrès avait compilé un répertoire hiérarchique des *races*, un peu comme on l'avait fait au Mexique auparavant (voir chapitre IV).

On sait également que les femmes, auxquelles on n'octroya le droit de vote qu'en 1920 (au fédéral), furent elles aussi l'objet de nombreuses formes de discrimination dans la vie publique et privée, tout au long de l'histoire du pays. Il serait trop long de rappeler les péripéties de cette exclusion ou de celles qui ont affecté de tant d'autres façons diverses composantes de la nation. Mentionnons seulement : les célébrations du 4 juillet, dont les Noirs et les femmes furent longtemps écartés (L. Travers, 1997) ; la répression de la culture germano-étatsunienne à partir de la décennie 1910 ; l'antisémitisme, le maccarthysme, etc. À partir des années 1960-1970 toutefois, la règle de l'anglo-conformité, attaquée de toutes parts, commença à fléchir et on vit apparaître les premières réformes inspirées par un pluralisme culturel.

Les représentations courantes du premier récit peuvent être remises en question sur plusieurs autres terrains. L'appareil juridique et idéologique qui a servi à fonder la légitimité de l'appropriation du sol est de ceux-là. Par définition, les Pères de la nation ne pouvaient invoquer le principe de l'ancienneté des droits ; c'eût été consacrer ceux des Indiens, qui étaient des occupants beaucoup plus anciens. Ils ne pouvaient non plus prétexter des droits acquis en vertu de l'occupation par les Britanniques depuis le XVIIᵉ siècle ; ils se seraient dès lors placés eux-mêmes dans la position officielle de l'usurpateur par rapport à l'ancienne mère patrie. La règle de la *discovery*, prétendument dérivée d'une tradition juridique européenne (dont l'existence demeure douteuse), permettait de surmonter l'impasse. Elle justifiait la prise de possession de territoires décrétés non occupés, même là où des tribus autochtones, des Mexicains ou des Noirs avaient déjà aménagé des habitats. Tout se jouait évidemment sur les critères de définition de l'*occupation*. Or, la règle permettait de considérer la terre comme libre *(« empty »)* du simple fait que ses habitants n'étaient pas tenus pour civilisés (parmi d'autres : G. H. Nobles, 1997). On comprend qu'à ce propos P. Seed (1995, 1997) ait pu parler de « fiction juridique »[53]. Ceci pour le droit à proprement parler. Il faut aussi rappeler les nombreux cas de violences, où la nation assurait non pas la défense de ses valeurs fondamentales mais son expansion physique par les armes, sur les territoires qu'elle convoitait.

Malgré tout l'attrait qu'elle a pu exercer, la notion de *melting pot* se révèle très ambiguë. Elle a le plus souvent évoqué un processus éminemment égalitaire et démocratique en vertu duquel des individus, des immigrants ou des groupes ethniques diversifiés, renonçaient à leur identité première pour se fondre dans le même creuset, pour créer une nouvelle culture nationale. On reconnaît ici l'idée de Crèvecœur et, plus tard, de R. W. Emerson (le « *smelting pot* ») puis de F. J. Turner (la « *frontier* »). Cette conception était cohérente dans le contexte d'un peuplement ou d'une immigration initiale. Mais avec le temps, une société, une culture a pris forme, alors que l'immigration se poursuivait. Dès lors, les nouveaux venus devaient s'intégrer à une identité déjà constituée. Le *melting pot* était désormais synonyme non plus de creuset ou de fusion mais d'assimilation. Assimilation à quoi? Aux valeurs universelles qui fondaient la nouvelle nation, selon la version officielle; à la culture de la minorité dominante, en l'occurrence les *WASP*, selon une version plus prosaïque. Mais dans tous les cas, le *melting pot* affirmait une forte réprobation des immigrants qui s'avisaient de conserver leur langue, leurs coutumes, leurs attaches à leur ethnie d'origine. En ce sens, il était un puissant mécanisme de réduction de l'altérité. Enfin, il faut rappeler que, même chez Crèvecœur, le concept était restreint aux Européens; il excluait donc les Noirs et les Indiens.

On peut faire valoir aussi que, contrairement à ce que laisse supposer la vigueur des mythes fondateurs, les valeurs démocratiques ont mis du temps à s'insérer pleinement dans le credo national. À la naissance même de la nation, l'opposition a été vive entre les Fédéralistes, tenants d'un État centralisé aux mains d'une sorte d'aristocratie qui se méfiait du peuple (c'était le parti de Hamilton, notamment), et les Républicains, partisans d'une structure plus démocratique qui s'accommodait toutefois d'importantes restrictions dans l'octroi du droit de vote (initialement réservé aux hommes blancs possédant des biens fonciers d'une certaine valeur) (M. W. Kruman, 1997). Ainsi, plusieurs auteurs (dont E. Foner, 1988) ont pu soutenir que c'est la fin de l'esclavage et la pression exercée par les Noirs qui ont forcé les élites à pousser plus loin la démocratisation durant la période de Reconstruction[54]. C'est de cette époque aussi que date la formation de l'appareil politique fédéral tel que nous le connaissons aujourd'hui (R. F. Bensel, 1990). En somme, ces développements n'étaient pas contenus dans les textes et les actes fondateurs de la nation. Quant à l'exceptionnalisme comme affirmation générale de la *différence* (et de la supériorité?) étatsunienne, le moins qu'on puisse dire, c'est qu'il a passé difficilement l'épreuve de la vérification empirique. On peut résumer de cette manière les études comparatives de toutes sortes réalisées depuis le début des années 1960, qu'il s'agisse de la qualité de la vie démocratique, du traitement de la diversité culturelle, de l'ampleur et de la rigidité des clivages sociaux, de la révolution contraceptive au XIXe siècle, de la gestion des rapports avec les autres États-nations, et le reste.

On connaît bien d'autres exemples de distorsions dans les représentations collectives, qui rappellent le phénomène des fausses identités déjà relevé à propos du Québec notamment. Il existe, par exemple, un véritable détournement de la mémoire en rapport avec les commencements de la nation. À ce sujet, des auteurs ont parlé d'une « puritanisation » de la conscience historique. En effet, selon la vision accréditée, les *Pilgrims Fathers* de 1620, avec leur rêve de rédemption dans l'austérité et la pureté morale, ont littéralement fixé la destinée des États-Unis. Cette symbolique a ensuite envahi la littérature, le discours politique, l'éthique privée. Pourtant, le peuplement avait commencé en 1607 en Virginie, comme simple entreprise commerciale dont les annales ne sont pas toutes glorieuses (des procédés violents d'enrichissement, des orphelins kidnappés, des femmes vendues aux enchères...). Dès avant l'Insurrection fleurissait en Virginie et dans la baie de Chesapeake une société laïque animée d'un fort esprit d'entreprise et de compétition, fondée sur une économie d'esclavage (J. P. Greene, 1988). Dès lors, est-ce le capitalisme sauvage ou l'ascétisme puritain qui a véritablement fondé la nation? Dans la même veine, on note que la chasse aux sorcières et les conflits entre sectes religieuses étaient peu compatibles avec l'éthique de la tolérance; que l'égalitarisme, comme pilier de l'identité nationale, correspondait très peu à la réalité des États du Sud; que les idéaux du *melting pot* et de la démocratie populaire ont été davantage inspirés par le développement de l'Ouest au XIXe siècle que par l'histoire plus ancienne du Nord ou du Sud; que le clivage né de la rupture acclamée entre les États-Unis et l'Europe s'est largement reproduit par la suite entre les vieux États de l'Est et ceux de l'Ouest; que la plupart des mythes dits fondateurs de la nation se sont en réalité mis en place progressivement au cours des XIXᵉ et XXᵉ siècles (c'est seulement dans les années 1850 qu'on se mit d'accord à Philadelphie sur la façon de célébrer l'anniversaire de la déclaration d'Indépendance, l'enseignement de l'histoire nationale ne fut introduit dans l'enseignement qu'à la fin du XIXᵉ siècle, l'hymne national tel qu'on le connaît aujourd'hui date de 1931, etc.). On relève aussi bien des omissions, des silences dans le rappel du passé, par exemple le défaut de reconnaître la part de la culture afro-américaine dans la formation et l'évolution de la culture nationale[55], ou l'influence des immigrants irlandais dans le processus de démocratisation. De même, la fête du *Thanksgiving* est une action de grâces envers Dieu qui est venu en aide aux *Pilgrims* durant leurs premiers mois sur le continent; mais cette fête pourrait tout aussi bien honorer les Indiens qui avaient permis aux arrivants de survivre en leur apprenant à pêcher, à chasser, à cultiver du maïs, des fèves, des courges (on reconnaît là les objets symboliques du *Thanksgiving*)[56].

Et puis il y a toutes ces contradictions entre les valeurs qui composent le credo national[57]. Par exemple, un principe agressif d'appropriation ou de conquête, un désir d'inscription dans une grande histoire côtoie un principe moral de circularité ou d'éternité hérité du puritanisme. L'idéal de l'ascétisme se heurte également aux appétits hédonistes cultivés par une économie de consommation (D. Bell, 1976, a vu là une véritable schizophrénie). L'individualisme, quant à lui, contrevient — tout au moins dans ses prolongements — aussi bien aux valeurs égalitaires qu'à l'idéal communautaire sous-jacent à l'éthique protestante et au sens de la mission historique (ou de la *destinée manifeste*). Selon une autre version du même énoncé, on pourrait dire que la vigueur du sentiment patriotique (pour ne pas dire nationaliste) contredit la règle sacro-sainte de l'individu libre, seul maître de ses choix. De même, la violence, omniprésente dans la vie étatsunienne, inflige un constant démenti à l'utopie de l'harmonie communautaire. Enfin, le fait de fonder la nation sur des valeurs de portée universelle plutôt que sur des traits ethniques la rendait en principe accessible à un très large éventail de groupes nationaux; mais, comme nous l'avons vu, des oppositions et contraintes de toutes sortes venaient contrecarrer cette prémisse trop généreuse.

Finalement, cette seconde lecture fait voir une grande fragilité dans la culture et même dans la société étatsunienne. Après tout, la guerre de Sécession a bien failli faire éclater le pays au XIXᵉ siècle et les clivages raciaux, ethniques et idéologiques qui le divisent profondément encore aujourd'hui contribuent à perpétuer de vieilles inquiétudes[58]. On le voit bien dans les nouveaux discours qui sont venus embrouiller la vision classique du pays au cours des dernières décennies. Sur le plan idéologique, on sait le traumatisme qui fut engendré par la guerre du Vietnam et les perturbations créées par la *beat generation*. Sur le front identitaire, de nouvelles voies, de nouvelles revendications se sont fait entendre : celles des *Latinos* du Mexique, de Porto Rico et d'ailleurs, celles des Noirs aussi et d'autres ethnies qui, à travers le procès du *melting pot*, ont remis en question l'héritage toujours vivant de l'anglo-conformité et, plus encore, la vieille hégémonie européenne dans la culture et dans les institutions. Dans les années 1960, par exemple, un ouvrage important démontrait que le *melting pot* n'avait pas fonctionné dans les grandes métropoles étatsuniennes, en particulier la région new-yorkaise (N. Glazer, D. P. Moynihan, 1967). En conséquence, il est maintenant proposé de passer du *melting pot* au *salad bowl*, c'est-à-dire à un pluralisme des identités et des appartenances. Du coup, c'est la mémoire qui est prise à partie ; ce sont aussi les programmes d'enseignement et toute la culture publique. Une version radicale du multiculturalisme en est venue à menacer les mythes fondateurs qui ont fait jusqu'ici la cohésion de la nation. Le vieux spectre de la fragmentation resurgit sous de nouveaux habits, et celle-ci s'avère particulièrement difficile à conjurer car elle se drape elle aussi dans les vieilles valeurs sur lesquelles la nation s'est édifiée : la tolérance, l'égalité, la liberté. C'est bien avec raison qu'on parle ici de crise identitaire. S'ajoutent à tout ce qui précède des projections démographiques récentes selon lesquelles, d'ici 2050, les Américains d'extraction non européenne représenteront environ la moitié de la population totale, tandis que les Hispanisants deviendront majoritaires dans un certain nombre de régions.

Toute cette confusion semble consacrer l'échec de l'*American dream*. C'est un peu l'opinion de l'historien J. Higham (1989), selon lequel tous les grands paradigmes mis en œuvre pour interpréter le passé étatsunien ont finalement échoué. La cohésion de la nation serait donc sans cesse à refaire ? Est-ce donc le sort auquel seraient vouées les collectivités neuves — ou cultures fondatrices — qui cherchent à ancrer leur unité dans des idées générales plutôt que dans l'ethnicité ? Des indices le donnent à croire : l'extraordinaire fragmentation des Églises (220 confessions et 1 200 « *religious groups* » recensés en 1990), l'essor de la *minority* (ou de l'*ethnic*) *history*[59], la tentation d'un relativisme radical dans plusieurs domaines de la pensée[60], diverses formes de désintégration socioculturelle (547 « *hate groups* » dénombrés en 1999, faiblesse du vote populaire aux élections présidentielles, etc.)[61]. Selon W. Zelinsky (1988), la nation ne reposerait plus sur l'adhésion à des valeurs universelles, mais sur la seule force de son organisation sociale — d'autres disent : son pouvoir hégémonique (B. Scharz, 1995). Une vive réaction s'est manifestée dans les milieux conservateurs. Elle a notamment inspiré le mouvement qui a conduit la Chambre des Représentants à approuver un projet de loi instituant l'anglais comme langue officielle du pays (au moins 25 États ont déjà promulgué une loi de ce genre). Elle a aussi pris la forme de pressions exercées pour restreindre l'immigration et pratiquer une sélection en faveur des ressortissants de l'Europe du Nord. C'est cette réaction également qui a fait échouer le projet des *National standards*, évoqué plus haut. Dans une autre direction, peut-être plus prometteuse, divers courants recherchent des formules de compromis dans le sens d'une nouvelle culture publique, ou de ce qu'on appelle maintenant le multiculturalisme civique[62]. Le droit lui-même a tracé la voie. Depuis les années 1970 en effet, divers tribunaux du pays (dont la Cour suprême) ont rendu quelques jugements visant à concilier le principe de tolérance avec les impératifs de l'unité, ou à conjuguer la règle de l'individualisme avec la vision communautaire. C'est dans cet esprit, par exemple, qu'a pu émerger tout le mouvement de l'*affirmative action*.

Un « grand récit américain » ?

Après d'autres, l'itinéraire étatsunien dans le Nouveau Monde confirme que, si les collectivités neuves réussissent assez bien à effectuer (tôt ou tard) leur rupture avec leur mère patrie, elles s'en remettent cependant plutôt mal. Quelle que soit la question considérée dans la sphère publique aux États-Unis, il semble qu'elle se scinde aussitôt en une dualité irréductible (J. O. Robertson, 1980 ; R. Wilkinson, 1988). À cet égard, les confusions du passé et du présent se confondent. Les deux récits que nous avons rapidement esquissés correspondent certes à deux interprétations de l'histoire, à deux perspectives sur le passé. Mais ils sont plus que cela ; ils procèdent en définitive de deux modes d'insertion collective, de deux façons de vivre le social. Cet énoncé pourrait fonder un nouveau rêve, celui d'une troisième voie qui dépasserait les deux autres. Au mythe du « grand roman » déjà évoqué viendrait alors s'ajouter un mythe du « grand récit américain ». Et, à l'image du précédent, il se perpétuerait comme un horizon hors d'atteinte, sous la forme d'une tension, comme un pont jeté entre les malaises du présent et un avenir qui tiendra peut-être ses promesses... Mais n'est-ce pas là justement la manière typiquement étatsunienne de surmonter les contradictions ? Pour un peuple choisi, quoi de plus normal que d'investir dans l'attente ? Ainsi, la nation est toujours à refaire mais l'utopie, elle aussi, renaît constamment.

Pour terminer, si l'on jette un rapide coup d'œil comparatif en direction du Québec, on perçoit tout de suite l'ampleur des différences sur le plan de la cohésion collective et de la conscience nationale. En se référant par exemple à la période 1840-1940, on pourrait dire un peu paradoxalement que la nation canadienne-française n'a connu ni l'assurance triomphante, ni le doute et les divisions corrosives de la société étatsunienne. Qu'il s'agisse des querelles entre conservateurs et libéraux ou des conflits ouvriers, la stabilité sociale et politique du Québec ne s'en est jamais trouvée vraiment menacée. Quant à l'hétérogénéité ethnique ou culturelle, elle était de toute évidence beaucoup moins prononcée qu'aux États-Unis. En plus, la nation canadienne-française y était délimitée et représentée de telle manière que les éléments de diversité sur le territoire québécois s'y trouvaient en quelque sorte relégués dans l'inconscient collectif. Même à l'époque actuelle, alors que l'identité nationale est en redéfinition au Québec, la dimension du problème n'est pas comparable en raison du pouvoir d'ancrage que représentent les quelque 80 % de Canadiens français dans la population. Enfin, d'une façon générale, et ce jusqu'à une période récente, la mémoire collective

a montré assez peu de discordances autour des grands thèmes fondateurs : l'époque héroïque de la Nouvelle-France, le traumatisme de la
Cession, l'espoir déçu de 1837-1838, la domination des Canadiens français par les Anglophones, les infortunes du fait francophone au Canada.
Il est vrai que des controverses assez vives sont apparues dans les
années 1950-1970 à propos des conséquences de la Cession, mais l'historiographie moderniste a refait ensuite un assez large consensus, au
moins sur le passé plus récent (XIXᵉ-XXᵉ siècles). Dans l'ensemble, on
pourrait même dire que l'évolution de ces deux nations a procédé en
sens inverse : pendant que l'une éprouvait beaucoup de mal à refaire
sans cesse sa cohésion, l'autre mettait beaucoup de temps, pour ainsi
dire, à s'en défaire (comme en témoignent encore aujourd'hui les stéréotypes de la « *folk society* », de la « souche », ou de la société « repliée
sur elle-même », « tricotée serré », etc.). En d'autres mots, ici le problème venait de ce qu'il y avait trop de diversité, et là trop peu.

D'autres différences tiennent à des modèles d'immigration et d'intégration très contrastés. L'immigration au Québec fut moins diversifiée jusqu'au milieu du XXᵉ siècle ; une proportion plus faible des arrivants s'y enracinaient ; les élites canadiennes-françaises déployaient peu
d'efforts pour les assimiler. De même, le rapport antinomique entre culture savante et culture populaire au Québec ne semble pas avoir eu son
équivalent aux États-Unis où ces deux univers étaient plus en consonance. Ainsi, le légendaire de la frontière y a fortement imprégné la
culture savante et toute la culture nationale. En sens inverse, les milieux populaires ont étroitement adhéré aux grands mythes fondateurs
de la nation et ils s'y montrent encore aujourd'hui très attachés[63]. La
religion est un autre lieu de différenciation, comme nous l'avons rappelé au chapitre II.

Cela dit, des parallélismes se dessinent également. On sait qu'un
sentiment de grande insécurité court à travers l'histoire du Québec
francophone (chapitre III). Ce sentiment n'est pas fondé de la même
façon qu'aux États-Unis puisqu'il concerne la survivance d'une nation en tant que minorité culturelle. Il n'en a pas moins suscité parmi
les élites certaines réactions dont nous avons entrevu des traces dans
la culture savante étatsunienne : manifestations de la pensée équivoque, crainte de l'immigrant, distorsions dans la mémoire et dans les

représentations de la nation. Si, par ailleurs, on considère le passé canadien-français dans ses moments les plus lyriques, ceux qui correspondent aux grands mouvements d'affirmation politique (premières décennies du XIXe siècle, dernières décennies du XXe), on s'avise qu'à ces deux occasions, la rupture a été pensée sur le modèle étatsunien, avec les mêmes accents républicains et avec des références explicites à la thématique des Pères fondateurs.

Ce coup d'œil comparatif appelle une dernière réflexion. Beaucoup plus que le passé canadien-français, celui des États-Unis attire l'attention sur la dynamique des contraires dans l'intégration et la reproduction collective. Comment une telle collectivité a-t-elle pu survivre et croître à ce point? Qu'est-ce qui l'a soudée, en définitive? Au premier regard, on est frappé d'un côté par la robustesse des fondements matériels (les infrastructures, la technologie, l'économie, la puissance militaire) et, de l'autre, par la fragilité de la culture. Mais cette opposition est trompeuse car la richesse matérielle n'a pu être accumulée qu'à la faveur de certaines valeurs fondamentales qui ont fait l'objet d'un large consensus : égalité, liberté, esprit d'initiative, éthique du travail. Toutes ces données relèvent bien de la culture. Il s'en est ajouté une autre, très puissante, qui est l'*American Dream*. Sous une version ou sous une autre, ce mythe a exprimé — et exprime encore dans une large mesure — la croyance selon laquelle le pays offrait toutes sortes de possibilités aux citoyens désireux d'améliorer leur sort et disposés à déployer les efforts requis. En cette fin de siècle, la culture est certes fragile sur le plan identitaire, sur le plan des représentations de soi au présent et au passé. Elle est le lieu aussi, dirait-on, d'une crise perpétuelle de légitimité, elle a sans cesse besoin de se redire ses fondements et sa direction. Mais, pour le reste, elle demeure fermement retranchée dans quelques valeurs premières qui ne sont pas vraiment en péril : celles de la liberté, du progrès, de la croissance économique, de l'ascension sociale. En ce sens, là comme ailleurs, le mythe a fait son travail, en faisant cohabiter les contraires, en projetant dans le futur les promesses non tenues du présent. L'avenir, alibi de l'actuel.

CHAPITRE VII

Des itinéraires collectifs, des procédés discursifs : essai de modélisation

Même très incomplètes, comme nous l'avons signalé à quelques reprises, les incursions que nous avons effectuées au cours des chapitres précédents ont fait ressortir de nombreuses spécificités et convergences dans les itinéraires historiques évoqués ; elles ont aussi permis de déceler d'étonnantes récurrences dans les procédés discursifs mis en œuvre pour construire et réaménager les imaginaires, à diverses époques. Nous procédons maintenant à une tentative de mise en ordre des unes et des autres. Qu'avons-nous appris, en somme, sur les parcours et sur les discours ?

Continuité et rupture

En ce qui concerne les deux *idealtypus* (ou mieux encore : le continuum) continuité/rupture, notons en premier lieu que, indépendamment des grandes orientations adoptées par la culture savante, la différenciation coutumière semble avoir progressé sans interruption dans toutes les collectivités neuves, surtout parmi les classes populaires. Par contre, au sein des pratiques discursives, l'observation empirique enseigne que, dans la plupart des cas, le continuisme a prévalu au début du peuplement pour ensuite céder le pas à une dynamique de rupture. Cela dit, le calendrier de cette transition aussi bien que ses modalités et son intensité se révèlent très variables et imprévisibles. En outre, il est assuré que, dans l'une et l'autre période ou étape, des éléments de rupture et de continuité se sont conjugués. Enfin, une fois réalisée, la transition ne peut pas être tenue pour irréversible, comme le montre particulièrement l'exemple du Québec. En effet, l'évolution politique de cette collectivité tout comme celle de sa culture savante se sont d'abord inscrites dans une dynamique continuiste jusqu'à la Cession de 1763 et au-delà, puis dans une dynamique de rupture jusqu'aux Rébellions de 1837-1838, avant de basculer à nouveau pour un siècle environ dans un discours à dominante continuiste, alors que le dernier demi-siècle était marqué par un retour à une démarche de rupture. En regard, le Canada anglophone a suivi un cours tout aussi complexe peut-être, mais beaucoup plus uniforme dans sa trajectoire. Sous un discours qui a longtemps logé à l'enseigne continuiste, il a néanmoins connu sur le plan politique une très lente et incessante dérive qui lui a permis d'édifier, comme en pièces détachées, un État souverain. Mais, ce faisant, il a également perpétué certaines attaches avec la mère patrie qui, encore aujourd'hui, font de la reine d'Angleterre le chef de l'État canadien. Avec diverses variantes, l'histoire de l'Australie et celle de la Nouvelle-Zélande reproduisent les grandes lignes de ce modèle alliant un discours de continuité et des pratiques de rupture à petits pas. Dans ces trois cas, la réalité de la dépendance a été adoucie par l'alibi de l'Empire : le sentiment (d'autres diraient l'illusion?) d'être un partenaire à part entière dans la grande aventure impériale aux côtés de la Grande-Bretagne a pu faire oublier ou sublimer certaines facettes peu glorieuses de la sujétion coloniale. L'histoire de ces trois pays montre aussi que l'émancipation politique étalée, au gré d'un événementiel fractionné, donne peu de prise au discours mythique de la rupture et de la fondation, privant ainsi l'imaginaire national d'un précieux stimulant.

Quant aux pays d'Amérique latine, ils ont presque tous rompu le lien colonial entre 1810 et 1830, mais leur émancipation culturelle a été beaucoup plus difficile et a suivi une diversité de calendriers qu'il est impossible de caractériser en quelques phrases. Ajoutons que, si le décrochage culturel métropolitain a finalement été consommé, il n'est pas sûr qu'on puisse en dire autant de l'arrimage continental. En effet, au cours des dernières décennies, de nombreux intellectuels latino-américains ont émis l'idée que le rêve d'une grande civilisation panaméricaine ne s'était pas réalisé. En regard, l'Afrique du Sud et l'ancienne Rhodésie offrent une configuration très originale puisque, dans ces deux cas, les descendants d'Européens ont été contraints de s'effacer devant le pouvoir indigène. Du point de vue de l'immigrant européen, l'aventure du Nouveau Monde s'y est donc soldée par un échec, les occupants primitifs ayant retrouvé leurs droits. Avec des variantes, et s'il est permis d'y assimiler les Noirs à une population autochtone, Haïti et Cuba ont un peu reproduit le même modèle. Dans ces quatre cas, on pourrait parler d'une rupture inversée.

L'exemple des États-Unis retient l'attention. L'histoire de cette collectivité neuve offre peut-être l'illustration la plus nette de la dynamique de rupture, tant dans la culture que dans la politique. Il y a eu rupture d'abord à l'échelle microsociale, dans les processus de différenciation coutumière ainsi que dans les modèles de vie communautaire et ruraliste. Il y a eu rupture ensuite dans la critique que l'on a faite de la société anglaise, société de privilèges et d'intolérance jugée coupable d'avoir trahi la mission divine qui lui avait été confiée. Ce rejet se doublait d'une volonté d'édifier en Amérique un société différente et supérieure, sans précédent même, fondée sur des idéaux d'égalité, de démocratie, de liberté, de tolérance et de progrès. La traduction politique de ce rêve d'affranchissement et de recommencement fut spectaculaire avec, dans la seconde moitié du XVIIIᵉ siècle, la diffusion des idéologies républicaines, la guerre d'Indépendance et la rédaction de la Constitution.

Au sein des itinéraires considérés, le Québec fait un peu bande à part dans la mesure où, avec Porto Rico, il est l'une des seules collectivités à ne pas avoir atteint la souveraineté politique. Au-delà des facteurs qui ont déjà été mentionnés en conclusion du chapitre III, ce fait met en relief l'importance d'un levier quelconque sur lequel les jeunes États en formation peuvent prendre appui dans leur démarche de décrochage. Les anciennes colonies de la Grande-Bretagne ont trouvé une grande sécurité dans leur appartenance à l'Empire, tout comme les pays d'Amérique latine dans leur poids démographique et culturel sur le continent. En outre, à un moment ou l'autre de leur histoire, toutes ces collectivités ont bénéficié de circonstances ou de dispositions favorables du côté de la mère patrie. La plupart des collectivités d'Amérique latine ont obtenu leur indépendance politique à la faveur du *vacuum* créé par la crise de la monarchie en Espagne et au Portugal. Quant au Canada, à l'Australie et à la Nouvelle-Zélande, leurs actes fondateurs ou décrocheurs ont été posés le plus souvent avec l'assentiment de la métropole, qui y trouvait également son profit. Les lois décisives ont même été adoptées par le Parlement de Londres, comme nous l'avons vu. Il est remarquable que, à aucun moment de son histoire, la volonté souverainiste du Québec n'ait pu bénéficier d'appuis ou de circonstances semblables. L'ancienne mère patrie est demeurée complètement inactive de ce point de vue (la célèbre intervention du général de Gaulle à Montréal en 1967 fut un acte isolé, à caractère symbolique). Quant aux gains les plus significatifs réalisés à l'échelle canadienne (Acte constitutionnel de 1791, gouvernement responsable, Confédération, Statut de Westminster…), ils n'ont guère contribué à nourrir une mémoire triomphante chez une majorité de Francophones québécois, qui y ont vu surtout des victoires canadiennes-anglaises. Enfin, la récupération des droits culturels et sociaux en vertu de l'Acte de Québec en 1774 semble faire exception mais, comme on sait, ces concessions étaient très loin de la souveraineté politique.

Un autre point à signaler est le calendrier dispersé de l'émancipation ou du décrochage au sein des divers domaines de la culture savante. De ce point de vue, les idéologies politiques n'évoluent pas nécessairement en étroite consonance avec les disciplines littéraires et artistiques, bien que des alignements tendent à s'esquisser dans la longue durée. Cet énoncé a pu être démontré à propos du Québec à partir d'un examen du cheminement de la littérature, de la peinture, du théâtre, de l'architecture, notamment. À une échelle plus vaste, l'histoire des pays d'Amérique latine atteste aussi ce genre de déphasage. Même si l'indépendance politique y fut acquise dans les premières décennies du XIXe siècle, les processus d'émancipation culturelle se sont étalés sur quatre siècles et plus. Le cas du Mexique montre que, au sein de la culture savante,

c'est à partir de la religion (à l'initiative des missionnaires franciscains) qu'ont été lancées les premières démarches d'unification symbolique ayant donné naissance à la nation. Dans une moindre mesure
peut-être, ce décalage entre le politique et le culturel s'est manifesté
également aux États-Unis où, même au début du XXe siècle, le roman,
par exemple, n'était pas encore tout à fait assuré de ses assises. Par
contre, d'autres sociétés comme l'Australie, la Nouvelle-Zélande et le
Canada anglophone paraissent avoir affiché un degré plus élevé de syn-
chronisme, la nation culturelle s'y étant édifiée à peu près au même
rythme que l'État. Ces observations ne sont livrées qu'à titre d'illustrations. Il faudra de toute évidence pousser plus loin l'analyse de ce phénomène et de ses répercussions sur l'ensemble de l'imaginaire, sinon de
la vie collective.

En ce qui concerne la continuité comme modèle prédominant,
nous savons qu'elle s'est toujours accompagnée de diverses formes d'appropriation et de rupture. On note aussi qu'elle trouvait souvent de forts
appuis dans les jeunes métropoles de la collectivité neuve. Leurs élites,
en effet, ne voulaient pas être en reste avec leurs homologues des
grandes villes européennes, avec lesquelles elles se sentaient en compétition. Cette attitude les incitait à en imiter le modèle et à réprimer les
expressions jugées primitives et dégradantes de l'esprit de *frontière*
(improvisation, désordre, manque de raffinement). L'antinomie déjà
évoquée entre les élites du Nouveau Monde et les milieux populaires
s'en trouvait du même coup renforcée. Elle se doublait ainsi d'un clivage spatial qui a pris diverses formes, d'une collectivité à l'autre : entre
les métropoles et la province (Argentine), entre le littoral et l'*outback*
(Australie), entre le Canada (plus tard le Bas-Canada puis le Québec)
et les *Pays d'en haut*, etc. Un autre facteur qui a contribué puissamment
au continuisme, c'est l'existence d'un grand péril national qui poussait
à maintenir le lien avec la mère patrie par souci de protection culturelle,
économique ou militaire. Au Québec, l'Amérique anglophone a toujours constitué un danger pour la survie de la francophonie. Elle était
aggravée par les aléas auxquels était soumise la culture française dans
l'environnement politique canadien (projets d'assimilation, recul
des droits linguistiques à l'extérieur du Québec, rapport politique de
plus en plus inégal au sein de la Confédération). En outre, alors que

le Québec a toujours aspiré à un Canada binational, il ne constitue depuis un demi-siècle qu'une des dix provinces dont le pays est composé[1]. Au Canada anglophone, c'est la proximité envahissante des États-Unis qui a toujours représenté un danger, politique et militaire d'abord (pensons aux affrontements de 1775-1776 et de 1812-1813 en terre canadienne), économique et culturel ensuite. L'inquiétude identitaire et la réticence à une immersion continentale s'accentuaient du fait que ces deux collectivités partagent la même langue et le même héritage culturel[2]. En Australie et en Nouvelle-Zélande, la crainte d'une invasion chinoise ou japonaise (le *yellow peril*) a représenté jusqu'à récemment un paramètre important de la politique culturelle et militaire. Dans chaque cas, la réaction a été similaire : se rapprocher de la mère patrie, raffermir le rapport de dépendance et de fidélité, inculquer à de larges segments de la culture savante une attitude défensive qui faisait de la survivance un thème central et mobilisait le discours à cette fin (repli sur les traditions, les fondements identitaires, méfiance à l'endroit de l'étranger et de la différence qu'il introduisait dans la culture nationale, recours à diverses formes de nationalisme ethniciste).

Sur le plan culturel, le continuisme a bénéficié d'une autre difficulté sur laquelle ont achoppé bien des volontés de décrochage. Toutes les collectivités neuves ont en effet éprouvé le plus grand mal à recréer une culture savante, à nouveaux frais. Les nouveaux imaginaires ont tous été durement mis en face d'un problème de légitimité et de crédibilité : comment atteindre le beau et le vrai dans la représentation d'une réalité dès lors que le regard qu'on y projette ne s'est pas d'abord affranchi de la norme externe ? Cet arrachement initial conditionnait toute l'institution du nouveau discours. À défaut de cela, les lettrés se complaisaient dans le plagiat ou donnaient dans l'autodépréciation : on trouvait insignifiantes l'histoire et les réalités de la collectivité neuve (qui n'accédaient à une certaine dignité que sous le regard métropolitain), on déplorait la pauvreté des productions locales, on ne célébrait le talent que s'il avait d'abord été sanctionné par la mère patrie, etc. Même aujourd'hui, là où la rupture culturelle semble avoir réussi (aux États-Unis et au Mexique, par exemple), les élites n'échappent pas tout à fait au sentiment que l'imaginaire qu'elles ont mis en place n'est pas vraiment à la hauteur de l'ancien.

Des stratégies de décrochage

En ce qui concerne les procédés ou stratégies d'affranchissement culturel, l'enquête comparée révèle quelques processus récurrents. On connaît d'abord l'émancipation par emprunt ou par *réappropriation*. Dans ce cas, la culture fondatrice réalise son autonomie au sein de la culture métropolitaine, qu'elle fait délibérément sienne mais en la retravaillant, plutôt que de l'affronter dans un combat qui semble ne jamais devoir être gagné parce que trop inégal. En littérature, ce procédé est illustré par le programme *anthropophage* du poète brésilien Oswald de Andrade dans les années 1920. L'Australie fournit un autre exemple ponctuel de réappropriation à la fin du XIXe siècle : une peinture nationale est née en empruntant très largement à des modèles allemands et anglais. Bien d'autres domaines de la pensée et des arts offrent de semblables exemples de décrochage par emprunt qui ne sont pas sans rappeler les processus de recyclage culturel étudiés par W. Moser (1996). Il est courant aussi que des collectivités neuves émancipées à tous égards aient conservé de leur mère patrie de nombreuses institutions, des traditions religieuses, la langue officielle, et le reste. Mais, dans chaque cas, ce matériau a été renommé, réinvesti dans un autre champ identitaire de façon à ce qu'il puisse exprimer véritablement les expériences, les émotions, l'« âme » de la collectivité neuve.

Un autre procédé de décrochage consiste dans la *profanation*. Il s'apparente un peu à la métaphore anthropophage dans la mesure où celle-ci comporte la mise à mort et le dépeçage de l'autre ; mais l'analogie s'arrête là. La profanation est un procédé essentiellement iconoclaste par lequel une culture surmonte son complexe d'infériorité en saccageant les symboles de sa dépendance. On en trouve des traces dans deux pièces de théâtre québécoises, contemporaines de la Révolution tranquille. Il s'agit du *Cid maghané* de Réjean Ducharme (1968) et de *Hamlet, Prince du Québec* de Robert Gurik (1967). Dans les deux cas, on offre sur le mode satirique et subversif une réédition avilissante, vandalisée, de deux grands classiques européens en les traînant pour ainsi dire dans la boue de la culture locale, en l'occurrence la culture populaire au quotidien, dans son éclectisme débridé, ses inventions sauvages et paillardes, ses transgressions langagières et esthétiques. Quelques autres pièces du répertoire québécois contemporain relèvent un peu du même genre (notamment *Le Chant du sink* de Jean Barbeau). B. Andrès (1990, p. 115-126) a pu montrer le même procédé à l'œuvre dans des romans de Jacques Godbout, de Jacques Ferron et d'autres. Enfin, une variante de la profanation consiste dans l'*encanaillement*, par lequel la culture savante incorpore à son discours des formes déchues et réprouvées : néologismes maladroits ou vulgaires, emprunts à la langue du dominant, etc.[3]. Mais il peut s'agir aussi d'une acculturation locale, auprès de la culture indigène par exemple. C'est le cas de la poésie de Walt Whitman aux États-Unis, qui revendiquait en quelque sorte la barbarie du Nouveau Monde pour l'opposer à la civilisation du monde ancien[4].

L'affranchissement peut aussi procéder par transition ou par *déplacement latéral*. Dans ce cas, avant d'affirmer ou de conquérir sa pleine autonomie, la collectivité neuve franchit une étape préliminaire : elle effectue un premier travail de déracinement en changeant carrément de métropole. C'est ce qui est arrivé au Brésil dans la seconde moitié du XIXe siècle lorsque les élites ont tout simplement substitué la France au Portugal comme métropole culturelle, choisissant d'en faire désormais la source de leurs emprunts, de leurs imitations et de leur dépendance. Au XIXe siècle, le Mexique porfirien a opéré un revirement analogue en délaissant ses vieilles références espagnoles au profit de l'Europe (France, Angleterre, Allemagne) avant de se replier plus massivement sur son américanité au XIXe siècle. Dans la même veine, citons encore le cas de l'Australie qui, après la Seconde Guerre mondiale, s'est tournée vers les États-Unis pour s'assurer une sécurité militaire et un soutien économique que la Grande-Bretagne n'était plus en mesure de lui fournir. Il est indéniable que ce déplacement a accéléré l'érosion de l'ancien rapport culturel avec la mère patrie. Le réalignement subséquent des échanges commerciaux, cette fois en faveur des grands pays d'Asie, a joué dans le même sens. Au Québec, enfin, la substitution de métropoles imposée par la Cession de 1763 a créé chez les Francophones les conditions d'une prise de conscience nationale. Les changements survenus dans la structure du pouvoir métropolitain (langue, religion, institutions, droits et privilèges) ont en quelque sorte rendu plus visible le lien colonial. Cette prise de conscience a contribué à susciter un état de contestation qui s'est manifesté dans la tentative de rupture des années

1770-1780 puis dans les Rébellions de 1837-1838[5]. Nous pensons que la notion de *détour* mise de l'avant par E. Glissant (1981) pour rendre compte de certaines modalités d'émancipation des littératures des Caraïbes recoupe d'assez près notre concept de déplacement latéral.

La rupture culturelle peut être accélérée par un quatrième procédé qui est celui de la *diversion*. Celle-ci survient lorsque, pour récuser une alternative conflictuelle, ou pour éviter deux symboles ou allégeances devenues irréconciliables, on invente de toutes pièces une troisième figure censée rallier ou congédier les autres. Dans tous les cas, il s'agit de contourner un lieu symbolique piégé, devenu inhabitable, en inventant un terrain neutre. Or, cette opération a pour effet d'éloigner un peu plus la culture fondatrice de son héritage européen. Par exemple, l'Église catholique australienne, en butte aux traditions et adversités héritées de l'histoire britannique et irlandaise, a pris le parti de s'en éloigner quelque peu dans un esprit de conciliation. Avec le temps, cette ligne de conduite l'a amenée à rompre avec certains symboles ou coutumes trop associés à de vieilles divisions. Au Canada et en Australie, l'idée de faire des Autochtones (souvent à leur insu, parfois malgré eux) le véritable peuple fondateur du pays relève du même esprit : indépendamment du mérite intrinsèque qu'elle peut avoir sur le plan scientifique, cette disposition présentait l'avantage de renvoyer dos à dos les autres prétendants ou candidats au titre de peuple fondateur[6]. Autre exemple, assez fréquent : si deux fêtes publiques (des anniversaires, par exemple) évoquent des symboliques concurrentes, la tentation est grande d'en créer une troisième dans l'espoir qu'elle en vienne à éclipser les deux premières. Cimenter l'identité nationale en exploitant à fond les vertus du paysage peut être une autre manière de détourner l'attention de certains clivages qui font obstacle à l'entreprise identitaire et de vouer à l'oubli des morceaux d'héritage devenus encombrants.

Deux autres stratégies d'émancipation culturelle se signalent encore à l'attention. C'est d'abord le syncrétisme ou l'*hybridation,* en vertu de laquelle la nouvelle culture doit naître de la fusion de tous les apports et de tous les héritages, aussi hétéroclites et contradictoires soient-ils. Cette métaphore du mélange fondateur conçue pour échapper à l'exil et à l'aliénation est principalement identifiée aux littératures latino-américaines. Selon Z. Bernd (1995, chapitres 1-2), elle peut conduire à une configuration originale échappant aux oppositions binaires, une sorte de culture des interstices qui, d'un auteur à l'autre, a inspiré les notions de « troisième rive », d'« entre-deux », de « hors-lieu », d'« identités transverses ». Quant à l'autre procédé, il renvoie au paradigme du « bâtard » que nous avons déjà commenté à propos du Québec. C'est une forme d'anthropophagie qui consiste à se retourner contre soi-même, la culture fondatrice se nourrissant non pas des richesses des autres mais de ses propres pauvretés, de ses carences réelles ou imaginées, dans une subversion tranquille et vorace. Au creux de son exil consenti, la culture trouverait un socle, un point zéro qui n'est pas celui de l'opulence, sur le mode étatsunien, mais celui de l'indigence. Certains ont des ancêtres, d'autres en changent ; on peut aussi choisir de n'en avoir aucun et de s'abreuver auprès de toutes les sources, à l'indigène. On trouve trace de ce paradigme dans d'autres collectivités neuves, au Canada (anglophone) par exemple. Le journaliste Richard Gwyn commentait récemment les tiraillements et controverses entourant les mythes fondateurs canadiens et toute la question des filiations longues. Sa solution ? Les Canadiens, écrivait-il, devraient se considérer comme une nation de *bâtards,* entièrement constituée, autonome dès sa naissance[7]... Dans la même veine, on pourrait évoquer tous ceux et celles qui, au Québec, au Canada ou ailleurs, invités dans le cadre de sondages à se définir eu égard à l'identité et à la mémoire, répondent qu'ils ne savent pas se définir, n'ont pas vraiment d'identité et ne s'en soucient guère.

L'efficacité de tous ces stratagèmes s'est révélée très inégale, comme l'atteste le caractère fragile et incertain des cultures fondatrices. Nous l'avons souligné déjà en évoquant le problème général de la légitimation des nouvelles cultures savantes. La difficile institution des littératures du Nouveau Monde le rappelle aussi, à sa façon. La plupart d'entre elles, en effet, demeurent précaires et arrivent mal à combler leur déficit envers l'Europe alors même qu'elles proclament leur autonomie et leur maturité. Certes, comme plusieurs l'ont souligné (notamment O. Paz, 1991, p. 10-11), il n'y a pas eu simplement transplantation des langues entre l'Europe et ses colonies ; loin d'être des réceptacles passifs, celles-ci ont participé à l'opération, l'ont infléchie de diverses manières en nommant leur réalité et leur expérience, en opposant des négations, des refus, en chargeant les mots de nouveaux sens. Il en a résulté un processus d'émancipation dont certains chercheurs ont voulu rendre compte en y distinguant des étapes et un cheminement communs vers un même état de maîtrise ou d'indépendance[8]. Un peu paradoxalement, on dira dans cet esprit que les littératures du Nouveau Monde naissent vieilles, dans l'imitation stérile des classiques européens, mais qu'avec le temps elles finissent par rajeunir. Sans remettre en cause la pertinence générale de ces modèles ou de ces analyses, il convient de faire valoir aussi la part importante d'incertitude, d'ambiguïté et d'hétérogénéité qui subsiste néanmoins, comme le montre justement la littérature étatsunienne, si souvent donnée comme exemple d'affranchissement. Des auteurs y ont exprimé leur déchirement ou même leur désenchantement à l'égard du Nouveau Monde comme horizon de renaissance. D'autres, et non des moindres, ont carrément rompu avec l'Amérique pour *renouer* avec l'Europe. Et, au-delà de l'assurance et du triomphalisme continental d'un Whitman ou d'un Longfellow, un sentiment de dégradation et d'échec n'en finit pas de s'exprimer. N'est-ce pas ce que dit à sa façon la quête incessante du « *great American novel* » qui accomplira enfin en littérature les promesses du Nouveau Monde ? On serait tenté de généraliser : les cultures fondatrices qui ont effectué leur rupture s'en remettent plutôt mal, comme le révèle presque partout la persistance du doute identitaire et du discours introspectif[9]. Dans cette perspective, le Québec apparaît comme une sorte d'archétype : non seulement il n'a pas encore fixé son destin dans le Nouveau Monde, mais il n'a même pas encore choisi la langue pour le dire.

L'identité nationale : contrer la diversité

Le Nouveau Monde offrait un contexte propice à l'éveil des préoccupations identitaires. Les immigrants y faisaient face tout à la fois à leur propre diversité ethnique, à l'altérité croissante du monde ancien et à la présence autochtone. De ce point de vue, des collectivités comme la Nouvelle-Zélande et surtout l'Australie représentent en quelque sorte des cas limites dans la mesure où leur culture a été — et demeure encore dans une large mesure — le lieu de quatre clivages ou *rencontres* culturelles : Blancs/Aborigènes, Européens/Asiatiques, Britanniques/Australiens, élites/classes populaires. À des degrés variables cependant, toutes les collectivités neuves ont reproduit ce genre de quadrillage. Dans la plupart des cas, la quête identitaire y a été conduite sur le terrain de l'ethnicité et on comprend qu'elle se soit heurtée à d'énormes difficultés ; on cherchait en effet à remplacer ou à fondre la diversité dans un ensemble de traits culturels ordinairement hérités de la mère patrie (langue, religion, coutumes…). Sous ce rapport, les États-Unis se sont très tôt démarqués en assoyant officiellement l'unité nationale sur des valeurs communes (à caractère universel) et sur quelques grandes idées politiques. Dans tous les cas cependant, on note que la religion a été mobilisée par les cultures fondatrices comme facteur de cohésion nationale lorsque les conditions s'y prêtaient, c'est-à-dire lorsqu'elle n'était pas elle-même un terrain (réel ou potentiel) de division, comme ce fut le cas notamment en Australie (K. S. Inglis, 1967). Mais au Québec, aux États-Unis et en Amérique latine elle a été un puissant instrument de cohésion et de rassemblement national.

Étant donné ses prémisses homogénéisantes, l'idée nationale était, comme nous l'avons dit, incompatible avec l'hétérogénéité des populations neuves, d'où le besoin de mettre en œuvre tout un éventail de procédés pour réduire cette diversité. Certains étaient symboliques, d'autres beaucoup moins. Notre parcours comparatif a fait ressortir les recours suivants :

1. La suppression physique de l'Autre par la guerre, le génocide, l'expulsion, la déportation, l'eugénisme. C'est le genre de traitement qui fut réservé, par exemple, aux Aborigènes de Tasmanie (Australie) et à de nombreuses tribus en Argentine, au Brésil et aux États-Unis. La déportation des Francophones d'Acadie au milieu du XVIII siècle par l'occupant britannique et leur dispersion dans quelques pays relève du même procédé. La stérilisation forcée de certaines sous-populations en est une autre variante.

2. La marginalisation, sur une base culturelle, sociale, juridique, spatiale ou autre. La nation est alors réduite au seul peuple dit fondateur, en l'occurrence l'occupant européen. Ont été soumis à ce procédé tous les Autochtones des collectivités neuves, les Noirs des États-Unis, du Brésil et d'ailleurs, les Asiatiques en Australie jusqu'au milieu du XX siècle, etc. Le procédé s'étend à d'autres formes d'exclusion, celle des femmes, par exemple.

3. L'acculturation ou assimilation forcée. Ce modèle est resté en vigueur jusqu'au milieu du xxᵉ siècle dans la plupart des collectivités pour effacer les antécédents ethniques des Autochtones ainsi que des immigrants ultérieurs, considérés comme des non-fondateurs.

4. Le métissage (au sens strict, biologique du terme). À un moment ou l'autre de leur histoire, la majorité des pays d'Amérique latine en ont fait la clé de leur intégration nationale (la *race cosmique*, la *démocratie raciale*, etc.). On pense en particulier au Mexique (Créoles/Indiens) ou au Brésil (Blancs/Indiens/Noirs). En pratique, il arrive toutefois que ces projets de fusion des *races* procèdent d'une affirmation eugéniste de la part de l'ethnie dominante plutôt que d'un esprit véritablement libéral ou égalitaire.

5. Le biculturalisme. Il s'agit de réduire ou d'atténuer un dualisme culturel en faisant partager à chacun des deux segments de la population certains traits de l'autre segment. Le Canada des années 1960 offre un exemple de cette idée qui ne s'est toutefois guère concrétisée.

6. L'occultation pure et simple, dans le discours officiel national, des éléments de diversité. On en trouve des traces partout.

7. La recherche — et, au besoin, l'invention — de ressemblances entre deux populations. Elle consiste à détecter des similarités dans les traits physiques, les formes sociales, les traditions et les valeurs partagées.

8. La recherche — et, au besoin, l'invention — d'origines communes. Contrairement au précédent, ce procédé n'efface pas la diversité mais il la rend plus supportable en créant le sentiment d'une parenté née de l'histoire. L'appartenance nationale se trouve ainsi accréditée du fait que des différences qui paraissaient irréductibles sont désormais perçues comme le produit d'évolutions spécifiques à partir d'un même point de départ dans le temps (il s'agit ordinairement d'une époque très éloignée).

9. L'aménagement de terrains neutres *(no man's land)*. L'idée est de construire des figures identitaires qui servent de points de ralliement au-delà d'un échiquier miné par des symboles concurrents, en renvoyant ces derniers dos à dos. Ce recours est très proche de la *diversion*, déjà évoquée à propos des processus et modalités de rupture. Le mythe de la frontière et celui du *melting pot* aux États-Unis en sont deux illustrations,

l'idéal républicain en Australie au cours des années 1990 en est une autre. Il en va de même pour les propositions visant à aligner la culture nationale sur la culture autochtone (plus ou moins érigée en modèle), comme moyen de surmonter le conflit des particularismes ethniques. Les tentatives visant à fonder l'identité sur des traits ou valeurs universelles relèvent d'une opération du même genre. La diversité ethnique est alors mise en retrait de l'espace public au nom d'idéaux fondamentaux inspirés du droit des personnes, de l'humanisme. Cette orientation est apparue au cours des dernières décennies, notamment au Canada et en Australie, pour surmonter la crise de l'identité nationale associée à la hausse et à la diversification de l'immigration.

10. Le métissage culturel. À l'enseigne du syncrétisme et de l'amalgame, ce procédé a pour objectif une fusion complète de toutes les composantes ethniques de la nation (par le biais de l'éducation, de mariages mixtes, et le reste), le but étant de créer une nouvelle culture, différente de ses éléments constitutifs. On l'observe dans plusieurs pays d'Amérique latine.

11. Autres recours : les grandes célébrations mémorielles soulignant l'anniversaire de naissance de la nation[10], l'institution de traditions publiques reliées à l'État ou à la vie politique, la traduction environnementale de la nation dans de vastes aménagements urbains et architecturaux (parcs, monuments, édifices, places...). Tous ces déploiements, censés refléter les grandeurs et la permanence de la solidarité nationale, peuvent aussi en tenir lieu ; il arrive alors que la nation se projette avec d'autant plus de faste et de vigueur qu'elle se sent fragile et dépourvue culturellement[11].

La mémoire longue

Le fait de pouvoir revendiquer des origines très anciennes confère à la nation beaucoup d'assurance et d'autorité morale. Les cultures fondatrices, dont la plupart font face à un déficit symbolique, sont précisément les plus dépourvues à cet égard. Il leur faut, comme nous l'avons dit, établir et manifester la nature transcendante de la nation alors même que la durée leur fait défaut. En termes plus généraux, comment opère la fonction (et la fiction) mémorielle dans une collectivité neuve? L'observation montre que trois grandes options ont été privilégiées pour surmonter cette impasse de la mémoire longue propre aux nations du Nouveau Monde. La première consiste à emprunter le passé, et en quelque sorte la mémoire de la mère patrie. En gros, c'est ce qu'a fait le Québec jusqu'au milieu du XXe siècle (et un peu au-delà) en situant son passé héroïque en Amérique dans le prolongement de l'histoire pluri-millénaire de la France et de sa mission civilisatrice. Une option de ce genre a longtemps prévalu également au Canada anglophone, en Australie et en Nouvelle-Zélande. Mais on voit bien que cette voie n'est ouverte qu'aux cultures engagées dans une dynamique de continuité.

Une deuxième option, davantage associée aux dynamiques de rupture, conduit la collectivité neuve à s'approprier l'historicité de la population autochtone. Ce procédé consiste en quelque sorte à répudier ses ancêtres pour en adopter d'autres. On reconnaît ici le cas du Mexique, qui a carrément emprunté le passé indien pour se donner une consistance face à la culture espagnole, pour contrer la préséance que celle-ci s'arrogeait sur les nations improvisées d'Amérique. En vertu de ce virage, les Créoles des XVIIIe et XIXe siècles ont commencé à reconnaître les Mayas et surtout les Aztèques comme leurs véritables ancêtres, représentation qui est aujourd'hui partagée par la majorité des Mexicains, blancs aussi bien que métis. La logique identitaire de la nation passe ainsi de la *filiation* à l'*affiliation*. On observe un phénomène semblable au Pérou. Mais les Mexicains et les Péruviens ne furent pas pour autant les premiers peuples à s'être octroyé le privilège de choisir leurs ancêtres. Bien d'autres les ont précédés dans cette voie. Afin de réaffirmer leur identité devant la présence envahissante de la civilisation grecque, les notables romains, à la suite de Caton l'Ancien (III-IIe siècles avant J.-C.), se déclarèrent tout à coup descendants des Sabins. Un peu plus tard, Virgile *(Énéide)* choisissait tout aussi gratuitement de faire descendre tous les Romains des Troyens. Dans la même veine, une représentation courante veut que toute la nation juive soit sortie d'Égypte avec Moïse, alors que, selon toute vraisemblance, quelques clans seulement auraient vécu cet épisode[12]. Au Canada et en Australie, l'historiographie semble actuellement s'engager dans une opération analogue. Depuis dix ou quinze ans, en effet, des ouvrages présentent les Amérindiens comme les premiers Canadiens, ou les Aborigènes comme les premiers (et les plus authentiques) Australiens. Il arrive que l'archéologie se fasse complice de ces entreprises mémorielles qui visent à semer très loin dans le passé les empreintes de la nation naissante[13].

Selon une troisième option, plus radicale encore dans la rupture, la culture fondatrice décrète une sorte de temps-zéro de la mémoire. L'histoire recommence avec la nouvelle collectivité qui s'édifie, l'imaginaire collectif se projette vers l'avenir, troquant la mémoire longue contre l'utopie. Une telle conception trouve un terrain favorable là où la nation naît d'un acte fondateur spectaculaire qui offre une prise très nette au réaménagement de la durée. L'histoire des États-Unis est celle qui reproduit le mieux ce modèle, du moins dans ses grandes lignes. Une forte volonté de rupture, doublée d'une grande assurance collective, y a fondé la conviction que la nouvelle société serait supérieure à tout ce qui avait précédé. Le paradigme du *bâtard,* évoqué plus haut, prend place lui aussi dans cette troisième option, bien que son enracinement culturel soit tout autre.

On connaît d'autres exemples de collectivités neuves dont la mémoire ne va pas au-delà de leurs commencements immédiats dans le Nouveau Monde ; mais ils sont très différents des deux précédents. On pourrait parler de blocage mémoriel pour caractériser le cas de ces cultures fondatrices qui, pour diverses raisons, se sont repliées sur une mémoire courte. Ainsi, à cause de ses origines comme colonie pénitentiaire, à cause aussi des mauvais traitements infligés aux Aborigènes, l'Australie éprouva longtemps une honte de ses origines. Cette mauvaise conscience l'a un moment incitée à confiner dans le passé proche ses constructions mémorielles. Le ressentiment envers la Grande-Bretagne, très vif parmi la population des *convicts* et leurs descendants (en particulier irlandais), a joué dans le même sens. De même, on pourrait dire que le Brésil contemporain ne possède pas vraiment de mémoire longue. Ici pourtant, trois voies auraient pu ouvrir vers un passé lointain pour la nation. Elles correspondent aux trois grandes composantes ethniques qui la constituent : la voie portugaise, la voie africaine et la voie indienne. Mais aucune de ces filières symboliques ne semble rallier l'imaginaire national. Dans le premier cas, le sentiment plutôt négatif à l'endroit de l'ancienne métropole est sans aucun doute un facteur déterminant. Dans les deux autres cas, il semble qu'une résistance d'inspiration raciste ait fait obstacle à une appropriation collective des vieilles racines africaines et indiennes. Quoi qu'il en soit, en lieu et place d'une mémoire longue, on fait commencer l'histoire du Brésil avec l'arrivée des Européens et, pour donner corps à cette représentation, on insiste sur le métissage précoce qui a fondu les trois races fondatrices pour en faire une entité très différente. L'intensité de cette fusion enlèverait toute pertinence à une mémoire plus longue qui s'égarerait alors dans des méandres jugés sans signification. Enfin, le Québec d'aujourd'hui offre un troisième exemple de blocage mémoriel. D'un côté, la vieille filiation française a perdu de son emprise au cours des dernières décennies ; de l'autre, la filière amérindienne exerce peu d'attrait. Du point de vue de la mémoire longue, la conscience historique actuelle paraît donc baigner dans une grande incertitude. Quelques indices récents donnent à penser qu'un autre modèle serait en voie d'émergence, faisant simplement des Francophones d'aujourd'hui les descendants des *Canadiens* de la Nouvelle-France, sans plus. Ce serait une manière de donner une voix au mutisme des dernières années, sans vraiment surmonter l'impasse. Mais il ne faut pas exclure la possibilité que le Québec, lui aussi, en vienne à renoncer à la mémoire longue. Dans son cas, la situation se complique encore du fait que, pour beaucoup de Québécois, la véritable fondation de la nation est toujours à advenir ; elle n'appartient pas au passé mais au futur. Pour eux, ce sont en quelque sorte les modalités de cet *avènement* qui, le cas échéant, traceront le sentier de la mémoire.

Un autre phénomène attire l'attention, en vertu duquel les cultures fondatrices peuvent se retrouver tout à coup piégées par leurs propres stratégies mémorielles à l'égard de l'Autochtone. En considérant les diverses représentations du rapport Blancs (ou Européens)/Autochtones et les déplacements auxquels elles ont donné lieu dans l'histoire des collectivités neuves, on en vient à concevoir une séquence logique de figures qui peuvent être caractérisées comme suit. Dans un premier temps, les Blancs écrivent dans une perspective européenne l'histoire de leurs actes dans le Nouveau Monde, à partir du moment de leur établissement. La présence des Autochtones est signalée, mais ils sont complètement exclus du *nous* qui commande ce premier récit. Puis, ils amorcent un long processus d'intégration symbolique. Bientôt, on les présente comme les premiers occupants du territoire national. La thèse de l'infériorité de la *race* indigène fait place progressivement au modèle de la dualité ethnique. Plus loin, les Autochtones se voient octroyer le statut de fondateur de la nation, dont ils font dès lors partie. Dans une autre étape, ils deviennent les membres les plus authentiques de la nation à cause de leur ancienneté et parce qu'ils sont parvenus à préserver leur culture, en symbiose avec le territoire. À ce stade, et d'une façon très conséquente, les Blancs peuvent être incités à conclure que l'histoire nationale doit être réécrite, cette fois du point de vue des Autochtones. Dès lors, les Européens ne sont plus des pionniers ou des fondateurs mais des envahisseurs, des spoliateurs. Au terme de la séquence, les anciens conquérants se sont donc eux-mêmes exclus de leur histoire et de leur identité. Ils ne savent même plus se nommer; à cause d'une immigration diversifiée, ils ne sont plus uniquement des Européens ni seulement des Blancs: ils sont devenus des non-Autochtones, et c'est de cette façon que de plus en plus souvent ils sont désignés par les médias, dans leur rapport avec les Autochtones. Cette chaîne séquentielle, qui n'est pas nécessairement chronologique et encore moins prédéterminée, peut servir à situer chaque culture fondatrice. Par exemple, l'Australie semble y occuper le point le plus avancé; tout près se trouvent le Canada et la Nouvelle-Zélande. Dans ce contexte, il est significatif d'y relever assez couramment les expressions « *non-Aborigenes* » ou « *non-Natives* » pour désigner les descendants d'Européens. En retrait, les États-Unis et le Québec occupent une position commune; les Autochtones y sont reconnus comme les premiers occupants mais non comme des fondateurs (sauf exceptions), et il n'est pas clair même qu'ils appartiennent vraiment à la nation. Enfin, dans des collectivités comme le Mexique, le Pérou ou le Brésil, l'antinomie paraît avoir été surmontée sur le plan symbolique, tout au moins dans le discours officiel.

Des paragraphes qui précèdent, il ressort qu'en ce qui concerne les collectivités neuves, les *jeux* de mémoire sont peut-être plus importants encore que les *lieux* de mémoire (Pierre Nora). D'abord, à des degrés divers, ces populations vivent aujourd'hui une crise identitaire et, d'une façon ou d'une autre, elles sont toutes pénétrées du sentiment de leur fragilité. En outre, elles ont un passé relativement court, et la plupart d'entre elles demeurent convaincues de leur immaturité par rapport au monde ancien ; d'où l'impression d'une histoire qui n'est pas encore fixée, d'une matière qui reste encore à décanter. Enfin, en particulier là où la diversité ethnique est très accusée, les cultures fondatrices sont aux prises avec des mémoires concurrentes qui s'ajoutent au quadrillage familier dessiné par les grandes divisions idéologiques et politiques. Ces remarques ouvrent une voie vers l'étude comparée des historiographies nationales dans le Nouveau Monde et dans l'ancien[14].

Les ruses du discours

Les configurations symboliques dont nous avons fait état jusqu'ici à propos des contenus et des transformations de la culture nationale attirent l'attention sur les procédés du discours. À l'aide de quelques exemples, reliés notamment à l'identité et à la mémoire, nous avons pu constater la flexibilité et l'inventivité des pratiques discursives dans leurs diverses formes d'expression (arts, littérature, idéologie, historiographie, etc.). On pourrait allonger l'exercice en montrant comment, au moyen d'artifices juridiques, les immigrants européens ont légitimé leur prise de possession — souvent violente — des territoires du Nouveau Monde, le plus souvent occupés déjà par les Autochtones. Il était évidemment impossible aux nouveaux venus de prétendre asseoir leur droit sur l'ancienneté de l'occupation, d'où la nécessité d'un discours de rechange. On connaît ainsi, en Australie, la doctrine de la *Terra nullius*, inspirée de la théorie britannique du territoire inoccupé, et du *eminent domain*. Une formule un peu différente a prévalu aux États-Unis, soit la règle de la *discovery*, rendue célèbre par le juge John Marshall dans les années 1820-1830 et se donnant en complément de la pratique des traités territoriaux. En Amérique latine, le modèle espagnol (inspiré d'une prétendue loi naturelle) se fondait sur un hypothétique contrat de donation entre des propriétaires originels (fictifs au besoin) de la terre *(seqores naturales)* et les nouveaux occupants. En Nouvelle-France, des alliances et ententes à caractère commercial soutenaient l'industrie de la traite, mais la prise de possession des terres dans la vallée du Saint-

Laurent (largement désertées, il est vrai, au XVIIe siècle) fut décrétée uni-latéralement. Dans tous ces cas, moyennant des indemnités de pacotille, la fiction juridique sanctionnait pour longtemps l'institution d'un rapport économique et social inégal. En outre, la mise en œuvre de ces procédés exigeait souvent que les traditions juridiques européennes en matière de propriété et de commerce soient amendées, contournées ou carrément ignorées.

Un autre domaine où le discours a fait la preuve de ses capacités inventives est celui du choix d'une langue. Dans presque toutes les cultures fondatrices, les lettrés en sont venus tôt ou tard à la conviction qu'une littérature originale et autonome ne pouvait naître que si elle pouvait s'appuyer sur une véritable langue nationale. Dès lors, plusieurs formules ont été mises de l'avant pour assurer cette condition primordiale, notamment : élaborer une langue originale à partir de celle de la mère patrie (proposition la plus courante), rejeter la langue du pays d'origine pour adopter une autre langue européenne (élites brésiliennes), adopter la langue de l'Autochtone (Amérique latine), recourir à une langue de l'Antiquité à l'usage des élites : hébreu, grec, latin (États-Unis), créer de toutes pièces un nouveau langage (Québec, Amérique latine), et le reste[15]. Sous ce rapport, le Québec se signale comme étant l'une des rares cultures fondatrices à ne pas avoir encore fait son choix, étant profondément divisée entre diverses variantes du français parisien, international et québécois. Bien d'autres sujets pourraient être commentés dans le même esprit, par exemple : les théories justifiant la condition inférieure assignée à l'Autochtone, les arguments ayant servi à disqualifier ou à exalter la culture des classes populaires, les caractères attribués au patrimoine coutumier selon qu'on le représentait dans une perspective de continuité ou de rupture, les visages de l'immigrant.

Ce genre d'analyse ouvre la porte à ce qu'on pourrait appeler une grammaire du discours ou une sémantique de l'imaginaire national. La comparaison révèle en effet que, lorsqu'elle est acculée aux mêmes impasses, la culture savante tend à *inventer* les mêmes procédés (et parfois les mêmes subterfuges), ce qui parfois rend le discours presque prévisible. Nous en avons montré déjà plusieurs exemples reliés aux stratégies du décrochage culturel (variantes de l'anthropophagie ou de la profanation, de la diversion — ou *no man's land*), aux modes d'accréditation de l'idée nationale dans des contextes de diversité, à l'institution de la mémoire longue. Dans cette perspective, revenons un instant sur le problème de la nation organique mise en face d'éléments d'hétérogénéité apparemment irréductibles. Comme nous l'avons indiqué plus haut, une stratégie couramment employée consistait à dissoudre les figures de la différence dans la représentation d'une origine commune. Un premier exemple en est fourni par l'histoire du Mexique à l'époque coloniale lorsque les missionnaires, inquiets des progrès trop modestes réalisés dans l'évangélisation des Indiens, se mirent à professer qu'en réalité, leurs religions n'étaient pas à condamner puisqu'elles étaient elles aussi d'origine chrétienne. Simplement, parce que trop longtemps négligé par l'Église, ce rameau détaché s'était à la longue dégradé et profané. Là où l'on avait d'abord vu deux univers séparés, il convenait de reconnaître désormais deux branches d'un même arbre. D'autres versions, par des chemins un peu différents, arrivaient au même résultat, soit d'incorporer la culture indienne à la civilisation occidentale ; ainsi des thèses qui faisaient des indigènes des descendants des Vikings ou d'une tribu d'Israël.

Un second exemple du même procédé renvoie à l'histoire culturelle du Québec francophone dans la seconde moitié du XIXᵉ siècle. Nous avons évoqué au chapitre III la situation de ces lettrés qui, désireux de perpétuer et de fortifier la nouvelle culture nationale (devenue canadienne-française), s'inquiétaient de la voir écartelée entre une culture savante européenne très châtiée (qu'ils incarnaient) et une culture populaire trop débraillée à leur goût, contaminée par les promiscuités continentales. Ils surmontèrent toutefois cette difficulté en *découvrant* que l'une et l'autre culture étaient en réalité des ramifications d'un même héritage trouvant toutes deux leur source dans la plus vieille et la plus authentique culture française. Du coup, on se trouvait en présence, non pas de deux segments réfractaires, mais de deux composantes complémentaires d'un même patrimoine ancien. Encore une fois, l'homogénéité et la cohésion de la nation étaient sauves. Un autre exemple, inspiré de l'histoire canadienne, renvoie aux tentatives de quelques intellectuels anglophones pour réconcilier la notion de nation avec la diversité ethnique du pays, tout particulièrement la vieille dualité anglophone/francophone. L'un de ces essais tendait, vers la fin du

XIXᵉ siècle, à montrer que les Canadiens français et les Canadiens anglais étaient en réalité de proches parents puisque les deux *races* avaient une origine commune dans de lointaines peuplades teutonnes. Au Canada toujours, certains intellectuels croient rapprocher Amérindiens et descendants d'Européens en rappelant que ces derniers, tout comme les premiers, ont des ancêtres lointains assimilables à des *Natives* (en l'occurrence les *barbares* qui ont jadis envahi l'Europe de l'Ouest)[16]. L'histoire de l'Australie offre un épisode analogue. L'intégration accrue de l'économie australienne à la grande région du Pacifique au cours des années 1970-1980 a suscité un discours de circonstance visant à montrer que cette réorientation n'était pas dictée par l'opportunisme mais qu'elle obéissait à la pente de l'histoire et de la culture. Encore là, des intellectuels s'employèrent à montrer que les prétendues discordances dans les valeurs et les traditions entre les deux continents (amplement soulignées dans le débat sur les *Asian values*) masquaient une grande proximité, sinon une communauté de destin : l'Occident et l'Orient avaient déjà, dans un passé lointain, entretenu des relations très étroites et, en définitive, ces deux univers avaient des racines communes, aujourd'hui reflétées dans plusieurs traits similaires[17].

Mentionnons rapidement d'autres exemples du même procédé. Les Maoris ont été longtemps perçus comme des descendants d'une race indo-européenne, tout comme les *Pakehas*. À l'époque de la Nouvelle-France, on a parfois fait descendre les Amérindiens de l'une des tribus égarées d'Israël, à l'exemple des Aztèques et des Mayas au Mexique. François-Xavier Garneau atténuait le traumatisme de 1763 et le changement de métropole en rappelant que la Grande-Bretagne, c'était un peu la vieille mère patrie française : la nation anglaise n'est-elle pas en effet la fille de « cette noble race qui marchait à la suite de Guillaume le Conquérant et dont l'esprit, enraciné ensuite en Angleterre, a fait de cette petite île une des premières nations du monde »[18] ?

Un autre procédé discursif peut entrer en action lorsque, en présence de deux entités ethniques concurrentes, les porte-parole de la nation prétendent les fusionner alors qu'en réalité ils ne font que consacrer et perpétuer la domination de l'une par l'autre. En vertu de ce procédé, on en arrive à réaliser non pas une synthèse (comme dans le métissage, par exemple) mais une articulation inégale qui est une forme d'assimilation à la culture dominante. En d'autres mots : non pas une fusion mais une *in-fusion*. Nous en donnons quelques exemples. Dans la seconde moitié du XIXe siècle, de nombreux intellectuels mexicains préconisèrent un vaste programme de métissage pour fusionner les races blanche et indienne. La nouvelle race synthèse, assurait-on, serait bien différente de ses éléments constitutifs et surtout supérieure à chacun d'eux. Mais, contre toute attente, et au grand mépris des lois de la génétique (dont ces intellectuels, férus de culture et de science européennes, étaient pourtant bien informés), on soutenait également que cette race synthèse, cette « race cosmique », serait blanche. Un peu de la même manière, dans un roman paru en 1945 au Canada *(The Two Solitudes)*, Hugh McLennan voulait contribuer à rapprocher Canadiens anglais et Canadiens français en mettant en scène un personnage principal censé réunir les qualités essentielles de ces deux ethnies et ainsi dépasser leur opposition. Cela dit, il n'a pas semblé contradictoire à l'auteur que son héros, pourtant de langue maternelle française, soit profondément anglicisé. De même, le tricentenaire de la fondation de la ville de Québec en 1908 a donné lieu à d'importantes célébrations dont la mise en scène, là aussi, devait montrer la « fusion des races » (H. V. Nelles, 1996). Mais la symbolique mobilisée à cette fin penchait visiblement d'un côté. C'est en effet l'Empire britannique qui était donné comme le cadre naturel de cette réconciliation. En outre, les plaines d'Abraham, là même où l'armée anglaise avait défait l'armée française en 1759, étaient données comme le symbole par excellence de la fusion des deux races. Pour faire bonne mesure, on rappelait que les troupes françaises y avaient également remporté une victoire (sans conséquence) sur les Anglais, peu après l'affrontement décisif qui changea le cours de l'histoire pour les Francophones. Là encore, un déséquilibre compromettait la symbolique de la fusion. Enfin, aux États-Unis, l'insertion de personnages autochtones (Squanto, Hiawatha, Pocahontas, Tecumseh) parmi les grandes figures héroïques du passé national relève en partie du procédé de l'*in-fusion* dans la mesure où les qualités éminentes reconnues aux grands chefs indiens correspondaient en réalité aux valeurs étatsuniennes et occidentales les plus classiques. É. Marienstras (1998) a montré que cette apparente ouverture culturelle dissimulait une récupération de l'Indien (dans ce qu'il avait de plus remarquable), désormais assimilé à la tradition chrétienne et britannique.

L'analyse des pratiques discursives fait voir aussi des distorsions et des fausses représentations qu'il est parfois possible de déceler à l'aide de données empiriques. L'exemple le plus familier est celui des mythologies ruralistes, que nous avons brièvement évoquées au chapitre II. Ainsi, l'imaginaire québécois (francophone) a largement occulté le fait urbain jusque dans les années 1930-1940[19]. De même, en Australie, les représentations de la nation se sont massivement nourries, jusqu'au milieu du XXe siècle, des réalités viriles et rebelles de la brousse (outback) alors même que, depuis la fin du XIXe siècle, la plus grande partie de la population était concentrée dans les villes du littoral. On relève dans l'histoire des États-Unis une symbolique analogue, soit dans la tradition de Crèvecœur et de Jefferson (l'idéal égalitaire du petit propriétaire foncier libre et indépendant, le yeoman), soit dans l'esprit conquérant de la frontière et de la wilderness, soit encore en vertu d'une affabulation pastorale en réaction contre le problème urbain (par exemple : S. Burns (1989). On sait par ailleurs qu'un large courant de la littérature mexicaine était fortement imprégné d'une mystique rurale au cours de la première moitié du XXe siècle, que la Nouvelle-Zélande s'est longtemps investie dans une vision écologique de son territoire, etc. Il ressort de tout cela que le ruralisme est une constante dans l'histoire des cultures fondatrices, mais qu'il y a servi des causes très diverses en se faisant porteur de symboles et de valeurs spécifiques, parfois opposées, qui nourrissaient à leur façon l'imaginaire national. En ce sens, il ouvre un terrain prometteur à l'enquête comparative. Dans le cadre québécois en particulier, la plupart des analyses de l'idéologie ruraliste (ou agriculturiste) sont d'une surprenante pauvreté, la réduisant ordinairement à une fuite irraisonnée devant la modernité — ce qu'elle a été sans doute, entre autres choses. Une recherche appuyée sur la comparaison permettrait d'abord d'affranchir cette idéologie de l'espèce d'opprobre qui lui est désormais associé dans la conscience historique (sinon collective) ; et, surtout, elle ferait ressortir avec précision à la fois les contenus symboliques assez variés qu'elle a véhiculés et les fonctions exactes qu'elle a remplies dans l'imaginaire. On aurait ainsi des chances de comprendre un peu mieux l'attention qu'elle a suscitée et les raisons de sa longévité.

Un peu dans la même veine, on est frappé par la présence quasi généralisée des contradictions et par les importantes fonctions de compensation et d'intégration qu'elles semblent exercer dans la construction de l'imaginaire. Des sociétés très inégales, comme les États-Unis ou l'Australie, ont érigé en dogme les valeurs égalitaires. C'est également aux États-Unis qu'on a poussé le plus loin l'idéal de l'austérité puritaine aussi bien que la jouissance des biens matériels *(consumerism)*. Le mythe de la démocratie raciale et de l'amalgame socioculturel est au cœur de l'identité nationale du Brésil, qui demeure pourtant une société extrêmement hiérarchisée et fragmentée, en particulier sur le plan racial (A. W. Marx, 1998). Les Créoles mexicains se sont annexé culturellement l'indianité, qu'ils ont pleinement intégrée à la nation, mais sans altérer en quoi que ce soit le rapport social d'exploitation qu'ils entretenaient avec l'Indien. Les lettrés canadiens-français se sont approprié la culture populaire, mais en même temps, ils n'ont pas cessé de la combattre. Presque partout, enfin, nous avons relevé des incohérences entre l'événementiel des commencements et les représentations officielles qui en ont été diffusées, entre la composition ethnique de la nation et sa définition, etc. Ces exemples, et bien d'autres, invitent à émettre l'hypothèse que certaines cultures nationales sont parvenues à survivre non pas en dépit de leurs contradictions mais grâce à elles. Il semble en effet que, dans certains cas, celles-ci peuvent instituer des tensions fonctionnelles et, en définitive, s'avérer porteuses d'intégration et de croissance. Comment expliquer autrement leur remarquable capacité de se perpétuer dans la longue durée? L'histoire européenne des XIXe et XXe siècles en offre elle aussi des exemples éloquents; il suffit d'évoquer les modes très complexes d'articulation entre le sacré et le profane, entre les élans vers l'universel et le culte du singulier, ou encore, entre le libéralisme, la démocratie, le nationalisme, l'héritage des Lumières et l'impérialisme. Certes, toutes les contradictions ne sont pas fonctionnelles; certaines sont corrosives, instaurent des clivages, empêchent l'action. On peut supposer que celles-là sont moins aptes à survivre. C'est le lieu de rappeler que le mythe, comme représentation, entretient avec la *réalité* un rapport de pertinence qui ne relève pas de la *vérité* mais de l'efficacité symbolique, de la capacité à concilier durablement des éléments contraires.

On note aussi que les ruses de la culture savante ne sont pas innocentes, qu'elles sont toujours motivées par un profit quelconque, le plus souvent associé à un rapport social ou une position politique à consolider. En s'identifiant à l'indianité, les Créoles mexicains se dédouanaient des atrocités de la Légende noire. En assignant des origines chrétiennes à la religion aztèque, ils se soustrayaient à l'accusation de barbarie proférée par les intellectuels européens. En soudant la culture populaire à la vieille tradition française, les lettrés canadiens-français assoyaient sur un fondement unifié la nation dont ils se faisaient les défenseurs et les titulaires face à l'Anglophone. En octroyant aux Maoris une ascendance caucasienne (ce qui était une façon de les « blanchir » en quelque sorte), on faisait d'eux une race supérieure aux Aborigènes et on les rendait dignes d'une alliance avec les Blancs. En plus, on se trouvait ainsi à justifier la colonisation du XIXe siècle, qui avait opéré la *réunion* de deux segments longtemps séparés d'une même famille humaine. Qui pourrait désormais douter de l'homogénéité et de la légitimité de la nation néo-zélandaise ?

La crise de l'identité nationale

Au-delà de leurs nombreuses singularités, les itinéraires collectifs que nous avons abordés dans ce livre semblent converger dans leur séquence la plus récente. Partout en effet, on observe des signes d'une crise identitaire qui ravive le sentiment de la fragilité collective et inspire à plusieurs l'idée que la culture nationale est à reconstruire ou à réinventer. Pour diverses raisons, les anciens cadres d'intégration symbolique sont soumis à des tensions qui poussent à une réforme. Parmi les facteurs les plus déterminants, on relève : la hausse et la diversification de l'immigration depuis la Seconde Guerre, le réveil des vieilles identités communautaires qu'on croyait définitivement éteintes ou marginalisées, le rapport difficile avec l'Autochtone admis dans la citoyenneté mais non dans l'appartenance, la conscience de plus en plus aiguë des droits des personnes, l'affaiblissement de l'État-nation dans le contexte de la mondialisation, l'usure et parfois l'échec des grandes utopies nationales, l'emprise déclinante des mythes et récits fondateurs, la dénonciation de l'ethnicisme appuyée sur le principe de la relativité des cultures. D'une façon ou d'une autre, toutes ces collectivités neuves en sont venues à devoir se penser en délaissant le paradigme de l'homogénéité pour adopter celui de la diversité. À des degrés divers, elles se retrouvent dès lors toutes face à la même difficulté : comment refaire une cohésion symbolique dans l'altérité, arbitrée par les impératifs du droit et de la nouvelle sociologie des rapports interculturels ? Ou encore : comment reconstruire l'identité sans l'ethnocentricité, la nation sans la fiction, la solidarité sans l'homogénéité, l'appartenance sans l'intolérance ?

Cette difficulté s'accroît du fait que, dans plusieurs collectivités, la postmodernité a fait son nid ; en conséquence, les arts, la littérature et la religion ne se mettent plus aussi volontiers au service de l'imaginaire national. C'est donc largement sans l'apport de la fiction et sans la sanction de la transcendance que la nouvelle identité doit se reconstruire. Dans ces conditions, les tentatives pour remodeler les anciens caractères distinctifs ou leur donner des fondements renouvelés se révèlent peu efficaces. On le voit au Canada où, de temps à autre, la presse anglophone rappelle les principaux caractères qui fondent l'originalité canadienne par rapport aux États-Unis : l'attachement à la tradition monarchique, une démocratie « modérée » qui évite les débordements populistes, une sensibilité sociale plus vive (valeurs de compassion, de solidarité, de justice), un rapport plus sain à l'espace, un plus grand respect de la diversité, etc. Mais pour différentes raisons, certains de ces symboles ne rallient guère les Francophones québécois, ils laissent assez indifférents les Autochtones et il n'est pas certain qu'ils pénètrent profondément la culture des minorités ethniques ou des néo-Canadiens. Au Québec même, les Canadiens français ont renoncé à étendre à la nouvelle nation québécoise les principaux traits par lesquels ils avaient l'habitude de s'identifier — ils y ont renoncé d'autant plus aisément qu'ils s'y reconnaissent de moins en moins eux-mêmes. C'est donc vers de nouveaux recours que les jeunes nations se sont peu à peu tournées récemment pour tenter de refaire leur cohésion symbolique. En voici un échantillon :

1. Asseoir l'identité sur des valeurs dites universelles (respect de la vie, non-violence, tolérance, libertés, démocratie...). Le caractère distinctif naît alors de l'ardeur particulière que l'on met — ou que l'on dit mettre — collectivement à promouvoir ces valeurs. Toutes les collectivités neuves engagées dans la transition entre ce qu'on appelle

couramment la nation *ethnique* et la nation *civique* tablent sur une conception de ce genre. Son expression la plus immédiate est la règle de droit. À certains égards, bien que sur un tout autre plan, la règle du marché joue parfois un rôle analogue.

2. Nourrir l'identité de références à la géographie, laquelle devient un lieu symbolique *neutre* (un *no man's land*), un espace de conciliation ou de réconciliation au-delà des clivages de toute nature : exaltation du territoire ou du paysage (dans la peinture, la photographie, le documentaire…), légendaires des premières explorations et du peuplement (musées, publications de prestige, reconstitutions historiques), invitation au voyage (circuits automobiles, pédestres ou autres), mystique environnementale. On comprendra que ce recours sied en particulier aux collectivités remarquablement servies sous ce rapport, par exemple le Canada, les États-Unis, l'Australie, le Brésil (les grands espaces, les merveilles naturelles, le dépaysement).

3. Se tourner vers l'Autochtone pour lui emprunter ce que sa tradition plusieurs fois millénaire semble avoir préservé de fraîcheur morale, de capital symbolique ; s'appuyer sur ces emprunts, considérés comme bénéfiques à l'ensemble de la société, pour nourrir et renouveler la culture nationale en espérant ainsi *a*) surmonter la disparité irréductible des traditions et des appartenances associées à la pluriethnicité, *b*) remédier au désenchantement né de l'usure de la modernité, *c*) restaurer un rapport harmonieux avec le territoire. L'Australie offre l'exemple le plus articulé de cette démarche. Selon un certain nombre d'intellectuels de ce pays, la société industrielle a instauré le matérialisme et détruit l'âme occidentale. Cependant, les Aborigènes de la brousse, en cela protégés en quelque sorte par l'exclusion dont ils ont été victimes depuis la fin du XVIIIe siècle, sont demeurés en communion avec la nature et avec leurs ancêtres, ils ont su maintenir intacte une spiritualité qui fait cruellement défaut aux Blancs. D'où l'idée de prendre exemple désormais sur l'âme autochtone.

4. L'idée d'une identité nationale doit céder le pas à la réalité des identités multiples, fragmentées, limitées, parallèles. En somme, la diversité elle-même est l'essence (ou le substitut ?) de l'identité. Cette idée gagne du terrain dans plusieurs collectivités. Elle pénètre le discours politique au Canada et en Australie.

5. Énoncer que ce qui tient lieu d'identité, ce qui lui est supérieur même, c'est le processus démocratique de recherche identitaire, de construction et de reconstruction symbolique. L'identité n'est pas innée, elle ne relève pas de l'héritage mais de l'adaptation. Elle est donc sans cesse à inventer. C'est pourquoi elle bouge toujours, elle admet des contenus hétéroclites et même contradictoires. C'est le refus de cette réalité qui crée la crise identitaire.

6. Décréter que les nations postmodernes n'ont tout simplement pas besoin d'identité, ni au singulier ni au pluriel. Cette idée semble toutefois prospérer surtout là où toutes les tentatives pour restaurer une identité ont échoué.

Il est trop tôt pour savoir ce qu'il adviendra de toutes ces formules d'arrangement symbolique. On peut se demander, par exemple, dans quelle mesure des règles juridiques ou des idéaux relativement abstraits se révéleront suffisants dans la longue durée à re-fonder une cohésion collective et à soutenir une capacité de mobilisation des citoyens, des élans de solidarité au service de projets sociaux. Quoi qu'il en soit, encore ici, les collectivités neuves manifestent à la fois leur fragilité et leur flexibilité. Leur fragilité, parce qu'elles ont été incapables d'opposer à la diversité culturelle la vigueur d'une tradition et d'une norme nationale. Leur flexibilité, et on pourrait même dire leur créativité, dans la mesure où elles ont su concevoir des voies originales pour accommoder l'hétérogénéité de la nation : en plus des recours *ad hoc* qui viennent d'être évoqués pour les années récentes, rappelons le modèle du métissage et de la démocratie raciale en Amérique latine, le multiculturalisme en Australie et au Canada anglophone, l'interculturalisme au Québec, le biculturalisme en Nouvelle-Zélande. Nous savons bien que toutes ces formules connaissent des succès inégaux et limités ; il suffit d'évoquer partout l'impasse autochtone ou, au Canada, le problème francophone. Il n'en reste pas moins que la fragilité des collectivités neuves, notamment le doute qu'elles ont toujours entretenu sur elles-mêmes, y a créé des conditions favorables aux compromis identitaires.

Conclusion

La démarche d'histoire comparée que nous avons esquissée dans ce livre nous a amené à considérer l'imaginaire collectif comme un fait social dont les changements sont reliés de près ou de loin à d'autres faits sociaux. En retour, l'étude de ces changements eux-mêmes non seulement révèle la logique du discours mais aussi la dynamique sociale dans lequel il s'inscrit et dont il est un important ressort. En ce sens, le culturel et le social sont deux faces d'une même histoire. Nous avons choisi de donner priorité à la première à cause de l'interrogation qui nous a servi de point de départ : la capacité des représentations de soi à se constituer et à se perpétuer en marge des données empiriques, en les déformant et en les transgressant, tout comme leur faculté de se nourrir de contradictions attirent l'attention sur les pratiques discursives en même temps qu'elles attestent la part d'autonomie dont elles disposent. D'où l'idée de confronter les modalités de formation et de transformation des imaginaires dans ces collectivités neuves. L'opération a permis de faire ressortir une grande variété de trames et de configurations dans les itinéraires étudiés, mais aussi de découvrir des éléments communs, des constantes au sein de ce foisonnement. Nous nous sommes appliqué simultanément à rendre compte des spécificités et à énoncer la logique des récurrences. Ce parcours analytique appelle quelques remarques de conclusion.

Écartons d'abord un possible malentendu. L'effort de modélisation qui fait l'objet du chapitre précédent ne procède pas d'un postulat évolutionniste, et encore moins déterministe. Malgré les nombreux parallélismes et convergences observés au sein des itinéraires, il faut rappeler que ces évolutions ne sont ni linéaires ni irréversibles. Les trois revirements survenus dans l'histoire du Québec (entre continuité et rupture politique) en témoignent, tout comme le rejet du modèle républicain par une majorité d'Australiens en novembre 1999. Aussi bien, l'histoire comparée des collectivités neuves vise non pas à produire un savoir qui rende leur devenir prévisible mais à répertorier les diverses séquences d'événements ou scénarios qui peuvent se mettre en branle et prévaloir dans telle ou telle situation. Lorsqu'une collectivité, au hasard des conjonctures, se trouve acculée à une impasse quelconque, le nombre de voies pour en sortir ou l'éventail des dénouements possibles n'est pas illimité ; l'analyse comparée permet d'en dresser un inventaire partiel — étant bien entendu qu'il restera toujours des scénarios qui ne se sont pas actualisés et que le chercheur ne sait imaginer. Or, ce répertoire est un instrument qu'on pourrait comparer à une carte routière : en aucun temps il ne permet de prévoir dans quelle voie une collectivité va s'engager ; mais, une fois qu'elle en a emprunté une, on sait exactement où elle se trouve et il devient possible de reconnaître les options ou les itinéraires qui s'offrent à elle. Autrement dit, la connaissance résultant de l'histoire comparée fournit des repères qui peuvent être utiles à celui qui cherche à mieux comprendre les tendances et les mouvements de l'actuel. Parmi les analyses que nous avons proposées, plusieurs exemples viennent ici à l'esprit : l'évolution des rapports avec les anciennes mères patries, les expressions de la nation fragile et menacée, les modes de réduction des différences, la difficile accréditation de la culture savante, les stratégies de la mémoire longue, l'intégration symbolique de l'Autochtone (mémoire piégée, troubles de l'appartenance...), la recherche de nouvelles utopies, les tentatives de reconstruction de l'imaginaire, les solutions à la présente crise identitaire.

Un peu de la même façon, au bénéfice de l'actuel, la connaissance des procédés de la culture savante peut aider à rendre plus intelligible et plus transparent le discours public, dans toutes ses voies d'expression comme dans ses diverses dimensions, qu'il s'agisse des ressorts, des visées, des argumentations, des symboles mobilisés ou des contenus proprement dits — en d'autres mots : aider à reconnaître le texte et le prétexte. La conscience critique peut ici trouver son profit, non pas comme rejet radical de tout ce qui relève de l'imaginaire mais comme instrument de sa reconstruction. Car, en définitive, c'est bien de cela qu'il s'agit dans la conjoncture présente : re-fonder la culture savante, réunir les conditions d'un nouveau discours, recréer du sens et de la solidarité dans des sociétés désenchantées ou aliénées dans la nouvelle culture de masse.

Sur un autre plan, nos analyses des collectivités du Nouveau Monde ouvrent la voie à d'autres comparaisons, cette fois avec le monde ancien. S'agissant par exemple des réactions de l'État-nation face à la diversification culturelle et à une contestation de ses traditions identitaires, nous avons signalé au chapitre précédent la fragilité et la flexibilité des cultures fondatrices, y voyant des conditions favorables à des remises en cause et à une recherche d'accommodements. En regard, se pourrait-il que les vieilles nations d'Europe (la France notamment), portées par leur long et prestigieux passé, se montrent plus réfractaires aux redéfinitions ? que le respect dû aux grandes civilisations et à leurs œuvres inspire un devoir de fidélité en forme de résistance ? Deux autres raisons donnent à penser que le Nouveau Monde se démarque de l'ancien sur ce point. D'abord, la relation de dépendance qui a longtemps assujetti les cultures fondatrices à leur mère patrie les a installées dans un état de passivité par rapport au changement. Traditionnellement, les modes et les normes venaient d'Europe et on en changeait un peu artificiellement, au gré de l'évolution et du caprice des métropoles. Cette circonstance a également fait obstacle à l'essor de fortes traditions collectives dans les nations de la périphérie, les disposant davantage aux réorientations. Une autre donnée importante réside dans la nature du rapport articulant la nation (dans sa dimension culturelle) à l'État. Dans les collectivités neuves, ces deux entités se sont formées parallèlement, suivant des cheminements spécifiques, dans un contexte de peuplement et dans la dépendance coloniale. Pour cette raison, on peut émettre l'hypothèse selon laquelle la relation qui les unit serait moins étroite et moins rigide que dans les États-nations du monde ancien ; il est permis d'y voir un autre facteur prédisposant au changement.

Cela dit, le thème des identités en crise ou à reconstruire a commencé à pénétrer les nations d'Europe, comme on le voit tout particulièrement en Allemagne. Là aussi, les groupes ethniques issus d'une immigration récente commencent à faire entendre leurs voix. En plus, la consolidation de l'Union européenne au cours des deux dernières décennies a créé pour les nations-membres un nouveau cadre d'appartenance qui les pousse à revoir leur matrice identitaire et les éveille à un sentiment de fragilité culturelle. On y voit dès lors apparaître des réflexes, des préoccupations et des controverses qui rappellent étrangement la réalité des collectivités neuves. Ici, à nouveau, le champ de la réflexion comparée s'étend du Nouveau Monde à l'ancien. En termes encore plus généraux, on a peut-être tendance à grossir les contrastes entre ces deux univers. Ainsi, en dépit du gros travail de différenciation effectué depuis l'époque de leur formation et dont nous avons rendu compte dans ce livre, les collectivités neuves continuent à partager des traits fondamentaux avec les sociétés d'origine. On le voit aux profondes similitudes qui subsistent des deux côtés dans le rapport à l'espace, dans le rapport au sacré, dans le rapport à l'État, dans le rapport à l'autre. Seules semblent faire ici exception les nations latino-américaines où, à cause de son poids démographique exceptionnel, l'indianité a fortement pénétré les visions du monde et les façons de faire. Pour le reste, se pourrait-il que, au-delà d'altérations plutôt superficielles, les descendants d'Européens séduits par le rêve d'un Nouveau Monde ne soient finalement parvenus à y recréer qu'une réplique agrandie et maladroite de l'ancien? L'illusion du contraire (savamment entretenue) et le sentiment d'infériorité qui lui est soudé (vainement combattu) constitueraient-ils en définitive les principales marques distinctives des cultures fondatrices?

Revenons au détail de notre enquête. Le survol comparatif nous a fait voir de surprenants parallélismes dans l'histoire culturelle des collectivités neuves : des « grandes noirceurs » entre 1920 et 1960 en Australie, en Nouvelle-Zélande, aux États-Unis, au Canada, au Québec ; des « Révolutions tranquilles » un peu partout ; des effervescences culturelles dans les années 1960-1970, alimentées par des retours à la culture populaire et au folklore, mues par une quête de l'authenticité, des racines, etc. Le plus souvent, ces épisodes ont été perçus et analysés à l'aide d'une grille locale, comme des dénouements inscrits dans la dynamique particulière de la nation. Sur ce point, la comparaison a rempli l'une de ses fonctions principales qui est de récuser les fausses singularités, d'ouvrir les histoires nationales les unes aux autres et de les articuler à des perspectives internationales, mondiales même. L'interrogation principale se pose désormais en ces termes : de quoi sont donc faites et comment évoluent ces conjonctures longues qui semblent échapper aux consciences nationales et qui commandent néanmoins les trames dont chacune se nourrit ? On voit bien ici la nécessité de changer de lentilles et de prolonger l'histoire comparative dans une démarche de macro-histoire.

Notre parcours nous a aussi montré la nation dans tous ses États. Comme on s'y attendait, nous avons vu les identités nationales bouger sans cesse, s'adapter aux nouvelles conjonctures, ou carrément se refaire sur le mode de la tractation. Nous avons relevé le fait que la nation parfois suivait la création de l'État (comme il est arrivé dans plusieurs pays d'Amérique latine) et parfois la précédait (comme au Québec, à Cuba ou à Porto Rico). Nous l'avons vue aussi se charger de contenus très éclectiques et se définir en référence soit à des traits ethniques et à un héritage, soit à des valeurs et à des idéologies. Elle se met volontiers au service de causes parfois peu compatibles : le racisme ou l'ethnicisme, la survivance culturelle, la solidarité populaire, l'anti-impérialisme. Nous l'avons trouvée tantôt du côté du despotisme et de la répression, tantôt du côté de la liberté et de la démocratie, prenant aussi bien le parti des élites que celui du peuple — comme dans l'Argentine du XIXe siècle alors que le libéral Sarmiento, l'homme des Lumières, rejetait hors de la nation les Indiens (dont il préconisait jusqu'à l'extermination), les métis et les *gauchos* de la *pampa,* dont le parti nationaliste de Rosas prenait la défense. On se rappellera du reste qu'en Europe la nation est née dans le même lit que la démocratie ; mais elle a également inspiré des guerres meurtrières et elle a encadré les plus grands mouvements colonisateurs de l'histoire. En somme, la nation, comme concept et comme phénomène historique, est une entité multiforme et polyvalente, très difficile à définir. Sa dimension la plus générale semble tenir dans la proclamation qu'en font des élites à un moment donné de l'histoire d'une collectivité : elles affirment par là l'existence d'une communauté (homogénéité, identité, mémoire) qu'elles s'emploieront aussitôt à créer, parfois de toutes pièces[1] ; elles s'en désignent du même coup les porte-parole et se commettent à la direction de sa destinée. Au-delà de cette donnée originelle de la nation, on ne peut que se référer aux configurations imprévisibles nées de ses incarnations singulières. Finalement, son caractère changeant n'invite-t-il pas à ouvrir l'angle d'analyse pour prêter davantage attention aux rapports sociaux, et en particulier aux rapports de pouvoir qui l'animent ?

Enfin, nous avons croisé en cours de route plusieurs pistes de réflexion ou d'enquête qu'il serait utile d'explorer plus avant. On voudra s'interroger, par exemple, sur la référence aux Lumières, très inégale d'une collectivité à l'autre (elle est peu présente au Canada anglais et en Australie, elle est au premier rang de la pensée anticoloniale aux États-Unis et au Québec) et sur l'usage variable qui en est fait, soit pour appuyer un mouvement de rupture, soit pour l'enrayer. Il en est ainsi du libéralisme, très proche de l'idéologie républicaine aux États-Unis, longtemps restreint au laisser-faire capitaliste au Québec et dans plusieurs pays d'Amérique latine. La démocratie, là où elle a prévalu, a pris elle aussi des formes assez variées, se tenant tantôt très proche (États-Unis) et tantôt à distance (Canada) du peuple. De même, la notion de race a servi des fonctions différentes selon les collectivités, et parfois selon les périodes. Aux États-Unis, elle a fourni un fondement à une hiérarchie sociale au sein de la nation ; en Australie, elle a été un instrument d'exclusion en marquant les limites de l'appartenance nationale. Dans d'autres directions, il reste beaucoup à apprendre sur les aléas de la pensée radicale : pourquoi s'implante-t-elle fermement ici alors qu'elle se manifeste à peine ailleurs ? Ou sur les formes de la propriété paysanne et leurs origines idéologiques, culturelles, sociales, géographiques : pourquoi la petite exploitation familiale ? pourquoi la grande propriété ? Mentionnons encore la tentation de l'exil comme catégorie de la culture savante, ou le couple sédentarité/nomadisme, qui en est la contrepartie dans la culture populaire. On pense aussi à l'évolution de la culture orale et des formes coutumières en général ; à partir des débuts du peuplement, elles semblent s'engager dans un long processus d'érosion par rapport aux traditions de la mère patrie, bientôt doublé d'un processus de redéploiement au gré des inventions, des adaptations et des emprunts sur le nouveau continent[2]. Enfin, le thème de l'anti-intellectualisme a affleuré presque partout ; mais encore là, il y aurait un important travail à faire pour en montrer les racines et les variantes.

Sur un plan plus fondamental qui touche cette fois à la construction de l'imaginaire et à l'intégration de la nation, il faut revenir sur les différentes configurations sociales et culturelles issues de l'expérience du peuplement. Sur ce point, la disparité procède d'abord des spécificités de contextes institutionnels, de contraintes géographiques, de structures économiques, de traditions. Mais elle tient aussi pour beaucoup aux manières très contrastées dont chaque collectivité s'est représenté son expérience et en a nourri son imaginaire. Notre enquête a fait voir à quel point des expériences similaires ont pu se prêter à des mythologies différentes. Il suffit de confronter les archétypes du *bushman*, du *frontierman* ou du *gaucho* à celui du *colon* canadien-français : alors que les premiers incarnaient l'affirmation conquérante, la liberté sauvage, la force physique et la résistance, le dernier — sauf exception — personnifiait la ponctualité, la modération, la soumission, la dévotion et le renoncement. Pourtant, de nombreuses indications permettent de penser que la réalité populaire du Québec francophone partageait bien des traits avec celle des autres collectivités. On ne peut que spéculer sur les répercussions à long terme qu'une telle distorsion a pu exercer à la fois sur les mentalités et sur les comportements. En même temps, tout cela attire encore une fois l'attention sur la nature très variable des rapports qui se sont instaurés dans les nations du Nouveau Monde entre la culture savante et celle des classes populaires (rurales ou urbaines). Cela dit, indépendamment du genre de distorsion qui vient d'être évoqué, il semble que ces rapports soient voués à la friction dans la mesure où la culture savante des collectivités neuves poursuit deux objectifs difficilement conciliables. D'un côté, pour ancrer l'identité nationale dans une tradition, elle a besoin de revendiquer la densité offerte par la culture apparemment immémoriale du peuple. Mais, de l'autre, la proximité ainsi créée gêne ses efforts d'émancipation et de civilisation destinés à en faire l'égale de la culture métropolitaine.

Enfin, s'agissant d'intégration proprement dite, on peut être tenté de considérer que les nations d'aujourd'hui, affrontant comme nous l'avons dit des tensions identitaires, doivent refaire la cohésion qui les caractérisait jadis. Il y a là une illusion à dissiper. En fait, les nations d'hier ne paraissaient harmonieuses que dans la mesure de l'autorité et même de la coercition qu'elles exerçaient. La recherche historique des dernières décennies, particulièrement à l'échelle microsociale, a révélé tout un monde de marginalités et de retranchements, de résistances et de transgressions derrière le discours officiel et la façade des institutions publiques. Se superposaient à cela — et s'y enracinaient souvent — les grands clivages creusés par les classes sociales, les habitats rural et urbain, les conflits de génération, de religion, de genre. L'une des fonctions de la culture nationale était justement de masquer ces divisions. En somme, la tâche présente n'est pas de restaurer une cohésion collective déficiente en s'inspirant d'un modèle qui n'a peut-être jamais existé mais d'en concevoir une autre fort différente, appuyée sur de nouveaux fondements. Il est évident, par exemple, que la nation à venir devra consentir à des formes relativement avancées de fragmentation, comme corollaire des nouvelles figures de la citoyenneté. Il lui faudra aussi instituer des mécanismes d'assouplissement et de concertation qui ménageront à chacune de ses composantes un espace de négociation et d'action. Il est à prévoir enfin que les fondements même de la cohésion et de l'appartenance seront soumis à un processus continuel de négociation. Autrement dit, c'est en termes de *co-intégration* qu'il convient désormais de penser la nation.

Liste des cartes et figure

Bibliographie

AGUILA, Yves (1980). « Sur les prémices d'un sentiment national en Nouvelle-Espagne — 1805-1810 », dans Joseph Pérez (dir.), *Esprit créole et conscience nationale*, Paris, Éditions du CNRS, p. 69-96.

——, « Représentations de la ville de Mexico et évolution de la conscience créole », dans M. Birckel *et alii* (dir.), *Villes et nations en Amérique latine*, Paris, Éditions du CNRS, p. 63-81.

AINSA, Fernando (1989). « L'invention de l'Amérique : signes imaginaires de la découverte et construction de l'utopie », *Diogène*, n° 145 (janv.-mars), p. 104-117.

ALCORN, Richard S. et José E. Igartua (1975). « Du rang à la ville : le processus d'urbanisation au Québec et en Ontario », *Revue d'histoire de l'Amérique française*, vol. 29, n° 3 (décembre), p. 417-420.

ALCOZE, Thom, Claudette Bradley, Julia Hernandez, Kashima Tetsuyo, Iris Kane *et alii* (1993). *Multiculturalism in Mathematics, Science, and Technology : Readings and Activities*, Menlo Park, Addison-Wesley, 2 vol.

ALEXANDER, Malcolm (1989). « Australia : a settler society in a changing world », dans James Walter (dir.), *Australian Studies : A Survey*, Melbourne/Oxford/Auckland/New York, Oxford University Press, p. 49-69.

ALMAGUER, Tomas (1994). *Racial Fault Lines : The Historical Origins of White Supremacy in California*, Berkeley, University of California Press, 282 p.

ALOMES, Stephen (1988). *A Nation at Last? The Changing Character of Australian Nationalism, 1880-1988*, Australie, Angus & Robertson Publishers, 408 p.

AMADO, Jorge (1976). *La Boutique aux Miracles*, Paris, Stock, 393 p.

ANCTIL, Pierre (1988). *Les Juifs de Montréal face au Québec de l'entre-deux-guerres. Le rendez-vous manqué*, Québec, Institut québécois de recherche sur la culture, 366 p.

ANDERSON, Benedict (1991). *Imagined Communities: Reflections on the Origin and Spread of Nationalism*, London, Verso, 224 p.

ANDRÈS, Bernard (1990). *Écrire le Québec: de la contrainte à la contrariété. Essai sur la constitution des Lettres*, Montréal, XYZ éditeur, 225 p.

—, (1992-1993). « Le texte embryonnaire ou l'émergence du littéraire au Québec : 1764-1815 », *Québec Studies*, n° 15 (automne-hiver), p. 67-76.

—, (1995). « La génération de la Conquête : un questionnement de l'archive », *Voix et Images*, n° 59 (hiver), p. 274-293.

—, (1998). « Nature et frontières du récit dans un corpus en émergence (1764-1839) », dans Alain Bélanger, Nubia Hanciau et Sylvie Dion (dir.), *L'Amérique française. Introduction à la culture québécoise*, Rio Grande (Brésil), Fundacao Univesidade do Rio Grande, Departamento de Letras e Artes, p. 369-384.

—, « Les lettres d'avant la lettre : double naissance et fondation », *Littérature*, n° 113 (mars), p. 22-35.

ANDREWS, Eric Montgomery (1985). *Australia and China : The Ambiguous Relationship*, Melbourne, Melbourne University Press, 312 p.

ANDREWS, George Reid (1985). « Spanish American independence : a structural analysis », *Latin American Perspectives*, vol. 12, n° 1, p. 105-132.

—, (1996). « Brazilian racial democracy, 1900-1990 : an American counterpoint », *Journal of Contemporary History*, vol. 31, n° 3 (July), p. 483-507.

—, (1998). « From whitening to browning : political populism and radical democracy in Latin America, 1900-1959 », texte d'un exposé présenté à l'Université de Pittsburgh (Sawyer Seminar) en novembre 1998 (à paraître).

ANKERSMIT, F. R. (1989). « Historiography and Postmodernism », *History and Theory*, n° 2, p. 137-153.

AQUIN, Hubert (1962). « La fatigue culturelle du Canada français », *Liberté*, vol. 4, n° 23 (mai), p. 299-325.

ARCINIEGAS, Germán (dir.) (1967). *The Green Continent : A Comprehensive View of Latin America by Its Leading Writers*, New York, Alfred A. Knopf, 533 p.

ARCINIEGAS, Germán (1969). *Latin America : A Cultural History*, London, Barrie & Rockliff, 602 p.

ARGUIN, Maurice (1985). *Le Roman québécois de 1944 à 1965. Symptômes du colonialisme et signes de libération*, Québec, CRELIQ, 225 p.

ARMILLAS, Pedro (1962). *Program of the History of American Indians. Studies and monographs*, IV, Washington, Pan American Union, 142 p.

ARMITAGE, Andrew (1995). *Comparing the Policy of Aboriginal Assimilation : Australia, Canada and New Zealand*, Vancouver, University of British Columbia Press, 286 p.

ARON, Raymond (1948). *Introduction à la philosophie de l'histoire. Essai sur les limites de l'objectivité historique*, Paris, Gallimard, 353 p.

ASPINALL-OGLANDER, Cecil Faber (1929-1932). *Military Operations : Gallipoli*, London, W. Heinemann Ltd., 4 vol.

ASTBURY, Leigh (1985). *City Bushmen. The Heidelberg School and the Rural Mythology*, New York, Oxford University Press, 216 p.

ATKINSON, Alan (1978). « Jeremy Bentham and the Rum Rebellion », *Journal of the Royal Australian Historical Society*, vol. 64, n° 1, p. 1-13.

ATTWOOD, Bain (1990). « Aborigines and academic historians : some recent encounters », *Australian Historical Studies*, vol. 24, n° 94, p. 123-135.

ATWOOD, Margaret (1972). *Survival : A Thematic Guide to Canadian Literature*, Toronto, Anansi, 287 p.

AUDET, Bernard (1980). *Le Costume paysan dans la région de Québec au XVIIe siècle*, Montréal, Leméac, 214 p.

AUGHTERSON, W. V. (dir.) (1953). *Taking Stock. Aspects of Mid-Century Life in Australia*, Melbourne, F. W. Cheshire, 191 p.

AUSTIN, M. N. (1972). « The Rock and the Quarry », dans G. C. Bolton (dir.), *Everyman in Australia*, Australia, University of Western Australia Press, p. 11-29.

AUSTIN, Tony (1990). « Cecil Cook, scientific thought and "half-castes" in the Northern Territory, 1927-1939 », *Aboriginal History*, vol. 14, n°s 1-2, p. 104-122.

AUSTRALIAN HERITAGE COMMISSION (1981). *The Heritage of Australia : the Illustrated Register of the National Estate*, South Melbourne, Macmillan of Australia, 1164 p.

BAILY, Samuel L. (dir.) (1971). *Nationalism in Latin America*, New York, Alfred A. Knopf, 207 p.

BAILYN, Bernard (1972). *The Ideological Origins of the American Revolution*, Belnak Press of Harvard University Press, 335 p. (réédition).

—, *The Peopling of British North America : An Introduction*, New York, Knopf, 177 p.

BARCLAY, Glen St. John (1987). « Australian nationalism, 1987 », *Canadian Review of Studies in Nationalism*, n° 14, p. 49-56.

BARDET, Jean-Pierre et Hubert Charbonneau (1986). « Cultures et milieux en France et en Nouvelle-France : la différenciation des comportements démographiques », dans Joseph Goy et Jean-Pierre Wallot (dir.), *Évolution et éclatement du monde rural. Structures, fonctionnement et évolution différentielle des sociétés rurales françaises et québécoises, XVIIe-XXe siècles*, Paris/Montréal, Éditions de l'École des Hautes Études en Sciences Sociales/Presses de l'Université de Montréal, p. 75-88.

BARITEAU, Claude (1998). *Québec 18 septembre 2001. Le monde pour horizon*, Montréal, Québec Amérique, 385 p.

BARKAN, Elliott Robert (1996). *And Still They Come : Immigrants and American Society, 1920 to the 1990's*, Wheeling, H. Davidson, 262 p.

BEAN, C. E. W. (1921-1942). *Official History of Australia in the War of 1914-18*, Sydney, Angus & Robertson, 12 vol.

BEATTY, Bill (1962). *With Shame Remembered*, Melbourne (Australie), Cassell & Company Ltd., 212 p.

BEAUDET, Marie-Andrée (1991). *Langue et littérature au Québec, 1895-1914.*

L'impact de la situation linguistique sur la formation du champ littéraire. Essai, Montréal, L'Hexagone, 224 p.

BEAUDOIN, Réjean (1989). *Naissance d'une littérature. Essai sur le messianisme et les débuts de la littérature canadienne-française (1850-1890),* Montréal, Boréal, 210 p.

BEAUGRAND, Honoré (1989). *La Chasse-galerie et autres récits,* dans François Ricard (dir.), édition critique, Montréal, Les Presses de l'Université de Montréal, 362 p.

BÉDARD, Marc-André (1978). *Les Protestants en Nouvelle-France,* Québec, Société historique de Québec, 141 p.

BÉLANGER, André-J. (1974). *L'Apolitisme des idéologies québécoises. Le grand tournant de 1934-1936,* Québec, Les Presses de l'Université Laval, 392 p.

—, (1997). « L'identité nationale : produit antagonique du libéralisme. Les traditions latino-américaine et québécoise », dans Gérard Bouchard et Yvan Lamonde (dir.), *La Nation dans tous ses États. Le Québec en comparaison,* Montréal/Paris, L'Harmattan, p. 75-97.

BELICH, James (1996). *Making People : a History of the New Zealanders, from Polynesian Settlement to the End of the Nineteenth Century,* Honolulu, University of Hawaii Press, 497 p.

—, (1997). « Myth, race, and identity in New Zealand », *The New Zealand Journal of History,* vol. 31, n° 1, p. 9-22.

BELKIN, Simon (1999). *Le Mouvement ouvrier juif au Canada, 1904-1920,* Sillery (Québec), Septentrion, 390 p.

BELL, Alan et Janet Holmes (1990). *New Zealand Ways of Speaking English,* Wellington (New Zealand), Victoria University Press, 305 p.

BELL, Coral (1988). *Dependent Ally : A Study in Australian Foreign Policy,* New York, Oxford University Press, 230 p.

BELL, Daniel (1976). *The Cultural Contradictions of Capitalism,* New York, Basic Books, 301 p.

BELLEAU, André (1984). *Y a-t-il un intellectuel dans la salle? : essais,* Montréal, Primeur, 206 p.

—, *Surprendre les voix,* Montréal, Boréal, 238 p.

BENDIX, Reinhard (1964). *Nation-Building and Citizenship : Studies of our changing social order,* New York, Wiley, 314 p.

BENNET, Bruce (1994). « Myth », dans Richard Nile (dir.), *Australian Civilisation,* New York, Oxford University Press, p. 41-57.

BENSEL, Richard Franklin (1990). *Yankee Leviathan : The Origins of Central State Authority in America, 1859-1877,* New York, Cambridge University Press, 452 p.

BERGER, Carl (1970). *The Sense of Power : Studies in the Ideas of Canadian Imperialism, 1867-1914,* Toronto, University of Toronto Press, 277 p.

—, (1976). *The Writing of Canadian History : Aspects of English Historical Writing, 1900-1970,* Toronto, Oxford University Press, 300 p.

BERNAND, Carmen et Serge Gruzinski (1993). *Histoire du Nouveau Monde*, vol. 2 : *Les Métissages : 1550-1640*, Paris, Fayard, 791 p.

BERNARD, Jean-Paul (1998). « Vraiment, "choisir un compartiment de la terre" », dans Robert Comeau et Bernard Dionne (dir.), *À propos de l'histoire nationale*, Sillery (Québec), Septentrion, p. 15-18.

BERND, Zilà (1986). « La quête d'identité : une aventure ambiguë », *Voix & Images*, n° 34 (automne), p. 21-26.

—, *Littérature brésilienne et identité nationale : Dispositifs d'exclusion de l'Autre*, Paris, L'Harmattan, 160 p.

—, « Francomanie, francophilie et francophonie en Amérique latine et au Brésil », dans Eric Kuklinski, Bénédicte Leturcq, Zofia Magnuszewska (dir.), *Le Français et la culture francophone. Actes du colloque international Zielona Góra*, École Supérieure de Pédagogie, Zielona Góra, p. 32-38.

BERNDT, Ronald M. (1972). « This was their Land », dans G. C. Bolton (dir.), *Everyman in Australia*, Australia, University of Western Australia Press, p. 79-96.

BERROETA, Pedro (1994). *Tarot del amor mestizo*, Caracas, Fundacion Polar, 20 p.

BETHELL, Leslie (dir.) (1984-1991). *The Cambridge History of Latin America*, New York, Cambridge University Press, 8 vol.

BETTS, Katharine (1988). *Ideology and Immigration : Australia, 1976 to 1987*, Melbourne, Melbourne University Press, 234 p.

BICENTENNIAL (1987). *The Official Bicentennial Diary*, Brisbane, Sunshine Diaries, 254 p.

BIENVENUE, Rita M. (1983). « Comparative colonial systems : the case of canadian indians and australian aborigines », dans Peter Crabb (dir.), *Theory and Practice in Comparative Studies : Canada, Australia and New Zealand*, Sydney (Australia), ANZACS, p. 242-256.

BIRCKEL, Maurice (1980). « Sur un procès d'inquisition : particularisme, liberté, métissage et sentiment national », dans Joseph Pérez (dir.), *Esprit créole et conscience nationale*, Paris, Éditions du CNRS, p. 37-67.

BLACKTON, Charles S. (1958). « Australian nationality and nativism : the Australian natives association, 1885-1901 », *The Journal of Modern History*, vol. XXX, n° 1, p. 37-46.

—, (1967). « Australian nationality and nationalism : the imperial federationist interlude 1885-1901 », dans Margot Beever, F. B. Smith (dir.), *Historical Studies*, Selected Articles II, Melbourne, Melbourne University Press, p. 179-198.

BLAINEY, Geoffrey (1968). *The Tyranny of Distance : How Distance Shaped Australia's History*, Melbourne/London/New York/Macmillan, St. Martin's, 365 p.

—, *All for Australia*, Sydney, Methuen Haynes, 176 p.

BLOCH, Marc (1939). *La Société féodale : la formation des liens de dépendance*, Paris, A. Michel, 473 p.

—, *La Société féodale : les classes et le gouvernement des hommes*, Paris, A. Michel, 288 p.

—, (1963) [1928]. « Pour une histoire comparée des sociétés européennes », dans *Mélanges historiques*, t. I, Paris, SEVPEN, p. 16-40. Texte publié pour la première fois dans la *Revue de synthèse historique*.

BODNAR, John (1992). *Remaking America : Public Memory, Commemoration, and Patriotism in the Twentieth Century*, Princeton, Princeton University Press, 296 p.

BOIVIN, Aurélien (1998). « Roman québécois et censure », *Canadart*, vol. 6 (janvier-décembre), p. 161-174.

BOTHWELL, Robert (1995). *Canada and Quebec : One Country, Two Histories*, Vancouver, University of British Columbia Press, 269 p.

BOUCHARD, Chantal (1998). *La Langue et le Nombril. Histoire d'une obsession québécoise*, Montréal, Fides, 303 p.

BOUCHARD, Gérard (1985-1986). « Une ambiguïté québécoise : les bonnes élites et le méchant peuple », *Présentation*, Société royale du Canada, p. 29-43.

—, (1990a). « L'historiographie du Québec rural et la problématique nord-américaine avant la Révolution tranquille. Étude d'un refus », *Revue d'histoire de l'Amérique française*, vol. 44, n° 2 (automne), p. 199-222.

—, (1990b). « Sur les mutations de l'historiographie québécoise : les chemins de la maturité », dans Fernand Dumont (dir.), *La Société québécoise après 30 ans de changements*, Québec, Institut québécois de recherche sur la culture, p. 253-272.

—, (1990c). « Représentations de la population et de la société québécoises : l'apprentissage de la diversité », *Cahiers québécois de démographie*, vol. 19, n° 1 (printemps), p. 7-28.

—, (1993). « Une nation, deux cultures. Continuités et ruptures dans la pensée québécoise traditionnelle (1840-1960) », dans Gérard Bouchard (dir.), avec la collaboration de Serge Courville, *La Construction d'une culture. Le Québec et l'Amérique française*, Sainte-Foy (Québec), Les Presses de l'Université Laval, p. 3-47.

—, (1994). « La région culturelle : un concept, trois objets. Essai de mise au point », dans Fernand Harvey (dir.), *La Région culturelle. Problématique interdisciplinaire*, Québec, CEFAN/Institut québécois de recherche sur la culture, p. 111-122.

—, (1995a). « Le Québec comme collectivité neuve. Le refus de l'américanité dans le discours de la survivance », dans Gérard Bouchard, Yvan Lamonde (dir.), *Québécois et Américains : La culture québécoise aux XIXe et XXe siècles*, Montréal, Fides, p. 15-60.

—, (1995b). « L'ethnographie au secours de la nation. Mobilisation de la culture populaire par les lettrés canadiens-français (1850-1900) », dans Simon Langlois (dir.), *Identité et cultures nationales. L'Amérique française en mutation*, Sainte-Foy (Québec), Les Presses de l'Université Laval, p. 17-47.

—, (1996a). *Entre l'Ancien et le Nouveau Monde : le Québec comme population neuve et culture fondatrice*, Ottawa, Les Presses de l'Université d'Ottawa, 56 p. (conférence Charles R. Bronfman en Études canadiennes).

—, (1996b). *Quelques arpents d'Amérique. Population, économie, famille au Saguenay, 1838-1971*, Montréal, Boréal, 635 p.

——, (1997). « Populations neuves, cultures fondatrices et conscience nationale en Amérique latine et au Québec », dans G. Bouchard et Y. Lamonde (dir.), *La Nation dans tous ses États. Le Québec en comparaison*, Montréal, L'Harmattan, p. 15-54.

——, (1997a). « L'habitant canadien-français, version saguenayenne : un caillou dans l'identité québécoise. À propos de *Quelques arpents d'Amérique* », *Bulletin d'Histoire politique*, vol. 5, n° 3 (été), p. 9-23.

——, (1997b). « Marginality, co-intégration and change : social history as a critical exercise », *Journal of the CHA/Revue de la SHC*, nouvelle série, vol. 8, p. 19-38.

——, (1997c). « L'histoire sociale au Québec. Réflexion sur quelques paradoxes », *Revue d'histoire de l'Amérique française*, vol. 51, n° 2, p. 243-269.

——, (1997d). « Populations neuves, cultures fondatrices et conscience nationale en Amérique latine et au Québec », dans Gérard Bouchard et Yvan Lamonde (dir.), *La Nation dans tous ses États. Le Québec en comparaison*, Montréal/Paris, L'Harmattan, p. 15-54.

——, (1998). « Le Québec et le Canada comme collectivités neuves. Esquisse d'étude comparée », *Recherches sociographiques*, vol. 39, n°s 2-3, p. 219-248.

——, (1999). *La Nation québécoise au futur et au passé*, Montréal, VLB éditeur, 158 p.

——, (2000). « Comment les Québécois ont rêvé le Nouveau Monde » (article à paraître).

BOUCHARD, Gérard, Marc De Braekeleer *et alii* (1991). *Histoire d'un génôme. Population et génétique dans l'est du Québec*, Québec, Presses de l'Université du Québec, 607 p.

BOUCHARD, Gérard, John A. Dickinson et Joseph Goy (dir.) (1998). *Les Exclus de la terre en France et au Québec, XVIIe-XXe siècles. La reproduction familiale dans la différence*, Sillery (Québec), Septentrion, 336 p.

BOUCHARD, Gérard, René Hardy et Josée Gauthier (1997). « L'analyse interrégionale des rituels du mariage au Québec dans la première moitié du XXe siècle. Aperçu comparatif », dans Gérard Bouchard et Martine Segalen (dir.), *Une langue, deux cultures. Rites et symboles en France et au Québec*, Québec/Paris, Les Presses de l'Université Laval/La Découverte, p. 75-101.

BOUCHARD, Gérard et Michel Lacombe (1999). *Dialogue sur les pays neufs*, Montréal, Boréal, 224 p.

BOUCHARD, Gérard et Richard Lalou (1993). « La surfécondité des couples québécois depuis le XVIIe siècle : essai de mesure et d'interprétation », *Recherches sociographiques*, vol. 39, n° 1, p. 9-44.

BOUCHARD, Gérard et Yvan Lamonde (dir.) (1995). *Québécois et Américains : la culture québécoise aux XIXe et XXe siècles*, Montréal, Fides, 418 p.

——, (1997). *La Nation dans tous ses États. Le Québec en comparaison*, Montréal/Paris, L'Harmattan, 350 p.

BOUCHARD, Gérard et Martine Segalen (dir.) (1997). *Une langue, deux cultures.*

Rites et symboles en France et au Québec, Québec/Paris, Les Presses de l'Université Laval/Éditions La Découverte, 351 p.

BOUCHARD, Gérard, Michèle Salitot et Martine Segalen (1997). « La structure des rituels matrimoniaux au Québec et en France au cours de la première moitié du XXᵉ siècle », dans Gérard Bouchard et Martine Segalen (dir.), *Une langue, deux cultures. Rites et symboles en France et au Québec,* Québec/Paris, Les Presses de l'Université Laval/La Découverte, p. 13-35.

BOUTHILLIER, Guy et Jean Meynaud (1972). *Le Choc des langues au Québec: 1760-1970,* Montréal, Les Presses de l'Université du Québec, 767 p.

BOYD, Robin (1960). *The Australian Ugliness,* Melbourne (Australie), F. W. Cheshire, 230 p.

BRADING, David A. (1985). *The Origins of Mexican Nationalism,* Cambridge, Cambridge University Press, 119 p.

—, (1991). *The First America. The Spanish Monarchy, Creole Patriots, and the Liberal State, 1492-1867,* Cambridge, Cambridge University Press, 761 p.

BRADY, Alexander (1958). *Democracy in the Dominions. A Comparative Study in Institutions,* Toronto, University of Toronto Press, 614 p.

BRADY, Edwin James (1918). *Australia Unlimited,* Melbourne, G. Robertson, 1083 p.

BRAWLEY, Sean (1995). *The White Peril: Foreign Relations and Asian Immigration to Australasia and North America, 1919-1978,* Sydney, University of New South Wales Press, 387 p.

BRETTEL, Caroline B. (1981). « Is the Ethnic Community Inevitable? A Comparison of the Settlement Patterns of Portuguese Immigrants in Toronto and Paris », *The Journal of Ethnic Studies,* vol. 9, n° 3 (automne), p. 1-17.

BRODEUR, Raymond (dir.) (1990). *Les Catéchismes au Québec: 1702-1963,* Sainte-Foy (Québec)/Paris, Les Presses de l'Université Laval/Editions du CNRS, 456 p.

—, (1998). *Catéchisme et identité culturelle dans le diocèse de Québec de 1815.* Sainte-Foy (Québec), Les Presses de l'Université Laval, 309 p.

BROWN, Michael F. et Eduardo Fernandez (1991). *War of Shadows: The Struggle for Utopia in the Peruvian Amazon,* Berkeley, University of California Press, 280 p.

BRUNDAGE, Burr Cartwright (1982). *The Phoenix of the Western World: Quetzalcoatl and the Sky Religion,* Norman, University of Oklahoma Press, 349 p.

BULBECK, Chilla (1989). « Regionalism », dans James Walter (dir.), *Australian Studies. A Survey,* Melbourne, Oxford University Press, p. 70-83.

BURGMANN, Verity (1984). « Racism, socialism, and the labour movement, 1887-1917 », *Labour History,* n° 47, p. 39-54.

BURNS, E. Bradford (1978). « Ideology in nineteenth-century Latin American historiography », *Hispanic American Historical Review,* vol. 58, n° 3, p. 409-431.

BURNS, Sarah (1989). *Pastoral Inventions: Rural Life in Nineteenth-Century American Art and Culture,* Philadelphia, Temple University Press, 377 p.

BUTLIN, Noel George (1983). *Our Original Agression. Aboriginal Populations of Southeastern Australia, 1788-1850,* Sydney, George Allen & Unwin, 186 p.

——, (1993). *Economics and the Dreamtime : A Hypothetical History,* New York, Cambridge University Press, 252 p.

——, (1994). *Forming a Colonial Economy : Australia, 1810-1850,* New York, Cambridge University Press, 263 p.

BUTTS, Donald C. (1970). *Down Under up Close. Australia in Perspective,* Toluca Lake (California), Pacifica House Inc., 168 p.

BYTHELL, Duncan (1988). « The working man's paradise? Myth and reality in Australian history, 1850-1914 », *Durham University Journal* (Great Britain), vol. 81, n° 1, p. 3-14.

CAIGER, George (dir.) (1953). *The Australian Way of Life,* London, Heinemann, 158 p.

CALDWELL, Geoffrey (1982). « International sport and national identity », *International Social Science Journal* (France), vol. 34, n° 2, p. 173-183.

CAMPBELL, James T. (1995). *Songs of Zion : The African Methodist Episcopal Church in the United States and South Africa,* New York, Oxford University Press, 418 p.

CANESSA DE SANGUINETTI, Marta (1991). « Las historias nacionales ante su pasado Iberico » [National histories and their Iberian past], *Revista de Historia de América* (Mexico), vol. 111, p. 99-112.

CANUP, John (1990). *Out of the Wilderness : The Emergence of an American Identity in Colonial New England,* Middletown, Wesleyan University Press, 303 p.

CARELESS, J. M. S. (1954). « Frontierism, metropolitanism, and Canadian History », *Canadian Historical Review,* vol. 35, March, p. 1-21.

CARON, Arthur (1940). « Le racisme », *L'École sociale populaire,* n° 321 (octobre), 32 p.

CARPIN, Gervais (1995). *Histoire d'un mot : l'ethnonyme canadien de 1535 à 1691,* Sillery (Québec), Septentrion, 225 p.

CARRASCO, David (1982). *Quetzalcoatl and the Irony of Empire : Myths and Prophecies in the Aztec Tradition,* Chicago, University of Chicago Press, 233 p.

CASTLES, Francis G. (1985). *The Working Class and Welfare : Reflections on the Political Development of the Welfare State in Australia and New Zealand,* Wellington, Allen & Unwin Port Nicholson Press, 128 p.

CASTLES, Stephen, Bill Cope, Mary Kalantzis et Michael Morrissey (1988). *Mistaken Identity. Multiculturalism and the Demise of Nationalism in Australia,* Sydney, Pluto Press, 152 p.

CHARRON, François (1999). « Pour une intelligence rebelle de la conscience (dépaysement) », dans Bernard Andrès et Zilà Bernd (dir.), *L'Identitaire et le littéraire dans les Amériques,* Montréal, Éditions Nota Bene, p. 205-221.

CHARTIER, Émile (1939). « La vie de l'esprit au Canada français : 10ᵉ et dernière étude », *Mémoires et comptes rendus de la Société royale du Canada,* troisième série, t. XXXIII, p. 31-46.

CHARTRAND, Luc, Raymond Duchesne et Yves Gingras (1987). *Histoire des sciences au Québec,* Montréal, Boréal, 487 p.

CHENOT, Béatrice (1980). « Récits de voyage et vision de l'Argentine — 1850-1870 », dans Joseph Pérez (dir.), *Esprit créole et conscience nationale,* Paris, Éditions du CNRS, p. 123-151.

CHEVALIER, François (1977). *L'Amérique latine de l'Indépendance à nos jours,* Paris, Presses Universitaires de France, 548 p.

CHOI, C. Y. (1975). *Chinese Migration and Settlement in Australia,* Sydney, Sydney University Press, 129 p.

CIORANESCU, Alexandre (1971). « Utopie : Cocagne et Âge d'or », *Diogène,* n° 75, p. 86-123.

CLARK, Charles Manning Hope (1962). *A History of Australia,* vol. 1 : *From the Earliest Times to the Age of Macquarie,* Carlton, Victoria, Melbourne University Press, 422 p.

—, (1972). « The British Philistine or the Dinkum Aussie », dans G. C. Bolton (dir.), *Everyman in Australia,* Australia, University of Western Australia Press, p. 1-10.

—, (1980). *Occasional Writings and Speeches,* Sydney, Fontana/Collins, 269 p.

—, (1981). *A History of Australia. The People Make Laws, 1888-1915,* Melbourne, Melbourne University Press, vol. 5, 448 p.

CLARK, Richard (1976). « Bibliographical spectrum and review article : is there a Canadian literature ? », *Review of the National Literatures,* n° 7, p. 133-164.

CLISSOLD, Stephen (1966). *Latin America. A Cultural Outline,* New York, Harper & Row, 160 p.

COCHRANE, Peter, David Goodman (1988). « The great australian journey : cultural logic and nationalism in the postmodern era », *Australian Historical Studies,* vol. 23, n° 91, p. 21-44.

COLE HARRIS, Richard (1977). « The simplification of Europe overseas », *Annals of the Association of American Geographers,* vol. 67, n° 4 (décembre), p. 469-483.

COLEMAN, Peter (dir.) (1962). *Australian Civilization : a Symposium,* Melbourne, F. W. Cheshire, 247 p.

—, (1974). *Obscenity, Blasphemy, Sedition : 100 Years of Censorship in Australia,* Sydney, Angus & Robertson, 141 p.

COLEMAN, Peter J. (1982). « New Zealand liberalism and the origins of the American welfare state », *Journal of American History,* vol. 69, n° 2, p. 372-391.

COLLEY, Linda (1992). *Britons; Forging the Nation, 1707-1837,* New Haven, Yale University Press, 429 p.

COLLINS, Jock (1986). « Do we want Geoffrey Blainey's Australia ? », *Australian Quarterly,* vol. 57, n°s 1-2, p. 47-56.

COLTHEART, Lenore (1997). « Kurrindju : changing the course of history », *Australian Studies,* vol. 12, n° 1, p. 36-53.

CONEY, Sandra (1993). *Standing in the Sunshine. A History of New Zealand Women since They Won the Vote,* Auckland, Viking/Penguin, 332 p.

CONNELL, Robert William, Terence H. Irving (1992). *Class Structure in Australian History : Poverty and Progress*, Melbourne, Longman Cheshire, 525 p.

CONWAY, Jill (1985). « Gender in Australia », *Daedalus*, vol. 114, n° 1, p. 343-368.

COOK, Sherburne F. et Woodrow Borah (1971). *Essays in Population History : Mexico and the Caribbean*, vol. 1, Berkeley, University of California Press, 455 p.

COOK, Sherburne F. et Woodrow Borah (1974). *Essays in Population History : Mexico and the Caribbean*, vol. 2, Berkeley, University of California Press, 472 p.

COOK, Sherburne F. et Woodrow Borah (1979). *Essays in Population History : Mexico and California*, vol. 3, Berkeley, University of California Press, 333 p.

COOPER, Frederick (1996). « Race, Ideology, and the Perils of Comparative History », *The American Historical Review*, vol. 101, n° 4 (octobre), p. 1122-1138.

CORRIS, Peter (1973). « Racialism : the Australian experience », *Historical Studies*, vol. 15, n° 61, p. 750-759.

COUILLARD, Marie (1995). « Nation, nationalité et nationalisme au Canada français (1830-1850) », dans Marie Couillard, Patrick Imbert (dir.), *Les Discours du Nouveau Monde au XIXe siècle au Canada français et en Amérique latine*, New York/Ottawa/Toronto, Legas, p. 63-72.

COUILLARD, Marie et Patrick Imbert (1995). *Les Discours du Nouveau Monde au XIXe siècle au Canada français et en Amérique latine*, Ottawa, Legas, 288 p.

COURVILLE, Serge (1983). « Espace, territoire et culture en Nouvelle-France : une vision géographique », *Revue d'histoire de l'Amérique française*, vol. 37, n° 3, p. 417-430.

—, (1993). « De l'écart entre les faits de croissance et les représentations collectives : l'exemple du Québec », dans Gérard Bouchard (dir.), Serge Courville (collaborateur), *La Construction d'une culture. Le Québec et l'Amérique française*, Sainte-Foy (Québec), Les Presses de l'Université Laval, p. 75-92.

COWLISHAW, Gillian (1992). « The aboriginal experience : a problem of interpretation », *Ethnic and Racial Studies*, vol. 15, n° 2 (avril), p. 304-311.

CRAVEN, Gregory (1986). *Secession : The Ultimate States' Right*, Melbourne, Melbourne University Press, 246 p.

CRAWFORD, Michael J. (1991). *Seasons of Grace : Colonial New England's Revival Tradition in Its British Context* (Religion in America Series), New York, Oxford University Press, 354 p.

CRAWFORD, R. M. (1955). « Australian national character : Myth and reality », *Journal of World History*, vol. 2, n° 3, p. 704-727.

CRITCHETT, Jan (1990). *A « Distant Field of Murder » : Western District Frontiers, 1834-1848*, Carlton, Victoria, Melbourne University Press, 303 p.

CROWLEY, F. K. (dir.) (1974). *A New History of Australia*, Melbourne (Australia), William Heinemann, 639 p.

CULLITY, D. M. (1972). « One view from within — where ? », dans G. C. Bolton (dir.), *Everyman in Australia*, Australia, University of Western Australia Press, p. 97-111.

DALZIEL, Raewyn (1977). « The colonial helpmeet : Women's role and the vote in nineteenth-century New Zealand », *New Zealand Journal of History*, vol. 11, n° 2, p. 112-123.

DAVIDSON, Alastair (1991). *The Invisible State. The Formation of the Australian State, 1788-1901*, Cambridge, Cambridge University Press, 329 p.

DAVISON, Graeme (1978). « Sydney and the bush : An urban context for the Australian Legend », *Historical Studies*, vol. 18, n° 71, p. 191-209.

DAY, David (1992). *Reluctant Nation : Australia and the Allied Defeat of Japan, 1942-45*, New York, Oxford University Press, 366 p.

DECHÊNE, Louise (1994). *Le Partage des subsistances au Canada sous le Régime français*, Montréal, Boréal, 283 p.

DELÂGE, Denys (1971). « Les structures économiques de la Nouvelle-France et de la Nouvelle-York », *L'actualité économique*, vol. 46 (avril-mars), p. 67-118.

—, (1999). « Essai sur les origines de la canadianité », dans Éric Waddell (dir.), *Le Dialogue avec les cultures minoritaires*, Sainte-Foy (Québec), Les Presses de l'Université Laval, p. 29-51.

DEMELAS, Marie-Danielle (1982). « Une réponse du berger à la bergère : les Créoles andins entre l'Amérique et l'Europe au XIXᵉ siècle », dans J.-P. Clément *et alii* (dir.), *Études sur l'impact culturel du nouveau monde*, t. II, Paris, Éditions l'Harmattan, p. 111-129.

DEMPSEY, Hugh A. (1995). *The Golden Age of the Canadian Cowboy : An Illustrated History*, Saskatoon and Calgary, Fifth House, 169 p.

DENOON, Donald (1983). *Settler Capitalism : the Dynamics of Dependent Development in the Southern Hemisphere*, New Yord, Oxford University Press, 280 p.

DEROME, Robert (1997). *La Canadianisation dans l'art de l'orfèvrerie. Importations, influences et production locale*, communication au deuxième Forum de l'IREP sur l'étude comparée des imaginaires collectifs, ayant pour thème « La canadianisation aux XVIIᵉ et XVIIIᵉ siècles », Montréal, Université McGill.

DESHAIES, Bruno (1973). *Évolution des États du Québec et de l'Ontario entre 1867 et 1871*, Montréal, Université de Montréal, 462 p. (thèse de doctorat en histoire).

DEW, Edward (1978). *The Difficult Flowering of Surinam : Ethnicity and Politics in a Plural Society*, The Hague, Martinus Nijhoff, 234 p.

DICKINSON, John (1996). « La population autochtone », dans Serge Courville (dir.), *Atlas historique du Québec. Population et territoire*, Sainte-Foy (Québec), Les Presses de l'Université Laval, p. 11-20.

DINGLE, A. E. (1980). « The truly magnificent thirst : an historical study of Australian drinking habits », *Historical Studies*, vol. 19, n° 75 (octobre), p. 227-249.

DIXSON, Miriam (1994). *The Real Matilda : Woman and Identity in Australia, 1788 to the Present*, Ringwood, Victoria, Penguin, 318 p.

DOCKER, John (1974). *Australian Cultural Elites : Intellectual Traditions in Sydney and Melbourne*, Sydney, Angus & Robertson, 182 p.

—, (1978). « Australian studies », *Meanjin*, XXXVII, p. 23-28.

DOCKING, Gil (1990). *Two Hundred Years of New Zealand Painting*, Glenfield (New Zealand), D. Bateman, 248 p.

DONOVAN, P. F. (1981). *A Land Full of Possibilities: A History of South Australia's Northern Territory*, New York, University of Queensland Press, 267 p.

DORSINVILLE, Max (1974). *Caliban without Prospero: Essay on Quebec and Black Literature*, Erin (Ontario), Press Porcepic, 227 p.

DOW, G. (1985). « Family history and educational history: towards an integration », *Historical Studies*, vol. 21, n° 84, p. 421-432.

DOWBIGGIN, Ian Robert (1997). *Keeping America Sane: Psychiatry and Eugenics in the United States and Canada, 1880-1940*, Ithaca, Cornell University Press, 245 p.

DUCHARME, Réjean (1969). *La Fille de Christophe Colomb*, Paris, Gallimard, 232 p.

DUCHESNE, Raymond (1978). *La Science et le pouvoir au Québec, 1920-1965*, Québec, Éditeur officiel du Québec, 126 p.

DUFFIELD, Ian (1986). « From slave colonies to penal colonies: the West Indian convict transportees to Australia », *Slavery & Abolition*, vol. 7, n° 1, p. 25-45.

DUMAS, Claude (1982). « Essai sur le prurit d'identité dans les Amériques latines depuis l'indépendance: repères et tendances », *Actes du XVIIIe congrès de la Société des hispanistes français* (tenu à Perpignan du 20-22 mars 1982), p. 79-94.

DUMONT, Fernand (1968). *Le Lieu de l'homme: la culture comme distance et mémoire*, Montréal, Éditions HMH, 233 p.

—, (1971). *La Vigile du Québec. Octobre 1970: l'impasse?*, Montréal, Hurtubise HMH, 234 p.

—, (1987). *Le Sort de la culture*, Montréal, l'Hexagone, 332 p.

—, (1993). *Genèse de la société québécoise*, Montréal, Les Éditions du Boréal, 393 p.

—, (1997). *Récit d'une émigration: mémoires*, Montréal, Boréal, 268 p.

DUMONT, Fernand *et alii* (1974). *Idéologies au Canada français 1900-1929*, Québec, Les Presses de l'Université Laval, 317 p.

DUMONT, Micheline (1998). « Histoire et Société: quel a été le rôle de l'Institut d'histoire de l'Amérique française? », *Bulletin d'histoire politique*, vol. 6, n° 2 (hiver), p. 90-114.

DUNN, Michael (1984). *Australia and the Empire: From 1788 to the Present*, Sydney, Fontana/Collins, 228 p.

DUPRÉ, Ruth (1993). « Was the Quebec Government Spending so Little? A Comparison with Ontario, 1867-1969 », *Revue d'études canadiennes/Journal of Canadian Studies*, vol. 28, n° 3 (automne), p. 45-61.

DUTTON, Geoffrey et Max Harris (dir.) (1968). *The Vital Decade: Ten Years of Australian Art and Letters*, Melbourne, Sun Books in association with Australian Letters, 252 p.

EAKIN, Marshall C. (1997). *Brazil. The Once and Future Country*, New York, St. Martin's Press, 301 p.

ECO, Umberto (1979). *A Theory of Semiotics*, Bloomington, Indiana University Press, 354 p.

EGNAL, Marc (1996). *Divergent Paths. How Culture and Insitutions Have Shaped North American Growth,* Don Mills, Oxford University Press, 300 p.

ELSE-MITCHELL, R. (1976). « American influences on Australian nationhood », *Journal of the Royal Australian Historical Society,* vol. 62, n° 1, p. 1-19.

ESPAGNE, Michel (1994). « Sur les limites du comparatisme en histoire culturelle », *Savoir-faire,* p. 112-121.

ETZIONI, Amitai et Frederic L. Dubow (dir.) (1970). *Comparative Perspectives. Theories and Methods,* Boston, Little, Brown and Company, 410 p.

EVANS, Patrick (1990). *The Penguin History of New Zealand Literature,* New York, Penguin Book, 287 p.

EVANS, Raymond, Kay Saunders et Kathryn Cronin (1988). *Race Relations in Colonial Queensland: A History of Exclusion, Exploitation and Extermination,* St. Lucia, University of Queensland Press, 450 p.

FAHMY-EID, Nadia (1997). « Histoire comparée, histoire plus vraie? Quelques balises et des promesses d'avenir », *Revue de la Société historique du Canada,* n° 7, p. 3-18.

FAIRBURN, Miles (1989). *The Ideal Society and its Enemies. The Foundations of Modern New Zealand Society, 1850-1900,* Auckland, Auckland University Press, 316 p.

FALARDEAU, Jean-Charles (dir.) (1953). *Essais sur le Québec contemporain/Essays on contemporary Quebec,* Sainte-Foy (Québec), Les Presses de l'Université Laval, 260 p.

FALARDEAU, Jean-Charles (1964). *L'Essor des Sciences sociales au Canada français,* Québec, ministère des Affaires culturelles, 65 p.

FARR, Dorothy (1990). *Urban Images, Canadian Painting,* Kingston, Agnes Etherington Art Centre, Queen's University, 124 p.

FAUCHER, Albert (1973). *Québec en Amérique au XIXᵉ siècle. Essai sur les caractères économiques de la Laurentie,* Montréal, Fides, 247 p.

—, (1975). « Explication socio-économique dans l'histoire des migrations au Québec », *Délibérations et Mémoires de la Société royale du Canada,* série IV, t. XIII, p. 91-107.

FAVRE, Henri (1971). *Changement et continuité ches les Mayas du Mexique,* Paris, Éditions Anthropos, 353 p.

—, (1990). *L'Indigénisme,* Paris, Encyclopædia Universalis, p. 123-129.

—, (1994). « Race et nation au Mexique de l'indépendance à la révolution », *Annales, Histoire, Sciences Sociales,* 49ᵉ année, n° 4 (juillet-août), p. 951-976.

—, (1996). *L'Indigénisme,* Paris, Presses Universitaires de France, 127 p.

FELLOWS, Jo-Ann (1971). « The loyalist myth in Canada », *Historical Papers/Communications historiques,* n° 96, p. 94-111.

FISCHER, Gerhard (1989). *Enemy Aliens: Internment and the Homefront Experience in Australia, 1914-1920,* St. Lucia, Queensland, University of Queensland Press, 404 p.

FITZ, Earl E. (1980). « Old world roots. New world realities : a looks at the growth of literature in North and South America », *Council on National Literature Quarterly World Report III* (juillet), p. 8-11.

—, (1991). *Rediscovering the New World : Inter-American Literature in a Comparative Context,* Iowa City, University of Iowa Press, 275 p.

—, (1997). « The Interplay of History, Fiction, and Language in the Development of Colonial Literature in the Americas : Quebec and Latin America », dans Gérard Bouchard et Yvan Lamonde (dir.), *La Nation dans tous ses États. Le Québec en comparaison,* Montréal, L'Harmattan, p. 133-142.

FITZGERALD, Ross (1984). *From 1915 to the Early 1980s : A History of Queensland,* St. Lucia, University of Queensland Press, 653 p.

FLETCHER, Brian H. (1994). « Australian history : the imperial context, 1880's-1939 », *Australian Journal of Politics and History,* vol. 40, n° 1, p. 1-15.

—, (1997). « National history and national identity in postcolonial Australia », *Journal of the Royal Australian Historical Society,* vol. 83, part 1 (juin), p. 1-16.

FONER, Eric (1988). *Reconstruction : America's Unfinished Revolution : 1863-1877,* New York, Harper & Row, 690 p.

FOSTER, Leonie (1983). « The Australian round table, the moot and Australian nationalism », *The Round Table,* n° 288, p. 473-483.

FOURNIER, Marcel (1986). *L'Entrée dans la modernité. Science, culture et société au Québec,* Montréal, Éditions Saint-Martin, 239 p.

FREDRICKSON, George M. (1995). *Black Liberation : A Comparative History of Black Ideologies in the United States and South Africa,* New York, Oxford University Press, 390 p.

FREEMAN, Gary P. et James Jupp (dir.) (1992). *Nations of Immigrants : Australia, the United States, and International Migration,* New York, Oxford University Press, 250 p.

FRÉGAULT, Guy (1976). *Chronique des années perdues,* Montréal, Leméac, 250 p.

FRENETTE, Yves (1998). *Brève histoire des Canadiens français,* Montréal, Boréal, 216 p.

FREYRE, Gilberto (1974). *Maîtres et esclaves : la formation de la société brésilienne,* Paris, Gallimard, 550 p.

FROST, Alan (1987). *Arthur Phillip, 1738-1814 : His Voyaging,* New York, Oxford University Press, 320 p.

FUENTES, Carlos (1992). « Imaginer l'Amérique », *Diogène,* n° 160 (octobre-décembre), p. 8-24.

GAGNON, François-Marc (1975). *La Conversion par l'image. Un aspect de la mission des jésuites auprès des Indiens du Canada au XVIIe siècle,* Montréal, Les Éditions Bellarmin, 141 p.

GAGNON, François-Marc et Nicole Cloutier (1976). *Premiers peintres de la Nouvelle-France,* t. I, Québec, ministère des Affaires culturelles, 163 p.

GALLAGHER, Nancy L. (1999). *Breeding Better Vermonters. The Eugenics Project in the Green Mountain State,* New England, University Press of New England, 304 p.

GAMMAGE, Bill (1990). « Who gained, and who was meant to gain, from land selection in New South Wales? », *Australian Historical Studies,* vol. 24, n° 94, p. 104-122.

GARCIA Jr., Afranio (1993). « Les intellectuels et la conscience nationale au Brésil », *Actes de la recherche en sciences sociales,* vol. 98 (juin), p. 20-33.

GARTON, Stephen (1989). « Aboriginal history », dans James Walter (dir.), *Australian Studies: A Survey,* Melbourne, Oxford University Press, p. 189-205.

GAUTHIER, Raymonde (1974). *Les Tabernacles anciens du Québec des XVIIe, XVIIIe et XIXe siècles,* Québec, ministère des Affaires culturelles, 112 p.

—, (1994). *Construire une église au Québec. L'architecture religieuse avant 1939,* Montréal, Libre Expression, 245 p.

GAUVIN, Lise (1974). « Littérature et langue parlée au Québec, dossier », *Études françaises,* vol. 10, n° 1, p. 79-119.

—, (1975). *« Parti pris » littéraire,* Montréal, Les Presses de l'Université de Montréal, 217 p.

—, (1976). « Problématique de la langue d'écriture au Québec, de 1960 à 1975 », *Langue française,* n° 31 (septembre), p. 74-90.

—, (1994). « L'idée de littérature nationale », dans Simone Dreyfus, Edmond Jouve et Gilbert Pilleul (dir.), *Les Écrivains du Québec. Actes du Quatrième Colloque international francophone du Canton de Payrac (Lot),* Paris, ADELF, p. 107-121.

GEERTZ, Clifford (1971). *Islam Observed: Religious Development in Morocco and Indonesia,* Chicago, University of Chicago Press, 136 p.

GELLNER, Ernest (1983). *Nations and Nationalism,* Ithaca, Cornell University Press, 150 p.

GERIN, Léon (1894). « Comment le domaine plein a assuré le maintien de la race, et comment se classe le type franco-canadien : III, Le rang et la paroisse », *Science sociale,* vol. XVII (avril), p. 318-347.

GIBBONS, P. J. (1992). « The climate of opinion », dans Geoffrey W. Rice (dir.), *The Oxford History of New Zealand,* Auckland, Oxford University Press, p. 308-336.

GIBSON, Charles (1969). « The problem of the impact of spanish culture on the indigenous american population », dans Fredrick B. Pike (dir.), *Latin American History: Select Problems. Identity, Integration, and Nationhood,* New York, Hartcourt, Brace & World, p. 65-72.

GIBSON, Charles (dir.) (1971). *The Black Legend. Anti-Spanish Attitudes in the Old World and the New,* New York, Alfred A. Knopf, 222 p.

GIBSON, Charles (1984). « Indian societies under Spanish rule », dans Leslie Bethell (dir.), *The Cambridge History of Latin America,* vol. II, Cambridge, Cambridge University Press, p. 381-419.

GINGRAS, Yves (1994). *Pour l'avancement des sciences: histoire de l'ACFAS: 1923-1993,* Montréal, Boréal, 268 p.

—, (1996a), « Laval's Dual Heritage », *The Literary Review of Canada* (novembre), p. 11-13.

—, (1996b), *Marie-Victorin : Science, culture et nation*, Montréal, Boréal, 179 p.

GLAZER, Nathan et Daniel Patrick Moynihan (dir.) (1967). *Beyond the Melting Pot. The Negroes, Puerto Ricans, Jews, Italians, and Irish of New York City,* Cambridge, MIT Press, 360 p. (réédition).

GLISSANT, Édouard (1981). *Le Discours antillais,* Paris, Éditions du Seuil, 503 p.

GLYNN, Sean (1970). *Urbanisation in Australian History,* Melbourne, Nelson, 67 p.

GOMEZ, Thomas (1992). *L'Invention de l'Amérique. Rêve et réalités de la Conquête,* Paris, Aubier, 331 p.

GORDON, Elizabeth (1989). « That colonial twang : New Zealand speech and New Zealand identity », dans David Novitz, Bill Willmott (dir.), *Culture and Identity in New Zealand,* Wellington, GP Books, p. 77-90.

GORDON, Elizabeth, Tony Deverson (1998). *New Zealand English and English in New Zealand,* Auckland, New House Publishers, 208 p.

GOWANS, Alan (1958). *Looking at Architecture in Canada,* Toronto, Oxford University Press, 232 p.

GRACIA, Jorge J. E. et Iván Jaksic (1984). « The problem of philosophical identity in Latin America », *Inter-American Review of Bibliography,* vol. 34, n° 1, p. 53-71.

GRAHAM, Richard (dir.) (1990). *The Idea of Race in Latin America, 1870-1940,* Austin, University of Texas Press, 135 p.

GRANATSTEIN, Jack L. (1996). *Yankee Go Home? Canadians and Anti-Americanism,* Toronto, Harper Collins, 317 p.

GRANGER, Luc (1969). *Ouate de phoque,* Montréal, Parti pris, 266 p.

GRANT, George Parkin (1965). *Lament for a Nation : The Defeat of Canadian nationalism,* Toronto, McLelland and Stewart, 97 p.

GREEN, Nancy L. (1994). « The Comparative Method and Poststructural Structuralism — New Perspectives for Migration Studies », *Journal of American Ethnic History,* vol. 13, n° 4, p. 3-22.

GREENE, Jack P. (1988). *Pursuits of Happiness : The Social Development of Early Modern British Colonies and the Formation of American Culture,* Chapel Hill, University of North Carolina Press, 284 p.

—, (1993). *The Intellectual Construction of America. Exceptionalism and Identity from 1492 to 1800,* Chapel Hill, The University of North Carolina Press, 216 p.

GREENFELD, Liah (1992). *Nationalism. Five Roads to Modernity,* Cambridge, Harvard University Press, 581 p.

GREER, Allan (1993). *The Patriots and the People : The Rebellion of 1837 in Rural Lower Canada,* Toronto, University of Toronto Press, 385 p. Ouvrage paru en français au Boréal en 1997 (*Habitants et Patriotes. La Rébellion de 1837 dans les campagnes du Bas-Canada,* 372 p.).

—, (1995). « 1837-1838 : Rebellion reconsidered », *Canadian Historical Review,* vol. 76, n° 1, p. 2-18.

—, (1997). *The People of New France*, Toronto, University of Toronto Press, 137 p. Ouvrage paru en français au Boréal en 1998 (*Brève histoire des peuples de la Nouvelle-France*, 168 p.).

GREW, Raymond (1980). « The Case for Comparing Histories », *The American Historical Review*, vol. 85, n° 4 (October), p. 763-778.

—, (1985). « The Comparative Weakness of American History », *Journal of Interdisciplinary History*, vol. 16, n° 1 (Summer), p. 87-101.

GRIFFITHS, Tom (1987). « Past silences : aborigines and convicts in our history-making », *Australian Cultural History*, n° 6, p. 18-32.

—, (1996). *Hunters and Collectors : The Antiquarian Imagination in Australia*, Cambridge/Melbourne, Cambridge University Press, 416 p.

GRIMSHAW, Patricia (1987). *Women's Suffrage in New Zealand*, Auckland, Auckland University Press, 156 p. (réédition).

GRIMSHAW, Patricia, Marilyn Lake, Ann McGrath et Marian Quartly (1994). *Creating a Nation*, Melbourne, McPhee Gribble, 360 p.

GROULX, Lionel (1938). *La Naissance d'une race*, Montréal, Granger Frères Ltée, 284 p.

GROULX, Patrice (1998). *Pièges de la mémoire. Dollard des Ormeaux, les Amérindiens et nous*, Hull, Éditions Vents d'Ouest, 436 p.

GRUTMAN, Rainier (1997). *Des langues qui résonnent. L'hétérolinguisme au XIXᵉ siècle québécois*, Montréal, Fides/CÉTUQ, 224 p.

GRUZINSKI, Serge (1989). *Man-Gods in the Mexican Highlands : Indian Power and Colonial Society, 1520-1800*, Stanford, Stanford University Press, 223 p.

GUERRA, François-Xavier (1992). *Moderninad E Independencias. Ensayos sobre las revoluciones hispánicas*, Madrid, Editorial Mapfre, 406 p.

—, (1995). « La nation en Amérique espagnole. Le problème des origines », dans Jean Baechler *et alii*, *La Nation*, Paris, Gallimard/Le Seuil, p. 85-106.

GURIK, Robert (1968). *Hamlet, prince du Québec : pièce en deux actes*, Montréal, Éditions de l'Homme, 95 p.

GURR, Ted Robert (1985). « The politics of Aboriginal land rights and their effects on Australian resource development », *Australian Journal of Politics and History*, vol. 31, n° 3, p. 474-489.

HABERLY, David T. (1974). « The Search for a National Language : A Problem in the Comparative History of Postcolonial Literatures », *Comparative Literature Studies*, vol. 11, n° 1 (mars), p. 85-97.

HADGRAFT, Cecil (1960). *Australian Literature : A Critical Account to 1955*, London, Heinemann, 302 p.

—, (1963). « Literature », dans A. L. McLeod (dir.), *The Pattern of Australian Culture*, Ithaca, Cornell University Press, p. 42-101.

HAMELIN, Louis-Edmond (1984). « Destin d'une géographie humaine mal aimée », dans G. H. Lévesque *et alii* (dir.), *Continuités et rupture : Les sciences sociales au Québec*, t. I et II, Montréal, Les Presses de l'Université de Montréal, p. 87-109.

—, (1986). « L'habitat rural aligné au Canada, hypothèse de son origine européenne », dans Pierre George (dir.), *La Géographie du Canada*, Talence, Presses Universitaires de Bordeaux, p. 45-65.

HAMER, David (1988). *The New Zealand Liberals. The Years of Power, 1891-1912,* Auckland, Auckland University Press, 418 p.

—, (1990). *New Towns in the New World. Images and Perceptions of the Nineteenth-Century Urban Frontier,* New York, Columbia University Press, 328 p.

HANCOCK, William Keith (1931). *Australia,* New York, C. Scribner's sons, 326 p.

HANDLER, Richard (1983). « In Search of the Folk Society : Nationalism and Folklore Studies in Quebec », *Culture,* vol. III, n° 2, p. 103-114.

HANDLIN, Oscar et Lilian Handlin (1986). *Liberty in America : 1600 to the Present,* vol. 1 : *Liberty and Power, 1600-1760,* New York, Harper and Row, 280 p.

HARPER, Norman (1987). *A Great and Powerful Friend : A Study of Australian-American Relations Between 1900 and 1975,* Manchester, N. H., University of Queensland Press, 416 p.

HARTZ, Louis (1962). « American historiography and comparative analysis », *Comparative Studies in Society and History* (vol. V), p. 365-377.

HARTZ, Louis (dir.) (1964). *The Founding of New Societies : Studies in the History of the United States, Latin America, South Africa, Canada and Australia,* New York, Harcourt, Brace and World, 336 p.

HARVEY, Louis-Georges (1990). *Importing the Revolution. The Image of America in French-Canadian Political Discourse (1805-1837),* thèse de doctorat (histoire), Université d'Ottawa, 508 p.

—, (1995). « Le mouvement patriote comme projet de rupture (1805-1837) », Gérard Bouchard et Yvan Lamonde (dir.), *Québécois et Américains. La culture québécoise aux XIXe et XXe siècles,* Montréal, Fides, p. 87-112.

HAUPT, H.-G. (1995). « La lente émergence d'une histoire comparée », *Autrement,* n° 150-151 (janvier), p. 196-207.

HAWKINS, Freda (1989). *Critical Years in Immigration : Canada and Australia Compared,* Montréal/Kingston, McGill/Queen's University Press, 368 p.

HAYNE, David M. (1989). « Historical Introduction : Comparative Canadian Literature », dans Antoine Sirois, Jean Vigneault, Maria van Sundert, David M. Hayne, *Bibliography of Studies in Comparative Canadian Literature/Bibliographie d'études de littérature canadienne comparée (1930-1987),* Sherbrooke, Université de Sherbrooke, p. 9-20.

HEALY, Chris (1988). « History, history everywhere but… », *Australian historical Studies,* vol. 23, n° 91, p. 180-192.

HELG, Aline (1990). « Race in Argentina and Cuba, 1880-1930 : theory, policies, and popular reaction », dans Richard Graham (dir.), *The Idea of Race in Latin America, 1870-1940,* Austin, University of Texas Press, p. 37-69.

HESELTINE, Harry P. (1986). *The Uncertain Self,* Essays in Australian Literature and Criticism, Melbourne, Oxford University Press, 222 p.

HICKS, Neville (1974). « Demographic transition in the antipodes : Australian population structure and growth, 1891-1911 », *Australian Economic History Review,* vol. 14, n° 2, p. 123-142.

—, (1975). « Theories of differential fertility and the australian experience, 1891-1911 », *Historical Studies,* vol. 16 n° 65, p. 567-583.

HIGHAM, John (1989). « Changing Paradigms : the Collapse of Consensus History », *Journal of America History,* vol. 76, n° 2 (septembre), p. 460-466.

HILL, Alette Olin, Boyd H. Hill (1980). « Marc Bloch and Comparative History », *The American Hisorical Review,* vol. 85, n° 4 (Octobre), p. 828-846.

HIRST, J. B. (1983). *Convict Society and its Enemies : A History of Early New South Wales,* Sydney, London and Boston, George Allen & Unwin, 244 p.

—, (1984). « Keeping colonial history colonial : the hartz thesis revisited », *Historical Studies,* vol. 21, n° 82, p. 85-109.

HOBSBAWM, E. J. (1990). *Nations and Nationalism Since 1780,* Cambridge, Cambridge University Press, 206 p.

HOBSBAWM, Éric (1995). « Nationalism and nationality in Latin America », dans Bouda Etemad, Jean Batou, Thomas David (dir.), *Pour une histoire économique et sociale internationale. Mélanges offerts à Paul Bairoch,* Genève, Éditions Passé Présent, p. 313-323.

HOBSON, Charles F. (1996). *The Great Chief Justice : John Marshall and the Rule of Law,* Lawrence, University Press of Kansas, 256 p.

HODGE, Bob, Vijay Mishra (1991). *The Dark Side of the Dream : Australian Literature and the Postcolonial Mind,* Sydney, Allen & Unwin, 253 p.

HODGSON, Marshall G. S. (dir.) (1993). *Rethinking World History : Essays on Europe, Islam, and World History,* Cambridge, Cambridge University Press, 328 p.

HOFFER, Peter Charles (1998). *Law and People in Colonial America,* Baltimore, Johns Hopkins University Press, 193 p. (Revised edition).

HOFSTADTER, Richard (1948). *The American Political Tradition and the Men who Made It,* New York, A. A. Knopf, 378 p.

HOPKINS, Terence K. et Immanuel Wallerstein (1970). « The Comparative Study of National Societies », dans Amitai Etzioni et Frederic L. Dubow (dir.), *Comparative Perspectives. Theories and Methods,* Boston, Little, Brown and Company, p. 183-204.

HORNE, Donald (1972). *The Australian People,* Sydney, Angus and Robertson, 285 p.

—, (1976). *Death of the Lucky Country,* Australie, Penguin Books, 115 p.

HUDSON, Wayne et Geoffrey Bolton (dir.) (1997). *Creating Australia : Changing Australian History,* St Leonards, New South Wales, Allen and Unwin, 187 p.

HUGHES, Robert (1987) [1986]. *The Fatal Shore,* New York, Knopf, 688 p.

HUTCHINSON, John (1994). *Modern Nationalism,* London, Fontana Press, 223 p.

HUTCHISON, Bruce (1954). « The canadian personality », dans Malcolm Ross (dir.), *Our Sense of Identity. A Book of Canadian Essays*, Toronto, Ryerson Press, p. 39-45.

HUTTENBACK, Robert A. (1976). *Racism and Empire: White Settlers and Colored Immigrants in British Self-Governing Colonies, 1830-1910*, Ithaca, Cornell University Press, 359 p.

IGARTUA, José E. (1997). « L'autre révolution tranquille. L'évolution des représentations de l'identité canadienne-anglaise depuis la Deuxième Guerre mondiale », dans Gérard Bouchard, Yvan Lamonde, (dir.), *La Nation dans tous ses États. Le Québec en comparaison*, Montréal, L'Harmattan, p. 271-296.

INGAMELLS, Rex (1938). *Conditional Culture*, Adelaide, F. W. Preece, 24 p.

INGLIS, K. S. (1967). « Australia Day », *Historical Studies*, vol. 13, n° 49, p. 20-41.

—, (1988). « Remembering Australia », *Historian*, n° 19, p. 3-8.

INNIS, Harold Adams (1967). The Fur Trade in Canada : An Introduction to Canadian Economic History. Toronto, University of Toronto Press, 446 p.

IP, Manying (1990). *Home Away from Home : Life Stories of Chinese Women in New Zealand*, Auckland, New Women's Press, 192 p.

IRVING, Robert (dir.) (1985). *The History & Design of the Australian House*, Melbourne, Oxford University Press, 328 p.

JACKSON, Hugh R. (1987). *Churches and People in Australia and New Zeland, 1860-1930*, Sydney, Allen and Unwin; Wellington (N. Z.), Port Nicholson Press, 210 p.

JAENEN, Cornelius J. (1988). « Characteristics of French-Amerindian Contact in New France », dans Stanley H. Palmer et Dennis Reinhartz (dir.), *Essays on the History of North American Discovery and Exploration*, College Station, Texas A & M University, p. 79-101.

JANELLE, Claude (dir.) (1999). *Le XIXe siècle fantastique en Amérique française*, Québec, ALIRE, 366 p.

JARRELL, Richard A. (1988). « Science and the State in Ontario : The British connection or North American patterns ? », dans Roger Hall, William Westfall, Laurel Sefton MacDowell, *Patterns of the Past : Interpreting Ontario's History*, Toronto/Oxford, Dundurn Press, p. 238-254.

JING, Jun (1994). « Asian immigrant settlement and adjustment in Australia », *Asian and Pacific Migration Journal*, vol. 3, n°s 2-3, p. 339-372.

JOHNSON, Donald Leslie (1980). *Australian Architecture, 1901-51. Sources of Modernism*, Sydney, Sydney University Press, 234 p.

JORDAN, Richard D. (1989). « Current research in earlier australian literature », *Journal of Popular Culture*, vol. 23, n° 2, p. 5-13.

JUPP, James (1994). « Identity », dans Richard Nile (dir.), *Australian Civilisation*, New York, Oxford University Press, p. 74-92.

KALMAN, Harold (1994). *A History of Canadian Architecture*, Toronto/New York, Oxford University Press, 2 vol.

KAMMEN, Michael (1991). *Mystic Chords of Memory : The Transformation of Tradition in American Culture*, New York, Alfred A. Knopf, 864 p.

KAPLAN, Robert D. (1998). *An Empire Wilderness: Travels into America's Future*, New York, Random House, 393 p.

KELEMEN, Pal (1951). *Baroque and Rococo in Latin America*, New York, Macmillan, 302 p.

KERCHER, Bruce (1997). « Creating Australian law », dans Wayne Hudson, Geoffrey Bolton (dir.), *Creating Australia: Changing Australian History*, St Leonards, New South Wales, Allen and Unwin, p. 106-110.

KIERNAN, Brian (1971). *Images of Society and Nature: Seven Essays on Australian Novels*, Melbourne (Australie), Oxford University Press, 187 p.

KING, Robert J. (1986). « Terra Australis: Terra Nullius Aut Terra Aboriginum? », *Journal of the Royal Australian Historical Society*, vol. 72, n° 2, p. 75-91.

——, (1990). *The Secret History of the Convict Colony: Alexandro Malaspina's Report on the British Settlement of New South Wales*, Boston, Allen and Unwin, 179 p.

KLEIN, Herbert S. (1982). *Bolivia. The Evolution of a Multi-Ethnic Society*, New York, Oxford University Press, 318 p.

KLIBANSKY, Raymond, Josiane Boulad-Ayoub (dir.) (1998). *La Pensée philosophique d'expression française au Canada. Le rayonnement du Québec*, Sainte-Foy (Québec), Les Presses de l'Université Laval, 686 p.

KLINCK, Carl F., Alfred Bailey G. *et alii* (dir.) (1965). *Literary History of Canada: Canadian Literature in English*, Toronto, University of Toronto Press, 945 p.

KLINKENBERG, Jean-Marie (1996). *Précis de sémiotique générale*, Bruxelles, De Boeck Université, 389 p.

KNIGHT, Alan (1990). « Racism, Revolution, and *Indigenismo*: Mexico, 1910-1940 », dans Richard Graham (dir.), *The Idea of Race in Latin America, 1870-1940*, Austin, University of Texas Press, p. 71-113.

KNOWLES, Norman (1997). *The Ontario Loyalist Tradition and the Creation of Usable Pasts*, Toronto, University of Toronto Press, 244 p.

KOCIUMBAS, Jan (1992). *The Oxford History of Australia*, vol. 2: *1770-1860, Possessions*, New York, Oxford University Press, 397 p.

KOHL, Philip L. (1998). « Nationalism and Archaeology: On the Constructions of Nations and the Reconstructions of the Remote Past », *Annual Review of Anthropology*, vol. 27, p. 223-246.

KRAMER, Leonie Judith Gibson (1981). *The Oxford History of Australian Literature*, Melbourne/New York, Oxford University Press, 509 p.

KRAPP, George Philip (1966). *The English Language in America*, New York, F. Ungar, 2 vol.

KRUMAN, Marc W. (1997). *Between Authority and Liberty: State Constitution Making in Revolutionary America*, Chapel Hill and London, University of North Carolina Press, 223 p.

KUBLER, George, Martin Soria (1959). *Art and Architecture in Spain and Portugal and Their American Dominions, 1500-1800*, Harmondsworth (Baltimore), Penguin Books, 445 p.

LaCAPRA, Dominick (1985). *History & Criticism*, Ithaca, Cornell University Press, 145 p.

LACK, John, Jacqueline Templeton (1988). *Sources of Australian Immigration History, 1901-1945*, Melbourne, History Department, University of Melbourne, 300 p.

LACORNE, Denis (1997). *La Crise de l'identité américaine. Du melting-pot au multiculturalisme*, Paris, Fayard, 394 p.

LAFAYE, Jacques (1974). *Quetzalcóatl et Guadalupe. La formation de la conscience nationale au Mexique*, Paris, Gallimard, 481 p.

—, (1984). « Literature and intellectual life in colonial Spanish America », dans Leslie Bethell (dir.), *The Cambridge History of Latin America*, vol. II, Cambridge, Cambridge University Press, p. 663-707. `

—, (1985). « L'Amérique latine : terre d'utopie, du XVIe siècle à nos jours », *Cahiers de l'Amérique latine*, n° 4, p. 92-102.

LAKE, Marilyn (1992). « Mission impossible : how men gave birth to the Australian nation — nationalism, gender and other seminal acts », *Gender & History*, vol. 4, n° 3, p. 305-322.

LALANDE, Louis (1918). « La revanche des berceaux », *L'Action française*, 2e année, n° 3 (mars), p. 98-108.

LAMARRE, Jean (1993). *Le Devenir de la nation québécoise : selon Maurice Séguin, Guy Frégault et Michel Brunet (1944-1969)*, Sillery, Québec, Septentrion, 561 p.

LAMONDE, Yvan (1984). « American cultural influence in Quebec : a one-way mirror », dans A. O. Hero et M. Daneau (dir.), *Problems and Opportunities in USA Quebec Relations*, Boulder et London, Westview Press, p. 106-126. [Ce texte est aussi paru en français dans Y. Lamonde (1991). *Territoires de la culture québécoise*, Québec, Les Presses de l'Université Laval, p. 235-258.

LAMONDE, Yvan (dir.) (1992). *Combats libéraux au tournant du XXe siècle*, Montréal, Fides, 285 p.

LAMONDE, Yvan (1994). « Les « intellectuels » francophones au Québec au XIXe siècle : questions préalables », *Revue d'histoire de l'Amérique française*, vol. 48, n° 2 (automne), p. 153-185.

—, (1995). « L'ambivalence historique du Québec à l'égard de sa continentalité : circonstances, raisons et signification », dans Gérard Bouchard, Yvan Lamonde (dir.), *Québécois et Américains : La culture québécoise aux XIXe et XXe siècles*, Montréal, Fides, p. 61-84.

—, (1996). *Ni avec eux ni sans eux : le Québec et les États-Unis*, Québec, Nuit blanche, 121 p.

—, (1997a), « Conscience coloniale et conscience internationale dans les écrits publics de Louis-Joseph Papineau (1815-1839) », *Revue d'histoire de l'Amérique française*, vol. 51, n° 1 (été), p. 3-37.

—, (1997b), « L'époque des francs-tireurs : les intellectuels au Québec (1900-1930) ». Communication au colloque *L'Inscription sociale de l'intellectuel*, tenu à l'Université du Québec à Trois-Rivières (mars).

—, (1997c), « Pour une étude comparée de la littérature québécoise et des littératures coloniales américaines », *Journal of Canadian Studies/Revue d'études canadiennes*, vol. 32, n° 2 (été), p. 72-78.

LAMONDE, Yvan, Claude Larin (1998). *Louis-Joseph Papineau : un demi-siècle de combats. Interventions publiques*, Montréal, Fides, 662 p.

LAMORE, Jean (1980). « "Criollismo Blanco" et conscience nationale à Cuba (1820-1868) », dans Joseph Pérez (dir.), *Esprit créole et conscience nationale*, Paris, Éditions du CNRS, p. 97-122.

LANGLAIS, Jacques, David Rome (1986). *Juifs et Québécois français : 200 ans d'histoire commune*, Montréal, Fides, 286 p.

LANGLEY, Lester D. (1997). *The Americas in the Age of Revolution 1750-1850*, New Haven, Yale University Press, 374 p.

LANGLOIS, Charles, Charles Seignobos (1899). *Introduction aux sciences historiques*, Paris, Hachette, 308 p.

LAPOINTE, Roger (1985). « Sous le signe zodiacal de la Balance : Placide Gaboury, essayiste nord-américain », dans Paul Wyczynski, François Gallays et Sylvain Simard (dir.), *L'Essai et la prose d'idées au Québec*, Montréal, Fides, p. 643-652.

LARIN, Robert (1998). *Brève histoire des protestants en Nouvelle-France et au Québec, XVIᵉ-XIXᵉ siècles*, Saint-Alphonse-de-Granby, Éditions de la Paix, 206 p.

LARSON, Edward J. (1995). *Sex, Race, and Science : Eugenics in the Deep South*, Baltimore, John Hopkins University Press, 251 p.

LASTER, Kathy (1992). « The tyranny of history in the causes of Geoffrey Blainey », *Australian Journal of Politics and History*, vol. 38, n° 2, p. 163-177.

LATOUCHE, Daniel (1979). *Une société de l'ambiguïté : libération et récupération dans le Québec actuel*, Montréal, Boréal Express, 262 p.

LATTAS, Andrew (1987). « Savagery and civilisation : towards a genealogy of racism in Australian society », *Social Analysis*, n° 21, p. 39-58.

—, (1991). « Nationalism, esthetic redemption and Aboriginality », *The Australian Journal of Anthropology*, vol. 2, p. 307-324.

LAURENDEAU, André (1951). « Les conditions d'existence d'une culture nationale », *L'Action nationale*, vol. 37, n° 5 (juin), p. 364-390.

LAVALLÉ, Bernard (1978). *Recherches sur l'apparition de la conscience créole dans la vice-royauté du Pérou : l'antagonisme hispano-créole dans les ordres religieux XVIᵉ-XVIIᵉ siècle*, thèse de doctorat, Talence.

—, (1980). « De "l'esprit colon" à la revendication créole : les origines du créolisme dans la vice-royauté du Pérou », dans Joseph Pérez (dir.), *Esprit créole et conscience nationale*, Paris, Éditions du CNRS, p. 9-36.

—, (1983). « Hispanité ou américanité ? Les ambiguïtés de l'identité créole dans le Pérou colonial », *Actes du XVIIIᵉ congrès de la Société des hispanistes français* (tenu à Perpignan du 20-22 mars 1982), p. 95-107.

—, (1984). « Pour un bilan du créolisme (XVIᵉ-XVIIᵉ siècles) », *Cahiers des Amériques latines*, nᵒˢ 29-30, p. 75-83.

LAVOIE, Thomas (1995). « Le français québécois », dans Pierre Gauthier, Thomas Lavoie (dir.), *Français de France et français du Canada. Les parlers de l'Ouest de la France, du Québec et de l'Acadie*, Lyon, Université Lyon III Jean Moulin, Centre d'études linguistiques Jacques Goudet, p. 345-398.

LAWSON, Alan (1983). « Patterns, preferences and pre-occupations : the discovery of nationality in australian and canadian literatures », dans Peter Crabb (dir.), *Theory and Practice in Comparative Studies : Canada, Australia and New Zealand*, ANZACS, Sydney, p. 193-206.

LAWSON, Ronald (1980). « Towards demythologizing the "australian legend" : Turner's frontier thesis and the australian experience », *Journal of Social History*, vol. 13, n° 4, p. 577-588.

Le MOYNE, Jean (1969). *Convergences : essais*, Montréal, Éditions HMH, 324 p.

LECKIE, Jacqueline (1985). « In defence of race and empire : the white New Zealand league at Puke Kohe », *The New Zealand Journal of History*, vol. 19, n° 2, p. 103-129.

LEFEBVRE, Marie-Thérèse (1986). « La modernité dans la création musicale », dans Yvan Lamonde et Esther Trépanier (dir.), *L'Avènement de la modernité culturelle au Québec*, Québec, Institut québécois de recherche sur la culture, p. 173-188.

LEITH, James A. (1995). « The Future of the Past in Canada on the Eve of the Twenty-First Century », *Journal of the Canadian Historical Association/Revue de la Société historique du Canada*, Nouvelle série, vol. 6, p. 3-17.

LEMIRE, Maurice (1970). *Les Grands Thèmes nationalistes du roman historique canadien-français*, Québec, Les Presses de l'Université Laval, 281 p.

—, (1982). « En quête d'un imaginaire québécois », *Recherches sociographiques*, vol. XXIII, n° 1-2, p. 175-186.

—, (1987). « L'autonomisation de la "littérature nationale" au XIXᵉ siècle », *Études littéraires*, vol. 20, n° 1 (printemps-été), p. 75-98.

LEMIRE, Maurice (dir.) (1992). *La Vie littéraire au Québec, t. II : 1806-1839. Le projet national des Canadiens*, Sainte-Foy (Québec), Les Presses de l'Université Laval, 587 p.

LEMIRE, Maurice (1993). *Formation de l'imaginaire littéraire au Québec (1764-1867)*, Montréal, L'Hexagone, 280 p.

LEMIRE, Maurice, Denis Saint-Jacques (dir.) (1996). *La Vie littéraire au Québec, t. III : Un peuple sans histoire ni littérature*, Sainte-Foy (Québec), Les Presses de l'Université Laval, 671 p.

LEMOGODEUC, Jean-Marie (1982). « L'indigénisme péruvien, ou la quête d'une identité dans la littérature », *Actes du XVIIIᵉ congrès de la Société des hispanistes français* (tenu à Perpignan du 20-22 mars 1982), p. 19-28.

LESSARD, Michel, Huguette Marquis (1972). *Encyclopédie de la maison québécoise*, Montréal, Éditions de l'Homme, 727 p.

LÉTOURNEAU, Jocelyn (1998). « Pour une révolution de la mémoire collective.

Histoire et conscience historique chez les Québécois francophones », *Argument,* vol. 1, n° 1 (automne), p. 41-57.

—, (1999). « Assumons l'identité québécoise dans sa complexité », *Le Devoir,* 7-8 octobre, p. A-9.

LEVESQUE, G. (1848) [1982]. « De l'influence du sol et du climat sur le caractère, les établissements et les destinées des Canadiens », dans James Huston et Robert Melançon (dir.), *Répertoire national,* Montréal, VLB éditeur, p. 257-316.

LEVINE, Daniel (1988). *Poverty and Society : The Growth of the American Welfare State in International Comparison,* New Brunswick, Rutgers University Press, 355 p.

LEWINS, Frank (1978). « Race and ethnic relations : sociology and history », dans Ann Curthoys, Andrew Markus (dir.), *Who Are Our Ennemies ? Racism and the Australian Working Class,* Neutral Bay (Australia), Hale and Iremonger/Australian Society for the Study of Labour History, p. 10-19.

LEWIS, Frank D. (1988). « The cost of convict transportation from Britain to Australia, 1796-1810 », *Economic History Review,* vol. 41, n° 4, p. 507-524.

LEWIS, Gordon K. (1983). *Main Currents in Carribbean Thought : The Historical Evolution of Carribbean Society in Its Ideological Aspects, 1492-1900,* Baltimore, Johns Hopkins University Press, 375 p.

LEWIS, Miles (1977). *Victorian Primitive,* Carlton, Australia, Greenhouse Publications, 87 p.

—, (1994). « Architecture », dans Susan Bambrick (dir.), *The Cambridge Encyclopedia of Australia,* Cambridge University Press, p. 296-302.

LINTEAU, Paul-André, René Durocher, Jean-Claude Robert (1979). *Histoire du Québec contemporain. De la confédération à la crise (1867-1929),* Montréal, Boréal Express, 660 p.

LINTEAU, Paul-André, René Durocher, Jean-Claude Robert, François Ricard (1986). *Histoire du Québec contemporain. Le Québec depuis 1930,* Montréal, Boréal Express, 739 p.

LIPSET, Seymour Martin (1989). *Continental Divide : The Values and Institutions of the United States and Canada,* Toronto/Washington, C. D. Howe Institute (Canada)/National Planning Association (USA), 326 p.

LISCANO, Juan (1987). « L'identité nationale dans la littérature latino-américaine », *Diogène,* n° 138, p. 45-65.

LOMBARDI, John V. (1976). *People and Place in Colonial Venezuela,* Bloomington and London, 484 p.

—, (1982). *Venezuela : The Search for Order, the Dream of Progress,* New York, Oxford University Press, 348 p.

LORENZ, Chris (1999). « Comparative historiography : Problems and Perspective », *History and Theory,* vol. 38, n° 1, p. 25-39.

LUEDTKE, Luther S. (dir.) (1992). *Making America. The Society & Culture of the United States,* Chapel Hill, The University of North Carolina Press, 554 p.

LYNCH, John (1973). *The Spanish American Revolutions, 1808-1826,* New York, W. W. Norton, 433 p.

MACDONALD, Finlay (1996). *The Game of Our Lives: The Story of Rugby and New Zealand and How They've Shaped Each Other,* Auckland, Viking, 138 p.

MACINTYRE, Stuart (1947). *The Oxford History of Australia,* vol. IV: *1901-1942,* Melbourne, Oxford University Press, 399 p.

MACLACHLAN, Colin M., Jaime E. Rodriguez (1980). *The Forging of the Cosmic Race: A Reinterpretation of Colonial Mexico,* Berkeley/Los Angeles, University of California Press, 362 p.

MAILHOT, Laurent (1989-1990). « Textes (ou chaînons) manquants : fragments d'une histoire littéraire imaginaire du Québec », *Présentation à la Société royale du Canada,* n° 43, p. 93-106.

MAJOR, Robert (1991). *Jean Rivard ou l'art de réussir. Idéologies et utopie dans l'œuvre d'Antoine Gérin-Lajoie,* Sainte-Foy (Québec), Les Presses de l'Université Laval, 338 p.

MALOUF, David (1993). *Remembering Babylon,* New York, Pantheon Books, 200 p.

MANDLE, W. F. (1978). *Going it alone. Australia's National Identity in the Twentieth Century,* Ringwood (Australia), Allen Lane The Pinguin Press, 264 p.

MARCOTTE, Gilles (1989). *Littérature et circonstances,* Montréal, L'Hexagone, 350 p.

MARIENSTRAS, Élise (1976). *Les Mythes fondateurs de la nation américaine : essai sur le discours idéologique aux États-Unis à l'époque de l'Indépendance, 1763-1800,* Paris, François Maspero, 372 p.

MARIENSTRAS, Élise (1988). *Nous, le peuple. Les origines du nationalisme américain,* Paris, Éditions Gallimard, 479 p.

—, (1998). « L'invention des héros nationaux : Culte civique et construction d'une culture nationale aux États-Unis », *Exposé présenté dans le cadre du colloque « Le citoyen dans "l'empire du milieu" : perspectives comparatistes »,* Paris, 28-30 septembre 1998 (à paraître avec les Actes du colloque).

MARKUS, Andrew, M. C. Ricklefs (1985). *Surrender Australia? Essays in the Study and Uses of History — Geoffrey Blainey and Asian Immigration,* Sydney, Allen & Unwin, 149 p.

MARROU, Henri-Irénée (1959). *De la connaissance historique,* Paris, Seuil, 316 p.

MARTEL, Marcel (1997). *Le Deuil d'un pays imaginé. Rêves, luttes et déroute du Canada français. Les rapports entre le Québec et la francophonie canadienne (1867-1975),* Ottawa, Les Presses de l'Université d'Ottawa, 203 p.

MARTIN, Denis (1988). *Portraits des héros de la Nouvelle-France. Images d'un culte historique,* Cahiers du Québec, Montréal, Hurtubise HMH, 176 p.

MARTIN, Ged (1989). « Myths of the protestant Pakehas », *Historical Journal,* vol. 32, n° 2, p. 465-474.

MARTIN, Paul-Louis (1999). *À la façon du temps présent. Trois siècles d'architecture populaire au Québec,* Sainte-Foy (Québec), Les Presses de l'Université Laval, 380 p.

MARTINET, Jeanne (1975). *La Sémiologie,* Paris, Seghers, 239 p.

MARTÍNEZ, José Luis (1972). *Unidad y diversidad de la literatura latinoamericana,* suivi de *La emancipacion literaria de Hispanoamerica,* Mexico, J. Mortiz, 134 p.

MARX, Anthony W. (1998). *Making Race and Nation : A Comparison of South Africa, the United States, and Brazil,* New York, Cambridge University Press, 390 p.

MASSARO, Toni Marie (1993). *Constitutional Literacy : A Core Curriculum for a Multicultural Nation,* Durham, Duke University Press, 200 p.

MASUR, Gerhard (1967). *Nationalism in Latin America. Diversity and Unity,* New York/London, The Macmillan Company/Collier-Macmillan Limited, 278 p.

MATHEWS, Race (1993). *Australia's First Fabians : Middle-Class Radicals, Labour Activists and the Early Labour Movement,* New York, Cambridge University Press, 284 p.

MATHIEU, Jacques (1985). « L'identité québécoise : l'approche de l'historien », dans Jacques Mathieu (dir.), *Approches de l'identité québécoise,* Sainte-Foy (Québec), CELAT, p. 12-17.

—, (1991). *La Nouvelle-France. Les Français en Amérique du Nord, XVIe-XVIIIe siècle,* Sainte-Foy (Québec), Les Presses de l'Université Laval, 254 p.

—, (1998). « Indépendants et indisciplinés. Les habitants de ce pays », *Cap-aux-Diamants,* n° 53 (printemps), p. 10-13.

MATOS MOCTEZUMA, Eduardo (1992). « La Conquête spirituelle du Mexique : contrainte et résistance », dans *Destins croisés. Cinq siècles de rencontres avec les Amérindiens,* Paris, UNESCO/Albin Michel, p. 85-94.

MAUSS, Marcel (1969). *Œuvres. 3. Cohésion sociale et divisions de la sociologie,* Paris, Éditions de Minuit, 734 p.

MAY, Cedric (1981). *Breaking the Silence : The Literature of Quebec,* Birmingham, University of Birmingham, 186 p.

McCALMAN, Janet (1997). « The originality of ordinary lives », dans Wayne Hudson, Geoffrey Bolton (dir.), *Creating Australia : changing Australian history,* St. Leonards, New South Wales, Allen and Unwin, p. 86-95.

McCLELLAND, Linda Flint (1998). *Building the National Parks : Historic Landscape Design and Construction,* Baltimore, Johns Hopkins University Press, 591 p.

McELROY, John Harmon (1999). *American Beliefs : What Keeps a Big Country and a Diverse People United,* Chicago, Ivan R. Dee, 259 p.

McGRATH, Ann (1991). « Travels to a distant past : the mythology of the outback », *Australian Cultural History,* n° 10, p. 113-124.

McGREGOR, Russell (1997). *Imagined Destinies. Aboriginal Australians and the Doomed Race Theory, 1880-1939,* Melbourne, Melbourne University Press, 313 p.

McKENNA, Marian Cecilia (1993). *The Canadian and American Constitutions in Comparative Perspective,* Calgary, University of Calgary Press, 219 p.

McLACHLAN, Noel (1989). *Waiting for the Revolution: A History of Australian Nationalism*, Ringwood (Australia), Penguin Books Australia, 388 p.

McLAREN, Angus (1990). *Our Own Master Race: Eugenics in Canada, 1885-1945*, Toronto, McClelland and Stewart, 228 p.

McLEAN, Ian W., Jonathan J. Pincus (1983). « Did Australian living standards stagnate between 1890 and 1940? », *Journal of Economic History*, vol. 43, n° 1, p. 193-208.

McMICHAEL, Philip (1985). « Class formation in a world-historical perspective : lessons from Australian history », *Review*, vol. 9, n° 2, p. 275-304.

McMINN, W. G. (1979). *A Constitutional History of Australia*, New York, Oxford University Press, 213 p.

McPHERSON, James (1998). *Is Blood Thicker Than Water? Crises of Nationalism In the Modern World*, Toronto, Vintage Canada, 90 p.

McQUEEN, Humphrey (1973). « The suckling society », dans H. Mayer & H. Nelson (dir.), *Australian Politics — A Third Reader*, Melbourne, Cheshire, p. 5-13.

—, (1984). *Gallipoli to Petrov. Arguing with Australian History*, Sydney/Boston, George Allen & Unwin, 297 p.

—, (1986). *A New Britannia : An Argument Concerning the Social Origins of Australian Radicalism and Nationalism*, Australia, Penguin Books, 296 p.

McQUILLAN, Aidan (1999). « Des chemins divergents : Les Irlandais et les Canadiens français au XIXᵉ siècle », dans Éric Waddell (dir.), *Le Dialogue avec les cultures minoritaires*, Sainte-Foy (Québec), Les Presses de l'Université Laval, p. 133-166.

McROBERTS, Kenneth (1997). *Misconceiving Canada : The Struggle for National Unity*, Toronto, Oxford University Press, 395 p. Ouvrage paru en français au Boréal en 1999 (*Un pays à refaire. L'échec des politiques constitutionnelles canadiennes*, 484 p.).

MEISEL, John, Guy Rocher et Arthur Silver (1999). *Si je me souviens bien/as I Recall. Regards sur l'histoire*, Montréal, Institut de recherche en politiques publiques/Institute for Research on Public Policy, 491 p.

MELLEUISH, Gregory (1997). « Universal Obligations : Liberalism, Religion and National Identity », dans Geoffrey Stokes (dir.), *The Politics of Identity in Australia*, Cambridge, Cambridge University Press, p. 50-60.

MERCER, David (1993). « Terra nullius, aboriginal sovereignty and land rights in Australia : the debate continues », *Political Geography*, vol. 12, n° 4, p. 299-318.

MERLE, Isabelle (1998). « Le Mabo Case. L'Australie face à son passé colonial », *Annales, Histoire, Sciences Sociales*, 53ᵉ année, n° 2 (mars-avril), p. 209-229.

MERRITT, Richard L. (1966). *Symbols of American Community, 1735-1775*, New Haven, Yale University Press, 279 p.

METCALF, William (1995). *From Utopian Dreaming to Communal Realtity : Cooperative Lifestyles in Australia*, Sydney, University of New South Wales Press, 198 p.

METHOT, Suzanne (1999). « The Iceman in Canada's closet », *The Globe and Mail,*
Nov. 1, p. C3.

MICHON, Jacques (dir.) (1999). *Histoire de l'édition littéraire au Québec au XXᵉ siècle
— La naissance de l'éditeur, 1900-1939.* vol. 1, Montréal, Fides, 487 p.

MILL, John Stuart (1970). « Two Methods of Comparison », dans Amitai Etzioni,
Frederic L. Dubow (dir.), *Comparative Perspectives. Theories and Methods,* Boston, Little, Brown and Company, p. 205-213.

MILLAR, T. B. (1978). *Australia in Peace and War : External Relations, 1788-1977,*
New York, St. Martin's Press, 578 p.

MILLER, John J. (1998). *The Unmaking of Americans : How Multiculturalism Has
Undermined America's Assimilation Ethic,* New York, Free Press, 293 p.

MILLER, O. J. (1980). « Vers une approche méthodologique visant l'Étude des nouvelles littératures nationales », *Travaux du groupe de recherche international
"1900", Cahier théorique hors série,* Ottawa, Carleton University.

MINTZ, Sidney W., Richard Price (1992). *The Birth of African-American Culture :
An Anthropological Perspective,* Boston, Beacon, 121 p.

MIRÓ QUESADA, Francisco (1991). « La philosophie et la naissance de l'Amérique
latine », *Diogène,* nᵒ 154 (avril-juin), p. 45-68.

MOISAN, Clément (1986). *Comparaison et raison. Essais sur l'histoire et l'institution
des littératures canadienne et québécoise,* Montréal, Hurtubise HMH, 180 p.

MONTOYA, Yvon, Pierre Thibeault (dir.) (1999). *Frénétiques. Treize intellectuels
québécois répondent à la question : « Quelle est votre perception de la culture au
Québec à l'aube du XXIᵉ siècle ? »,* Montréal, Triptyque, 137 p.

MONTPETIT, Raymond (1983). « L'autre culture québécoise. La croissance de
l'américanité dans la culture québécoise de masse », *Critère,* nᵒ 35, p. 133-
145.

MORENCY, Jean (1997). « Le mythe du grand roman américain et le "texte natio-
nal" canadien-français : convergences et interférences », dans G. Bouchard,
Y. Lamonde (dir.), *La Nation dans tous ses États. Le Québec en comparaison,*
Montréal, L'Harmattan, p. 143-157.

MORIN, Claude, Robert McCaa (1996). *Population History of Mexico* (texte non
publié, aimablement mis à la disposition de l'auteur).

MÖRNER, Magnus (1971). *Le Métissage dans l'histoire de l'Amérique française,* Paris,
Fayard, 209 p.

—, (1985) (avec la collaboration de Harold Sims), *Adventurers and Proletarians. The
Story of Migrants in Latin America,* Paris/Pittsburgh, UNESCO/University of
Pittsburgh Press, 178 p.

MORSE, Richard M. (1964). « The heritage of Latin America », dans Louis Hartz
(dir.), *The Founding of New Societies : Studies in the History of the United States,
Latin America, South Africa, Canada, and Australia,* New York, Harcourt, Brace
& World, p. 123-177.

MOSER, Walter (1992). « L'anthropophagie du Nord au Sud », dans Michel Peterson et Zilà Bernd (dir.), *Confluences littéraires Brésil-Québec : les bases d'une comparaison*, Candiac (Québec), Les Éditions Balzac, p. 113-151.

——, (1994). « L'anthropophage et le héros sans caractère : deux figures de la critique de l'identité », dans Jocelyn Létourneau (dir.) et Roger Bernard (collaborateur), *La Question identitaire au Canada francophone : Récits, parcours, enjeux, hors-lieux*, Sainte-Foy (Québec), Les Presses de l'Université Laval, p. 241-264.

——, (1996). « Le recyclage culturel », dans Claude Dionne, Silvestra Mariniello, Walter Moser (dir.), *Recyclages. Économies de l'appropriation culturelle*, Montréal, Les Éditions Balzac, p. 23-53.

——, (1999). « Du baroque européen et colonial au baroque américain et postcolonial ». (Texte à paraître).

MOSES, J. A. (dir.) (1979). *Historical Disciplines and Culture in Australasia*, St. Lucia, University of Queensland Press, 291 p.

NADEL, Georges (1957). *Australia's Colonial Culture*, Cambridge (Massachusetts), Harvard University Press, 304 p.

NASH, Gary B., Charlotte Crabtree, Ross E. Dunn (1998). *History on Trial. Culture Wars and the Teaching of the Past*, New York, Alfred A. Knopf, 318 p.

NAURIGHT, John, Timothy J. L. Chandler (dir.) (1996). *Making Men : Rugby and Masculine Identity*, London, Frank Cass, 260 p.

NEAL, David (1991). *The Rule of Law in a Penal Colony : Law and Power in Early New South Wales*, Cambridge, New York (etc), Cambridge University Press, 266 p.

NEALE, R. S. (1972). *Class and Ideology in the Nineteenth Century*, London/Boston, Routledge & Kegan Paul, 200 p.

NEDELJKOVIC, Maryvonne (1982). *L'Aube d'une nation : les écrivains d'Australie de 1788 à 1910*, Paris, Presses universitaires de France, 448 p.

NELLES, Henry Vivian (1996). « Historical Pageantry and the "Fusion of the Races" at the Tercentenary of Quebec, 1908 », *Social History/Histoire sociale*, vol. 29, n° 58, p. 391-415.

NELLES, Henry Vivian (1999). *The Art of Nation Building. Pageantry and Spectacle at Quebec's Tercentenary*, Toronto, University of Toronto Press, 408 p.

NEPVEU, Pierre (1998). *Intérieurs du Nouveau Monde. Essais sur les littératures du Québec et des Amériques*, Montréal, Boréal, 378 p.

NEUTZE, Max (1985). « City, country, town : australian peculiarities », *Australian Cultural History*, n° 4, p. 7-23.

NEWSON, Linda (1986). *The Cost of Conquest : Indian Decline in Honduras under Spanish Rule*, Boulder (Colorado), Westview, 375 p.

NILE, Richard (1994). « Introduction », dans Richard Nile (dir.), *Australian Civilisation*, New York, Oxford University Press, p. 1-23.

NOBLE, David W. (1968). *The Eternal Adam and the New World Garden : The Central Myth in the American Novel Since 1830*, New York, Braziller, 226 p.

NOBLES, Gregory H. (1997). *American Frontiers : Cultural Encounters and Continental Conquest*, New York, Hill and Wang, 286 p.

NOËL, Danièle (1990). *Les Questions de langue au Québec, 1759-1950,* Québec, Service des communications du Conseil de la langue française, 397 p.

NOPPEN, Luc (1999). « L'architecture du Vieux-Québec, ou l'histoire d'un palimpseste. Pour en finir avec le mythe de la juxtaposition », dans Marie-Andrée Beaudet (dir.), *Échanges culturels entre les Deux solitudes,* Sainte-Foy (Québec), Les Presses de l'Université Laval, p. 19-40.

NOVICK, Peter (1988). *That Noble Dream : The « Objectivity Question » and the American Historical Profession,* Cambridge (Angleterre), Cambridge University Press, 648 p.

O'FARRELL, Patrick (1968). *The Catholic Church in Australia, a Short History : 1788-1967,* Melbourne (Australia), Thomas Nelson (Australia) Limited, 294 p.

O'SULLIVAN SEE, Kathleen (1986). *First World Nationalism : Class and Ethnic Politics in Northern Ireland and Quebec,* Chicago, University of Chicago Press, 215 p.

OCAMPO LÓPEZ, Javier (1983). « Historia de la idea de la Americanidad en los pensadores Colombianos », *Boletin de Historia y Antigüedades,* vol. 70, nº 740, p. 130-151.

O'GORMAN, Edmundo (1961). *The Invention of America : an Inquiry into the Historical Nature of the New World and the Meaning of its History,* Bloomington, Indiana University Press, 177 p.

OLDFIELD, Audrey (1992). *Woman Suffrage in Australia : A Gift or a Struggle?,* Cambridge, Cambridge University Press, 263 p.

OLIVIER, Laurence (1982). *Confession of an Actor,* London, Weidenfeld and Nicolson, 305 p.

OLSSEN, Erik (1992). « Where to from here? Reflections on the twentieth-century historiography of nineteenth-century New Zealand », *New Zealand Journal of History,* vol. 26, nº 1, p. 54-77.

OUELLET, Réal (1994). « Aux origines de la littérature québécoise : nomadisme et indianité », dans Franca Marcato-Falzoni (dir.), *Mythes et mythologies des origines dans la littérature québécoise,* Bologna, Cooperativa Libraria Universitaria Editrice Bologna, p. 1-32.

OUELLET, Réal, Alain Beaulieu, Mylène Tremblay (1997). « Identité québécoise, permanence et évolution », dans Laurier Turgeon, Jocelyn Létourneau et Khadiyatoulah Fall (dir.), *Les Espaces de l'identité,* Québec, Les Presses de l'Université Laval, p. 62-98.

OXLEY, Deborah (1996). *Convict Maids : The Forced Migration of Women to Australia,* Cambridge, New York and Melbourne, Cambridge University Press, 339 p.

OZOLINS, Uldis (1993). *The Politics of Language in Australia,* Melbourne, Cambridge University Press, p. XV-287.

PALMER, Vance (1954). *The Legend of the Nineties,* Melbourne, Melbourne University Press, 175 p.

PARTRIDGE, Eric (1987). *Frank Honywood, Private: A Personal Record of the 1914-1918 War,* Melbourne, Melbourne University Press, 146 p.

PAZ, Octavio (1972). *Le Labyrinthe de la solitude,* suivi de : *Critique de la pyramide,* Paris, Gallimard, 254 p.

—, (1991). *La búsqueda del presente/La quête du présent : discours de Stockholm,* Paris, Gallimard, 63 p.

PEARSON, Noel (1994). « A troubling inheritance », *Race & Class,* vol. 35, n° 4, p. 1-9.

PERNICK, Martin S. (1996). *The Black Stork: Eugenics and the Death of "Defective" Babies in American Medecine and Motion Pictures Since 1915,* New York, Oxford University Press, 295 p.

PHILLIPS, A. A. (1953). « Australian literature », dans W. V. Aughterson (dir.), *Taking Stock. Aspects of Mid-Century Life in Australia,* Melbourne, F. W. Cheshire, p. 79-96.

PHILLIPS, A. A. (1958). *The Australian Tradition: Studies in a Colonial Culture,* Melbourne/London, Cheshire/Lansdowne, 156 p.

PHILLIPS, Jock (1987). *The Image of the Pakeha Male. A History,* Auckland, Penguin Books, 321 p.

PHILLIPS, Jock (dir.) (1989). *New Worlds? The Comparative History of New Zealand and the United States,* Wellington, New Zealand, 176 p.

PHILLIPS, Jock (1990). « Of verandahs and fish and chips and footie on saturday afternoon. Reflections on 100 years of New Zealand historiography », *New Zealand Journal of History,* vol. 24, n° 2, p. 118-134.

—, (1995). « History in New Zealand since 1975 », *Australian Journal of Politics and History,* vol. 41, p. 171-181.

—, (1996). « Our history, our selves. The historian and national identity », *New Zealand Journal of History,* vol. 30, n° 2, p. 107-123.

PICON-SALAS, Mariano (1971). *A Cultural History of Spanish America. From Conquest to Independence,* Bekerley, University of California Press, 192 p.

PIERSEN, William D. (1993). *Black Legacy: America's Hidden Heritage,* Amherst, University of Massachusetts Press, 264 p.

PIKE, Douglas (1962). « The "smallholders" place in the australian tradition », *Tasmanian Historical Research Association,* vol. 10, n° 1, p. 28-33.

—, (1967). *Paradise of Dissent. South Australia, 1829-1857,* London/New York, Melbourne University Press/Cambridge University Press, 580 p.

PIKE, Fredrick B. (1969). « The problem of identity and national destiny in Peru and Argentina », dans Fredrick B. Pike (dir.) *Latin American History: Select Problems. Identity, Integration, and Nationhood,* New York, Hartcourt, Brace & World, p. 174-188.

PIRENNE, Henri (1923). « De la méthode comparative en histoire », dans G. Des Marez, F.-L. Ganshof (dir.), *Compte rendu du Ve congrès international des sciences historiques,* Bruxelles, Weissenbruch, p. 19-32.

POCOCK, John Greville Agard (1992). « History and sovereignty : the historiographical response to europeanization in two british cultures », *Journal of British Studies*, 31 (Octobre), p. 358-389.

POIRIER, Claude (dir.) (1998). *Dictionnaire historique du français québécois. Monographies lexicographiques de québécismes*, Sainte-Foy (Québec), Les Presses de l'Université Laval, 640 p.

POIRIER, Claude (dir.), Aurélien Boivin, Cécile Trépanier, Claude Verreault (coll.) (1994). *Langue, espace, société. Les variétés de français en Amérique du Nord*, Sainte-Foy (Québec), Les Presses de l'Université Laval, 489 p.

PONS, Xavier (1996). *Le multiculturalisme en Australie : Au-delà de Babel*, Paris/ Montréal, l'Harmattan, 413 p.

POPE, David (1982). « Assisted immigration and federal-state relations : 1901- 1930 », *Australian Journal of Politics and History*, vol. 28, n° 1, p. 21-31.

PORTER LADOUSSE, Gillian (1997). « "Classics" in Canadian literature : born or bred ? », Texte d'une communication au Congrès de la Société historique du Canada (Saint-Jean, Terre-Neuve).

POSTER, Mark (1997). *Cultural History and Postmodernity*, New York, Columbia University Press, 173 p.

QUATTROCCHI-WOISSON, Diana (1992). *Un nationalisme de déracinés. L'Argentine pays malade de sa mémoire*, Paris/Toulouse, Éditions du Centre National de la Recherche Scientifique/Centre Régional de Publication de Toulouse, 420 p.

—, (1997). Le rôle de l'histoire et de la littérature dans la construction des mythes fondateurs de la nationalité argentine », dans Gérard Bouchard, Yvan Lamonde (dir.), *La Nation dans tous ses États. Le Québec en comparaison*, Montréal/Paris, L'Harmattan, p. 55-74.

QUESADA, Carlos (1982). « Histoire hypothétique et idéologie anti-indienne au XVIIIe siècle », dans J.-P. Clément *et alii* (dir.), *Études sur l'impact culturel du Nouveau Monde. Séminaire interuniversitaire sur l'Amérique espagnole coloniale*, t. II, Paris, Éditions, L'Harmattan, p. 97-109.

—, (1983). « Sur la prétendue infériorité intellectuelle du créole américain (le P. Feijóo et Cornélius de Pauw) », dans M. Bouyer, C. Foin, A. Milhou, M. Miquel, C. Quesada, A. Saint-Lu (dir.), *Études sur l'impact culturel du Nouveau Monde. Séminaire interuniversitaire sur l'Amérique espagnole coloniale*, t. III, Paris, L'Harmattan, p. 81-98.

QUIGGIN, Pat (1988). *No Rising Generation : Women and Fertility in Late Nineteenth Century Australia*, Canberra, Australian National University Printing Service, 141 p.

RAFFESTIN, Claude (1980). *Pour une géographie du pouvoir*, Paris, Librairies techniques, 249 p.

RAMIREZ, Bruno (1991). *On the Move : French-Canadian and Italian Migrants in the North Atlantic Economy, 1860-1914*, Toronto, McLelland and Stewart, 172 p.

RAMSON, W. S. (1966). *Australian English. An Historical Study of the Vocabulary (1788-1898)*, Canberra, Australian National University Press, 195 p.

RANGEL, Carlos (1987). *The Latin Americans. Their Love-Hate Relationship with the United States*, New Brunswick (USA) et Oxford (UK), Transaction Inc., 312 p.

REINHARD, Marcel R., André Armengaud, Jacques Dupaquier (1968). *Histoire générale de la population mondiale*, Paris, Éditions Montchrestien, 708 p.

REYES, A. (1960). « Utopias americanas », *Obras*, vol. 11, Mexico, p. 95-102.

REYES GARCIA, Luis (1994). « La colonisation et l'histoire des Indiens mexicains », dans J. Lintvelt, R. Ouellet et H. Hermans (dir.), *Culture et colonisation en Amérique du Nord : Canada, États-Unis, Mexique*, Québec, Les Éditions du Septentrion, p. 151-161.

REYNOLDS, Henry (1987). *The Law of the Land*, Penguin, Ringwood, 224 p.

—, (1994). « History », dans Richard Nile (dir.), *Australian Civilisation*, New York, Oxford University Press, p. 24-40.

RIBEIRO, Darcy (1970). *L'Enfantement des peuples*, Paris, Éditions du Cerf, 124 p.

—, (1982). *Utopia selvagem : saudades da inocencia perdida : uma fabula*, Rio de Janeiro, Editora Nova Fronteira, 201 p.

RICARD, Robert (1933). *La « Conquête spirituelle » du Mexique*, Paris, Institut d'Ethnologie, 404 p.

RICHARD, Carl J. (1994). *The Founders and the Classics : Greece, Rome, and the American Enlightenment*, Cambridge, Harvard University Press, 295 p.

RICHARDSON, Henry Handel (1917). *The Fortunes of Richard Mahony*, London, Heinemann, 406 p.

RICKARD, John (1988). *Australia, a Cultural History*, New York, Longman, 309 p.

RICŒUR, Paul (1955). *Histoire et vérité*, Paris. Éditions du Seuil, 363 p.

RING, Dan, Guy Vanderhaeghe, George Melnyk (1993). *The Urban Prairie*, Saskatoon, The Mendel Gallery, 160 p.

RIOUX, Marcel (1957). *Belle Anse*, Ottawa, ministère du Nord canadien et des ressources nationales, 125 p.

RIVARD, Yvon (1981). « La double négation », *Liberté*, vol. 23, n° 6 (novembre-décembre), p. 23-27.

—, (1998). « L'héritage de la pauvreté », *Littératures*, n° 17, p. 205-219.

ROBERT, Jean-Claude (1995). « À la recherche d'une culture urbaine québécoise », dans Gérard Bouchard (dir.), avec la collaboration de Serge Courville, *La Construction d'une culture. Le Québec et l'Amérique française*, Sainte-Foy (Québec), Les Presses de l'Université Laval, p. 199-212.

ROBERTSON, James Oliver (1980). *American Myth, American Reality*, New York, Hill and Wang, 398 p.

ROBIN, Martin (1998). *Le Spectre de la droite. Histoire des politiques nativistes et facistes au Canada entre 1920 et 1940*, Montréal, Balzac-LeGriot, 304 p.

ROBINSON, Portia (1988). *The Women of Botany Bay : A Reinterpretation of the*

Role of Women in the Origins of Australian Society, North Ryde, Australia, Macquarie Library, 344 p.

ROBSON, L. L. (1965). *The Convict Settlers of Australia*, Victoria, London/New York, Melbourne University Press/Cambridge University Press, 257 p.

ROBSON, Lloyd (1983). *A History of Tasmania. Van Diemen's Land from the Earliest Times to 1855* (vol. 1), Melbourne, Oxford University Press, 632 p.

—, (1991). *A History of Tasmania. Colony and the State from 1856 to the 1980s* (vol. 2), New York, Oxford University Press, 663 p.

ROCHER, Guy (1973a), « Les conditions d'une francophonie nord-américaine originale », dans Guy Rocher, *Le Québec en mutation*, Montréal, Éditions Hurtubise HMH, p. 89-108.

—, (1973b), « L'influence de la sociologie américaine sur la sociologie québécoise », *Mémoires de la Société Royale du Canada*, série IV, t. XI, p. 75-79.

ROE, Michael (1971). « An historical survey of Australian nationalism », *The Victorian Historical Magazine*, Melbourne (Australia Royal Historical Society of Victoria), vol. 42, n° 4, p. 656-678.

RONFARD, Jean-Pierre (1981). *Vie et mort du roi boiteux*, Montréal, Leméac, 2 vol.

ROSECRANCE, Richard N. (1964). « The radical culture of Australia », dans Louis Hartz (dir.), *The Founding of New Societies*, New York, Harcourt, Brace and World, p. 275-336.

ROSENAU, Pauline (1992). *Post-Modernism and the Social Sciences*, Princeton, Princeton University Press, 210 p.

ROSENBLAT, Angel (1954). *La población indigena y el mestizaje en America*, 2 t., Édition Nova, Buenos Aires (324 et 188 p.).

ROUILLARD, Jacques (1983). « Le militantisme des travailleurs au Québec et en Ontario, niveau de syndicalisation et mouvement de grève », *Revue d'histoire de l'Amérique française*, vol. 37, n° 2 (septembre), p. 201-225.

—, (1998). « La Révolution tranquille : Rupture ou Tournant ? », *Journal of Canadian Studies*, vol. 32, n° 4 (hiver), p. 23-51.

ROWLEY, C. D. (1970). *The Destruction of Aboriginal Society*, Canberra, Australian National University Press, vol. 1, 430 p.

—, (1971a), *The Remote Aborigines*, Canberra, Australian National University Press, vol. 2, 379 p.

—, (1971b), *Outcasts in White Australia*, Canberra, Australian National University Press, vol. 2, 472 p.

ROY, Camille (1934). *Nos raisons canadiennes de rester français*, Librairie de l'Action Catholique, 16 p.

ROY, Fernande (1988). *Progrès, harmonie, liberté. Le libéralisme des milieux d'affaires francophones à Montréal au tournant du siècle*, Montréal, Boréal, 301 p.

RUDE, George (1978). *Protest and Punishment : The Story of the Social and Political Protesters Transported to Australia, 1788-1868*, Oxford, Clarendon Press, 270 p.

RUDIN, Ronald (1997a), « Contested terrain : commemorative celebrations and national identity in Ireland and Quebec », dans Gérard Bouchard, Yvan Lamonde (dir.), *La Nation dans tous ses États. Le Québec en comparaison,* Montréal/Paris, L'Harmattan, p. 183-220.

—, (1997b), *Making History in Twentieth-Century Quebec,* Toronto, University of Toronto Press, 294 p. Paru également en français en 1998 chez Septentrion (*Faire de l'histoire au Québec,* 278 p.).

—, (1998). « Le rôle de l'histoire comparée dans l'historiographie québécoise », dans R. Comeau, B. Dionne (dir.), *À propos de l'histoire nationale,* Sillery, Septentrion, p. 103-113.

SAINT-JACQUES, Denis (1996). « La bouture et le fruit », dans Aurélien Boivin, Gilles Dorion, Kenneth Landry (dir.), *Questions d'histoire littéraire. Mélanges offerts à Maurice Lemire,* Québec, Nuit blanche, p. 165-173.

SALMOND, Anne (1991). *Two Worlds: First Meetings Between Maori and Europeans, 1642-1772,* Honolulu, University of Hawaii Press, 477 p.

—, (1997). *Between Worlds: Early Exchanges Between Maori and Europeans, 1773-1815,* Honolulu, University of Hawaii Press, 590 p.

SANCHEZ-ALBORNOZ, Nicolás (1974). *The Population of Latin America,* Berkeley, University of California Press, 299 p.

SARRA-BOURNET, Michel (1995). « Pour une histoire postrévisionniste », *Bulletin d'histoire politique,* vol. 4 (hiver), n° 2, p. 25-29.

SAUNDERS, Kay (1982). *Workers in Bondage: The Origins and Bases of Unfree Labour in Queensland, 1824-1916,* New York, University of Queensland Press, 213 p.

SAUSSOL, Alain, Joseph Zitomersky (dir.) (1996). *Colonies, territoires, sociétés: l'enjeu français,* Paris, L'Harmattan, 288 p.

SCHARZ, Benjamin (1995). « The diversity myth: America's leading export », *Atlantic Monthly,* vol. 265, n° 5, (May), p. 57-67.

SCHLESINGER, Arthur Meier (1991). *The Disuniting of America,* Knoxville, Whittle Direct Books, 91 p.

SCHNELLE, Kurt (1980). « El siglo XVIIIᵉ hispanoamerica », *Islas* (Cuba), vol. 65, p. 129-139.

SEED, Patricia (1995). *Ceremonies of Possession: Europe's Conquest of the New World, 1492-1640,* Cambridge, New York, Cambridge University Press, 199 p.

—, (1997). « Legal Fictions: Laws of Discovery and Conquest in the Americas », unpublished paper of a lecture at the *Mellon Sawyer Seminar,* Johns Hopkins University, 17 p.

SEMMLER, Clement (1977). « "Banjo" Paterson and the bush tradition in the history of australian literature », *Journal of the Royal Australian Historical Society,* vol. 62, n° 4, p. 224-231.

SÉNÉCAL, Gilles (1990). « Les géographes et les idéologies territoriales au Canada : deux projets nationaux contradictoires », *Cahiers de Géographie du Québec,* vol. 33, n° 90 (décembre), p. 307-321.

—, (1992). « Les monographies des régions de colonisation au Québec (1850-1914) : genre et tradition géographiques. École nationale ? », *Cahiers de Géographie du Québec,* vol. 36, n° 97 (avril), p. 33-60.

SENN, Werner, Giovanna Capone (dir.) (1992). *The Making of a Pluralist Australia (1950-1990),* Bern, Peter Lang Inc., European Academic Publishers, 259 p.

SERLE, Geoffrey (1973). *From Deserts the Prophets Come : the Creative Spirit in Australia,* Melbourne, Heinemann, 274 p.

SEWELL, William H. (1967). « Marc Bloch and the Logic of Comparative History », *History and Theory,* vol. VI, n° 2, p. 208-218.

SEYMOUR, Michel (1999). *La Nation en question,* Montréal, L'Hexagone, 206 p.

SHARPE, Maureen (1981). « Anzac Day in New Zealand : 1916 to 1939 », *The New Zealand Journal of History,* vol. 15, n° 2, p. 97-114.

SHAW, A. G. L. (1962). « The old tradition », dans Peter Coleman (dir.), *Australian Civilization,* Australie, F. W. Cheshire, p. 12-25.

SHEEHAN, Paul (1998). *The Dividing of Australia,* Random, 338 p.

SHEK, Ben-Zion (1977). *Social Realism in the French-Canadian Novel,* Montréal, Harvest House, 326 p.

—, (1984). « L'image des Juifs dans le roman québécois », dans Pierre Anctil, Gary Caldwell (dir.), *Juils et réalités juives au Québec,* Québec, Institut québécois de recherche sur la culture (IQRC), p. 255-288.

SHERINGTON, Geoffrey (1980). *Australia's Immigrants, 1788-1978,* Sydney/London/Boston, Georges Allen & Unwin, 189 p.

SHOULDICE, Larry (1982). « Wide Latitudes : Comparing New World Literature », *Canadian Review of Comparative Literature/Revue canadienne de littérature comparée,* vol. 9, n° 1, p. 46-55.

SHUMWAY, Nicolas (1991). *The Invention of Argentina,* Berkeley, University of California Press, 325 p.

SIMIAND, François (1960) [1903]. « Méthode historique et Science sociale », *Annales ESC,* vol. XV, p. 83-119. Le texte a été publié originellement dans la *Revue de Synthèse historique.*

SINCLAIR, Keith (1959). *A History of New Zealand,* Harmondsworth (Middlesex, Baltimore), Penguin Books, 320 p.

—, (1979a), « The changing perspective on New Zealand history », dans William S. Livingston, William Roger Louis (dir.), *Australia, New Zealand, and the Pacific Islands Since the First World War,* Austin, University of Texas Press, p. 32-46.

—, (1979b), « History in New Zealand », dans John A. Moses (dir.), *Historical Disciplines and Culture in Australasia. An Assessment,* St Lucia, University of Queensland Press, p. 228-238.

—, (1986). *A Destiny Apart : New Zealand's Search for National Identity,* Wellington (New Zealand), Allen & Unwin in association with Port Nicholson Press, 290 p.

SIROIS, Antoine (1994). « Pour une histoire des jeunes littératures », *Canadian Literature,* n°s 142-143, p. 264-270.

SKIDMORE, Thomas E. (1974). *Black into White. Race and Nationality in Brazilian Thought*, New York, Oxford University Press, 299 p.

—, (1990). « Racial ideas and social policy in Brazil, 1870-1940 », dans R. Graham (dir.), *The Idea of Race in Latin America, 1870-1940*, Austin, University of Texas Press, p. 7-36.

SKOCPOL, Theda, Margaret Somers (1980). « The Uses of Comparative History in Macrosocial Inquiry », *Comparative Studies in Society and History*, vol. 22, n° 2 (avril), p. 174-197.

SMITH, Allan (1994). *Canada : An American Nation ? Essays on Continentalism, Identity and the Canadian Frame of Mind*, Montréal/Kingston, McGill/Queen's University Press, 398 p.

SMITH, Bernard (1971). *Australian Painting, 1788-1970*, Melbourne, Oxford University Press, 483 p.

SMITH, David E. (1995). *The Invisible Crown : The First Principle of Canadian Government*, Toronto, University of Toronto Press, 274 p.

SMITH, Robin, Osmar White (1970). *The Beauty of Australia*, Hawthorn (Victoria), Lloyd O'Neil, 110 p.

SOUTER, Gavin (1981). *A Peculiar People : the Australians in Paraguay*, Sydney, Sydney University Press, 309 p.

SPILLMAN, Lyn (1997). *Nation and Commemoration. Creating National Identities in the United States and Australia*, Cambridge, Cambride University Press, 251 p.

STABB, Martin S. (1959). « Indigenism and racism in Mexican thought, 1857-1911 », *Journal of Inter-American Studies* (octobre), p. 405-423.

STANNER, W. E. H. (1953). « The Australian way of life », dans W. V. Aughterson (dir.), *Taking Stock. Aspects of Mid-Century Life in Australia*, Melbourne, F. W. Cheshire, p. 1-14.

STARGARDT, A. W. (1977). *Australia's Asian Policies : The History of a Debate, 1839-1972*, Hamburg, Institute of Asian Affairs in Hamburg and Otto Harrassowitz, Wiesbaden, 404 p.

STEFFEN, Jerome O. (1983). « The mining frontiers of California and Australia : a study in comparative political change and continuity », *Pacific Historical Review*, vol. 52, n° 4, p. 428-440.

STEGAGNO PICCHIO, Luciana (1988). « L'anthropophagie brésilienne : mythe et littérature », *Diogène*, n° 144 (octobre-décembre), p. 115-138.

STENGERS, Jean (1997). « Les mythes nationaux fondateurs en Belgique (XVIIIe-XXe siècles) », dans Gérard Bouchard, Yvan Lamonde (dir.), *La Nation dans tous ses États. Le Québec en comparaison*, Montréal/Paris, L'Harmattan, p. 99-110.

STEPAN, Alfred C. (1969). « The continuing problem of brazilian integration : the monarchical and republican periods », dans Fredrick B. Pike (dir.), *Latin American History : Select Problems. Identity, Integration and Nationhood*, New York, Harcourt, Brace & World, p. 259-296.

STEPHENSEN, P. R. (1936). *The Foundations of Culture in Australia: An Essay Towards National Self-Respect,* Gordon, New South Wales, W. J. Miles, 192 p.

STEPHENSON, M. A., Suri Ratnapala (dir.) (1993). *Mabo, a Judicial Revolution: the Aboriginal Land Rights Decision and its Impact on Australian Law,* St Lucia, University of Queensland Press, 225 p.

STODDART, Brian (1988). « The hidden influence of sport », dans Verity Burgmann, Jenny Lee (dir.), *Constructing a Culture: A People's History of Australia since 1788,* Victoria (Australie), McPhee Gribble Publishers/Penguin Books, p. 124-135.

STOKES, Geoffrey (dir.) (1997). *The Politics of Identity in Australia,* Cambridge, Cambridge University Press, 222 p.

STURM, Terry (dir.) (1991). *The Oxford History of New Zealand Literature in English,* New York, Oxford University Press, 748 p.

STURMA, Michael (1983). *Vice in a Vicious Society: Crime and Convicts in Mid-Nineteenth Century New South Wales,* St-Lucia, London and New York, University of Queensland Press, 244 p.

SUDHOFF, Heinke (1994). *La Découverte de l'Amérique aux temps bibliques,* Monaco, Éditions du Rocher, 250 p.

SUMMERS, Anne (1994). *Damned Whores and God's Police,* Ringwood, Victoria, Penguin, 549 p.

SUTHERLAND, Ronald (1971). *Second Image. Comparative Studies in Québec/ Canadian Literature,* Toronto, Don Mills, Newpress, 189 p.

TANNER, Thomas W. (1978). « Race as a factor in the strengthening of central authority: white Australia and the establishment of compulsory military training », dans Bruce W. Hodgins, Don Wright, W. H. Heick (dir.), *Federalism in Canada and Australia: The Early Years,* Waterloo (Ont.), Wilfrid Laurier University Press, p. 237-251.

TARVER, Heidi (1992). « The Creation of American National Identity: 1774-1796 », *Berkeley Journal of Sociology,* vol. 37, n° 1, p. 55-99.

TASCHEREAU, Sylvie (1988). « L'histoire de l'immigration au Québec: une invitation à fuir les ghettos », *Revue d'histoire de l'Amérique française,* vol. 41, n° 4 (printemps), p. 575-589.

TAUSSIG, Mick (1987). « An Australian hero », *History Workshop Journal,* vol. 24, p. 111-133.

TAYLOR, George Rogers (1972). *The Turner Thesis Concerning the Role of the Frontier in American History,* Toronto, D. C. Heath, 188 p.

TAYLOR, William B. (1996). *Magistrates of the Sacred: Priests and Parishioners in Eighteenth-century Mexico,* Stanford (California), Stanford University Press, 868 p.

THÉRIEN, Gilles (1986). « La littérature québécoise, une littérature du tiers-monde? », *Voix & images. Littérature québécoise,* vol. XII, n° 1 (automne), p. 12-20.

THÉRIO, Adrien (1998). *Un siècle de collusion entre le clergé et le gouvernement britannique : anthologie des mandements des évêques (1760-1867)*, Montréal, XYZ, 267 p.

THIESSE, Anne-Marie (1999). *La création des identités nationales. Europe XVIIIe-XXe siècle*, Paris, Seuil, 303 p.

THOMAS, Daniel (dir.) (1988). *Creating Australia : 200 Years of Art, 1788-1988*, Sydney, International Cultural Corporation of Australia, 248 p.

THOMAS, David (dir.) (1993). *Canada and the United States : Differences that Count*, Peterborough (Ontario), Broadview Press, 424 p.

THOMPSON, Elaine (1994a), *Fair Enough : Egalitarianism in Australia*, Sydney, University of New South Wales Press, 283 p.

—, (1994b), « Cringers », dans Richard Nile (dir.), *Australian Civilisation*, New York, Oxford University Press, p. 180-198.

THOMPSON, Guy P. C. (1991). « Popular aspects of liberalism in Mexico, 1848-1888 », *Bulletin of Latin American Research*, vol. 10, n° 3, p. 265-292.

TORT, Patrick (dir.) (1996). *Dictionnaire du darwinisme et de l'évolution*, Paris, Presses Universitaires de France, 3 vol., 5 000 p.

TRACEY, David J. (1995). *Edge of the Sacred. Transformation in Australia*, Victoria, Harper Collins, 224 p.

TRAINOR, Luke (1994). *British Imperialism and Australian Nationalism : Manipulation, Conflict and Compromise in the Late Nineteenth Century*, Cambridge, Cambridge University Press, 213 p.

TRAINOR, Luke (dir.) (1996). *Republicanism in New Zealand*, Palmerston North, Dunmore Press, 190 p.

TRAINOR, Luke, Rachael Walkinton (1996). « The rocky road to republicanism : anti-monarchism in New Zealand : a comment », *History Now*, vol. 2, n° 1, p. 38-40.

TRAVERS, Len (1997). *Celebrating the Fourth : Independence Day and the Rites of Nationalism in the Early Republic*, Amherst, University of Massachusets Press, 278 p.

TREMBLAY, Michel (1968). *Les Belles-Sœurs*, Montréal, Holt, Rinehart et Winston, 71 p.

TRIGGER, Bruce G. (1992). *Les Indiens, la fourrure et les Blancs. Français et Amérindiens en Amérique du Nord*, Montréal, Boréal/Seuil, 542 p.

TRUDEL, Marcel (1960). *L'Esclavage au Canada français : histoire et conditions de l'esclavage*, Québec, Les Presses de l'Université Laval, 432 p.

—, (1990). *Dictionnaire des esclaves et de leurs propriétaires au Canada français*, Montréal, Hurtubise HMH, 490 p.

TSOKHAS, Kosmas (1994). « Dedominionization : the Anglo-Australian experience, 1939-1945 », *Historical Journal*, vol. 37, n° 4, p. 861-883.

TURCOTTE, Paul-André (1988). *L'Enseignement secondaire public des Frères éducateurs (1920-1970), Utopie et modernité*, Montréal, Éditions Bellarmin, 220 p.

TURNER, Frederick Jackson (1962). *The Frontier in American History*, New York, Holt, Rinehart and Wiston, 375 p.

TURNER, G. W. (1966). *The English Language in Australia and New Zealand*, London, Longman, 236 p.

TURNER, Ian (1968). *The Australian Dream*, Melbourne, Sun Books Pty Ltd., 358 p.

TWEEDIE, Sandra (1994). *Trading Partners: Australia and Asia, 1790-1993*, Sydney, University of New South Wales Press, 262 p.

TYLER, Deborah (1984). « Making nations, making men : feminists and the Anzac tradition », *Melbourne Historical Journal*, n° 16, p. 24-33.

TYRRELL, Ian (1991). « American exceptionalism in an Age of International History », *American Historical Review*, vol. 96, n° 4 (octobre), p. 1031-1055.

URIBE, Jaime Jaramillo (1992). « La cause perdue des conquérants : la "pureté" du sang », dans Anne Remiche-Martynow, Graciela Schneier-Madanes (dir.), *Notre Amérique métisse : cinq cents ans après, les Latino-Américains parlent aux Européens*, Paris, Éditions La Découverte, p. 167-172.

USLAR PIETRI, Arturo (1992). *Half a Millenium of Venezuela*, Caracas, Langoven Booklets, 431 p.

VACHON, George-André (1969). « Une littérature de combat. 1778-1810. Les débuts du journalisme canadien-français », *Études françaises*, vol. 5, n° 3 (août), p. 247-375.

—, (1970). « Arthur Buies, écrivain », *Études françaises*, vol. 6, n° 3, p. 283-296.

VALLÉE, Jacques (1973). *Tocqueville au Bas-Canada*, Montréal, Éditions du Jour, 187 p.

VALLENILLA, Nikita Harwich (1991). « National identities and national projects : spanish american historiography in the 19th and 20th centuries », *Storia della Storiografia*, vol. 19, p. 147-156.

VAMPLEY, Wray, Brian Stoddart (dir.) (1994). *Sport in Australia : A Social History*, New York, Cambridge University Press, 346 p.

VAUGEOIS, Denis (1968). *Les Juifs et la Nouvelle-France*, Trois-Rivières, Boréal Express, 154 p.

VILLENEUVE, Lynda (1999). *Paysage, mythe et territorialité : Charlevoix au XIXe siècle. Pour une nouvelle approche du paysage*, Sainte-Foy (Québec), Les Presses de l'Université Laval, 336 p.

VOISINE, Nive (1987). *Les Frères des Écoles chrétiennes au Canada*, I : *La Conquête de l'Amérique, 1837-1880*, Sainte-Foy (Québec), Anne Sigier, 471 p.

—, (1991). *Les Frères des Écoles chrétiennes au Canada*, II : *Une ère de prospérité, 1880-1946*, Sainte-Foy (Québec), Anne Sigier, 471 p.

WACHTEL, Nathan (1984). « The Indian and the Spanish Conquest », dans Leslie Bethell (dir.), *The Cambridge History of Latin America*, vol. I, Cambridge, Cambridge University Press, p. 207-248.

WADE, Peter (1993). *Blackness and Race Mixture. The Dynamics of Racial Identity in Colombia*, Baltimore, John Hopkins University Press, 415 p.

WALKER, David (1976). *Dream and Disillusion. A Search for Australian Cultural Identity,* Canberra, Australian National University Press, 279 p.

WALKER, John (1979). « Condemned to civilization. Latin american culture : the struggle for identity », *Humanities Association Review,* vol. 30, n° 4, p. 302-321.

WALLERSTEIN, Immanuel (1974). « The Rise and Future Demise of the World Capitalist System : Concepts for Comparative Analysis », *Comparative Studies in Society and History,* vol. 16, n° 4 (September), p. 387-415.

WALTER, James (dir.) (1989a), *Australian Studies : A Survey,* Melbourne (Australie), Oxford University Press, 326 p.

WALTER, James (1989b), « Studying Australia : reasons and approaches », dans James Walter (dir.), *Australian Studies : A Survey,* Melbourne (Australie), Oxford University Press, p. 1-43.

WARD, John M. (1963). « Historiography », dans A. L. McLeod (dir.), *The Pattern of Australian Culture,* Ithaca, Cornell University Press, p. 195-251.

WARD, Russel (1966). *The Australian Legend,* Melbourne, Oxford University Press, 283 p.

WEAVER, John C. (1996). « Beyond the fatal shore : pastoral squatting and the occupation of Australia, 1826 to 1852 », *The American Historical Review,* vol. 101, n° 4, p. 981-1007.

—, (1999). « The old world construction of New World property rights. New Zealand, 1840-1860 », à paraître.

WHITE, Patrick (1958). « The prodigal son », *Australian Letters,* vol. 1, n° 3.

WHITE, Richard (1981). *Inventing Australia. Images and Identity, 1688-1980,* Sydney/London/Boston, George Allen & Unwin, 205 p.

WILHITE, John F. (1980). « The Inter-American enlightenment », *Inter-American Review of Biblio,* vol. 30, n° 3, p. 254-261.

WILKINSON, Rupert (1988). *The Pursuit of American Character,* New York, Harper & Row, 166 p.

WILLIAMS, John F. (1995). *The Quarantined Culture. Australian Reactions to Modernism. 1913-1939,* Cambridge, Cambridge University Press, 288 p.

WILSON, Charles (1987). *Australia, 1788-1988 : The Creation of a Nation,* Totowa (New Jersey), Barnes & Noble Books, 274 p.

WOLL, Allen (1982). *A Functional Past : The Uses of History in Nineteenth-Century Chile,* Baton Rouge, Louisiana State University Press, 211 p.

WOODWARD, Comer Vann (1968). « The Comparability of American History », dans Comer Vann Woodward (dir.), *A Comparative Approach to American History,* New York, Basic Books, p. 3-17.

WRIGHT, Judith (1965). *Preoccupations in Australian Poetry.* Melbourne, Oxford University Press, 217 p.

WRIGHT, Winthrop R. (1990). *Café con leche. Race, Class, and National Image in Venezuela,* Austin, University of Texas Press, 167 p.

WYNN, Greame (1984). « Reflections on the writing of New Zealand history », *New Zealand Journal of History*, vol. 18, n° 2, p. 104-116.

YENGOYAN, Aram A. (1997). « L'Aborigène, la race et l'État. Débat sur les minorités et hégémonie nationale en Australie », *Annales, Histoire, Sciences Sociales*, 52ᵉ année, n° 3 (mai-juin), p. 621-631.

YULE, Peter (dir.) (1987). *Sergeant Lawrence Goes to France*, Melbourne, Oxford University Press, 190 p.

ZELINSKY, Wilbur (1988). *Nation Into State : The Schifting Symbolic Foundations of American Nationalism*, Chapel Hill, University of North Carolina Press, 350 p.

ZUCKERT, Michael P. (1996). *The Natural Rights Republic : Studies in the Foundation of the American Political Tradition*, Notre Dame, University of Notre Dame Press, 298 p.

Notes

CHAPITRE PREMIER • L'HISTOIRE COMPARÉE DES COLLECTIVITÉS NEUVES OU CULTURES FONDATRICES

1. À propos de la population d'origine française vivant sur le territoire actuel du Québec, nous nous référerons aux Canadiens français lorsque nous voudrons attirer l'attention sur la plus vieille souche du peuplement francophone. Autrement, et en particulier pour le XXe siècle, nous parlerons plutôt des Québécois, sauf pour désigner un groupe ou une minorité ethnique en particulier.

2. Sur ce point, notre position s'apparente à celle de B. Anderson (1991), sauf que notre aire d'analyse s'étend au-delà de l'imaginaire national proprement dit.

3. Ces deux dimensions sont indissociables, la formation des cultures fondatrices ne pouvant être analysée sans référence à l'évolution du lien colonial et au mode d'édification de l'État.

4. En 1994, une équipe de littéraires de l'Université d'Ottawa organisait un colloque sur le thème : « Les discours du Nouveau Monde au XIXe siècle au Canada français et en Amérique latine ». Les actes en ont été publiés sous la direction de M. Couillard, P. Imbert (1995).

5. On se reportera surtout à la célèbre conférence de Turner (« The significance of the frontier in American history »), prononcée en 1893 et reproduite dans G. R. Taylor (1972). Voir aussi F. J. Turner (1962).

6. Beaucoup plus près de nous, la réunification toute récente des deux Allemagnes en offre un bel exemple. À ce propos, certains préfèrent du reste parler d'*unification,* pour mieux marquer le caractère neuf de l'opération, laquelle a fondu deux entités devenues, dit-on, bien différentes de ce qu'elles étaient au moment de leur séparation après la Seconde Guerre. On fait aussi valoir que, finalement, ces deux collectivités n'avaient

été associées que depuis 1870, qu'elles n'avaient guère eu le temps de se fondre dans une nationalité très articulée, etc.

7. Nous passons sous silence d'autres traits qui sont souvent associés aux collectivités neuves mais dont la spécificité nous paraît beaucoup moins assurée. C'est le cas de l'égalitarisme, de la démocratie, de la flexibilité des hiérarchies sociales, et le reste.

8. Les sémiologues parlent à ce propos de systèmes de modélisation pour désigner, tous genres confondus, l'entreprise de construction intellectuelle ou esthétique (voir par exemple : J.-M. Klinkenberg, 1996 ; U. Eco, 1979 ; J. Martinet, 1975). Nous étendons à cette échelle la notion de discours ou de pratiques discursives.

9. Un peu dans le même sens, A. Lawson (1983, p. 198) évoque « *the felt dichotomy between new and old, between here and there, between the cultural inheritance and the immediate experience* ».

10. Selon E. Gellner (1983), la nation, telle qu'elle s'est déployée en Europe au XIXe siècle, consistait essentiellement dans l'union de l'État et du *Volk*.

11. À ce sujet, à propos du Canada, voir par exemple G. Porter Ladousse (1997).

12. Dans le cours d'un petit ouvrage de vulgarisation (G. Bouchard, M. Lacombe, 1999), nous avons eu l'occasion de résumer quelques-unes des idées maîtresses qui appuient la présente analyse. On les retrouvera ici sous une forme beaucoup plus élaborée et appuyée sur une argumentation appropriée.

CHAPITRE II • POURQUOI (SE) COMPARER ?

1. Parmi d'autres : P. Rosenau (1992), D. LaCapra (1985), F. R. Ankersmit (1989), M. Poster (1997).

2. Malgré toute sa richesse et sa volonté d'échapper au nihilisme, le livre de P. Novick (1988) ne parvient pas vraiment à renverser cette argumentation. Un peu paradoxalement, il ajoute au contraire à la perplexité régnante. Une impression analogue se dégage du livre que R. Rudin (1997b) a consacré à d'importants courants de l'historiographie québécoise au XXe siècle.

3. Diverses enquêtes d'histoire comparative (ou faisant une large place à la comparaison) mises en marche récemment le donnent à croire, par exemple : M. Bellavance (Montréal et le modèle urbain occidental), S. Courville (discours de la colonisation dans quelques anciennes colonies de la Grande-Bretagne), M. Dagenais (Montréal/Toronto), D. Deslandres (phénomène missionnaire au XVIIe siècle), Y. Gingras (histoire des sciences), P.-A. Linteau et autres (Montréal/Barcelone), R. Rudin (Québec/Irlande), S. Taschereau (Montréal/Bruxelles, B. Young (bourgeoisies francophone et anglophone à Québec et à Montréal), divers projets de l'Institut interuniversitaire de recherches sur les populations (IREP) dans ses volets social et culturel (sur le thème de la nation, de la ritualité, de la mobilité sociale...).

4. Voir entre autres G. Bouchard (1990a, 1995a, 1997b, 1997d), Y. Gingras (1996a), G. Bouchard, Y. Lamonde (1997c), M. Sarra-Bournet (1995). Voir aussi le rapport du Groupe de travail sur l'enseignement de l'histoire créé par le ministère de l'Éducation du Québec (*Se souvenir et devenir*, 1996, 80 p.).

5. Depuis, quelques coresponsables se sont succédé du côté québécois, mais l'intérêt et le nombre de chercheurs engagés n'ont pas diminué. À ce jour, le projet compte à son actif une dizaine de colloques et sept ouvrages (le dernier paru : G. Bouchard, J. Dickinson, J. Goy, 1998).

6. On pense surtout à Marc Bloch qui a plaidé à diverses reprises en faveur de l'histoire comparative (M. Bloch, 1928, 1939, 1940). Voir aussi A. O. Hill, B. H. Hill (1980), G. Bouchard (1997c).

7. Rappelons que la revue *Comparative Studies in Society and History* y a été fondée en 1958.

8. Dans ce dernier cas, la comparaison porte sur deux ensembles dont l'un contient la variable ou le phénomène à contrôler et l'autre non (J. S. Mill, 1970).

9. Voir Y. Lamonde (1994, 1997b) et l'ensemble des textes présentés dans le cadre d'un colloque tenu à l'Université du Québec à Trois-Rivières en mars 1997 (actes à paraître au printemps 2000).

10. Avec le sociologue Michel De Sève de l'Université Laval, nous avons été engagé au cours des dernières années dans une opération de ce genre au sein du réseau européen HISMA *(Historical Mobility Analysis)*. Ce programme comprend une quinzaine de projets nationaux.

11. C'est cette veine qui a été empruntée par les premiers sociologues et par les anthropologues évolutionnistes au XIXᵉ siècle, tout comme les pionniers européens de l'histoire comparative au début du XXᵉ siècle (Henri Sée, Louis Davillé, et autres). Pour une discussion plus récente sur ce sujet : T. Skocpol, M. Somers (1980).

12. C'est le cas de la démarche adoptée par I. Wallerstein (1974) dans son étude de l'économie-monde.

13. Dans la tradition francophone, F. Simiand (1960) et M. Bloch (1963) sont des pionniers du genre. À ce sujet, voir aussi W. H. Sewell (1967), R. Grew (1980), T. Skocpol, M. Somers (1980).

14. C'est ce que nous avons fait avec une équipe d'historiens et d'ethnologues québécois et français dans un projet comparatif qui utilisait les rituels du mariage comme indicateur de dynamiques socioculturelles (voir G. Bouchard, M. Segalen, 1997).

15. Voir, par exemple, la réflexion de F. Cooper (1996) qui oppose sous ce rapport l'ouvrage de J. T. Campbell (1995) et celui de G. N. Fredrickson (1995), portant tous deux sur l'histoire comparée des Noirs aux États-Unis et en Afrique du Sud.

16. Nous remercions notre collègue Jean-Paul Bernard qui a aimablement attiré notre attention sur ce dossier. Voir C. Langlois, C. Seignobos (1899, p. 252), F. Simiand (1960, p. 104-105). Aussi : J.-P. Bernard (1998).

17. Un argument du même genre a été présenté par B. Andrès (1990, p. 181 et suiv.) en rapport avec l'histoire littéraire.

18. C'est à dessein que C. V. Woodward (1968, chap. 1) intitulait un texte : « The Comparability of American History ». L'ouvrage collectif dans lequel il paraissait montrait justement que les fondements du sentiment exceptionnaliste étaient souvent douteux. Sur le même sujet : A. Etzioni, F. L. Dubow (1970).

19. À propos des études France-Allemagne, voir le commentaire de M. Espagne (1994).

20. Nul ne l'a mieux dit que T. S. Eliot : « *And the end of all our exploring/ Will be to arrive*

where we started/ And know the place for the first time » (*Little Gidding* V, Londres, 1942, p. 15).

21. Voir notre commentaire à ce sujet dans G. Bouchard (1995a).

22. Les traits principaux de ce modèle sont les suivants : immigrants-pionniers relativement peu nombreux et de même provenance, fécondité élevée, marché matrimonial restreint, éléments d'homogénéité dans le patrimoine génétique, fréquence croissante de quelques gènes délétères. Voir à ce sujet G. Bouchard, M. De Braekeleer *et alii* (1991, chap. XII).

23. Au Québec, durant la seconde moitié du XIXe siècle et les premières décennies du XXe, les deux familles idéologiques s'accordaient sur le contenu économique du libéralisme (propriété privée, liberté d'entreprise, lois du marché, progrès matériel). C'est sur le plan socioculturel (tolérance, liberté d'expression, laïcité) que la première l'a emporté sur la seconde.

24. Une véritable pensée sociale-radicale, c'est-à dire : enracinée dans un segment important de la société et basée sur la conviction qu'il faut changer les fondements même de l'ordre social au profit du plus grand nombre, en particulier des plus démunis.

25. En Australie, les idées de Tocqueville ont été discutées principalement dans les années 1850, dans le cadre des projets de fédération et des revendications du gouvernement responsable, puis dans les années 1890, au cours des débats préparatoires au Commonwealth.

26. Pour la période antérieure au milieu du XXe siècle, connaissons-nous des tableaux, existe-t-il des contes, des légendes, des romans, des reconstitutions historiques quelconques qui mettent en scène un conseil municipal en délibération, une *assemblée contradictoire*, un *appel nominal*?

27. À titre d'illustration, voir l'étude comparée réalisée par L. Spillman (1997) sur quelques grandes célébrations nationales en Australie et aux États-Unis.

28. Exception faite de l'effervescence sans lendemain qui a entouré en 1991 la célébration du 200e anniversaire du parlementarisme au Québec.

29. En ce sens, une autre critique que l'on pourrait adresser à certaines analyses du courant moderniste, c'est d'avoir remplacé l'exceptionnalisme de l'ancienne historiographie par une sorte de mimétisme. On peut aussi lui reprocher d'avoir surévalué, sinon idéalisé, la modernité des autres sociétés nord-américaines ou atlantiques, ce qui a eu pour conséquence que la barre ait été placée très haut pour le Québec. L'histoire moderniste s'est ainsi rendu la tâche beaucoup plus difficile. À cela on pourrait opposer que les sociétés canadienne-anglaise et étatsunienne ont longtemps manifesté, elles aussi, d'importants traits prémodernes, ce qu'un point de vue comparatif permet justement de découvrir (à ce sujet : G. Bouchard, 1998).

30. Deux exceptions notables, parmi quelques autres : A. Faucher (1973, 1975) et B. Ramirez (1991).

CHAPITRE III • UN VIEUX PAYS NEUF ? FORMATION ET TRANSFORMATIONS DE LA CULTURE ET DE LA NATION AU QUÉBEC

1. En ce qui concerne par exemple la dualité des champs littéraires, on peut se reporter au témoignage de D. M. Hayne (1989). Sur l'ancienneté de l'identité québécoise et de la conception dualiste du Canada en général, on se reportera au survol proposé par K. McRoberts (1997). Rappelons aussi que, pour ce qui est de l'historiographie, C. Berger (1976), étudiant la construction de la mémoire au Canada, a cru légitime de ne retenir que des historiens anglophones, à cause précisément de la réalité binationale.

2. Le territoire contrôlé par la France comprenait trois colonies : l'Acadie, la Louisiane et le Canada. Sauf indication contraire, c'est à cette dernière que nous référerons.

3. Nous renvoyons le lecteur à des ouvrages spécialisés comme B. Audet (1980), M. Lessard, H. Marquis (1972).

4. À ce sujet, voir notamment J.-P. Bardet, H. Charbonneau (1986).

5. Il existe des désaccords parmi les linguistes sur les circonstances qui auraient rendu possible ce processus d'uniformisation. Certains croient que le français fut prépondérant dès l'origine ; d'autres ont plutôt conclu à une diffusion très rapide, favorisée par diverses circonstances. Voir à ce propos les commentaires de T. Lavoie (1995) et de C. Bouchard (1998, chap. II).

6. Sur ce qui précède, voir entre autres R. Ouellet (1994), R. Ouellet, A. Beaulieu, M. Tremblay (1997), J. Mathieu (1985, 1991). Nous nous sommes également appuyé sur de nombreuses notations éparses tirées de diverses publications.

7. À propos du vêtement, par exemple, voir les indications et références fournies dans un numéro spécial de la revue *Cap-aux-Diamants*, vol. 4, n° 2, été 1988.

8. Ces derniers auraient représenté de 6 % à 8 % des immigrants, peut-être moins (R. Larin, 1998). On a pu en identifier 477 pour l'ensemble de la Nouvelle-France (M.-A. Bédard, 1978).

9. M. Trudel (1960) en a dénombré plus de 4 000 pour les XVIIe et XVIIIe siècles (la réédition du même ouvrage en 1990 reprend sensiblement les mêmes estimations). Mais, selon l'aveu même de l'auteur, consigné dans ses mémoires, c'est là une surestimation. Les Amérindiens comptaient pour environ les deux tiers des esclaves, les autres étaient des Noirs. Ils n'ont fait l'objet d'aucun recensement et il est très difficile de savoir précisément la proportion qu'ils représentaient dans la population. Selon une recherche effectuée par l'historien Thomas Wien à partir du recensement de la ville de Québec en 1744 (résultats non publiés, communiqués à l'auteur), les esclaves (noirs et amérindiens) représentaient environ 1 % de la population.

10. Nous suivons ici C. J. Jaenen (notamment : 1988).

11. Il n'est pas possible, dans le cadre de cet essai, d'offrir un commentaire plus détaillé sur le sujet. Par ailleurs, il n'existe pas d'ouvrages-synthèses récents auxquels on pourrait se référer ; il faut actuellement s'en remettre à une foule d'articles et de monographies.

12. On peut consulter également le site de Derome : www.er.uqam.ca/nobel/r14310/accueil.html.

13. Lettre de Tocqueville à son père, 14 août 1831, citée par J. Vallée (1973, p. 81).

14. Sur ce qui précède, voir les travaux de B. Andrès (1992-1993, 1995, 1998 et autres). Aussi : G.-A. Vachon (1969).

15. L'Assemblée législative du Bas-Canada adopta en 1830 une loi abolissant toutes les incapacités juridiques dont les Juifs avaient été jusque-là frappés, ce qui créait un précédent dans l'Empire britannique. Une loi semblable fut votée en Angleterre en 1859.

16. Notons que plusieurs porte-parole patriotes (Papineau, D.-B. Viger, Parent et d'autres comme F. de Sales Laterrière) se faisaient très critiques à l'endroit de la France métropolitaine, pour la façon dont elle avait administré le Canada.

17. Voir, par exemple, un discours prononcé par Papineau le 14 juin 1850, reproduit dans Y. Lamonde, C. Larin (1998, p. 569-573).

18. Nous nous en remettons sur ce point aux travaux d'Yvan Lamonde et de Bernard Andrès, évoqués plus haut (aussi : communications personnelles des auteurs).

19. Les références aux États-Unis étaient nombreuses, notamment dans *Le Canadien*, comme le montrent les recherches en cours de Micheline Cambon et Christine Tellier au département d'Études françaises de l'Université de Montréal.

20. À ce sujet, voir entre autres Y. Lamonde (1996), Y. Lamonde, C. Larin (1998), M. Couillard (1995).

21. Comme on le verra dans le cours du chapitre, d'autres imaginaires ou paradigmes se sont manifestés durant cette période. Il nous semble que celui de la survivance a été prédominant, et c'est ce que nous essaierons de démontrer. Mais nous tenons à signaler que des interprétations différentes de la nôtre ont été proposées au cours des vingt dernières années au Québec.

22. Voir à ce propos P.-A. Linteau, R. Durocher *et alii* (1986, 1re et 2e parties).

23. Cette désarticulation, que nous tenons pour fondamentale, a été signalée par quelques auteurs au cours des dernières décennies, mais sans jamais retenir beaucoup l'attention. Parmi les historiens et sociologues, J.-C. Falardeau (1953, p. 253) semble avoir été le premier à la formuler clairement. Elle fut également commentée par M. Rioux (1957, p. 71) puis G. Rocher (1973a, p. 97-98). Elle a donné lieu à des analyses plus élaborées au début des années 1980 par R. Montpetit (1983), Y. Lamonde (1984) et G. Bouchard (1985-1986). Enfin, pour la période antérieure à 1950, elle avait déjà été évoquée mais d'une façon très elliptique par divers observateurs ou essayistes comme Olivar Asselin, Édouard Montpetit, Léon Lortie, André Laurendeau (notamment : 1951).

24. E.-B. de Saint-Aubin, *Revue canadienne*, 1871, p. 91-110.

25. À ce sujet, voir par exemple A. McLaren (1990), I. R. Dowbiggin (1997), M. S. Pernick (1996).

26. Voir entre autres deux textes parus dans la *Revue canadienne* en 1873 (vol. 10, p. 119-134, 267-278), divers tracts publiés par l'École sociale populaire, des écrits du jésuite Louis Lalande, et d'autres. B. G. Trigger (1992, p. 53-54) a réuni quelques références à des énoncés semblables chez Benjamin Sulte, Henri Bourassa, Lionel Groulx.

27. Sur l'institution et la célébration des figures héroïques, deux titres en particulier : D. Martin (1988), P. Groulx (1998).

28. Le premier manuel du bon (et du mauvais) français fut publié en 1841 par Thomas Maguire.

29. Parmi les nombreux titres à consulter sur ce qui précède, mentionnons G. Bouthillier, J. Meynaud (1972), D. Noël (1990), C. Poirier (1994), C. Bouchard (1998).

30. Comme celui, précisément, auquel travaille depuis plusieurs années notre collègue Yvan Lamonde de l'Université McGill (*Un goût de clairière. Histoire sociale des idées au Québec, 1760-1896*, à paraître au printemps 2000 chez Fides).

31. F. Dumont (1971, p. 26-27) se disait effaré du caractère emprunté des idéologies québécoises à cette époque («vêtements... prélevés dans une autre histoire que celle des consciences d'ici»).

32. La revue avait invité un certain nombre d'intellectuels à répondre à diverses questions sur l'existence d'une culture canadienne-française, sa situation, les conditions de son développement, etc. Les commentaires reçus par la rédaction furent publiés dans plusieurs numéros durant ces deux années. De nombreuses personnalités parmi les plus influentes de l'époque apparaissent parmi les signataires.

33. Il n'est pas possible de reproduire ici le détail de l'analyse. On voudra bien se reporter à notre article.

34. *Œuvres complètes* (1873), tome I, p. 368. Sur ce qui précède, voir aussi, parmi plusieurs autres, M. Lemire, D. Saint-Jacques (1996).

35. Sur la préséance de la norme française dans ce courant littéraire, voir M.-A. Beaudet (1991) et le commentaire que lui a consacré L. Robert dans la *Revue d'histoire de l'Amérique française*, vol. 46, n° 2, 1992, p. 289-291. Aussi : A. Belleau (1986, p. 171), D. Saint-Jacques (1996).

36. À ce sujet : L. Gauvin (1994). D'autres régionalistes, comme Ferland, Desrochers et Grignon, se montraient plus indulgents au chapitre de la langue du pays.

37. Cité par Jean-Charles Falardeau, dans sa réponse à la grande enquête de *L'Action nationale* (mars 1941, p. 216-217).

38. Merci à Lucie Robert qui nous a mis sur cette piste.

39. M. Lemire (1982), le premier peut-être, a attiré l'attention là-dessus.

40. Rapporté par M. Lemire (1987, p. 87).

41. Les essais réunis dans G. Bouchard, Y. Lamonde (1995) préfigurent ce genre d'analyse.

42. Sur ce thème, voir Y. Gingras (1996b).

43. J.-C. Falardeau (1964, p. 45-46), M. Fournier (1986, p. 57).

44. *Revue canadienne*, vol. 10, 1873, p. 619-632.

45. Sur ce qui précède, voir surtout P.-A. Turcotte (1988) et N. Voisine (1987, 1991).

46. A. Buies, L.-O. David, B. Sulte, N.-E. Dionne, Honoré Beaugrand...

47. Nous ne pouvons pas énumérer toutes les sources sur lesquelles s'appuie notre commentaire. Il faudrait mentionner de trop nombreux essais, recueils, romans, revues et journaux. On trouvera les principales références dans G. Bouchard (1993, p. 32-34; 1995b). Les pionniers de cette démarche discursive étaient regroupés autour de Casgrain, Crémazie, de Gaspé et autres animateurs de la première littérature nationale. Le mouvement se poursuivit au début du xxe siècle avec le roman régionaliste et, plus tard, avec l'essor des recherches folkloriques (M. Barbeau, E.-Z. Massicotte, F.-A. Savard...).

48. S'inscrivant dans un important courant de révision ou réinterprétation, l'ouvrage récent de P.-L. Martin (1999) fait sur ce point autorité.

49. Cette réflexion a été conduite pourtant, mais en circuits fermés. Il faudrait la reconstituer à partir des archives abondantes qui en sont restées (rapports, mémoires de missionnaires, la plupart du temps manuscrits).

50. Le cas était fréquent au Saguenay, notamment (données saguenayennes non publiées, recueillies par l'auteur).

51. C'était en même temps l'une des voies de l'antisémitisme au sein de la droite catholique. Une pensée sociale radicale, dénoncée au nom de l'anticommunisme, s'était en effet développée à l'époque parmi les Juifs montréalais (J. Langlais, D. Rome, 1986, p. 97 et suiv. ; S Belkin, 1999). Une symbolique très élaborée de la ville avait pris forme également chez les artistes et littéraires de langue yiddish.

52. À ce sujet, voir la série d'articles sur la notion et l'image de l'étranger dans la littérature, publiées par André Vanasse en 1965 et 1966 dans *L'Action nationale*. Ramon Hathorn (Guelph University, Ontario) poursuit également des travaux sur la perception (généralement négative) de l'Irlandais dans le roman canadien-français.

53. Sur ce qui précède, on trouvera des exposés plus détaillés dans G. Bouchard, R. Lalou (1993).

54. Voir à ce sujet le commentaire de G. Marcotte (1989, p. 105-106).

55. Ces trois cas ont été brièvement analysés par A. Boivin (1998).

56. Comme le rappelle C. Bouchard (1998, p. 51) en s'appuyant sur divers travaux.

57. Voir également à ce propos B. Andrès (1990, p. 115-126).

58. Communication personnelle de Jacques Godbout.

59. Entretien donné à *Spirale,* janv.-fév. 1999, p. 5.

60. Voir à ce propos G. Bouchard (1990a).

61. On peut citer comme exemples, parmi d'autres, les travaux effectués à l'Université Laval par les équipes de Gaston Bergeron et de Claude Poirier, à l'Université de Sherbrooke par le groupe Martel-Laganière, à l'Université du Québec à Chicoutimi par Thomas Lavoie et ses collaborateurs.

62. Signalons toutefois un événement annonciateur survenu en 1947, alors que fut créée la Fédération des Sociétés Saint-Jean-Baptiste du Québec. Jusque-là, la Fédération regroupait toutes les Sociétés du Canada et des États-Unis. En 1972, la Fédération devenait le Mouvement national des Québécois et s'engageait dans la lutte pour la souveraineté politique. En même temps, la plupart des Sociétés Saint-Jean-Baptiste régionales se transformaient en Sociétés nationales.

63. Sur ce sujet : C. Bariteau (1998), M. Seymour (1999), G. Bouchard (1999).

64. Les énoncés les plus récents, dans cet esprit, sont réunis dans le collectif de Y. Montoya et P. Thibeault (1999).

65. À cet égard, l'un des témoignages les plus explicites et les plus révélateurs a été livré par F. Dumont (1997).

66. « Plus elle devient vraie, plus notre littérature se noircit de malheur » (J. Le Moyne, 1969, p. 95).

67. D'autres ont été commentés par R. Rudin (1997b), dans une perspective différente de la nôtre.

68. Sur ce sujet, voir également, à propos de l'histoire de la littérature, une analyse de B. Andrès (1999, en particulier p. 33).

69. Quelques intellectuels en font l'éloge sur le plan politique. J. Létourneau (1998, 1999), par exemple, voit la véritable tradition, la vocation salutaire et créatrice du peuple québécois dans son impuissance à emprunter une direction ou une autre en matière de rapports Québec/Canada. La « canadianité » serait en effet le lieu d'un « capital de

bonté » et d'une « réciprocité vertueuse » (1999), et les tentatives pour réduire les ambiguïtés politiques présentes seraient néfastes. Tout autre est la réflexion de D. Latouche (1979, chap. 1) qui désignait certes l'ambiguïté comme un paramètre central, structurel même, de la situation politique québécoise, mais qui cherchait la façon d'y tracer un parcours, faute de pouvoir l'abolir.

70. Intranquillité : « … une conscience de la fragilité qui se meut aussitôt en force », qui « vit de ses paradoxes mêmes » (L. Gauvin, 1994, p. 119-120).

CHAPITRE IV • ESSOR DE LA CONSCIENCE NATIONALE AU MEXIQUE ET EN AMÉRIQUE LATINE

1. Nous disons Amérique latine, tout en sachant que ce vocable paraît occulter toute la réalité indienne et noire, ce qui est un grave inconvénient. Mais il est difficile d'y échapper. La notion d'Amérique du Sud paraît trop restrictive, servant ordinairement à désigner la seule partie méridionale du continent, pour l'opposer, par exemple, à l'Amérique dite centrale (on parle, dans le même sens, des nations méso-américaines). L'ensemble humain auquel nous nous référons est celui qui sert de cadre à la monumentale (*The*) *Cambridge History of Latin America* (L. Bethell, 1984-1991), à savoir les populations dont la langue principale est l'espagnol, le portugais ou le français. Cette acception exclut les anciennes possessions espagnoles du nord du Mexique ainsi que les anciennes colonies d'Europe du nord dans les Caraïbes et dans leur voisinage. L'exposé est ainsi centré sur la vingtaine de nations qui composent aujourd'hui la très grande partie de l'Amérique latine.

2. Il est assez remarquable toutefois que, en général, les mouvements d'indépendance politique ne s'y sont pas immédiatement accompagnés de révolutions économiques et sociales. Ces changements sont survenus plus tard au XIXe siècle, et même au XXe siècle.

3. Nous passons sous silence certaines estimations étonnamment élevées qui ont néanmoins été proposées. Sur ce sujet, voir M. Mörner et H. Sims (1985, p. 10 et suiv.).

4. Voir à ce propos et sur ce qui précède : A. Rosenblat (1954, tome I, p. 36, 88), S. F. Cook, W. Borah (1971, 1974a, 1979), N. Sanchez-Albornoz (1974), P. Armillas (1962), C. Gibson (1969), N. Wachtel (1984), L. Bethell (1984, vol. 1, chap. 2-5 ; vol. 2, chap. 1-2).

5. Dans le contexte latino-américain, on évoque surtout les *mulatos* (croisements entre Noirs et Blancs ou Indiens) et les *mestizos* (entre Blancs et Indiens). Mais cette typologie s'enrichit de divers vocables : *zambos* ou *cafusos* (Noirs/Indiens), *pardos* (Blancs/Indiens, Noirs ou autres), etc. A. Rosenblat (1954) a cru pouvoir recenser jusqu'à 14 types de métis au Pérou et 16 au Mexique. Déjà au XVIIIe siècle, une nomenclature élaborée par José de Páez identifiait quinze types raciaux dans cette population (P. Berroeta, 1994). Au Brésil, où l'« arc-en-ciel » racial est particulièrement diversifié, un récent sondage a pu relever plus de 200 vocables en usage pour désigner des types ou sous-types raciaux (M. C. Eakin, 1997, p. 115 et suiv.).

6. Au sens strict, le vocable « créole » désigne les descendants des conquérants espagnols qui ont fait souche en Amérique et qui ont été ensuite plus ou moins marginalisés par

la métropole. Au sens large, le mot s'étend à tous les habitants d'origine européenne nés sur le nouveau continent. À cela s'ajoutent aujourd'hui d'autres acceptions, selon les pays. Au Venezuela et en Argentine, par exemple, être *criollo*, c'est être un peu foncé, métissé. Le Créole est aussi opposé à l'étranger, etc. Nous en remettons à la première acception.

7. En gros : les « sang-mêlé » des classes défavorisées, à l'exclusion des Indiens.

8. Chiffres rapportés par J. J. Uribe (1992). À ce sujet, voir aussi F. Chevalier (1977, Fig. 8).

9. Voir à ce sujet D. A. Brading (1985, 1991), B. Anderson (1991), B. Lavallé (1984), J. Lynch (1973).

10. Un exemple parmi de nombreux autres : les revendications en faveur de la prélation, ce droit de priorité que les Créoles prétendaient détenir lorsqu'un poste administratif était à pourvoir dans la colonie.

11. On note deux exceptions. Haïti avait déjà obtenu son indépendance de la France en 1804, à la suite d'une révolte des esclaves noirs sous la direction de Jean-Jacques Dessalines. Cuba ne devint une république qu'en 1901, à la suite de la guerre Espagne/États-Unis. La plupart des nouveaux pays avaient été des divisions administratives dans l'empire colonial. Un exposé plus détaillé devrait faire état de quelques tentatives avortées pour rompre le lien colonial dès avant le XIXe siècle. Au Pérou, par exemple, en 1544-1548 (révolte des *encomenderos*) et en 1780-1783 (rébellion panandine de Tupac Amaru).

12. À ce propos, parmi les nombreuses synthèses disponibles, voir N. H. Vallenilla (1991), J. Lynch (1973).

13. À ce moment toutefois, la population dut résister à une contre-offensive des *Cortès* qui voulurent restaurer le statut colonial du Brésil. Rappelons aussi que, vers la fin du XVIIIe siècle et au début du XIXe, quelques tentatives infructueuses furent réalisées pour libérer le Brésil du Portugal (la conjuration de *Tiradentes*, la révolte des *alfaiates*, les *inconfidencias*…).

14. Dans ses grandes lignes, ce modèle vaut pour la plupart des pays d'Amérique latine. Sur ce sujet, outre les ouvrages de synthèse déjà cités, voir G. P. C. Thompson (1991), G. R. Andrews (1985), E. Hobsbawm (1995).

15. Voir notamment J. Lafaye (1984), K. Schnelle (1980), J. F. Wilhite (1980).

16. Pour un échantillon de textes de ces leaders : G. Arciniegas (1967).

17. À ce propos, et parmi d'autres : F.-X. Guerra (1992, 1995), M. Canessa de Sanguinetti (1991), G. Masur (1967), N. Shumway (1991). La référence à la conjoncture européenne fait d'abord allusion à la déstabilisation de l'Espagne et du Portugal sous l'effet de l'invasion napoléonienne, mais aussi au travail de sape effectué par l'Angleterre, désireuse de démanteler à son profit les réseaux commerciaux ibériques en Amérique latine.

18. À ce sujet : F. Ainsa (1989). Plus au nord, on retrouvait un phénomène semblable avec Jacques-Cartier, Champlain et les autres découvreurs de la Nouvelle-France, comme nous l'avons vu au chapitre III.

19. La *Brevisima relación de la destrucción de las Indias* fut publiée à Séville en 1552. Voir à ce sujet C. Gibson (1971), G. Arciniegas (1969), J. Liscano (1987). Le discours critique sur la culture et la société espagnoles chez les intellectuels vénézuéliens du début du XIXe siècle (A.-J. Bélanger, 1997) appartient à la même veine.

20. À ce sujet : C. Quesada (1982, 1983), B. Lavallé (1984), D. A. Brading (1985, p. 17 et suiv.).

21. Domingo Faustino Sarmiento, *Civilización y barbarie. Vida de Juan Facundo Quiroga* (1845) ; Juan Espinosa, *Diccionario para el pueblo : republicario, democrático, moral, política, y filosóphico* (1855) ; E. E. Fitz (1991, chap. 10) a montré que ce clivage a envahi les littératures des Amériques.

22. Il s'agit principalement des Franciscains (à partir de 1523-1524), des Dominicains (1526), des Augustins (1533) et des Jésuites (1572).

23. À ce sujet : H. Favre (1990, 1994, 1996), D. A. Brading (1985), J.-M. Lemogodeuc (1982)…

24. À ce propos, voir en particulier, pour le Mexique, J. Lafaye (1974) ; pour le Pérou, B. Lavallé (1978, 1983) ; pour la Colombie, J. Ocampo López (1983).

25. Sur ce dernier point, en rapport avec les XIXe et XXe siècles mexicains, voir H. Favre (1990). La doctrine indo-américaniste de V. R. Haya de la Torre est à cet égard particulièrement éloquente.

26. Sur un autre plan, un exposé plus détaillé montrerait que cette évolution culturelle a bien servi l'essor d'une élite créole qui n'a cessé de gonfler ses rangs au gré du métissage. Par son seul poids économique et démographique, l'indianité s'imposait en quelque sorte à la nation qui avait bien besoin de main-d'œuvre et, plus tard, de consommateurs (E. O'Gorman, 1961, p. 141-142 et suiv.).

27. Le cas du Pérou, par exemple, n'est pas le moins intéressant. On peut le résumer, au XVIe siècle, à travers le destin de Francisco de Aguirre, d'abord serviteur de Madrid, puis guerrier et administrateur de plus en plus attaché au continent, favorable au métissage, s'éveillant, enfin, à une nouvelle identité (M. Birckel, 1980). Au Brésil, la littérature romantique de la seconde moitié du XIXe siècle fut particulièrement imprégnée du mythe indianiste.

28. Cette dimension a été analysée par divers auteurs (G. Masur, 1967 ; M. Canessa de Sanguinetti, 1991 ; etc).

29. Énoncé qui souffre toutefois d'importantes exceptions, comme en témoignent, par exemple, les leaders libéraux en Argentine au XIXe siècle, tout particulièrement Domingo F. Sarmiento (1811-1888). Au contraire des précédents, ce nationalisme entendait modeler la jeune nation sur les valeurs européennes et se méfiait de l'américanité (S. L. Baily, 1971, chap. 3 ; D. Quattrocchi-Woisson [1992]).

30. Nous suivons ici D. A. Brading (1991, chap. 5), F. Ainsa (1989), J. Lafaye (1974, 1985), A. Reyes (1960).

31. Voir à ce sujet, parmi d'autres : M.-D. Demalas (1982), N. Shumway (1991).

32. Le mot tire son origine du roman (*Ariel,* 1900) de l'Uruguayen José Enrigue Rodo, qui eut un grand succès dans tout l'hémisphère, prenant à un certain moment l'allure d'un (autre) manifeste continental (C. Rangel, 1987, p. 94-99).

33. Pour la seconde moitié du XIXe siècle, on pense entre autres au Venezuela : W. R. Wright (1990, chap. 3).

34. Dans cet esprit, B. Chenot (1980) a montré comment, dans l'Argentine du XIXe siècle, une littérature du voyage a contribué à fixer les représentations du paysage national et même les racines historiques d'une identité.

35. En Argentine, le dictateur Juan Manuel de Rosas (1793-1877) fut lui-même un *super-*

caudillo, comme quelques autres qui réussirent à transposer à l'échelle de la nation le même régime charismatique et despotique.

36. Mentionnons Gregorio de Matos ou Juana Inés de la Cruz (E. E. Fitz, 1991, chap. 6-7).

37. José Marti à Cuba, Manuel Gutierrez Najera et Salvador Diaz Miron au Mexique, Ruben Dario au Nicaragua, etc.

38. Sur ce qui précède, voir notamment C. Dumas (1982), J. L. Martínez (1972). Soulignons aussi l'importance du roman régionaliste (E. E. Fitz, 1991, chap. 8).

39. En témoignent de façon exemplaire la voûte de l'église Santa Maria à Tomanzitla (État de Puebla, Mexique), tout comme l'église de São Francesco à Salvador de Bahia (Brésil). Sur le même sujet, voir P. Kelemen (1951), G. Kubler, M. Soria (1959). Selon W. Moser (1999), l'évolution du baroque en Amérique latine (son américanisation, en quelque sorte) relèverait de ce qu'il appelle un processus de recyclage culturel.

40. D'autres voix mexicaines s'ajoutent à Octavio Paz; par exemple, Leopoldo Zea et Samuel Ramos (sur ce point : A.-J. Bélanger, 1997).

41. Comme le rappelle R. M. Morse (1964, p. 127).

42. Pour une illustration de ce nouvel optimisme, peut-être artificiellement stimulé par l'effervescence du 500ᵉ anniversaire : C. Fuentes (1992).

43. Cette dualité est bien illustrée dans les ouvrages de Domingo Faustino Sarmiento (*Facundo. Civilización y Barbarie*, 1845) et d'Ernesto Quesada (*La época de Rosas*, 1898). À ce sujet, voir aussi N. Shumway (1991) et D. Quattrocchi-Woisson (1992, 1997).

44. À ce propos : J. Lafaye (1974), D. A. Brading (1985, 1991).

45. Sur ce qui précède : G. Arciniegas (1967), E. Matos Moctezuma (1992), J. Lafaye (1974).

46. Voir N. Wachtel (1984), C. Gibson (1984), T. Gomez (1992), S. Gruzinski (1989), M. F. Brown, E. Fernandez (1991).

47. R. Ricard (1933), H. Sudhoff (1994), C. Bernand, S. Gruzinski (1993).

48. Sur Quetzalcoatl et saint Thomas, voir surtout J. Lafaye (1974), B. C. Brundage (1982), D. Carrasco (1982).

49. L'ensemble de ce dossier est présenté dans H. Favre (1994, 1996). Notons que, dès le XVIIIᵉ siècle, un auteur comme F. J. Clavijero (*Historia Antigua de México*, 1780-1781) avait déjà émis une opinion semblable (J. Lynch, 1973, p. 31). Soulignons aussi que ces tentatives pour faire disparaître l'Indien étaient davantage le fait des libéraux que des conservateurs qui, eux, avaient besoin de lui comme main-d'œuvre agricole.

50. À partir de 1578 (interdit décrété par Philippe II) jusqu'à la fin du XVIIIᵉ siècle, l'administration coloniale avait prohibé elle aussi le mélange avec l'Indien, source de dégradation, d'appauvrissement de la race blanche.

51. Sur ce qui précède, en plus de l'article déjà cité de H. Favre, voir aussi M. S. Stabb (1959), R. Graham (1990).

52. Comme l'ont montré C. M. MacLachlan, J. E. Rodriguez (1980), A. Knight (1990), G. R. Andrews (1996) et d'autres.

53. À ce propos, voir S. Clissold (1966), T. E. Skidmore (1990), W. R. Wright (1990). En 1944, le gouvernement brésilien envisageait de régler une fois pour toutes le « problème » noir en offrant une prime aux Blancs qui épouseraient un(e) Afro-Brésilien(ne).

54. En 1944, le poète-politicien Andrés Eloy Blanco reprochait aux Américains de ne pas savoir y faire ni avec le café, ni avec les Noirs : ils font le premier trop pâle, assurait-il, et les seconds trop foncés (cité par W. R. Wright, 1990, p. 1).

55. N'y a-t-il pas au fond un peu de défaitisme dans cet énoncé de A. Uslar Pietri (1992, p. 314), qui se veut pourtant un cri de ralliement : « Nous, hommes et peuples, sommes ce que nous croyons que nous sommes » ?

56. Encore que l'indianisme s'y soit manifesté ; en littérature, par exemple, les travaux de José de Alencar représentent assez bien ce courant.

57. Il en aurait résulté une ambiguïté identitaire dont on pourrait voir la trace également dans la philosophie (J. J. E. Gracia, I. Jaksic, 1984).

58. On connaît l'aphorisme, maintes fois répété, selon lequel les Argentins descendent, non pas des Espagnols ou d'une nation en particulier, mais d'un bateau.

59. Selon A. Uslar Pietri (1992), toute l'histoire du Venezuela au XIXᵉ siècle aurait mis en scène le conflit entre les idéaux européens et la vision du monde américaine. La littérature, par exemple, se serait entêtée à plaquer sur la vie continentale une symbolique qui lui était étrangère, dans laquelle elle ne pouvait se reconnaître. Comme l'avait dit le poète Octave Crémazie au XIXᵉ siècle à propos du Québec, le Venezuela, selon Ulsar Pietri, aurait eu besoin d'un Fenimore Cooper... (p. 321, 342). On notera aussi avec intérêt que Ulsar Pietri est souvent revenu sur l'état (selon lui) anémique de la littérature latino-américaine et la nécessité de lui donner une consistance — c'est là un thème récurrent dans l'histoire de la pensée québécoise jusqu'aux années récentes.

60. Signalons toutefois que Porto Rico offre un parallélisme saisissant avec le Québec sur les plans à la fois culturel et politique, en particulier dans sa relation avec les États-Unis.

CHAPITRE V · L'ÉMANCIPATION POLITIQUE ET L'IDENTITÉ NATIONALE EN AUSTRALIE

1. Pour cette raison, on a pu dire que l'Australie a été enfantée par la Révolution américaine (J. M. Ward, 1963).

2. C'est effectivement ce qui s'est produit, à la faveur d'abord du mercantilisme de Londres, puis dans le cadre du libre échange et enfin à l'échelle de l'Empire (G. Blainey, 1968 ; J. B. Hirst, 1983 ; M. Dunn, 1984).

3. Le nom, qui existait depuis le XVIIIᵉ siècle, fut officiellement adopté en 1817 ; auparavant, on parlait plutôt de la Nouvelle-Hollande (héritage des explorations hollandaises du XVIIᵉ siècle) pour désigner la collectivité en formation.

4. D'après M. Nedeljkovic (1982, p. 305-306), J. Walter, 1989a, p. 52), D. Pope (1982).

5. Ces chiffres doivent toutefois être interprétés avec précaution, le procédé de dénombrement des Aborigènes faisant problème (infra).

6. Dès 1840, on comptait 700 fermes d'élevage, dont les troupeaux totalisaient près de 1,5 million de moutons. Après 1850, la laine constitua le principal produit d'exportation ; dans les dernières décennies du siècle, l'Australie exportait environ la moitié de la laine importée par l'Europe (notamment : N. G. Butlin, 1994).

7. À ce sujet, voir parmi d'autres D. Pike (1962), J. C. Weaver (1996).

8. Elles venaient de se faire octroyer le gouvernement responsable et avaient donc désormais juridiction sur les terres de la « Couronne ».

9. Sur ce qui précède, voir I. Turner (1968), B. Gammage (1990), J. Kociumbas (1992), A. G. L. Shaw (1962), M. Alexander (1989).

10. Pour éviter de prolonger indûment l'exercice, nous avons volontairement omis un certain nombre d'épisodes de moindre importance. L'énumération, même incomplète, suffit toutefois amplement à faire ressortir la nature très ambiguë du rapport Australie/Grande-Bretagne et la façon dont il a évolué.

11. Déclaration du premier ministre australien, R. G. Menzies : « […] *where Great Britain stands, there stand the people of the entire British world* » (S. Macintyre, 1947, p. 325). Autre déclaration de Menzies : « *I am British to my footstraps.* »

12. Par exemple : présence de l'*Union Jack* sur le drapeau australien, conduite automobile à gauche, survivance du *God Save the Queen* comme « *Royal anthem* », célébration de l'anniversaire de naissance de la reine qui demeure chef de l'État, étant représentée par un gouverneur général et six lieutenants-gouverneurs (l'Australie est toujours une monarchie constitutionnelle), nombreux octrois de décorations britanniques, visites de membres de la famille royale, portrait de la reine sur les portes de bureau du Parlement, appellation officielle des forces armées *(Royal Australian Navy, Royal Australian Air Force)*, etc.

13. À ce propos, on a pu parler d'un anti-intellectualisme (D. Horne, 1972, p. 21-24, 213-216). Aussi : J .M. Ward (1963).

14. Vers la fin du XIXᵉ siècle par exemple, on disait que le citoyen typique de Sydney s'empressait de rouler ses bas de pantalon s'il apprenait qu'il pleuvait à Piccadilly.

15. La chute des prix sur le marché international entraînant une crise financière, des investisseurs britanniques rapatrièrent une bonne partie des capitaux qu'ils avaient placés en Australie.

16. Tous ces administrateurs prirent le parti (victorieux) des anciens prisonniers réhabilités *(emancipists)* contre ceux *(exclusives)* qui voulaient maintenir les privilèges des immigrants dits libres.

17. On en trouve plusieurs échos, par exemple, chez les rédacteurs du *Bulletin* (John Farrell, entre autres) vers la fin du XIXᵉ siècle.

18. Entre 1840 et 1910 seulement, l'Irlande fournit 300 000 immigrants. Les Irlandais (de naissance ou de souche) représentaient 23 % de la population de l'Australie à la fin du XIXᵉ siècle. Pendant la Première Guerre mondiale, ce sont eux principalement qui animèrent le mouvement anticonscriptionniste.

19. Pour des analyses plus approfondies de la dynamique des classes sociales en Australie, voir R. W. Connell, T. H. Irving (1992), P. McMichael (1985).

20. « Orphelin du Pacifique, attendant, résignée, l'assaut des Japonais », raillait le général Tojo (cité par D. Horne, 1972, p. 220).

21. Sur ce qui précède, voir entre autres N. Harper (1987), C. Bell (1988), D. Day (1992).

22. Dans la description qu'il en a laissée, il évoque en particulier le rituel sacré des toasts au roi, accompli dans les moindres occasions et auxquels il devait répondre au nom de Sa Majesté (L. Olivier, 1982, p. 148). Dans la même veine, voir aussi W. E. H. Stanner (1953) et tout le recueil publié sous la direction de W. V. Aughterson (1953).

23. Selon l'expression de R. Hughes, (1987, p. 8 , en français dans le texte).
24. J. Walter (1989b, p. 26) parlait à ce propos d'un « *rift in the national life* ». Le phénomène a aussi été analysé par C. M. H. Clark (1980).
25. L'historien W. K. Hancock (1931) ne parlait-il pas des « *independant Australian Britons* »? À ce propos : L. Trainor (1994).
26. Comme celui que propose le modèle des *fragments* de L. Hartz (1964). L'essai de R. N. Rosecrance (1964), qui applique à l'Australie la démarche de Hartz, veut démontrer que les traits de l'Australie contemporaine s'expliquent essentiellement par la transplantation d'un fragment de la société et du paysage idéologique britanniques (en l'occurrence le fragment ouvrier, radical). L'Australie, à sa naissance, ne représentait donc qu'une partie de la mère patrie, d'où sa spécificité. Cette interprétation présente à nos yeux le double défaut d'introduire un principe trop mécanique dans l'analyse et de simplifier une évolution aux dimensions, aux acteurs et aux facteurs multiples. Rien n'a jamais été acquis dans l'histoire culturelle et politique de l'Australie, où la pensée radicale a toujours été confrontée à d'autres courants (voir au chapitre premier nos commentaires critiques sur le modèle de Hartz).
27. Ou, si l'on veut : l'inscription de soi dans l'espace, dans le social et dans le temps.
28. Ce sont les célèbres traversées de l'intérieur, dans tous les sens, par des géographes et des géomètres surtout, dont certains y laissèrent leur vie.
29. Elle se classa au deuxième rang au concours qui, en 1984, désigna finalement l'hymne national *(Advance Australia Fair)*.
30. Le *dinkum aussie* était un autre visage du *bushranger,* et le *larrikin* était son pendant urbain (avec une contrepartie féminine : la *donah* ou *clinah*).
31. L .J. G. Kramer (1981, p. 6) souligne « *their lack of originality and inventiveness* ». Rappelons que *New South Wales General Standing Orders* (1802) fut le premier livre publié en Australie.
32. Sur tout ce qui précède, voir aussi R. Ward (1966), V. Palmer (1954), L. J. G. Kramer (1981), B. Kiernan (1971), J. Walter (1989a, chap. 7-8).
33. Dans cette veine, plusieurs auteurs ont critiqué les analyses de Russell Ward, publiées pour la première fois en 1958 ; par exemple : J. M. Ward (1963, p. 241-242, *passim*), R. Lawson (1980).
34. À ce propos : A. A. Phillips (1953), J. Wright (1965, Introduction). A. Lawson (1983, p. 196) évoque le « *constant looking over the shoulder at the sophisticated Europeans* ».
35. Heidelberg était le nom d'une banlieue de Melbourne où ces artistes se réunissaient pour travailler, d'où l'appellation du groupe.
36. Voir à ce sujet B. Smith (1971), L. Astbury (1985).
37. L'étude de l'histoire religieuse, par exemple, montrerait un grand conformisme à l'endroit des Églises britanniques, même les changements étant commandés par le mimétisme de la métropole (H. R. Jackson, 1987).
38. À ce sujet, et en rapport avec les littératures du Nouveau Monde, voir les remarques de Z. Bernd (1986) et de E. E. Fitz (1980).
39. Les symboles australiens les plus courants ayant pris valeur d'emblèmes réfèrent à des animaux (koala, wallaby, kangourou, dingo, perroquets), des objets (boomerang), des arbres (l'eucalyptus et ses quelque 450 espèces, l'hévéa), des vêtements.

40. On en trouvera un rappel dans F. Dumont (1993, chap. I).

41. C'est le cas des *Dissenters* qui, avec d'autres, trouvèrent refuge en Australie-Méridio-nale après avoir vainement lutté contre l'intolérance religieuse en Grande-Bretagne (à ce sujet : D. Pike, 1967). Aussi : *supra*, « L'émancipation politique : la souveraineté à petits pas ».

42. Voir V. Palmer (1954), M. Nedeljkovic (1982), R. Ward (1966), I. Turner (1968).

43. À la différence des États-Unis, par exemple, où dès le départ les colons purent tirer profit des nombreux et puissants cours d'eau, des fourrures, de la forêt abondante, des terres fertiles, des minéraux.

44. Les affrontements de Pozières dans la France du Nord en 1916 servent aussi de réfé-rence mais à un degré moindre.

45. Ce phénomène a inspiré de nombreuses études. À titre d'illustrations : W. F. Mandle (1978, chap. 2), G. Caldwell (1982), B. Stoddard (1988).

46. Une analyse comparative très sérieuse, appuyée sur des données statistiques élaborées, a été consacrée à ce sujet (A. E. Dingle, 1980). L'auteur conclut que le stéréotype paraît fondé pour le XIXᵉ siècle et pour les décennies 1960-1970.

47. Portrait durable certes : on a pu affirmer (J. Rickard, 1988, p. 266) que le *ocker* des années 1970 était un lointain descendant du *bushman*.

48. On a fait valoir aussi l'influence de la *Fabian Society*, de Londres, qui essaima quelque peu en Australie entre 1890 et 1909 (R. Mathews, 1993).

49. À ce sujet : A. A. Phillips (1958, p. 50-71), W. K. Hancock (1931), A. Brady (1958).

50. G. Dow (1985), J. Conway (1985), E. Thompson (1994a), M. Lake (1992), etc. À ce sujet, voir le survol présenté dans G. Stokes (1997, chap. 4-6).

51. Pour un survol de la question : E. M. Andrews (1985).

52. Dont le contenu symbolique venait d'être réactivé par les soldats australiens sur les champs de bataille européens. Ils y avaient renouvelé la légende du combattant indes-tructible, féroce et courageux, mais en même temps généreux, magnanime dans la vic-toire (E. Partridge, 1987 ; P. Yule, 1987).

53. Une forme dérivée de cet archétype a toutefois survécu dans l'image de la *beach cul-ture*, de la *leisure society*.

54. L'expression aurait été utilisée officiellement pour la première fois en 1973 par Al Grassby, ministre de l'Immigration dans le gouvernement Whitlam (S. Castles *et alii*, 1988, p. 4).

55. Voir G. Nadel (1957, p. 1), P. Coleman (1962, p. 1-11), C. M. H. Clark (1972, p. 1).

56. Cette position est représentée par R. Boyd (1960), qui ne voyait partout en Australie que de la laideur, de la superficialité, de l'incohérence, de l'incompétence ou de l'imi-tation — ce qui était, selon lui, la marque durable d'un héritage colonial (voir en par-ticulier p. 1-4, 225, chap. 3).

57. En ce qui concerne les Chinois par exemple, bien avant l'adoption de la *White Policy*, toutes les colonies sauf la Tasmanie avaient déjà adopté des lois pour contrer leur entrée en Australie (A. Markus, M. C. Ricklefs, 1985).

58. À ce sujet : G. Craven (1986), R. Fitzgerald (1984).

59. Rappelons que les estimations varient beaucoup ; quelques auteurs parlent de 150 000, d'autres de plusieurs centaines de milliers, peut-être un million. Le chiffre que nous donnons reflète l'opinion majoritaire.

60. Nous nous alignons ici sur l'interprétation proposée par S. Castles *et alii* (1988) et quelques autres.

61. Les données statistiques sur l'immigration et l'ethnicité sont tirées de nombreuses sources, parmi lesquelles : J. Walter (1989a), R. Nile (1994), J. Jing (1994), G. P. Freeman, J. Jupp (1992), S. Castles *et alii* (1988).

62. Un important recueil sur le dossier de l'immigration durant la première moitié du XXᵉ siècle a été publié par J. Lack et J. Templeton (1988).

63. Voir à ce sujet S. Castles *et alii* (1988), F. Lewins (1978), F. Hawkins (1989), V. Burgmann (1984), E. Thompson (1994a).

64. Ce sont les termes qu'on employait dans les premières décennies du XXᵉ siècle ; voir par exemple les essais réunis dans F. K. Crowly (1974, p. 207-208, 274 et *passim*).

65. Comme l'a justement montré P. Tort (notamment : 1996) dans ses monumentales études sur le darwinisme.

66. Sur ce qui précède, un important corpus de travaux pourrait être cité. Nous nous en tiendrons à quelques titres : N. G. Butlin (1983), C. D. Rowley (1970), L. Robson (1983, 1991), J. Critchett (1990), R. M. Bienvenue (1983). Signalons aussi l'importante initiative *(Stolen Generation)* prise pour mettre en lumière et dénoncer les anciennes pratiques d'enlèvement d'enfants.

67. À propos d'une expérience conduite par un certain Dr Cecil Cook dans les années 1920, voir T. Austin (1990).

68. Sur les pratiques de discrimination et d'exclusion à l'endroit des Aborigènes, on consultera : L. Astbury (1985), A. A. Yengoyan (1997), A. Lattas (1987), T. Griffiths (1987), R. Evans *et alii* (1988), S. Garton (1989), A. Armitage (1995), etc.

69. Sur le multiculturalisme australien, le corpus des études disponibles est énorme. On pourra consulter entre autres S. Castles *et alii* (1988), K. Betts (1988), U. Ozolins (1993), W. Senn, G. Capone (1992), X. Pons (1996).

70. Par exemple, lors de la crise de l'indépendance de l'Indonésie en 1945-1949, l'Australie prit parti contre la Hollande, en faveur de son ancienne colonie.

71. Tout en maintenant toutefois d'importants éléments des anciens privilèges, comme l'a rappelé récemment I. Merle (1998). Voir aussi M. A. Stephenson, S. Ratnapala (1993).

72. Dans le même sens : D. Thomas (1988), C. Wilson (1987, chap. 5), D. Mercer (1993), T. R. Gurr (1985).

73. Pour quelques aperçus critiques : J. Collins (1986), K. Laster (1992).

74. Voir par exemple l'ouvrage polémique de P. Sheehan (1998).

75. B. H. Fletcher (1997) rapporte divers témoignages d'intellectuels des premières décennies du XXᵉ siècle, pour qui l'Australie n'avait pas vraiment d'histoire digne d'être écrite.

76. On trouve une variante de cette thèse chez M. Dixson (1994) et A. Summers (1994). Le passé pénitentiaire expliquerait, du moins en partie, la crise de confiance et la condition subordonnée de la femme australienne à l'époque présente.

77. À ce sujet : V. Palmer (1954, chap. 2), A. Frost (1987), R. J. King (1990).

78. Voir par exemple les revues critiques présentées par P. Corris (1973) et par G. Cowlishaw (1992). Aussi : S. Garton (1989), B. Attwood (1990), L. Coltheart (1997).

79. L'historien C. E. W. Bean (1936-1942) a consacré la plus grande partie de son œuvre

au récit de la Première Guerre, selon une perspective australienne, et il fut le premier chantre de la légende de *ANZAC*. À ce sujet, voir R. White (1981, chap. 8).

80. Voir C. Healy (1988), K. S. Inglis (1988).
81. Rappelons le mot du romancier Eric Rolls (1981) dans *A Million Wild Acres*: « So much of Australia's history took place outside the law that there was more attempt to hide it than to record it » (p. 77).
82. Les études sur ce sujet se multiplient. Renvoyons à H. Reynolds (1994), A. McGrath (1991), T. Griffiths (1996).
83. À moins de soutenir assez naïvement, comme certains l'ont fait, que les caractères principaux du multiculturalisme existaient déjà dès le début du peuplement, dans la composition des passagers de la Première Flotte et dans la diversité des peuplades aborigènes. La vocation multiculturelle était en quelque sorte inscrite dans les origines de la nation. Voir par exemple Bicentennial (1987).
84. Pour une réflexion sur ce sujet : J. A. Moses (1979).
85. Parmi plusieurs autres : D. J. Tracey (1995), B. Hodge, V. Mishra (1991).
86. Parmi plusieurs autres, voir Australian Heritage Commission (1981).
87. C'est une option qui a trouvé d'importants alliés, notamment parmi les chercheurs du Center for Multicultural Studies at Wollongong.
88. L'exclusion qui a frappé celles-ci se prolonge encore aujourd'hui dans la mémoire : la prison des femmes, à Hobart, a hébergé quelques milliers de pensionnaires entre 1827 et 1877, soit durant la même période que sa contrepartie masculine à Port Arthur (1830-1877), à quelques dizaines de kilomètres. Mais alors que la première a presque sombré dans l'oubli, la seconde est commémorée avec beaucoup d'insistance.
89. Selon J. McCalman (1997), les Australiens aiment à se percevoir et à être perçus comme des *gens ordinaires*.
90. Rappelons que dans la plupart des grandes villes, par exemple, on trouvait jadis des grands magasins réservés aux catholiques, d'autres aux protestants (G. Melleuish, 1997, p. 59).

CHAPITRE VI • D'AUTRES ITINÉRAIRES. CANADA, NOUVELLE-ZÉLANDE, ÉTATS-UNIS

1. On aurait tort cependant de faire de cet événement le symbole par excellence (sinon la cause principale) de ce qui allait plus tard distinguer les destins politiques canadien et étatsunien. Voir à ce sujet J. A. Fellows (1971), C. Berger (1970, chap. 3).
2. Par commodité, nous nous en remettons aux désignations actuelles de ces anciennes colonies, plus ou moins équivalentes des diverses appellations utilisées dans le passé.
3. C'est ce qui ressort, par exemple, d'un ouvrage de C. Berger (1970) analysant les écrits de quelques représentants de la pensée impériale (ou impérialiste?) au Canada.
4. Ces deux derniers projets, présentés déjà en 1946, étaient morts au feuilleton de la Chambre des communes à Ottawa. En ce qui concerne le drapeau, une toute première tentative avait échoué en 1925.
5. Encore une fois, notre exposé a dû sacrifier bien des nuances importantes. S'agissant

par exemple de la continuité sur le plan politique, une analyse plus détaillée se montrerait plus attentive à distinguer selon que cette continuité s'établissait par rapport à la Couronne, par rapport à la Grande-Bretagne ou par rapport à l'Empire.

6. Ce qui nous vaut d'apprendre que même le cowboy canadien était différent de son vis-à-vis étatsunien (H. A. Dempsey, 1995).

7. Pour une illustration de tout ce qui précède, en même temps qu'un survol historique du sentiment antiétatsunien au Canada, voir J. L. Granatstein (1996).

8. Rappelons que l'attachement à la tradition britannique est demeuré très fort jusqu'au années récentes, plusieurs intellectuels dénonçant la dérive continentale du pays. L'ouvrage de G. P. Grant (1965), publié après la défaite du gouvernement conservateur en 1963, en fournit une très bonne illustration.

9. En un sens, le modèle « métropolitain » proposé plus tard par J. M. S. Careless (1954) a prolongé la thèse laurentienne en faisant ressortir le rôle des grands centres urbains (européens et canadiens) dans la transmission culturelle.

10. Dans cette hypothèse, il y aurait un rapprochement évident à établir entre le Rév. Edward Hartley Dewart et l'abbé Henri-Raymond Casgrain, qui furent tous deux les pionniers d'une « littérature nationale ».

11. Même dans les années 1970, R. Clark (1976) a pu encore demander s'il existait vraiment une littérature canadienne. Mais, de partout, il lui fut répondu que oui...

12. En fait, la ville canadienne avait assez tôt trouvé place sur les canevas, mais comme objet de célébration conquérante, symbole de prospérité et de réussite matérielle (voir à ce sujet D. Farr, 1990 ; D. Ring *et alii*, 1993). Mais C. Moisan (1986, p. 44 et suiv.) a souligné l'importance des mythes qui se sont formés autour de la ville dans le roman canadien-anglais après 1945.

13. Comme nous avons essayé de le faire, avec quelques collègues, pour la culture savante québécoise (G. Bouchard, Y. Lamonde, 1995).

14. Encore que cet énoncé appelle des nuances, comme en témoigne l'exemple de l'Ontario entre 1850 et 1914 (R. A. Jarrell, 1988).

15. Sur ce dernier sujet, voir entre autres A. Gowans (1958), H. Kalman (1994).

16. « *Self depreciation is our great national habit* » (B. Hutchison, 1954, p. 42).

17. On peut voir des traces d'un tel clivage dans des analyses de J. L. Granatstein (1996).

18. Cette initiative de rapprochement avait eu des précédents. Par exemple, au début du XXe siècle, certains historiens anglophones s'étaient employés à montrer que les deux *races* n'en faisaient qu'une puisqu'elles avaient de lointaines origines communes dans les peuplades teutonnes... En un sens, on peut voir une démarche analogue dans les thèses géographiques des historiens R. M. Lower et H. A. Innis : la nation trouvant son fondement dans l'espace, elle réalisait son intégration au-delà de la diversité ethnique, elle n'était pas une création artificielle.

19. On peut en juger par le nombre d'écrits publiés récemment sur la question de la différence entre les cultures canadienne et étatsunienne (par exemple : D. Thomas, 1993 ; A. Smith, 1994 ; M. C. McKenna, 1993). Rappelons aussi les vives discussions suscitées par l'ouvrage de S. M. Lipset (1989).

20. Une autre démonstration en a été faite récemment par J. Meisel, G. Rocher, A. Silver (1999).

21. Pour un certain nombre d'habitants du pays, ce vocable de Nouvelle-Zélande (d'origine hollandaise) véhicule une connotation impérialiste parce qu'il évoque l'occupation européenne et semble rejeter la composante indigène. Pour cette raison, les Néo-Zélandais de descendance non indigène se désignent couramment aujourd'hui du nom de *Pakehas* et utilisent le mot *Aotearoa* pour référer à leur pays (les expressions sont empruntées l'une et l'autre à la langue maorie). Cependant, compte tenu de la perspective de notre étude qui adopte le point de vue de l'Européen, nous nous en tiendrons à la vieille appellation.

22. En 1994, le premier ministre Jim Bolger envisageait l'institution d'un chef d'État élu à la place du gouverneur général. Sur la pensée républicaine dans l'histoire de la Nouvelle-Zélande, voir L. Trainor (1996).

23. Selon K. Sinclair (1986, p. 108), la proximité de l'Australie était elle aussi ressentie comme une menace.

24. Dans un esprit un peu analogue, elle adhérait en 1954 avec sept autres pays au *South-East Asia Treaty Organization* (SEATO), dont le but était d'enrayer la marche du communisme.

25. Sur ce qui précède, voir en particulier G. Docking (1990), K. Sinclair (1979a, 1979b, 1986), T. Sturm (1991), P. Evans (1990), J. Belich (1996, 1997).

26. « *Those who talk through the nose think through the nose* », enseignait-on à l'école (E. Gordon, 1989). Aussi, sur le même sujet : E. Gordon, T. Deverson (1998), A. Bell, J. Holmes (1990).

27. T. Sturm (1991, p. 161-162), K. Sinclair (1986, p. 249).

28. À ce propos et sur ce qui suit, nous nous appuyons principalement sur K. Sinclair (1979a, 1979b), J. A. Moses (1979), G. Wynn (1984), E. Olssen (1992), J. Phillips (1995).

29. Entre 1850 et 1950, la statistique des adhérents est la suivante : anglicans (35-40 %), presbytériens (21-23 %), catholiques (13-16 %), méthodistes (7-11 %), etc.

30. Seul le Wyoming aux États-Unis (1869) semble avoir précédé la Nouvelle-Zélande sur cette voie.

31. Voir à ce sujet R. Dalziel (1977), P. Grimshaw (1987), S. Coney (1993).

32. Sur ce qui précède, voir en particulier F. G. Castles (1985), D. Hamer (1988).

33. Les choses empirèrent après la décennie 1860. Durant les 20 années précédentes, la possession et l'usage de la terre avaient donné lieu à de nombreuses démarches et disputes très complexes qui ont été patiemment reconstituées par J. C. Weaver (1999). Dans l'ensemble, la rudesse démontrée par les Blancs resta en deçà des procédés très violents auxquels les colons avaient eu recours en Australie.

34. On connaît des variantes, certains auteurs faisant descendre les Maoris des Vikings, des Sémites, de l'une des tribus perdues d'Israël, etc.

35. Sur ce qui précède, voir, parmi plusieurs titres, R. A. Huttenback (1976), P. S. O'Connor (1968), J. Leckie (1985), M. Ip (1990), S. Brawley (1995), P. J. Gibbons (1998, chap. 12).

36. Deux exemples de manifestation spectaculaire : la « Land March » de 1975 et l'occupation de *Bastion Point* en 1978.

37. Voir à ce sujet G. Martin (1989), J. G. A. Pocock (1992).

38. C'est le cas, entre autres, de J. Belich (1996), A. Salmond (1991, 1997).

39. À ne pas confondre avec le biculturalisme entre Anglophones et Francophones, proposition qui a été discutée au Canada au cours des années 1960 mais qui a été mise de côté par le premier ministre Pierre-E. Trudeau peu après son élection en 1968.

40. Ce résultat est tiré de données préliminaires présentées dans *The Literary Review of Canada*, vol. 7, n° 4, décembre 1998, p. 17.

41. La pensée, les institutions et même le langage des anciennes civilisations étaient régulièrement pris à témoin. À diverses reprises, par exemple, il fut suggéré que la nouvelle nation rejette les langues européennes — et surtout l'anglais — pour adopter le grec ou même l'hébreu (D. T. Haberly, 1974).

42. Sur tout ce qui précède, voir entre autres D. W. Noble (1968), B. Bailyn (1972), É. Marienstras (1976, 1988), C. J. Richard (1994), D. Hamer (1990), L. S. Luedtke (1992), J. P. Greene (1993).

43. Cet énoncé a fait l'objet de diverses démonstrations, par exemple celle de R. L. Merritt (1966), fondée sur une analyse du vocabulaire des journaux ou gazettes du XVIIIe siècle. D'autres auteurs ont mis l'accent sur l'unification réalisée par les « réveils » religieux (en particulier le *First Great Awakening*).

44. On relève certes diverses expressions de radicalisme (le *Populist Party* en 1892-1897, des tentatives pour durcir le mouvement syndical et la pensée sociale, des mouvements agrariens dans le Midwest, des extrémismes religieux, des accès de *nativisme*...), mais elles ont toujours été contrebalancées ou contenues dans certaines limites, de sorte qu'elles n'ont jamais entraîné de coup d'État ou de révolution.

45. *History of the United States from the Discovery of the American Continent*, 10 vol., 1837-1866.

46. Cette démarche introspective devait inspirer un important courant de recherche dans les sciences sociales à partir des années 1940 (étude de l'*American character*, programmes d'*American Studies* dans les universités, essais d'identification des *core values*). R. Wilkinson (1988), dans une revue des travaux sur ce thème, parle d'une « *American character industry* » (p. 7). *The First New Nation*, de S. M. Lipset (1963), s'inscrit pleinement dans cette tradition.

47. Sur ce thème, on lira avec intérêt les analyses de P. Nepveu (1998) et de J. Morency (1997).

48. Des deux, le cas de Jefferson demeure le plus troublant. Rédacteur de la déclaration d'Indépendance (« *We hold that...all men are created equal* », etc.), il a possédé jusqu'à la fin de sa vie quelques centaines d'esclaves qu'il faisait battre au besoin, qu'il louait ou vendait. Dans ses *Notes on the State of Virginia* (1784), il écrivit que la *race* noire est inférieure à la *race* blanche et il se déclara plusieurs fois opposé au mélange entre ces deux *races*.

49. Les études menées pour illustrer cet énoncé sont si nombreuses qu'il est difficile de renvoyer à un ou quelques titres en particulier. Une façon utile, parmi cent autres, d'aborder la question est de consulter la biographie de quelques grands leaders noirs (par exemple, W. E. B. Du Bois ou Paul Robeson).

50. Voir l'utile reconstitution qu'en a faite D. Lacorne (1997, chap. IV-V).

51. On trouvera plusieurs références pertinentes dans l'ouvrage de D. Lacorne.

52. Voir à ce sujet, parmi bien d'autres, T. Almaguer (1994), E. J. Larson (1995), M. S. Pernick (1996), I. R. Dowbiggin (1997), N. L. Gallagher (1999).

53. Dans les années 1820, le juge John Marshall s'est signalé en donnant forme aux conceptions qui viennent d'être évoquées (C. F. Hobson, 1996).

54. L'aphorisme *In God We Trust* (qui orne encore aujourd'hui certains billets de banque) date de cette époque aussi.

55. Sur ce sujet : S. W. Mintz, R. Price (1992), W. D. Piersen (1993).

56. Sur tout ce qui précède, voir entre autres M. Kammen (1991).

57. J. H. McElroy (1999) a pu identifier 25 postulats ou croyances distinctives qui composeraient l'*éthos* étatsunien.

58. Pour un témoignage récent, voir R. D. Kaplan (1998).

59. À cet égard, l'échec du projet des *National standards,* destinés à réunifier le champ mémoriel dans les programmes d'enseignement, est très significatif (G. B. Nash *et alii,* 1998). À signaler aussi de nombreuses études qui réinterprètent l'histoire des États-Unis à l'aide d'une grille multiculturelle ; on y voit que, dès le XVIIIᵉ siècle, la société était segmentée et même divisée, et qu'il en a toujours été ainsi. Pour un point de vue opposé, voir O. et L. Handlin (1986) et toute la tradition de l'historiographie dite « *consensual* » des années 1950-1970 (J. Higham, 1989).

60. On peut en voir un échantillon dans T. Alcoze *et alii* (1993). Les auteurs y proposent un modèle de pédagogie multiculturelle appliquée à l'enseignement des sciences et de l'histoire des sciences.

61. On trouvera des exposés plus détaillés sur ce sujet dans deux ouvrages qui dénoncent vigoureusement les nouvelles tendances multiculturelles : A. M. Schlesinger (1991), J. J. Miller (1998).

62. Dans cet esprit, T. M. Massaro (1993) a élaboré une proposition de pédagogie nationale centrée essentiellement sur la culture qui imprègne la Constitution et son héritage juridique.

63. Une étude internationale conduite en 1997-1998 par le *National Opinion Research Center* de l'Université de Chicago a montré que près de 90 % des citoyens des États-Unis préféraient leur pays à n'importe quel autre. Cette proportion s'est révélée la plus élevée dans l'ensemble de l'enquête qui voulait mesurer la fierté nationale dans vingt-trois pays (Rapport de recherche émis sur le réseau H-ETHNIC le 30 juin 1998 sous le titre : « *Comparative patriotism* »).

CHAPITRE VII • DES ITINÉRAIRES COLLECTIFS, DES PROCÉDÉS DISCURSIFS : ESSAI DE MODÉLISATION

1. Le Québec est la seule province à majorité francophone au Canada. Plus de 80 % de ses habitants sont de langue maternelle française, et 85 % des Canadiens de langue maternelle française y résident.

2. Rappelons le commentaire de M. Atwood (1972), selon laquelle la survivance culturelle constitue le principal thème de rassemblement (le « *single unifying symbol* ») de la littérature anglophone canadienne.

3. Dans le cas du Québec : le recours aux anglicismes (un exemple : *Ouate de phoque*, de L. Granger, 1969).

4. Comme l'a rappelé P. Nepveu (1998, p. 67).

5. Haïti et Porto Rico sont deux autres collectivités neuves qui ont connu des changements de métropole qu'elles n'avaient pas souhaités. Il serait utile d'en étudier les répercussions à la lumière du cas québécois.

6. Du même coup, on atténue de cette manière le problème des mémoires concurrentes qu'engendre le multiculturalisme. Dans le cas du Canada, il s'ajoute un autre avantage : on contourne la division entre Anglophones et Francophones, ces derniers perdant dans l'opération leur titre de premiers occupants.

7. « *We should think of ourselves as a nation of mutts, as a nation created, from its beginning, as a place where mutts can be at ease* » (*Toronto Star*, 17 novembre 1999).

8. Outre les travaux de Hadgraft et Klinck, déjà cités, mentionnons ceux de O. J. Miller (1980), R. Sutherland (1971), M. Dorsinville (1974), L. Shouldice (1982). Sur le plan formel, l'écriture elle-même subirait des transformations caractéristiques ; voir à ce propos les études réunies dans un numéro spécial de la revue *Études littéraires*, de l'Université Laval (avril 1981).

9. Dans l'ouvrage d'E. E. Fitz (1991) sur les littératures américaines, un chapitre est justement intitulé : « In Quest of an American Identity ».

10. Dans cette veine, voir par exemple les travaux de L. Spillman (1997), J. Hutchinson (1994), R. Rudin (1997), N. Knowles (1997), J. Bodnar (1992), H. V. Nelles (1999).

11. Tous ces procédés relèvent de la culture savante, mais la culture populaire avait elle aussi ses mécanismes de réduction de l'altérité, par exemple : établir à l'aide de la généalogie un apparentement quelconque avec l'étranger, lui trouver des origines géographiques communes, etc.

12. Merci à Patrice Charron de nous avoir guidé dans cette direction.

13. À ce propos : P. L. Kohl (1998).

14. Pour ce qui concerne l'Europe, voir les propositions mises de l'avant par C. Lorenz (1999).

15. À ce propos, voir entre autres D. T. Haberly (1974). En ce qui concerne la création d'un nouveau langage, on sait que l'idée a fait recette en Europe également au XIXe siècle ; on pense notamment à la Bulgarie où les élites élaborèrent une langue nationale, ou encore à la Serbie où Karadzic inventa littéralement le serbo-croate (A.-M. Thiesse, 1999, chap. 3, p. 84, 101).

16. Voir par exemple S. Methot (1999).

17. Ce genre de discours est maintenant un peu en retrait. Il n'est pas interdit d'y voir un effet de ce que les difficultés économiques récentes dans les grands pays d'Asie en font désormais des partenaires moins séduisants, alors que l'économie australienne continue de prospérer.

18. *Histoire du Canada*, Montréal, Éditions de l'Arbre, 1944-1946, 8e édition, p. 150.

19. Nous avons commenté ce thème au chapitre III. Voir également à ce propos S. Courville (1993), G. Bouchard (1990a).

CONCLUSION

1. « C'est la nation qui fait la tradition », écrivait M. Mauss (1969, vol. 1, p. 601), et non l'inverse. On rejoint ici E. Gellner (1983), B. Anderson (1991), E. J. Hobsbawm (1990) et bien d'autres.
2. À ce sujet, en ce qui concerne plus particulièrement le rapport Québec/France, voir G. Bouchard, M. Salitot, M. Segalen (1997), G. Bouchard, R. Hardy, J. Gauthier (1997). Un peu dans la même veine, mais pour les États-Unis : J. P. Greene (1988). Pour le Canada : R. C. Harris (1977).

Index onomastique

(index des noms propres et des expressions considérées ainsi.
L'index inclut aussi les noms des auteurs cités)

Index thématique

Table des matières

BEACONSFIELD
BIBLIOTHÈQUE • LIBRARY
303 Boul. Beaconsfield Blvd., Beaconsfield, P.O.
H9W 4A7